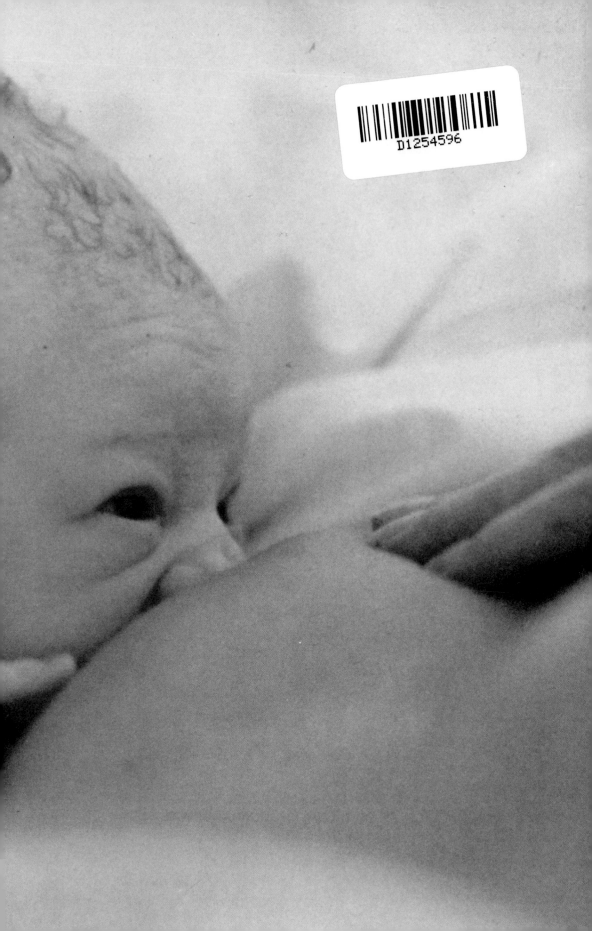

J'attends
un enfant

Laurence Pernoud

avec la collaboration de Agnès Grison

J'attends un enfant

Édition 1995

HORAY

Sommaire

Un rêve qui prend forme

*L*a vie avant la naissance m'a toujours fascinée et c'est surtout pour la raconter qu'un jour, j'entrepris d'écrire ce livre. Car c'est bien lorsqu'on attend un enfant que l'on se pose à ce sujet les questions les plus diverses : comment un œuf, dont on peut à peine imaginer la taille, deviendra-t-il en neuf mois un bébé de trois kilos ? Quel est le processus de ce développement prodigieux qui ne se reproduira plus jamais dans la vie ? Quelles en sont les grandes étapes ? Comment le fœtus se nourrit-il ? Comment respire-t-il ? Que ressent-il ? Est-il indifférent aux émotions de sa mère, aux bruits de son entourage ?

On ne peut encore répondre à tout, il reste des inconnues ; j'en citerai deux qui, symboliquement, ponctuent le début et la fin de la vie intra-utérine. On ne sait toujours pas de façon certaine pourquoi la mère ne rejette pas, comme elle le ferait de tout corps étranger, cet œuf qui se greffe dans son utérus. On ignore encore par quel mécanisme se déclenchera l'horloge de la naissance.

Mais ces dernières années, les connaissances sur le développement de l'embryon et du fœtus ont fait un prodigieux bond en avant. Et il n'est guère de jour qui n'apporte sa nouvelle moisson de découvertes. C'est pourquoi, au fil des années, ce chapitre sur la vie avant la naissance a beaucoup changé et continue à s'enrichir régulièrement.

L'échographie a plus de 20 ans ; examen d'exception à ses débuts, elle est peu à peu tombée, si l'on peut dire, dans le domaine public et elle a finalement changé complètement le vécu de la grossesse ; différemment d'ailleurs pour la mère et pour le père.

Jusque-là, la mère avait dans le ventre un enfant bien réel qui lui donnait des coups de pied, dans la tête un autre qu'elle imaginait selon ses rêves et ses désirs.

Et voilà que sur un écran, visible par tous, apparaît une troisième image, troublante car elle ne correspond à aucune des deux autres. Ce n'est ni l'enfant imaginaire, c'est impossible, ni l'enfant réel car l'image vue n'est pas une photo (regardez les pages 156 et 157), mais une création de la machine comme le dit le docteur Roger Bessis ; on ne peut d'ailleurs la comprendre qu'avec un interprète. En plus, la mère n'est pas toujours heureuse de cette intrusion dans son intimité.

Le père y gagne davantage ; ce ventre dont il est parfois jaloux jusqu'à souhaiter d'être lui-même enceint, lui livre une partie de son secret sans qu'il lui faille attendre le jour de la naissance, et l'image le rassure : ce corps dont il a peine à distinguer le contour, dont il voit les mouvements, c'est son enfant, c'est son rêve qui prend forme. Quant à l'enfant, hier caché dans le ventre maternel, y menant jusque-là une vie secrète dont témoignaient seuls les battements du cœur, d'être ainsi projeté sur un écran l'a transformé en vedette : et plus encore depuis que la science a établi que ce fœtus en savait bien plus qu'on ne croyait.

La mère, elle, savait déjà toutes ces choses, ou du moins les soupçonnait-elle, mais lorsqu'elle en parlait, personne ne prêtait vraiment attention à ses propos. Ou alors on les mettait sur le compte d'une imagination débordante. Or, peu à peu, pas à pas, les chercheurs ont établi que l'enfant, avant de naître, avait de multiples perceptions sensorielles, en particulier qu'il entendait dès six mois, Bach, Mozart, et en tout cas son père...

Ainsi le fœtus est rentré dans notre vie quotidienne, on s'est habitué à son nom pas tellement enfantin ni chaleureux, on parle facilement des maladies du fœtus, même de sa psychiatrie sans que personne s'étonne.

Conséquence : la naissance n'est plus ce qu'elle était, elle n'est plus rupture, mais continuation, passage : avant de naître le bébé a déjà commencé l'apprentissage de la vie ; sur cette terre, au contact de son environnement, il mettra au point ses acquis, il développera ses performances ; il est bien équipé pour le faire, on le dit « compétent ».

C'est de tout cela que j'ai voulu parler dans ce chapitre sur la vie avant la naissance qui a toujours été pour moi le plus important du livre, sa colonne vertébrale.

En effet, en lisant « La vie avant la naissance », vous comprendrez toutes les recommandations faites ailleurs : pourquoi cette prudence des trois premiers mois, pourquoi ces douleurs, pourquoi cet apaisement, tout s'explique par le développement de l'enfant ; c'est d'ailleurs bien normal. Et je sais par le courrier reçu que ce chapitre est le premier que regardent les lectrices.

Un travail d'équipe

On me pose souvent la question : pourquoi faites-vous une nouvelle édition chaque année. Je réponds simplement parce que la vie est en perpétuel changement dans tous les domaines. Regardez autour de vous, tout change, tout évolue, pas seulement la mode et les mots, mais les mentalités, les techniques, la médecine, notre regard, nos besoins, nos désirs et nos goûts. Oui, tout change.

J'attends un enfant, qui est le reflet même de la vie, n'est pas à l'abri de ces changements, il y participe, il en rend compte, année après année mais sans en être esclave, en les discutant si nécessaire : nouvelles découvertes de l'obstétrique, de la génétique, progrès dans la surveillance de la grossesse, nouvelles recommandations diététiques, etc. Pour avoir une idée de ce que recouvrent trois mots mis en tête du livre « Mise à jour », il suffirait de comparer les index des différentes éditions de J'attends un enfant. Les textes nouveaux, mais aussi les textes supprimés, témoignent des victoires de la médecine, des changements de mentalités et des nouveaux désirs des jeunes couples. Et c'est pourquoi J'attends un enfant est un livre vivant, un livre toujours nouveau, écrit pour vous l'année même où vous en avez besoin.

La mise à jour régulière de J'attends un enfant représente un travail permanent : rencontres avec les chercheurs de différents pays, voyages pour assister aux congrès importants, contacts avec les associations de plus en plus nombreuses qui s'intéressent à la naissance, étude des propositions que ces associations formulent, rapports, à tous les niveaux, avec les responsables de la maternité, lecture des publications intéressantes, tant françaises qu'étrangères, etc. On comprendra que ce travail est celui d'une équipe. La voici.

Je citerai d'abord AGNÈS GRISON. Lorsqu'elle m'a rejointe, fraîche émoulue de Sciences Po, à priori sa formation ne la préparait guère au poste qu'elle occupe maintenant ; mais sa curiosité d'esprit, son sens critique, ses intérêts et ses contacts avec des spécialistes lui ont peu à peu permis d'acquérir une grande compétence dans le domaine de la naissance et de l'enfance. C'est aujourd'hui elle qui anime l'équipe de J'attends un enfant et j'ai été heureuse de l'associer chaque année un peu plus à mon travail. C'est avec elle que je mets sur pied chaque nouvelle édition, que je discute chaque nouveau chapitre jusqu'à ce qu'il ait pris sa forme définitive. En un mot Agnès Grison collabore avec dynamisme à chaque étape de la mise à jour permanente de ce livre.

Le docteur GUY CHEVALLIER, ancien interne des Hôpitaux de Paris, ancien chef de clinique gynécologique et obstétricale, est le gynécologue-accoucheur de J'attends un enfant. Étant donné l'importance de toutes les questions médicales dans ce livre, on comprend le rôle essentiel que joue Guy Chevallier dans l'élaboration des textes concernant la santé de la maman et du bébé à naître.

Au cours de nos discussions, ce que j'apprécie particulièrement chez Guy Chevallier, c'est son souci constant de pousser les femmes à se poser des questions, à prendre elles-mêmes leurs responsabilités et leurs décisions. Ce que j'apprécie également, c'est son attitude devant la nouveauté : il ne l'accepte pas d'emblée, faisant bien la différence entre la mode et les progrès, mais il sait accueillir chaleureusement ce qui peut vraiment améliorer la vie de la future mère. Guy Chevallier se charge en outre du courrier nécessitant la réponse d'un spécialiste.

DANIELLE RAPOPORT, psychologue en service de pédiatrie, membre du Comité de Rédaction des Cahiers du Nouveau-né, connue pour la compétence avec laquelle elle défend la cause de l'enfant né ou à naître, est la psychologue de notre équipe. Toujours pressée mais toujours disponible, elle arrive pour dix minutes et reste trois heures à discuter de la formation de l'inconscient chez le nourrisson, de la déprime de la jeune mère ou de bien d'autres sujets.

JACQUELINE SARDA, ma plus ancienne collaboratrice – elle a travaillé à la première édition –, a la tâche précieuse et parfois ingrate du chapitre sur la Sécurité sociale et les Allocations familiales. Ce chapitre de 4 pages au début en compte aujourd'hui 30 car il est apparu au fil des éditions que les futurs parents nous demandaient de plus en plus d'aide pour s'y retrouver dans le dédale des formalités.

CHRISTIANE RAHARINAIVO s'occupe plus particulièrement des questions juridiques, des renseignements pratiques et des mémentos pour la Belgique et la Suisse.

ISABELLA MOREL est la spécialiste de la littérature anglo-saxonne dont on sait l'importance dans le domaine de la naissance et de l'enfance ; elle nous informe de tout ce qui paraît essentiel sur le sujet.

TOOTSIE GUÉRA, écrivain et journaliste, a interviewé pour nous de nombreux futurs pères.

Ceci constitue l'équipe permanente de J'attends un enfant qui d'un bout à l'autre de l'année travaille au livre. Mais J'attends bénéficie régulièrement d'apports extérieurs qui jettent un éclairage nouveau sur des sujets importants.

Je remercie particulièrement le docteur ÉTIENNE HERBINET pour sa lecture à la fois amicale et critique. Étienne Herbinet, ancien chef de clinique à la Faculté de Médecine de Paris, est spécialiste en gynécologie et obstétrique. Son intérêt pour les mères et les nouveau-nés et son regard à la fois chaleureux et scientifique sur la naissance ont apporté une nouvelle lumière sur des sujets essentiels de ce livre. J'ajoute que grâce au livre si original d'ÉTIENNE HERBINET et de MARIE-CLAIRE BUSNEL, devenu d'ailleurs un classique, « L'Aube des sens », les lecteurs et lectrices sont au courant des recherches les plus récentes dans ce domaine.

En outre, je consulte des spécialistes sur quelques sujets précis. Ainsi je remercie pour leurs précieux avis :

Le docteur ROGER BESSIS, gynécologue-obstétricien et échographiste, un des grands spécialistes de l'échographie obstétricale ;

Le docteur JEAN-PIERRE CORBINEAU, médecin biologiste : à propos des tests de grossesse ;

Le docteur ODILE COTELLE-BERNÈDE, spécialiste de la rééducation périnéale, chargée d'enseignement auprès d'élèves sages-femmes ;

SOPHIE FRIGNET-DOGUET, sage-femme libérale : à propos de sa profession dont elle nous a parlé avec compétence et passion ;

Le docteur ALBERT GOLDBERG, gynécologue-obstétricien, spécialiste de l'haptonomie ;

MARIANNE HERBINET, *psychologue, qui participe à l'action d'un groupe d'allaitement ;*

Le docteur BERNADETTE DE GASQUET *qui s'occupe particulièrement de préparation à la naissance ;*

Le docteur PAUL SACHET, *médecin nutritionniste, attaché à l'hôpital Bichat ;*

Le docteur DOMINIQUE SIMON, *de l'Unité 21 Inserm, spécialiste de la question « diabète et grossesse » ;*

Le docteur PHILIPPE STORA, *rhumatologue, spécialiste entre autres du mal au dos, qui nous a fait d'utiles remarques sur la statique de la femme enceinte et sur la bonne attitude à observer pour bien porter – et sans fatigue – le poids de son bébé ;*

Le professeur PHILIPPE TCHERDAKOFF, *spécialiste de l'hypertension artérielle.*

Je voudrais aussi dire tout ce que ce livre doit à T. BERRY BRAZELTON *avec lequel j'ai eu la chance de travailler aux États-Unis. Au cours de nos échanges, j'ai pu apprécier le lien privilégié qu'il entretenait avec les bébés, et ainsi vous transmettre son travail sur la compétence du nouveau-né, sur l'interaction parents-enfant, sur l'attachement précoce. Ce travail,* T. BERRY BRAZELTON *le poursuit depuis des années aux quatre coins du globe, il a fait de lui un néo-natologiste et un pédiatre mondialement reconnu.*

Enfin, le chapitre Beauté a bénéficié de suggestions très utiles de ÉLIANE GOURIOU, *maquilleuse et consultante internationale chez Christian Dior.*

Évidemment tous ces ajouts si bénéfiques pour les lecteurs et qui viennent sans cesse enrichir ce livre, posent régulièrement des problèmes de mise en page. Je tiens à remercier ici JEAN PAOLI *et* JACQUES DASTOT *pour leur patience, leur art et leur compréhension.*

Quant à l'animation de J'attends un enfant, *elle est assurée par :*

NOËLLE HERRENSCHMIDT *qui a fait pour le chapitre alimentation des dessins en couleurs qui donnent bon appétit ;*

FRANÇOIS CROZAT *qui a su si bien illustrer la vie avant la naissance et surtout l'accouchement ;*

SIUDMAK *dont les dessins donnent à toutes les futures mères envie de faire des exercices quotidiens ;*

MICHELLE GRIES *qui s'est occupée des recherches photographiques pour le cahier couleurs sur la vie avant la naissance.*

Dans la vie de J'attends un enfant, *et de la suite* J'élève mon enfant, *une place à part est à réserver à* COLETTE DESTERNES, *secrétaire générale des Éditions Horay : elle a participé dès le premier jour au développement de ces deux livres et elle s'occupe avec efficacité de les faire connaître dans le monde entier.*

J'ai gardé pour la fin peut-être le plus important. Tout notre travail est soutenu par les lectrices et les lecteurs.

Depuis la première édition, nous avons reçu des milliers de lettres qui représentent pour nous un acquis irremplaçable. Ce courrier qui arrive tous les matins confirme que le message passe bien, il transforme le monologue de l'auteur en dialogue avec ceux pour qui il écrit, il fait des suggestions, parfois des critiques, mais toujours des encouragements à poursuivre.

Maintenant je vous laisse à votre lecture en vous souhaitant bonne route. Les mois qui s'ouvrent devant vous sont parmi les plus riches que puissent vivre une femme et un homme.

L.P.

1.

J'attends un enfant

De l'espoir à la certitude

28... 29... 30...

Deux, trois jours se sont déjà glissés depuis la date régulière. Vous comptez encore une fois, 28, 29, 30 ; c'est le calcul de l'espoir : suis-je vraiment enceinte ? Seule avec votre secret, vous vivez ce moment d'incertitude avec intensité, tous les rêves sont permis.

Lorsque le désir sera devenu certitude, « J'attends un enfant », lorsque la première émotion sera passée, à peine le temps de savourer le bonheur réalisé, vous allez sûrement faire un autre calcul. Non plus en jours mais en mois cette fois : quand accoucherai-je ?

C'est ainsi que la plus belle histoire d'amour, le rêve qui prend forme, s'accompagne très vite de calculs et de prévisions dans d'autres domaines concernant la vie du bébé :

à 4 semaines son cœur va se mettre à battre,

à 8 semaines je le verrai à l'échographie,

à 4 mois ses mouvements me réveilleront.

Et voici comment chiffres et émotions se mettent à dialoguer, mais c'est la vie ! Précisément c'est de la vie qu'il s'agit ; c'est la vie qui se prépare.

D'autres interrogations vont surgir : est-ce une fille, est-ce un garçon ? Et si c'était des jumeaux ? Et quand vais-je accoucher ? Faut-il déjà s'inscrire à la maternité ? etc.

Mais revenons à votre grossesse qui débute ; rapidement d'autres signes vont la confirmer, et différents tests.

Ces signes, les voici dans le désordre et sans obligation pour vous de les ressentir tous ; vous serez peut être enceinte sans aucune nausée, dans une totale discrétion.

Certains de ces signes se manifesteront très tôt et vous saurez les reconnaître vous-même, d'autres ne seront perceptibles que par le médecin.

Les signes de la grossesse

Le plus important, et en général le premier, est l'arrêt des règles, ou aménorrhée en terme médical. Mais ce signe n'a pas de valeur absolue. Même si vos règles ont un retard de deux ou trois jours, vous ne pouvez pas en conclure que vous êtes enceinte, vous pouvez seulement le présumer, à condition :

→ que vous ayez un cycle régulier, tout en sachant qu'un retard de quelques jours peut se produire en dehors de toute grossesse ;

→ que vous soyez en bonne santé. En effet certaines maladies (infectieuses ou autres) suffisent parfois à provoquer un retard de règles ;

→ que vous ne soyez pas dans des circonstances particulières telles que voyages, changement de climat, vacances, ou bien choc émotionnel, qui peuvent perturber le cycle ;

→ que vous soyez loin de la puberté et de la ménopause, périodes où les cycles sont souvent irréguliers.

Autrement dit, on peut affirmer : une femme qui a ses règles n'est pas enceinte [1]. En revanche, on ne peut dire : une femme qui n'a pas ses règles est *sûrement* enceinte.

Certains symptômes ou malaises peuvent accompagner le début de la grossesse :
→ simples nausées s'accompagnant, dans cinquante pour cent des cas, par des vomissements bilieux au réveil, alimentaires dans la journée ;
→ manque d'appétit pour tous les aliments ou dégoût pour certains ;
→ parfois, au contraire, augmentation de l'appétit ou goût très prononcé pour certains aliments ;
→ modification de l'odorat : certaines odeurs deviennent insupportables, même s'il s'agit du parfum le plus raffiné ;
→ sécrétion inhabituelle de salive ;
→ aigreurs d'estomac, lourdeurs après les repas donnant une grande envie de dormir dans la journée ; de toute manière, lorsqu'on attend un enfant, dès le début on a souvent plus sommeil que d'habitude ;
→ constipation ;
→ envies fréquentes d'uriner ;
→ augmentation précoce du volume des seins qui deviennent lourds et tendus.
L'aréole, partie brune et concentrique qui entoure le bout du sein, gonfle. Le mamelon lui-même est plus gros et plus sensible. Enfin, signe important mais dont il sera peut-être difficile de vous rendre compte vous-même, sur l'aréole apparaissent de petites saillies, qu'on appelle les tubercules de Montgomery.

■ **Signes visibles à l'examen médical**

Vous venez de voir les signes qui peuvent accompagner le début d'une grossesse.
Il ne faut pas que cette énumération vous effraie car la grossesse peut aussi débuter et se poursuivre sans qu'aucun de ces petits malaises n'apparaisse ; ou bien ceux-ci peuvent être si atténués qu'ils passeront inaperçus.
Mais même si vous avez remarqué un ou plusieurs de ces symptômes, vous ne pouvez avoir la certitude que vous recherchez. La seule idée que vous êtes peut-être enceinte a pu les faire naître. Car la plupart des malaises – comme vous le verrez plus loin – sont d'origine nerveuse. Dites-vous seulement que vos chances augmentent, que l'hypothèse se renforce. Dans ce cas, vous savez que vous pouvez acheter un test qui vous donnera une réponse rapide (voir page 26). Vous pouvez aussi aller voir un médecin ou une sage-femme. Dans le chapitre sur la surveillance médicale, je vous parlerai plus longuement des personnes qui vont suivre votre grossesse et votre accouchement ; le rôle du médecin est en général bien connu, celui de la sage-femme l'est souvent moins, alors qu'elle est un personnage important de cette surveillance. J'y reviendrai. Notons toutefois, comme vous le verrez page 215, que le premier examen prénatal doit être fait par un médecin.

1. *Encore faut-il que ces règles soient normales dans leur date de survenue, leur abondance et leur durée : la moindre anomalie, ou la reprise de saignements quelques jours plus tard, doivent alerter car ils peuvent témoigner d'une grossesse débutante, mais anormale (menace de fausse couche ou grossesse extra-utérine).*
Par ailleurs, signalons, bien que le cas soit rare, qu'il arrive qu'une femme enceinte continue, à la date théorique de ses règles, à avoir une ou deux fois des pertes de sang. Celles-ci sont généralement moins abondantes que les règles habituelles.

En vous examinant, le médecin vous dira, suivant le moment où vous le consulterez, si vraiment vous attendez un enfant. Nous disons : « suivant le moment », car il ne peut être affirmatif avant un mois et demi de grossesse, c'est-à-dire au moment où, pour la deuxième fois consécutive, les règles n'apparaissent pas [1].

Le médecin va procéder à un examen gynécologique pour voir si votre utérus s'est modifié. L'utérus d'une femme enceinte est bien différent de celui d'une femme qui ne l'est pas. Il a changé de forme (il est devenu rond alors qu'il était triangulaire), de consistance (ramolli au lieu de résistant), et surtout de volume. Ce changement de volume, insensible pour vous au début, est perceptible pour le médecin. Dès la sixième semaine, l'utérus a la taille d'une petite orange et cette augmentation régulière de volume va se poursuivre progressivement. C'est elle qui permettra au médecin d'établir son diagnostic. Mais cela demande quelques semaines. C'est pourquoi, après un retard de seulement huit jours, le médecin ne peut vous donner une réponse définitive.

Vous êtes peut-être suivie régulièrement par un gynécologue. Dans ce cas, un seul examen vers la sixième semaine qui suit la date des dernières règles lui suffira pour se rendre compte si votre utérus s'est modifié, et pour vous donner une réponse. Par contre, si le médecin que vous avez l'intention d'aller consulter ne vous a jamais vue, il faudra peut-être qu'il procède à deux examens pour apprécier l'augmentation du volume de l'utérus. Vous irez le voir une première fois après un retard de huit à dix jours, une deuxième fois deux à trois semaines plus tard.

Certaines femmes, rares il est vrai, n'ont besoin d'aucun des signes décrits plus haut, ni de voir le médecin, ni de passer une échographie, pour savoir qu'elles sont enceintes ; elles disent qu'elles le savent, on pourrait dire qu'elles le sentent, deux ou trois jours après la conception, surtout s'il ne s'agit pas de leur première grossesse.

Un grand nombre de femmes font un test ; il y en a de différentes sortes, mais tous donnent rapidement une réponse fiable, ce qui explique leur succès. Il est également possible de faire faire un test par un laboratoire.

Les tests de grossesse

Tous ceux qui sont utilisés actuellement recherchent dans l'urine ou dans le sang de la femme supposée enceinte une hormone [2] sécrétée par l'œuf (donc caractéristique de la grossesse), l'hormone gonadotrophine chorionique (H.C.G.). Le procédé de recherche est appelé « immunologique », il utilise des anticorps spécifiquement actifs contre l'hormone H.C.G. et capables de faire apparaître une réaction visible à l'œil nu sous forme d'une agglutination de particules ou encore une réaction colorée.

---

1. *La grossesse commence le jour de la conception. Or, vous le verrez au chapitre 5, la conception a lieu à peu près au milieu du cycle menstruel. Par conséquent, au premier jour de retard des règles, si vous êtes enceinte, votre grossesse a déjà deux semaines. Elle aura un mois et demi, quatre semaines plus tard, au moment où, pour la deuxième fois, vos règles manqueront.*

2. *Les hormones sont des substances sécrétées par les glandes dites endocrines ou à sécrétion interne parce qu'elles déversent leurs produits, non pas en dehors de l'organisme, mais à l'intérieur, dans la circulation sanguine. Elles coopèrent au fonctionnement régulier de l'organisme. Certaines hormones sont communes aux hommes et aux femmes, d'autres sont propres à chaque sexe, ce sont les hormones sexuelles.*

En pratique, ces réactions peuvent être exécutées par vous-même sur l'urine ou par un laboratoire sur le sang principalement.

■ Les tests à pratiquer soi-même

Ces tests sont vendus en pharmacie, sans ordonnance, sous la forme de coffrets contenant tous les accessoires nécessaires, dont on ne peut se servir qu'une seule fois ; mais certains sont vendus par boîte de 2, ce qui permet de recommencer, si nécessaire, la réaction après quelques jours. Différentes marques existent, les prix varient de 70 francs à 120 francs ; il n'y a pas de remboursement par la Sécurité sociale.

Les indications de manipulation sont données dans chaque coffret. Elles sont très claires, mais doivent être suivies très précisément, faute de quoi des erreurs sont possibles.

Si votre test est positif, il signifie presque certainement que vous êtes enceinte (les fausses réponses positives sont très rares). Par contre, si le test est négatif, l'hypothèse de la grossesse ne peut être formellement éliminée. C'est le cas, par exemple, d'un test fait trop tôt.

Auourd'hui [1] les tests permettent de connaître la grossesse de plus en plus tôt. Entre les laboratoires c'est devenu une vraie course contre la montre, c'est à qui annoncera la nouvelle le plus tôt.

Mais il y a une limite, un seuil, en dessous duquel la réponse n'est pas possible. Car les hormones n'ont pas encore atteint le taux significatif révélant une grossesse.

Et ce seuil n'est pas le même chez toutes les femmes : d'une femme à l'autre le taux d'hormones peut varier. Ainsi, deux femmes ayant une grossesse d'un même nombre de jours peuvent *avec le même test* avoir un résultat différent.

Pour faire le test, il est conseillé d'utiliser les urines du matin en ayant peu bu la veille. On obtient ainsi des urines plus concentrées, et ayant donc un taux d'hormones plus élevé.

Pour résumer : si votre test est positif, vous pouvez considérer avec quasi certitude que vous êtes enceinte (voir plus haut).

Si le test est négatif, et s'il a été effectué précocément, attendez une semaine pour le refaire. Si après ce délai le test est toujours négatif, et si votre retard de règles se prolonge, il est préférable de consulter un médecin, qui fera probablement faire un examen de laboratoire. Ce dernier peut en effet, à la différence des tests à faire soi-même, doser la *quantité* d'hormones de grossesse et pas seulement en détecter la présence.

■ Les tests pratiqués par les laboratoires

Actuellement, donc, les laboratoires pratiquent surtout, non plus les simples recherches, mais les *dosages* de l'H.C.G. dans le sang.

Cet examen apporte des renseignements supplémentaires indispensables dans les cas où des anomalies (saignements, douleurs) imposent de savoir rapidement s'il s'agit d'une grossesse ou d'une maladie gynécologique ; cet examen est aussi utilisé pour surveiller le début d'une grossesse difficile.

1. *Il y a quelques années, il fallait dix jours de retard de règles pour avoir un résultat. Aujourd'hui certains tests donnent un résultat dès le premier jour de retard, ou même le premier jour présumé des règles attendues.*

Ces dosages sanguins permettent un diagnostic de grossesse un peu plus précoce que la recherche urinaire. Ils permettent également de préciser l'âge de la grossesse, ce qui peut être utile lorsque les cycles sont irréguliers (notamment après l'arrêt de la pilule).

Les tests pratiqués par les laboratoires sont remboursés par la Sécurité sociale quand ils sont prescrits par un médecin.

→ Il y a enfin un moyen plus simple et plus rapide encore de connaître une grossesse à son début, mais il n'est à la portée que des femmes qui connaissent la méthode de la température (expliquée page 29) et l'appliquent régulièrement. En effet, lorsqu'il y a grossesse, au lieu de baisser, la température reste haute. Et c'est ainsi que la persistance de la température haute en l'absence de règles est un signe précoce de grossesse. Elle permet de reconnaître celle-ci dès les premiers jours de retard : dès le 16e jour de température élevée, il y a présomption de grossesse, et, au 20e jour, c'est-à-dire après une semaine de retard, cette présomption devient une certitude.

→ Dans l'éventualité (bien improbable) où vous ne vous soumettriez à aucun examen au cours des trois premiers mois, d'autres événements physiologiques viendront renforcer plus tard la présomption de grossesse : vers trois mois, apparition d'un liquide blanchâtre sécrété par le mamelon des seins si on le presse, le *colostrum ;* augmentation progressive du volume de l'utérus qui devient visible vers le quatrième mois ; enfin mouvements perceptibles de l'enfant entre quatre mois et quatre mois et demi, souvent un peu plus tôt à partir de la deuxième grossesse. Mais il est rare aujourd'hui où, pour bénéficier de la Sécurité sociale et des prestations familiales, un premier examen est obligatoire avant la fin du troisième mois, qu'une femme attende que son enfant bouge pour aller à une consultation.

Vous avez intérêt à être fixée rapidement

Il est important de savoir de bonne heure si vous êtes enceinte, car il y a des précautions à prendre pendant les trois premiers mois, ceux où l'embryon a le plus besoin d'être protégé car il est le plus fragile. C'est pourquoi le médecin vous soumettra à un examen complet pour savoir si rien dans votre état actuel – diabète, par exemple – ou même dans votre état antérieur (car la grossesse réveille certaines maladies) ne risque de compromettre la suite de votre grossesse. Le médecin fera peut-être faire un dosage des hormones pour vérifier si leur taux est normal.

Et puis, il y a une autre raison très importante : tous les organes de votre futur bébé vont s'ébaucher dans les deux premiers mois de la grossesse. Il faut donc être particulièrement prudente pendant cette période.

En attendant d'être fixée, dès le premier jour de retard des règles, ne prenez plus de médicaments. Si vous suivez un traitement, demandez au médecin si vous devez le poursuivre. Evitez de voir un malade contagieux. Ne faites pas de vaccination sans savoir si elle est permise. Au cas où une radiographie vous serait prescrite, signalez que vous êtes peut-être enceinte. Ne mangez pas de viande crue ou peu cuite. Lavez bien les salades et les fruits. Vous verrez plus loin le pourquoi de ces différentes recommandations.

C'est non :
vous n'êtes pas enceinte

Vous venez d'apprendre que vous n'êtes pas enceinte. Le retard de règles qui vous avait fait croire à une grossesse avait une autre cause. Avec le retour de vos règles et la reprise de cycles normaux reviendra la possibilité d'une grossesse.

Si vous êtes déçue de ne pas être enceinte, sachez que la survenue d'une grossesse est moins facile ou se fait attendre plus longtemps chez certaines femmes que chez d'autres. C'est pourquoi il peut être important pour vous de connaître la période la plus propice à la fécondation, celle que l'on appelle la période fertile. Vous verrez plus loin (chapitre 5) que la fécondation ne peut avoir lieu qu'au moment où un événement important se produit dans l'organisme : l'ovulation, c'est-à-dire la « ponte » du germe féminin ou ovule. Cette ovulation se produit généralement, chez les femmes qui ont un cycle de 28 jours, vers le 14ᵉ jour (en comptant à partir du premier jour des règles).

Mais cette ovulation ne se produit pas toujours à date fixe ni chez une même femme ni d'une femme à l'autre (elle varie par exemple avec la longueur du cycle). Vous pouvez en connaître précisément le moment (donc la période où vous êtes fertile) grâce à la méthode de la température.

Vous en avez peut-être entendu parler comme d'un moyen de contraception : il est possible, c'est vrai, de s'en servir dans ce but. Mais la température permet avant tout de se connaître, de connaître son cycle, donc de pouvoir déterminer avec précision le moment où se produit l'ovulation, et, par là, de savoir les jours où l'on est féconde et ceux où on ne l'est pas. Et c'est ainsi que la méthode de la température peut aussi bien être utile à celle qui veut un enfant qu'à celle qui n'en veut pas. Cette méthode vous la trouverez exposée page suivante.

Prendre sa température n'est évidemment pas suffisant ; même lorsque les rapports ont lieu en période fertile, ils ne sont pas toujours immédiatement fécondants et les chiffres nous montrent que seulement 30 % des couples voient survenir dès le premier cycle la grossesse désirée. Les autres devront attendre trois, quatre mois, souvent même plus. Faire enlever son stérilet, arrêter de prendre la pilule ne veut pas dire que l'on sera enceinte dès le cycle suivant. Cela signifie simplement que l'on se donne la possibilité de concevoir, et que la nature (ou la Providence) décidera. Cette notion d'attente possible va certes à l'encontre de l'idée actuelle que l'on programme une naissance comme un voyage, mais, heureusement allais-je dire, les choses sont moins mathématiques.

« Un enfant si je veux, quand je veux », ce slogan qui a eu son heure de célébrité peut induire les couples en erreur, et les plonger dans le désarroi. J'ai entendu une jeune femme dire : « J'ai passé l'agrégation sans problème, et je ne vais pas arriver à avoir un enfant ? »

L'impatience des couples à avoir un enfant à la minute où ils le souhaitent est certes compréhensible ; elle est d'ailleurs souvent d'autant plus grande que la période de non-désir a été plus longue. Mais l'impatience ne doit pas pour autant conduire les couples à penser à la possibilité d'une stérilité, et à consulter trop rapidement un médecin. Cette consultation ne se justifie qu'après un minimum de cinq à six mois sans grossesse.

Et si le médecin lui-même parlait de stérilité, ne pensez pas que tout espoir soit perdu. La stérilité peut avoir de nombreuses causes dont beaucoup sont guérissables.

Et l'âge, quelle influence a-t-il sur la conception ? Théoriquement, la conception est possible tant qu'il y a ovulation, c'est-à-dire jusqu'à la ménopause. Pratiquement la fertilité de la femme commence à diminuer à partir de 35 ans. Et après 40 ans, la baisse de la fertilité s'accentue. Or, à cet âge, souvent le désir d'enfant est plus vif ou renaît (voir page 223). Il faut faire vite pour répondre à ce désir, d'autant plus que l'âge de l'homme intervient lui aussi. On croyait jusqu'ici que tous les hommes, tel Abraham, pouvaient enfanter jusqu'à 80 ans. Des statistiques montrent aujourd'hui que la fertilité des hommes diminue également avec l'âge.

La méthode de la température

Cette méthode permet de connaître le moment de l'ovulation [1]. Voici comment procéder. Prenez votre température rectale tous les matins, à jeun, avec le même thermomètre, à la même heure, avant de vous lever (une activité même minime peut faire monter la température de quelques dixièmes. Si vous vous êtes levée, puis recouchée, laissez passer une heure avant de prendre votre température). Notez-la sur un graphique spécial que vous aurez demandé au pharmacien.

A mesure que les jours passent, vous constatez des hauts et des bas dans votre tracé : ils sont minimes. Mais, un jour, vous remarquerez une nette élévation de niveau : si, par exemple, la courbe se situait jusqu'alors aux alentours de 36° 5, vous verrez que le tracé est monté à 37°, même s'il y a des hauts et bas minimes autour de ce chiffre. Puis, un jour, la température redescend à son niveau initial (36° 5 dans l'exemple choisi). Ce jour est celui de la veille des nouvelles règles.

Regardez maintenant la courbe qui s'est dessinée au cours du cycle. Vous remarquerez qu'il y a une période de température basse et une période de température haute. C'est ce décalage qui permet de repérer le moment où a lieu l'ovulation : le décalage de la température peut se produire en 24 heures, mais parfois aussi en quelques jours. Dans le premier cas, l'ovulation se situe le dernier jour de la température basse. Dans le second cas, elle se situe le premier jour où la température commence à monter.

Connaissant le moment où se produit l'ovulation, vous saurez les jours où les rapports peuvent être fécondants. Ce sont :
→ le jour de l'ovulation, bien sûr,
→ les deux ou trois jours qui précèdent cette ovulation.

Pourquoi les jours qui précèdent ? Parce que les spermatozoïdes ont un pouvoir fécondant dont la durée est discutée, mais qui en tout cas n'est pas inférieure à deux ou trois jours. L'ovule, quant à lui, meurt au bout de 24 heures s'il n'est pas fécondé. Vous entendrez peut-être dire par des femmes se servant de la température comme méthode contraceptive que la période féconde est plus longue : c'est parce que si l'on veut vraiment éviter une grossesse, il faut compter plus large.

1. *La méthode* Billings *permet également de connaître le moment de l'ovulation, voir page 408.*

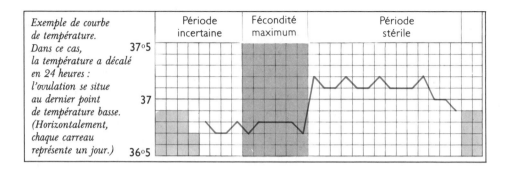

Comment distinguer une élévation de température due à une maladie d'une élévation due à l'ovulation ? C'est très différent car, en cas de maladie avec fièvre, la température s'élève nettement plus haut que la normale. En outre, elle ne se maintient pas au niveau supérieur, mais elle continue à monter, ou bien elle redescend : on n'observe pas sur la courbe les deux niveaux caractéristiques. Puis, d'autres symptômes surviennent : la fièvre est rarement l'unique symptôme d'une maladie. Il n'y a donc pas de risque de confusion.

Cette méthode peut sembler un peu contraignante. Mais si, dans les premiers temps, vous avez intérêt à noter la température tout au long du cycle afin de vous familiariser avec l'allure générale de votre courbe, au bout de quelques mois, il vous suffira de noter la température seulement le temps nécessaire pour reconnaître le décalage thermique, c'est-à-dire au maximum dix jours par mois.

Les courbes peuvent présenter différentes anomalies. Les plus importantes sont : l'absence de décalage de la température ; et, au cours de la deuxième phase, la baisse prématurée de la température, celle-ci devant normalement se maintenir au-dessus de 37° pendant 10-12 jours. Comme ces anomalies révèlent un mauvais fonctionnement des hormones, si votre courbe est anormale, signalez le fait au médecin. De toute manière, vous avez intérêt à montrer vos courbes à un médecin si vous avez un problème quelconque : il y trouvera de précieuses indications sur la manière dont se déroule votre cycle. Il faut ajouter que certaines courbes sont difficiles à lire.

Cette courbe de température qui vous a permis de repérer le moment de l'ovulation pourra aussi vous indiquer si une grossesse a commencé, car dans ce cas la température ne descend pas : la température haute se maintient au-delà des 14 jours. Cette température haute, en l'absence de règles, est même un des premiers signes de grossesse.

▬ Les tests d'ovulation

Il existe des tests vendus en pharmacie qui permettent de dépister soi-même le moment de l'ovulation (ils sont assez coûteux, environ 350 F les sept dosages). Le principe de ces tests est de déceler l'apparition dans les urines d'une hormone fabriquée par l'hypophyse et appelée en abrégé L H. C'est cette hormone qui va provoquer l'ovulation et son apparition précède l'ovulation de 24 à 36 heures. A ce moment-là, le test devient positif. Ce test est fait sur les premières urines du matin et donne un résultat en 30 minutes. Il est souvent nécessaire de refaire le test pendant les 3 à 4 jours qui précèdent la date théorique de l'ovulation.

C'est oui :
tout va changer dans votre vie

« J'attends un enfant » : il est peu de mots qui ont autant de résonances dans l'esprit d'une femme. Dès le moment où elle est sûre d'être enceinte, des sentiments nombreux et contradictoires l'envahissent.

Ce n'est jamais tout simplement « Je suis très heureuse » ou « Je suis très déprimée ». Même à la joie se mêle la crainte devant l'inconnu, même à la déception se mêle la fierté d'être capable d'avoir un enfant.

Et à ces différents sentiments s'ajoutent mêlés : la joie d'avoir un enfant de l'homme qu'on aime, l'émotion d'être en face d'un événement lourd de conséquences, l'excitation, car l'on devine que l'on ira de découverte en découverte, parfois le désarroi devant une situation inconnue si c'est un premier enfant, la curiosité de vivre à son tour l'aventure de la maternité, l'inquiétude de voir son corps se déformer, la crainte de moins plaire à son mari, etc. Mais, dans tous les cas, domine une certitude : rien ne sera plus comme avant.

Il est difficile, même avec beaucoup d'imagination, de prévoir le bouleversement qu'amènera dans la vie d'une femme, dans la vie d'un couple, la venue d'un enfant. Alors, en attendant, on fait des projets, on tâche d'intégrer matériellement la grossesse dans la vie à deux ; et c'est le moment où se pose la question « Qu'est-ce qui *va* changer dans la vie de tous les jours, qu'est-ce qui *doit* changer ? »

A cette question, je réponds dans le prochain chapitre, où je vous parlerai travail, voyage, sport, etc. En attendant de voir en détail ce qui changera peut-être dans votre vie, je voudrais vous signaler tout de suite un changement important.

Vous prendrez l'habitude d'aller régulièrement consulter le médecin, même si vous vous sentez en parfaite santé, même si vous avez l'impression que vous ne vous êtes jamais si bien portée. Pourquoi aller ainsi consulter ? La grossesse serait-elle une maladie ? Certes non, c'est même le contraire.

La maladie est un état anormal (pathologique) que le corps n'a pas prévu, qui l'attaque par surprise, qui l'oblige à lutter et qui le laisse souvent amoindri, du moins pour un temps.

La grossesse, au contraire, est un état normal (physiologique), un état prévu, auquel l'organisme, tous les mois, se prépare ; vous le lirez au chapitre 5 : chaque mois, un ovule s'attend à rencontrer un spermatozoïde pour former l'œuf, la première cellule d'un nouvel être humain. Aussi les règles ne sont-elles jamais que la preuve d'un rendez-vous manqué. Et dès le moment où l'œuf est formé, où l'enfant a été conçu, l'organisme se modifie ; mois après mois le corps s'adapte à son nouvel état et se prépare à l'accouchement. C'est cela la grossesse, elle entre dans le processus normal de la vie d'une femme. Ce n'est donc pas une maladie. Et il peut arriver qu'une femme se sente en meilleure santé pendant la grossesse.

Alors pourquoi voir le médecin régulièrement ? Parce qu'aujourd'hui on a de bonnes connaissances sur le développement de l'enfant avant la naissance, sur l'influence de l'état de la mère sur ce développement. On sait de mieux en mieux suivre une grossesse et reconnaître les moments où il peut être nécessaire d'intervenir pour qu'elle se poursuive normalement.

■ Vous serez peut-être inquiète

Passée la première émotion, cette certitude « J'attends un enfant » va mettre un certain temps à s'imposer dans votre vie. C'est peu à peu que vous allez vous habituer à cette idée, vivre avec elle.

Puis l'idée prendra forme et deviendra un visage : vous essaierez d'imaginer cet enfant. Sera-t-il blond ou brun, aura-t-il les yeux bleus ou gris, vous l'imaginerez déjà dans vos bras, vous vous verrez déjà l'entourant de tous vos soins.

Mais pourquoi attendre ? Mettez tout ce futur au présent, il est là, votre enfant, il est déjà blond ou brun, tous ses caractères physiques ont été déterminés dès l'instant de la conception. Et la couleur de ses yeux, et la taille qu'il aura, et la couleur de ses cheveux.

Il est en vous, il vit. Les Chinois ne s'y trompent pas, qui comptent l'âge de l'enfant à dater du jour où il a été conçu : deux mois après sa naissance, un enfant est âgé de onze mois.

L'enfant est vivant dès la conception : c'est dès cet instant qu'il a besoin de vos soins. En ce moment, il édifie ses os, ses muscles. Il dépend de vous qu'il construise du solide. Car la nourriture et l'oxygène dont il a besoin pour son développement, c'est vous qui les lui apportez. Il vaut mieux prendre des précautions pour ne pas lui transmettre le microbe ou l'intoxication qui le rendraient malade ou l'affaibliraient. C'est la raison pour laquelle je vous ai signalé qu'il y avait intérêt à savoir rapidement si on était enceinte ou non.

Vous allez peut-être être inquiète – beaucoup de futures mères le sont – surtout si c'est la première fois que vous êtes enceinte. *J'attends un enfant* a été écrit pour vous informer. Cette information est l'élément primordial de ce livre, c'est elle qui saura le mieux vous rassurer. Cela ne nous empêchera pas de vous signaler, chemin faisant, les symptômes vraiments inquiétants et de vous alerter pour que, le cas échéant, vous preniez au sérieux tel signe qui vous aurait paru anodin.

En revanche, chaque fois que vos craintes seront injustifiées, chaque fois que vous serez inquiète pour avoir cru un des préjugés qui entourent encore la grossesse, nous vous rassurerons.

Vous avez peut-être d'autres craintes : en devenant mère, saurez-vous préserver votre identité ? Cet enfant ne va-t-il pas submerger toutes vos occupations et préoccupations actuelles ? Et ces craintes peuvent être renforcées par l'entourage qui complaisamment répète : « Tu vas voir, ta vie va complètement changer. »

C'est vrai et c'est faux. Oui, au début les tâches matérielles vont être envahissantes, mais après la période d'organisation, peu à peu, vous saurez les dominer ; et les progrès rapides et spectaculaires du bébé empêcheront toute routine de s'installer. En plus, avoir une nouvelle responsabilité peut vous permettre de vous affirmer, vous rendre plus mûre, plus indépendante de votre entourage. Un enfant c'est souvent un grand pas vers l'autonomie.

Quand accoucherai-je ?

A peine sait-elle qu'elle est enceinte, qu'une future mère se pose la question. Et pas seulement elle, mais le mari, l'entourage, les amis : « C'est pour quand ? » Si c'est aussi la question que vous vous posez dès le début, lisez dans le chapitre 11, la première partie : « Date prévue. »

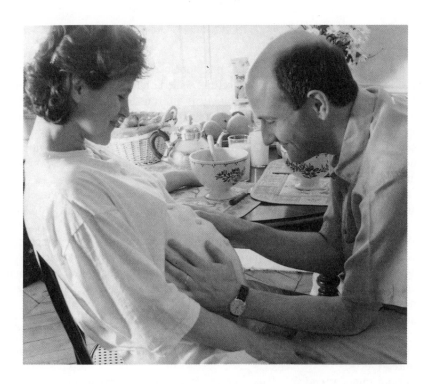

Attendre
à deux

On m'a parfois reproché de n'avoir pas appelé mon livre « Nous attendons un enfant ». Et pourtant, au sens strict du terme, seule la femme peut dire « J'attends un enfant ». C'est elle qui le porte. C'est son corps qui tous les mois, au cours de trois à quatre cents cycles, se prépare à une éventuelle conception avec les inconvénients que cela représente dans sa vie quotidienne. D'où le privilège qu'elle a de pouvoir dire au sens précis du terme « J'attends un enfant ». Et d'ailleurs, il est rare d'entendre un homme dire : « J'attends un enfant ». Il dira plutôt : « Je vais être père », ou « Je vais avoir un enfant ».

Mais il est vrai que si la femme porte son enfant dans son corps, le père et la mère l'attendent tous les deux dans la tête. Psychologiquement, affectivement, intellectuellement, un enfant s'attend à deux, et aujourd'hui encore plus qu'hier.

Le père est maintenant très lié à cette attente : il assiste aux échographies, souvent aux visites prénatales ; il participe parfois aux séances de préparation ; et les pères sont de plus en plus nombreux à être présents à la naissance de leur enfant ; le domaine si longtemps fermé de la grossesse et de l'accouchement s'est peu à peu ouvert aux hommes.

D'ailleurs, à être tant mêlés à cette attente, certains hommes ont fini par être jaloux, ils voudraient porter cet enfant et le nourrir. C'est pourquoi certains, sans se l'avouer ou même sans en être conscients, sont contre l'allaitement qui symbolise tellement la maternité.

Mais pour que « attendre à deux » ne reste pas qu'une formule, encore faut-il que chacun comprenne les réactions de l'autre, ce n'est pas toujours facile : la future mère a parfois des craintes, des hésitations qu'elle ne livre pas, le futur père une attitude qui déroute.

La future mère

Certaines femmes, en devenant enceintes, changent complètement. Chez d'autres, la maternité semble ne rien changer : ni le caractère ni le comportement. C'est pourquoi vous estimerez peut-être, en lisant ce chapitre, que nous avons trop insisté sur telle ou telle particularité de la future mère, ou au contraire que nous l'avons insuffisamment mise en valeur. La psychologie n'est pas une science exacte ; chaque femme a sa manière à elle de devenir mère, manière qui dépend de son âge, de son éducation, de son entourage, de son caractère. Mais, hormis les extrêmes, d'une manière générale une future mère a une psychologie particulière qui évolue avec les mois. Cette évolution, et c'est normal, est si intimement liée à l'évolution physique, qu'on a pris l'habitude de diviser la grossesse au point de vue psychologique en trois trimestres, comme on la divise en trois trimestres du point de vue physiologique.

■ Au premier trimestre : incertitude et ambivalence

En fait la période d'incertitude se réduit de plus en plus avec la précocité et la rapidité des tests. « Est-ce que je suis enceinte ? » Il suffit de quelques heures, parfois même de quelques minutes, pour avoir la réponse. Mais cela n'empêche pas que, même lorsqu'une femme sait qu'elle attend un enfant, elle n'en est vraiment convaincue que lorsque, cet enfant, elle l'a senti vivre en elle, ou qu'elle a vu son « image » lors d'une échographie.

Une femme très heureuse d'être enceinte hésite, au début, entre la joie et la crainte. Ce n'est pas encore la crainte de l'accouchement, mais une crainte diffuse faite de plusieurs éléments : peur de l'inconnu (surtout pour un premier enfant) ; ignorance de « ce qui se passe », de cette vie intra-utérine ; inquiétude de l'avenir (comment faire face aux problèmes matériels que pose l'arrivée de l'enfant) ; interrogation sur ses capacités à être mère, surtout si sa propre mère a été défaillante, ou au contraire trop parfaite ; crainte que le mari ne s'écarte pendant quelques mois, etc. Dans tous les domaines, le premier trimestre est marqué par l'ambivalence des sentiments.

Nausées, insomnies, manque d'appétit, fatigue : causes ou conséquences de ces sentiments mélangés, rendent les premières semaines souvent pénibles.

Une autre crainte domine également le premier trimestre : celle d'un accident, car les femmes savent en général que les fausses couches se produisent surtout au cours des trois premiers mois. Écoutez cette mère : « Au début c'était la joie d'être enceinte. Puis j'ai eu quelques saignements et peur d'une fausse-couche. Une échographie m'a heureusement montré que le bébé était bien vivant, j'ai alors senti un état de calme et de paix. J'avais l'impression que rien ne pourrait me sortir de ce bien-être que j'éprouvais. »

Ce mélange de joie, de refus, de crainte, caractérise vraiment le premier trimestre. Même si au début le refus domine, en général tout change lorsque la future mère sent bouger son enfant. Le désir de maternité correspond à un instinct si profond que même la femme qui avait juré ne pas vouloir d'enfant, inconsciemment le désire. Et il n'est pas rare de voir une femme qui avait pleuré quand elle s'était vue enceinte, devenir en l'espace de quelques mois très maternelle.

La crainte de l'inconnu entraîne d'ailleurs souvent une sorte de régression, la femme se sent démunie, dépendante. C'est peut-être cette peur de l'inconnu qui la rapproche de sa mère qui, elle, est passée par là.

Selon les cultures, l'entourage favorise d'ailleurs cet état un peu régressif et y répond avec un certain empressement : par exemple dans les pays maghrébins, la période de la grossesse est tout à fait valorisée ; dans nos pays, bien que moins attentifs, la femme enceinte est en général l'objet de sollicitude de la part de ses collègues.

D'ailleurs, plus ou moins consciemment, la future mère se plaît à cet état un peu particulier, d'autant qu'elle se sent plus émotive, plus fragile, physiquement et psychologiquement ; elle a envie qu'on s'occupe d'elle, qu'on l'entoure.

Mais en même temps qu'elle vit cette sorte de régression, la future mère se sent devenir pleinement adulte, puisque à son tour elle va avoir un enfant, comme l'a eu sa propre mère : elle sera son égale. Lorsque la mère et la fille s'entendent bien, cette évolution dans leurs rapports sera enrichissante pour l'une et pour l'autre. Sinon il peut y avoir quelques tensions, quelques rivalités, surtout lorsque la mère veut montrer qu'elle sait tout, et accable sa fille d'attentions.

Les mères, ou belles-mères, trop interventionnistes sont souvent mal supportées par les futurs parents. Ainsi cette jeune femme agacée par tous les achats que sa mère fait pour le bébé ; ou bien cette future grand-mère qui se substitue à son gendre dans la vie quotidienne de sa fille, donc du couple, ce qui fatigue les futurs parents ; ou encore ce futur grand-père, qui investit trop dans ce prochain petit enfant, en parle tout le temps, fait des projets, etc., et du coup se fait rejeter. L'important est de savoir garder des limites de part et d'autre, sans dramatiser.

La femme qui attend un enfant se rapproche non seulement de sa mère, mais des autres femmes qui ont eu un enfant, c'est ce que remarque T. Berry Brazelton [1] :

« Il peut lui prendre l'envie de rendre visite à sa mère, pour la regarder vivre et, à l'occasion, lui poser des questions sur son enfance. Elle peut aller jusqu'à remuer de vieux conflits, mais elle observe sa mère intensément et sent qu'elle a de nouveau grand besoin d'elle. Parfois, le désir d'être maternée la pousse à attirer de façon excessive l'attention de sa belle-mère ; elle désire alors être dorlotée et conseillée par la mère de son époux, tout en cherchant à s'en défendre. Elle peut aussi s'en prendre à tous les personnages maternels de son entourage. Elle en viendra même à regarder sous un autre jour ses amies qui ont des enfants. La grossesse est certainement le moment où l'on apprend le plus sur soi-même tandis que l'on se prépare à son nouveau rôle. »

Et de même qu'au début la future mère oscille entre la joie et la crainte, de même est-elle partagée entre ces deux tendances : redevenir enfant et devenir pleinement adulte. Cette ambivalence des sentiments, le malaise qu'elle peut provoquer, est une des raisons des changements d'humeur que l'entourage a parfois de la peine à comprendre.

▪ Le deuxième trimestre est celui de l'équilibre

Il est possible d'essayer d'expliquer à un homme l'état d'esprit d'une future mère, mais je ne crois pas qu'il soit possible de lui décrire les sentiments d'une femme qui pour la première fois sent vivre en elle son enfant. L'émotion est si forte, si profonde qu'une femme n'en parle d'ailleurs pas facilement, comme si la pudeur l'en empêchait. Avec ces premiers mouvements commence entre elle et son enfant un dialogue singulier, mystérieux, qui cessera apparemment avec la naissance, mais qui, en réalité, continuera toute la vie. Même lorsque son enfant est grand, la mère inquiète sent sa crainte retentir au plus profond d'elle-même, viscéralement, là où elle portait son enfant.

Ces premiers mouvements ont une grande importance pour toutes les femmes. Celles qui n'osaient montrer leur plaisir s'y abandonnent maintenant qu'elles sont sûres d'une présence ; en général celles qui ne faisaient que supporter leur grossesse l'acceptent alors franchement. Et pour les femmes qui au début ont de la peine à accepter cet enfant, cette période des premiers mouvements est capitale. Souvent ce signal, venu de l'enfant lui-même, apaise leurs hésitations.

---

1. *Dans* La Naissance d'une famille, *Éditions Stock.*

La mère a déjà eu d'autres preuves de la présence de son enfant. Le médecin lui a fait entendre les bruits du cœur, puis grâce à l'échographie, elle a vu battre ce cœur. Ces preuves, elle les partage avec le futur père mais en général, dit-elle, elles lui font moins d'impression que les premiers mouvements. « J'ai vu battre son cœur, je l'ai entendu, j'étais émue mais un seul petit mouvement de son pied dans mon sein m'a bouleversée », m'a écrit une lectrice. Ce signe, c'est d'abord la mère qui le perçoit au plus profond d'elle-même.

Cette présence de l'enfant agit vraiment sur les pensées et l'imagination, mais aussi sur le corps, ce qui montre à quel point l'un et l'autre sont liés : du jour au lendemain, par exemple, le ptyalisme (salivation exagérée), incident fort désagréable des premiers mois, cesse brutalement. En même temps, les nausées disparaissent, le sommeil revient, l'appétit également. Ce deuxième trimestre s'ouvre sous les meilleurs auspices. Il s'écoule paisible ; les incidents sont rares, les complications exceptionnelles chez la femme en bonne santé. Vers 4-5 mois, la grossesse commence à se voir, mais elle n'est pas gênante. Les femmes surveillent bien leur poids, elles savent aussi qu'il est inutile de changer leurs activités, à moins de prescriptions particulières. C'est d'ailleurs ce que fait naturellement une future mère, car elle est alors au mieux de sa forme. Elle n'est pas fatiguée, elle n'a pas de malaises, elle a souvent le teint plus éclatant qu'à l'ordinaire.

Certaines femmes n'ont pas envie d'afficher trop tôt leur grossesse : elles ont peur que, dorénavant, on ne les voie plus que comme des femmes enceintes. D'autres, au contraire, sont pressées d'acheter un vêtement qui mette leur ventre en valeur ; elles sont fières de cet enfant qu'elles portent : il montre qu'elles sont aimées.

■ Au troisième trimestre

Au premier trimestre l'enfant était un espoir, puis une certitude ; au deuxième, il est devenu présence ; au troisième trimestre, l'enfant est le centre exclusif des pensées, des intérêts, des préoccupations de la future mère.

Tandis que les événements qui font la trame de la vie quotidienne paraissent la toucher de moins en moins au fur et à mesure que passent les semaines, la mère concentre toutes ses pensées sur l'enfant qu'elle porte : attentive à sa croissance, à sa position et à ses changements de position, à la fréquence de ses mouvements, elle s'inquiète de son volume, de ses périodes de calme ou d'agitation. Elle en parle comme s'il était né, lui attribue des qualités, redoute des défauts physiques ou intellectuels, le replace dans le cadre familial, compare éventuellement sa grossesse aux précédentes.

Cet intérêt entièrement centré sur l'enfant est le fait saillant de ce troisième trimestre ; il est important que le futur père en soit averti et le comprenne. Sinon, il risque d'être agacé, jaloux ou même de se sentir exclu. Cette évolution de la future mère est courante.

L'enfant bouge de plus en plus, même et surtout pendant le sommeil de sa mère et, par ses mouvements, il attire chaque jour un peu plus son attention. Cette présence de plus en plus encombrante rappelle les préparatifs à faire : un berceau à acheter, une layette à compléter, une préparation d'accouchement à suivre.

Entièrement préoccupée par l'enfant à naître, on dirait parfois que la future mère désire s'isoler, même de ceux qu'elle aime : les jeunes enfants le sentent, et cherchent à provoquer par tous les moyens l'attention et le contact avec leur mère : ils refusent de s'habiller, de manger seuls, ils exigent leur mère au coucher, ils l'appellent au cours de la nuit, ils mouillent de nouveau leur lit.

Il est certain que c'est au père de rétablir l'équilibre, et les parents peuvent prévenir les enfants que la mère est fatiguée par le bébé qui va naître, sans trop insister cependant car cela éveillerait trop tôt leur jalousie. En effet, si à l'annonce d'une naissance, les frères et sœurs sont ravis et curieux, ils sont toujours plus ou moins jaloux après. Je vous le signale dès maintenant : la jalousie est un sentiment naturel et il sera d'autant mieux surmonté que les parents le sauront et le comprendront. Mais chez certains enfants particulièrement sensibles, ou dont la personnalité est très affirmée ou exigeante, les manifestations de jalousie peuvent être excessives, voire agressives. L'enfant montre de cette façon qu'il souffre ; si vous ne savez comment réagir, parlez-en au pédiatre.

Plus indifférente dans le domaine affectif, la mère le devient aussi intellectuellement : elle a de la peine à s'intéresser à son travail, elle devient moins attentive, elle a des défaillances de mémoire. C'est un fait connu dans les entreprises qu'un certain coefficient d'erreur apparaît dans des métiers exigeant de la précision : comptables, informaticiennes, etc.

Lorsqu'on attend un enfant on rêve beaucoup, souvent et d'une manière très intense, en plus on s'en souvient (d'ailleurs tout au long de la grossesse, pas seulement à la fin). Ces rêves se transforment parfois en cauchemars et peuvent être extrêmement violents, je le signale car c'est fréquent et cela inquiète ; il y a des mères qui craignent que ces rêves ne soient prémonitoires ; je peux vraiment les rassurer, ce qui se passe est normal ; cette activité onirique est due à l'important remaniement psychologique de la grossesse ; il se passe la même chose dans toutes les périodes décisives de la vie, vous l'avez certainement observé, on rêve davantage.

Mais tout entière concentrée sur le bébé, la future mère n'en conserve pas moins son caractère. La grossesse est une évolution, et non pas une révolution. Qu'elle soit de tempérament actif, elle courra les magasins, voudra installer le coin du bébé ou peindre sa chambre ; qu'elle soit plus nonchalante, elle s'enfoncera dans ses rêveries. Mais dans les deux cas, toutes ses pensées, toutes ses préoccupations tourneront autour de l'enfant et la future mère recherchera des livres de maternité ou de puériculture.

Puis, à mesure que les semaines passent, que le bébé pèse plus lourd, que la future mère est moins alerte, une certaine lassitude apparaît et, avec elle, le désir que maintenant les événements se précipitent.

La dernière semaine semble alors plus longue que les neuf mois qui précèdent. D'ailleurs, cette impatience a un avantage : elle estompe l'appréhension de l'accouchement qui persiste toujours plus ou moins. A la veille d'accoucher, la future mère est souvent saisie d'une activité fébrile, d'une envie dévorante de rangements, de nettoyage, de mise en ordre, de déménagement de mobilier, énergie qui contraste avec la lassitude des jours précédents. Tant mieux, c'est signe que la naissance est proche.

■ C'est souvent difficile de choisir

En plusieurs occasions la future maman risque de se heurter à l'entourage qui l'accable de conseils : sa mère « parce qu'elle l'a mise au monde » ; le médecin ou la sage-femme auréolés d'expériences, de technique et de pouvoir ; le mari parce qu'il s'agit de « notre enfant », et qu'en plus prendre les décisions en mains, c'est une manière de partager ; l'amie qui a déjà eu des enfants, parce que « je suis de ta génération et pas de celle de ta mère ».

Ces conseils, ce soutien sont utiles. Attendre à deux est un privilège affectif et quotidien, avoir une famille qui vous entoure un confort appréciable à tous points de vue. Mais ces conseils peuvent devenir pesants, voire accablants, pour une future mère en état de moindre résistance aux autres si elle est fatiguée, en état d'infériorité si elle se croit mal informée, sentiments d'ailleurs plus ou moins présents chez toute future maman.

Lorsque vous serez bien renseignée sur ce qui se passe dans votre corps ; bien au courant du développement de votre enfant ; bien suivie par le médecin ou la sage-femme, c'est-à-dire assurée du côté santé que tout va bien, faites-vous confiance pour les décisions à prendre ; c'est d'abord vous qu'elles concernent.

Qu'il s'agisse de votre désir – ou non – de connaître le sexe de l'enfant avant la naissance, de votre souhait – ou non – que le père assiste à l'accouchement, de votre désir – ou non – d'allaiter, de votre désir – ou non – de péridurale, renseignez-vous, écoutez les autres, discutez à deux, à trois, à plus si vous voulez, mais qu'en dernier ressort ce soit votre choix qui l'emporte.

C'est votre enfant à tous les deux, mais c'est vous qui êtes la plus impliquée dans cet événement, c'est de votre corps qu'il s'agit, c'est donc normal que ce soit d'abord à vous de choisir. Et ne m'en veuillez pas si, chemin faisant, je vous le rappelle...

Le futur père

Il y a des hommes qui se sentent pères dès le jour de la conception. Il y en a pour qui la révélation se produit le jour de la première échographie. Il y en a qui découvrent la paternité en prenant pour la première fois leur enfant dans les bras. Il y en a enfin qui ne prennent vraiment conscience de la paternité que plusieurs mois après la naissance. La paternité ne naît pas en un jour, la naissance d'un père se fait par étapes.

L'idée qu'il va avoir un enfant provoque chez l'homme de nombreux sentiments, souvent contradictoires, tant en ce qui le concerne que vis-à-vis de sa femme.

Tout d'abord il est heureux, puis souvent soulagé de voir que finalement tout se passe bien malgré des mois, parfois des années, de contraception. Enfin il est très fier : pour un homme, savoir qu'il ne peut procréer est généralement ressenti comme une humiliation, comme une atteinte à sa virilité.

Futur père, il se rapproche de son père, il devient son égal. Mais, en même temps, ce changement l'inquiète : il va devenir un autre. Sera-t-il à la hauteur ? Ce sentiment d'inquiétude est renforcé par l'entourage, les amis qui se font un plaisir de lui répéter : « Tu vas voir comme c'est difficile d'élever un enfant. » « La liberté c'est bien fini, adieu le cinéma. » Il a peur de ne pas savoir être père, mais auparavant de ne pas savoir être le mari d'une femme enceinte. Il redoute que sa femme organise un monde à deux où il n'ait pas sa place.

Parfois cette crainte renforce un égoïsme latent : il n'aura plus sa femme pour lui seul. Et facilement, même sans se l'avouer, l'homme voit dans le bébé qui va naître un rival. Lorsque la femme a l'intuition de ce sentiment, elle peut chercher à l'apaiser et à convaincre son mari que deux tendresses peuvent faire bon ménage.

Même s'il ne ressent pas ces craintes, le futur père se rend compte que matériellement la vie va changer : les projets ne seront plus à faire pour deux mais pour trois, certains deviendront même impossibles – au moins au début ; en plus cet enfant, il faudra le loger, l'habiller, le nourrir. Et l'homme se sent d'autant plus responsable de cette nouvelle organisation que souvent sa femme se décharge sur lui, elle considère qu'elle a suffisamment à faire : porter et mettre au monde un enfant.

Ce sentiment, que l'on pourrait croire dépassé par la mentalité d'aujourd'hui où la plupart des femmes travaillent, et de ce fait partagent les responsabilités matérielles du couple, demeure ; pendant ces neuf mois la femme éprouve le besoin de se décharger de certains soucis sur l'homme.

La fierté d'un futur père, à l'idée d'avoir un enfant, lui fait éprouver pour sa femme de l'admiration, de la reconnaissance, de la tendresse.

Mais en même temps, cette femme qui va devenir mère semble tout à coup étrangère à son mari : il sent qu'elle devient une autre personne – il a raison d'ailleurs –, une personne qu'il lui faudra découvrir.

Ces sentiments sont plus ou moins ressentis, d'un futur père à l'autre. Mais il est une réaction quasi générale : c'est la crainte.

L'homme a d'abord peur pour la santé de sa femme, souvent plus qu'elle-même d'ailleurs. Il se sent coupable de ce qui peut lui arriver. Le père s'inquiète également pour son enfant.

La crainte qu'il ne soit pas normal poursuit le père surtout en fin de grossesse, peut-être plus que la mère : parce que sentir bouger l'enfant est rassurant alors que dans la tête du père où tout se passe, l'imagination court vite. L'angoisse que ressent le futur père, qu'il la cache ou qu'il en parle, est toujours présente.

Il y a des hommes si angoissés qu'ils en deviennent malades, ne dorment plus, ont des nausées, des vomissements, prennent du poids, comme leur femme. Ce sont les symptômes de « couvade ».

Couvade : à l'origine le mot désignait, dans les peuplades traditionnelles, le rite, l'habitude de l'homme à se coucher au moment de la naissance : « l'homme se couche quand la femme accouche », simulant d'affreuses douleurs. Puis par extension, on a employé le mot couvade pour des symptômes ressentis par certains futurs pères pendant la grossesse.

Les sentiments d'un futur père sont donc variés, et contradictoires en apparence : il a le sens de ses responsabilités nouvelles, mais il a peur d'être mis à l'écart ; il est reconnaissant à sa femme, et jaloux à la fois ; il se sent renforcé dans sa valeur d'homme, en même temps qu'il a une impression d'inutilité vis-à-vis de sa femme ; il s'inquiète pour sa santé et parfois il a envie d'oublier qu'elle est enceinte ; devant sa femme, il est comme intimidé et, en même temps, il sent qu'il prend de l'assurance, qu'il mûrit en étant bientôt père.

On a toujours parlé des états d'âme de la future mère. On a fini par se rendre compte que le futur père avait les siens. Parce qu'on s'intéresse plus à lui ? Parce que le futur père se met à en parler, même si c'est encore avec réticence ? Toujours est-il qu'attendre un enfant au masculin n'est pas aussi simple qu'on le croirait.

■ Les futurs pères au jour le jour

Presque tous s'intéressent au développement de l'enfant, ils le lisent dans des livres, ou le voient dans des albums ou des cassettes ; ils sont fascinés par l'échographie, presque tous les pères accompagnent leur femme ; ils écoutent les bruits du cœur ; ils guettent les premiers mouvements de l'enfant, pour certains ces mouvements sont d'ailleurs un des révélateurs de la paternité ; ils savent que l'enfant les entend et sont persuadés qu'il reconnaît leur voix : « Je disais à ma femme, je suis sûr qu'il sait que c'est moi qui parle. » Les pères apprécient la visite de la maternité, ils aiment connaître le chemin de la salle d'accouchement, ils ont besoin de visualiser l'endroit.

Mais les futurs pères ne participent pas tous de la même manière à la grossesse de leur femme : certains la vivent avec elle, d'autres continuent à penser que c'est toujours une affaire de femme. Les premiers vont aux consultations, certains aux séances de préparation : « J'ai manqué quelques séances à cause de mon travail et je l'ai regretté. Je trouve que les pères posent des questions pratiques que les mamans n'osent pas poser : quand aller à la maternité, est-ce qu'il faut appeler une ambulance, etc. Vers la fin de la grossesse, des parents sont venus nous raconter comment cela s'était passé, ce que nous avons fait par la suite aussi. »

Certains pères suivent la préparation par femme interposée : « Ma femme me racontait en rentrant, comme ça j'étais prêt pour l'accouchement » ; d'autres y vont une fois, mais l'accueil souvent les refroidit : « Je n'y suis pas retourné, j'ai senti un racisme anti-homme. » Bien souvent, la préparation n'a pas été pensée ni prévue pour les pères. Les hommes n'ont d'autre possibilité que de faire comme leurs compagnes : respirer, faire quelques mouvements. Ils se sentent ridicules. D'autres hommes ne peuvent aller à la préparation pour des raisons pratiques, puisque malheureusement la plupart du temps les séances ont lieu dans la journée. Certains préfèrent les entretiens où les couples se retrouvent. Mais tous ces pères seront présents à la naissance.

Quelquefois ces pères vont plus loin, leur intérêt se change en surprotection : ils accablent leur femme de recommandations, interviennent auprès du médecin, même auprès de la sage-femme au moment de la naissance, ils voudraient que leur femme dorme plus, mange plus et fasse la sieste.

D'autres pères, tout en étant très attentifs et en veillant à la santé de leur femme, ne vont pas avec elle chez le médecin, rarement à l'accouchement. Et s'ils y vont, c'est qu'ils s'y sentent vraiment forcés. Pascal dit carrément : « J'aurais culpabilisé si je n'y avais pas été. Si on n'est pas le super-papa vanté à la télévision, on est nul. » La contribution de ces pères est différente, elle est plus sentimentale, plus affective, ils aident par des gestes, par des mots ; leur femme peut compter sur eux, mais ils ne veulent pas empiéter dans un domaine qu'ils ne considèrent pas comme le leur.

Dans ce groupe de pères, il y a aussi des excès : celui qui ignore la grossesse, il a décidé que c'était un phénomène naturel, qu'attendre un enfant n'est pas une maladie – c'est d'ailleurs vrai, mais... –, et qu'il n'est pas nécessaire de modifier ni la vie quotidienne, ni les projets de vacances, ni les sorties du soir. Ce type d'homme peut rendre une grossesse épuisante. Heureusement il se fait rare.

Il y a aussi les hommes qui fuient, qui rejettent les responsabilités sur leurs femmes, qui se trouvent des réunions, des matchs de foot ou d'autres excuses : « Je n'en pouvais plus, dit l'un d'eux, elle était tout le temps malade, du lundi au samedi, dimanche compris. »

Il y a des pères dont les attitudes sont moins tranchées : ils hésitent entre la participation à la grossesse et l'envie de ne pas s'en mêler (ce sont ceux qui, jusqu'à la dernière minute, hésiteront à la porte de la salle d'accouchement). Voici François : « J'ai participé, j'ai été aux consultations, aux échographies mais j'ai continué à vivre ma vie de garçon. Je partais avec mes copains faire des balades en montagne, je n'avais pas envie que ma vie change ».

D'autres n'auront pas à hésiter, la femme prendra la décision pour eux. Il y a en effet des femmes qui refusent l'intrusion dans leur monde, même de l'homme qu'elles aiment, le sentiment n'a rien à faire à l'affaire. Elles veulent garder leur grossesse pour elles. Ou simplement, elles ne veulent pas être maternées par un mari.

La plupart des propos cités ci-dessus ressortent d'une enquête que nous venons de faire auprès de pères entre 25 et 35 ans. Nous reproduisons ici un peu plus longuement le témoignage de Nicolas qui nous semble résumer assez bien quelques attitudes de pères d'aujourd'hui.

« Notre bébé a été désiré et programmé. Nous avions même choisi la date de la naissance en fonction des vacances : si l'enfant naissait au tout début de l'été, les vacances continueraient le congé de maternité. Mais le hasard a ignoré notre souhait : Maxime est né en novembre.

Au début de la grossesse, je ne réalisais pas bien. Le bébé a commencé a exister pour moi quand la silhouette de ma femme s'est transformée, quand son ventre et ses seins se sont arrondis. Cette transformation du corps m'a d'ailleurs fait plus d'effet que le message de la machine, l'échographe.

Je ne voulais pas savoir le sexe au début, Marie non plus ; nous voulions la surprise. A la deuxième échographie, Marie a dit qu'elle aimerait bien savoir tout de même, ce serait mieux pour les vêtements, le prénom. Moi, j'étais persuadé que c'était un garçon à cause de sa façon de gesticuler dans le ventre. Et c'était un garçon.

C'est à deux qu'on attend un enfant, c'est vrai, mais c'est quand même la femme qui l'a dans son ventre, nous on est extérieurs, on a du mal à ressentir la même chose, à croire qu'il y a un bébé qui bouge, qui se manifeste vraiment à différents moments de la journée. Je demandais souvent à Marie : " Il bouge en ce moment ? " »

Et Nicolas poursuit : « L'accouchement est arrivé plus vite que je ne pensais car Maxime est né à 8 mois. Je me sentais un peu inutile mais j'étais là. Quand le bébé arrive, alors là franchement c'est formidable. Voir le bébé sur le ventre de sa maman, c'est une image qui restera, on oublie tout ce qui s'est passé avant. »

Et il conclut ainsi : « Je suis heureux, mais j'ai un petit doute au sujet de notre couple, il paraît qu'au début il y a beaucoup de femmes qui sont avant tout mères. Je crois que c'est normal, il y a la fatigue, le temps pour s'occuper du bébé. Je serai patient, mais il faut que la mère laisse le père participer. Mais j'ai confiance dans la vie. »

Tous ces témoignages montrent bien que les pères s'intéressent de plus en plus tôt à leurs enfants et passent beaucoup de temps avec eux. Nombreux sont d'ailleurs ceux qui prévoient de prendre quelques jours de congé supplémentaires pour allonger le congé de paternité.

A ces témoignages j'ajouterai ceci : les enfants d'aujourd'hui sont presque toujours programmés, parfois même avec une grande précision. « Pendant six ans nous avons voulu profiter un peu. Puis, nous avons souhaité avoir un enfant, dit Luc. Ce qui fut fait. Après la naissance de Jacques, nous avons attendu trois ans pour qu'il soit rentré à l'école à la naissance de Marie. Tout s'est bien déroulé », conclut Luc. Ô divin hasard !

Même dans ces conditions, lorsqu'une femme dit à l'homme de sa vie « J'attends un enfant », souvent l'annonce le surprend : « J'ai appris cela un soir en rentrant, dit Yves. C'est une surprise vraiment formidable ; même si on a voulu l'enfant, on a du mal à y croire. »

« Moi, j'ai mis une semaine à le réaliser, dit Jean. Je ne cessais de dire à ma femme : en es-tu bien sûre ? »

A propos de l'échographie : pour tous les pères, elle a un côté magique. « Dès que je l'ai vu à l'échographie, pourtant c'était la première et à 5 semaines, mon enfant était grand comme un grain de café, j'ai pourtant bien été obligé d'y croire. A partir de là, j'ai commencé à faire des projets. » Et Frédéric, lui, ajoute : « Je suis allé à chaque échographie avec ma femme et chaque fois j'ai trouvé magnifique : on voit le bébé gigoter, sucer son pouce, se mettre en tailleur, cela rassure beaucoup. » Mais, pour certains pères, l'échographie ne montre pas vraiment leur enfant. Écoutez François : « A la première échographie j'ai réalisé une présence bien sûr, mais c'était un étranger ce bébé. Ce n'était pas ma poussinette, celle qui maintenant est là près de moi. »

Enfin au sujet du sexe : presque tous les parents veulent d'abord un fils, mais à la loterie de la naissance, c'est 50/50. Alors pour le deuxième enfant, ils souhaitent en général un enfant de l'autre sexe ; mais pas toujours. Écoutez Pierre : « Après une fille, je pensais avoir envie d'un garçon. Maintenant, je me dis que deux filles ce serait bien, elles seraient amoureuses de leur père, pas de problème, alors qu'un garçon voudrait peut être devenir le chef... »

■ Pour aider votre femme pendant ces neuf mois

Sur le plan pratique, permettez-moi quelques suggestions : rappelez-vous, et rappelez-le à votre femme, que tant que la grossesse est normale, elle ne nécessite qu'un minimum de précautions, elle ne doit pas devenir un esclavage. C'est vrai pour l'alimentation : dans un pays comme la France, il n'y a pas de risque de malnutrition, il n'y a qu'à se promener dans un marché pour le constater, le seul risque c'est de trop manger ; c'est valable pour les sports : il y en a peu de contre-indiqués ; c'est vrai pour les voyages ; cela l'est également pour le travail. Comme me l'a dit un obstétricien : « Laisser les futures mères vivre comme d'habitude, c'est sûrement le plus grand service que nous puissions leur rendre. »

Et si, devant des phénomènes pathologiques, le médecin impose des mesures temporaires désagréables (régime, surveillance plus stricte, si nécessaire hospitalisation), la femme les acceptera d'autant mieux qu'on ne lui aura pas rendu la vie impossible jusque-là avec des interdits, des prescriptions inutiles.

Voilà pour la santé de votre femme.

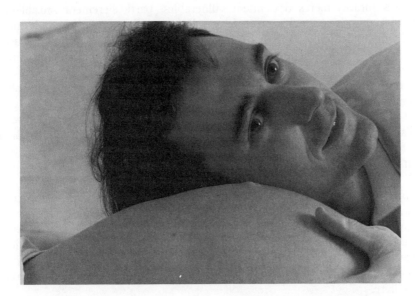

Tout le monde s'attend à ce qu'une future mère soit de temps en temps irritable, nerveuse, comme on s'attend à ce qu'elle ait mal au cœur. Cela n'étonne pas. Mais il y a des comportements plus difficiles à comprendre, parce que plus inattendus, en particulier le repli du troisième trimestre. Il y a aussi cette mélancolie si fréquente après la naissance, qui étonne toujours l'entourage car elle cadre mal avec l'événement heureux qui vient de se produire. S'il vous arrive de ne pas comprendre certains de ces comportements, dites-vous que c'est le cas de bien d'autres futurs pères.

Comme je vous le dis au chapitre « Beauté », la grossesse se porte bien aujourd'hui ; les femmes sont beaucoup moins complexées par leur ventre, et les maris trouvent en général leur femme belle ; il n'empêche que certaines femmes vivent vraiment dans la crainte que leur mari ne les délaisse et maintenant, et après la naissance, si elles n'ont pas retrouvé leur ligne. Si votre femme vit dans cette crainte, une personne peut lui redonner le moral : c'est vous. Quand on doute de soi, il suffit souvent de quelques mots pour reprendre confiance.

Et si votre femme a peur d'un accident, peur de l'accouchement – il y a des femmes qui vivent neuf mois de crainte, surtout lorsqu'une grossesse précédente s'est mal terminée –, d'abord, écoutez-la : savoir qu'elle peut tout vous dire la libérera déjà un peu de ses craintes ; puis essayez de la rassurer, dites-vous bien d'ailleurs qu'elle ne demande que cela, et n'oubliez pas que les mots ont un pouvoir magique, ils peuvent inquiéter : une amie racontant un accouchement difficile peut plonger une future mère dans l'angoisse, mais les mots peuvent aussi rassurer. Ces mots, je suis sûre que vous saurez les trouver.

En ce moment, chez votre femme, une force prodigieuse s'exerce. C'est la plus grande force qui existe dans la nature : celle qui est capable de faire se développer et naître un enfant. Aucune autre ne peut lui être comparée. Cela demande à la femme force et énergie. Parfois elle en éprouve une lassitude, une certaine faiblesse, cela se comprend.

D'autres futures mères deviennent vulnérables, particulièrement sensibles ; une phrase mal comprise ou mal interprétée peut les impressionner. Par exemple, au cours d'une échographie, le médecin dit : « Là, je vois une jambe. » La mère, anxieuse, traduisit : « Mon bébé n'a qu'une jambe. » Il fallut une autre échographie pour la persuader du contraire.

Une autre future mère sort bouleversée du cabinet de son médecin et téléphone à une amie sage-femme en lui disant qu'elle doit la voir tout de suite. Que s'était-il passé ? A la fin de l'examen, la gynécologue avait dit avec un air très sombre et les sourcils froncés : « Col long, fermé, postérieur. » « Mais c'est parfait, lui dit son amie sage-femme, c'est que tout va bien. » « Alors pourquoi faisait-elle cette tête-là ? » « Elle pensait peut-être tout simplement à sa voiture qui était mal garée... »

On parle en général du *futur* père (c'est d'ailleurs le titre de ce chapitre). Strictement parlant, la formulation n'est pas fausse, mais le psychanalyste Bernard This fait remarquer que l'emploi du mot *futur* présente un inconvénient : il empêche parfois l'homme de réaliser complètement qu'il va être père, et de s'impliquer d'emblée dans des projets d'avenir. Bernard This propose de parler tout simplement de *père* dès la conception ; c'est d'ailleurs ce que nous avions déjà fait très spontanément à maintes reprises dans ce livre.

Sur les pères, vous pouvez lire : *Histoire des pères et de la paternité,* sous la direction de Jean Delumeau et de Daniel Roche, Éditions Larousse. Ce livre présente une série d'articles pluridisciplinaires (écrits par des historiens, démographes, juristes, psychiatres, psychanalystes) qui témoignent de l'évolution du statut et des représentations que l'on se fait de la paternité depuis des siècles. Même sans accepter toutes les thèses des auteurs, ce livre permet de réfléchir aux influences que la société a sur nous, souvent à notre insu ; tout en sachant que chaque individu est unique et que chaque « père-enfant » établit ses propres inter-relations.

J'ai éprouvé dès le début de ce livre, le besoin de vous raconter et à l'un et à l'autre, et pour l'un et pour l'autre, l'évolution psychologique à laquelle on peut s'attendre pour ces neuf mois. Certes c'est un peu de prospective, mais vous en faites aussi en pensant dès la conception à la date de la naissance...

Si vous êtes seule

Si vous êtes seule pour attendre votre enfant, ce qui précède vous aura peut-être donné un pincement au cœur. Deux ? Vous voudriez bien, mais le père n'est pas là. Il est peut-être même parti avant de savoir que vous étiez enceinte, ou lorsque vous le lui avez annoncé. C'est au moment où l'homme prend conscience de la vie qui se prépare qu'il se sent parfois incapable de l'affronter.

Françoise a 30 ans, trois enfants, elle est séparée de son mari. Elle tombe amoureuse d'un homme plus jeune. Ils désirent avoir un enfant ensemble. Françoise est enceinte rapidement. Les événements se sont déroulés si vite que l'homme a pris peur de cette responsabilité et qu'il a fui. Son entourage propose à Françoise d'abandonner l'enfant à la naissance, elle refuse : « Cet enfant, je l'ai vraiment voulu, je souhaitais donner cette preuve d'amour à l'homme de ma vie, je ne vais certainement pas l'abandonner. »

Céline partage la vie d'un homme nettement plus âgé qu'elle ; elle aimerait un enfant, mais Marc ne le souhaite pas : « Ce n'est plus de mon âge », lui dit-il chaque fois qu'ils abordent la question. Malgré cela, Céline attend un enfant, mais ne révèle sa grossesse qu'au quatrième mois pour être sûre de pouvoir garder le bébé. Son compagnon se sent pris au piège, floué, et la quitte.

Quelles que soient les difficultés [1] que la mère a, ou aura, à affronter dans de telles circonstances, au départ l'enfant aura été une histoire d'amour entre un homme et une femme, ces exemples le montrent ; cela semble un élément positif.

Il arrive qu'une femme choisisse délibérément d'avoir un enfant et de l'élever seule. Ce choix peut provenir du rejet volontaire d'une présence masculine. D'autres fois, la femme souhaite avant tout avoir un enfant parce que les années passent, et cet enfant, elle est prête à l'élever, même sans père ; ou encore elle cherche une compagnie pour sa vie quotidienne, et un but.

Ces choix sont volontaires, mais le plus souvent à l'origine de ce désir d'enfant, il y a une motivation inconsciente, elle peut ressurgir plus tard.

Florence décide à 37 ans d'avoir un enfant. Elle a une bonne situation, elle rencontre un homme avec qui elle ne souhaite pas vivre, mais qui comble le désir d'enfant qu'elle a depuis quelques années. Le bébé naît, tout va bien. Ce n'est que quelques mois plus tard, lors des difficultés que renconre toute mère, que Florence réagit d'une façon excessive, elle se sent très nerveuse, presque déprimée. Florence prend alors conscience que ce rejet d'un homme et d'un couple a des racines profondes, et remonte à une déception amoureuse qu'elle a éprouvée lors de l'adolescence. Cette déception a été si grande que Florence n'est jamais arrivée à nouer une relation amoureuse satisfaisante avec aucun homme. C'est pourquoi elle a choisi d'avoir un enfant et rejeté le père. Cette prise de conscience a été bénéfique pour Florence ; elle qui voyait dans son enfant la cause de sa dépression, s'est alors détendue.

---

1. *Si, dans une circonstance semblable, vous êtes à la recherche d'une adresse ou d'une aide, vous trouverez des renseignements pratiques au chapitre 19.*

Qu'on ait choisi d'être seule pour élever son enfant, ou qu'on se retrouve seule, il est rare qu'il n'y ait pas de difficultés en chemin.

La première suggestion à faire à une femme qui attend seule son bébé, c'est de trouver un interlocuteur à qui parler, un interlocuteur qui ne soit pas impliqué dans l'histoire de la mère. Par exemple, la psychologue de la maternité, le médecin, l'assistante sociale, un psychothérapeute. Il est rare qu'on ne trouve pas une oreille attentive, d'une « neutralité bienveillante », comme le dit le psychanalyste Simon-Daniel Kipman.

La famille peut être un soutien affectueux et compréhensif, mais il y a aussi un risque, c'est que la famille « récupère » sa fille, et cherche à la surprotéger des difficultés supplémentaires. Cette attitude peut empêcher la jeune femme de vivre pleinement sa vie d'adulte, car avoir un enfant est une étape de maturation, quelles que soient les circonstances.

La société porte encore souvent sur les mères seules un regard sévère (« Elle s'est fait avoir », « Avec la pilule, c'est incroyable », etc.). Et, ce qui est bien compréhensible, ce regard gêne la future mère. En fait, quelles que soient les circonstances, cet enfant peut aussi être une étape dans la vie d'une femme : attendre un enfant est un événement si important qu'il peut être riche d'émotions et d'apprentissages, sauf si on le vit avec gêne et culpabilité.

Mais parlons un peu de l'absent, le père. Si la mère a de lui une image traumatisante et dévalorisante, elle risque de projeter sur son enfant ses sentiments d'amertume, de frustration, de rejet. Or, ce qui est important, c'est que la mère essaie de séparer son bébé de cette image négative, qu'elle lui permette de se développer comme un être indépendant affectivement. Car si au départ l'enfant est accablé par un passé si lourd, son développement pourrait s'en ressentir et les relations entre la mère et l'enfant risqueraient alors d'être perturbées.

Tandis que si l'enfant peut être associé à des souvenirs positifs et chaleureux, évidemment les projets seront plus faciles, la vie de tous les jours aussi.

Mais quelle que soit son image, et bien que physiquement il ne soit pas là, ce père devra prendre une place dans la vie de l'enfant ; cette place, c'est la mère qui la lui donnera en parlant de lui. Dire, comme certaines femmes (c'est une psychologue de maternité qui me l'a rapporté), « Son père est mort » ou « Il n'a pas de père », est pour l'enfant une mutilation, une amputation de la filiation. C'est faire comme si cet enfant avait été conçu sans père.

Ce n'est pas toujours facile de parler à l'enfant de son père, mais si la mère n'y arrive pas, tôt ou tard, ce père, l'enfant le recherchera et il en voudra à sa mère de le lui avoir caché, quelles qu'aient été les circonstances.

Ce chapitre a pour titre : *Si vous êtes seule*. En fait, vous ne le serez jamais vraiment. Jour après jour, ce bébé va vous accompagner. Si vous l'attendez, lui aussi vous attend, plus, il est là en vous, il vous sent près de lui, vous le sentez tout proche. En lisant certaines pages de ce livre, vous verrez à quel point le dialogue se noue très tôt, et comment, bien avant la naissance, un enfant et sa mère peuvent faire connaissance et déjà s'aimer.

2.

La vie quotidienne

Qu'est-ce qui va changer dans votre vie ? Tout, et rien. Ce n'est pas un jeu de mots facile.

Psychologiquement *tout* va changer, jour après jour, semaine après semaine. L'attente n'est au début qu'une idée, puis elle se précise et prend forme, puis mouvement.

Et vos réactions suivent. Vous étiez une, vous commencez à vous sentir deux, vous imaginez votre vie à trois : le père, l'enfant et vous. Alors peu à peu, vous réalisez que tout sera désormais différent.

C'était l'objet du précédent chapitre. Dans celui-ci, nous voudrions vous parler de votre vie pratique, quotidienne, celle sur laquelle vous vous posez les premières questions. Vous allez voir que peut-être *rien* ne va changer, que pendant neuf mois vous n'éprouverez ni besoin ni envie de modifier vos habitudes. En deux générations, l'attitude vis-à-vis de la grossesse a beaucoup évolué. Une nouvelle médecine est née : la médecine périnatale qui se consacre à la vie de la mère et de l'enfant bien avant la naissance. Cette médecine a débarrassé la grossesse de toute cette mythologie qui se nourrissait de préjugés, et qui faisait de la future mère une femme à part, comme mise entre parenthèses de la vie normale.

Et la médecine d'aujourd'hui a apporté une notion nouvelle : il y a les grossesses normales, celles de 90 % des femmes qui peuvent continuer sans risque à mener pratiquement la même vie qu'avant d'être enceintes. Et puis il y a les grossesses dites « à risques », celles où la future mère est suivie spécialement, car pour une raison ou pour une autre bien précise, elle doit observer des recommandations particulières pour mener sa grossesse à terme. Ces risques, il en est question au chapitre 9. Dans le présent chapitre, nous voudrions vous parler de la vie quotidienne de la femme dont la grossesse s'annonce normale.

Cette femme peut donc mener la même vie que celle qu'elle menait avant d'être enceinte. A peu de choses près, car il y a quand même quelques modifications à apporter, dues au fait que la grossesse a un retentissement sur tout l'organisme, que l'enfant se fait de plus en plus pesant, qu'il prend de plus en plus de place, et qu'une certaine fatigue s'ensuit normalement.

Votre travail

Parlons d'abord du travail. Quelle incidence peut-il avoir sur l'avenir de la grossesse, donc sur celui de l'enfant ? C'est ce que plusieurs enquêtes ont étudié [1], voici leurs conclusions :

– effectué dans des conditions normales, le travail, qu'il soit fait à l'extérieur ou au domicile, ne nuit pas à la grossesse ;

– lorsqu'une femme travaille à l'extérieur – cas de 70 % d'entre elles – elle est souvent plus à même de prendre sa santé en charge car dans son milieu professionnel, elle est en général mieux informée ;

– mais il y a certains facteurs qui augmentent les risques de prématurité, par exemple des conditions de travail pénibles, des déplacements longs et fatigants.

En effet, lorsqu'on examine les facteurs énumérés dans ces enquêtes, on comprend qu'ils puissent être préjudiciables à la future mère et à son bébé : trajets importants – quel que soit le mode de transport – pour se rendre à son travail ; station debout plus de 4 heures par jour (et non pas 6 heures comme on le disait auparavant), ou position pénible : bras en l'air, bras tendus, courbée, accroupie, à genoux ; travail à la chaîne sur machine ; travail sur machine avec effort ou vibrations importantes ; effort physique excessif ; transport de charges de plus de 10 kilos ; tâches répétitives ; environne-

1. – C. RUMEAU-ROUQUETTE *et* U. 149 : « *Naître en France* ». *Enquêtes nationales sur la grossesse et l'accouchement.* INSERM, *Paris, 1981.* – N. SPIRA, A. BAJER, J. DE CHAMBRUN, D. LIPSZYC. « *Enquête périnatale à Aulnay-sous-Bois et Blanc-Mesnil* ». *Expérience de surveillance mensuelle de la grossesse. Résultats. Paris, 1980.* – N. MAMELLE, F. MUNOZ, D. COLLIN, F. CHARVET, P. LAZAR : « *Fatigue professionnelle et prématurité* ». Arch. mal. prof., 1981, 42, 211-216.

Comme vous le voyez, ces enquêtes ont déjà plus de 10 ans, mais elles sont très importantes car à leur suite, des mesures ont été prises qui, en quelques années, ont fait baisser le taux de prématurité (de 6,8 % en 1981 à 4,8 % en 1991).

ment : bruit fort et permanent ; température froide ; atmosphère anormalement sèche ou humide ; manipulation de produits toxiques.

Et lorsque plusieurs de ces éléments sont associés, le taux de prématurité augmente fortement. Qui s'en étonnerait ?

Malheureusement bien des femmes qui travaillent loin de chez elles rentrent dans ce qu'il est convenu d'appeler une population à risques.

De nombreuses dispositions ont déjà été prises pour la protection des futures mères. Mais on ne peut que conseiller à la femme qui attend un enfant, et qui effectue un travail pénible, de consulter le médecin du travail : celui-ci pourra demander à l'employeur un aménagement de poste, ou un changement temporaire, et/ou une réduction de la durée du travail. Si cela n'est pas possible, la femme enceinte s'adressera à son médecin traitant pour qu'il lui prescrive un arrêt de travail. La société ne peut que retrouver son compte à ces mesures : la réanimation d'un grand prématuré coûte très cher, largement plus que deux mois d'indemnités supplémentaires. D'ailleurs les accoucheurs, bien informés des dangers des travaux pénibles et connaissant leurs risques, donnent sans peine ces congés.

De même pour le travail fait chez soi, tout dépend des conditions. Si la future mère est bien informée, bien suivie, et s'il le faut aidée, tout ira bien. Mais si elle a déjà plusieurs enfants, si elle est accablée de travail et vit dans des mauvaises conditions socio-économiques, elle risque d'avoir un enfant prématuré ou de trop petit poids. Mais cela relève du bon sens.

On ne peut donc établir l'équation travail = danger, ou travail = protection, tout dépend des circonstances. Mais regardons les choses de plus près.

Si vous avez une activité professionnelle. Si vous êtes salariée, vous savez probablement que la loi prévoit que vous pouvez prendre six semaines de repos avant la date prévue pour l'accouchement, et dix semaines après. Plus qu'une possibilité, ce repos est d'ailleurs une obligation pour recevoir les indemnités journalières. En fait, vous pouvez vous reposer moins longtemps, mais pour recevoir vos indemnités journalières, il faut vous arrêter au moins 8 semaines en tout. Je vous donne toutes les précisions au chapitre 19 dans le *Mémento pratique* [1].

Ce temps de repos est court, mais il peut être suffisant si votre grossesse se déroule normalement, et si votre travail est peu fatigant. Par contre six semaines de repos avant l'accouchement sont insuffisantes dans de nombreux cas : tous ceux que j'ai signalés plus haut et qui justifient largement de s'arrêter avant la date prévue. Et dans bien des cas (naissance de jumeaux, attente du troisième enfant, etc.) la loi prévoit un congé de maternité plus long.

Les jeunes femmes dont le métier est incompatible avec la grossesse (artistes et mannequins) à partir du moment où celle-ci est très visible peuvent s'arrêter de travailler à partir de la 21ᵉ semaine, après accord du médecin-conseil et sur présentation d'un certificat médical. Elles sont indemnisées par la Sécurité sociale au tarif maladie.

Nous vous signalons dès maintenant (mais nous vous en parlons plus en détail dans le *Mémento pratique*) que si vous étiez malade et obligée d'interrompre votre travail, vous ne pourriez pas être licenciée, et vous seriez indemnisée par la Sécurité sociale au tarif maladie pour le temps de votre absence.

1. *Dans ce chapitre, vous trouverez aussi les renseignements concernant le congé de maternité des femmes qui ne sont pas salariées.*

D'autres raisons indépendantes de la fatigue causée par un travail de force entraînent un changement de poste pour tout ou partie de la grossesse :
→ dès le début de la grossesse pour les femmes travaillant dans un laboratoire de radiologie médicale ou industrielle, à cause de l'exposition aux rayonnements ;
→ également dès le début de la grossesse pour les ouvrières de certaines fabriques de produits chimiques manipulant des produits toxiques ;
→ pendant les trois premiers mois de la grossesse, en cas d'épidémie de rubéole, pour les femmes que leur métier met en rapport avec des enfants, institutrices par exemple, si elles ont un sérodiagnostic négatif (c'est-à-dire si elles ne sont pas protégées contre la rubéole).

Ajoutons que le travail sur écran cathodique (ordinateur), qui a été parfois incriminé, semble vraiment ne faire courir aucun risque particulier à une femme enceinte.

Quelques mouvements de détente. Ici, je voudrais dire deux mots aux femmes qui ont l'habitude de travailler de longs moments assises ou de longs moments debout.

Ce qui est bien, c'est de prendre l'habitude, le plus souvent possible, de « casser » les tensions musculaires liées aux positions gardées un peu trop longtemps : station assise devant une machine à écrire, station debout avec le bras en l'air, pour écrire au tableau.

Pour vous détendre, faites le mouvement qu'on fait spontanément le matin au réveil : étirez haut les bras au-dessus de la tête, ou bien, si cela n'est pas possible socialement, voici quelques exercices plus discrets :
→ haussez les épaules en inspirant, tenez quelques secondes, puis relâchez en soupirant ;
→ faites 2 ou 3 mouvements des épaules en rotation avant et arrière ou roulez « des mécaniques » 2 ou 3 fois ;
→ faites 2 ou 3 « cercles de chevilles » ou flexions-extensions des chevilles pour faire circuler le sang dans les membres inférieurs.

Ce ne sont pas des exercices à faire en série de 10 ou 20, mais simplement des mouvements de détente à faire de temps en temps.

Chez vous. Vous aurez, comme toutes les femmes qui attendent un enfant, l'envie de tout ranger dans la maison, ce qui est nécessaire comme ce qui l'est moins ; la chambre où sera le berceau, mais les autres aussi, pour qu'en arrivant « il » trouve tout net, joli, bien soigné. C'est normal. Mais évitez quand même les efforts excessifs. D'ailleurs, vous vous rendrez bien compte vous-même de vos limites. Et ne remuez pas vous-même la grosse commode aux tiroirs pleins à craquer, ne décidez pas à un mois de votre accouchement qu'il est indispensable de peindre ou de tapisser, ce qui vous obligerait à passer des heures sur l'échelle les bras tendus.

Pensez particulièrement à ces recommandations si vous êtes obligée de déménager, ce qui arrive souvent quand on attend un enfant. Essayez de déménager au milieu de votre grossesse, c'est-à-dire pendant la meilleure période, plutôt qu'au début ou à la fin.

Enfin, que vous travailliez à l'extérieur ou non, deux précautions supplémentaires sont à prendre en ce qui concerne votre vie quotidienne :

→ évitez toute source de contamination éventuelle, c'est-à-dire abstenez-vous de rendre visite à des malades ayant une affection contagieuse ;
→ méfiez-vous des animaux domestiques qui peuvent transmettre certaines maladies dangereuses pendant la grossesse, telle la toxoplasmose (voir chapitre 10). Si vous avez un animal chez vous, par prudence, surtout si c'est un chat, demandez au vétérinaire s'il n'est atteint d'aucune affection transmissible.

Au cas où le médecin vous aurait prescrit de vous reposer, mais que vous n'ayez pas les moyens de vous faire aider pour les travaux ménagers ou les soins de vos enfants, demandez à l'assistante sociale de votre mairie si vous ne pouvez pas bénéficier d'une aide familiale ; elle vous donnera également la liste des associations qui pourraient vous aider.

Le sommeil

Si vous le pouvez, dormez au moins huit heures. En fait, au début cela ne pose guère de problème : les premiers mois, une future maman a de grands besoins de sommeil. Et si possible, étendez-vous un moment après le déjeuner : ôtez vos chaussures, posez vos pieds sur un coussin pour soulever vos jambes, et détendez-vous. Vous sentirez vous-même le bienfait de ce repos au milieu de la journée, particulièrement si vous avez de la peine à digérer, ou si vous avez une mauvaise circulation.
Vous pouvez dormir dans n'importe quelle position sans crainte d'écraser ou de gêner votre enfant. Il est bien à l'abri.
Si vous avez des insomnies en fin de grossesse, reportez-vous au paragraphe « Troubles du sommeil », page 208.

Les relations sexuelles

C'est sans vraie raison que l'on a, pendant longtemps, recommandé l'abstention des rapports sexuels au cours de la grossesse. Rien n'a jamais justifié cette recommandation si ce n'est les mythes qui entouraient la grossesse et plaçaient la femme enceinte en dehors de la vie.
D'une façon générale, quand la grossesse se déroule bien, la vie sexuelle du couple n'a aucune raison d'être modifiée ; les rapports sexuels ne font pas courir de risque à l'enfant. S'ils étaient aussi dangereux qu'on l'a dit, il y aurait souvent des fausses couches. Certes, au fur et à mesure que le ventre grossit, certaines positions sont plus confortables que d'autres, mais vous saurez bien les trouver ensemble.
Les modifications du désir et du plaisir sexuels ne sont pas rares pendant la grossesse. Certains couples voient augmenter leur activité sexuelle : peut-être parce qu'ils n'ont pas à penser à un moyen de contraception, et plus généralement parce que cet enfant qui va naître est le symbole de l'harmonie de leur couple, de leur épanouissement de femme et d'homme. Plus souvent, l'activité sexuelle est ralentie, surtout au début et à la fin de la grossesse. Peut-être est-ce par peur de faire mal au bébé, crainte compréhensible, mais injustifiée si les relations amoureuses se font dans la douceur et

le respect du corps maternel. L'activité sexuelle peut aussi être ralentie parce que la future mère est davantage centrée sur elle-même, sur ce qu'elle vit à l'intérieur de son corps, ou tout simplement parce qu'elle est fatiguée ; peut-être aussi parce que certains hommes apprécient moins le corps d'une femme enceinte.

Il n'y a que deux cas où la plupart des médecins conseillent la diminution ou même la suppression des rapports sexuels :
→ au début de la grossesse, quand il y a un risque de fausse couche ;
→ à la fin, quand existent des risques d'accouchement prématuré d'autant qu'il est possible que l'orgasme s'accompagne de contractions utérines.

Il peut arriver, enfin, qu'après un rapport vous constatiez l'écoulement de quelques gouttes de sang. Ceci est habituellement dû au fait que la grossesse rend le col de l'utérus plus fragile ; parlez-en quand même à votre médecin surtout si la perte de sang se prolonge.

Bains et douches

Pendant la grossesse, la transpiration est nettement augmentée. Un cinquième de l'élimination de l'eau se fait par les glandes sudoripares, celles qui sécrètent la sueur. Elles aident les reins qui ont fort à faire pour éliminer les déchets rejetés par la mère et l'enfant.

Contrairement à un préjugé encore répandu, les bains ne sont nullement contre-indiqués pendant la grossesse. Au contraire, ils ont une action sédative générale. Les femmes qui ont de la peine à dormir prendront leur bain le soir. Si vous transpirez beaucoup, salez l'eau de vos bains.

Hygiène des organes sexuels. Les sécrétions vaginales sont souvent augmentées au cours de la grossesse, et les hémorroïdes ne sont pas rares ; il est donc important de faire deux toilettes locales par jour à l'eau et au savon ordinaire. Même en cas de pertes blanches abondantes – c'est fréquent – ne pas faire d'injections vaginales qui ne sont pas utiles. Parlez-en au médecin qui vous prescrira des traitements sous forme d'ovules, de comprimés gynécologiques, ou de crèmes gynécologiques.

Les cigarettes

Il est de plus en plus déconseillé aux futures mères de fumer. Les statistiques montrent que chez les grandes fumeuses (plus de 15 à 20 cigarettes), les accouchements prématurés sont deux fois plus fréquents et que, à terme égal, les enfants pèsent environ 10 % de moins que les autres bébés.

Faut-il s'arrêter de fumer ? Bien sûr, si vous le pouvez, mais sans prendre de médicaments anti-tabac car ils sont déconseillés pendant la grossesse. Si l'effort de volonté nécessaire pour vous arrêter vous rend vraiment trop nerveuse à un moment de votre vie où vous souhaitez être calme, alors, au moins, réduisez le nombre de cigarettes, pas plus de 5 à 6 par jour. Et demandez également à votre entourage de ne pas trop fumer : on est de plus en plus convaincu de l'influence néfaste du tabagisme passif. La fumée des autres peut vous faire du mal à vous et à votre bébé.

Enfin si vous souffrez d'une affection des voies respiratoires, laryngite, sinusite, bronchite, n'oubliez pas qu'elles sont toutes aggravées par le tabac.

Et l'alcool ?

On recommande aux futures mères de boire le moins possible, voire pas du tout. En effet, l'alcool passe très vite dans le sang. (C'est pourquoi, avant qu'on ait institué le système de l'alcootest, lorsqu'il y avait un accident, on faisait une prise de sang aux automobilistes pour savoir s'ils avaient bu.) L'alcool que vous absorbez passe donc dans votre sang mais, hélas, aussi dans celui du bébé car le placenta ne lui fait pas barrage. Vous en concluerez vous-même qu'il est préférable de ne pas boire lorsqu'on attend un enfant.

Il faut de toute façon supprimer les boissons fortement alcoolisées : apéritifs, whisky, cocktails, digestifs.

Il est mieux également de ne pas boire d'alcool au cours des trois premiers mois (période de formation du bébé) à cause des risques de malformations.

Par la suite, il n'est pas déraisonnable de boire un verre de vin ou une coupe de champagne, mais occasionnellement.

Enfin n'oubliez pas que la bière et le cidre sont également des boissons alcoolisées, qu'il faut donc les consommer avec modération. A titre d'indication, il y a autant d'alcool dans un verre de vin, un demi de bière ou un petit verre d'apéritif. Accessoirement, sachez que l'alcool fait grossir : par exemple un verre de vin représente l'apport calorique de 4 à 5 morceaux de sucre.

Vous allez nous trouver bien sévères à propos de l'alcool. Mais un élément nouveau incite à la plus grande prudence : on est de plus en plus convaincu du rôle néfaste de l'alcool sur le développement de l'enfant.

Nous ne parlons pas ici de l'alcoolisme, c'est un sujet différent qui est traité page 254.

Les voyages

Pendant longtemps on a déconseillé aux femmes enceintes tout déplacement et tout voyage. Aujourd'hui, de plus en plus de femmes enceintes voyagent pour leur travail ou leurs vacances ; mais s'il n'est plus question d'interdire, il reste d'actualité de rappeler certains conseils.

Premier principe, de simple bon sens, on ne doit pas voyager avec une grossesse « à problèmes ».

Second principe : il concerne le choix du moyen de transport. Ce ne sont pas tant les secousses – du train ou de la voiture – qui sont à craindre, que la fatigue. D'abord les trains n'ont plus de secousses, et de toute manière, votre enfant est solidement accroché, vous ne risquez pas de le faire naître en le secouant. En revanche, tout voyage fatigue (mal au dos, notamment). Or, une fatigue excessive et répétée augmente les risques d'accouchement prématuré. Pour éviter un incident, il faut donc prendre le moyen de transport le moins fatigant : pour un long voyage, choisissez plutôt le train ou l'avion, moins fatigants que la voiture. Et de toute manière, après 7 mois, le long voyage est à éviter, quel que soit le moyen de transport. Cela dit, examinons de plus près les différents moyens de transport.

● TRAIN. Bien souvent aujourd'hui, grâce au TGV, les voyages sont moins longs. C'est donc une cause de fatigue supprimée. Et pour tout grand voyage, préférez plutôt la couchette, c'est moins fatigant.

● VOITURE. Pour éviter la fatigue et les douleurs lombaires, si fréquentes, placez un coussin au creux du dos, faites des étapes courtes de 200 à 300 kilomètres, et arrêtez-vous de temps en temps cinq à dix minutes pour marcher et vous dégourdir les jambes.

A part la fatigue que l'on peut diminuer en prenant ces précautions, la voiture présente un vrai danger : celui de l'accident. N'oubliez donc pas de mettre votre ceinture de sécurité. Encore faut-il pour qu'elle soit efficace :

→ qu'il s'agisse d'une ceinture à trois points de fixation (les ceintures à deux points sont plus dangereuses qu'utiles) ;

→ qu'elle soit correctement placée comme indiqué sur le dessin ci-dessous ;

→ qu'il n'y ait aucun espace entre la ceinture et le corps, c'est-à-dire que la ceinture doit être tendue en permanence.

(Je vous rappelle que les statistiques montrent que la sécurité du passager est plus grande à l'arrière de la voiture, et avec une ceinture.)

Si vous conduisez vous-même, il faut que vous preniez trois éléments en considération :

→ d'abord que les réflexes sont souvent un peu ralentis et l'attention émoussée au cours de la grossesse ;

→ ensuite que, au moins dans les trois à quatre derniers mois, votre ventre vous gênera et rendra difficiles les mouvements rapides parfois nécessaires à la conduite ;

Ceinture bien mise.

Ceinture mal mise.

→ enfin, si comme certaines femmes enceintes, vous êtes sujette à des malaises (perte de connaissance) ayez la sagesse de renoncer à conduire.

● AVION. Pour les longues distances, c'est le moyen de transport le plus indiqué, parce que le moins fatigant. Et sachez que la plupart des compagnies aériennes acceptent les femmes enceintes jusqu'à huit mois révolus.

● BATEAU. Partir, enceinte de 8 mois, pour faire le tour des îles grecques, c'est parfaitement déraisonnable : pas de médecin sur le bateau, pas de médecin sur la

petite île. Mais bien sûr, faire une partie de pêche ou aller au château d'If, cela ne pose pas de problème.

Reste une dernière question : celle de votre destination. Évitez de vous rendre dans certains pays tropicaux pendant votre grossesse. D'abord, les vaccinations parfois nécessaires peuvent être contre-indiquées (voir page 225). Ensuite, le risque d'y contracter certaines maladies existe, ce risque se doublant du fait que leur traitement peut nécessiter la prise d'un médicament contre-indiqué chez une femme enceinte. Je pense en particulier au paludisme : le médicament préventif varie selon les zones de cette maladie et certains de ces médicaments sont tout à fait déconseillés pendant la grossesse.

Pour conclure, quel que soit le moyen de transport utilisé, on peut dire ceci :
→ vous allez très bien, mais vous voulez aller très loin, ne partez pas sans demander l'avis du médecin ;
→ votre grossesse ne se déroule pas tout à fait normalement, parlez-en au médecin avant tout déplacement.

Au cours des deux derniers mois, il est préférable de ne pas s'éloigner de plus de quelques dizaines de kilomètres du lieu où l'accouchement est prévu. Car, à cette période, il y a toujours un risque non négligeable, d'accouchement prématuré. Ce risque se doublerait de l'inconvénient d'accoucher dans une maternité que vous n'avez pas choisie, et qui n'est peut-être pas bien équipée pour une naissance prématurée.

Vous avez besoin d'exercice physique

Vous êtes peut-être de ces femmes qui ne font aucun sport, jamais de gymnastique, et qui n'ont pas l'habitude de marcher. Je vais vous surprendre : maintenant que vous êtes enceinte, c'est le moment de prendre l'habitude de faire au moins un peu d'exercice physique, et peut-être, ayant découvert comme c'est agréable de faire de la gymnastique tous les jours et de marcher régulièrement, continuerez-vous après la naissance de votre enfant.

Car le minimum d'exercice dont vous avez besoin – et pour vous et pour votre enfant – vous le trouverez en marchant chaque jour, et en faisant tous les matins quelques mouvements.

● LA MARCHE EST LE SPORT DE LA GROSSESSE. Elle n'est jamais dangereuse, elle active la circulation, particulièrement dans les jambes, la respiration, le fonctionnement de l'intestin, souvent paresseux ; elle renforce la sangle abdominale.

L'idéal est de pouvoir marcher tous les jours une bonne demi-heure, dans un endroit bien aéré, ce qui permet d'absorber plus facilement les 25 % d'oxygène supplémentaire dont la future mère a besoin. Si votre vie ne vous permet pas de faire cette marche quotidienne, vous vous rattraperez pendant le week-end, en vous aérant au maximum.

Si la marche est excellente pendant la grossesse, elle n'a pas d'action sur le déclenchement de l'accouchement ; il ne sert à rien de vous forcer à marcher pour accoucher plus tôt, cela vous fatiguerait inutilement.

● DES EXERCICES BIEN CHOISIS PRÉSENTENT UN TRIPLE AVANTAGE :
→ tout d'abord, ils facilitent le bon déroulement de la grossesse : circulation activée ; meilleure oxygénation ; bonne position du corps qui permet de porter l'enfant sans fatigue ; meilleur équilibre nerveux ;
→ ensuite, ils préparent un accouchement plus facile et plus rapide par le raffermissement des muscles appelés à jouer un rôle important au cours de l'accouchement, et par l'assouplissement des articulations du bassin ;
→ enfin, ils permettent aux différentes parties du corps de retrouver leur état normal plus rapidement après l'accouchement : ventre plat, taille fine, seins bien soutenus, etc.

Les exercices recommandés se divisent en trois catégories : exercices respiratoires, exercices proprement musculaires, exercices de relaxation. Vous les trouverez tous réunis au chapitre 14. Vous comprendrez mieux l'utilité de ceux qui sont particulièrement destinés à préparer l'accouchement, quand vous saurez comment il se déroule et ce que vous aurez à faire.

Tenez-vous-en aux exercices décrits. Ils sont tout à fait suffisants. Il ne s'agit pas de vous transformer en athlète ni de faire de la musculation, mais de faciliter votre grossesse et votre accouchement par quelques mouvements simples. Et rappelez-vous que cinq minutes d'exercices quotidiens valent mieux qu'une heure par semaine. Il y a peu de contre-indications à une culture physique modérée durant la grossesse.

Vous pouvez faire les exercices chez vous. Vous pouvez aussi les faire dans un groupe de préparation à la naissance ; c'est toujours intéressant et agréable de rencontrer d'autres futures mères.

Les sports

Peut-on continuer à pratiquer un sport pendant la grossesse ? Tout dépend du sport envisagé, de l'entraînement de la future mère, de la manière dont elle le pratique (avec modération ou avec excès) et de son état de santé.

Votre grossesse est normale, vous êtes sportive et entraînée : continuez à pratiquer un sport, sauf s'il est contre-indiqué pendant la grossesse (voir la liste plus loin), mais faites-le avec modération, en connaissant vos limites : tout excès peut être dangereux. L'excès, c'est le surmenage, l'essoufflement et une femme enceinte se fatigue vite. C'est pourquoi les exercices et sports violents, notamment de compétition, seront interdits. D'une façon générale, les sports collectifs (volley, basket, etc.) sont contre-indiqués ; c'est compréhensible car il est difficile de limiter son effort quand on est au milieu d'un groupe. Et même si tout va bien, les trois derniers mois, cessez tout sport.

Mais si la grossesse n'est pas normale, le sport est déconseillé.

Passons maintenant en revue quelques sports courants.

• ALPINISME. Des randonnées en montagne, oui, mais sans dépasser 1 000 à 1 200 mètres d'altitude : une femme enceinte est plus sensible au manque d'oxygène. De l'ascension sportive, du rocher, de la varappe, non. Le risque à éviter (j'y reviendrai souvent), c'est la chute.

• BICYCLETTE, CYCLOMOTEUR. La bicyclette est un sport actif, qui fait travailler de nombreux muscles, et qui est bon pour le muscle cardiaque. Mais quand on parle de bicyclette, il y a deux aspects complètement différents : d'un côté la bicyclette-tourisme pour se promener ; elle n'est pas en cause sauf à la fin de la grossesse ;

soyez prudente cependant car les pertes d'équilibre ne sont pas rares et la chute peut arriver. Et il y a la bicyclette-moyen de transport quotidien, au milieu des encombrements, et qui comporte des risques à cause de la fréquence des accidents des deux-roues.

Ceci est encore plus vrai pour le cyclomoteur (ou la moto). Ce ne sont pas les secousses à craindre qui pourraient provoquer une fausse couche ou un accouchement prématuré, là aussi ce qu'on redoute c'est l'accident, la chute.

● DANSE CLASSIQUE, DANSE RYTHMIQUE. Oui, tout à fait possible.

● ÉQUITATION. Non, le risque de chute est trop grand.

● GOLF. Excellent, puisqu'il concilie grand air et marche.

● Le JOGGING est très déconseillé pendant la grossesse et doit être remplacé par la marche.

● JUDO. Ce n'est pas le sport idéal pour une femme enceinte : sport violent, risques de chutes, etc. Seules les femmes qui le pratiquent peuvent continuer au moins au début de la grossesse, en essayant de limiter les risques (mais est-ce possible ?). Il ne faut certainement pas qu'une femme enceinte commence le judo quand elle n'en a jamais fait avant.

● NATATION. C'est, avec la marche, le meilleur sport pour la femme enceinte. Une femme sportive obligée de renoncer à un sport incompatible avec la grossesse, aura en nageant, la faculté de s'adonner à une activité physique, à la fois agréable et utile. Dans l'eau, une femme enceinte se sent plus légère. Plus légère, elle se détend plus facilement. D'autre part, la natation est un excellent exercice musculaire et respiratoire.

Pour ces raisons, la natation est bonne pour la future mère. Il y a même des séances de préparation à l'accouchement qui se font en piscine. Les futures mères qui ont eu l'occasion de participer à une telle préparation n'y ont trouvé que des avantages, notamment l'agrément de pratiquer dans l'eau plutôt que dans une salle, les exercices de détente et de respiration (voir page 345). Si la natation est bonne, comme pour les autres sports, pas d'excès, pas de compétition, pas de plongeon.

• L'AQUAGYM. Comme son nom l'indique, c'est une gymnastique qui se fait en milieu aquatique. Elle se répand de plus en plus, elle est tout à fait bénéfique pour les femmes enceintes ; elle comporte des exercices de respiration, de marche dans l'eau, des jeux de groupe (avec un ballon par exemple). Même les femmes qui ne savent pas nager peuvent pratiquer l'aquagym.

• PATINAGE. Oui, si vous êtes une habituée, sinon vous risquez les chutes.

• PLANCHE À VOILE. Oui, si vous êtes experte car les risques de chute et de chocs sont diminués, non si vous débutez.

• PLONGÉE SOUS-MARINE. Elle est formellement contre-indiquée pendant la grossesse.

• SKI DE DESCENTE ET SKI NAUTIQUE. Non, toujours à cause du risque de chute.

• SKI DE FOND. Bien que les risques de chute soient moins grands qu'avec le ski de descente, les avis sont quand même partagés, demandez au médecin ce qu'il en pense. En général, ce qu'on pourrait appeler le ski de promenade ne pose pas de problème ; en revanche le ski de fond pratiqué de façon intense représente un effort sportif trop important pour la future mère.

• TENNIS. Oui, mais pour s'amuser seulement, pas pour s'entraîner.

• YOGA. C'est à la fois un sport et une excellente préparation à l'accouchement (voir page 340).

Vous le voyez, ce que l'on redoute dans le sport pratiqué inconsidérément, outre la fatigue qu'il peut entraîner chez une femme enceinte, c'est le risque de chute. Une femme enceinte est moins agile et moins stable, et risque aussi de tomber plus facilement. Même si on ne croit plus guère qu'une chute puisse provoquer une fausse couche ou un accouchement prématuré, à moins d'être très violente, qui dit chute, dit risque de fracture. Or, au cours de la grossesse, les fractures mettent plus longtemps à se consolider.

▬ Un dernier mot sur quelques points particuliers

• LE BAIN DE SOLEIL. Ce n'est pas le moment de vouloir bronzer, car il faut vous méfier du soleil : votre peau risque d'en souffrir ; si vous avez le teint déjà un peu marqué, vous pouvez voir apparaître un véritable « masque » (voir page 98). De plus, le soleil a une action néfaste sur les veines et peut accentuer d'éventuelles varices.

• LES BAINS DE VAPEUR, c'est-à-dire LE SAUNA. Bien que nous n'ayons aucune preuve formelle, l'élévation de température du corps qu'ils provoquent risque de ne pas être bonne pour une femme enceinte. En plus, une température très élevée est souvent inconfortable et mal supportée.

• LES LAMPES À ULTRAVIOLETS. Même en dehors de la grossesse, il est recommandé de les utiliser avec précaution : pour l'épiderme, les risques sont les mêmes que ceux du soleil et même supérieurs ; et on ne connaît pas les conséquences éventuelles pour le bébé. Aussi est-il préférable, lorsqu'on attend un enfant, de ne pas utiliser de lampes à ultraviolets.

3.

Bien se nourrir

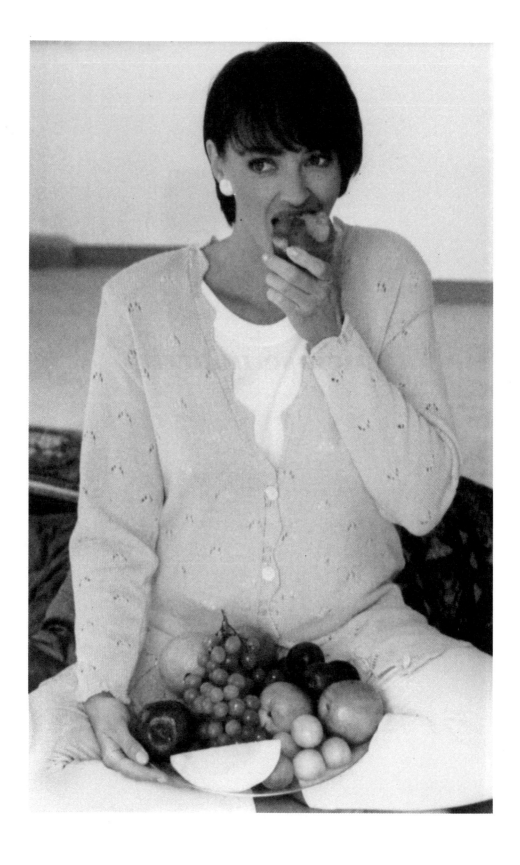

Faut-il manger plus ?

A la conception, l'œuf humain est si petit qu'on ne peut le voir à l'œil nu. A la naissance, l'enfant pèse environ 3,3 kg, il mesure aux alentours de 50 cm. Jamais de sa vie l'être humain ne connaîtra de croissance aussi prodigieuse. Or ce qu'il lui faut pour prendre ces kilos et ces centimètres, pour bâtir ses os et ses muscles, l'enfant le puise dans le sang de sa mère : et le calcium et les protéines, et le fer et les vitamines, et les graisses et le phosphore, etc., etc. C'est dire l'importance de l'alimentation pendant la grossesse. L'enfant a des besoins précis qu'il faut satisfaire, la future mère également. Porter un enfant représente pour son organisme un travail auquel participent tous ses organes. En outre, certaines parties de son corps se développent considérablement : les seins et l'utérus.

Faut-il manger plus ? Faut-il manger différemment lorsqu'on attend un enfant ? Je parlerai d'abord de la quantité. C'est la première question que se posent, en général, les futures mères.

Des générations ont vécu dans l'idée qu'il fallait manger pour deux ; aussitôt enceintes, les futures mères mettaient les bouchées doubles. Le résultat : elles prenaient trop de poids, ce qui était inutile et même dangereux. Puis, on a tellement attiré l'attention sur les dangers de cette suralimentation systématique qu'aujourd'hui certaines futures mères mangent très peu pour ne pas prendre trop de poids. Où est la juste mesure ? Avant de vous répondre, voici quelques précisions.

La question calories

Le corps humain ne peut fonctionner qu'au prix d'un apport d'énergie. L'énergie, pour les voitures, c'est l'essence ; pour certaines machines, le charbon ; pour une cuisinière, l'électricité ou le gaz. Pour le corps humain, l'énergie ce sont les *calories* apportées par les aliments.

L'organisme fonctionne comme une machine, comme un moteur. Au contact de l'oxygène absorbé par les poumons, les aliments « brûlent ». Cette combustion dégage de la chaleur, autrement dit, fournit de l'énergie.

On sait d'une manière précise combien d'énergie fournit chaque aliment. On exprime, ou l'on mesure, cette énergie en calories. Ainsi, on dit : 100 g de viande fournissent 170 calories (en moyenne) ; 100 g de lait entier, 70 ; 100 g de salade, 30, etc.

Quelle énergie représente une calorie ? La calorie est la quantité de chaleur nécessaire pour élever d'un degré un gramme d'eau. Par exemple, un gramme de graisse dégage en brûlant 9 calories. Toute graisse fournira la même quantité d'énergie lorsqu'elle sera absorbée, puis brûlée par l'organisme. Les sucres (glucides) et les protéines n'apportent que 4 calories par gramme. De cette définition un peu abstraite, on peut retenir qu'il y a, au point de vue énergétique, une différence entre les aliments : selon leur composition, les uns apportent peu de calories, les autres dix ou cent fois plus. Vous devrez en tenir compte pour surveiller votre poids.

Comment sont dépensées les calories. Cette énergie apportée par les aliments, sous forme de calories, notre corps va s'en servir pour faire toutes sortes de tâches. D'abord pour que fonctionne ce qui est vital, comme le cœur ou les poumons. Ainsi, même en restant dans son lit à ne rien faire, un être vivant consomme de l'énergie pour subsister. Cette énergie de base nécessaire qui est de 1 500 calories, en moyenne, pour l'adulte, s'appelle d'ailleurs le *métabolisme basal.* C'est, autrement dit, le minimum vital.

Mais le métabolisme basal varie en fonction du poids, de la taille, de l'âge et du sexe : il est un peu plus élevé chez l'homme que chez la femme, chez l'individu de 70 kg que chez celui de 50, chez l'adolescent que chez le vieillard, etc. Et il augmente de près de 25 % au cours de la grossesse.

Par ailleurs, l'énergie fournie par les aliments est utilisée pour maintenir la température du corps à 37°. Ainsi les habitants des régions froides font-ils une grande consommation d'aliments très riches en calories (comme l'huile) pour lutter plus facilement contre le froid.

Enfin, l'énergie fournie par les aliments est utilisée pour chaque effort fait par l'organisme, pour chaque geste, pour tout le travail de nos muscles et de notre cerveau : lever un poids, marcher, courir, repasser, mais aussi écrire, lire ou réfléchir.

Vous trouverez ci-dessous quelques chiffres vous donnant une idée des dépenses faites par l'organisme pour quelques activités courantes.

Dépense calorique horaire d'une personne de 70 kg [1]

Durant le sommeil	65
Lire à haute voix	105
Tricoter (23 points par minute)	116
Chanter	122
Taper à la machine rapidement	140
Promenade (4 km/h)	200
Nager	500
Courir (8,5 km/h)	570
Monter les escaliers	1 100

Bien sûr, plus le travail est fatigant, plus la consommation d'énergie est grande : par exemple le bûcheron peut dépenser jusqu'à 7 000 calories par jour, tandis que la femme qui a un travail sédentaire utilise 2 000 calories par jour.

Si un individu ne mange pas assez pour couvrir ses besoins, il entame ses réserves : il maigrit ; s'il mange trop, il constitue des réserves ; les calories inutiles se transforment en graisses : il grossit...

1. *D'après Jean Lederer, dans* L'Encyclopédie moderne de l'hygiène alimentaire. *Éd. Maloine,* page 11.

Une alimentation correcte, du point de vue quantité, est donc celle qui fournit à l'organisme l'énergie dont il a besoin. Nous l'avons vu, une femme de taille et de poids moyen, n'exerçant pas un travail particulièrement fatigant, doit avoir une alimentation qui lui apporte environ 2 000 calories.

Et lorsqu'elle est enceinte ? Il ne lui en faut, en fait, guère plus. Elle a besoin de 2 100 calories par jour, et, en fin de grossesse, un peu plus : 2 250 (sauf dans quelques cas précis).

Ces calories supplémentaires correspondent aux besoins du bébé et à l'augmentation du métabolisme basal de sa mère.

Mais 250 calories de plus par jour, cela ne fait qu'une augmentation de moins de 15 %. Vous voyez qu'on est loin du double !

S'il n'est pas nécessaire à une femme enceinte de manger beaucoup plus que d'habitude, il y a cependant quelques cas où cela sera indispensable :
→ une femme très jeune n'ayant pas terminé sa croissance devra avoir une ration d'environ 2 500 calories par jour, en augmentant essentiellement le lait (plus d'un litre de lait ou équivalent par jour) et les fromages ;
→ une femme ayant un travail fatigant devra également avoir une alimentation qui lui apporte environ 2 500 calories par jour en augmentant la ration de glucides, de lipides, de vitamines B et C ; mais elle devra cesser la suralimentation pendant le repos prénatal ;
→ une femme ayant déjà eu plusieurs enfants aura besoin de calories supplémentaires et d'une alimentation suffisamment riche en vitamines, folates et certains minéraux ;
→ une femme attendant des jumeaux devra, à partir de la deuxième moitié de la grossesse, consommer plus d'aliments énergétiques et d'aliments riches en minéraux et vitamines.

Pourquoi il ne faut pas trop manger

Trop manger, grossesse ou pas, aboutit à prendre trop de poids. Il n'est pas rare qu'une femme enceinte grossisse trop, soit parce qu'elle a plus d'appétit qu'avant, soit parce qu'elle pense que cette nourriture supplémentaire est nécessaire à son enfant.

Manger pour deux est une recommandation qui nous vient de siècles souvent défavorisés et qui n'a plus cours dans nos sociétés actuelles où nous avons plutôt tendance à avoir une nourriture trop riche.

Or, une prise de poids excessive pendant la grossesse peut avoir des conséquences néfastes. Je vous en citerai trois.

Il y a un rapport certain entre la prise de poids et la survenue de la toxémie gravidique (albuminurie, œdèmes, hypertension ; je vous en parle page 241). Cette toxémie peut retentir sur le développement de l'enfant qui risque de naître avec un poids inférieur à la normale, malingre et chétif. La première raison pour surveiller votre poids, c'est donc votre santé et celle de votre enfant.

D'autre part, plus la prise de poids est élevée, plus les tissus ont tendance à s'infiltrer d'eau et de graisse, plus ils perdront leur souplesse et leur élasticité naturelle. Cela aura comme conséquence que l'accouchement sera moins facile. La deuxième raison pour surveiller votre poids, c'est votre confort au moment de l'accouchement.

Et la troisième raison, c'est la récupération rapide d'une silhouette normale après l'accouchement.

Pour ne pas manger plus qu'il n'est nécessaire, vous avez un moyen simple : surveillez votre poids en vous pesant régulièrement une ou deux fois par semaine.

▬ Surveillez votre poids

Une future mère prend en moyenne 10 à 12 kg pendant sa grossesse. Lorsque je dis en moyenne, cela signifie que, très normalement, certaines femmes prendront 1 ou 2 kg en plus, d'autres en moins, cela dépendra de leur constitution, de leur poids avant la grossesse, de leur taille, de leur activité physique, etc.

Les trois premiers mois, le poids reste stable en général. Mais un certain nombre de femmes maigrissent au début de leur grossesse de 1 ou même 2 kg, surtout celles qui sont sujettes aux vomissements. Si c'est votre cas, ne vous en inquiétez pas : vous reprendrez du poids lorsque vos vomissements auront cessé.

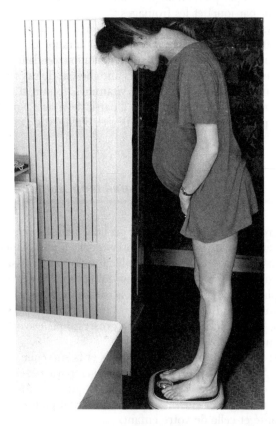

Ces kilos, vous les prendrez donc surtout à partir du quatrième mois, à raison de 350 g par semaine environ. Pesez-vous régulièrement. Si vous avez grossi de plus de 350 à 400 grammes par semaine, c'est que votre nourriture est trop riche, il faut donc la ramener à la normale. Pensez aussi au fait que l'appétit reste à peu près identique pendant toute la grossesse alors que les dépenses physiques diminuent progressivement.

▬ Si vous avez pris trop de poids

En regardant votre balance, vous constatez que vous avez pris trop de poids. Qu'allez-vous faire ?

Vous n'allez pas être condamnée désormais à faire des calculs compliqués avant de vous mettre à table, pour additionner les calories d'une tranche de pain, plus celles du bifteck, plus celles d'un yaourt, etc. Non. Ce qu'il faut, c'est vous familiariser avec les aliments à éviter. Ceux qui apportent le plus de calories sont les corps gras, et ceux qui sont à base de lipides (voir page 76, la liste des aliments contenant des graisses). Pour vous donner une idée :

→ 1 gramme de lipide fournit 9 calories,
→ 1 gramme de protéine en fournit 4.

Il faut donc diminuer les aliments riches en lipides, essentiellement les poissons gras, viandes grasses, fromages gras, beurre, huile, mais aussi les aliments qui ont des graisses cachées : frites, fritures, pâtisseries, cacahuètes, etc.

Les aliments sucrés et les féculents, ceux qui fournissent des glucides (voir page 76), n'apportent pas plus de calories que les aliments protéinés, viande ou œufs par exemple, mais ces aliments sucrés sont ceux que la digestion transforme le plus facilement en graisses. Il faut donc également les diminuer, ou même en supprimer certains :

→ évitez les bonbons, les pâtisseries, le chocolat ;
→ diminuez le sucre en supprimant, par exemple, celui que vous ajoutez au thé et au café, et en réduisant les quantités de miel et de confiture ;
→ réduisez sérieusement le pain, les pommes de terre, les féculents (pâtes, légumes secs, etc.) ;
→ méfiez-vous des biscuits apéritifs et autres amuse-gueule : les femmes enceintes ont tendance à en consommer trop, comme pour compenser l'alcool qu'elles ne boivent pas.

Ce n'est pas un régime de famine, il vous reste quand même pour vous nourrir : les aliments protéinés pauvres en corps gras, c'est-à-dire, parmi les poissons : limande, merlan, sole, colin, raie et même maquereau ; parmi les viandes : bœuf, veau, surtout en grillades, et la volaille ; parmi les fromages et laitages : fromages allégés à moins de 45 % de matières grasses, fromages blancs à moins de 40 % de matières grasses, yaourts ; puis les œufs et le lait écrémé et demi-écrémé.

Vous pouvez aussi manger tous les légumes verts et les fruits ; mais attention à la banane et aux raisins, très riches en calories.

Le tableau de la page suivante complétera ces indications générales puisqu'il vous indique, par ordre croissant, des plus pauvres aux plus riches, l'apport en calories des principaux aliments. Vous pourrez d'ailleurs constater dans ce tableau que ce sont malheureusement des aliments que certaines apprécient beaucoup, comme le chocolat ou les gâteaux, qui apportent le plus de calories...

Par ailleurs, évitez de manger entre les repas : les petits en-cas sont les plus dangereux parce que, précisément, on les croit inoffensifs. Ainsi, une simple part de tarte aux pommes fournit autant de calories qu'un bifteck accompagné de deux pommes de terre à l'eau.

Vous prenez trop de poids :
consultez ces tableaux

Nombre de calories par 100 grammes	
Lait écrémé	35
Légumes frais (en moyenne)	40
Yaourt	45
Fruits frais	45 à 70
Lait entier	70
Poissons maigres (type colin)	80
Pommes de terre	90
Poissons demi-gras (type maquereau)	135
Poulet	140
Foie	145
Œufs	160
Viande (bœuf, veau, mouton)	165

Ces aliments
ne vous feront pas prendre de poids
si vous les consommez en quantité raisonnable

Ces aliments
vous feront grossir si vous en abusez

Marron	200
Poissons gras (type thon)	210
Crème fraîche	250
Pain	250
Confitures	285
Camembert, brie	285
Fruits secs	290
Miel	300
Viande de porc	332
Légumes secs	340
Riz	340
Pâtes alimentaires	350
Pain d'épices	350
Tarte aux fruits	350
Biscottes	360
Cantal, gruyère	380
Sucre	400

Ces aliments
vous feront sûrement grossir

Biscuits secs	410
Mayonnaise	460
Chocolat sans lait	500
Cake aux fruits confits et raisins	500
Chocolat au lait	600
Gâteau à la crème	600
Amandes, noix, noisettes	670
Saucisse cuite	670
Beurre*	760
Huile*	900

* Le beurre cru et l'huile (non cuite), bien que très riches en calories (760 et 900), sont néanmoins nécessaires en petites quantités.

Si, malgré les précautions que vous prendrez, vous ne revenez pas à une prise de poids normale, parlez-en au médecin : l'excès de poids n'est pas toujours déterminé par un excès d'alimentation.

Pour celles qui ne se nourrissent pas assez

Il n'y a pas que des femmes qui mangent trop pendant leur grossesse. Un certain nombre sont au contraire sous-alimentées, soit par coquetterie pour ne pas trop grossir, soit, hélas, par manque de ressources. Ainsi on voit des femmes ne prendre que 6 kg pendant toute leur grossesse, même moins. Cette sous-alimentation est dangereuse pour le bébé, qui risque de naître trop tôt, avec un net retard de croissance.

Donc, pas de sous-alimentation systématique pour rester mince : vous ferez un régime après l'accouchement, ou un peu plus tard si vous allaitez ; là, presque tout sera permis pour retrouver la ligne. Mais aujourd'hui, à cause de votre enfant il faut vous nourrir suffisamment. Pour le problème « budget », je vous renvoie au tableau de la page 76 qui indique les sources les plus économiques des aliments protéinés, ceux qui sont les plus nécessaires pendant la grossesse.

Que
faut-il manger ?

La réponse est facile : il faut simplement avoir une alimentation bien équilibrée, ce qui est d'ailleurs conseillé, qu'on soit enceinte ou pas, pour être en bonne santé ; et maintenant que vous attendez un enfant, c'est encore plus important.

Si manger pour deux n'est pas vrai sur le plan de la quantité, c'est certes vrai sur le plan de la qualité. Autrement dit, manger pour deux, ce n'est pas manger deux fois plus, c'est manger deux fois mieux.

Mais qu'est-ce que se nourrir correctement ? C'est avoir une alimentation équilibrée, une alimentation qui comporte régulièrement les principaux aliments, car chacun d'eux a sa spécialité, chacun apporte à l'organisme les diverses substances dont il a besoin.

La viande, les poissons, les œufs fournissent les protéines. Le lait, les laitages, les fromages apportent essentiellement le calcium si nécessaire aux os et les protéines. Le beurre, l'huile fournissent les lipides ; les pommes de terre, les féculents procurent les glucides (ou sucres) ; les vitamines se trouvent essentiellement dans les fruits, les légumes et les céréales ; le fer et le phosphore (qui sont des substances minérales), on les trouve dans les légumes verts, les légumes secs, etc. Or, notre organisme a besoin et de protéines, et de lipides, et de glucides, et de vitamines, et de sels minéraux. C'est donc seulement une alimentation comportant toutes les catégories d'aliments qui peut couvrir tous ces besoins. Nous sommes des omnivores, c'est-à-dire que nous pouvons, et devons, manger un peu de tout.

Une alimentation ne comportant, par exemple, que des viandes et des féculents manquerait de vitamines, de sels minéraux, de lipides. C'est cela qu'on appelle une alimentation déséquilibrée. Or, si un régime déséquilibré est mauvais pour un organisme achevé, il est grave pour un être en pleine formation.

Mais entrons un peu dans le détail : par le courrier reçu, je sais que les lectrices sont désireuses de renseignements diététiques, et voyons quelles sont les principales sources de protéines, lipides, glucides, vitamines et substances minérales.

■ Les aliments contenant des protéines (protides)

Les protéines fournissent le matériau de construction de l'organisme, elles construisent et renouvellent tous les tissus du corps : vous en avez donc particulièrement besoin. Pendant la grossesse, il faut consommer environ 25 % de plus de protéines que d'habitude, c'est-à-dire tous les produits d'origine animale (viande, poisson, œufs, lait et fromage) et aussi végétale (céréales, légumineuses). La viande passe pour être la plus « nourrissante », la plus riche en protéines. C'est une erreur : à poids égal, le poisson fournit autant de protéines que la viande.

Voici d'ailleurs un tableau très instructif pour l'équilibre de ce budget : il montre le coût comparé du gramme de protéines fourni par différents aliments.

Comparaison du coût du gramme de protéines pour quelques aliments courants (en centimes)			
Aloyau de bœuf	56,4	Bœuf à braiser	23,8
Saucisson	50,1	Camembert	22
Truite	40,3	Merlan	17,8
Jambon cuit	34,9	Emmenthal	17
Filet de porc	32	Œuf	15
Yaourt	28	Lait pasteurisé entier	13
Petit-suisse	26	Poulet	12,4

Vous voyez que le lait est une des protéines les plus avantageuses et la viande de bœuf la plus chère. Et si j'ajoute que, contrairement à une opinion trop répandue, les œufs ne font pas mal au foie, vous pourrez en manger très souvent (2 œufs valent un bifteck de 100 grammes).

Il y a aussi des protéines dans les légumes secs, les noix, noisettes, cacahuètes, le pain et les céréales. Ces protéines d'origine végétale n'ont pas la même valeur biologique que les protéines d'origine animale, elles ne fournissent pas à l'organisme tous les constituants dont il a besoin, elles ne peuvent donc pas remplacer les protéines d'origine animale quand elles sont consommées seules.

■ Les aliments contenant des lipides (ou graisses)

Ce sont évidemment l'huile, le saindoux, le beurre, la margarine, mais aussi le lait entier, les viandes grasses, les poissons gras, les fruits oléagineux, comme leur nom l'indique (noix, noisettes, amandes, cacahuètes) et le jaune d'œuf.

Les graisses sont nécessaires au bon équilibre de l'alimentation, mais pendant la grossesse, il peut être utile de les diminuer, pour ne pas prendre trop de poids. Par ailleurs, les corps gras sont souvent mal tolérés par la femme enceinte ; il faut donc les prendre sous la forme la plus digeste, c'est-à-dire consommer le beurre cru, l'huile non cuite, éviter les graisses animales comme le gras de la viande, les graisses et huiles cuites, surtout l'huile de friture, si difficile à digérer.

Vérifiez que la bouteille que vous achetez précise *pure* huile d'arachide, de maïs, de tournesol, d'olive, etc.

■ Les aliments contenant des glucides (ou hydrates de carbone ou sucre)

Les aliments les plus riches en glucides sont évidemment le sucre, de betterave ou de canne, et le miel, puis, par ordre décroissant les confitures, les pâtisseries, les pâtes, le riz, les pruneaux, dattes et figues, les haricots secs, les pois secs, le pain, les bananes, la pomme de terre, les fruits, surtout s'ils sont bien mûrs.

En résumé, les aliments contenant des glucides sont tous les aliments sucrés et les féculents.

De ces aliments, vous mangerez comme d'habitude. Et si vous prenez trop de poids, ce sont certains d'entre eux que vous diminuerez en premier lieu, à part les fruits frais nécessaires pour leurs vitamines et une certaine quantité de féculents. La banane et les raisins, très riches en calories, sont à éviter si on prend trop de poids.

● QUE PENSER DES ÉDULCORANTS (saccharine, aspartam etc.), ces produits qui donnent un goût sucré sans apporter de calories, ou presque pas ? Peuvent-ils être dangereux pour le bébé à naître ? Aux États-Unis, la réponse est formelle : les édulcorants ne sont pas dangereux. En France, la réponse est plus nuancée : puisqu'on n'a pas encore assez de recul, prudence, en attendant que des études approfondies puissent apporter une réponse précise. Autrement dit, il est préférable de s'abstenir de prendre des édulcorants selon le principe raisonnable que, lorsqu'on est enceinte, moins on prend de produit chimique mieux c'est.

En conclusion : l'apport d'énergie pendant la grossesse doit donc être assuré d'abord par les protéines, puisqu'elles jouent un rôle si important dans l'édification des tissus, puis par des quantités modérées de glucides, enfin par une petite ration de lipides, absorbés de préférence non cuits (beurre cru par exemple).

▇ Les substances minérales

Parmi les nombreuses substances minérales dont a besoin l'organisme, plusieurs sont à mettre en relief, car elles sont particulièrement nécessaires pendant la grossesse.

Le calcium est nécessaire à la formation du squelette et des dents. Vous devez veiller à votre consommation de calcium pour assurer les besoins de votre enfant sans risquer une décalcification pour vous-même. Les aliments qui en contiennent le plus sont le lait et tous les produits qui en dérivent : fromages, yaourts, petits-suisses, etc. Mais il y a aussi du calcium dans les figues sèches, les haricots secs, dans certains légumes : cresson, chou-fleur, choux, endives, épinards ; dans le pain complet, les œufs et dans les eaux de boisson.

Une alimentation normale, contenant des fromages et autres produits laitiers, vous fournira tout le calcium dont vous avez besoin.

Une mention particulière doit être faite pour le lait : il est recommandé d'en boire un demi-litre par jour, sinon compensez par des équivalents (yaourts, petits-suisses, gruyère, etc). En outre, n'oubliez pas que le lait est non seulement riche en calcium, mais aussi en protéines et en vitamines. Quand il est entier, il contient aussi des graisses. Donc, si vous grossissez trop, buvez du lait écrémé.

Si vous n'aimez pas, ou ne supportez pas le lait, mangez plus de fromages ; je vous signale que les plus riches en calcium sont les fromages dits à pâte dure : gruyère, chester, cantal, saint-paulin.

Le fer. Les aliments riches en fer sont les haricots blancs, les lentilles, le cresson, les épinards, le persil, les fruits secs, les amandes et noisettes, les flocons d'avoine, le chocolat, le foie et le jaune d'œuf.

Menus

Petit déjeuner

calories

Fruits frais (200 g) ou un verre de jus de fruits	50
Café au lait, deux tasses	150
Trois tranches de pain complet	160
Confitures (35 g)	100
Beurre (10 g)	80
Si vous désirez un œuf à la coque en plus, ajoutez	80

620 calories

Déjeuner

Une assiette de crudités en salade choisies parmi les légumes de la saison (tomates, radis, carottes, chou rouge) coupés menus et assaisonnés à l'huile et au citron	100
Une tranche de foie garnie persil haché (100 g)	145
Spaghetti au parmesan	140
Trois tranches de pain complet	160
Fromage de chèvre (35 g)	35
Une poire	70

650 calories

Dîner

Une tranche de colin	130
Pommes à l'anglaise	150
Un yaourt	45
Une compote de pommes (150 g)	90
Trois tranches de pain complet	160

575 calories

Pour la journée

35 grammes de matières grasses	250
Six morceaux de sucre	160

410 calories

Soit au total 2.255 calories

Types

Petit déjeuner à l'anglaise

	calories
Fruits frais (200 g) ou un verre de jus de fruits	50
Un bol de porridge (flocons d'avoine + lait)	200
Un œuf à la coque	80
Deux tranches de pain blanc	100
Confitures (35 g)	100
Beurre (10 g)	80
Thé	

610 calories

Déjeuner

Salade de crudités	100
Un bifteck (100 g)	175
Riz (30 g, poids cru)	135
Roquefort (25 g)	80
Trois tranches de pain complet	160
Un fruit	70

720 calories

Dîner

Une omelette de deux œufs	150
Des épinards aux croûtons	50
Un petit suisse	40
Une tarte aux fruits	180
Trois tranches de pain complet	160

580 calories

Pour la journée

35 grammes de matières grasses	250
Six morceaux de sucre	160

410 calories

Soit au total 2.320 calories

Pendant la grossesse, les besoins en fer sont accrus, car l'enfant a besoin d'une quantité importante de fer pour « fabriquer » son sang, particulièrement durant les derniers mois. C'est pourquoi, à ce moment-là, la future mère a parfois tendance à l'anémie, surtout lorsqu'elle a déjà eu plusieurs enfants. C'est la raison pour laquelle de nombreux médecins prescrivent systématiquement un apport de fer pendant la deuxième moitié de la grossesse. Ce qui est encore mieux, c'est d'avoir, dès le début de la grossesse, une alimentation riche en fer et riche également en vitamine C car elle augmente l'absorption du fer.

Les folates. Depuis quelques années, ce mot est apparu dans la diététique. Les folates (ou acide folique) sont indispensables à la synthèse des protéines et à la bonne multiplication des cellules. Leurs besoins sont donc augmentés pendant la grossesse pour répondre à la croissance de l'utérus, à la formation du placenta et surtout à la formation et la croissance des tissus fœtaux.

Une carence en acide folique peut être responsable de diverses complications : anémie, retard de croissance intra-utérine et prématurité, mais surtout malformations fœtales notamment neurologiques.

Certains facteurs peuvent provoquer une carence en folates : grossesse gémellaire, multiparité, malnutrition quelle qu'en soit la cause, alcoolisme, quelques médicaments (notamment les anti-épileptiques).

On trouve l'acide folique dans les salades (surtout pissenlit, cresson, laitue et endives), les épinards, les noix, les amandes et le melon. Avec le foie de volaille, ce sont les aliments les plus riches en folates. Les fromages, surtout la croûte, les avocats, les choux et les poivrons sont aussi une très bonne source de folates.

Chez les femmes présentant un facteur de risque (voir plus haut) un apport supplémentaire, sous forme de médicament, est indispensable ; chez les autres cet apport sera peut-être conseillé par le médecin, surtout au cours du dernier trimestre.

Le fluor est utile pendant la grossesse pour la fabrication des dents de l'enfant et pour leur solidité ultérieure. De même, il sera utile pendant les premières années de la vie. On peut consommer le fluor sous trois formes :
→ des médicaments à base de fluor ;
→ certaines eaux minérales et notamment l'eau de Badoit ;
→ il existe aussi des sels de cuisine qui sont supplémentés en fluor.

Mais le fluor, il en faut ni trop ni trop peu. Il est inutile d'en prendre sous plusieurs formes à la fois. Une seule suffit. Mais elle est nécessaire à partir du cinquième mois de la grossesse.

• LES AUTRES SUBSTANCES MINÉRALES dont l'organisme a besoin – iode, phosphore, magnésium, soufre – se trouvent dans de nombreux aliments. Je n'entre pas dans le détail : si vous avez une alimentation variée, vos besoins et ceux de votre enfant seront largement couverts.

Le sel – chlorure de sodium – (qui est également une substance minérale) est à mettre à part. Il a été tellement longtemps déconseillé qu'il jouit encore d'une mauvaise réputation auprès de certaines femmes enceintes : elles pensent qu'il faut automatiquement supprimer le sel pendant la grossesse, surtout les derniers mois. Aussi s'imposent-elles inutilement une nourriture insipide. Or aujourd'hui les médecins sont formels : il n'est pas nécessaire de supprimer le sel. Il faut éviter tout de même de trop saler, c'est-à-dire

qu'on peut mettre du sel dans l'eau de cuisson mais ce n'est pas la peine d'en rajouter à table.

A signaler en plus que le sel (comme le sucre) a un effet « apéritif », c'est à dire qu'il ouvre l'appétit, donne envie de manger plus et de se resservir. C'est une raison supplémentaire pour ne pas trop saler.

Est-ce à dire qu'un régime sans sel n'est jamais conseillé à une femme enceinte ? En pratique, les régimes sans sel sont de moins en moins prescrits, mais ils peuvent être exceptionnellement utiles, par exemple en cas de complications (telle la toxémie gravidique), ou lorsqu'une maladie cardiaque ou rénale préexiste à la grossesse.

▉ Les vitamines

Le mot vitamine a été inventé par Casimir Funck, biochimiste américain. Il avait découvert qu'une certaine substance chimique, ou amine, contenue dans l'enveloppe du riz, était indispensable à la vie : il l'appela « vitamine ». C'est l'actuelle vitamine B-1. Depuis, le nom de vitamine a été donné à une vingtaine d'autres substances chimiques qui ne sont pas nécessairement des amines, et qui ne sont pas toutes vitales, mais le terme a été conservé pour des raisons de commodité.

Pendant votre grossesse, il est très important que vous absorbiez une quantité suffisante de vitamines. Votre enfant en a besoin pour sa croissance et pour constituer le petit stock dans lequel il puisera pendant les premières semaines de sa vie. Il vous en faut également parce que certains de vos organes se développent et parce que votre organisme tout entier « travaille » plus que d'habitude.

Voici les vitamines dont vous avez besoin et les aliments qui vous les fourniront :

• LA VITAMINE **A** (pour la croissance entre autres) se trouve dans le lait entier et ses dérivés, le beurre (frais et cru) et surtout dans les huiles de foie de poisson (morue, flétan, etc.), le foie (d'agneau, veau, etc.), et dans les légumes tels que persil, choux, épinards, laitues, carottes, tomates.

• LES VITAMINES DU GROUPE **B** sont également utiles à la croissance de l'enfant. Il est possible aussi que leur carence entraîne différents troubles chez la future mère : névralgies diverses, crampes. Il est certain, de toute façon, que l'administration de vitamines du groupe B fait habituellement régresser ces troubles.

Les graines de céréales, les légumes secs, le germe de blé sont riches en vitamine B. Rappelons, à ce propos, que le pain complet est beaucoup plus riche en vitamines B que le pain ordinaire.

• LA VITAMINE **C** est l'acide ascorbique [1] (c'est la vitamine de la résistance aux microbes). Elle se trouve dans les fruits et légumes crus, en particulier : kiwis, citrons, oranges, pamplemousses, tomates, groseilles, framboises ; également dans le persil et les choux.

_____

1. *Tout le monde a entendu parler des voyageurs de jadis, qui se nourrissaient de conserves et mouraient du scorbut. Le scorbut a aujourd'hui complètement disparu de nos pays.*

Composition
des principaux aliments

○ assez riche
● très riche
● exceptionnellement riche

Pour 100 grammes de :	CALORIES	VITAMINES						MINÉRAUX			ÉNERGIE		
		A — Croissance	B — Nerfs, muscles	C — Résistance aux microbes	D — Fixe le calcium et le phosphore	E — Tissus (protection)	K — Antihémorragies	Fer : Globules rouges	Phosphore : Squelette et dents	Calcium : Squelette et dents	Sucre : Énergie	Graisse : Chaleur	Protéines : Matériau de construction
Viandes													
Bœuf, veau, mouton	165							○	●			○	●
Foie	145	●	●			●		●	●				●
Poissons													
Maigres (types colin)	80								●				●
Demi-gras (type maquereau)	135								●				●
Gras (type saumon)	210	○			○				●			○	●
Huîtres	80	○	○					●	●				○
Œufs	160	○	○		○	○		○	●			○	●
Lait													
Entier	70	○							○	●		○	○
Écrémé	35								○	●			○
En poudre entier	500								●	●		○	●
En poudre écrémé	360		●						●	●			●
Crème fraîche	250	○							○	○		●	○
Fromages													
A pâte molle (type brie)	290	○							○	●		○	●
A pâte dure (type gruyère)	380	○							●	●		○	●
Yaourt	45								○	●			●
Beurre	760	●			○							●	
Huile de table	900	○				○	○					●	
Huile de foie de morue	670				●							●	
Pain			○										
Blanc	250								○		●		○
Complet	220		○		○			○	●		●		○
Riz	340		○						○		●		○
Germe de blé	370	○	●		●				●	○	●	○	●

Ce tableau n'est pas celui de la composition complète des aliments mais celui de leurs principales richesses. Cent grammes de bœuf, par exemple, ne contiennent pas seulement 18 g de protéines et 10 g de graisse, mais aussi 0,5 g de sucre et 0,15 mg de vitamines B. Mais ces quantités sont trop petites pour que la viande de bœuf soit considérée comme une source de sucre. Nous avons établi ce tableau pour vous permettre de voir d'un coup d'œil quelles sont les meilleures sources de vitamine C, de protéines, de fer, etc. Nous avons intentionnellement omis les aliments qui peuvent, dans certains cas, être déconseillés pendant la grossesse tels que charcuterie, crustacés, etc. Certains sels minéraux ne figurent pas dans ce tableau quoiqu'ils soient nécessaires, tels que magnésium, soufre, iode, car ils se trouvent répartis en petite quantité dans un très grand nombre d'aliments; une alimentation variée vous les fournira.

Pour 100 grammes de :	CALORIES	VITAMINES						MINÉRAUX			ÉNERGIE		
		A Croissance	B Nerfs, muscles	C Résistance aux microbes	D Fixe le calcium et le phosphore	E Tissus (protection)	K Antihémorragies	Fer : Globules rouges	Phosphore : Squelette et dents	Calcium : Squelette et dents	Sucre : Énergie	Graisse : Chaleur	Protéines : Matériau de construction
Pâtes alimentaires	350		○						○		●		○
Pommes de terre	90										○		
Légumes frais													
Cuits	40										○		
Crus	40			●							○		
Carottes	45	●									○		
Choux	40	○					●			○	○		
Choux-fleur	40	○					○			●	○		
Cresson	30	○		●		○	○			●	○		
Épinards	40	●	○				●	●			○		
Laitue	30	●		●		●	●	○		○	○		
Persil	40			●						●			
Légumes secs	340		○					●	●		●		●
Fruits frais													
Cuits	45-70	○									○		
Crus	45-70	○		●							○		
Agrumes (oranges, citrons, etc.)	45			●						○	○		
Fruits à noyau	65	○		●							○		
Fruits secs	285							○		○	●		
Abricots secs	285	●						○		○	●		
Fruits oléagineux													
Amandes, noix, etc.	670	○	○			○		○	●	●	○	●	○
Sucre	400										●		
Miel	300										●		
Confiture	285										●		
Chocolat	500							○	●	○	●	○	

● LA VITAMINE **D** est importante, car c'est elle qui permet au calcium de se fixer. Les aliments habituels contiennent de très petites quantités de vitamine D. C'est principalement l'organisme qui fabrique lui-même cette vitamine sous l'influence des rayons ultraviolets, ceux du soleil. C'est pourquoi le meilleur remède contre un manque de vitamine D, c'est le grand air et le soleil. Mais votre climat manque peut-être de soleil. Si le médecin le juge utile, il vous prescrira des spécialités à prendre contenant de la vitamine D. Une carence en vitamine D peut provoquer une décalcification maternelle et être source, chez le nouveau-né, d'une chute du calcium sanguin avec des troubles tels qu'une crise de tétanie.

● LA VITAMINE **E** se trouve dans la laitue, le cresson, le riz et les graines de céréales, le jaune d'œuf et le foie. On ne connaît aucun cas de carence.

● LA VITAMINE **K** se trouve dans les salades vertes, le chou blanc et les épinards. Il n'existe pas de carence sauf dans le cas de certains traitements anti-épileptiques qui nécessitent un supplément de vitamine K pendant les six semaines qui précèdent la date présumée de l'accouchement.

Comment préserver les vitamines des fruits et des légumes ?

● LES FRUITS. Les consommer plutôt crus que cuits, les laver rapidement, ne pas les laisser tremper dans l'eau, les couper avec un couteau inoxydable, enfin les consommer aussitôt. Le contact de l'air détruit la vitamine C, c'est pourquoi il ne faut pas préparer les jus de fruits à l'avance. Si l'on fait des compotes, les cuire dans peu d'eau et peu longtemps, la perte en vitamines sera réduite.

● LES LÉGUMES. Eux aussi, en cuisant, perdent une partie de leurs vitamines, mais la perte peut être réduite si l'on prend ces précautions : après avoir lavé les légumes, les laisser tremper le moins longtemps possible, les faire cuire dans peu d'eau et peu longtemps, et si possible dans leur peau (la pomme de terre notamment). Le mode de cuisson idéal est la cuisson à la vapeur, très facile dans un autocuiseur, ou, sinon, dans une casserole à double fond.

Avec une centrifugeuse, on peut facilement faire des jus de fruits et légumes (tomate, carotte, pomme, etc.) qui permettent de consommer une grande quantité de vitamines d'une manière agréable. Mais n'abusez pas des fruits et des légumes si vous avez l'intestin facilement irritable (colite).

Varier, c'est si facile...

Maintenant que vous connaissez les différentes catégories d'aliments, il vous sera facile d'établir un bon régime. Ayez une nourriture variée, comprenant toutes les catégories d'aliments. Ne faites pas des repas du genre : sardines, œufs, bifteck, fromage (repas essentiellement riche en protéines), ou un repas du type : pamplemousse, épinards, poire (repas essentiellement riche en vitamines) ; ou encore : salade de riz, gratin de spaghetti et bananes, c'est-à-dire un concentré de glucides.

Mangez de tout régulièrement : du poisson, des œufs, de la viande, des laitages (fromages, beurre cru, lait), des fruits et des légumes, etc. Varier l'alimentation n'est pas difficile, il suffit de se promener dans un marché et de choisir parmi l'abondance

Menus
pour les quatre saisons

DÉJEUNER	DÎNER

Printemps

Radis	Salade verte
Bifteck	Tagliatelles
Épinards	à la sauce viande
Demi-sel	
Salade bananes et oranges	Yaourt

Eté

Salade de concombres	Quiche lorraine
Tranches de poisson à l'italienne	Salade mélangée
Pommes vapeur	Glace
Fromage blanc	
Pêches	

Automne

Salade de tomates	Potage
Poulet rôti	Courgettes, aubergines farcies
Petits pois	Flan
Gruyère	
Raisin	

Hiver

Carottes et céleri râpés en salade	Œufs brouillés
Carrés de poisson frit avec citron	Risotto
Macédoine de légumes	Salade verte
Gâteau de semoule	Cantal

des produits qui vous sont offerts ; votre calcium, vos vitamines, vos protéines, votre fer sont là, à tous les prix : vous ne risquez pas d'être carencée.

Avec une alimentation variée, ni votre bébé ni vous ne manquerez de rien. En tout cas, si quelqu'un devait manquer de quelque chose, ce ne serait pas votre bébé, mais vous-même. En effet, le bébé prend à sa mère tout ce dont il a besoin, même à ses dépens : ainsi, il peut arriver qu'un bébé soit très costaud avec une mère anémique.

Voyez les menus des pages 78 et 79 : ils apportent en quantité et en qualité tout ce qui est nécessaire.

Si vous le pouvez, répartissez la nourriture en 4 repas. Ceci favorisera une meilleure assimilation, aidera à éviter les nausées en début de grossesse, ainsi que les sensations de pesanteur ou de gonflement après les repas.

Voici donc ce qu'est une alimentation variée. Il est possible que si, avant d'être enceinte, vous aviez une alimentation déséquilibrée, vous appreniez aujourd'hui à bien vous nourrir.

● LES RÉGIMES VÉGÉTARIENS, c'est-à-dire sans viande ni poisson, ne sont peut-être pas très souhaitables, mais pas vraiment contre-indiqués pendant la grossesse.

● PAR CONTRE, LES RÉGIMES VÉGÉTALIENS, c'est-à-dire qui excluent non seulement la viande, mais tous les produits d'origine animale indispensables à la croissance, comme le lait, les œufs, le fromage, sont vraiment dangereux et provoquent inévitablement des carences.

▄ Les difficultés d'une alimentation correcte

Au début de la grossesse, les futures mères souffrent souvent de divers troubles digestifs : nausées, vomissements, maux d'estomac, etc., ou alors, elles n'ont pas faim ;

parfois au contraire, elles sont atteintes de boulimie. Ces divers troubles risquent d'empêcher un bon équilibre de l'alimentation.

Ainsi, par exemple, certaines femmes sujettes aux nausées, pour les éviter, suppriment les repas et grignotent des biscuits ou du chocolat. Le résultat c'est qu'elles grossissent sans être nourries convenablement. Heureusement, les divers troubles digestifs disparaissent, passé le premier trimestre. C'est cela qui explique que, au cours de ces 3 premiers mois, certaines femmes aient pris 3 kilos alors que d'autres en ont perdu autant.

En attendant :

→ si vous avez peu d'appétit, mangez au moins des aliments vous apportant des protéines, et des fruits et légumes frais ; essayez de fractionner les repas en prenant un petit goûter l'après-midi, et pourquoi pas en milieu de matinée ?

→ si vous avez toujours faim, essayez de résister aux bonbons, gâteaux, ou tartines : entre les repas, mangez une tranche de viande froide ou un œuf dur, ou encore un fruit ;

→ si vous avez des nausées, reportez-vous aux conseils donnés page 197.

Les boissons

Pendant la grossesse, il faut boire suffisamment : au moins un litre et demi de liquide par jour (soit l'équivalent d'une maxi-bouteille d'eau minérale). Vous-même et votre enfant avez besoin de liquides. Boire abondamment joue également un rôle dans les préventions des infections urinaires si fréquentes pendant la grossesse.

N'ayez pas peur de boire et de « faire de la rétention d'eau ». A l'exception de certaines maladies, notamment cardiaques ou rénales, une prise de poids excessive pendant la grossesse correspond bien plus souvent à un stockage de graisse qu'à une rétention d'eau.

Que boire ?

● L'EAU. Dans certaines villes l'eau du robinet contient trop de nitrates et est déconseillée aux femmes enceintes et aux nourrissons de moins de six mois [1]. Si l'eau de votre ville est consommable, il peut arriver qu'elle ait un goût désagréable à cause

1. Renseignez-vous à la mairie, les services d'hygiène et de santé des communes font faire régulièrement des analyses de l'eau.

des produits utilisés pour la désinfecter ; quelques gouttes de citron la rendront alors plus agréable à boire.

● LES EAUX MINÉRALES sont toutes recommandables, à l'exception de certaines eaux riches en sodium (eau de Vichy par exemple). Au début de la grossesse, quand existent des troubles digestifs, les eaux pétillantes ont l'avantage de faciliter la digestion. Ensuite, il faut se méfier, car elles augmentent l'appétit et risquent de faire manger davantage.

● LE THÉ ET LE CAFÉ sont excitants, bien que leur tolérance varie beaucoup d'un individu à l'autre. N'en abusez cependant pas et buvez-les « légers ».

● LES INFUSIONS ont, selon leur composition, certaines vertus. La menthe et la verveine facilitent la digestion. Mais la menthe n'est pas recommandée à celles qui ont de la peine à s'endormir. Au contraire, le tilleul et la camomille facilitent le sommeil.

● LE LAIT. Voyez à la rubrique calcium ce qui est dit de cette boisson qui est aussi un aliment.

● LES JUS DE FRUITS FRAIS apportent de l'eau, des glucides, des substances minérales et de la vitamine C. Méfiez-vous de ceux qui sont très sucrés parce qu'ils font grossir.

● LES BOISSONS PÉTILLANTES aromatisées aux fruits contiennent généralement peu de fruits et beaucoup de sucre. Elles n'ont aucun intérêt pour une femme enceinte. Il en est de même de la limonade et des sodas.

● LES JUS DE LÉGUMES sont riches en vitamines.

● LE BOUILLON DE LÉGUMES apporte des sels minéraux.

Quant à l'alcool, voyez ce qui en est dit page 57.

Les envies

Vous aurez peut-être des envies. Il n'y a pas de raison de ne pas les satisfaire, à moins qu'elles ne concernent des aliments formellement contre-indiqués ou des aliments « excentriques », ce qui arrive. D'ailleurs, bien souvent, les envies correspondent à des besoins. Telle femme qui, avant sa grossesse, n'aimait pas la viande ou le lait, sentira un besoin impérieux de bifteck ou de grands verres de lait. Telle autre voudra de l'ananas alors qu'elle n'en mangeait jamais auparavant. Telle autre aura particulièrement envie de vinaigre. Les envies se fixent souvent sur les condiments, qui, en général, facilitent la digestion, mais dont il ne faut cependant pas abuser. Mais n'allez pas croire que s'il ne vous est pas possible de satisfaire l'envie qui vous semble irrésistible, cela puisse avoir une conséquence néfaste pour votre enfant. Il est évidemment faux qu'un enfant risque d'avoir un angiome (tache de vin) sous le seul prétexte que sa mère ait eu une envie non satisfaite d'un quelconque fruit rouge.

Ces envies alimentaires sont traditionnelles dans beaucoup de cultures. Tout l'entourage d'une femme enceinte a envie de la gâter, de la choyer, désire qu'elle soit bien, heureuse, afin que le bébé lui aussi, soit bien. De son côté, une femme enceinte, au fond d'elle-même, a l'envie de se faire plaisir pendant la grossesse.

Les aliments à éviter

Pour finir, voici, résumée, la liste des aliments qu'il vaut mieux éviter.

● LES ALIMENTS QUI POURRAIENT VOUS INTOXIQUER car, pendant la grossesse, la sensibilité aux intoxications est accrue : gibier, viandes et poissons mal cuits ; et surtout crustacés, moules ou huîtres : il est parfois difficile d'être sûr de leur fraîcheur. De plus, les crustacés et coquillages risquent de transmettre le virus de l'hépatite A (voir p. 247).

● LES ALIMENTS QUI FONT GROSSIR, c'est-à-dire toutes les graisses, ou trop riches en sucres : féculents, gâteaux, bonbons.

● LA VIANDE CRUE OU PEU CUITE. Ceci concerne en particulier les femmes qui ont un sérodiagnostic négatif de toxoplasmose, voir page 245. Pour éviter tout risque de toxoplasmose, vous ne mangerez pas de viande crue (steak tartare) et vous ferez cuire à point toutes les viandes, en particulier le mouton. Sachez à ce sujet qu'une viande que l'on sort du réfrigérateur pour la mettre aussitôt sur le gril reste crue à l'intérieur, même lorsque l'extérieur est « saisi ». Or, pour que tout germe soit détruit, il faut que le centre de la viande soit soumis à une température de 50 degrés. Une bonne cuisson permet en outre d'éviter d'autres parasitoses, comme le ténia. Celles qui aiment la viande saignante peuvent quand même en manger si elle a été congelée car le parasite est détruit par la congélation.

● Il y a des aliments qui sont un peu lourds et plus difficiles à digérer, et dont il ne faut pas abuser, comme les fritures, les ragoûts, la charcuterie (à part le jambon), les abats, etc.

● LE SEL, dans certains cas qui vous seront indiqués par le médecin.

● L'ALCOOL, y compris le vin, sauf dans les conditions signalées page 57.

Si vous voulez en savoir plus sur l'alimentation pendant la grossesse, les différents aliments, les régimes, etc., je vous conseille le livre du docteur Paul Sachet, *Guide de l'alimentation de la femme enceinte*, Éditions Stock et Livre de poche.

4.

Belle en attendant un bébé

Un ventre bien rond et bien lisse, porté avec bonheur, en couverture d'un magazine, cela n'étonne plus personne et fait au contraire acheter la revue. Des images de femmes enceintes belles et bien habillées à la veille d'accoucher se voient partout. Notre époque a redécouvert la femme enceinte, son corps et sa beauté. Elle a pour les futures mères les yeux de cet homme qui dit : « Elle est belle ma femme, ce n'est pas une déformation, mais plutôt une formation, c'est la vie qui jaillit en elle. »

Aujourd'hui la femme enceinte grossit moins, l'information a eu raison des préjugés. Le « manger pour deux » qui faisait prendre couramment 15 kg, parfois 20, et même plus et déformait le corps a enfin été bien compris, ce n'est plus la quantité qui compte, mais la qualité.

Puis avec la préparation à l'accouchement, l'habitude est venue de faire des exercices pendant la grossesse.

Résultat : la femme enceinte est à l'aise dans son corps, je ne dirai pas qu'elle exhibe son ventre, mais elle ne cherche pas à le dissimuler, souvent même elle est très fière de montrer cet enfant.

Il n'empêche que certaines futures mères sont déprimées par l'image de leur corps que leur renvoie la glace. Elles ne s'y habituent pas. Elles en veulent à l'enfant de les enlaidir, puis elles s'en veulent de lui en vouloir.

La grossesse est parfois difficile par ces sentiments contradictoires. Une femme peut être heureuse d'être enceinte et malheureuse de voir sa silhouette changer. La tête et le corps ne vivent pas toujours en bonne intelligence.

Que faire ? Préparer surtout l'après qui durera plus longtemps que le présent. Comment ? Je vous en parle à différents chapitres : celui-ci, le précédent sur l'alimentation, le chapitre sur les exercices à faire avant et après l'accouchement. Dans ce chapitre je parlerai seins, ventre, silhouette, peau, maquillage, etc. Et pour commencer, un mot sur les vêtements.

• COMMENT S'HABILLER ? La plupart des femmes qui attendent un enfant continuent à porter le même genre de vêtements qu'avant, en les adaptant à la circonstance : pantalons, salopettes, tee-shirts, robe, jupe. Les caleçons, accompagnés d'un grand tee-shirt ou pull-over, font une jolie silhouette. Une amie sage-femme conseille de prendre les caleçons deux ou trois tailles au-dessus de la taille habituelle, pour qu'ils ne compriment pas l'utérus ; dans ce cas les remonter très haut, ou les rouler sur le ventre.

Des magasins (comme Natalys, Prénatal ou Balloon) font des collections été et hiver pour futures mères : à côté des vêtements les plus variés, on y trouve de la lingerie, des maillots de bain, des collants spéciaux qui soulagent en cas de circulation difficile. Agnès B. a même créé une jupe droite en cuir pour femmes enceintes.

● LES CHAUSSURES. Aujourd'hui, la tendance est aux chaussures plates, mais si vous avez l'habitude des talons, vous pouvez continuer à les porter, à condition que ces talons ne soient pas trop hauts : pas plus de 5 cm. Les chaussures à talons compensés, agréables à porter, reviennent à la mode, mais attention, avec une semelle trop haute, l'équilibre est souvent instable.

Ce qu'il faut c'est que les chaussures soient confortables, car les jambes sont souvent fatiguées par le poids de l'enfant ; elles doivent vous donner un bon équilibre, car la grossesse prédispose aux chutes ; être assez larges, car, en fin de grossesse, les pieds ont tendance à gonfler. Les tennis sont très confortables, et il y a un tel choix de couleur qu'on peut les assortir aux vêtements.

Les seins

Dans les seins, il n'y a aucun muscle qui puisse les empêcher de se dilater lorsqu'ils augmentent de volume, ou les soutenir lorsqu'ils deviennent trop lourds. Les muscles qui soutiennent les seins sont les pectoraux. Mettez-vous de profil devant une glace ; appuyez vos mains ouvertes l'une contre l'autre et pressez-les très fort : vous verrez vos seins remonter sous l'effet de la contraction des pectoraux. Vous comprendrez ainsi que si vous voulez conserver une jolie poitrine et l'empêcher de tomber, il faut :
→ faire travailler vos muscles pectoraux pour les rendre très fermes, puisque d'eux dépend la bonne tenue de vos seins. Plus ces muscles seront fermes, moins votre poitrine aura tendance à tomber. Vous trouverez au chapitre 14 les exercices à faire ;
→ se tenir bien droite, les épaules légèrement rejetées en arrière. Là aussi, regardez-vous dans une glace, et vous verrez que cette manière de se tenir met la poitrine en valeur. En plus cette attitude diminue la fatigue du dos ; certains travaux (taper à la machine, écrire au tableau noir, faire la vaisselle, etc.) provoquent des douleurs entre les omoplates, douleurs qui peuvent être largement atténuées par une bonne manière de se tenir.

Si, vers la fin de la grossesse, vos seins sécrètent du colostrum, c'est-à-dire un liquide blanchâtre précurseur du lait, il suffit de les laver avec de l'eau et du savon pour éviter la formation de petites croûtes.

Vous entendrez peut-être dire autour de vous qu'il faut préparer les bouts de seins pendant la grossesse si l'on veut allaiter, et les durcir par des applications d'alcool. Je ne vous le conseille pas. Vous risqueriez au contraire de rendre votre peau trop sèche, ce qui provoquerait des crevasses et vous empêcherait de nourrir votre enfant. Mais ce qui peut être efficace, c'est d'appliquer sur les mamelons de l'huile d'amande douce, ou une crème à la lanoline, une fois par jour pendant 8 à 10 jours, avant la date prévue pour l'accouchement.

Quant aux vergetures qui parfois apparaissent sur les seins, voyez plus loin.

Le soutien-gorge. Même les femmes qui n'ont pas l'habitude d'en porter trouveront souvent plus confortable d'en mettre un ; en effet le volume des seins augmente rapidement au cours de la grossesse, parfois dans des proportions importantes.

Si vos seins ont beaucoup augmenté de volume et si vous avez l'intention d'allaiter, achetez dès maintenant des soutiens-gorge d'allaitement. Ils sont spécialement conçus pour soutenir une poitrine un peu lourde et vous serviront après la naissance de votre enfant. Choisissez un modèle en coton ; les tissus synthétiques favorisent les crevasses.

Le ventre et la silhouette

Les soucis esthétiques des futures mères se concentrent le plus souvent sur leur ventre ; c'est normal, il prend petit à petit des proportions importantes. Comment pourra-t-il soudain redevenir plat et musclé ?

Le premier investissement beauté est d'acheter une balance, si on n'en a pas déjà une dans sa salle de bains.

Ne pas trop grossir est en effet la meilleure manière de retrouver vite sa taille.

La deuxième, c'est de faire régulièrement des exercices : pendant la grossesse (voir page 331) et après (voir page 396).

La troisième, c'est de prendre – ou de garder – l'habitude de bien se tenir, ce qui d'ailleurs est aussi efficace pour le confort que pour la silhouette.

Si vous cambrez les reins, votre ventre est projeté en avant, et les abdominaux et la peau du ventre sont très distendus (voyez la figure 1). Maintenant regardez la figure 2 (l'utérus a la même taille que celui que l'on voit sur la figure 1) : la femme se tient droite, bien grande, le ventre le plus effacé possible. Comment y arriver ? En basculant le bassin ; cela supprime la cambrure des reins. Ce mouvement est important pendant la grossesse, pas simplement pour l'esthétique mais pour le confort. Vous trouverez au chapitre 14 des exercices à faire pour prendre l'habitude de basculer le bassin. D'ailleurs pratiquement toutes les préparations à la naissance incluent ces exercices.

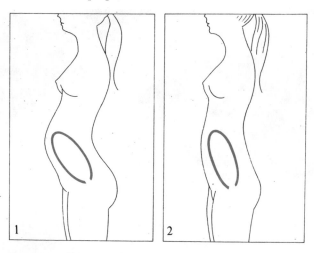

Regardez maintenant la différence entre les figures 3 et 4 pour comprendre comment le confort dépend de la manière de se tenir. Dans la figure 4, la femme se tient droite (comme en figure 2) ; résultat : les disques entre les vertèbres de la colonne vertébrale sont bien séparés les uns des autres. Mais que se passe-t-il dans la figure 3 ? Les reins cambrés provoquent un pincement de la partie postérieure des disques intervertébraux, ce qui est source de douleurs lombaires et risque même de provoquer une sciatique.

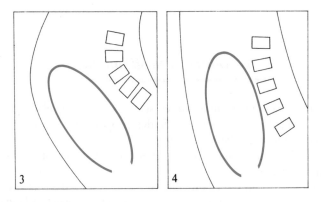

Je vous signale que la préparation en piscine est particulièrement adaptée aux exercices pour assouplir le dos : la nage sur le dos, notamment le dos crawlé, est bénéfique. A l'inverse, la brasse, qui accentue la cambrure, est à éviter.

En cas de douleurs, le port d'une petite *ceinture* souple de soutien lombaire est parfois conseillé par le médecin ou la sage-femme. Cette ceinture s'attache facilement avec du velcro et se fait dans des coloris tout à fait seyants ; elle est remboursée sur prescription médicale ; elle ne doit pas être portée en permanence, mais chaque fois que vous risquez de surmener votre colonne vertébrale : voyages en voiture ou en avion, travaux ménagers, port de charges, etc.

Le visage

Une femme soucieuse de l'image qu'elle donne sera plus réceptive aux « on-dit » ; et c'est curieux comme dans ce domaine de la beauté les préjugés sont restés tenaces. D'après eux, chez la future mère, « les dents se carient, les ongles se cassent, les taches marquent la peau du visage, et du corps, les cheveux sont secs et après la naissance ils tombent ! ». Il y a vraiment de quoi faire peur ! Vrai ? Faux ? Qui croire et que faire ? Et surtout qu'en restera-t-il ? Parlons d'abord du visage.

Les futures mères ont souvent un éclat particulier : teint frais, yeux brillants. Cela vient en partie du régime et du mode de vie conseillés pendant la grossesse : huit heures de sommeil, marche quotidienne, régime alimentaire très sain, des vitamines, peu ou pas de cigarettes, pas d'alcool. C'est ce que l'on conseille en général à une femme qui veut avoir un joli teint.

Une peau normale, c'est-à-dire ferme, souple, fine de grain, veloutée au toucher, mate et claire au point de sembler transparente chez certaines femmes blondes, ce type de peau ne change pas au cours d'une grossesse normale. Et contrairement à une opinion répandue, la peau ne montre pas de tendance particulière à se dessécher.

Les soins. Une peau normale a besoin de soins pour maintenir son équilibre. A ce propos, voici les conseils que m'a donnés pour vous un éminent dermatologiste, le docteur Robert Aron-Brunetière. J'ai apprécié ces conseils car je les ai trouvés simples, efficaces et peu onéreux ; et vous aurez probablement envie de les continuer après votre grossesse, ils sont destinés à toute femme désireuse de garder une jolie peau.

Il est inutile de savonner le visage, que le savon soit solide ou liquide, médicinal ou pas. Ce savonnage constitue, pour une région constamment exposée aux agressions de l'environnement (climatiques en particulier), un risque supplémentaire et inutile de détérioration. Il est inutile également, à son avis, de mettre des fonds de teint et des crèmes teintées qui éteignent cet éclat particulier, propre aux futures mères.

La toilette sera donc effectuée le soir, avec un lait neutre et doux ne contenant pas de détergent, appliqué avec un coton ou étalé avec les mains, ce qui est encore plus facile et plus efficace. Il faut ensuite l'enlever aussi soigneusement que s'il s'agissait de savon : un lait n'est pas fait pour traiter, protéger, « nourrir », hydrater ou graisser la peau. On l'essuie d'abord à sec, avec des papiers à démaquiller, puis l'on rince, de préférence à grande eau, avec un bon gant de toilette. L'eau du robinet, même si elle est un peu calcaire, fait parfaitement l'affaire ; il faut seulement sécher à fond la peau dès que le rinçage est terminé. De toute façon, on n'oubliera pas que, quel que soit le moyen de rinçage employé (pulvérisateur, brumisateur, lotion sans alcool, eau courante), on abîme la peau en la laissant humide sécher à l'air.

Ce nettoyage terminé, appliquez pour la nuit une très petite quantité – un film suffit – d'une crème protectrice, choisie dans la catégorie des émulsions dite « eau dans l'huile », qui empêchent la peau de se déshydrater. (Demandez dans une pharmacie ou une parfumerie des noms de crèmes entrant dans cette catégorie.) L'application d'une crème pour la nuit est particulièrement utile en hiver : en effet, le chauffage dessèche l'atmosphère des appartements ; il en résulte une accélération de l'évaporation de l'eau contenue dans la peau (d'autant plus intense et rapide que l'air est plus sec) avec pour conséquence, au réveil, une désagréable impression de tiraillements.

Le matin, après avoir passé de l'eau fraîche sur votre visage et l'avoir bien essuyé, mettez pour la journée la même crème protectrice que vous avez utilisée le soir. L'emploi du même produit comme crème de jour et comme crème de nuit simplifie la vie.

Les peaux à problèmes. Chez les femmes à peau habituellement *grasse* ou *acnéique* la grossesse peut être une période de soulagement. Dans ces cas, on assiste d'abord à une flambée d'acné puis au bout de deux mois maximum, la séborrhée s'atténue, les éruptions se calment jusqu'à disparaître complètement. Malheureusement, cette évolution favorable n'est pas une règle absolue, et dans certains cas l'acné va au contraire s'aggraver et se poursuivre jusqu'à l'accouchement. Il arrive même, mais c'est plus rare, que la grossesse s'accompagne de la récidive d'une acné disparue depuis des années. Ces évolutions posent un problème, car aucun traitement interne efficace (hormone, antibiotique, dérivé de la vitamine A) ne peut être administré à une femme enceinte. En attendant que naisse le bébé et que l'on puisse agir d'une manière plus radicale, on est donc limité à des traitements externes plus contraignants, plus difficiles à manier, et moins efficaces.

La séborrhée et l'acné sont des affections d'origine génétique ; certains *eczémas* commençant dans l'enfance, et qu'on appelle atopiques ou constitutionnels, sont également génétiques ; tout comme la peau grasse, ces eczémas peuvent, imprévisiblement, s'améliorer ou s'aggraver pendant la grossesse. Il en va de même d'une autre affection de la peau, le *psoriasis,* qui peut aussi bien s'étendre que disparaître subitement et dont les traitements les plus actifs (dérivé de la vitamine A, rayons ultra-violets, Puva-thérapie) sont formellement contre-indiqués pendant la grossesse.

Le masque de grossesse. Souvent, vers le quatrième ou le sixième mois, apparaissent sur le visage de petites taches brunes, qui parfois sont assez nombreuses pour former comme un masque : c'est le masque de grossesse.

En général, après la naissance de l'enfant, les taches disparaissent. Mais ce n'est pas toujours vrai. Il faut donc tout faire pour éviter le masque de grossesse. Pour cela, une seule précaution, mais elle est indispensable : ne pas exposer son visage au soleil car le masque de grossesse ne se développe qu'à la faveur de modifications hormonales qui se produisent sous l'influence du soleil. A telle enseigne qu'une femme prenant la pilule et qui s'expose au soleil peut voir également des taches brunes apparaître sur sa figure, comme le masque de grossesse des femmes enceintes. (Comme vous le savez, la pilule est à base d'hormones.)

Donc, en été comme en hiver, n'exposez votre visage au soleil que recouvert d'une crème spéciale écran total, ou portez un grand chapeau.

Certaines femmes enceintes supportent mal leurs *lentilles de contact.* Si vous êtes gênée, portez des lunettes, vous remettrez vos lentilles après l'accouchement.

Le maquillage. « C'est en attendant Marie, ma fille aînée, que j'ai eu envie de me maquiller : j'avais le temps, je désirais m'occuper de moi, plaire, et comme toutes les femmes, j'étais fascinée par ces ombres, ces couleurs, ces mascaras, cette panoplie de crayons, de pinceaux, que je voyais dans les magazines. »

Cette lettre de lectrice nous a donné l'idée de demander à une spécialiste une vraie leçon de maquillage. La voici, proposée par Éliane Gouriou, maquilleuse et consultante internationale chez Christian Dior.

Le fond de teint a ses détracteurs, mais pour Éliane Gouriou, on ne peut se maquiller sans fond de teint ou sans une base. Si on a une jolie peau, si on désire un maquillage transparent, on choisira une base teintée, non couvrante. La fonction du fond de teint est l'unification, et non la modification. De toute façon, à partir du moment où on parle maquillage, on n'est plus tout à fait naturelle...

« Pour l'appliquer, prendre en mains son visage, au propre comme au figuré. Étaler le fond de teint d'une manière très douce, comme un léger effleurage de la peau, avec les deux mains de préférence, et en ayant conscience que l'on se rend plus belle, que l'on prend en main sa beauté. Cela détendra les traits du visage. Un fond de teint appliqué de cette façon tiendra toute la journée. »

On ajoutera, si on a envie, une poudre libre, qui permet de fixer le fond de teint, de matifier le visage. Si l'on préfère un teint satiné, on n'emploiera pas de poudre bien sûr.

Pour le maquillage des yeux, notre spécialiste fait remarquer que l'eye-liner peut donner un aspect un peu dur, si le trait est trop épais, alors que la grossesse évoque plutôt la douceur. Une femme enceinte a souvent simplement envie d'accentuer sa couleur naturelle : pour cela, on peut utiliser une ombre légère, ou mieux encore un duo, fait d'une ombre et d'une lumière, l'ombre étant utilisée pour dessiner et la lumière pour mettre en valeur ; si par exemple on veut agrandir l'œil, l'ombre sera mise au dessous des sourcils et la lumière sur la paupière. Commencer par mettre l'ombre, puis la lumière comme complément. La couleur sera choisie soit dans la tonalité des yeux, soit au contraire en jouant le contraste.

En ce qui concerne le mascara, on peut opter pour le noir, ou pour la couleur. Il y a des tons extraordinaires, gris anthracite, violet, vert foncé, qui donnent un reflet, une impression de maquillage subtil. C'est très joli, surtout de profil. Quant aux sourcils, ils doivent être légèrement plus foncés que les cheveux, ils donnent alors une intensité au regard. Prendre comme référence la racine des cheveux, toujours plus foncée que le reste de la chevelure. Voilà pour les yeux.

La couleur du blush sera choisie en fonction du rouge à lèvres, ou, si l'on ne met pas de rouge, on prendra de préférence une tonalité de terre de soleil, un blush transparent de toute façon. Comment appliquer le blush ? En souriant... En effet, lorsqu'on sourit, une partie de notre visage se gonfle, à côté des ailes du nez. Si l'on met un peu de blush sur ces parties du visage, on a l'air de sourire, même si on ne sourit pas tout à fait. Éliane Gouriou appelle cela les « bosses du sourire ».

Pour finir, parlons du rouge à lèvres. Personnellement, j'ai toujours trouvé que c'était le point important du maquillage, il éclaire le visage et donne bonne mine. On prendra soit un rouge classique, soit un brillant à lèvres. Et si l'on veut modifier sa bouche, ou la rendre plus sophistiquée, on en dessinera le contour avec un crayon brun ou chair. Sinon, on appliquera le rouge à lèvres directement avec le bâton.

La peau du corps

Parfois des taches brunâtres comme celles qui constituent le masque de grossesse font leur apparition, notamment chez les femmes brunes à peau mate. Cette pigmentation peut se localiser à l'abdomen sous forme d'une raie brune médiane qui s'étend du nombril jusqu'à la région pubienne. Elle peut se localiser aussi sur les aréoles des mamelons. Cette pigmentation disparaîtra progressivement, mais parfois très lentement après l'accouchement. Comme pour le masque de grossesse, il faut éviter le soleil.

Je vous signale aussi des modifications possibles des cicatrices : tantôt elles se pigmentent de façon anormale, tantôt elles deviennent épaisses, rougeâtres et plus ou moins sensibles. Ces modifications disparaissent peu à peu après l'accouchement.

Pendant la grossesse, la production d'une hormone, l'*œstradiol,* augmente considérablement. Or, cette hormone a la propriété de dilater les vaisseaux sanguins. Il peut en résulter des poussées congestives du visage, des varicosités des jambes accompagnées de varices, ou encore de petites dilatations capillaires rouge vif, à disposition étoilée et dénommées pour cette raison, angiomes stellaires. Ces angiomes apparaissent entre le deuxième et le cinquième mois. Il ne faut pas essayer d'intervenir car leur régression spontanée est habituelle dans les trois mois qui suivent l'accouchement.

■ Les vergetures

Ce sont de petites stries en forme de flammèches, de couleur rosée. Elles apparaissent à partir du cinquième mois de la grossesse, sur le ventre et sur les cuisses, mais parfois aussi sur les seins. Après l'accouchement, les vergetures deviennent peu à peu blanc nacré.

Les vergetures sont dues à une destruction des fibres élastiques de la peau. On croit en général qu'elles n'apparaissent que chez les femmes, et que cette perte d'élasticité de l'épiderme est due à la distension mécanique de la peau pendant la grossesse. Or les vergetures ne sont pas rares chez les hommes, et la peau d'un adolescent ou d'une adolescente peut être distendue à l'extrême sans qu'apparaissent de vergetures.

On a tout lieu de croire que les vergetures sont dues à l'action de la cortisone sécrétée par les glandes surrénales. En effet, ces glandes sont particulièrement actives au troisième trimestre de la grossesse.

Mais connaître le mécanisme probable de la formation des vergetures ne permet pas de les empêcher. Tout ce qu'on peut conseiller pour éviter leur développement, c'est de ne pas prendre trop de poids. En effet, l'action de la cortisone, responsable des vergetures, semble facilitée par la trop grande distension des tissus due à une prise de poids excessive.

Vous entendrez peut-être dire qu'on peut prévenir les vergetures en massant la peau avec une crème à base de vitamines ou de liquide amniotique. Je ne voudrais pas vous décevoir, mais il n'y a guère de résultat à attendre de ces crèmes.

Quant à supprimer les vergetures constituées, on ne peut, hélas, être plus optimiste : il est impossible de les supprimer, même par la chirurgie esthétique. Nul moyen ne peut rendre à la peau son élasticité.

Pour les vergetures, il semble qu'il est raisonnable de retenir ceci : on ne peut les empêcher, ni les supprimer ; mais il y a quand même une certitude, c'est qu'une trop grosse prise de poids favorise leur développement.

Les cheveux

Contrairement à ce que l'on croit en général, la grossesse n'abîme pas les cheveux, au contraire : les femmes qui ont des cheveux ternes et un peu mous, les voient devenir plus souples et plus brillants, et la séborrhée s'atténue ou disparaît souvent pendant la grossesse.

Pour les soins à donner aux cheveux, là encore, laissons parler le dermatologiste. Les soins des cheveux pendant la grossesse ne sont pas différents de ceux qu'on doit leur donner en général. Ainsi il est recommandé d'employer des shampooings doux peu détergents qui évitent de dégraisser trop brutalement le cuir chevelu ou de le dessécher au risque d'entraîner la formation de pellicules. C'est-à-dire que même si vous avez les cheveux gras, vous n'emploierez que des shampooings pour cheveux secs et fragiles : par exemple, des shampooings à base de lipoprotéines. Il faut vous méfier des shampooings dits « pour bébé ». Ils n'ont souvent de douceur que celle qu'ils proclament.

Durant la grossesse, les influences hormonales se font également sentir au niveau de la chevelure. Pendant cette période, la phase de croissance des cheveux (dite « anagène ») s'allonge au détriment de la phase (dite « télogène ») qui précède la chute. Il y a donc beaucoup moins de cheveux qui tombent et le volume de la chevelure augmente. Mais dès l'accouchement les taux élevés d'œstradiol circulant dans le sang s'effondrent, déterminant un passage brutal des cheveux anagènes en cheveux télogènes. Ce phénomène, qui peut concerner jusqu'à 50 % de la chevelure, provoque trois mois plus tard une chute de cheveux massive, parfois impressionnante. Aucun traitement, quel qu'il soit, n'y change rien. Il est donc tout à fait inutile de multiplier les piqûres ou autres remèdes. Dans les six mois qui vont suivre, tout va s'arranger spontanément, la chute s'arrêter et la repousse s'effectuer. Mais comme un cheveu ne croît que d'un centimètre à un centimètre et demi par mois, il faut s'armer de patience et faire confiance à la nature.

● LA POUSSE DES POILS est accélérée pendant la grossesse (toujours à cause des modifications hormonales). Chez certaines femmes génétiquement prédisposées, il peut même se constituer une hyperpilosité, au niveau du visage en particulier, et singulièrement sur la lèvre supérieure. Cette hyperpilosité régresse après l'accouchement et n'appelle donc aucun soin. Il ne faut surtout pas l'épiler à la pince, ou pire à la cire, car on risque alors de la voir s'installer au lieu de disparaître.

Les dents

« Un bébé en plus, une dent en moins », entend-on encore parfois.

A vrai dire, la grossesse ne cause ni carie ni décalcification. En revanche, une carie existant avant la grossesse peut être aggravée.

Attention donc aux caries car elles abîment les dents. En plus, des dents abîmées empêchent de bien se nourrir. Les dents en effet servent à broyer la nourriture, à la préparer pour la digestion. Et une dent cariée empêche de mastiquer fermement. Comme il est important pendant votre grossesse que vous vous nourrissiez bien, il faut donc veiller à avoir de bonnes dents.

Mais il y a plus : comme vous pourrez le lire au chapitre 10, une infection, où qu'elle siège dans l'organisme, peut être néfaste pendant la grossesse. Or une dent malade peut être un foyer d'infection.

Il est conseillé de faire examiner ses dents dès le début de la grossesse. Pour bénéficier de l'assurance maternité, l'examen dentaire n'est pas obligatoire comme le sont les visites médicales, mais cet examen est recommandé, et remboursé. Par ailleurs, n'oubliez pas que les caries dépendent en grande partie du soin que l'on prend de ses dents. Car ce sont les déchets d'aliments, surtout sucrés, demeurés entre les dents, qui sont la cause de la plupart des caries.

C'est après *chaque* repas, sans oublier le petit déjeuner, qu'il est recommandé de se laver les dents. Et souvenez-vous que ce n'est pas la pâte dentifrice qui nettoie les dents, mais le brossage minutieux, pratiqué de bas en haut et de haut en bas, brossage qui doit être suivi d'un bon rinçage pour entraîner toutes les petites particules d'aliments qui se trouveraient encore entre les dents. Après le brossage : bouche fermée faites plusieurs fois circuler l'eau entre vos dents.

Ce qui est aussi très efficace pour bien nettoyer les dents, c'est de faire une projection d'eau, soit à l'air comprimé, soit électrique. Il existe divers appareils, vendus en pharmacie ou dans les magasins d'électro-ménager.

Vous pouvez aussi vous servir de « Papilli-Brossette », très fines petites brosses à passer entre les dents après les avoir bien lavées, pour entraîner toute particule d'aliments restant entre les dents. Il est recommandé d'enduire la brossette d'un gel désinfectant type Elugel.

La grossesse cause souvent de petits ennuis à la muqueuse de l'intérieur de la bouche : les gencives peuvent gonfler et saigner facilement. Cette gingivite atteint habituellement son maximum au cinquième mois et disparaît après l'accouchement. Elle peut être améliorée par les vitamines C et P.

Ainsi, loin de contre-indiquer les soins dentaires, la grossesse demande une surveillance régulière. Tous les soins dentaires sont possibles y compris les extractions. Ils ne sont en aucun cas susceptibles de retentir sur l'évolution de la grossesse, au moins si celle-ci est normale. Toutefois, si une intervention importante était nécessaire, parlez-en au médecin et demandez-lui conseil.

Les ongles

S'ils sont friables et cassants, il y a un traitement sans aucun danger pendant la grossesse qui consiste à prendre 6 grammes de gélatine par jour. Vous trouverez en pharmacie des gélules de gélatine.

Mais je vous signale que les ongles friables et cassants sont souvent dus aux vernis qu'ils soient colorés ou incolores. Pour savoir si c'est le vernis qui est responsable de la fragilité de l'ongle, il suffit de supprimer les applications de vernis pendant six mois, temps qu'il faut pour que l'ongle entier se renouvelle. Si au bout de cette période l'ongle a retrouvé sa vigueur, c'était bien la laque qui était responsable de la détérioration de l'ongle.

5.

La vie
avant la naissance

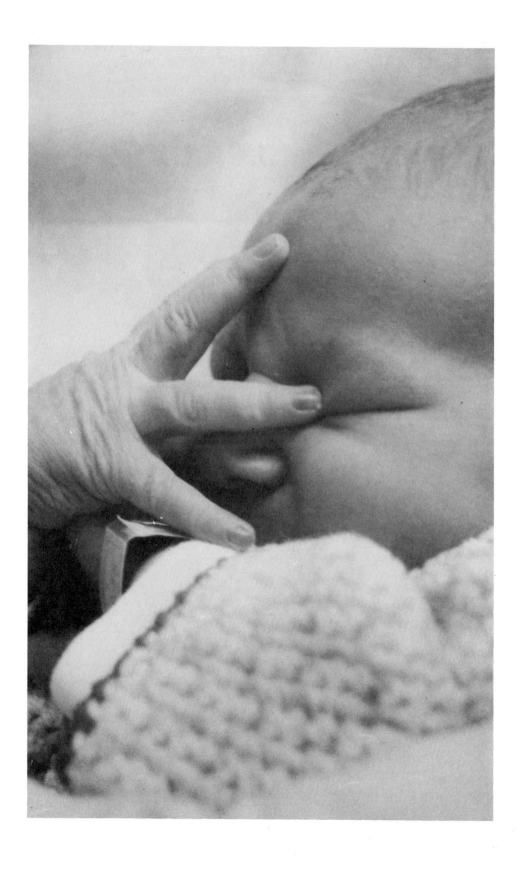

Comment la nature
crée un être humain

« Du germe au nouveau-né », pour reprendre l'expression de Jean Rostand, ce sont des cellules qui se multiplient et se transforment, mais au départ, il y a une histoire d'amour. Cette histoire est multiple, variée, changeante, unique pour chaque couple. Mais la rencontre de deux cellules et ce qu'il en advient, est la même, à quelques variantes près, pour tous. Et elle intéresse tous les futurs parents. La voici.

Pour que la vie se transmette, pour qu'un nouvel être soit formé, il faut que deux germes, l'un venant de l'homme, le spermatozoïde, l'autre de la femme, l'ovule, se rencontrent. L'union de ces deux germes forme un œuf de quelques centièmes de millimètre : l'œuf humain.

Cela semble simple aujourd'hui, mais au siècle dernier on ne connaissait pas exactement le mécanisme à l'origine de la formation d'un être. Il a fallu des millénaires pour connaître ce que nous allons maintenant raconter [1] : comment l'ovule et le spermatozoïde s'unissent pour former l'œuf humain – la conception – comment cet œuf trouve dans l'organisme maternel un endroit confortable où il pourra se loger – la nidation – et enfin comment pendant ces neuf mois – la grossesse – l'œuf se développera peu à peu, se nourrira, deviendra embryon, puis fœtus, puis nouveau-né, votre bébé.

Deux cellules bien particulières

Au début de cette histoire, on dirait que nous ne sommes pas sur terre. Nous ne sommes pas dans le monde que nous voyons, dans les mesures de notre monde. La scène se passe dans ce qu'il y a de plus petit en nous : l'infiniment petit des cellules.

Tout ce qui est vivant est composé de cellules de quelques millièmes de millimètre. Les cellules ont des formes et des tailles différentes suivant qu'elles constituent les os, la peau, les nerfs, etc. Mais elles sont toutes formées d'une substance identique, le *cytoplasme,* qu'entoure une membrane, et qui renferme en son centre un noyau. Parmi ces milliards de cellules, deux d'entre elles, ayant comme les autres un cytoplasme, un noyau, une membrane, sont chargées d'une mission particulière : transmettre la vie. Ce sont : le germe féminin, l'ovule, et le germe masculin ou spermatozoïde.

---

1. Nos connaissances sur le sujet sont d'ailleurs loin d'être complètes.

L'ovule

L'ovule provient de l'ovaire, glande sexuelle de la femme. Situés dans la cavité abdominale, à gauche et à droite de l'utérus, les ovaires – ils sont deux – appartiennent à l'appareil reproducteur, qui comprend en outre les trompes de Fallope, l'utérus, le vagin et la vulve, organes externes de cet appareil (schéma 2, page 110). Les ovaires ont un double rôle. D'une part, ils sécrètent deux variétés d'hormones, les œstrogènes et la progestérone, qui jouent un rôle essentiel dans l'activité génitale de la femme ; d'autre part, ils produisent les ovules.

A la naissance, chaque petite fille possède un énorme stock (500 000 à 1 000 0000) d'ovocytes, cellules mères d'où vont naître les ovules. Pendant l'enfance un grand nombre d'ovocytes disparaissent ; à la puberté, il n'en reste plus que 300 000 à 400 000. A partir de la puberté, les ovocytes se mettent à se transformer en ovules.

C'est donc à partir de ce moment-là – vers 13 ou 14 ans [1] – lorsque les ovaires se mettent à « pondre » des ovules, que la femme peut être mère. Sa période de fécondité durera environ trente ans. Ainsi, des 300 000 à 400 000 ovules de départ, seuls 300 ou 400 arriveront à maturité. Les autres dégénéreront progressivement.

L'ovulation est donc une opération de premier plan. Dans un film documentaire, c'est la séquence que l'on montrerait au début du film. C'est la préface de la vie.

Voici donc les deux ovaires. Ils ont la forme et la taille de grosses amandes blanchâtres et dans l'épaisseur de leur « écorce » se trouvent de petits sacs : les follicules. Chacun de ces petits sacs contient un ovocyte.

Chaque mois, sous l'effet d'hormones sécrétées par l'hypophyse, glande située à la base du cerveau et qui commande toute l'activité hormonale de l'organisme, un ovocyte « mûrit » et forme un ovule qui se développe et grossit [2]. Il est entouré d'une couche de cellules et d'une petite quantité de liquide. L'ensemble forme ce que l'on appelle un follicule de De Graaf. Peu à peu, ce follicule, gonflé par le liquide folliculaire, fait une saillie arrondie à la surface de l'ovaire. Quand cette saillie atteint la taille d'une groseille ou d'une petite cerise, le follicule se rompt et libère l'ovule. C'est l'ovulation qui se situe normalement entre le 13e et le 15e jour du cycle menstruel. (Schéma 5, page 112.)

Pendant toute cette période du mûrissement qui correspond à la première moitié du cycle, le follicule produit des hormones : les œstrogènes.

L'ovule entreprend un long voyage

A sa sortie de l'ovaire, l'ovule passe dans la trompe de Fallope qui aboutit à l'utérus. Les trompes de Fallope (il y en a une de chaque côté de l'utérus) sont de longs canaux musculeux d'un diamètre de 4 mm environ, baptisées ainsi parce que Fallope, médecin italien du XVIe siècle, qui les vit pour la première fois, trouva qu'elles ressemblaient à des trompettes romaines. Les trompes s'élargissent du côté de l'ovaire par un pavillon

---

1. *Age moyen sous nos climats, mais la puberté est souvent plus précoce, se situant par exemple dans certains pays chauds, vers 10-11 ans.*

2. *Exceptionnellement deux ovules se développent en même temps dans un follicule ou dans deux follicules distincts. S'ils sont fécondés en même temps, ces deux ovules donneront des jumeaux (voir plus loin).*

aux bords très découpés en franges irrégulières et mobiles qui, par leurs mouvements, font penser à une anémone de mer. Ce pavillon est directement en contact avec la surface de l'ovaire.

Une fois libéré, l'ovule, qui ne possède aucun moyen de locomotion, est comme happé par les franges bordant la trompe de Fallope. Il avance grâce aux mouvements qui animent la trompe, aux battements de délicats filaments qui la tapissent, et au liquide qu'elle contient. Engagé dans la trompe, l'ovule a devant lui douze heures, au maximum vingt-quatre, pour être fécondé par un spermatozoïde. Au-delà de ce délai, l'ovule dégénérera.

Voici donc le premier acte achevé. Un ovule a été pondu ; il est prêt pour le deuxième acte, la fécondation.

Examinons cet ovule de plus près (schéma 3, page 111). Il est plus petit qu'un grain de pollen [1], il est translucide et incolore. Il est sphérique et entouré d'une membrane gélatineuse et élastique : la zone pellucide. Son cytoplasme est une réserve de protéines, sucres, graisses et autres provisions qu'il a accumulées pendant les quatorze jours qui ont précédé sa ponte, et qui vont lui permettre de se nourrir pendant le voyage qu'il va entreprendre et qui le mènera jusqu'à l'utérus s'il y a fécondation.

Le spermatozoïde

Pour qu'il y ait fécondation, il faut qu'intervienne le germe masculin ou spermatozoïde.

Le spermatozoïde provient des glandes sexuelles de l'homme, les testicules. Comme les ovaires produisent les ovules et les hormones féminines, les testicules produisent les spermatozoïdes et l'hormone mâle : la testostérone. Mais alors que la femme naît avec toute sa réserve d'ovules, chez l'homme les testicules ne commencent à fabriquer des spermatozoïdes qu'à l'âge de la puberté. Cette production sera pratiquement ininterrompue jusqu'à la vieillesse.

Les testicules sont des glandes de forme ovoïde. Ils renferment de très nombreux petits tubes (les tubes séminifères) aussi fins que des fils de soie, enroulés les uns sur les autres, et dont l'aspect ressemble à celui d'une pelote emmêlée. A l'intérieur, ces tubes sont tapissés de cellules spéciales qui se développent très rapidement et qui, par une série de transformations successives, donnent les spermatozoïdes.

Au début arrondies, ces cellules diminuent de taille, s'allongent, leur cytoplasme se réduit, une petite queue se dessine qui peu à peu s'allonge et prend l'aspect d'un long filament. Le spermatozoïde arrivé à maturité est l'une des plus petites cellules humaines [2], une cellule d'un aspect particulier (schéma 4, page 111). Elle est formée de deux parties : la tête qui est ovale et qui, de face, ressemble à une poire – c'est elle qui contient le noyau – et la queue très longue qui ressemble à un fouet très fin.

La queue (le flagelle) permet au spermatozoïde de se déplacer. C'est une de ses grandes différences avec l'ovule.

Après leur formation, les spermatozoïdes parcourent un long trajet et subissent encore des transformations. Réunis dans un grand canal aux mille replis et détours et

---

1. *C'est cependant la cellule la plus volumineuse de l'organisme : 150 microns (un micron = un millième de millimètre).*

2. *50 microns (millièmes de millimètre) – y compris le flagelle –, 4 à 5 microns seulement pour la tête.*

qui a plus de 5 mètres de long, l'épididyme, ils gagnent le canal déférent long de 30 à 40 centimètres. Puis ils se massent dans deux sortes de sacs, les vésicules séminales, situées de part et d'autre de la prostate. Pendant ce trajet le spermatozoïde a acquis deux caractères importants : sa mobilité et son pouvoir fécondant.

Le cycle de formation du spermatozoïde demande 70 à 75 jours. Il faut ajouter 10 à 15 jours de trajet dans l'épididyme et le canal déférent avant de retrouver le spermatozoïde libre dans le sperme au moment de l'éjaculation.

Lors du rapport sexuel, les spermatozoïdes ne sont pas émis seuls mais dilués dans un liquide, le sperme, sécrété par la prostate et les vésicules séminales. Le rôle de ce liquide est de nourrir les spermatozoïdes et d'en faciliter le transport.

Éliminés à l'extérieur, les spermatozoïdes vivent moins de 24 heures. Déposés dans l'organisme de la femme après un rapport sexuel, ils peuvent survivre (et donc attendre l'ovule) 3 à 4 jours. Stockés chez l'homme et non utilisés, ils meurent en une trentaine de jours et sont remplacés par d'autres.

Une fois déposés dans le vagin et avant de rencontrer l'ovule, les spermatozoïdes ont un long chemin à faire (20 à 25 centimètres, soit 4 000 à 5 000 fois leur longueur). Par le col, ils pénètrent dans l'utérus, le traversent, puis s'engagent dans les trompes. S'ils rencontrent un ovule, cet ovule pourra être fécondé ; cette fécondation se passera dans la trompe (schéma 6, page 112).

Les spermatozoïdes cheminent grâce aux mouvements de godille et de vrille de leur queue, à la vitesse de 2 à 3 millimètres par minute. Ils atteignent le lieu de la fécondation en 1 h 30 à 2 heures. Au contact des sécrétions de l'utérus et de la trompe, ils acquièrent définitivement leur pouvoir fécondant.

Au cours de ce périple beaucoup de spermatozoïdes s'épuisent et meurent. Seules quelques centaines arrivent au contact de l'ovule. Bientôt vont se trouver face à face ces deux cellules si différentes, mais chargées toutes les deux de la même mission. D'une part, l'ovule, cellule plus volumineuse que les autres, toute alourdie par son cytoplasme chargé de réserves, et d'ailleurs incapable de se mouvoir par elle-même. D'autre part, le spermatozoïde, cellule beaucoup plus petite, dont le noyau n'est presque pas entouré de cytoplasme, mais qui, très mobile, se meut à la rencontre de l'ovule.

La rencontre : un spermatozoïde pénètre dans l'ovule

Dans la trompe, voici l'ovule qui arrive. Les spermatozoïdes l'entourent, comme attirés par un aimant ; frétillant, agitant leur flagelle, ils se collent contre l'ovule. On ne sait pas encore si plusieurs spermatozoïdes ou un seul pénètrent dans l'ovule, mais on sait qu'un seul va le féconder [1]. C'est celui-là qui nous intéresse.

Il réussit à percer la membrane qui entoure l'ovule – la zone pellucide – en sécrétant des substances qui détruisent les tissus qu'il trouve devant lui. Quand il a pénétré dans l'ovule, le spermatozoïde perd son flagelle. Il ne reste plus que la tête qui gonfle et augmente de volume (schéma ci-contre). Dès ce moment, aucun des autres spermatozoïdes qui se trouvaient autour de l'ovule ne peut y pénétrer. Ils meurent progressivement sur place. Mais on verra plus loin (page 166) que parfois deux spermatozoïdes fécondent deux ovules ce qui donne naissance à des jumeaux.

1. *Sauf l'exception des jumeaux, voir page 166.*

Histoire
d'une rencontre

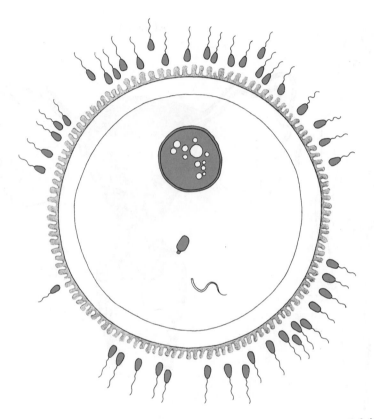

Schéma 1

Dans l'ovule entouré par les spermatozoïdes, un spermatozoïde vient de pénétrer.
Il perd son flagelle.
Son noyau – contenu dans sa tête – va augmenter de volume
puis fusionner avec le noyau de l'ovule...
Mais, dans les pages qui suivent, commençons l'histoire d'une rencontre par le début.

Schéma 2

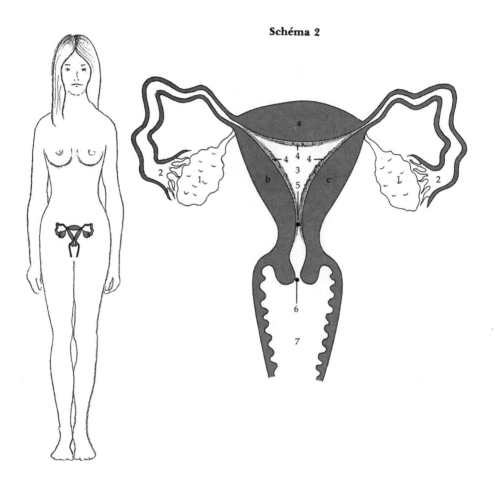

Le schéma de l'appareil génital de la femme :
les deux ovaires (glandes ① de la forme et de la taille d'une grosse amande),
les deux trompes ②, aboutissant à la cavité utérine ③.
En regardant ce schéma, on réalise plus facilement
que l'utérus est un muscle creux avec, au centre, cette cavité
dont les parois (a, b, c) ont la propriété de se contracter.
La face intérieure de l'utérus est tapissée par l'endomètre ④ qui
desquame à chaque fin de cycle, ce sont les règles.
Plus bas, le col de l'utérus et ses deux orifices, interne ⑤ et externe ⑥, se trouve au fond du vagin ⑦.

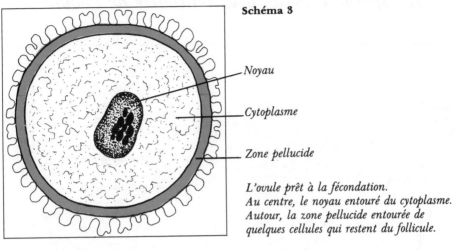

Schéma 3

Noyau

Cytoplasme

Zone pellucide

L'ovule prêt à la fécondation.
Au centre, le noyau entouré du cytoplasme.
Autour, la zone pellucide entourée de
quelques cellules qui restent du follicule.

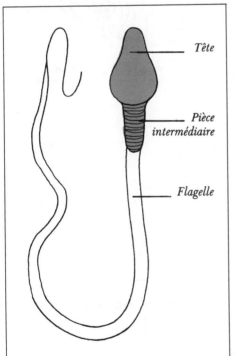

Tête

Schéma 4

Pièce
intermédiaire

Flagelle

Un spermatozoïde,
avec sa tête contenant son noyau
et son flagelle
qui lui permet de se déplacer.
Ici, le spermatozoïde
est considérablement grossi
par rapport à l'ovule.
Les proportions relatives de l'un à l'autre
se rapprochent
de celles de la page 109.

Les spermatozoïdes à la rencontre de l'ovule

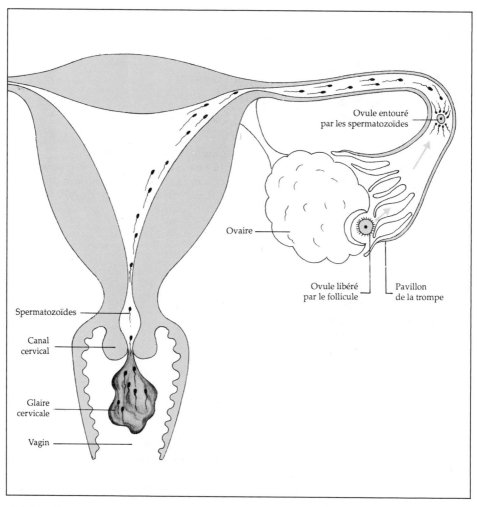

Ovule entouré
par les spermatozoïdes

Ovaire

Ovule libéré
par le follicule

Pavillon
de la trompe

Spermatozoïdes

Canal
cervical

Glaire
cervicale

Vagin

Schéma 5

Schéma 6

*La libération de l'ovule
vue de plus près.
Sur l'ovaire, le follicule de
de Graaf prêt à se rompre.
Dans le follicule, l'ovule.
Près de l'ovaire, les franges
du pavillon de la trompe,
prêtes à « happer » l'ovule.*

113

Le voyage de l'œuf

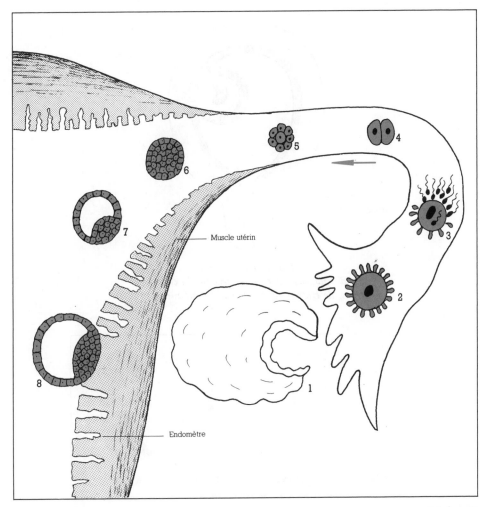

Schéma 7

1. *Follicule rompu. Ébauche de formation du corps jaune.*
2. *Ovule entouré des cellules folliculeuses.*
3. *Ovule fécondé par un spermatozoïde. Les cellules folliculeuses sont éliminées.*
4. *Début de la division de l'œuf. Stade à 2 cellules.*
5. *Stade à 8 cellules.*
6. *Stade à 16 cellules (morula).*
7. *L'œuf se creuse d'une cavité.*
8. *Implantation dans la muqueuse utérine ou nidation.*

De l'œuf à l'enfant

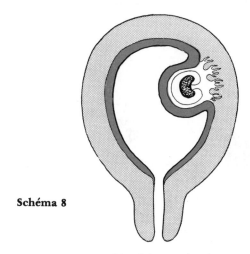

Schéma 8

L'œuf s'est implanté.
La muqueuse utérine est devenue la caduque.
L'utérus, de triangulaire, s'arrondit pendant la grossesse.

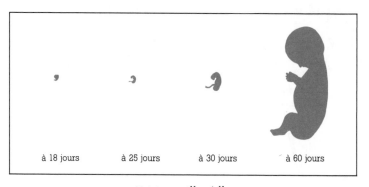

à 18 jours   à 25 jours   à 30 jours   à 60 jours

Voici sa taille réelle

Sur cette double page, nous pouvons suivre la croissance de cet œuf que
nous avons vu se nider à la page précédente. Le voici d'abord embryon :
à 4 semaines (ci-dessus), et à 6 semaines (première image, schéma 9,
page de droite). Puis (toujours sur cette même page de droite) fœtus
à 3 mois, 6 mois et 9 mois.
Sur ces images, l'enfant est toujours représenté dans la même position.
En réalité, il bouge fréquemment. Mais à 9 mois, à la veille de
l'accouchement, il se présente, dans la majorité des cas, la tête en bas.
Sur la dernière image, schéma 10, vous pouvez voir de plus près
la manière dont l'enfant se tient dans le corps de sa mère, et comment
il est relié au placenta par le cordon ombilical.

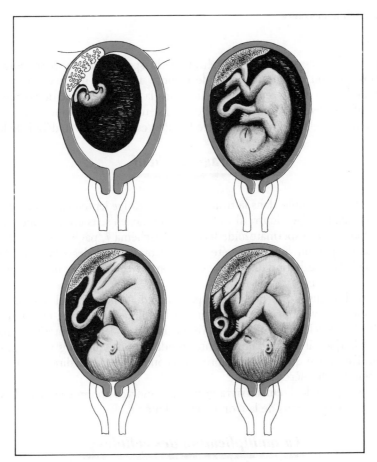

Schéma 9

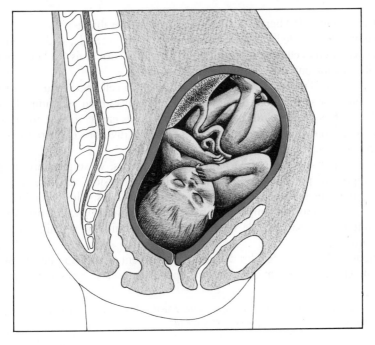

Schéma 10

Pour sa part, l'ovule réagit à la pénétration du spermatozoïde. Il se rétracte en même temps que son noyau augmente de volume. Les deux noyaux vont à la rencontre l'un de l'autre. Cette rencontre se fait dans la région centrale de l'ovule. L'instant est décisif : les deux noyaux s'approchent, ils se touchent, ils fusionnent. L'œuf est formé, la première cellule d'un nouvel être humain est née. C'est le début de la vie.

Le voyage de l'œuf

La fécondation accomplie dans la trompe, l'œuf se dirige lentement vers l'utérus où il va être accueilli, protégé, nourri. Il va faire en somme, en sens inverse, une partie du chemin parcouru par le spermatozoïde fécondant (schéma 7, page 113). Cette migration est assurée par un liquide sécrété par la trompe, par des cils vibratiles, qui poussent l'œuf dans la bonne direction ; enfin par les contractions de la trompe. Ce voyage dure 3 à 4 jours [1].

Arrivé dans l'utérus, l'œuf ne se nide pas immédiatement, car il n'a pas encore atteint le stade de développement nécessaire, et la muqueuse utérine, le nid, n'est pas encore prête à l'accueillir. L'œuf va donc rester libre dans la cavité utérine pendant 3 jours, durant lesquels il subira d'importantes modifications, que vous verrez plus loin. La nidation n'aura lieu qu'au 7e jour après la fécondation, c'est-à-dire 21 ou 22 jours après le début des dernières règles.

Pendant cette période, l'œuf survivra grâce aux réserves accumulées dans l'ovule et surtout grâce aux sécrétions de la trompe et de l'utérus.

La multiplication des cellules

Pendant ces 7 jours de liberté, l'œuf se modifie considérablement.

La cellule initiale, née de l'union de l'ovule et du spermatozoïde, se divise en deux à la 30e heure. Ces deux cellules en produisent 4 à la 50e heure, puis 8 à la 60e heure, et ainsi de suite suivant une progression géométrique.

A son arrivée dans l'utérus, l'œuf en est au stade de 16 cellules. Vu au microscope, il a l'aspect d'une masse arrondie ressemblant à une mûre, d'où son nom de morula (mûre en latin). Ces cellules sont de plus en plus petites car le volume total de l'œuf reste le même qu'au début. Ce n'est qu'après la sixième division cellulaire (64 cellules) que l'œuf commence à augmenter de volume.

Pendant les 3 jours de vie libre à l'intérieur de l'utérus, va se produire un phénomène très important pour la suite des événements. La division cellulaire se poursuit, mais alors que jusque-là toutes les cellules étaient semblables, elles commencent à se différencier. A la période de simple division (ou segmentation), va maintenant succéder la période d'organisation. Elle va durer jusqu'à la huitième semaine. Voici comment elle commence.

A l'intérieur de l'œuf, les cellules du centre deviennent beaucoup plus grosses, elles se réunissent en une petite masse que l'on appelle le *bouton embryonnaire* parce que

---

1. *Ce périple est parfois interrompu en cours de route. L'œuf se fixe alors en dehors de l'utérus, dans la trompe elle-même, c'est le début d'une grossesse extra-utérine.*

c'est lui qui va devenir embryon, nom que portera le futur bébé jusqu'à 2 mois révolus (après, jusqu'à la naissance, on parlera de fœtus). Les cellules les plus externes s'aplatissent, et sont refoulées à la périphérie de l'œuf. Un vide sépare le bouton embryonnaire de la couche extérieure sauf en un point où les deux parties restent soudées. Le vide va bientôt s'agrandir et former une cavité remplie de liquide. (Voyez le schéma 12, page 133.)

Le plan du futur édifice est définitivement tracé ; il ne changera plus. Du bouton embryonnaire naîtra l'embryon ; des cellules extérieures, l'enveloppe qui entourera et protégera cet embryon. Cette enveloppe c'est le *trophoblaste*. Une partie de ce trophoblaste contribuera à former le placenta grâce auquel l'enfant pourra se nourrir et se développer.

A ce stade, l'œuf mesure 250 millièmes de millimètre. Il est maintenant capable de se nider. Mais voyons d'abord comment le nid s'est préparé à l'accueillir.

La nidation se prépare

Après l'ovulation, le follicule qui contenait l'ovule s'est transformé en corps jaune, ainsi appelé parce qu'il contient des matières graisseuses de la couleur de l'or. Ce corps jaune va jouer un rôle fondamental. Il va continuer de fabriquer des œstrogènes (comme avant l'ovulation), mais aussi une autre hormone, la progestérone, dont on a dit qu'elle était « l'hormone de la grossesse ». Elle est là chaque mois, aussitôt après l'ovulation, prête à favoriser dès le premier instant un début de grossesse, dès le moment où l'ovule, libéré de l'ovaire, se trouve candidat à la fécondation. C'est la progestérone qui, associée aux œstrogènes, permet le développement du tissu qui tapisse l'intérieur de l'utérus ; ce tissu, c'est la muqueuse utérine ou endomètre. Très mince avant l'ovulation, la muqueuse s'épaissit considérablement dans la deuxième moitié du cycle, passant de 1 mm à 1 cm. Elle se creuse de nombreux replis. Ses vaisseaux sanguins sont beaucoup plus nombreux ; et les glandes qu'elle contient fabriquent en grande quantité un sucre, le glycogène, dont le rôle nutritif est important.

La muqueuse est maintenant prête à recevoir et nourrir l'œuf.

Si l'ovule n'a pas été fécondé, il est expulsé. Le corps jaune régresse, la quantité d'hormones diminue, l'utérus se contracte, la muqueuse est détruite, ses petits vaisseaux sanguins se rompent et saignent, entraînant avec les sécrétions glandulaires l'ovule à travers le col de l'utérus dans le vagin : ce sont les règles. Aussitôt, la nature persévérante amorce un nouveau cycle de vingt-huit jours.

Tout s'enchaîne désormais. Entre les règles et la grossesse, le lien apparaît : les règles signifient qu'un ovule pondu n'a pas été fécondé ; et les préparatifs qu'avait faits la nature en vue d'une grossesse sont éliminés. Au contraire, l'arrêt des règles signifie qu'un ovule a été fécondé [1].

Pendant ce temps, que s'est-il passé dans l'ovaire depuis que l'ovule l'a quitté ?

Le corps jaune, qui s'est édifié sur la cicatrice laissée après le départ de l'ovule, s'est rapidement développé. Produisant une quantité considérable de progestérone, le corps jaune est le grand protecteur des premiers jours de l'œuf. C'est en effet la progesté-

---

1. *Cependant les règles peuvent également s'interrompre pour d'autres raisons, en particulier à la suite d'un déséquilibre hormonal.*

rone qui a empêché l'utérus de se contracter comme il le fait au moment des règles, ce qui aurait eu pour résultat d'expulser l'œuf qui vient de se nider. C'est la même hormone qui a subvenu en partie à la nutrition de l'œuf. Vers 3 mois, lorsque le corps jaune aura terminé son temps, le relais sera pris par le placenta, vous le verrez plus loin.

Une conclusion s'impose : le corps jaune de l'ovaire est indispensable à la survie de l'œuf. Il y a d'ailleurs entre eux échange de bons procédés, car c'est à cause de l'implantation de l'œuf dans l'utérus que le corps jaune ne dégénère pas comme il le fait au cours d'un cycle normal. Pour maintenir en activité le corps jaune, le trophoblaste sécrète en effet une hormone appelée gonadotrophine chorionique au moins pendant les premières semaines de grossesse [1].

L'œuf se nide

C'est donc au 7ᵉ jour après la fécondation que l'œuf est prêt à se nider et que la muqueuse utérine est prête à le recevoir.

L'œuf se pose sur la muqueuse utérine, puis il y adhère fortement, comme une ventouse. A ce moment entre en jeu le trophoblaste ; il sécrète des ferments qui détruisent les cellules tapissant la cavité de l'utérus et creuse une sorte de nid dans la muqueuse. On peut dire alors que l'œuf « fait son nid ». Il s'engage dans le trou ainsi creusé et se loge de plus en plus profondément dans l'épaisseur de la muqueuse. Au-dessus de lui, les tissus se rejoignent, la brèche se referme (voir schéma 11, page 133).

A la fin du 9ᵉ jour, l'œuf est logé, entièrement entouré par la muqueuse utérine dans laquelle il s'est enfoui. On appelle cette muqueuse caduque, car, après l'accouchement, elle sera éliminée avec le placenta.

Il faut maintenant que l'œuf se nourrisse. Le trophoblaste – qui prend alors le nom de chorion – projette de petits filaments qui s'enfoncent avidement dans la muqueuse utérine comme une plante envoie ses racines dans une bonne terre. Ces filaments rompent les petits vaisseaux sanguins, détruisent les cellules, se gorgent de cette manne et l'envoient à l'embryon dont les besoins s'accroissent sans cesse, car sans cesse de nouvelles cellules se développent à un rythme de plus en plus accéléré.

L'œuf est maintenant fixé comme une greffe à l'organisme maternel (schéma 8, page 114). C'est là qu'il va se développer neuf mois durant. La grossesse date de la conception, mais elle ne commence véritablement qu'au jour de la nidation, celui où pour la première fois la mère protège et nourrit son enfant.

Au centre de l'œuf, l'embryon va croître à un rythme vertigineux. Mais cette croissance ne sera possible que parce que tout un système va se développer : ce système comprendra ce qu'on appelle les organes annexes, c'est-à-dire les enveloppes, le placenta et le cordon.

■ L'œuf, une greffe très spéciale

Sauf quand elle a lieu entre de vrais jumeaux, toute greffe d'organe est normalement rejetée en quelques jours. En effet, l'organisme receveur met en jeu un système de défense, appelé système immunitaire, qui a pour but d'éliminer ce corps étranger

1. C'est la présence de cette hormone dans les urines et le sang, qui rend positifs les tests de grossesse.

qu'est la greffe. Pour ce faire il fabrique d'une part ce qu'on appelle des anticorps ; d'autre part il « arme » des cellules (principalement des globules blancs) destinées à détruire les cellules du corps étranger (la greffe) et appelées, pour cette raison, cellules « tueuses ». L'ensemble de ce mécanisme de défense est sous la dépendance de substances situées dans toutes les cellules de l'organisme. On les appelle groupes tissulaires ou encore, chez l'homme, système H.L.A. Ce système est spécifique à chaque individu. Seuls les vrais jumeaux ont le même système H.L.A., ce qui explique qu'il n'y a pas de rejet de greffe entre eux.

Chez tous les autres individus, les médecins sont obligés, pour qu'une greffe d'organe réussisse, d'avoir recours à des procédés très complexes pour diminuer ou abolir, au moins temporairement, le système naturel de défense du receveur et le mettre en « immuno-dépression ».

Or, pour l'organisme maternel, l'œuf peut être considéré comme une greffe étrangère puisqu'il contient, pour moitié, des cellules qui proviennent du père. L'œuf devrait donc être rejeté, d'autant qu'il se nide au plus intime des tissus maternels et aucune grossesse ne devrait être possible. Il n'en est rien évidemment. Mieux encore, l'organisme maternel offre à l'œuf les meilleures conditions de protection et de développement. Pourquoi ?

Pendant longtemps, on en a été réduit à des hypothèses pour expliquer ce paradoxe. La première était que la grossesse annihile le système de défense maternel et rend ainsi impossible le rejet de l'œuf. Or, s'il est vrai qu'il existe une certaine diminution des défenses immunitaires chez la femme enceinte, cette diminution n'est jamais suffisante pour expliquer la tolérance de l'œuf. On a pensé aussi que l'œuf était immunologiquement « neutre » échappant ainsi aux réactions immunitaires habituelles. Or il n'en est rien et l'on sait maintenant que l'œuf possède un système immunitaire comme les autres cellules de l'organisme. On s'est demandé enfin si l'utérus ne constituait pas un lieu immunologique privilégié comme il en existe quelques-uns dans l'organisme telles la chambre oculaire (qui abrite l'œil) ou les méninges, qui ne rejettent pas les greffes. Or, cette hypothèse est également fausse.

Ce sont les progrès récents de l'immunologie qui permettent d'y voir plus clair et d'affirmer que, dans la tolérance de l'œuf, le rôle fondamental est joué par le placenta. Dès la nidation, l'organisme maternel reconnaît le corps étranger qu'est l'œuf et déclenche les processus habituels de défense : fabrication d'anticorps et de cellules tueuses. Mais le placenta réagit immédiatement en fabriquant des substances qui vont bloquer le développement des cellules tueuses et les empêcher d'agir. Mieux, il utilise pour son propre compte et son propre développement les produits qui sont nécessaires à la croissance des cellules tueuses maternelles.

Quand, pour des raisons encore inconnues, le placenta n'est pas capable de jouer ce rôle, les cellules tueuses se multiplient, envahissent le placenta et tuent l'embryon. L'avortement se produit. On parle alors d'*avortement d'origine immunitaire* comparable en tous points au rejet d'une greffe.

▪ La fécondation in vitro

La fécondation « in vitro » a connu en 10 ans une extraordinaire extension. D'abord destinée aux femmes n'ayant plus de trompes ou des trompes définitivement bouchées, son application s'est progressivement étendue : elle remplace de plus en plus souvent la chirurgie des trompes et l'on y a même recours dans d'autres causes de sté-rilité du couple, qu'elles soient féminines (anomalies de la glaire, troubles importants de l'ovulation) ou masculines (trop faible quantité ou trop faible mobilité des sperma-tozoïdes). Et parfois, dans certains cas de stérilité inexpliquée, on propose également la fécondation in vitro.

La fécondation in vitro consiste à stimuler les ovaires avec certaines hormones pour provoquer l'ovulation d'un ou, mieux, de plusieurs ovules. Ceux-ci sont alors recueillis soit par une petite intervention appelée cœlioscopie, soit de plus en plus souvent main-tenant, par ponction directe de l'ovaire guidée par échographie. Cette dernière tech-nique a l'avantage d'éviter l'anesthésie générale nécessitée par la cœlioscopie.

Les ovules ainsi prélevés sont mis au contact du sperme du mari dans une éprou-vette laissée à 37° pendant 48 heures. Ce délai écoulé, si la fécondation a eu lieu, on replace dans l'utérus un ou plusieurs œufs. Les chances de succès semblent en effet plus grandes si on replace 2 à 3 œufs dans l'utérus. Si plus d'œufs ont été fécondés, ceux qui n'ont pas été utilisés sont conservés par congélation et peuvent être utilisés lors de cycles ultérieurs en cas d'échec de la première tentative[1].

Ainsi schématisée, la méthode paraît simple. Elle nécessite toutefois une équipe très entraînée de médecins et de biologistes.

Le taux de succès, c'est-à-dire l'obtention d'une grossesse, se situe entre 15 à 20 % par tentative. Actuellement, plusieurs dizaines de milliers d'enfants sont nés dans le monde à partir de cette méthode. Mais il faut savoir que certaines complications sont plus fréquentes qu'après une fécondation spontanée, et ces complications ne sont d'ail-leurs pas toujours faciles à expliquer. Le taux important de fausses-couches (20 à 30 %) est probablement en rapport avec l'âge maternel, plus élevé que la moyenne. Il en est de même de la fréquence des hypertensions et des toxémies pendant la grossesse. Les grossesses extra-utérines sont également plus nombreuses. Les grossesses multiples (20 à 25 % de grossesses gémellaires, 4 à 5 % des grossesses triples) expliquent certaine-ment la plus grande fréquence des accouchements prématurés et la mortalité néona-tale qui en découle. Tout ceci conduit à considérer les grossesses après fécondation in vitro comme des grossesses à risques. Elles se terminent plus souvent que les autres par une césarienne. Par contre les malformations fœtales ne sont pas plus nombreuses.

Malgré le succès que la fécondation in vitro rencontre dans le grand public car on en parle de plus en plus, elle n'est pas la panacée universelle. Il ne faudrait pas croire qu'on peut y recourir simplement par impatience pour hâter la venue d'une grossesse qui tarde à survenir. Pour faire une fécondation in vitro, il faut une raison médicale[2].

Quant à l'*insémination artificielle*, elle n'a rien à voir avec la méthode précédente. Elle consiste à amener avec une seringue dans le col de l'utérus, ou dans l'utérus lui-même, soit les spermatozoïdes du conjoint (quand par exemple un rapport sexuel naturel est impossible) soit les spermatozoïdes d'un donneur quand le conjoint est stérile. Par contre, la fécondation se fait ici de façon tout à fait naturelle.

Dans les pages qui précèdent, vous avez assisté à la rencontre des deux cellules. Nous allons maintenant suivre mois par mois le développement de l'enfant. Ensuite, nous verrons comment il se nourrit grâce au placenta et au cordon ombilical, et com-ment il est protégé par les enveloppes qui l'entourent.

1. *Mais l'avenir de ces embryons non utilisés et congelés pose des problèmes moraux ; c'est un de ceux sur lesquels se penche la Commission d'éthique.*
2. *Sur la fécondation in vitro, vous pouvez lire le livre de Jacques Testart,* L'Œuf transparent, *aux Édi-tions Flammarion (collection « Champs »).*

Mois par mois
l'histoire de votre enfant

Un jour, vers la dix-huitième semaine de sa grossesse [1], la future mère perçoit les mouvements de son enfant. Certaines disent qu'elles le sentent bouger ; d'autres parlent de caresses. C'est soudain une vie intense qui se révèle. Certes, la mère savait bien que le cœur de son enfant battait déjà. Elle le savait et elle l'avait peut-être déjà entendu grâce au stéthoscope à ultrasons, ou vu sur l'écran de l'échographe. Mais ce sont vraiment les mouvements qui font prendre conscience à la mère de la présence de cet enfant. Ce sont également ces mouvements qui constituent un des premiers liens entre le père et son enfant.

Pourtant c'est bien avant qu'a commencé l'étonnante histoire de l'enfant pendant les neuf mois de sa vie intra-utérine. Période à nulle autre pareille car, à aucun moment de sa vie, un être humain ne subit de telles transformations. Cette histoire, la voici.

Le premier mois

Quelques semaines avant d'avoir un visage, un cœur, des membres, l'embryon est un disque, un disque minuscule. Diamètre : deux dixièmes de millimètre. Ce disque se trouve au centre des grosses cellules de l'œuf qui ont formé le bouton embryonnaire.

Les cellules qui forment ce disque vont se répartir en trois couches d'où vont naître tous les organes de l'enfant : la couche supérieure – ou *ectoderme* – donnera naissance à la peau, aux poils, aux ongles, et au système nerveux, cerveau, moelle épinière, nerfs. La couche moyenne – ou *mésoderme* – donnera les muscles, le squelette, l'appareil urinaire et génital, le cœur et les vaisseaux, et les différents organes qui fabriquent le sang. La couche inférieure – ou *endoderme* – fournira les muqueuses (le revêtement intérieur de la plupart des organes), les poumons, le tube digestif et les glandes qui s'y rattachent.

En même temps apparaît au-dessus de l'ectoderme une petite cavité qui va s'agrandir progressivement et qui occupera ultérieurement tout le volume de l'œuf : c'est la cavité amniotique où, dans quelque temps, flottera véritablement l'embryon.

Vers le 15e jour, le disque change de forme. Il était circulaire, il s'allonge et devient ovale, plus large en arrière qu'en avant, resserré au milieu ; d'avant en arrière apparaît un renflement, la *chorde*, avec de chaque côté, de petites saillies cubiques : les *somites*. Une, puis deux, puis trois, dans quelques semaines, elles seront une quarantaine et donneront naissance aux vertèbres, aux côtes, aux muscles du tronc et aux membres.

1. *Dans ce chapitre, nous parlons de semaines ou de mois de grossesse (comptés à partir de la date de la conception) et non pas de semaines d'aménorrhée (comptées à partir du premier jour des dernières règles). Pages 262, vous trouverez un tableau de correspondance entre ces deux façons de calculer l'âge d'une grossesse.*

Parallèle à la chorde, apparaît un sillon formant bientôt une sorte de gouttière d'où dérivera tout le système nerveux. A l'intérieur de l'embryon se dessine l'intestin primitif, ébauche de l'appareil digestif.

Dès le 20ᵉ jour apparaît le tube cardiaque (ébauche du futur cœur). Ce tube est formé par la fusion de deux vaisseaux sanguins ; s'il n'a pas encore la forme du cœur, il est déjà animé de contractions spasmodiques : il bat. Une circulation s'ébauche.

A la fin de la 3ᵉ semaine, l'embryon a fait du chemin. Il mesure environ deux millimètres. Il a multiplié son diamètre par 100 et son volume par un million, ce qui signifie qu'il a doublé en moyenne chaque jour. Mais surtout il commence à prendre forme : le disque s'enroule sur lui-même, prend la forme d'un tube, puis les deux extrémités se rapprochent l'une de l'autre. A l'une des extrémités se dessine un renflement : c'est la future tête où va s'installer un rudimentaire cerveau. A l'autre bout, un deuxième renflement plus petit : le *bourgeon caudal,* sorte de petite queue correspondant au coccyx. Enfin, à la partie postérieure de l'embryon apparaissent les premières cellules sexuelles.

Premier mois, premier bilan. L'embryon mesure 5 mm. Il est encore loin d'avoir figure humaine, il ressemblerait plutôt à une virgule allongée. En avant, le renflement de la future tête fait un angle droit avec la partie dorsale. La place des yeux et des oreilles n'est encore marquée que par de simples épaississements. Sur le dos, on note l'alignement régulier des somites. La partie ventrale est partagée entre la volumineuse saillie de l'ébauche du cœur et la zone ombilicale par où l'embryon communique avec l'organisme maternel. En arrière enfin un petit appendice en forme de queue. Mais dans ce corps sans visage et sans membres, le cœur bat déjà. Il ne s'arrêtera qu'avec la mort.

Le deuxième mois

Il ne reste que quatre semaines à l'embryon pour constituer l'ébauche de tous les organes qui lui manquent encore.

Au début du deuxième mois apparaissent les membres, les bras, puis les jambes. Mais ces membres ne sont encore que de petites pousses, de petits bourgeons. Puis le visage se dessine, d'abord ce ne sont que des emplacements : deux petites saillies pour les yeux, deux fossettes pour les oreilles, une seule ouverture pour la bouche et le nez.

Pendant ce temps, le système nerveux se développe. La gouttière de la moelle épinière se ferme complètement. En avant, trois vésicules ébauchent le futur cerveau. L'appareil urinaire commence son développement. Le cœur et la circulation poursuivent le leur. A la partie postérieure de l'embryon, l'appareil urinaire et l'intestin débouchent dans un orifice unique, appelé du nom peu élégant de cloaque.

La cinquième semaine s'achève. L'embryon a toujours la tête repliée en avant vers la grosse saillie que forme le cœur au milieu du ventre. Plus bas, pour la première fois, on voit le cordon ombilical. Le bourgeon caudal s'est développé. Le long de la ligne médiane, les somites sont maintenant au complet (une quarantaine). L'embryon mesure 7 à 8 millimètres.

Huit jours plus tard, il double sa taille : il mesure 15 millimètres. Mais il ne met pas sa taille en valeur car il est toujours replié sur lui-même. La tête a augmenté de volume plus rapidement que le reste du corps. La queue s'est encore allongée et recourbée. A aucun moment de son évolution l'embryon ne ressemblera davantage à un tout petit animal endormi. Mais son visage dément cette comparaison car l'ébauche amorcée plus tôt se précise : l'embryon prend figure humaine quoique ses éléments soient très disproportionnés. Les yeux qui étaient très écartés l'un de l'autre, presque sur les côtés de la tête, se rapprochent ; ils paraissent immenses car ils n'ont pas de paupières. Le front est bombé. Le nez est aplati. La bouche est énorme, mais les lèvres se dessinent. Dans les gencives naissent les germes des dents de lait.

En même temps l'embryon modifie son allure. La tête se redresse sur le tronc, la queue disparaît. Mais surtout les membres se développent. Ils s'allongent, ils s'élargissent, on peut les reconnaître. A leur extrémité, mains et pieds apparaissent comme de petites palettes où se dessinent cinq rayons, les futurs doigts et orteils. Les lignes de la paume des mains, de la plante des pieds sont déjà dessinées. Les membres, qui ont toujours l'air de gros bourgeons, s'allongent et s'élargissent. Les bras sont aussi longs que les jambes. On devine maintenant les plis du coude et du genou. Sur le ventre apparaît une deuxième saillie, celle du foie. Bientôt foie et cœur ne formeront qu'une seule protubérance.

A l'intérieur de l'organisme, les transformations ne sont pas moins importantes. L'estomac et l'intestin prennent leur forme et leur disposition définitives. Le cloaque se cloisonne en deux orifices différents pour le rectum et l'appareil génito-urinaire. L'appareil respiratoire se développe, mais il reste encore à ce stade sans activité. Le cœur prend sa forme définitive et la circulation embryonnaire se complète. Le cerveau ressemble maintenant à celui de l'adulte avec ses sillons et ses saillies (les circonvolutions). Dans tout le corps, des muscles se développent.

A la fin de cette septième semaine, un événement important se produit : l'ossification du squelette commence. Elle se poursuivra pendant des années et ne sera complètement achevée qu'à l'âge adulte.

L'embryon se redresse, son tronc devient plus droit, sa tête se lève. Il a atteint deux centimètres. Il tient ses mains appuyées sur le ventre, ses jambes pliées genoux en dehors, ses pieds se rejoignant comme s'il allait nager.

La 8ᵉ semaine s'achève. L'embryon mesure 3 centimètres. Il pèse 11 grammes, moins qu'une lettre, et pourtant, dans ce minuscule corps dont la future mère ne soupçonne peut-être même pas encore l'existence, l'ébauche de tous les organes est formée. En deux mois, l'embryon a acquis tout ce qui lui donne sa qualité d'être humain. L'enfant va consacrer les sept mois qu'il a devant lui à fignoler le travail énorme qui vient de s'accomplir.

Deux mois pour le gros œuvre, sept mois pour le perfectionnement des ébauches, voilà pourquoi nous avons tant insisté pour que vous ayez le plus tôt possible la certitude que vous étiez enceinte : cette période de deux mois – celle de l'embryogenèse – est particulièrement importante. En effet, c'est celle où l'embryon est spécialement sensible aux agressions (infectieuses par exemple), puisqu'elles risquent de perturber les processus normaux de formation des différents organes, et donc d'entraîner des malformations. Ces agressions restent d'ailleurs dangereuses jusqu'à la fin du 3ᵉ mois au cours duquel certains organes achèvent leur formation.

Les mois suivants vont être employés à parfaire le travail commencé. Mais en même temps, et bien qu'entièrement dépendant de l'organisme maternel pour son développement, l'enfant va acquérir une certaine autonomie.

■ Le mécanisme du développement

En lisant la description du développement de votre enfant semaine après semaine, depuis le jour où il a été conçu, vous vous demandez peut-être comment on a su que les événements se passaient ainsi, comment on a pu les suivre et les observer. Les embryologistes ont abouti aux conclusions que vous venez de lire, d'une part en examinant les œufs humains disponibles, d'autre part, en faisant des hypothèses fondées sur l'observation provenant d'œufs d'espèces animales dont le développement est très proche de celui de l'homme.

Question plus importante et plus intéressante encore : comment tout cela est-il possible ? Il est prodigieux en effet qu'à partir d'une cellule unique – l'œuf – mais porteuse dans ses chromosomes de toutes les caractéristiques de l'espèce, se forme un individu complet avec tous ses organes, et que cette fabrication se fasse le plus souvent sans erreur. Ceci tient à deux propriétés des cellules embryonnaires : elles peuvent se *multiplier* et elles peuvent se *différencier* les unes des autres.

La multiplication des cellules est indispensable pour passer de la cellule unique de l'œuf aux milliards de cellules du nouveau-né. Cette multiplication est particulièrement rapide et intense pendant la vie intra-utérine ; elle se poursuivra toute la vie, mais à un rythme beaucoup plus lent, exception faite des cellules nerveuses qui, elles, ne se renouvellent jamais.

Mais très vite les cellules embryonnaires ne vont plus se contenter de se multiplier, elles vont aussi se différencier les unes des autres, voici comment. Alors qu'à un stade très précoce du développement, chaque cellule est encore capable d'engendrer un organisme viable et normalement constitué (c'est ainsi que naissent les vrais jumeaux), plus ou moins rapidement, selon les régions de l'embryon, les cellules vont se spécialiser dans leur aspect et dans leur fonction pour devenir par exemple, une cellule osseuse, ou glandulaire, ou musculaire, etc... Il existe ainsi environ 350 familles cellulaires dans un organisme humain adulte ; et chaque cellule conserve dans ses chromosomes la totalité du programme génétique. C'est grâce à ce programme que s'exécutent les ordres. Mais une partie plus ou moins importante du programme ne s'exprime plus (on dit qu'elle est « réprimée ») pour ne laisser place qu'au message correspondant à un travail bien précis et déterminé. La cellule capable de tout faire au départ est devenue hyperspécialisée.

Cette spécialisation explique déjà la formation des trois feuillets (ectoderme – endoderme – mésoderme) dont je vous ai parlé page 121. Rapidement, ces feuillets vont se courber, se plisser, s'enrouler les uns autour des autres. Des plages entières de cellules vont glisser les unes sur les autres, s'accoler ou, au contraire, se séparer. Des groupes cellulaires entiers peuvent migrer très loin de leur lieu de naissance.

En même temps les cellules se reconnaissent, elles s'organisent pour former un tissu : les cellules osseuses forment de l'os, les cellules musculaires du muscle, etc. L'organisation se poursuit, et à leur tour les tissus frabriquent des organes : l'estomac, par exemple, formé de plusieurs tissus différents. Enfin, les organes s'associent pour constituer un appareil ou système : le système nerveux par exemple, qui comprend cerveau, moelle épinière, nerfs.

Ainsi tout au long du développement, les cellules s'influencent les unes les autres, communiquent entre elles par le biais de substances capables de ralentir ou d'accélérer, de favoriser ou d'inhiber le développement à tel ou tel endroit de l'embryon.

On sait maintenant qu'il existe plusieurs centres dits « inducteurs », sortes de postes de commandement qui interviennent successivement au cours du développement pour guider la différenciation des cellules et la mise en place des futurs organes.

En fait, les agents de toutes ces transformations nécessaires au développement sont les *gènes* contenus dans les chromosomes (voir p. 181) ; les gènes sont également chargés de la transmission des caractères héréditaires. Certains d'entre eux, appelés *homéogènes,* interviennent partout et à toutes les étapes du développement. Ce sont eux qui déterminent l'axe de l'embryon, de la tête à la queue, qui guident les cellules dans les futurs membres, qui font que les différents organes sont à la bonne place, qui ralentissent ou accélèrent le développement cellulaire, etc.

D'autres gènes, appelés *oncogènes,* jouent également un rôle important dans la multiplication des cellules. Il est intéressant de noter que, normalement inactivés chez l'adulte, ces gènes oncogènes peuvent parfois se réveiller, et déterminer l'apparition de tumeurs cancéreuses soulignant ainsi la parenté entre le développement normal de l'embryon, et la multiplication cellulaire anarchique qui caractérise les cancers.

Le troisième mois

Fille ou garçon ? Tout se joue au moment où les noyaux de l'ovule et du spermatozoïde se rapprochent, fusionnent et forment un œuf. A ce moment-là, le sexe du futur enfant est fixé : il dépend du patrimoine génétique du spermatozoïde. Cela veut dire que dès la fécondation, l'œuf est programmé pour être un garçon ou une fille. Mais au cœur du noyau, le secret est bien gardé, à l'extérieur rien ne se voit. Fille ou garçon, tout semble pareil. Ce n'est qu'au début du 3ᵉ mois que les organes sexuels se différencient, et que l'appareil génital devient celui d'une femme ou d'un homme.

C'est également au cours du troisième mois qu'apparaissent les cordes vocales. Elles ne fonctionnent pas pour autant et ne donnent pas de la voix au fœtus. Il ne poussera son premier cri qu'après la naissance, à l'air libre. Pendant ces six mois, les cordes vocales acquerront la consistance qui leur permettra de vibrer.

Progressivement, le visage devient plus humain. Les yeux se rapprochant, de plus en plus, ils sont maintenant de face. Les paupières poussent, mais elles recouvrent entièrement l'œil, pour protéger le globe oculaire qui se développe. Les lèvres sont bien dessinées. La bouche se rétrécit, mais le front reste proéminent et les narines très écartées. Les oreilles ressemblent à deux petites fentes.

Les bras s'allongent, plus vite d'ailleurs que les jambes. On distingue nettement l'avant-bras, le coude, les doigts dont l'extrémité se durcit pour former les ongles. A l'intérieur de l'organisme, le foie s'est considérablement développé. Le rein définitif apparaît. L'intestin s'allonge et s'enroule. L'ossification du squelette se poursuit par celle de la colonne vertébrale. Les premiers poils apparaissent au-dessus de la lèvre supérieure et des yeux. Les muscles et articulations se développent. Le fœtus se met à bouger, oh ! bien faiblement, si peu même que sa mère ne s'en rend pas compte ; mais déjà il agite légèrement bras et jambes, serre les poings, tourne la tête, ouvre la bouche, avale, et s'exerce même à pratiquer les mouvements de la tétée !

Pour le médecin, l'auscultation des bruits du cœur est un examen de routine. Pour la mère, pour le père, c'est entendre pour la première fois battre le cœur de son enfant, c'est vraiment la première certitude d'une présence, l'enfant commence à prendre une réalité. C'est vers la 12ᵉ semaine que, grâce au stéthoscope à ultrasons, on peut entendre battre le cœur.

A la fin de ce troisième mois, le fœtus mesure près de 10 centimètres et pèse 45 grammes. Il a fait un bond en avant : en quatre semaines, sa taille a triplé, son poids quadruplé. Au cours des mois qui vont suivre, ce sont ses os qui subiront les modifications les plus importantes. Tout en se développant considérablement, le fœtus changera peu dans son aspect extérieur.

Au cours du quatrième mois

L'enfant prend peu à peu des proportions nouvelles. L'abdomen s'étant considérablement développé, la tête a l'air moins disproportionnée par rapport au reste du corps.

La peau semble très rouge, car elle est si fine qu'elle laisse transparaître les petits vaisseaux dans lesquels le sang circule à un rythme accéléré. Elle est entièrement recouverte d'un fin duvet, le lanugo. Les glandes sébacées et sudoripares commencent à fonctionner.

Le cœur bat très vite, deux fois plus vite que chez l'adulte. Le foie commence à fonctionner. Les autres éléments du tube digestif également – vésicule, estomac – et dans l'intestin s'accumule une substance verte, le méconium, principalement formée par la bile que rejette la vésicule. Le rein fonctionne aussi, les urines se déversent dans le liquide amniotique. Sur la tête poussent les premiers cheveux.

Pour beaucoup de futurs parents, le quatrième mois c'est la révélation de l'échographie. Cet enfant on l'imagine, on entend son cœur, tout d'un coup on le « voit », et peut-être plus frappant, plus troublant, on le voit bouger. A ce propos vient à l'esprit le slogan bien connu d'un hebdomadaire : « Le poids des mots, le choc des photos. » En réalité les échographies ne sont pas des photos, mais elles sont souvent perçues comme telles par les futurs parents. A tel point qu'aujourd'hui l'album de bébé débute généralement par des documents échographiques.

Quant aux mots, ils ont ici une place particulière. Ce que dit, ou ne dit pas l'échographiste, aura tendance à être interprété par les parents et pas toujours dans un bon sens. « Il est petit », est entendu comme « il est trop petit ». « Il a une grosse tête » sera perçu comme « il a une anomalie ». Et si l'échographiste fait la grimace, simplement parce qu'il a de la peine à régler son appareil, ou à fixer un détail, les parents sont persuadés que cette grimace est en relation avec la santé de leur bébé. Les parents ne savent pas que l'appareil – l'échographe – est délicat à régler, et que, suivant la manière dont se présente l'enfant, il est parfois difficile de bien voir. Le résultat c'est que l'échographiste met souvent un certain temps à fixer l'image, et plus il met de temps, plus l'inquiétude grandit. Comme le dit un spécialiste de l'échographie, le docteur Roger Bessis : « Il est très difficile de gérer simultanément et convenablement ses mains, ses yeux, son écoute, sa parole et sa réflexion technique. » Il est préférable que les futurs parents le sachent pour ne pas s'angoisser inutilement, et lorsqu'ils ont une inquiétude, qu'ils n'hésitent pas à l'exprimer.

Les parents sont éblouis et émus de voir leur bébé, de « le surprendre dans son petit monde intérieur, si paisible », comme me l'a écrit une lectrice. Les pères assistent volontiers à l'examen, il les rassure, eux qui ne ressentent pas dans leur corps la présence réconfortante de leur bébé.

Le cinquième mois

Le cinquième mois a pour les parents une signification particulière. Pour la mère tout d'abord car elle sent enfin bouger son enfant ; ces mouvements qu'elle attendait avec impatience, curiosité, ou même appréhension, ces mouvements que l'enfant fait depuis deux mois mais si doucement qu'ils n'étaient perceptibles que par l'échographie, la mère les ressent enfin. (Entre 4 mois et 4 mois 1/2 pour un premier enfant, entre 3 mois 1/2 et 4 mois pour un deuxième.)

Et pour le père, posant la main sur le ventre de sa femme, c'est le premier contact physique, charnel, avec son enfant. Pour beaucoup de pères, la perception des mouvements du bébé est une étape importante dans la découverte de cet enfant et dans l'attachement qui peu à peu va le lier à lui.

L'enfant commence par donner une petite bourrade bien timide. Puis il s'enhardit, surtout lorsque sa mère est au repos, lançant bras et jambes. Au début ces mouvements ne sont pas du tout coordonnés, mais progressivement ils le deviennent. Et lorsque sa mère bouge, le bébé se recroqueville sur lui-même. Peu à peu ces mouvements sont si fréquents que lorsqu'ils cessent, la mère le remarque, comme si quelque chose manquait en elle. Le remarquer est d'ailleurs utile car les mouvements de l'enfant sont témoins d'une bonne vitalité.

Au cinquième mois, pour entendre battre le cœur, le médecin ou la sage-femme n'ont plus besoin d'un stéthoscope à ultra-sons, un stéthoscope ordinaire suffit.

La vie d'un enfant avant la naissance est d'ailleurs suivie tout au long de la grossesse. D'abord avec les moyens classiques : vous avez vu comment on peut écouter battre le cœur. Puis, en mesurant la hauteur de l'utérus, le médecin connaît le volume qu'occupe l'enfant ; si la progression de la hauteur de l'utérus est régulière, c'est bon signe. Ensuite, en palpant, le médecin localise la tête, le dos, l'épaule. Il peut aussi être amené à faire des dosages hormonaux, qui vont le renseigner sur la vitalité du fœtus. Parfois, la radiographie intervient : elle permet de reconnaître l'état de développement des os. Il y a enfin l'échographie qui à chaque âge de la grossesse peut apporter de précieux renseignements sur le développement de l'enfant.

Et puis il y a des examens auxquels on a recours pour des recherches particulières (vous le verrez aux chapitres 7 et 9) : l'amnioscopie, l'amniocentèse, l'embryoscopie, la fœtoscopie : on analyse, on regarde le liquide amniotique, le sang, l'enfant, mais il s'agit là d'examens extrêmement sophistiqués.

Poursuivons la découverte de l'enfant au cinquième mois. La peau est toujours fripée, car aucune graisse n'est encore là pour la remplir mais elle perd son aspect rougeâtre. Sur le crâne, les cheveux sont plus abondants. Au bout des doigts, les ongles sont là.

Le fœtus s'exerce au mouvement de déglutition en absorbant du liquide amniotique qui l'entoure. On le sait car si l'on injecte un produit colorant dans le liquide amniotique, on le retrouve dans l'intestin quelques heures plus tard.

De leur côté les poumons poursuivent leur développement ; l'échographie a permis de constater dès le troisième mois des mouvements respiratoires ; d'abord irréguliers, ils deviennent réguliers à partir de 8 mois environ. Mais bien sûr, il ne s'agit pas d'une respiration identique à la nôtre qui n'est possible qu'à l'air libre. Alors comment expliquer les mouvements respiratoires du fœtus ? On suppose (mais ce n'est qu'une hypothèse) qu'il s'agit d'un entraînement à la vie aérienne.

Le fœtus mesure maintenant 25 centimètres, 100 fois plus qu'à quatre semaines. Mais la grande période de croissance est terminée. Sa taille ne va que doubler jusqu'à la naissance. Par contre, dans le même temps, le poids va sextupler, puisqu'il passera des 500 grammes actuels aux 3 kilos que pèse en général le bébé à terme.

Le sixième mois

Le sixième mois est vraiment celui du mouvement, comme si le bébé exerçait ses forces. Il fait en moyenne 20 à 60 mouvements (bras, jambes, torsion du buste, etc.) par 1/2 heure. Il y a des variations au cours de la journée : la majorité semble remuer plus le soir quand la mère se repose. Les calmes bougent moins de 20 fois par 1/2 heure. D'autres au contraire, plus agités, remuent plus de 80 à 100 fois, toujours par 1/2 heure. Et rien ne permet actuellement d'établir un rapport entre la fréquence des mouvements avant la naissance et le « caractère » ultérieur de l'enfant après la naissance. Un fœtus « agité » ne sera pas forcément un enfant « nerveux ».

La fréquence des mouvements varie aussi avec l'âge de la grossesse. Elle est plus élevée entre la 22e et la 38e semaine ; elle a tendance à diminuer 2 à 4 semaines avant l'accouchement, en partie parce que l'enfant a moins de place. La fréquence des mouvements change aussi avec l'état physique de la mère ; elle diminue nettement quand la mère a de la fièvre ; elle est également influencée par son état psychologique. On a pu constater qu'une forte émotion, qui provoquait une brusque décharge d'hormones, faisait aussitôt réagir le fœtus.

A quoi cela sert-il d'étudier les mouvements de l'enfant ? A se rendre compte de sa vitalité : des mouvements actifs sont rassurants, toute diminution nette et prolongée peut inquiéter. A fortiori, un arrêt total pendant 24 à 48 heures doit conduire à consulter le médecin.

Et depuis peu, on se sert de l'observation des mouvements pour évaluer l'influence de la consommation de tabac et d'alcool par la mère. Il semble qu'une consommation excessive de l'un comme de l'autre agite le fœtus et accélère les battements de son cœur.

Le cerveau, quant à lui, continue à se développer, c'est-à-dire à se compliquer. Le visage s'affine, les sourcils sont bien apparents, le dessin du nez plus ferme, les oreilles plus grandes, le cou plus dégagé. L'enfant dort et s'éveille. Mais comment sait-on qu'un fœtus dort ou qu'il est réveillé ? Précisément en observant les mouvements, et puis en vérifiant le comportement de l'enfant à l'échographie.

Et on voit que lorsque l'enfant dort – ce qu'il fait 16 à 20 heures par jour –, il a déjà la position qu'il aura dans son berceau : le menton contre la poitrine ou la tête rejetée en arrière.

L'échographie a également montré que le fœtus avait deux sortes de sommeil : le sommeil calme et profond où le fœtus ne bouge pas ; le sommeil léger (qui correspond chez l'enfant et l'adulte à la période des rêves) et qui est encore appelé paradoxal car on observe alors des mouvements des bras et des jambes, et des mouvements rapides des globes oculaires.

Le diaphragme lui-même s'agite avec des mouvements un peu brusques et sporadiques donnant à la mère l'impression que l'enfant a le hoquet. Au début, ce phénomène, qui apparaît vers 6 mois, inquiète souvent la future mère.

Lorsque le fœtus dort profondément, il est difficile de le réveiller, que ce soit par le bruit ou par la palpation de l'abdomen maternel.

A la fin du sixième mois l'enfant se tient les bras repliés sur la poitrine, et les genoux remontés sur le ventre. Il mesure 31 centimètres et pèse 1 000 grammes. Il a maintenant tout ce qu'il faut pour naître. Et s'il naissait à cet âge, il serait considéré comme viable. Toutefois, il resterait un grand prématuré et ses chances de survie seraient encore minces malgré les grands progrès de la médecine néonatale.

Le septième mois : l'éveil des sens

Jusqu'ici, nous avons parlé muscles et os, nous avons vu un visage se dessiner, des cheveux pousser, nous avons pesé ce bébé, nous l'avons mesuré. Au septième mois, c'est un autre éveil, c'est « l'aube des sens »[1].

Ces dernières années, l'intérêt accru pour la vie avant la naissance, la mise au point de différents appareils ont fait qu'on s'est rendu compte des perceptions sensorielles du fœtus. Les découvertes, les observations de ces travaux remplissent déjà plusieurs livres.

Ces découvertes ne surprendront pas vraiment les mères : depuis toujours elles savaient que l'enfant qu'elles attendaient avait des sensations, qu'il réagissait à des bruits, à la musique, à certains de leurs comportements, mais ces croyances, n'étant pas étayées par la science, restaient du domaine féminin.

Mais comment ne pas croire cette jeune femme qui, se trouvant dans une discothèque bruyante, au bout d'un moment a été obligée de sortir : « Il bougeait tellement... Ce n'était pas moi qui me sentais mal, c'était lui[2]. »

Quant aux berceuses, selon Françoise Loux, si elles plaisent c'est peut-être parce que le « nouveau-né retrouve la voix qu'il percevait avant la naissance... Ce n'est pas une voix qui parle, qui s'adresse à quelqu'un de façon consciente ; c'est en quelque sorte une voix extérieure, celle que l'enfant entendait avant sa naissance[3] ».

---

1. *Nous empruntons ce titre évocateur au nº 5 des* Cahiers du nouveau-né, *consacré aux perceptions sensorielles pré et post-natales. Ce cahier est un ouvrage collectif publié sous la direction d'Étienne Herbinet et de Marie-Claire Busnel aux Éditions Stock.*
2. L'Aube des sens, *p. 203.*
3. L'Aube des sens, *p. 128.*

Aujourd'hui ces intuitions des mères, ces impressions sont devenues des certitudes scientifiques ; on sait maintenant que le fœtus entend. Mais les chercheurs ne sont pas tous d'accord sur l'âge : pour certains (dont l'école japonaise) c'est 5 mois 1/2, pour les autres, la majorité, c'est 7 mois.

Cette constatation des perceptions sensorielles du bébé, si elle n'a pas vraiment surpris la mère, a été pour le père un nouveau moyen d'entrer en relation avec le bébé. Beaucoup de pères parlent à leur enfant, lui chantent des chansons, cela leur permet de communiquer avec lui avant la naissance.

Qu'entend donc le fœtus avant la naissance ? Toute une gamme de bruits et de sons. La voix humaine, mais laquelle ? Pour les uns celle du père, pour les autres, celle de la mère.

Le docteur Feijoo, qui s'est spécialisé dans des recherches sur l'audition, n'hésite pas : pour lui, l'enfant avant la naissance entend surtout les sons graves, donc plus facilement la voix de son père. Ce chercheur s'est aussi rendu compte que non seulement l'enfant pouvait entendre, mais qu'il pouvait aussi reconnaître des sons : il a choisi un enregistrement de la phrase musicale jouée au basson – donc dans les sons graves – dans *Pierre et le loup* de Prokoviev ; il a constaté que l'enfant, une fois né, reconnaissait la phrase : ses pleurs cessaient si on lui faisait entendre la musique [1].

D'autres chercheurs [2] sont plus nuancés. Certes, disent-ils, l'utérus est plein de sons graves, mais parviennent-ils jusqu'au fœtus ? C'est encore un mystère. En effet, les travaux de ces chercheurs montrent que le fœtus réagit plus et mieux à un son aigu (5 000 Hz) qu'à un son grave (2 500 Hz). Conclusion : l'enfant entend peut-être la voix de son père, mais en tout cas il entend mieux la voix de sa mère qui, en plus, lui vient de l'intérieur.

On comprend les parents pressés de savoir si leur bébé les entend. On comprend les chercheurs pressés de pouvoir leur donner une réponse. Mais cette réponse est difficile. Les recherches se poursuivent et réservent probablement d'autres découvertes.

Quant à T. Berry Brazelton [3], il a observé avec son équipe, qu'un fœtus de 6-7 mois, non seulement réagissait à différents sons, mais était capable de se détourner des stimuli négatifs, et de faire attention aux stimuli positifs : une sonnerie de réveil le fait sursauter, mais si on la lui fait entendre plusieurs fois, il s'en détourne et ne réagit plus ; le son d'une crécelle le fait se tourner vers ce bruit comme s'il attendait le prochain signal.

Bien évidemment, le fœtus n'entend pas comme nous, les bruits lui arrivent assourdis, filtrés par le milieu aquatique dans lequel il baigne ; en plus il est entouré de tout un environnement sonore : cœur de sa mère, bruits de son intestin qui répondent à cet étrange mot de borborygmes, et aussi le battement de son propre cordon.

Comment sait-on que le fœtus entend ? Grâce au stéthoscope, par les mains posées sur le ventre, par l'échographie, on observe qu'à l'écoute de ces différents bruits, et suivant les cas, le cœur du bébé bat plus vite, que l'enfant sursaute, qu'il s'agite, qu'il change de position. Aussi dans certaines maternités, pour calmer les prématurés et les réconforter, leur fait-on entendre les battements du cœur de leur mère, enregistrés et amplifiés : le bébé, reconnaissant ce bruit, se calme [4].

1. L'Aube des sens, *p. 193.*
2. *J.-P. Lecanuet, C. Granier-Deferre, M.-C. Busnel.*
3. Points forts, *les moments essentiels du développement de votre enfant,* Éditions Stock.
4. *Bernard This,* Naître, *Aubier-Montaigne.*

Ce qu'on a du mal à croire c'est que le fœtus puisse être sensible à une impression visuelle. Pourtant c'est ce que rapporte T.B. Brazelton : si après avoir repéré la tête de l'enfant par échographie, on dirige une forte lumière sur le ventre de la mère, que fait le bébé ? Il sursaute.

Avant la naissance, les autres sens de l'enfant s'exercent aussi, par exemple le goût. « Un obstétricien anglais a été extrêmement surpris par l'odeur de curry que dégageait un bébé indien à sa naissance [1] », ce qui montre que le liquide amniotique peut avoir différentes saveurs auxquelles le fœtus s'habitue peu à peu. C'est ce qui explique d'ailleurs que, après la naissance, l'enfant n'est pas dérouté par les différents goûts que peut avoir le lait suivant les aliments que mange sa mère. Il semble donc inutile de dire « Pas de chou, pas d'ail, etc, cela donne un goût fort au lait ». Intra-utéro, le bébé a déjà été habitué à différentes saveurs.

L'enfant suce son pouce comme on le voit sur la célèbre photo reproduite page 158. Et bien des nouveau-nés arrivent au monde avec un pouce tout irrité d'avoir été sucé.

A sept mois, le fœtus pèse 1 700 grammes et mesure 40 centimètres. S'il naissait, il aurait maintenant de grandes chances de survivre, mais parfois avec des problèmes. L'enfant de cet âge est certes viable – et bien des prématurés le prouvent – mais il est encore fragile : il n'a pas encore le poids et surtout la maturité nécessaire pour s'adapter facilement et rapidement au monde extérieur. Cette maturité il va l'acquérir au cours des deux derniers mois. Plus l'enfant est proche du terme, plus il est prêt à s'adapter à sa nouvelle vie.

En France, il est rare que les parents aillent voir le pédiatre avant la naissance de leur enfant, T.B. Brazelton pense pourtant qu'une telle visite est très utile ; il a l'habitude de voir les parents au 7ᵉ mois de la grossesse, cela lui permet de parler du bébé, de son comportement, de ses besoins, d'aborder les questions qui préoccupent beaucoup les parents telles que sein ou biberon, reprise rapide du travail ou non, etc. Ce premier lien avec le pédiatre semble n'avoir que des avantages. On pourrait souhaiter qu'une telle habitude se répande partout.

Le huitième mois : il se fait une beauté

Les principaux organes sont maintenant au point. Certains fonctionnent déjà comme ils le feront après la naissance, en particulier l'estomac, l'intestin, les reins. D'autres ne sont pas encore tout à fait prêts : le foie et surtout le poumon. C'est seulement vers le huitième mois que s'achève la maturation du poumon.

Le poumon est formé de multiples petites alvéoles où circule l'air que nous respirons. Chez le fœtus au huitième mois, ces alvéoles, entourées de tout un réseau de vaisseaux, sont prêtes à fonctionner. Mais c'est à cette époque qu'apparaît une substance graisseuse (appelée surfactant) qui enduit chacune de ces alvéoles et empêche le poumon de se rétracter complètement après chaque inspiration. En l'absence de surfactant, le fœtus a de quoi respirer, mais pas parfaitement, et ceci d'autant plus qu'on est loin du terme de la grossesse. Ceci explique les problèmes de certains prématurés.

Le cœur continue de battre à un rythme élevé, 120 à 140 battements par minute. Il a sa forme et son aspect définitifs mais la circulation ne s'y fait pas encore tout à fait

1. *L'Aube des sens, p. 330.*

comme après la naissance, notamment parce que le sang fœtal ne s'oxygène pas au niveau des poumons, mais grâce à l'oxygène que lui apporte le cordon ombilical. Certaines communications existent encore (par exemple entre les parties droite et gauche du cœur), elles ne se fermeront qu'après la naissance.

La naissance approche, l'enfant se fait une beauté. La graisse tend la peau ; les rides disparaissent ; les contours s'arrondissent, la peau, de rougeâtre, devient rose clair ; le fin duvet qui la recouvrait disparaît, peu à peu, il est remplacé par un enduit, le *vernix caseosa*.

C'est généralement au cours du huitième mois (mais parfois avant) que l'enfant prend sa position définitive pour l'accouchement. L'utérus ayant la forme d'une poire renversée, l'enfant cherche à s'adapter le mieux possible à l'espace dont il dispose. C'est pourquoi, dans la plupart des cas (95 % au moins) il va se placer de façon que la partie la plus volumineuse de son corps, c'est-à-dire le siège, se retrouve dans le fond de l'utérus. L'enfant sera donc tête en bas, et le dos plus souvent à gauche qu'à droite. Ainsi, lors de la naissance, c'est la tête qui va se présenter la première. On dit qu'il s'agit d'une *présentation céphalique* mais dans certains cas, notamment lorsque l'utérus est malformé et manque d'ampleur, c'est la tête qui se cale dans le fond de l'utérus. C'est alors le siège qui sort le premier lors de l'accouchement. C'est une *présentation du siège*. Très rarement enfin, le bébé se met complètement en travers : c'est une *présentation transversale* qui n'est pas compatible avec un accouchement normal, elle nécessite le recours à la césarienne.

A la fin du huitième mois, l'enfant pèse en moyenne 2 400 grammes et mesure 45 centimètres. S'il naissait, il aurait 95 chances sur 100 de survivre sans problème.

Le neuvième mois : le jour se lève

L'enfant va consacrer les dernières semaines à prendre des forces et du poids, 20 à 30 grammes par jour, et à grandir. Il remue encore beaucoup au début du mois mais il n'est pas rare que ces mouvements diminuent dans les 15 à 20 jours qui précèdent la naissance, vraisemblablement par manque de place.

Le fin duvet qui recouvrait le fœtus est maintenant presque entièrement tombé, mais il peut persister après la naissance, notamment sur la nuque et les épaules. La peau est maintenant blanc rosâtre. L'enduit sébacé qui la recouvrait est également en train de disparaître.

Le crâne n'est pas entièrement ossifié. Entre les os persistent des espaces fibreux que l'on appelle les *fontanelles*. Il en existe deux : l'une en forme de losange, en avant, au-dessus du front, l'autre triangulaire, en arrière, au niveau de l'occiput. Ces fontanelles permettent à l'accoucheur de reconnaître la position de la tête lors de l'accouchement. Elles ne se fermeront que plusieurs mois après la naissance.

A la fin du neuvième mois, l'enfant est prêt à naître, le plus souvent tête en bas, bras et jambes repliés sur le ventre. En moyenne, il pèse 3 000 à 3 300 grammes, et mesure 50 centimètres. Il peut maintenant aborder sans péril le monde extérieur.

C'est au chapitre 16 que vous verrez les premières réactions, l'aspect et le développement du nouveau-né. En venant au monde, des modifications importantes s'opèrent en quelques heures dans l'organisme de l'enfant pour qu'il puisse s'adapter au milieu dans lequel il est brusquement plongé.

Comment votre enfant vit en vous

Nous mangeons par la bouche, nous respirons par le nez et les poumons. Pour des raisons évidentes, le fœtus ne peut en faire autant. Il devra attendre de naître pour s'alimenter et respirer à notre manière. Pour le moment, c'est de sa mère, qu'il reçoit la nourriture et l'oxygène dont il a besoin pour se développer. Ces échanges mère-enfant sont possibles grâce à un système relativement complexe que l'on appelle les « annexes » de l'œuf. Ces organes annexes sont transitoires. Ils n'existent que pendant la grossesse, ils seront éliminés après la naissance.

Ces annexes comprennent le *placenta,* le *cordon ombilical,* les *membranes de l'œuf.*

Placenta et cordon se complètent, mais chacun a son rôle bien précis. Le premier puise dans le sang maternel les matières premières et l'oxygène nécessaires au fœtus, le deuxième les lui apporte. Après la naissance, le placenta est expulsé, c'est la délivrance. Quant aux membranes, ce sont elles qui forment le sac à l'intérieur duquel se trouvent l'œuf et le liquide amniotique.

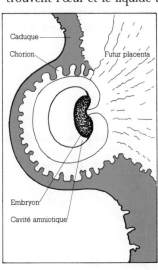

Schéma 11

Le trophoblaste va former, en profondeur, le placenta. A la périphérie de l'œuf il prend le nom de chorion. La cavité amniotique apparaît. (Ceci est un détail du schéma 8, page 114)

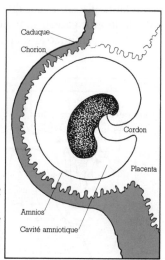

Schéma 12

La cavité amniotique occupe tout l'œuf. L'embryon y « flotte ».

Pour mieux vous faire comprendre ce que sont les annexes, il est nécessaire de faire un bref retour en arrière.

Lors de la nidation, vous l'avez vu, l'œuf finit par pénétrer complètement dans la muqueuse utérine. Celle-ci prend alors le nom de *caduque* car elle sera éliminée après l'accouchement. Sur le schéma 11 (et sur le schéma 8 page 114) vous pouvez voir que la caduque tapisse toute la cavité utérine, y compris la zone où va se nider l'œuf.

Au niveau de la zone où l'œuf s'est implanté, le trophoblaste (voir plus haut) comprend deux régions distinctes. L'une profonde, qui, pénétrant dans la muqueuse utérine et érodant ses vaisseaux, établit un contact avec la circulation maternelle pour y puiser les aliments nécessaires au développement de l'embryon. C'est l'ébauche du placenta. L'autre partie du trophoblaste (schéma 12 page 133) se trouve à la périphérie de l'œuf et prend le nom de chorion. L'œuf qui, en se développant, fait de plus en plus saillie dans la cavité de l'utérus, se trouve alors recouvert de deux couches de tissus : la caduque et le *chorion*.

Parallèlement, est apparue dans le bouton embryonnaire une cavité remplie d'un peu de liquide : la cavité amniotique qui est limitée par une membrane appelée *amnios*.

Rapidement, cette cavité va se remplir de liquide. Elle va augmenter de volume et prendre une place de plus en plus grande dans la cavité utérine qu'elle va finir par occuper complètement vers la 10ᵉ semaine. La membrane qui la limite, l'amnios, va donc s'accoler au chorion et à la caduque. Ils vont former ce que l'on appelle les membranes de l'œuf.

En même temps, l'embryon, qui augmente de volume, s'est écarté de la zone d'implantation. Il s'éloigne progressivement de la paroi utérine et ne lui reste attaché, au niveau du placenta, que par un pédicule entouré par l'amnios : c'est le futur cordon ombilical.

Entrons maintenant dans le détail.

Le placenta

En latin, placenta veut dire gâteau. A la fin de la grossesse le placenta ressemble en effet à un gros gâteau spongieux dont le diamètre est de 20 centimètres en moyenne, et de 2 à 3 centimètres d'épaisseur.

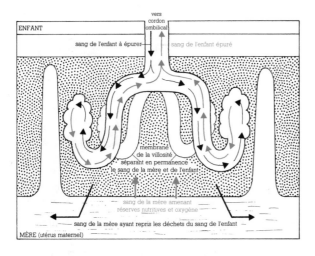

Les échanges mère-enfant au niveau du placenta. Remarquez que les sangs ne se mélangent pas.

Schéma 13

Voici comment se constitue le placenta. Lorsque l'œuf se nide, le trophoblaste s'insinue dans la muqueuse utérine et détruit la paroi des vaisseaux maternels où il peut puiser les aliments dont l'œuf a besoin pour se développer.

Très vite, cette machinerie élémentaire devient insuffisante pour les besoins de l'embryon qui se développe à grande vitesse. L'organisme maternel et l'œuf se mettent alors à édifier une petite centrale : le placenta. Le trophoblaste envoie de multiples petits filaments dans la muqueuse. En quelques semaines ces filaments grossissent, s'organisent, et forment ce que l'on appelle les *villosités* du placenta. Vous pouvez les imaginer comme des arbres dont le tronc se divise en branches principales, elles-mêmes divisées en branches secondaires. Celles-ci se hérissent de bourgeons multiples où les villosités se terminent comme des touffes au nombre de plusieurs dizaines. Il existe ainsi 15 à 33 gros troncs qui, par divisions successives, vont aboutir à des milliers de villosités terminales. C'est au niveau de ces villosités que vont se faire les échanges entre la mère et l'enfant.

Ces villosités baignent, au niveau de l'utérus, dans une sorte de petit lac sanguin qui représente la partie maternelle du placenta. Dans ce lac sanguin circule le sang de la mère. Dans les villosités circule le sang de l'enfant, apporté par le cordon ombilical.

Ainsi le sang de la mère et celui de l'enfant se rencontrent au niveau du placenta, mais ils ne se mélangent jamais car ils sont séparés par la paroi de la villosité à travers laquelle vont se faire les échanges mère-enfant. Cette paroi est d'ailleurs de plus en plus mince au cours de la grossesse, comme pour faciliter les échanges au fur et à mesure que les besoins du fœtus augmentent.

L'explication qui précède peut sembler un peu technique, elle est pourtant indispensable pour ceux qui veulent comprendre le rapport entre le sang de la mère et celui de l'enfant : la présence entre ces deux sangs d'une séparation – la paroi de la villosité – montre bien que le sang de la mère ne passe pas directement à l'enfant, comme on le croit parfois.

Le premier rôle du placenta est donc celui d'une véritable usine nutritive. C'est à travers la membrane qui limite les villosités que le sang fœtal puise son oxygène. Le placenta est le véritable poumon fœtal. En ce qui concerne l'eau, elle passe facilement à travers le placenta (3,5 litres à l'heure à 35 semaines) ainsi que la plupart des sels minéraux. En ce qui concerne les matières premières, c'est-à-dire les aliments, les choses sont plus complexes. Glucides, lipides, protides passent facilement. Les autres, le placenta doit d'abord les transformer avant de les assimiler. C'est là qu'on retrouve la notion d'usine, usine d'ailleurs prévoyante : dès qu'il y a abondance de nourriture, elle fait des stocks. L'usine se double alors d'un magasin dans lequel le fœtus puise en cas de besoin.

Le second rôle du placenta est celui d'une barrière qui arrête certains éléments et en laisse passer d'autres. C'est un rôle protecteur quand il s'agit de barrer la route à des agents agresseurs. Ainsi, la plupart des microbes ne peuvent traverser le placenta. Il n'en est malheureusement pas toujours ainsi puisque peuvent passer par exemple : des microbes comme le colibacille, ou le tréponème de la syphilis qui peut passer à partir de la 19e semaine ; des parasites comme le toxoplasme ; la plupart des virus, en raison de leur petite taille, passent également sans difficulté, ce qui explique par exemple les malformations fœtales dues à la rubéole lorsqu'elle est contractée en début de grossesse.

Les anticorps maternels traversent également le placenta. Ce sont des substances fabriquées pour lutter contre une agression, une infection par exemple. C'est le plus souvent un bien pour le fœtus : passant dans son sang, les anticorps maternels le protégeront contre les maladies infectieuses correspondantes pendant les six premiers mois de sa vie environ. C'est parfois un mal : c'est le cas de la mère rhésus négatif enceinte d'un enfant rhésus positif. Si elle a fabriqué des agglutinines antirhésus, ceux-ci passent dans le sang de l'enfant et risquent d'y détruire les globules rouges.

De nombreux médicaments passent la barrière placentaire. Là encore ce peut être un bien : tel antibiotique va protéger l'enfant contre l'action du toxoplasme, tel autre va lutter contre la syphilis. Ce peut être aussi un mal, puisque certains médicaments peuvent avoir une action néfaste sur l'enfant.

L'alcool absorbé par la mère traverse facilement le placenta, de même que les drogues notamment la morphine et ses dérivés.

Le placenta représente donc, en général, une bonne barrière protectrice, mais celle-ci n'est pas toujours imperméable.

Filtre, usine, magasin, le placenta a encore une autre fonction, il fabrique des hormones. Ces hormones sont de deux types et certaines sont propres à la grossesse, telles la *gonadotrophine chorionique,* et l'*hormone lactogène placentaire.*

La gonadotrophine chorionique, produite dès les premiers jours par le placenta, a déjà joué un rôle dans votre grossesse : c'est peut-être grâce à elle que vous avez su que vous étiez enceinte, car c'est sur sa présence dans le sang ou les urines que sont basés les tests faits en laboratoire ou vendus dans le commerce. La production d'hormone gonadotrophine chorionique augmente rapidement jusque vers la 10e-12e semaine ; ses taux sont un bon témoin de la vitalité de la grossesse, puis les taux diminuent jusqu'au 4e mois et après restent stables. Le rôle essentiel de l'hormone gonadotrophine chorionique est de maintenir en activité le corps jaune de l'ovaire indispensable à la survie de la grossesse.

La seconde hormone, l'hormone lactogène placentaire, est de découverte plus récente. Son rôle est encore mal défini, mais on sait que son dosage constitue un bon indice du fonctionnement correct du placenta.

Ces deux hormones ne traversent jamais le placenta vers l'enfant.

Le placenta fabrique aussi d'autres hormones qui vous sont déjà connues : les œstrogènes et la progestérone. Au début de la grossesse, ces hormones sont produites par le corps jaune. A la 7e-8e semaine, le placenta prend le relais. Il va en fabriquer des quantités de plus en plus importantes jusqu'à la fin de la grossesse : à terme, on trouve dans les urines d'une femme enceinte mille fois plus d'œstrogènes qu'au cours du cycle menstruel. Ces hormones sont indispensables au maintien de la grossesse, ainsi qu'à la croissance et au développement du fœtus.

Enfin, c'est le placenta qui semble jouer le rôle le plus important dans la « tolérance » de l'œuf par l'organisme maternel, voir page 118.

Placenta, rites et symboles. Dans les sociétés primitives, ou chez nous il n'y a pas si longtemps, les coutumes faisaient une place à part aux organes éliminés lors de l'accouchement.

Alors que le cordon ombilical et les membranes amniotiques étaient précieusement conservés – généralement après séchage – pour accompagner l'enfant comme porte-bonheur, le placenta était éliminé, caché, ou transformé pour servir ailleurs. On l'enterrait pour fertiliser le sol, on le jetait à l'eau pour nourrir les poissons (comme en Allemagne au xvie siècle) ; dans les pays nordiques, on le brûlait et sa cendre était considérée comme médicament ou poison, selon les cas.

Parfois, on gardait le placenta tel quel et, placé sous le lit d'un couple stérile, ou trempé dans le bain d'une femme stérile, il était censé rompre la malédiction. Mais dans la plupart des cas, on l'écartait de l'enfant et presque toujours, c'était pour le dissoudre, le disséminer. Un peu comme si l'on avait cherché à l'oublier.

Pourquoi ce rejet s'est demandé le psychanalyste Bernard This [1], pour qui les rites et les traditions sont des voies qui permettent à notre inconscient de s'exprimer ? Le placenta serait-il un « gêneur » ? Cette interprétation contredirait ce que l'on appelle le « fantasme unitaire », notre désir de retourner à un état mythique où nous ne faisions qu'un avec le corps maternel, « union » que la naissance aurait brutalement interrompue, provoquant comme une déchirure entre la mère et cette « partie d'elle-même » que nous aurions été alors. La présence du placenta vient troubler ce tableau : dans la réalité cette membrane, bien avant la naissance, nous séparait déjà du corps de la mère en nous donnant un espace propre. Est-ce pour cela qu'il faut l'oublier ? [2]

Aujourd'hui le placenta est à la base de médicaments, en particulier pour la transfusion sanguine, et de produits chimiques qui permettent la fabrication de cristallins artificiels. L'industrie cosmétique utilise également le placenta mais moins que l'industrie pharmaceutique.

Le cordon ombilical

Le placenta est relié au fœtus par le cordon ombilical. Ce cordon est une sorte de tige gélatineuse, arrondie, blanchâtre, luisante, qui unit le fœtus au placenta. Il mesure en moyenne 50 à 60 centimètres, mais il existe des cordons plus courts ou plus longs, mesurant jusqu'à 1,50 m. L'épaisseur moyenne du cordon est de 1,5 à 2 centimètres.

Le cordon ombilical est formé en grande partie par les cellules de l'amnios, l'une des membranes qui recouvre l'enfant. A chaque extrémité du cordon, l'amnios, qui forme la gaine (ou la paroi) du cordon, se confond du côté fœtal avec la peau de l'abdomen, et du côté placentaire avec l'amnios qui recouvre le placenta. Le cordon est un vrai pipe-line. Il contient une veine et deux artères ; la veine amène au fœtus de la nourriture et l'oxygène prélevés et transformés par le placenta dans le sang maternel. Les artères ramènent les déchets (gaz carbonique, urée, etc.) au placenta, lequel les déverse dans la circulation générale maternelle.

Le cordon est solide et élastique (il supporte des tractions de l'ordre de 5 à 6 kg) et il se laisse difficilement comprimer, heureusement car sinon le transport sanguin risquerait d'être perturbé.

Le cordon est très souple, ce qui permet au fœtus tous les mouvements possibles.

Après la naissance de l'enfant, la section du cordon rompt définitivement les liens entre la circulation maternelle et celle de l'enfant qui devient complètement autonome. Mais il est intéressant de signaler que la circulation dans le cordon s'interrompt d'elle-même car les artères se contractent ; ainsi, au bout de peu de temps, même si on coupait le cordon sans le lier, il ne saignerait pas. Ce n'est pas la section du cordon qui interrompt les échanges, c'est le cordon lui-même qui arrête de fonctionner.

Ce qui reste du cordon au niveau de l'abdomen de l'enfant tombe quelques jours après la naissance, et laisse une cicatrice indélébile qui persistera toute la vie : le nombril ou ombilic.

1. *Bernard This,* Naître, *Aubier-Montaigne.*
2. *Si vous voulez en savoir plus sur le placenta, un livre entier lui est consacré : « Délivrances, ou le placenta dévoilé »,* Cahiers du nouveau-né, n° 8, *sous la direction d'Anne Bouchart, Danielle Rapoport et Bernard This (Éditions Stock).*

« Il n'a pas coupé le cordon. » « Elle se regarde le nombril. » « Il se prend pour le nombril du monde. » Comme le placenta, le cordon – et le nombril – sont devenus des symboles au-delà du rôle qu'ils ont joué pendant la grossesse.

Le liquide amniotique et les enveloppes de l'œuf

Nourri par le placenta, ravitaillé par le cordon ombilical, le fœtus est protégé par ses enveloppes : au milieu, il flotte dans le liquide amniotique comme un poisson dans l'eau.

Des enveloppes, appelées aussi membranes (le chorion, la caduque, l'amnios) je ne reparlerai pas, vous avez vu en détail comment elles s'étaient constituées (voyez leurs places respectives sur le schéma de la page suivante).

Du liquide amniotique, il y a peu et beaucoup à dire. Sur ses origines, on sait peu de choses, mais on pense qu'il a plusieurs sources. Tout d'abord, le fœtus lui-même qui le sécrète par la peau (jusqu'à 20 semaines), par le cordon (à partir de 18 semaines), par les poumons, enfin et surtout par la vessie. Une autre partie du liquide semble venir de l'organisme maternel en passant à travers les membranes de l'œuf, ces dernières en sécrètent d'ailleurs elles-mêmes.

La quantité de liquide amniotique varie : 20 centimètres cubes à la septième semaine, 300 à 400 centimètres cubes à la vingtième semaine, un litre en moyenne à terme. Quand la grossesse dépasse le terme, la quantité de liquide diminue progressivement.

Le liquide amniotique est clair, transparent, blanchâtre, d'odeur fade. Il est composé d'eau, pour presque 97 %. Il contient toutes les substances que l'on trouve dans le sang. On y trouve aussi des cellules éliminées par la peau et les muqueuses du fœtus, des poils et des fragments de matière sébacée qui forment des grumeaux.

Le liquide amniotique n'est pas une eau stagnante, comme celle d'une mare. Il est perpétuellement renouvelé et, à la fin de la grossesse, il l'est toutes les 3 heures. Ceci veut dire que non seulement du liquide est sécrété en permanence, mais également qu'en permanence il est absorbé pour être remplacé. Le fœtus absorbe du liquide par la peau, il en avale beaucoup : au voisinage du terme, en moyenne 450 à 500 centimètres cubes par jour. Une partie de ce liquide filtre à travers les reins et reforme de l'urine fœtale que le bébé rejette régulièrement. Une autre partie est absorbée par l'intestin, gagne la circulation fœtale et, par l'intermédiaire du placenta, retourne à l'organisme maternel.

A quoi sert le liquide amniotique ? D'abord, il protège le fœtus contre les traumatismes extérieurs en formant autour de lui une sorte de matelas. Il lui permet de se déplacer facilement à l'intérieur de l'utérus et maintient une température égale. Enfin, il apporte chaque jour au fœtus une certaine quantité d'eau et de sels minéraux. A la fin de la grossesse, il facilite ce que l'on appelle l'accommodation ; l'enfant cherche à trouver sa meilleure position pour que l'accouchement se déroule le plus facilement possible. Au cours de l'accouchement, le liquide amniotique s'accumule au pôle inférieur de l'œuf pour former la poche des eaux qui aide le col à se dilater. Après la rupture des membranes (qu'elle soit spontanée – c'est la perte des eaux – ou provoquée par l'accoucheur ou la sage-femme), le liquide amniotique s'écoule à l'extérieur et sert à lubrifier les voies génitales donc à faciliter l'accouchement.

En fait, pour important qu'il soit, le rôle mécanique du liquide n'est certainement pas le seul. Mais nos connaissances dans ce domaine ne sont pas encore très grandes.

Ainsi, on pense que le liquide contient des substances utiles à la croissance fœtale, d'autres qui seraient susceptibles de tuer certains microbes, d'autres encore qui agiraient sur les contractions utérines.

Ce qui est certain, et c'est une notion relativement nouvelle, c'est que le liquide amniotique est un lieu bien vivant, une zone permanente d'échanges entre la mère et l'enfant. Enfin, et ce n'est pas son moindre intérêt, le liquide amniotique permet des examens dont le rôle va croissant dans la surveillance médicale de certaines grossesses : il s'agit essentiellement de l'*amniocentèse* (voir page 191).

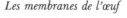
Les membranes de l'œuf

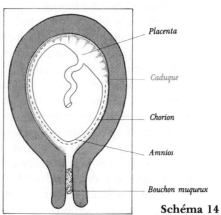

Placenta

Caduque

Chorion

Amnios

Bouchon muqueux

Schéma 14

→ L'hydramnios est caractérisé par un excès de volume du liquide amniotique. Il peut être d'origine maternelle (diabète, incompatibilité sanguine) ou fœtale (malformation, grossesse gemellaire). Il peut être aigu, obligeant à interrompre la grossesse, ou chronique : le risque est alors celui d'un accouchement prématuré.

Le fœtus et son environnement

Comme vous l'avez vu, c'est dans un environnement particulier que se développe le fœtus : il est bien à l'abri dans l'organisme de sa mère, il est protégé contre les chocs et les traumatismes par la double enveloppe de l'utérus maternel et du liquide amniotique. Pour combler ses besoins qui sont considérables puisque sa croissance se fait à un rythme qui ne sera plus jamais atteint au cours de sa vie [1] l'usine placentaire travaille pour lui en permanence en filtrant, en transformant, en stockant les aliments indispensables. Ces aliments le fœtus les reçoit, de même que l'oxygène, par l'intermédiaire de ce véritable pipe-line qu'est le cordon ombilical. C'est également le placenta qui forme une barrière protectrice (malheureusement incomplète) contre certaines agressions chimiques et infectieuses.

Est-ce à dire que le fœtus soit un être totalement passif, subissant sa croissance sans y participer activement. C'est ce que l'on a cru pendant longtemps. Or nous savons maintenant qu'il n'en est rien, et que le fœtus est capable de « traiter » lui-même un certain nombre de matériaux fournis par la mère. Il le fait selon un programme de développement génétique très précis, en s'équipant progressivement d'un certain nombre de substances nécessaires.

C'est le cas des *enzymes*. Ce sont des substances chimiques (plus exactement des protéines) qui sont chargées de provoquer, de permettre ou d'entretenir les milliers de réactions chimiques qui se produisent dans l'organisme et sans lesquelles la vie ne pourrait se poursuivre. A chaque réaction correspond un enzyme particulier. Et les milliers d'enzymes nécessaires, le fœtus va les produire lui-même et les utiliser au fur et à mesure de ses besoins.

---

1. *L'augmentation moyenne quotidienne du poids est de 5 g à la 2ᵉ semaine, 10 g à la 21ᵉ, 20 g à la 29ᵉ et 35 g à la 37ᵉ semaine.*

C'est ainsi, par exemple, grâce à ses propres enzymes, que le fœtus va utiliser le sucre (le glucose) que lui fournit le placenta à partir de la circulation maternelle. Ce sucre constitue sa nourriture essentielle, mais il va s'en servir un peu différemment de ce que fait un adulte. Il n'a pas à dépenser d'énergie pour maintenir sa température constante : la « thermorégulation » est assurée par la circulation fœto-placentaire. D'autre part, toujours au contraire de l'adulte, le fœtus a des dépenses musculaires réduites (il fait peu d'efforts et il dépense peu d'énergie puisque ses mouvements se font dans l'eau) ; aussi, la majeure partie du sucre, le fœtus va l'utiliser de deux façons : transformation en protéines dont le besoin est très grand pour la croissance ; stockage en fin de grossesse pour constituer les réserves qui serviront, après la naissance, pendant la période d'adaptation à l'alimentation.

De même qu'il a ses propres enzymes, le fœtus a ses propres hormones, ces substances fabriquées par des glandes (dites glandes endocrines). Elles transmettent des ordres à certains organes (différents selon l'hormone) possédant des récepteurs sensibles à l'hormone en question et chargés d'exécuter les ordres transmis. Par exemple, l'hypophyse sécrète des hormones qui commandent l'activité de l'ovaire.

Chez le fœtus, un certain nombre d'hormones semble jouer un rôle important dans la croissance. Ce sont : l'hormone de croissance sécrétée par l'hypophyse, les hormones sécrétées par la glande thyroïde et celles fabriquées par la glande surrénale qui est particulièrement volumineuse au cours de la vie intra-utérine (d'ailleurs cette glande surrénale fœtale paraît jouer un rôle important dans le déclenchement de l'accouchement). De même, c'est grâce à l'insuline fabriquée par le pancréas fœtal que le glucose peut être transformé en graisse. Enfin les parathyroïdes président au métabolisme du calcium, particulièrement important pour l'ossification du squelette.

Enfin, même s'il est encore vulnérable, comme en témoignent les agressions dont il peut être victime, qu'elles soient chimiques ou infectieuses, le fœtus commence à élaborer ses moyens de défense, son « système immunitaire ».

Pour résumer, produisant ses enzymes et ses propres hormones, transformant du sucre en protéines et le stockant en partie pour l'après-naissance, élaborant son système immunitaire, voici le « travail » propre au fœtus.

Avant de conclure, je voudrais vous faire remarquer les difficultés évidentes qu'il y a à étudier les différents métabolismes du fœtus dans l'espèce humaine. Dans ce complexe qui associe mère-enfant-placenta, il est souvent difficile de préciser ce qui revient à l'un ou aux autres. Ceci explique que nous sachions encore peu de choses dans ce domaine. Pourtant, nous en savons suffisamment pour affirmer que le fœtus ne subit pas sa croissance de façon passive. Parler d'autonomie serait exagéré, le fœtus est étroitement dépendant de sa mère pour l'apport de tous les matériaux nécessaires, et les difficultés rencontrées par certains prématurés prouvent que l'indépendance se paie cher quand elle survient trop tôt. Par contre, dire que le fœtus collabore à sa propre croissance selon un programme précis est tout à fait conforme à la réalité.

Nous venons de voir le cas le plus fréquent, celui où un spermatozoïde féconde un ovule, et où, de la fusion de leur noyau, résulte un œuf humain, première cellule d'un homme ou d'une femme. Mais parfois il arrive que deux ou plusieurs enfants se développent ensemble dans l'utérus. Sur les jumeaux et les naissances multiples, vous pourrez lire les pages 163 à 168.

Comment votre corps
devient maternel

Vous avez vu par quelles étapes un point invisible à l'œil nu devenait en neuf mois un enfant de plus de trois kilos. Vous allez lire maintenant comment, pendant ce temps, le corps de sa mère se transforme jour après jour.

Pour une femme, voir son ventre se tendre et se gonfler, et sentir sous sa main cette vie qui naît est émouvant. Mais découvrir ce qui se passe en elle est aussi très impressionnant.

D'abord se produit ce phénomène étonnant dont je vous ai déjà parlé : non seulement la mère ne rejette pas cet œuf, mais elle va le protéger, le nourrir, lui fournir tous les matériaux nécessaires à son développement. Puis elle va organiser la vie à deux, faire face à la nécessité d'alimenter deux cœurs, etc.

Pour remplir ces tâches, le corps maternel subit des modifications de tous ordres : anatomiques, physiologiques ou chimiques, visibles et invisibles, majeures ou mineures. La grossesse a une répercussion sur tous les organes, toutes les fonctions, tous les tissus de la mère, sans parler des répercussions sur son état psychologique et sur son moral. Cette adaptation de l'organisme se fait selon quatre grands axes :

→ Tout d'abord l'enfant grandit, d'où augmentation du volume de l'utérus avec ses conséquences.

→ En même temps les seins se développent : ils se préparent pour l'allaitement.

→ La future mère assurant pendant la grossesse la nutrition de deux êtres, elle-même et le bébé, la plupart de ses fonctions physiologiques en sont modifiées.

→ Enfin, surtout en fin de grossesse, l'organisme maternel se prépare pour l'accouchement.

Augmentation du volume de l'utérus

Avant la conception, l'utérus, qu'on peut comparer à une figue fraîche, pèse 50 grammes, mesure 65 millimètres de haut, 45 mm de large et a une capacité de 2 à 3 centimètres cubes.

Dès le début de la grossesse, l'utérus commence à augmenter de volume, mais cette augmentation ne devient visible de l'extérieur qu'entre le quatrième et le cinquième mois, selon les femmes. Au deuxième mois, l'utérus a la grosseur d'une orange. Au troisième mois, on peut le sentir au-dessus du pubis. Au quatrième mois, sa hauteur atteint le milieu de la distance qui sépare l'ombilic (ou nombril) du pubis. Au cinquième mois et demi, il atteint l'ombilic. Au septième mois, il le dépasse de 4 ou 5 centimètres et monte de plus en plus dans la cavité abdominale. Au huitième mois, il est situé entre la pointe du sternum et l'ombilic (voir schéma page suivante).

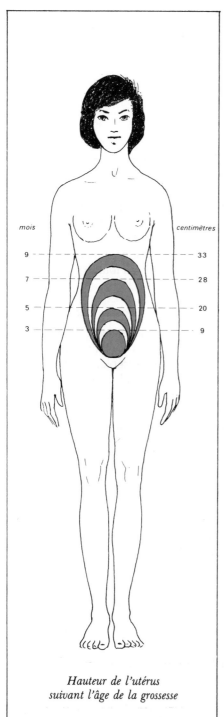

mois   centimètres

9 ---------------------- 33
7 ---------------------- 28
5 ---------------------- 20
3 ---------------------- 9

Hauteur de l'utérus
suivant l'âge de la grossesse

L'utérus atteint son point culminant (32-33 cm) à terme. Parfois cependant, vous pourrez avoir l'impression, deux à trois semaines avant l'accouchement, que l'utérus se met à redescendre. La pression abdominale est diminuée, la respiration plus facile, vous vous sentez comme allégée. C'est le signe que l'enfant « descend » et que la naissance approche.

A terme, l'utérus pèse 1 200 à 1 500 grammes. Il a une capacité de 4 à 5 litres. Sa hauteur est de 32 à 33 centimètres et sa longueur de 24 à 25 centimètres. Ces chiffres sont évidemment des chiffres moyens qui peuvent varier suivant les femmes, et d'une grossesse à l'autre chez une même femme. Cependant ils servent de points de repère pour apprécier l'âge d'une grossesse et surveiller son évolution.

La place qu'il lui faut, l'utérus la gagne sur l'extérieur, comme c'est visible, mais en même temps sur l'intérieur, où, en augmentant de volume, il refoule et comprime les organes qui l'entourent : estomac, intestins, vessie, etc.

En général, l'augmentation du volume de l'utérus se poursuit sans inconvénient grâce à l'élasticité des parois abdominales qui se laissent distendre, et les organes s'adaptent bien à leur nouvelle situation. On a cru longtemps que beaucoup de troubles de la grossesse : difficulté à respirer, constipation, nausées et varices, étaient dus à la compression. Celle-ci n'explique certainement pas tout car beaucoup de ces troubles apparaissent dès le début de la grossesse alors que l'utérus est encore peu développé. Aussi, pense-t-on aujourd'hui que ces troubles sont dus, en grande partie, à l'action des hormones de grossesse sur certains organes. Il faut mettre à part les envies fréquentes d'uriner (surtout à la fin de la grossesse) qui paraissent bien en rapport avec une compression de la vessie. De même, les malaises de type syncope qu'éprouvent certaines femmes quand elles se couchent sur le dos sont en rapport avec une compression de la veine cave. Il suffit alors de s'étendre sur le côté gauche (la veine cave est à droite) pour que le malaise disparaisse.

L'attitude de la future mère se modifie au fur et à mesure que l'utérus augmente de volume : ses reins se creusent, sa taille se cambre. Elle a tendance à se rejeter en arrière pour contrebalancer le poids qui la tire en avant. Sa silhouette est d'ailleurs différente suivant l'état de sa paroi abdominale : si ses muscles sont

Schéma 15

fermes, ils forment une bonne sangle qui soutient l'utérus et l'empêche de tomber en avant. Si au contraire ses muscles sont relâchés, la paroi abdominale distendue n'offre qu'une faible résistance à la pression de l'utérus qui tombe en avant. Vous avez certainement rencontré de ces femmes : on dit qu'elles portent leur enfant « en avant ». On peut lutter contre cette tendance en basculant le bassin (voir l'exercice page 336) de façon à se tenir le moins cambrée possible. Cela soulagera les muscles abdominaux qui seront moins distendus ; cela soulagera aussi le dos à la hauteur des reins (lire aussi page 96).

Préparation à l'allaitement

Tout au long de la grossesse, les seins se préparent à remplir leur fonction, qui est de sécréter le lait dont se nourrira le nouveau-né.

Dès le premier mois, les seins se mettent à gonfler, ils augmentent de volume et deviennent plus lourds. Ils sont parfois le siège de picotements et d'élancements douloureux. Quelques semaines plus tard, le mamelon devient plus saillant : la région pigmentée qui l'entoure – l'aréole primitive – plus foncée, est bombée comme un verre de montre. Sur cette aréole apparaissent, vers la huitième semaine, de petites saillies : les tubercules de Montgomery. Ce sont des glandes sébacées qui s'hypertrophient et constituent des glandes mammaires rudimentaires. Ces modifications des seins permettent d'étayer un diagnostic de grossesse.

A partir du quatrième mois, on peut faire jaillir du mamelon un liquide jaunâtre et visqueux, précurseur du lait, le *colostrum*. Vers le cinquième mois, autour de l'aréole primitive apparaissent quelquefois des taches brunes qui forment une aréole secondaire.

A l'intérieur des seins, les glandes qui fabriquent le lait, qui sont presque inexistantes en dehors de la grossesse, se multiplient et augmentent de volume, de même que le réseau des canaux qui conduiront le lait des glandes vers le mamelon. Pour alimenter cette région en pleine activité, les vaisseaux sanguins s'élargissent : c'est pourquoi les veines sont parfois très apparentes au cours de la grossesse. En même temps, les mamelons augmentent de volume.

A terme les seins sont prêts à allaiter. La sécrétion lactée commence en général trois jours après l'accouchement, sous l'action d'une hormone hypophysaire : la *prolactine*. Les deux premiers jours, les seins sécrètent encore du colostrum qui fait le plus grand bien à l'enfant.

Modifications des fonctions de l'organisme

L'augmentation de volume de l'utérus et des seins est la modification la plus visible de l'organisme durant la grossesse. Il y en a d'autres qui, pour n'être pas aussi évidentes, n'en sont pas moins importantes. Ce sont celles qui concernent les fonctions essentielles de l'organisme : digestion, circulation, respiration.

Ces modifications sont dues à deux causes : pour former son squelette, sa peau, ses muscles, l'enfant puise dans le sang de sa mère les matériaux qui lui sont nécessaires : calcium, fer, sucre, graisse, sel, etc. C'est également dans le sang de sa mère que l'enfant rejette ses déchets. En même temps, comme on l'a vu, certaines parties du corps de la mère se développent, principalement l'utérus et les seins. L'édification de ces tissus nouveaux nécessite un apport supplémentaire de matières premières.

C'est pour faire face à ces besoins que tous les mécanismes du corps vont s'intensifier. C'est comme un moteur qui, soumis à un effort plus grand, consomme davantage et tourne plus vite.

Le cœur et la circulation sont les premiers concernés. Ils doivent faire face au travail supplémentaire créé par l'apparition de la circulation mère-enfant au niveau du placenta ; il y a ainsi une augmentation de 40 % de la quantité totale de sang circulant ; le cœur bat plus vite (15 pulsations en moyenne de plus par minute) ; il débite davantage : presque 5,5 litres au lieu de 4 par minute. En un mot, le cœur travaille plus. Ceci explique que la grossesse puisse être moins bien supportée quand existe une maladie cardiaque, car un cœur malade a plus de peine à fournir l'effort supplémentaire qui lui est demandé.

Une femme enceinte ne respire pas plus vite qu'une autre mais elle fait passer, à chaque respiration, une quantité plus importante d'air dans ses poumons et elle consomme plus d'oxygène (10 à 15 %). Ceci, joint au déplacement du diaphragme, qui est repoussé progressivement vers le haut par l'utérus, peut expliquer la sensation d'essoufflement que ressentent certaines femmes à la fin de la grossesse.

Les reins, dont le rôle est de filtrer le sang pour en éliminer dans les urines les éléments inutiles et certains déchets, voient leur travail s'accroître puisque la quantité de sang circulant chez la femme enceinte est notablement augmentée (voyez plus haut).

Par contre, les hormones de grossesse – notamment la progestérone – ont pour effet de ralentir certaines fonctions – c'est bénéfique au niveau de l'utérus, puisque ainsi elles l'empêchent de se contracter. C'est moins bénéfique quand il s'agit de l'appareil digestif, estomac, intestin, vésicule, mais cela explique des troubles fréquents : lenteurs et difficultés de digestion, constipation, etc. Il se passe la même chose au niveau de la vessie et des uretères, qui conduisent l'urine des reins à la vessie, ce qui explique en partie la relative fréquence des infections urinaires.

Suite du texte : Le corps se prépare pour l'accouchement, page 159

Images de la vie
avant la naissance

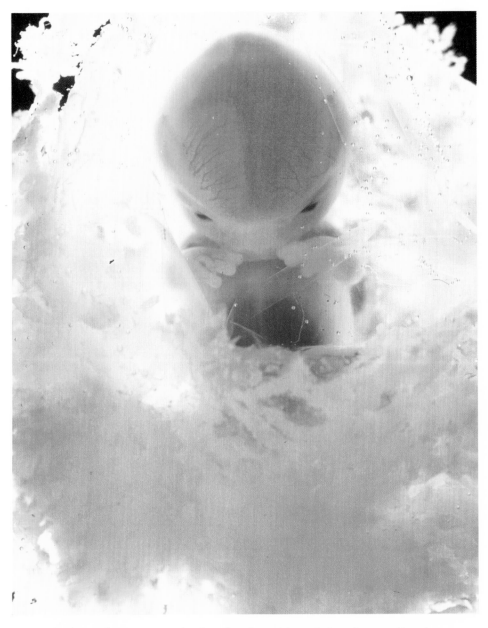

L'embryon (vers sept semaines) vu dans la cavité amniotique à travers l'amnios.
En périphérie, l'aspect chevelu du chorion qui deviendra le placenta (voir page 133).

L'ovule

Prêt à être fécondé, voici l'ovule entouré de sa membrane
(zone pellucide) et chargé de réserves.

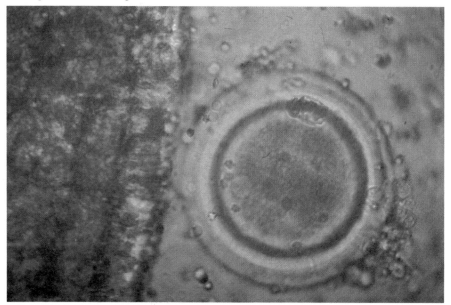

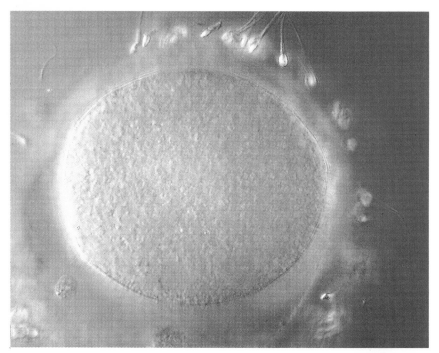

L'ovule entouré de spermatozoïdes qui cherchent à pénétrer pour assurer la fécondation.

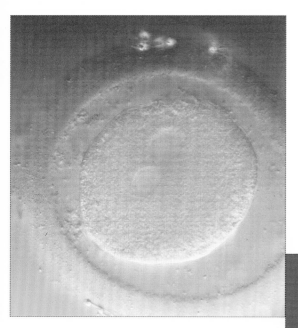

L'œuf
Les deux noyaux de l'ovule et du spermatozoïde fécondant s'apprêtent à fusionner pour former l'œuf.

L'œuf vient de se diviser en deux cellules.

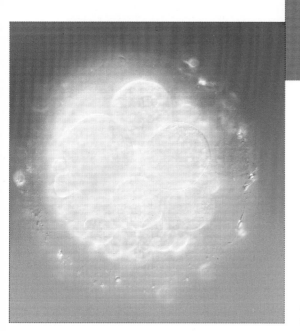

A partir de 16 cellules, l'œuf porte le nom de Morula (voyez page 116).

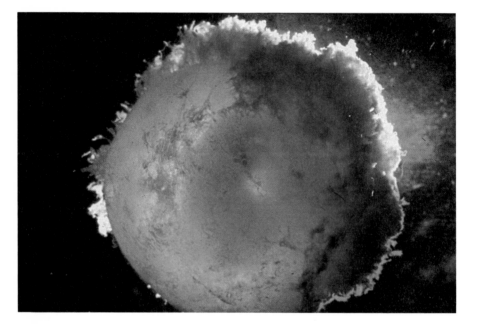

L'embryon à quatre semaines

L'œuf humain vers quatre semaines.
Il mesure deux centimètres de diamètre.
L'embryon que l'on distingue - difficilement - à l'intérieur,
a la taille d'un grain de blé.

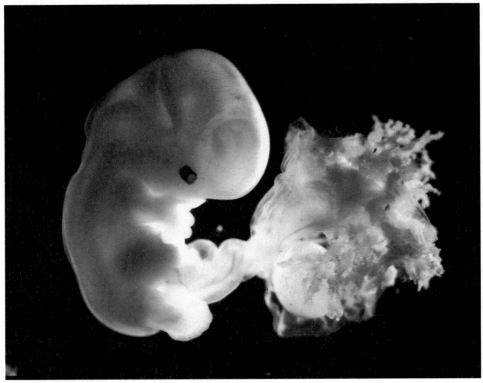

à six semaines

L'embryon est relié au placenta par le cordon.
On voit nettement l'ébauche de l'œil et des membranes.

à sept semaines

L'embryon à l'intérieur de l'œuf.
On voit par transparence les vaisseaux du placenta.

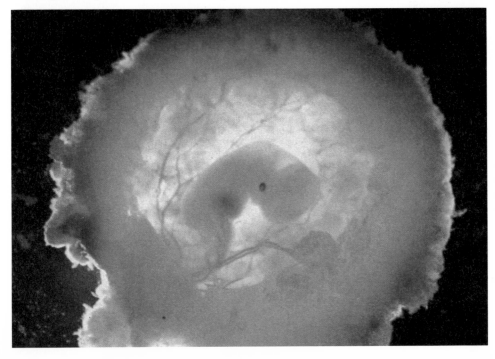

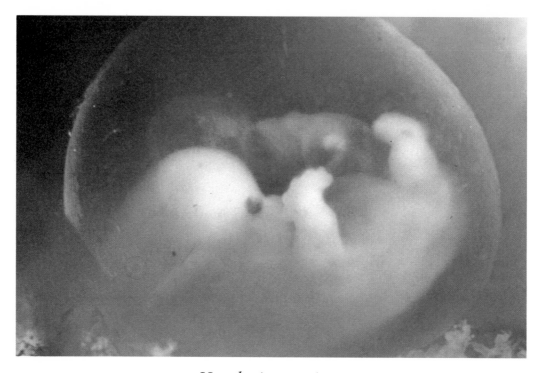

Vers huit semaines

L'embryon prend "figure humaine".
Les membres sont formés. Le visage se dessine.

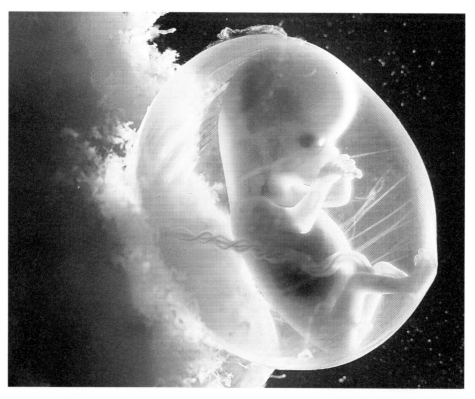

L'embryon au même âge entouré par ses enveloppes (dont l'amnios).
On voit nettement le cordon ombilical. A gauche le placenta.

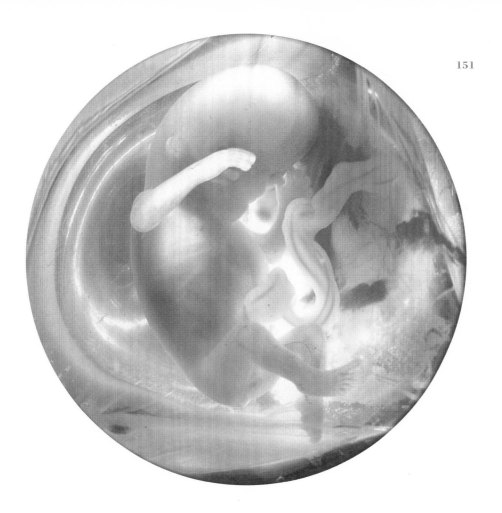

Vers onze semaines

L'embryon dans ses enveloppes.
Dans l'image du dessus on voit le cordon relié à l'ombilic.

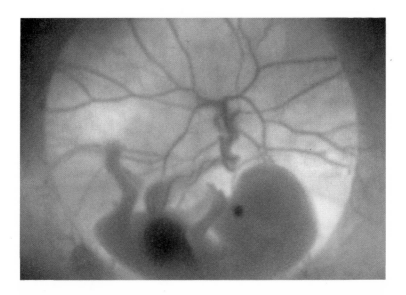

Au quatrième mois
Le cordon, organe vital pour l'enfant, lui apporte,
depuis le placenta, tout ce dont il a besoin pour son développement.

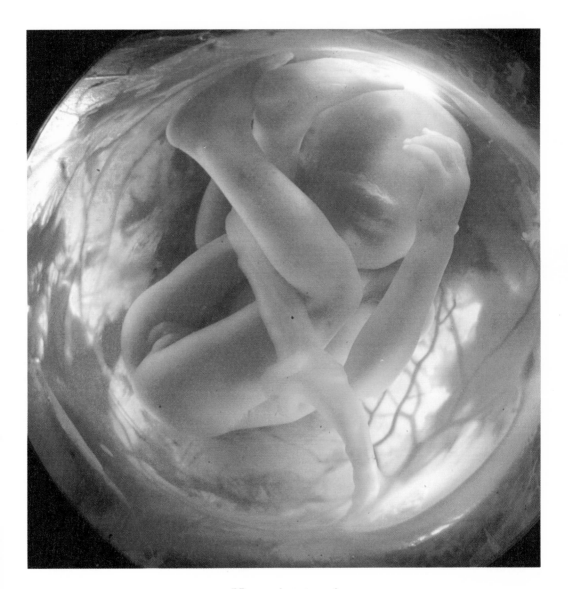

Vers cinq mois
Mouvements des pieds de l'enfant
qui viennent frapper la paroi de l'utérus.

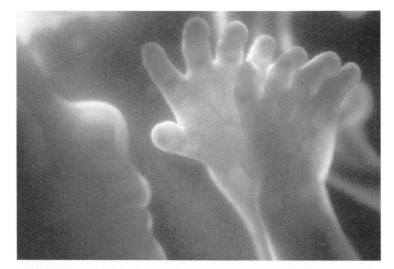

A quatorze semaines,
les mains sont
complètement formées.
La peau est
encore très mince
et laisse voir
les vaisseaux.

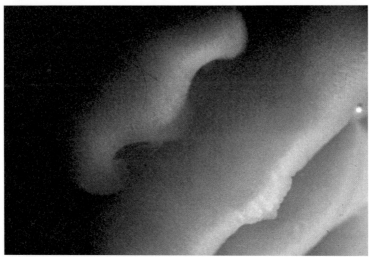

Les lèvres
et les narines
à cinq mois et demi.

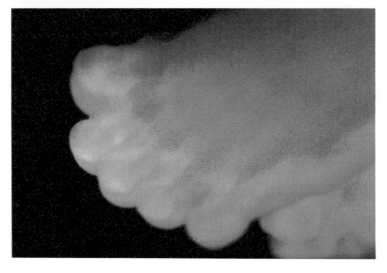

Le pied
à cinq mois et demi.

L'aube des sens

A cinq mois,
les paupières
sont encore soudées.

A cinq mois et demi
l'oreille externe est formée,
mais les avis divergent sur ce que le fœtus entend.

156

L'échographie

*Les documents
de cette double page
nous ont été communiqués
par le docteur Roger Bessis,
un des grands spécialistes
de l'échographie.*

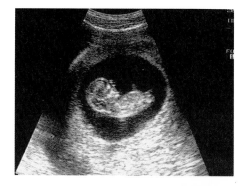

Embryon
à huit semaines.

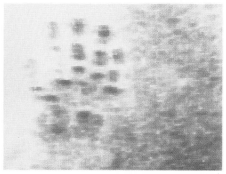

Examen
des doigts
de la main.

Veine   Artère   Liquide
amniotique   Cordon

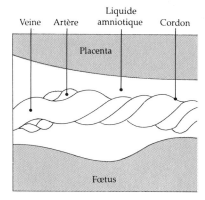

Placenta

Fœtus

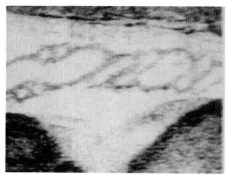

Examen
du placenta
et du cordon
ombilical.

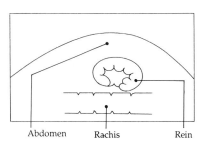

Abdomen   Rachis   Rein

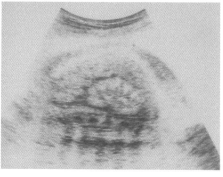

Rein fœtal.
Cette échographie
montre que l'on
peut examiner les
organes profonds
du fœtus.

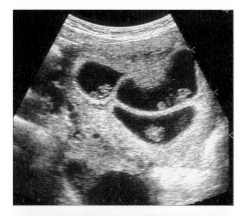

Grossesse triple à 8 semaines.
Dans cette échographie les trois embryons
sont bien visibles.

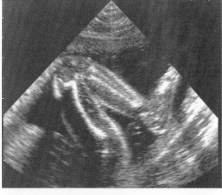

Fœtus de 20 semaines
La cuisse, la jambe et le pied sont visibles
sur une même coupe échographique.
Cela n'aurait pas été possible
si le fœtus avait allongé sa jambe.

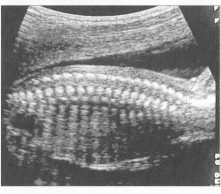

Fœtus de 25 semaines
Coupe échographique dégageant
une large partie de la colonne
vertébrale.

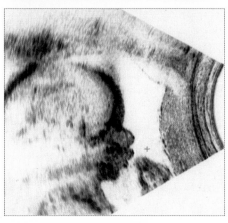

Voici le profil bien dessiné
de Mathias, 35 semaines.

Six mois : il suce son pouce
Ce document extraordinaire a fait le tour du monde.

Le corps se prépare à l'accouchement

Pour que l'enfant puisse naître, il faudra que l'utérus, qui est un muscle, se contracte, et que l'enfant franchisse successivement le col de l'utérus qui, en temps normal, est un canal filiforme plus étroit qu'une paille à soda, puis le vagin.

Ce chemin que suivra le bébé pour naître traverse le bassin de part en part, bassin constitué par des os en apparence inextensibles. Vous lirez d'ailleurs au chapitre 10 le mécanisme de l'accouchement. Tout au long de la grossesse ces différents organes vont se préparer à l'accouchement.

Le bassin. Les articulations qui relient les os entre eux se relâchent, ce qui élargit le bassin de quelques millimètres. Voir les dessins du bassin pages 280 et suivantes.

L'utérus. Ses fibres deviennent quinze à vingt fois plus longues. En même temps, elles deviennent plus larges. Ces modifications rendront l'utérus plus élastique, elles lui permettront de se contracter plus facilement et donc de mieux jouer son rôle de « moteur » pour ouvrir le col et pousser l'enfant en avant. La circulation sanguine au niveau de l'utérus augmente considérablement. Le col de l'utérus, qui, avant la grossesse, était dur et fibreux, s'amollit et devient souple. A terme on dit qu'il est « mûr ». Il pourra ainsi s'ouvrir sans difficultés.

Le vagin. Au cours de la grossesse, il se transforme complètement ; et à la fin de la grossesse, il n'a rien à voir avec un vagin de femme qui n'est pas enceinte. Il s'allonge, s'élargit, ses parois deviennent de plus en plus souples et extensibles, plissées comme un accordéon. En fin de grossesse, le vagin est prêt à laisser passer la grosse tête de l'enfant, alors qu'il n'en serait pas question neuf mois plus tôt. C'est un point important à signaler, presque toutes les femmes craignent que la tête et le corps de l'enfant ne puissent pas passer par le vagin « qui est trop petit ». En même temps, les sécrétions vaginales sont nettement augmentées ainsi que l'acidité du vagin. Les sécrétions favorisent le développement des champignons responsables de fréquentes vaginites chez la femme enceinte, mais cette hyperacidité représente un excellent barrage contre de nombreux microbes. Le bouchon muqueux qui apparaît en fin de grossesse au niveau du col en forme un second, les membranes de l'œuf un troisième.

Le rôle des hormones

L'évolution de la grossesse est dominée par l'action des hormones qui, pendant neuf mois, ont une activité intense. Après avoir, comme chaque mois, provoqué l'ovulation et préparé l'utérus à accueillir l'œuf, les hormones ovariennes vont permettre le transport de l'œuf et son implantation ; elles empêcheront aussi l'utérus de l'expulser lorsqu'il sera nidé.

Au début de la grossesse, les hormones sont produites par le corps jaune. Ensuite, lorsque des quantités de plus en plus importantes deviennent nécessaires, elles sont fabriquées par le placenta, véritable usine hormonale de la grossesse, qui va la prendre en charge jusqu'à son terme.

Ce ne sont pas seulement les glandes endocrines sexuelles qui ont une activité accrue durant la grossesse : les autres, le pancréas, la thyroïde, les surrénales fonctionnent également davantage.

Enfin, au cours de la grossesse, de nouvelles hormones apparaissent : l'*ocytocine,* qui joue un rôle dans le déclenchement de l'accouchement, et la *prolactine* qui déterminera la lactation. L'action conjuguée de ces différentes hormones, ordonnatrices des grands événements de la grossesse, règle la plupart des changements qui surviennent pendant ces neuf mois. En particulier, elles stimulent l'édification des tissus de l'utérus en pleine croissance, elles président à la mobilisation des réserves de la mère auxquelles fait appel le fœtus, elles règlent la délicate chimie des échanges nutritifs si importants pour la croissance de l'enfant, elles sont responsables de l'augmentation du poids de la mère, elles permettent aux glandes mammaires de se développer, etc. Et c'est pourquoi l'un des moyens de surveiller le bon déroulement de la grossesse est de doser les hormones.

Telles sont les principales modifications de l'organisme maternel au cours de la grossesse. Vous avez vu qu'elles ont essentiellement pour but de permettre à la grossesse d'évoluer et d'amener à l'enfant tout ce qui est nécessaire à son développement. Elles ont aussi pour effet de le protéger au maximum contre certaines agressions.

6.

Attendre des jumeaux

« Est-ce que j'en attends deux, docteur ? » La question est posée plus souvent qu'on ne croit : par une future mère sur deux m'assure-t-on. En fait si la question est fréquente, l'éventualité est rare, elle ne représente, en France, que 1,2 % des naissances, soit entre 9 000 et 10 000 par an.

Toutefois ce chiffre ne représente que celui des grossesses gémellaires « spontanées ». Il augmente nettement dans certains cas :

→ après les traitements hormonaux destinés à provoquer une ovulation chez les femmes qui n'en ont pas spontanément. Le traitement peut dépasser le but recherché et aboutir à la production de deux ovules (ou davantage, voir plus loin) qui sont fécondés en même temps : le chiffre des grossesses gémellaires atteint alors de 10 à 25 % ;

→ après la fécondation in vitro, ce chiffre atteint couramment 20 %.

Imaginer qu'on attend des jumeaux, c'est un peu fantasmer. « Deux à la fois ce serait si bien », disent des mères. La future mère à la fois craint d'avoir des jumeaux et parfois le désire ; comme partout se retrouve l'ambivalence des sentiments.

Quelques femmes demandent, paraît-il : « Que faut-il faire pour avoir des jumeaux ? » Rien en fait, c'est le hasard aidé de quelques circonstances qui paraissent favorisantes.

La race joue un rôle. Les Noires ont plus souvent des jumeaux : aux États-Unis, le taux est une fois et demie plus élevé que chez les Blanches. Et pour certaines régions d'Afrique occidentale, on a cité des chiffres allant jusqu'à 5 %. Chez les Asiatiques au contraire, il y a moins de jumeaux : 0,15 % chez les Chinois ; 0,27 % chez les Japonais ; 0,10 % en Asie du Sud-Est.

Les conditions de vie et le climat semblent aussi jouer. En Europe, il y a plus de jumeaux au nord qu'au sud : 1,5 % en Scandinavie ; 0,5 % sur le pourtour du bassin méditerranéen.

La fréquence augmente également avec le nombre de grossesses et l'âge de la mère avec un maximum vers 36-37 ans. On trouve aussi, parmi les mères de jumeaux, un plus grand nombre de femmes appartenant au groupe sanguin AB.

Enfin, on dit parfois et c'est tout à fait exact, que les jumeaux sont plus fréquents dans certaines familles que dans d'autres. On pense que le père ne jouerait aucun rôle dans cette fréquence, et que seule la mère interviendrait. La prédisposition à la grossesse gémellaire se transmettrait suivant les lois de l'hérédité selon le mode récessif (voyez le chapitre 7).

De tout temps, les jumeaux ont été l'objet d'une curiosité particulière. Leur relative rareté a suscité des réactions diverses : pour les uns ils étaient un don du ciel, pour les autres la colère des dieux, le mauvais présage ; dans certaines tribus primitives, les jumeaux (et parfois même leur mère) étaient sacrifiés ; dans d'autres civilisations, on leur attribuait des dons surnaturels. Chez les Aztèques, la déesse de la fertilité était la mère de jumeaux. Si Romulus et Rémus, Castor et Pollux n'avaient pas été des jumeaux, ils seraient peut-être moins célèbres aujourd'hui.

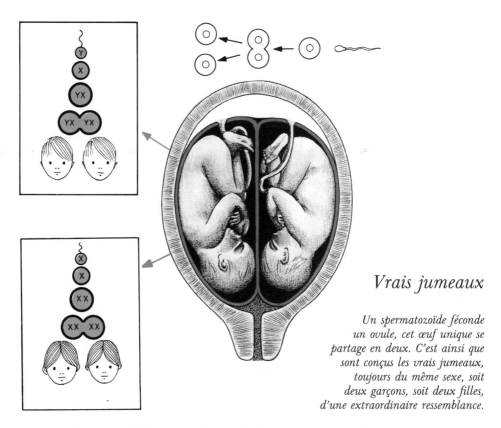

Vrais jumeaux

*Un spermatozoïde féconde
un ovule, cet œuf unique se
partage en deux. C'est ainsi que
sont conçus les vrais jumeaux,
toujours du même sexe, soit
deux garçons, soit deux filles,
d'une extraordinaire ressemblance.*

De nombreux spécialistes continuent à s'intéresser particulièrement aux jumeaux (biologistes, généticiens, psychologues), surtout aux vrais jumeaux qui représentent un terrain privilégié puisqu'ils ont la même hérédité, pour étudier ce qui, chez l'homme, relève de l'acquis ou appartient à l'hérédité.

La conception des jumeaux

Bien que, dans la réalité, les choses soient un peu plus complexes, on peut dire schématiquement qu'il existe deux grandes variétés de jumeaux.

Ceux que l'on appelle les « faux jumeaux » proviennent de la fécondation de deux ovules différents par deux spermatozoïdes différents au cours du même cycle menstruel et, habituellement, au cours du même rapport sexuel. Il en résulte évidemment deux œufs différents qui vont se nider l'un à côté de l'autre dans l'utérus.

Chaque œuf a ses propres annexes : membranes (chorion et amnios) et placenta sont distincts. Il n'y a pas de communication entre les deux fœtus. Chacun a sa propre circulation placentaire qui l'unit à l'organisme maternel. Ces faux jumeaux vont ainsi se développer ensemble certes, mais séparément.

A la naissance les deux enfants peuvent se ressembler, mais pas plus que les frères et sœurs habituels. Ils peuvent être de sexe différent. Ceci est tout à fait normal puisque ces faux jumeaux, issus de deux œufs distincts, ont reçu un patrimoine héréditaire (un

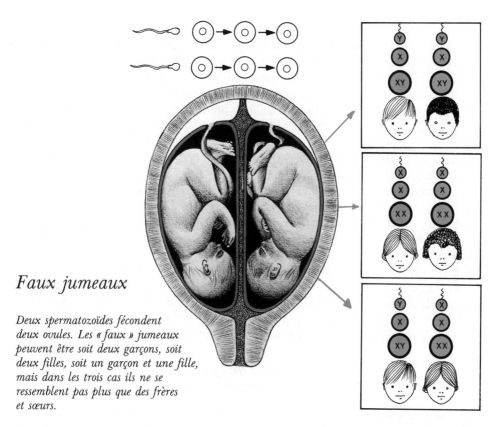

Faux jumeaux

Deux spermatozoïdes fécondent deux ovules. Les « faux » jumeaux peuvent être soit deux garçons, soit deux filles, soit un garçon et une fille, mais dans les trois cas ils ne se ressemblent pas plus que des frères et sœurs.

héritage chromosomique) aussi différent que celui de frères et sœurs nés à plusieurs années de distance. Il peut même arriver que ces enfants n'aient pas le même père. On cite l'exemple classique de la femme blanche mettant au monde à une heure d'intervalle un premier enfant blanc, fils d'un Blanc, et un enfant métis, fils d'un père de race noire. Il y a eu ce que l'on appelle : superfécondation. Cette éventualité est toutefois exceptionnelle.

Ces grossesses *dizygotes* (« di » parce qu'il y a deux œufs) représentent au moins les deux tiers des cas de grossesses gémellaires.

Dans un tiers des cas, la conception des jumeaux se fait différemment. Il s'agit des grossesses *monozygotes* (« mono » parce qu'il n'y a qu'un œuf au départ) qui résultent d'un processus totalement différent : un seul spermatozoïde féconde un seul ovule aboutissant à un œuf unique. Sous l'influence de phénomènes que nous ne connaissons pas, cet œuf unique va se partager – plus ou moins précocement mais toujours avant le 15ᵉ jour – en deux parties égales, en deux œufs qui vont chacun se développer. En ce qui concerne les annexes de chaque œuf, la disposition variera selon que l'œuf unique initial s'est divisé plus ou moins tôt. Tantôt chaque œuf a ses annexes propres, son placenta, ses membranes, comme chez les faux jumeaux, tantôt le placenta est unique, mais en ce qui concerne les membranes, il y a deux possibilités :

→ soit deux amnios, ce qui veut dire que chaque fœtus possède son sac propre ;

→ soit un seul amnios, ce qui veut dire que les deux fœtus sont dans un seul sac amniotique, autrement dit qu'aucune membrane ne les sépare.

Ces grossesses monozygotes correspondent à ce que l'on appelle les « vrais jumeaux » ; elles ont plusieurs particularités par rapport aux grossesses dizygotiques. Elles sont beaucoup plus rares (on l'a vu : un tiers des cas).

L'existence fréquente d'annexes communes aux deux jumeaux, et notamment d'un placenta unique, peut aboutir à la communication entre les deux circulations placentaires. Ceci est parfois cause d'un déséquilibre, un des deux jumeaux recevant davantage de sang que l'autre. Le premier (dit « jumeau transfusé ») risque de souffrir de cet apport trop important de sang. L'autre (dit « jumeau transfuseur ») risque, au contraire, de souffrir d'un manque de sang. Dans le premier cas existe une possibilité d'insuffisance cardiaque par excès de masse sanguine (le cœur a un travail trop important à accomplir). Dans le second, le risque est celui d'une anémie ou d'une insuffisance de développement (hypotrophie) par insuffisance d'apport sanguin.

Les deux fœtus ayant pour origine un œuf unique séparé en deux moitiés égales, chacun va recevoir un matériel de chromosomes et de gènes rigoureusement identiques. A la naissance, ces vrais jumeaux seront donc des sosies, la réplique exacte l'un de l'autre, ou encore, selon une formule devenue classique, le « même individu tiré à deux exemplaires ». Ils seront toujours du même sexe. Leurs empreintes digitales, à quelques détails près, seront identiques. Cette extraordinaire ressemblance ne s'arrête d'ailleurs souvent pas à l'aspect physique, mais porte également sur certains traits intellectuels et psychologiques et sur la prédisposition à certaines maladies.

Le diagnostic des jumeaux

Les médecins sont tous d'accord pour dire qu'une grossesse gémellaire doit être surveillée plus qu'une autre ; certains n'hésitent pas à la classer dans le groupe des grossesses à risques. Il y a donc intérêt à en faire le diagnostic le plus tôt possible. Ce diagnostic est difficile à faire sur le seul examen clinique. Le médecin peut y penser lorsque les malaises habituels de la grossesse sont plus importants que d'habitude, mais ce symptôme n'est pas toujours présent. Par contre, l'échographie peut faire le diagnostic dès la 6e-7e semaine de la grossesse.

Plus tard, la future mère peut avoir l'impression de sentir des mouvements partout et très nombreux. D'autre part, le médecin est frappé, lorsqu'il examine la femme, par une discordance entre le développement trop important de l'utérus et l'âge théorique de la grossesse. Parfois, l'examen permet aussi de percevoir deux têtes ou deux sièges, ou encore d'entendre deux foyers différents de bruits du cœur (c'est pourtant beaucoup plus difficile qu'on ne le pense). De toute façon, il reste possible, au moindre doute, d'affirmer le diagnostic grâce à l'échographie.

La grossesse gémellaire

Les malaises et indispositions du début sont plus fréquents. De même, l'utérus augmentant plus rapidement de volume, les troubles « mécaniques » dus à la compression de l'utérus, telle l'envie d'uriner, apparaissent plus tôt ; ils sont aussi plus marqués. La gêne respiratoire est plus grande, les varices risquent d'apparaître plus facilement, etc.

Enfin, si la surveillance médicale et les précautions de régime ne sont pas suffisantes, on peut voir apparaître plus souvent des complications telles que prise de poids excessive, albuminurie, hypertension artérielle.

Mais, bien surveillée, la grossesse a toutes les chances de se développer aussi bien qu'une grossesse simple. Si vous attendez des jumeaux, ne vous faites donc pas un double souci. Soyez seulement deux fois plus attentive aux recommandations qui vous seront faites par le médecin.

Quelques précautions particulières à prendre

→ Voir très régulièrement le médecin, sinon tous les quinze jours, au moins toutes les trois semaines. Celui-ci prescrira peut-être un arrêt de travail.

→ Le médecin prescrira également des analyses d'urine à faire tous les quinze jours dès le sixième mois, car les risques d'albuminurie sont plus grands.

→ Se reposer le plus possible à partir du sixième mois pour éviter un accouchement prématuré.

Les grossesses gémellaires se terminent en effet souvent par un accouchement prématuré, car lorsque l'utérus est surdistendu, il se contracte plus facilement. Les statistiques indiquent que 75 à 80 % des primipares, et 45 à 65 % des multipares accouchent avant terme.

Dans la grande majorité des cas, l'accouchement se déroule normalement. Il est un peu plus long qu'un accouchement simple. Il s'écoule de 15 à 30 minutes entre les deux naissances. Il est possible que le deuxième jumeau prenne une position insolite et que ceci nécessite une intervention.

Il est indispensable que l'accouchement se passe dans un établissement qui a l'habitude des naissances de jumeaux.

Une remarque pour terminer : contrairement à une opinion courante, l'aîné des jumeaux est celui qui naît le premier.

Triplés, quadruplés, quintuplés

Il y a bien des années (c'était en 1934 !) une certaine Madame Dionne mettait au monde cinq filles. C'étaient les premières quintuplées recensées de l'histoire. Ce fut un événement international ; il fit la une de tous les journaux.

Aujourd'hui, les grossesses multiples ne sont plus exceptionnelles. Elles sont la conséquence possible des traitements dont je vous ai parlé plus haut.

Ainsi, après une induction de l'ovulation, c'est-à-dire une ovulation provoquée, ou bien après une fécondation in vitro, on compte de 4 à 20 % de grossesses triples et quadruples, et 2 à 3 % de grossesses quintuples.

• LES TRIPLÉS. Les grossesses triples proviennent, soit d'un seul œuf ayant donné naissance à trois embryons qui seront tous du même sexe (vrais triplés), soit de deux œufs, dont l'un donne de vrais jumeaux (voir plus haut), donc toujours du même sexe, et l'autre un enfant de l'un ou de l'autre sexe, soit enfin de trois œufs. Dans les deux derniers cas, il s'agit de faux triplés.

● LES QUADRUPLÉS peuvent provenir d'un, deux, trois ou quatre œufs. Vrais quadru-plés : un œuf a donné naissance à quatre embryons. Faux quadruplés : il peut s'agir, soit de deux œufs (donnant deux paires de vrais jumeaux ou des vrais triplés + un frère ou une sœur), soit de trois œufs (donnant une paire de vrais jumeaux et une paire de faux jumeaux), soit de quatre œufs. Dans ce dernier cas, aucun des quatre enfants n'a de raison de ressembler à l'autre plus que des frères ou sœur, car ils pro-viennent chacun d'un œuf différent.

● LES QUINTUPLÉS. Plusieurs cas sont possibles, sept très exactement suivant qu'il y a eu fécondation d'un, deux, trois, quatre ou cinq ovules.

Les grossesses multiples sont considérées par tous les médecins comme des gros-sesses à très haut risque. Ceci est d'autant plus vrai que le nombre d'enfants à naître est plus élevé ; dans ce cas, l'accouchement prématuré est un risque fréquent. Aussi la nécessité de précautions particulières (repos, régime riche en calories et riche en pro-téines, prise de fer, de folates et de vitamines) et d'une surveillance médicale stricte (avec une échographie chaque mois) s'imposent-elles encore plus que pour les gros-sesses géméllaires.

Pour l'accouchement, de nombreux médecins préfèrent la césarienne systématique à 36-37 semaines. Plus encore que pour les jumeaux, il est indispensable que l'ac-couchement ait lieu dans un établissement ayant l'habitude des naissances qui sortent de l'ordinaire.

Pour tenter de diminuer le risque de prématurité, on a pensé pour les grossesses quadruples (et au-delà) à réduire le nombre d'embryons en début de grossesse. Dif-férentes techniques sont possibles. Sans parler des problèmes moraux qu'elles sou-lèvent, il faut savoir que ces techniques provoquent un important pourcentage (10 à 30 %) de fausses-couches.

Certaines femmes supportent mal psychologiquement les grossesses multiples (« deux c'est un succès, trois c'est un échec »). Elles peuvent s'adresser à l'Association d'entraide des parents de naissances multiples et y trouver les conseils pratiques et le soutien psychologique qui leur sont nécessaires [1].

Si vous souhaitez en savoir plus sur les naissances multiples, nous vous signalons qu'un livre entier leur est consacré. Il s'agit de *Jumeaux, triplés et plus* (éditions Nathan), des Pr E. Papiernik, Pr R. Zazzo, Dr J.-C. Pons et M. Robin.

---

1. *Fédération nationale des associations de parents de naissances multiples, 26, bd Brune, 75014 Paris. Tél. : 40.44.44.15.*

7.

Les trois questions que vous vous posez

Fille ou garçon ?

En vingt ans, l'image de la femme a beaucoup évolué. Mais il y a un domaine où rien n'a changé : comme hier, comme toujours, les parents veulent un garçon d'abord, à une large majorité. Posez vous-même la question, vous verrez la réponse.

De plus, s'il naît une fille alors qu'on espérait un garçon, il arrive, même encore aujourd'hui, qu'on en rende responsable la mère ; or, c'est une grande injustice, car le sexe de l'enfant dépend du père. On le sait depuis maintenant plus de vingt ans, mais les connaissances mettent du temps à se répandre.

Pourquoi le père est-il « responsable » du sexe de l'enfant ? Pour le comprendre, il est nécessaire de faire une incursion dans le domaine de l'infiniment petit et de donner quelques explications un peu techniques.

La cellule. L'organisme est composé de différents tissus eux-mêmes faits de cellules. Chaque être humain en possède une dizaine de milliards environ. La cellule est l'élément de base de tout être vivant.

Nos cellules sont très différentes les unes des autres suivant le rôle qu'elles jouent : un globule rouge du sang est une cellule qui a la forme d'un disque, celle de la peau a plutôt la forme d'un cube, celle de l'os la forme d'une étoile, etc.

Le noyau de la cellule. Chaque cellule comprend, entre autres, une partie plus dense que l'on appelle le noyau et qui est la plus importante, on serait tenté de dire : la plus noble.

Les chromosomes. Ce noyau est fait d'une substance appelée *chromatine* parce qu'elle a la faculté d'absorber certaines matières colorantes (du grec *chromos* : couleur). Quand les cellules se divisent pour se multiplier et se renouveler, la chromatine du noyau prend un aspect particulier. Elle se fragmente en corpuscules appelés chromosomes. L'aspect et le nombre des chromosomes varient selon les espèces animales. Dans l'espèce humaine, il y a 46 chromosomes par cellule. Ils sont groupés en 23 paires ; dans chaque paire l'un des chromosomes est hérité du père et l'autre de la mère.

X et Y. Vingt-deux paires de chromosomes sont identiques dans l'un et l'autre sexe. La vingt-troisième, au contraire, est différente chez l'homme et chez la femme. Il s'agit de la paire de chromosomes sexuels. Chez la femme, cette paire est faite de deux chromosomes semblables appelés chromosomes X. Chez l'homme, les deux chromosomes sont différents : l'un est appelé X et l'autre Y. Dans le sexe féminin, les cellules sont donc composées de 22 paires + 1 paire XX. Dans le sexe masculin les cellules comportent 22 paires + 1 paire XY.

La division des cellules. A l'exception des cellules nerveuses, toutes les cellules de l'organisme se renouvellent : la durée de vie d'une cellule est en effet limitée et va de 4 jours à 4 mois. Cette reproduction se fait par simple division. Chaque cellule se divise en deux cellules filles contenant le même nombre de chromosomes que la cellule mère dont elles sont issues (soit 46 dans l'espèce humaine).

Les cellules sexuelles. Cependant, les cellules sexuelles échappent à cette règle de la division. Lors de la fabrication des ovules chez la femme et des spermatozoïdes chez l'homme, la division des cellules prend un caractère un peu particulier et les cellules sexuelles adultes (ovule ou spermatozoïde) qui vont assurer la fécondation, ne contiennent plus que la moitié des chromosomes soit 23 au lieu de 46. Ainsi, lors de la fusion du spermatozoïde et de l'ovule, sera reconstituée une cellule (l'œuf) qui comportera 46 chromosomes, nombre caractéristique de l'espèce humaine.

Il est facile de comprendre que, s'il n'en était pas ainsi, l'œuf aurait 46 + 46 soit 92 chromosomes, ce qui n'est pas le nombre caractéristique des individus normaux. Vous verrez d'ailleurs plus loin que certains œufs ont un nombre anormal de chromosomes. Cela conduit soit à un avortement, soit à la naissance d'un enfant qui peut être anormal.

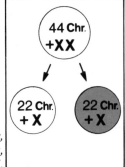 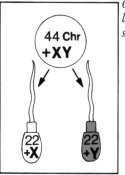

Chez l'homme, les chromosomes sexuels sont tantôt X tantôt Y.

Chez la femme, tous les chromosomes, sexuels sont X.

Pourquoi garçon ? Pourquoi fille ? Jusqu'à nouvel ordre, il faut admettre qu'il s'agit là d'un pur hasard mais qui mérite une explication.

Lors de la fabrication des ovules dans l'ovaire, les deux chromosomes sexuels étant identiques chez la femme (X et X) tous les ovules recevront 22 chromosomes ordinaires + 1 chromosome X. Cela équivaut à dire que tous les ovules auront une formule chromosomique identique.

Chez l'homme, au contraire, la cellule mère qui donne naissance aux spermatozoïdes comprend 44 chromosomes + deux chromosomes sexuels différents X et Y. Lors de la division, 50 % des spermatozoïdes recevront 22 chromosomes ordinaires + 1 chromosome X alors que 50 % recevront 22 chromosomes ordinaires + 1 chromosome Y. Cela revient par conséquent à dire que tous les spermatozoïdes n'ont pas la même formule chromosomique. Lors de la fécondation, c'est-à-dire lors de l'union d'un ovule et d'un spermatozoïde, deux possibilités apparaissent donc :

La fille. L'ovule est fécondé par un spermatozoïde à chromosome X : il va en résulter, par réunion des chromosomes, un œuf contenant 44 chromosomes + X + X (soit XX). Cette formule est celle du sexe féminin. Cet œuf donnera naissance à une fille.

Un ovule est fécondé par un spermatozoïde à chromosome X, ce sera une fille.

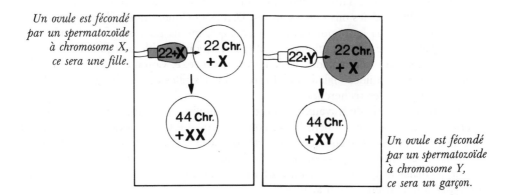

Un ovule est fécondé par un spermatozoïde à chromosome Y, ce sera un garçon.

Le garçon. L'ovule est fécondé par un spermatozoïde à chromosome Y : la reconstitution du capital chromosomique aboutira à la formule : 44 chromosomes + X + Y (soit XY). Cette formule est celle du sexe masculin. Cet œuf ne pourra aboutir qu'à la naissance d'un garçon.

Il apparaît donc que c'est la formule chromosomique du spermatozoïde fécondant qui détermine la survenue d'une fille ou d'un garçon. C'est dans ce sens que l'on peut dire que c'est le père qui est « responsable » du sexe de l'enfant. Il ne faut évidemment pas prendre l'expression au pied de la lettre : la responsabilité du père, au sens habituel du terme, n'est pas engagée, c'est le hasard qui fait que la fécondation sera assurée par tel ou tel spermatozoïde.

Pas seulement le hasard. Certaines notions échappent d'ailleurs encore à nos connaissances dans ce domaine. En effet, si le hasard seul intervenait, comme dans le jeu de pile ou face, il devrait y avoir statistiquement, autant de naissances de filles que de garçons. Or, il naît un peu plus de garçons que de filles (104 à 106 contre 100). D'autre part, dans certaines familles, on observe de façon frappante un bien plus grand nombre d'enfants de l'un ou l'autre sexe et l'on a pu parler de familles à filles et de familles à garçons. On a cité le cas d'une famille où, en trois générations, sont apparues soixante-douze filles sur soixante-douze grossesses. L'explication de tels phénomènes reste encore actuellement du domaine de l'hypothèse. Au fil des années cependant, de nombreux travaux faits dans le monde entier permettent de cerner de mieux en mieux la réalité.

On sait par exemple, que les spermatozoïdes X et Y présentent des différences : les derniers ont une tête plus petite et se déplacent plus vite que les premiers. Il semble d'autre part que certaines anomalies du sperme se fassent surtout au détriment des spermatozoïdes X ou au contraire des spermatozoïdes Y. Cela expliquerait pourquoi certains hommes donnent naissance à plus de filles que de garçons par exemple.

Il reste vrai toutefois que de nombreuses inconnues persistent en ce domaine.

Peut-on choisir le sexe de l'enfant ?

Avoir à volonté une fille ou un garçon est un rêve vieux comme l'humanité. Comme la prédiction du sexe, il a donné lieu à des conseils et des remèdes tous plus fantaisistes et surtout inefficaces les uns que les autres. Depuis quelques années de nombreux travaux sont faits dans le monde entier sur ce sujet, moins pour satisfaire le désir des parents d'avoir une fille ou un garçon, que pour venir en aide aux familles dans lesquelles se transmet une maladie héréditaire liée au sexe. Comme vous le verrez plus loin (page 186) certaines maladies n'affectent que les filles ou que les garçons. Où en sont actuellement les recherches ?

Une première série de travaux concerne la possibilité de séparer, en laboratoire, les spermatozoïdes Y – qui donnent les garçons – et les spermatozoïdes X – qui donnent des filles. Différentes techniques ont été proposées. Elles donnent des résultats variables, mais qui ne dépassent pas 80 % de succès. Ces techniques nécessitent bien sûr de recueillir le sperme – par masturbation – puis, pour assurer la fécondation, de procéder à une insémination artificielle.

D'autres recherches essaient d'exploiter les différences qui semblent exister entre les spermatozoïdes Y et X : les premiers seraient plus petits et rapides, mais moins résistants. On peut donc penser que tout ce qui empêche une union rapide du spermatozoïde et de l'ovule favorise, dans un sperme donné, une prédominance des spermatozoïdes X sur les Y, c'est-à-dire la naissance de filles. Et inversement.

Si ces théories étaient exactes, on augmenterait les chances d'avoir un garçon :
→ en ayant un rapport unique le plus près possible de l'ovulation (dont la date habituelle doit être déterminée par l'établissement d'une courbe de température) ;
→ en diminuant l'acidité hormonale du vagin plus néfaste pour les spermatozoïdes Y qui sont moins résistants. Ceci peut être obtenu, par exemple, par des injections vaginales au bicarbonate de soude.

Au contraire, la naissance d'une fille serait favorisée par :
→ des rapports plus fréquents et suffisamment à distance de l'ovulation ;
→ un renforcement de l'acidité vaginale (injections avec un savon acide) pour essayer de détruire le maximum de spermatozoïdes Y.

Malheureusement, les résultats de ces méthodes sont loin d'être constants et sont même, dans l'ensemble, plutôt décourageants.

Connaître le sexe de l'enfant avant la naissance

Depuis les temps les plus anciens on a cherché à connaître le sexe de l'enfant avant la naissance.

Pour trouver une réponse, les Grecs, avec Hippocrate, tenaient compte de la coloration du visage ou de l'importance du développement utérin.

Au fil des siècles, on a tenté d'accorder une valeur :
→ au rythme cardiaque de l'enfant : certaines femmes restent persuadées que le cœur

bat plus ou moins vite selon qu'il s'agit d'un garçon ou d'une fille. Les enregistrements électroniques du cœur fœtal ont montré qu'il n'en était rien ;
→ au déroulement de la grossesse et à l'importance des malaises ressentis ;
→ à la manière de porter son enfant : haut ce serait un garçon, bas ce serait une fille ;
→ à la date du rapport fécondant par rapport à l'ovulation, car les spermatozoïdes X et Y n'auraient pas la même durée de survie ; etc.

Actuellement, il y a trois méthodes qui permettent de connaître le sexe de l'enfant avant la naissance : l'échographie, l'amniocentèse et la biopsie du trophoblaste (choriocentèse).

L'échographie (dont on parlera plus longuement page 219) a l'avantage d'être simple et sans risque ; elle est capable – dans une certaine mesure – de reconnaître le sexe de l'enfant, je dis dans une certaine mesure car il y a quand même des restrictions à faire. S'il s'agit d'un garçon, l'échographie est capable de « voir » les organes génitaux externes ; en revanche, si l'échographie ne décèle rien, on n'est pas pour autant sûr que ce soit une fille, il peut quand même s'agir d'un garçon dont la position ne permette pas de voir distinctement l'anatomie. Il faut aussi tenir compte de l'habileté du technicien à lire ce qui s'inscrit sur l'écran. En pratique, l'échographie permet de connaître le sexe de l'enfant dès le début du 5e mois, avec une certitude de 80 à 85 %.

Les deux autres méthodes sont d'emploi moins fréquent.

L'amniocentèse (dont on parlera aussi plus longuement page 191) consiste à examiner les cellules du fœtus et à étudier les chromosomes sexuels. S'il s'agit d'une paire XY, l'enfant sera un garçon. Ce sera une fille en cas de paire XX. Cette détermination est possible en prélevant du liquide amniotique dans lequel baigne l'enfant. On extrait ensuite de ce liquide les cellules éliminées par l'enfant et on les cultive. Après de nombreuses manipulations, on peut établir la carte d'identité chromosomique de l'enfant, c'est-à-dire son caryotype et connaître son sexe.

La biopsie du trophoblaste ou *choriocentèse* : nous en parlons page 192.
Comme vous le verrez plus loin dans le détail, la difficulté et la longueur de ces deux examens – et leurs risques en ce qui concerne la biopsie de trophoblaste – font qu'il est impossible d'y recourir uniquement pour satisfaire la curiosité des parents. Ces examens ne sont pratiqués que pour des raisons médicales.

Mais un jour peut-être la prédiction du sexe sera plus facile. Récemment, des chercheurs australiens ont pu, dans une simple prise de sang maternel faite entre 8 et 12 semaines, retrouver une petite quantité de cellules fœtales (il en passe toujours dans la circulation maternelle). A partir de ces cellules, les chercheurs ont pu dire s'il s'agissait d'une fille ou d'un garçon. Actuellement, cette technique n'est pas encore fiable à 100 %. Elle nécessite d'autre part des manipulations très complexes en laboratoire et n'est employée que pour faire le diagnostic de maladies génétiques liées au sexe. On peut toutefois penser que cette technique aboutira dans les années à venir à la possibilité de connaître simplement et rapidement le sexe de l'enfant à venir.
Pour l'instant, seule l'échographie reste une méthode facile pour faire le diagnostic du sexe.

Les parents souhaitent-ils tous connaître le sexe de l'enfant avant la naissance ? Pour certains, la réponse est oui, sans hésiter : cela permet de parler de l'enfant avec le prénom choisi, de faire des projets plus personnalisés, d'acheter une layette en conséquence, etc.

D'autres parents souhaitent aussi connaître le sexe du bébé à naître, mais, et c'est nouveau d'après notre enquête, ils ne veulent pas dire la réponse à l'entourage ; ils gardent le secret pour eux et réservent la surprise aux autres.

Il y a aussi des parents, et ils sont plus nombreux qu'on ne croit, qui veulent se réserver jusqu'au bout le plaisir de la découverte. Et puis, comme me l'a dit une maman : « Je voulais une fille, car j'avais déjà deux garçons. J'ai eu un garçon. J'étais déçue, mais il était si mignon, si attendrissant qu'il est arrivé à me faire oublier ma déception. Si j'avais su le sexe avant la naissance, Thomas n'aurait pas été là pour me consoler. »

Si vous faites partie de ces parents qui n'ont pas envie de connaître le sexe de l'enfant à naître, dites-le tout simplement avant l'échographie. Car si le médecin n'est pas prévenu, il risque de vous le dire spontanément, et vous pourriez être déçus.

Pouvoir parler à son médecin, c'est souvent difficile ; le pouvoir médical est une réalité à laquelle se heurte tout le monde. Il est important de pouvoir dire non, sous peine de renoncer à ses goûts, ses désirs. Il faut pouvoir dire non à l'échographiste, non si on ne veut pas d'anesthésie péridurale, non à un déclenchement de l'accouchement (sauf pathologie bien sûr) si on veut attendre le terme. Lorsqu'on attend un enfant, on est parfois en état de moindre résistance, comme à la merci de l'avis des autres et on n'ose pas donner le sien. C'est votre grossesse, votre enfant, un grand moment de votre vie, n'hésitez pas à dire ce que vous désirez vraiment.

A qui ressemblera votre enfant ?

Vous avez sûrement envie de savoir si votre enfant héritera des cheveux blonds et des yeux noirs de sa grand-mère, ou bien du nez droit et de la grande taille de son père. Et vous espérez aussi qu'il n'aura pas le caractère difficile de son grand-père, mais plutôt votre don musical. En un mot, vous vous demandez comment, d'une génération à l'autre, se transmettent les dons et caractéristiques physiques et intellectuels.

Les agents de transmission de l'hérédité, ce sont les chromosomes et surtout les gènes. La science qui les étudie – la génétique – est en pleine évolution, et il n'y a pas de jour qui n'apporte de nouvelles découvertes dans ce domaine. Voici ce que l'on peut en dire aujourd'hui de manière succincte.

Les gènes. Vous avez vu plus haut que le noyau des cellules était fait d'une substance appelée chromatine qui, au moment de la division cellulaire, se fragmentait en 46 chromosomes. Le reste du temps, la chromatine forme dans le noyau un long ruban ou filament, enroulé et pelotonné de façon très serrée, comme un peloton de laine. Déroulé, ce ruban mesurerait 1 mètre 50. Et mis bout à bout, les filaments de chromatine de toutes nos cellules auraient une longueur représentant la distance de la terre à la lune.

Ce filament de chromatine, c'est ce que les biologistes appellent une molécule d'*acide désoxyribonucléique* (en abrégé *A.D.N.*). Comme la bande d'un magnétophone ou d'un magnétoscope, le rôle de l'A.D.N. est de contenir de l'information, des ordres en quelque sorte, un programme diraient les informaticiens. Malgré la petite taille de chaque cellule, ce programme est énorme puisqu'il contient autant d'informations que 1 000 volumes d'encyclopédie de 1 000 pages chacun. Ce programme c'est la clé de la vie puisqu'il contient tous les ordres nécessaires à la formation d'un être humain (voir p. 124), puis à son fonctionnement harmonieux. Chaque noyau de chaque cellule contient ce programme : on l'appelle le *génome*.

Si l'on examine ce filament d'A.D.N. de plus près, on s'aperçoit qu'il ressemble à une échelle dont les barreaux sont composés de 4 substances – *Cytosine, Guanine, Adénine, Thymine* – ; ces substances, qu'on désigne par leurs initiales – C, G, A, T – sont liées deux à deux, toujours de la même façon : C ne va qu'avec G et A avec T (voir le schéma 1). Cette échelle est enroulée, torsadée sur elle-même : c'est la double hélice décrite en 1953 par Crick et Watson, ce qui

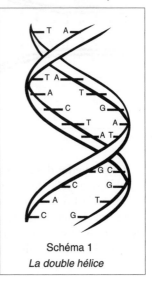

Schéma 1
La double hélice

leur a valu le prix Nobel. Cette échelle a 3,5 milliards de barreaux. Quand la cellule se divise, et que les chromosomes s'individualisent, chaque chromosome correspond à des millions de barreaux – de 80 à 300 millions – les chromosomes n'ayant pas tous la même taille.

En examinant ce filament d'A.D.N. d'encore plus près, on s'aperçoit que la succession des substances C G A T sur l'échelle de l'A.D.N. forme des segments longs de milliers de barreaux : ce sont les gènes (il y en a environ 100 000). Ce sont les gènes qui vont permettre au programme de s'exprimer. Les gènes se comportent comme les mots dans notre vocabulaire, ces mots étant formés à partir des 4 lettres C G A T. Chaque gène apparaît donc comme une unité d'information occupant une place précise et fixe, et qui va déterminer l'expression d'un caractère.

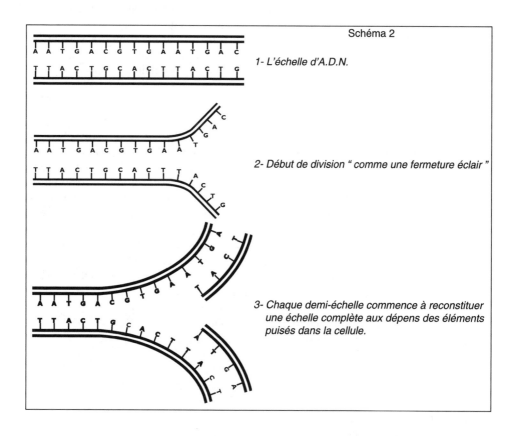

Schéma 2

1- L'échelle d'A.D.N.

2- Début de division " comme une fermeture éclair "

3- Chaque demi-échelle commence à reconstituer une échelle complète aux dépens des éléments puisés dans la cellule.

C'est en effet des ordres précis d'un gène précis que va dépendre la fabrication de ce que l'on appelle les *protéines,* éléments constitutifs élémentaires des êtres vivants (comme la brique ou la pierre pour une maison). Ainsi, par exemple, la couleur des yeux ou des cheveux va dépendre de l'action d'une ou de plusieurs protéines. Les généticiens disent que le gène « code » une protéine, d'où le terme de code génétique : il faut des dizaines de milliers de protéines pour assurer le fonctionnement harmonieux de l'organisme.

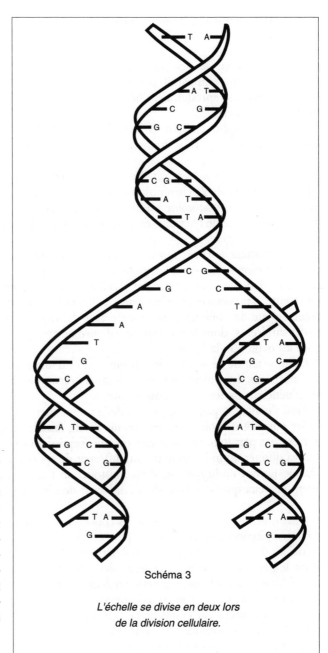

Schéma 3

L'échelle se divise en deux lors
de la division cellulaire.

Lors de la division cellulaire, l'échelle d'A.D.N. va s'ouvrir comme une fermeture éclair (voir les schémas 2 et 3). Chaque demi-échelle va reconstituer de son côté une nouvelle double hélice assurant ainsi la transmission du programme dans chacune des deux cellules filles.

▦ Les ressemblances physiques

Ce qui précède permet de comprendre que, lors de la fécondation, l'union des chromosomes maternels et paternels, et la combinaison des gènes entre eux, apportent au futur enfant des caractères physiques et psychologiques qu'il tiendra pour partie de son père, et pour partie de sa mère.

En ce qui concerne les caractères physiques, on pourrait logiquement s'attendre à ce que l'enfant ressemble pour moitié à son père et pour moitié à sa mère : avoir, par exemple, la couleur des yeux de l'un et la forme du nez de l'autre. Cela n'est pas le plus fréquent, l'enfant n'apparaît pas habituellement comme composé d'une mosaïque dont les éléments reproduiraient fidèlement pour moitié les traits du père et pour moitié ceux de la mère.

Ces faits s'expliquent par ce que l'on appelle les lois de l'hérédité, infiniment complexes, et dont je vous donnerai ici les grandes lignes.

Un demi-héritage seulement. Vous avez vu (p. 172) que lorsque se forment les cellules sexuelles, seuls 23 chromosomes (sur les 46 que comprend la cellule-mère) passaient dans le spermatozoïde ou dans l'ovule. Lors de la fécondation, l'œuf ne reçoit donc que la moitié de l'héritage du père, et la moitié de celui de la mère, et non la totalité de ces héritages.

Plus important encore : quand les 23 paires de chromosomes se séparent en deux, cette séparation se fait complètement au hasard, chaque chromosome d'une paire pouvant aller dans l'une ou l'autre des 2 cellules filles. Un simple calcul montre que ceci représente 2 puissance 23, c'est-à-dire 8 388 608 possibilités. Ceci veut dire que du point de vue de l'hérédité, un homme peut fabriquer 8 338 608 sortes de spermatozoïdes différents, dont le message héréditaire ne sera pas le même. Il en est de même pour les ovules de la femme.

Enfin, avant de se séparer, les chromosomes d'une même paire peuvent s'échanger des morceaux équivalents de leur substance, recombinant ainsi l'héritage génétique ; les généticiens parlent de « crossing over ».

Ainsi s'explique que, bien que nés de la même mère et du même père, des frères et sœurs puissent n'avoir entre eux qu'un air de famille et que la ressemblance n'aille souvent pas plus loin. On peut dire qu'à l'exception des vrais jumeaux, chaque nouvel œuf va donner un individu nouveau, différent de ses parents et de ses frères et sœurs. Chaque nouvel embryon est, dans l'histoire de l'humanité un individu unique, différent de ceux qui l'ont précédé, et différent de ceux qui le suivront.

Dominants et récessifs. Lors de sa conception, l'enfant va recevoir, pour chaque caractère physique, un gène de son père et un gène de sa mère. Prenons par exemple, la couleur des yeux et supposons qu'il hérite sur le gène paternel de la couleur marron, et sur le gène maternel de la couleur bleue. Ses yeux ne seront pas moitié marron et moitié bleu, mais marron, car cette couleur l'emporte sur le bleu. On dit que le gène qui porte la couleur marron est « dominant » et que l'autre est « récessif ». On dit aussi qu'il est « réprimé » car empêché de transmettre son message, la couleur bleue.

Voici quelques exemples de caractères dominants : les longs cils, les narines larges, les grandes oreilles, les taches de rousseur ; et de caractères récessifs : les yeux bridés, les cheveux clairs, la myopie.

Mais revenons à cet enfant aux yeux marron : il faut savoir également qu'il garde dans son capital héréditaire, sur un gène de ses chromosomes, le caractère « yeux bleus », bien que celui-ci n'apparaisse pas chez lui puisque dominé par le caractère yeux marron.

Imaginons maintenant cet enfant aux yeux marron devenu adulte. Il peut transmettre à sa propre descendance le caractère yeux bleus puisqu'il l'a gardé sur un de ses gènes. S'il en est de même pour sa femme, leur enfant pourra avoir les yeux bleus bien que son père et sa mère aient les yeux marron.

Ainsi, bien que tenant de ses parents tout son patrimoine, un enfant peut parfaitement ne pas leur ressembler. En revanche, il tient forcément tous ses caractères des générations précédentes.

Les caractères physiques sont donc héréditaires et un individu ne peut posséder que ceux qu'avaient déjà les générations qui l'ont précédé.

Il existe toutefois des exceptions à ces lois générales.

L'environnement. La première exception est représentée par l'influence éventuelle d'éléments extérieurs à l'hérédité. En voici quelques exemples.

→ Le poids : la prédisposition à prendre du poids est héréditaire. Mais il est évident que le poids d'un individu dépendra aussi de ses conditions d'alimentation : abondance ou famine.

→ La taille : on a constaté que les descendants des asiatiques émigrés aux États-Unis (Chinois et Japonais généralement de petite taille) avaient une taille moyenne supérieure à celle de leurs ancêtres. On ne voit pas d'autre explication à ce phénomène que l'action du mode de vie et plus particulièrement de l'alimentation.

→ La couleur de la peau : elle est aussi déterminée par l'hérédité ; toutefois la peau sera plus ou moins foncée selon que l'on sera souvent ou jamais exposé au soleil.

Cette action de l'environnement est toutefois limitée : un Noir qui ne s'exposera jamais au soleil n'en aura pas pour autant la peau blanche ; un albinos qui se mettra au soleil ne brunira pas. Mais il y a sans cesse une interaction, comme un jeu entre l'inné, ce que l'hérédité apporte, et l'acquis, ce qui provient de l'environnement.

Les mutations représentent la seconde exception aux lois de l'hérédité.

Ce mot « mutation » fait peur. Il fait penser à la science-fiction et à ses personnages inquiétants. En fait, en génétique, une mutation c'est simplement une faute d'orthographe dans le vocabulaire des gènes. Une lettre (T par exemple) en remplace une autre (C par exemple). Il y a en quelque sorte une erreur de recopiage lors de la reproduction de l'A.D.N. dans les cellules, malgré un mécanisme de vérification et de correction très sophistiqué. Il n'y a d'ailleurs pas plus d'une erreur sur dix milliards de copies.

Beaucoup de mutations sont acceptables et l'on sait que certaines fautes d'orthographe du génome n'aboutissent qu'à des variations qui font le charme et la diversité de la vie, telles que la physionomie ou la couleur des cheveux.

Souvent les mutations sont « neutres », c'est-à-dire qu'elles se produisent et passent totalement inaperçues parce que le gène qui a muté est récessif, ou parce que, bien que dominant, sa fonction n'est pas assez perturbée par la mutation pour entraîner des manifestations ou des troubles que l'on puisse remarquer. D'ailleurs, en règle générale, une mutation, à elle seule, ne peut provoquer un changement brutal et immédiat dans l'aspect de l'individu. Il faut de nombreuses mutations, combinées avec la reproduction de nombreux individus, et prolongées sur une longue période de temps, pour obtenir des différences appréciables. On pourrait dire, en quelque sorte, que la mutation agit plus au niveau d'un ensemble que d'un individu.

Il arrive aussi que la mutation aille dans le sens d'une amélioration, d'un progrès. On connaît mal chez l'homme les mutations de ce type alors qu'elles sont très nombreuses dans les espèces végétales ou animales. Toutefois, on a retrouvé chez certains individus une hémoglobine mutée (l'hémoglobine est le pigment qui donne au sang sa couleur rouge) qui fixe l'oxygène deux fois mieux que l'hémoglobine normale ; on a également découvert chez certains hommes des gènes, responsables de la fabrication des sucres, qui « travaillent » 4 fois mieux que les gènes habituels. D'ailleurs, certains chercheurs se sont demandés si les sujets considérés comme des surdoués n'étaient pas les bénéficiaires de plusieurs mutations capables d'expliquer leurs performances exceptionnelles.

Parfois malheureusement la mutation a des conséquences néfastes comme vous verrez plus loin (voir p. 186).

Bon nombre de mutations surviennent vraisemblablement spontanément, par hasard. D'autres sont la conséquence d'agents dits *mutagènes* : les rayons X, la radioactivité, les rayons cosmiques, de nombreux produits chimiques peuvent être mutagènes. Il est bien évidemment impossible de connaître le nombre de mutations dans l'espèce humaine.

Disons pour terminer que, dans la théorie de l'évolution, qui tente d'expliquer scientifiquement l'apparition de l'homme sur la terre, de nombreux chercheurs pensent que c'est par une suite d'innombrables mutations s'étendant sur des milliards d'années, que s'est faite l'évolution qui va de l'apparition de la première cellule vivante jusqu'aux hommes que nous sommes aujourd'hui.

■ Les ressemblances psychologiques

Les caractères physiques ne sont pas les seuls à se transmettre selon les lois de l'hérédité. Il en est de même de certains traits intellectuels ou psychologiques. La transmission héréditaire se fait de la même façon que pour les caractères physiques ; mais, dans la pratique, ses conséquences paraissent souvent moins apparentes. En effet, tout ce qui va constituer la structure intellectuelle et surtout psychologique d'un individu est soumis à des influences multiples : mode de vie et comportement de ses ascendants, mode d'éducation, appartenance sociale, etc. C'est d'ailleurs un des mérites de la psychologie d'aujourd'hui que d'avoir mis en évidence l'influence de l'entourage sur la structure psychologique d'un être. Ainsi, bien que l'enfant tienne de ses parents certains traits psychologiques et intellectuels, sa personnalité sera plus ou moins fortement modifiée par les influences extérieures. C'est d'ailleurs ce qu'a spontanément retenu la sagesse populaire en deux proverbes apparemment contradictoires mais qui contiennent chacun un fond de vérité : « Tel père, tel fils » et « A père avare, fils prodigue ».

Vous voyez que si votre enfant a des chances de vous ressembler, ou de ressembler à son père, il pourra tout aussi bien avoir la couleur des yeux de sa grand-mère ou la nature des cheveux de son arrière-grand-père. Mais en tous les cas c'est vous qui aurez été le maillon indispensable dans la chaîne de l'hérédité.

Quant à son caractère et à ses goûts, l'enfant pourra certes hériter sur ses chromosomes de vos dispositions pour un art : la musique par exemple. Il pourra surtout aimer la musique parce que vous lui en aurez donné le goût. Il pourra aussi, par réaction, l'avoir en horreur.

Si vous voulez en savoir plus sur l'hérédité, je vous conseille : *L'Hérédité racontée aux parents,* par le professeur Jacques-Michel Robert, Points-Seuil.

Mon enfant
sera-t-il normal ?

Parmi les nombreuses questions que vous vous posez, c'est certainement celle qui vous tient le plus à cœur.

Nous pourrions vous répondre que le pourcentage d'anomalies ne dépasse pas 3 %. Et qu'un grand nombre sont mineures et peuvent être aisément guéries.

Nous pourrions vous dire aussi que la nature ne fait pas si mal les choses, et qu'elle fait elle-même sa sélection. Vous pouvez voir au chapitre des avortements que 70 % des avortements précoces, ceux qui surviennent dans les 6 premières semaines de la grossesse, sont en rapport avec une anomalie des chromosomes. Cela veut dire que la plupart des œufs malformés sont rapidement éliminés. Nous y reviendrons plus loin.

Mais sans doute demandez-vous autre chose à ce chapitre. Vous voulez être informée de tout ce qui peut causer une déficience ou une malformation, et vous voulez savoir ce qu'une future mère doit faire pour mettre toutes les chances de son côté. Nous allons essayer de répondre à vos questions. Nous disons « essayer », car bien des points restent encore obscurs dans ce domaine.

Pourquoi tel enfant n'est-il pas normal ?

Pourquoi certains enfants naissent-ils « différents », avec un handicap physique ou intellectuel ?

Devant un nouveau-né présentant un handicap, les médecins sont encore dans la plupart des cas incapables de trouver une explication. Lorsqu'il y a une explication, trois causes sont possibles : une agression pendant la grossesse, une anomalie chromosomique (10 %), une anomalie génique (10 %).

Dans le premier cas, l'œuf a souffert de l'environnement. Dans les autres il a souffert de son héritage.

Victime de l'environnement. L'œuf peut souffrir, pendant son développement dans l'utérus, d'une agression qui peut être infectieuse, chimique ou physique. Vous verrez aux chapitres 9 et 10 qu'un certain nombre de facteurs peuvent perturber le développement normal de l'œuf, et produire des malformations.

C'est le cas de certaines maladies infectieuses maternelles comme la rubéole ou la toxoplasmose. Presque toutes les maladies infectieuses et parasitaires ont d'ailleurs été mises en cause mais, pour beaucoup d'entre elles, on ne possède aucune preuve de leur action néfaste. Selon la date de contamination de l'œuf, les conséquences seront différentes : au cours des trois premiers mois, période de formation de l'œuf, le risque est celui d'une malformation (plus ou moins grave selon l'organe qu'elle affecte), plus tard celui d'une maladie qui se révélera à la naissance (maladie congénitale), mais le risque de malformations aura disparu.

L'agression peut être chimique. Le plus souvent il s'agit de traitements administrés malencontreusement à la mère pendant la grossesse. Voyez page 224. Mais il peut aussi s'agir de catastrophes écologiques : intoxications par le mercure comme celle qui s'est produite à Minamata au Japon, ou par la dioxine, il ya quelques années à Seveso, en Italie. Ce peut être enfin l'action de certaines radiations (rayons X, produits radio-actifs).

Dans les chapitres 9 et 10, nous vous parlerons des précautions à prendre pour éviter, autant que faire se peut, de tels accidents.

Une émotion, un chagrin, une angoisse ou une dépression nerveuse peuvent-ils être responsables de la naissance d'un enfant anormal ou malformé ? La réponse des médecins est : non.

Victime de l'héritage. Ici l'enfant n'a pas souffert d'une agression, mais d'une anomalie qui porte sur les chromosomes ou sur les gènes.

Mais dans ce domaine, certaines notions fausses circulent. Je voudrais vous en dire quelques mots.

Quelques notions fausses sur l'hérédité

Héréditaire et congénital. Au sens strict, ces deux termes ne sont pas synonymes, bien que la confusion soit souvent faite entre les deux.

On appelle congénitale une maladie (ou une malformation) qui se révèle à la naissance, mais dont l'origine remonte généralement à la vie intra-utérine. Par exemple, un enfant dont la mère a eu la rubéole peut présenter à la naissance diverses malformations. Elles sont congénitales mais non héréditaires : sa mère ne les avait pas, et l'enfant ne les transmettra pas à sa descendance.

On appelle héréditaire une maladie transmise par les gènes. Les parents la possèdent déjà et la transmettent à leurs enfants ; exemple : l'hémophilie. La maladie héréditaire peut n'être pas apparente à la naissance, et ne se manifester que beaucoup plus tard.

D'autre part, s'il est vrai qu'une affection qui apparaît à plusieurs reprises dans une même famille a de grandes chances d'être héréditaire, il n'en est pas toujours ainsi. Elle peut être en rapport avec des conditions communes d'environnement. Exemple : le goître par manque d'iode.

« La syphilis et l'alcoolisme en accusation. » Il est courant de croire que la syphilis ou l'alcoolisme d'un père ou d'un grand-père puissent avoir des conséquences néfastes sur leur descendance. Non, qu'ils aient été alcooliques ou syphilitiques n'altère en rien leurs chromosomes.

Mais en revanche, c'est la syphilis de la femme enceinte qui peut avoir de graves conséquences (voyez page 254). Il en est de même de l'alcoolisme chronique maternel qui peut être à l'origine de malformations ou de troubles du développement psychique. L'enfant peut donc bien souffrir de la syphilis ou de l'alcoolisme, mais pas par l'intermédiaire des chromosomes. C'est pendant la grossesse qu'il est atteint. Il n'y a pas d'hérédité alcoolique ou syphilitique.

A propos de l'alcool, je voudrais préciser ceci :

Avant la conception, l'alcool n'a donc pas d'action. Le danger ne commence que l'œuf une fois formé et implanté, car c'est en passant à travers le placenta, qui ne lui offre aucune résistance, que l'alcool atteint l'enfant. Lorsque la mère est alcoolique, les dégâts peuvent être considérables, voir page 254.

« Les maladies héréditaires : toujours graves et incurables. » Ce n'est pas aussi tranché. Un certain nombre de maladies héréditaires ne s'accompagnent pas de malformations et sont compatibles avec une vie normale. Beaucoup d'entre elles peuvent actuellement être traitées. En revanche, il est évident que l'on ne peut empêcher le sujet de rester porteur du gène responsable et de le transmettre à sa descendance (voir plus loin : la consultation de génétique).

Passons maintenant aux anomalies liées vraiment à l'hérédité. Ces anomalies peuvent se situer à deux niveaux différents : les chromosomes et les gènes.

■ Les anomalies portant sur les chromosomes

Ces anomalies, ou aberrations chromosomiques, peuvent porter sur le nombre ou la structure des chromosomes.

Les aberrations de nombre sont dues le plus souvent à une erreur lors de la fabrication des spermatozoïdes ou des ovules : au lieu que chacun des deux spermatozoïdes nés de la cellule-mère reçoive 23 chromosomes, l'un en reçoit un de plus, l'autre un de moins. Si ces spermatozoïdes « anormaux » assurent la fécondation, l'œuf aura dans le premier cas un chromosome de plus (soit 47) : on parle alors de trisomie. Dans le second cas, il aura un chromosome de moins (soit 45) : on parle de monosomie.

La première aberration chromosomique fut décrite en 1959 : la 21e paire de chromosomes (vous verrez un peu plus loin qu'elles sont toutes numérotées) comporte trois chromosomes au lieu de deux. C'est pourquoi on l'a appelée trisomie 21. Elle est responsable du mongolisme.

Beaucoup plus rarement les chromosomes ne se séparent pas. Le spermatozoïde (ou l'ovule) garde 46 chromosomes. Lors de la fécondation, il aboutira à un œuf de $46 + 23 = 69$ chromosomes. On parle de triploïdie, source de très graves malformations incompatibles avec la vie.

Les aberrations de structure. Les chromosomes sont relativement fragiles et, notamment lors de la fabrication des ovules ou des spermatozoïdes, ils peuvent se casser (on dit « se fracturer ») en un ou plusieurs fragments. Selon les cas, ces fragments vont se recoller sur place, ou se recoller sur un autre chromosome, ou même se perdre avec des conséquences de gravité à chaque fois croissante.

Les conséquences des aberrations chromosomiques. Elles sont très variables, l'important étant de conserver dans son caryotype deux gènes identiques, ayant les mêmes fonctions, l'un d'origine maternelle et l'autre d'origine paternelle.

1. C'est ce qui se produit, quand après une fracture, le fragment de chromosome n'est pas perdu, même s'il se recolle sur un autre chromosome que son chromosome d'origine. Il n'y a pas de perte de matériel héréditaire. On dit que le *caryotype est équilibré*. Dans ce cas, il n'y a habituellement aucune conséquence pour le porteur de l'aberration. On pense que c'est le cas d'un individu sur 600 environ. Le sujet est en parfaite santé et il est porteur de l'anomalie sans le savoir. Par contre il peut donner naissance à des enfants anormaux. Ainsi 2 à 3 % des mongolismes ne sont pas accidentels mais dus à une anomalie « équilibrée » du caryotype paternel ou maternel. C'est dire qu'une telle anomalie n'est généralement découverte que si l'on établit le caryotype des parents après la naissance d'un enfant anormal.

2. *Le déséquilibre du caryotype* (exemple : perte d'un fragment de chromosome, un ou plusieurs chromosomes en plus ou en moins) a des conséquences variées.

La première conséquence, pour de nombreuses aberrations, est de bouleverser le développement embryologique de façon très précoce et d'aboutir à un avortement dans les premières semaines. L'embryon présente des malformations importantes ou même, il n'y a pas d'embryon du tout *(œuf clair)*. On sait maintenant que les aberrations chromosomiques sont la cause de la plupart des avortements spontanés précoces : elles représentent 90 % des avortements des cinq premières semaines et 60 à 70 % des avortements qui se produisent dans les trois premiers mois. C'est une des raisons pour lesquelles on ne traite plus les menaces de fausses couches précoces.

Lorsque la nature ne procède pas à cette sélection naturelle et que l'œuf est viable, les conséquences de l'aberration sont variables selon qu'elle concerne un des 44 chromosomes *autosomes* (non sexuels) ou l'un des deux chromosomes sexuels.

Les anomalies des autosomes sont les plus graves. Elles s'accompagnent pratiquement toujours de malformations diverses, d'une diminution de la longévité et d'un déficit intellectuel profond. On peut citer en exemple, outre le mongolisme, les autres trisomies (18, 13).

Les anomalies des chromosomes sexuels sont généralement moins graves. La longévité est normale, les malformations plus discrètes ou absentes. Il n'y a pas toujours de déficit intellectuel. Par contre la stérilité est fréquente. Les anomalies les plus courantes portent sur le nombre des chromosomes (un seul chromosome X, trois ou quatre chromosomes X, deux chromosomes Y associés à un chromosome X, etc.).

Les causes de ces aberrations chromosomiques sont pour la plupart actuellement inconnues. L'âge maternel semble jouer un rôle dans certaines d'entre elles. C'est évident pour le mongolisme (voir page 188). On se demande également si certaines radiations et certains virus ne pourraient pas être à l'origine de ces anomalies chromosomiques.

▬ Les anomalies géniques

Elles sont beaucoup plus fréquentes que les aberrations chromosomiques et représentent 80 à 90 % des motifs de consultation de génétique.

Ici, l'anomalie est plus localisée que dans le cas précédent puisqu'elle ne concerne qu'un gène, c'est-à-dire un fragment de chromosome. Ceci ne veut d'ailleurs pas dire que les conséquences soient forcément moins graves.

Alors que les anomalies (ou aberrations) chromosomiques sont décelables au microscope, les anomalies géniques sont impossibles à détecter de cette façon puisque mêmes les microscopes les plus perfectionné ne peuvent « voir » les gènes.

Nous avons vu qu'une mutation pouvait être neutre, voire favorable. Mais il arrive aussi qu'elle ait des conséquences néfastes aboutissant à une anomalie de structure (malformation) ou de fonctionnement (maladie) chez un individu ou dans une famille. C'est à la suite d'une mutation spontanée ou provoquée (rayons, produits chimiques, infection) que le gène normal devient gène « muté ». Ceci veut dire qu'au lieu d'envoyer dans la cellule l'ordre normal concernant le travail qu'il doit commander, le gène se met à envoyer une information différente... Et la cellule, au lieu de fabriquer telle protéine, va en fabriquer une autre qui ne convient pas. Or, le rôle des protéines est fondamental tant dans la structure des cellules que dans la constitution de très nombreuses substances indispensables à la vie normale de l'organisme. Quand les ordres ne sont plus les bons, on assiste à des déviations du travail cellulaire dont on peut donner de nombreux exemples : la cellule osseuse va fabriquer trop d'os ou pas assez ; la cellule musculaire trop peu de muscle ; les cellules qui fabriquent l'hémoglobine vont fabriquer une hémoglobine de mauvaise qualité ayant du mal à transporter normalement l'oxygène ; les cellules qui fabriquent tel ou tel enzyme [1] vont cesser de la fabriquer, d'où perturbation dans le métabolisme des sucres, des protéines ou des graisses, etc.

Actuellement on connaît plus de 3 000 maladies géniques, encore appelées *maladies métaboliques héréditaires*. Elles peuvent être bénignes : c'est par exemple le cas du daltonisme (impossibilité de distinguer le rouge du vert). Elles peuvent au contraire être graves : myopathies, phénylcétonurie, mucoviscidose, etc.

La transmission de l'anomalie génique. Elle se fait, comme celle des caractères normaux, selon les lois de l'hérédité. Le risque est évidemment plus ou moins grand pour la descendance selon que le gène défaillant est dominant ou récessif, et selon qu'il est situé sur un chromosome autosome (non sexuel) ou sur un chromosome sexuel. Je ne peux entrer ici dans le détail. Sachez seulement qu'en cas de gène récessif, un sujet peut être porteur du gène sans être malade. Mais il peut par contre le transmettre à sa descendance : on dit qu'il est « conducteur » du gène ou « porteur sain ».

L'exemple classique est celui de l'hémophilie, cette maladie du sang qui l'empêche de coaguler ; elle a ceci de particulier qu'elle est transmise par les femmes, mais ne peut donner de troubles que chez les hommes ; autrement dit, la femme n'a pas la maladie, mais elle peut la transmettre à ses fils.

Pour mieux connaître, dépister et éventuellement traiter les maladies géniques, on a entrepris de dresser la cartographie des gènes c'est-à-dire l'ordre dans lequel ils sont placés sur la molécule d'A.D.N., c'est-à-dire sur les chromosomes. Il s'agit évidemment d'un travail de longue haleine. Actuellement, on a localisé 1 000 gènes environ sur 100 000 et les chercheurs n'espèrent pas avoir identifié la totalité du génome humain avant 10 ou 20 ans [2].

---

1. *Les enzymes sont des substances qui facilitent ou autorisent certaines réactions chimiques. Leur déficit entraîne des maladies.*
2. *Sur ce sujet, on pourra lire du Professeur Daniel Cohen* Les gènes de l'espoir, *éditions Laffont.*

Quel est le risque d'avoir un enfant anormal ?

Il faut bien dire que, le plus souvent, la naissance d'un enfant malformé apparaît comme un accident imprévu et imprévisible. Dans certains cas cependant, on peut penser, a priori, sans avoir bien sûr de certitude, que certains couples prennent des risques plus importants que d'autres. Je voudrais vous en dire quelques mots.

L'existence d'une maladie héréditaire. Que ce soit dans votre famille ou dans celle de votre mari, l'existence d'une maladie héréditaire augmente vos risques d'avoir un enfant anormal. Mais cela ne veut certainement pas dire qu'il vous est impossible d'avoir un enfant normal.

Les mariages consanguins. Ce sont les mariages dans lesquels les partenaires ont un ancêtre commun. Dans la pratique, le problème se pose surtout pour les cousins germains et issus de germains. Nous en connaissons tous de très heureux, et dont les enfants sont en excellente santé.

Pourtant, supposons qu'existe dans une famille le gène d'une anomalie et que ce gène soit récessif. Autrement dit, certains membres de cette famille sont porteurs d'un gène anormal : celui de la surdité précoce par exemple. Malgré cela tout le monde est parfaitement normal. C'est parce que, chez chaque individu, le gène anormal est masqué par son homologue normal (celui de l'ouïe normale), qui est dominant.

Deux membres de cette famille se marient entre eux, des cousins germains par exemple. Tous deux sont porteurs, sans le savoir, du gène anormal. Chacun court donc le risque, comme à pile ou face, de transmettre à son enfant le gène récessif porteur de la surdité. Si l'un des enfants hérite des deux côtés le gène récessif, cet enfant sera atteint de surdité.

En somme, la consanguinité ne crée pas l'anomalie, mais elle augmente les risques pour un enfant de voir apparaître cette anomalie jusque-là cachée parce que récessive.

L'âge des parents. Il peut intervenir en altérant la qualité des cellules sexuelles reproductrices : ovules et spermatozoïdes. C'est une certitude pour l'âge maternel où l'on voit augmenter la fréquence de certaines aberrations chromosomiques. Ainsi celle qui est responsable du mongolisme (trisomie 21) dont la fréquence passe de : 1/1200 jusqu'à 38 ans, à 1/100 entre 38 et 44 ans et 1/45 ensuite. Il y a d'autres aberrations chromosomiques (trisomie 18, trisomie 13) responsables également de malformations diverses mais qui sont, comme la précédente, dépistables par l'amniocentèse.

En ce qui concerne le père, on commence à penser que l'âge peut aussi avoir une influence sur la qualité de ses cellules reproductrices. En effet des études récentes semblent montrer une corrélation entre l'âge du père et l'augmentation de malformations ou de maladies affectant, par exemple, le squelette ou les muscles. On se demande également si l'âge du père ne pourrait pas être cause d'une diminution des performances intellectuelles de l'enfant. Les études sur ce sujet se poursuivent et les années qui viennent apporteront sans doute plus de précisions.

La consultation de génétique

Les généticiens sont les médecins qui s'occupent des problèmes d'hérédité. C'est à eux qu'il faut, le cas échéant, demander conseil. Actuellement, il existe des consultations de génétique dans la plupart des grandes villes de France, et la liste s'allonge chaque jour. Renseignez-vous à l'hôpital le plus proche de votre domicile.

A qui la consultation de génétique est-elle utile ?
→ Tout d'abord aux parents qui ont déjà un enfant porteur d'une malformation et veulent connaître les risques de récidive pour une future grossesse (cela ne vaut évidemment pas pour les malformations accidentelles comme celles qui sont dues à la rubéole). Ces couples représentent plus de 50 % des demandes de conseil génétique.
→ Aux femmes qui ont déjà fait plusieurs avortements par aberrations chromosomiques. En effet, si la plupart de ces avortements sont accidentels, quelques-uns (2 à 10 % selon les statistiques) peuvent résulter d'une anomalie chromosomique des parents et peuvent donc se reproduire.
→ Aux femmes enceintes qui s'inquiètent de tel ou tel événement survenu pendant la grossesse : prise de certains médicaments, examen radiologique, maladie infectieuse, etc.
→ Aux sujets porteurs d'une maladie ou malformation, qui veulent se marier et souhaitent savoir s'ils risquent de transmettre l'anomalie à leurs enfants.
→ Enfin aux candidats à un mariage consanguin.
J'ajouterai qu'en face d'un risque décelé par la consultation génétique, on peut aujourd'hui, dans des cas de plus en plus nombreux, indiquer s'il est possible de faire un diagnostic prénatal. Le nombre de ces diagnostics possibles augmente chaque jour et les généticiens sont très au courant de ces possibilités.

● LE CARYOTYPE. Généralement, les généticiens vont établir la carte d'identité des chromosomes, *le caryotype*. Pour cela on recueille quelques cellules (habituellement en prélevant quelques gouttes de sang) et, grâce à des techniques complexes, on peut voir les chromosomes au microscope, les photographier et les classer. On s'est mis d'accord sur un certain ordre pour classer les chromosomes (par paires et par taille décroissante) en leur donnant des numéros. Sur cette carte d'identité apparaîtront d'éventuelles anomalies susceptibles d'être transmises aux descendants. Au passage, je vous signale que ce caryotype peut également se faire sur un œuf (après avortement) ou, bien évidemment, sur un enfant présentant une malformation.

Les médecins tiendront compte également :
→ du caractère certainement héréditaire ou non de la maladie que vous redoutez,
→ de son caractère dominant ou récessif,
→ de sa transmission par les chromosomes ordinaires ou par les chromosomes sexuels.

Que peut-on attendre de la consultation de génétique ? Munis de ces renseignements, les médecins tenteront de vous éclairer. Je dis qu'ils tenteront, car la consultation de génétique a malheureusement ses limites.

Tout d'abord, on ne peut vous donner que des probabilités et non une certitude pour l'enfant à naître. Par exemple, quand il s'agit d'une maladie bien connue dans son mode de transmission, on pourra vous dire que vous courez un risque sur deux, ou un risque sur quatre, d'avoir un enfant anormal. Dans d'autres cas, vos chances se répartiront entre la naissance d'enfants normaux, celle d'enfants normaux mais porteurs de l'anomalie (conducteurs), enfin celle d'enfants anormaux. Ailleurs, on pourra vous prédire que l'enfant sera normal ou non selon son sexe.

Un autre exemple : si des parents ont un enfant mongolien, le risque d'en avoir un autre est très faible car le mongolisme est le plus souvent un accident. En revanche, il existe de rares cas où il est en rapport avec une aberration chromosomique des parents. Il devient alors une maladie héréditaire et peut se reproduire. On sait également que, quand existe une anomalie familiale, le mariage entre cousins germains expose l'enfant à venir à un risque de 1/16 de présenter cette anomalie. En revanche, quand il n'existe pas d'anomalie apparente, le risque est beaucoup plus difficile à apprécier. Cependant, les généticiens déconseillent en principe les mariages consanguins.

Dans d'autres cas, on ne peut vous donner que des renseignements beaucoup plus vagues, soit parce que le mode de transmission de la maladie est mal connu, soit parce que son caractère héréditaire n'est pas évident.

N'attendez donc pas du généticien une autorisation ou une interdiction (de vous marier, d'avoir un autre enfant...). Souvent, il ne pourra pas le faire et ce n'est d'ailleurs pas son rôle.

Une femme enceinte peut-elle savoir si l'enfant qu'elle porte sera normal ? Oui et non. Je m'explique. Pendant très longtemps, il a été tout à fait impossible de dépister la plupart des anomalies pendant la grossesse. Seules les très grosses malformations portant sur le squelette (l'hydrocéphalie, par exemple, caractérisée par une augmentation anormale du volume de la tête fœtale) pouvaient être soupçonnées et conduire à une radiographie qui confirmait, ou non, le diagnostic.

Les choses ont maintenant bien changé et les médecins disposent de moyens de plus en plus performants permettant ce qu'on appelle le *diagnostic prénatal,* appelé également *diagnostic anténatal.*

■ Le diagnostic prénatal : les différentes méthodes

L'échographie y occupe la première place. Je vous en parle page 219 car elle fait partie des examens dont bénéficient toutes les femmes enceintes.

Le dosage de l'hormone de grossesse (Beta HCG*).* Faute de pouvoir faire une amniocentèse à toutes les femmes enceintes (voyez ci-dessous) il serait intéressant de trouver un moyen simple de dépister les anomalies chromosomiques. Or, des chercheurs ont remarqué que certaines de ces anomalies (comme le mongolisme) semblaient s'accompagner d'un taux anormalement élevé d'hormone de grossesse. Ces chercheurs ont donc proposé de faire à 15 semaines d'aménorrhée un dosage de cette hormone Beta HCG (il suffit d'une simple prise de sang). Lorsque le taux est trop élevé, on propose à la future mère une amniocentèse, quel que soit son âge. Cette méthode n'est actuellement qu'à l'étude et seulement dans certains centres. Elle est loin d'être fiable à 100 %.

D'autres méthodes sont réservées aux femmes enceintes chez qui, pour telle ou telle raison, on redoute une anomalie. C'est le cas de l'amniocentèse.

L'amniocentèse. Elle se fait habituellement entre la 16ᵉ et la 18ᵉ semaine d'aménorrhée ; avant, il n'y a pas suffisamment de liquide amniotique ni assez de cellules fœtales dans le liquide pour un examen convenable.

L'amniocentèse consiste à prélever 10 à 20 centimètres cubes de liquide amniotique dans lequel baigne l'enfant, par une piqûre faite à travers la paroi abdominale maternelle, entre l'ombilic et le pubis. Pour guider l'aiguille, ce prélèvement se fait sous contrôle échographique ; il est totalement indolore et ne dure qu'une à deux minutes.

L'amniocentèse ne nécessite pas d'hospitalisation : on peut repartir une heure ou deux après que le prélèvement ait été fait, il est seulement recommandé de se reposer pendant 24 heures.

Chez les femmes enceintes rhésus négatif, on fera, après l'amniocentèse, une injection de gamma-globulines antirhésus.

Le liquide recueilli est confié à un laboratoire spécialisé et les cellules fœtales éliminées dans le liquide sont prélevées et mises en culture pour établir le caryotype, cette carte d'identité des chromosomes dont je vous ai parlé plus haut. Selon les cas, d'autres examens biochimiques peuvent également être faits. Les résultats sont obtenus en deux semaines environ.

L'amniocentèse va ainsi permettre le diagnostic des anomalies chromosomiques responsables de certaines maladies comme le mongolisme. L'amniocentèse est également capable de dépister les maladies héréditaires liées au sexe. L'établissement du caryotype permet en effet de connaître le sexe de l'enfant, donc de savoir s'il risque ou non d'être atteint d'une maladie transmise par les chromosomes sexuels, l'hémophilie ou une myopathie par exemple qui ne peuvent atteindre que les garçons.

L'amniocentèse permet aussi de doser l'alpha-fœto-protéine, qui est une hormone fabriquée par le fœtus et dont des taux anormaux font soupçonner certaines malformations, notamment neurologiques.

Enfin, l'amniocentèse peut permettre le dépistage de certaines maladies géniques, notamment celles qui entraînent un déficit enzymatique (voyez plus haut), mais pour cela il faut faire des microdosages très délicats.

Cette amniocentèse – qui est dite précoce par opposition à l'amniocentèse tardive dont il est question page 230 – se pratique de plus en plus souvent et elle n'est plus réservée aux grands centres hospitaliers, car peu à peu ces techniques sont diffusées dans toute la France. Entre 1992, plus de 45 000 examens ont été pratiqués dans les centres officiels de diagnostic anténatal. Et, avec l'amélioration des techniques, l'amniocentèse comporte de moins en moins de risques : celui d'une interruption de la grossesse est maintenant inférieur à 0,5 %. Mais l'amniocentèse coûte cher (2 000 F environ pour le diagnostic d'une anomalie du caryotype ; 5 000 à 10 000 F pour celui d'une maladie enzymatique).

A cause de cela, et surtout en raison de la complexité et de la longueur du travail de laboratoire, il n'est pas possible (et peut-être pas souhaitable) de faire une amniocentèse précoce à toutes les futures mères qui le désirent. On la réserve actuellement :
→ aux femmes de 38 ans et plus, en raison du plus grand risque à cet âge d'anomalies chromosomiques et notamment de mongolisme. Cette limite est souvent abaissée à 35 ans dans certains centres privés ;
→ à celles qui ont déjà eu un enfant porteur d'une malformation ou à celles qui ont fait plusieurs avortements par suite d'une anomalie chromosomique ;
→ aux couples dont l'un des conjoints présente une anomalie du caryotype ;
→ aux cas où l'échographie, faite systématiquement à la 20ᵉ semaine, retrouve des anomalies évoquant une malformation en rapport avec une anomalie chromosomique.

La biopsie du trophoblaste (ou choriocentèse) est une autre méthode de diagnostic prénatal. Avec une canule passant par le col de l'utérus, et sous contrôle échographique, on fait un prélèvement au niveau du chorion ou trophoblaste, qui est le nom du placenta pendant les trois premiers mois de la grossesse. Cette méthode a l'avantage d'être possible dès la 9ᵉ semaine (donc beaucoup plus tôt que l'amniocentèse) et de donner des résultats en quelques jours. On peut ainsi, s'il est nécessaire, interrompre la grossesse beaucoup plus précocement. Elle permet le diagnostic du sexe fœtal, donc le dépistage des maladies liées au sexe et celui de certaines maladies sanguines ou métaboliques (myopathie, mucoviscidose, hémophilie par exemple). Enfin, la biopsie du trophoblaste a des indications communes avec l'amniocentèse, par exemple la recherche d'anomalies chromosomiques liées à l'âge maternel. Elle a par contre l'inconvénient d'entraîner plus d'interruptions de grossesse que l'amniocentèse (5 % environ). Aussi doit-elle être réservée à des cas bien sélectionnés.

Aucune de ces méthodes n'est capable, à elle seule, de dépister toutes les malformations et anomalies congénitales. Aussi d'autres sont-elles peu à peu mises au point.

Le prélèvement de sang fœtal peut se faire à partir de 18-20 semaines et jusqu'à la fin de la grossesse. On le fait au niveau du cordon ombilical avec une aiguille guidée par échographie. Il permet :
→ le diagnostic de certaines maladies sanguines (maladies de l'hémoglobine et hémophilies par exemple) ;
→ l'étude du caryotype (avec une réponse beaucoup plus rapide que celle de l'amniocentèse) pour confirmer ou non une anomalie découverte à l'échographie (notamment digestive, rénale ou cardiaque) ;
→ il permet de savoir si le fœtus est atteint ou pas en cas de maladie infectieuse maternelle (toxoplasmose, rubéole, etc.) survenant en cours de grossesse. Cette méthode cède toutefois progressivement la place aux techniques de biologie moléculaire après amniocentèse.
→ La ponction de sang fœtal permet aussi certains traitements du fœtus in utero (transfusion de globules rouges en cas d'incompatibilité rhésus, par exemple).

Plus loin, vous verrez qu'il existe d'autres techniques plus rarement employées : embryoscopie, fœtoscopie (page 231).

Science et conscience

Le diagnostic prénatal pose un problème de conscience. En cas de découverte d'une maladie grave ou d'une malformation importante, va-t-on intervenir ou non, arrêter la grossesse ?

C'est vrai que les progrès de la science croisent souvent la conscience. Envisager une interruption de grossesse peut heurter les convictions éthiques ou religieuses du couple. En plus, la question de cette interruption se pose en général à un stade de la grossesse déjà avancé, ce qui la rend d'autant plus difficile à envisager et à vivre. Un soutien psychologique sera souvent nécessaire pour surmonter l'épreuve.

Mais le diagnostic ne confronte pas toujours les couples à un problème de cette gravité. Souvent, au contraire, il permet d'éviter des interruptions de grossesse. Par exemple, dans la toxoplasmose, sur vingt femmes dont le diagnostic devient positif au cours du premier trimestre, un fœtus sur vingt seulement est atteint et dix-neuf bien portants. Si on interrompait la grossesse des vingt femmes, on condamnerait dix-neuf fœtus bien portants sur vingt. Dans ces cas, le diagnostic prénatal est donc un grand progrès. Et dans d'autres, il peut permettre de faire envisager un accouchement avant terme ou une césarienne ou encore une intervention chirurgicale dès la naissance.

8.

Les malaises courants

Il y a des femmes qui disent ne jamais si bien se porter que lorsqu'elles attendent un enfant ; elles découvrent qu'elles sont enceintes seulement parce que leurs règles s'arrêtent, et leur grossesse se poursuit sans trouble ni malaise jusqu'à l'accouchement. Mais dans d'autres cas, les modifications que la grossesse impose à l'organisme s'accompagnent d'ennuis ou malaises divers. Il est préférable d'en être avertie d'avance pour ne pas s'alarmer.

Ces malaises varient en nature et en intensité avec le stade de la grossesse : ils apparaissent surtout au début et à la fin. De ce point de vue, la grossesse se divise en trois trimestres qui correspondent à ceux de l'évolution psychologique.

La première est celle de l'adaptation. Cette période dure les trois premiers mois : la grossesse « s'installe », l'organisme s'adapte. Il réagit plus ou moins vivement. Des troubles peuvent apparaître, qui disparaîtront complètement vers le troisième mois dans la plupart des cas, mais ces troubles rendent parfois le début de la grossesse un peu pénible. Les nausées et les vomissements en sont l'exemple le plus fréquent.

La deuxième période est celle de l'équilibre. Elle s'étend jusqu'au septième mois : les corps de la mère et de l'enfant semblent parfaitement adaptés l'un à l'autre. Les troubles ont généralement cessé. L'utérus n'est pas encore assez volumineux pour être gênant. Les risques d'avortement sont réduits au minimum. C'est la période la plus agréable de la grossesse.

La troisième période de la grossesse, qui correspond au troisième trimestre, voit apparaître des troubles dus à deux causes : d'abord au fait que l'enfant en se développant prend de plus en plus de place dans l'utérus, ce qui peut entraîner, par exemple, fatigue et varices ; ensuite au fait que l'organisme se prépare à l'accouchement : ainsi, par exemple, les modifications du bassin qui sont souvent douloureuses.

Cette troisième période est celle de la lassitude, celle où l'on éprouve vraiment le besoin de se reposer. C'est pourquoi, souvent, les six semaines de repos prévues avant l'accouchement sont insuffisantes.

Nausées et vomissements

Bien des futures mamans croient que grossesse et nausées sont synonymes. Or, si les nausées, parfois accompagnées de vomissements, sont fréquentes, elles ne se produisent quand même que dans cinquante pour cent des cas. Vous pouvez très bien être enceinte et n'avoir jamais mal au cœur. Les nausées apparaissent en général vers la troisième semaine, elles persistent rarement au-delà du quatrième mois.

Rien n'est plus variable et capricieux que les nausées et vomissements de la grossesse, qu'il s'agisse du moment où ils se produisent ou de la cause qui les provoque.

Les nausées surviennent souvent le matin à jeun, et disparaissent après le petit déjeuner ; mais elles persistent parfois pendant la matinée, ou même toute la journée.

Parfois les nausées surviennent sans raison ; parfois, au contraire, elles sont dues à des odeurs précises (tabac ou certains aliments), odeurs qui deviennent insupportables. Il arrive aussi que certains aliments, sans provoquer de nausées, inspirent seulement du dégoût.

Les nausées s'en vont souvent comme elles sont venues ; dans d'autres cas, elles ne s'arrêtent qu'après un vomissement, qui soulage : vomissement facile, sans effort, fait d'eau, de bile ou d'aliments, suivant l'heure de la journée.

Que faire lorsqu'on a des nausées ? Plusieurs précautions peuvent se révéler efficaces. A l'usage, chaque femme trouvera celle qui lui convient.

Comme les nausées et les vomissements surviennent surtout quand l'estomac est vide, il est conseillé :

→ de faire des repas moins abondants et plus fréquents, mais sans oublier pour ces petits repas les conseils donnés au chapitre 3 ;

→ si possible de prendre son petit déjeuner au lit, puis de rester allongée un quart d'heure avant de se lever ;

→ à ce petit déjeuner, de manger un aliment protéiné : œufs, laitages (yaourts ou fromage), etc ;

→ d'éviter les aliments difficiles à digérer tels que graisses cuites, chou, chou-fleur.

C'est de toute manière une recommandation valable tout au long de la grossesse ;

→ d'avoir une alimentation plus solide que liquide ;

→ de boire de l'eau gazeuse, mais sans excès : car si elle facilite la digestion, elle augmente également l'appétit, et contient du sel, d'où risque de prendre trop de poids.

Si, malgré ces précautions, les nausées et vomissements persistent, il faut voir le médecin. Il existe de nombreux médicaments efficaces, mais qu'il ne faut pas prendre sans prescription.

Les nausées et vomissements disparaissent spontanément vers la fin du troisième mois. Lorsqu'ils persistent au-delà de cette date, ce n'est pas normal et il faut consulter le médecin : il cherchera alors une cause indépendante de la grossesse.

Bien que le cas soit exceptionnel, signalons que les vomissements deviennent parfois très fréquents et très abondants, et que la future mère ne peut plus avaler aucun aliment, ni solide ni liquide. Son état général s'en ressent évidemment ; elle perd du poids et se déshydrate : elle a la langue et la peau sèches. Il faut consulter le médecin. Parfois, il prescrit une mesure qui surprend la malade ou sa famille : la mise en observation à l'hôpital ou à la clinique. Cette hospitalisation permet d'appliquer des traitements efficaces, tels que perfusions diverses par voie intraveineuse.

Cet isolement a, d'autre part, l'avantage de couper momentanément les ponts avec l'ambiance familiale, qui peut, dans de tels cas, avoir une action nocive, car souvent les vomissements graves ont une cause psychique.

A signaler également que parfois, en fin de grossesse, nausées et vomissements réapparaissent : pas plus qu'au début, ils ne doivent inquiéter.

Salivation excessive

Au cours de la grossesse, la salivation est souvent abondante, sans qu'on puisse trouver une explication satisfaisante à ce phénomène. Cette salivation devient parfois si considérable qu'elle atteint un litre, ou même plus, par jour. C'est une véritable maladie qui s'appelle *le ptyalisme* et qui gêne considérablement la femme obligée de déglutir et de cracher sans cesse.

Heureusement, le ptyalisme est beaucoup moins fréquent que les nausées. Si nous en parlons quand même, c'est pour que vous sachiez, le cas échéant, que rien d'anormal ne vous arrive, et qu'il faut prendre votre mal en patience, car, hélas, la plupart du temps, les traitements prescrits sont inefficaces. Mais sachez que cette salivation exagérée cesse en général vers le cinquième mois.

Aérophagie, douleurs et brûlures d'estomac

La grossesse entraîne une certaine paresse de tous les muscles de l'appareil digestif, qu'il s'agisse de l'estomac, de l'intestin ou de la vésicule biliaire. En même temps, les sécrétions de certaines glandes dont le rôle est important dans la digestion (foie et pancréas) sont modifiées. Le résultat, c'est que très souvent la future mère a des digestions lentes et difficiles, qu'elle se sent lourde après les repas, qu'elle a des ballonnements, l'impression d'avoir le tube digestif plein d'air. A ces malaises s'ajoutent souvent des sensations d'aigreurs, de brûlures, de douleurs au niveau de l'estomac.

Tout cela est évidemment peu confortable, souvent même désagréable, mais il y a certaines précautions efficaces à prendre pour atténuer ces différents malaises.

D'abord, il ne faut pas trop manger (très important). Puis, il faut éviter :
→ les aliments trop riches,
→ les aliments acides,
→ les aliments qui fermentent (choux-fleurs, choux, légumes secs, haricots, asperges, fritures),
→ les aliments difficiles à digérer, comme tous les plats en sauce.

Alors que manger ? Des grillades, des légumes verts bouillis assaisonnés de beurre ou d'huile non cuits, et des fruits.

Et faire plusieurs petits repas plutôt que les deux repas traditionnels.

Si vous souffrez de brûlures d'estomac, ne commettez pas une erreur fréquente qui consiste à prendre du bicarbonate de soude, ou un médicament qui en contient. Certes, ces médicaments soulagent sur le moment ; mais ils ont l'inconvénient majeur d'augmenter les sécrétions acides de l'estomac. Si vous souffrez vraiment, demandez plutôt conseil au médecin qui vous prescrira un médicament approprié.

Il arrive que certaines femmes se plaignent de régurgitations acides, de brûlures qui remontent de l'estomac vers la gorge et la bouche, le long de l'œsophage. Nous vous signalons que, dans ce cas, certaines positions sont défavorables : se pencher en avant ou être complètement allongée. Lorsque vous êtes au lit, mettez deux oreillers supplémentaires, pour dormir presque assise. Et, là encore, évitez le bicarbonate de soude ou tout médicament qui en contient.

Constipation

Au cours de la grossesse, la constipation est très fréquente même chez les femmes qui n'en ont jamais souffert auparavant. Contrairement à ce qu'on croit en général, elle n'est pas due au fait que l'utérus, en augmentant de volume, comprime l'intestin ; la meilleure preuve en est que la constipation apparaît souvent très tôt, avant que l'utérus ne soit assez développé pour exercer une compression quelconque. La constipation est vraisemblablement due à une paresse des intestins. Il est nécessaire de lutter contre la constipation : outre l'inconfort qu'elle entraîne, elle expose, en effet, à une infection urinaire.

Il y a plusieurs moyens de la combattre :
→ d'abord, faire de l'exercice physique. Souvent, une demi-heure de marche par jour suffit à régulariser les fonctions intestinales ;
→ ensuite, veiller à l'alimentation, manger suffisamment de légumes verts (notamment des salades et des épinards), de fruits (en particulier prunes, raisins et poires), prendre des laitages (tels que fromage blanc et yaourts), manger du pain de son (il y a aussi des biscottes au son vendues en pharmacie), remplacer le sucre par du miel ; les pruneaux crus, ou cuits sans ajouter de sucre, sont aussi très recommandés ;
→ aller à la selle régulièrement, sans attendre d'en avoir envie.

Ce qui est souvent efficace, c'est simplement de boire le matin au réveil un verre de jus de fruits frais – orange en hiver, raisin en été –, ou simplement un verre d'eau, et un quart d'heure après, de prendre au petit déjeuner un mélange de café et de chicorée.

L'All-Bran, céréale d'avoine, et que l'on peut mélanger à du miel, donne souvent d'excellents résultats.

Enfin, buvez plusieurs fois par jour de grands verres d'eau : en particulier le matin à jeun, et entre les repas.

Un massage abdominal, accompagné ou précédé de respirations amples et de contractions du périnée, peut être efficace (voir page 391).

Et les médicaments ? Vous pouvez essayer les suppositoires à la glycérine ou le Microlax, également en usage externe, souvent plus efficace que les suppositoires à la glycérine. Quant aux laxatifs, n'en prenez pas sans prescription : certains sont très puissants et risquent d'irriter l'intestin notamment ceux qui contiennent une plante, la bourdaine.

Le meilleur traitement, c'est d'associer des mucilages [1] donnés au repas du soir, et une huile minérale (du type paraffine) prise au coucher. Ce traitement, prescrit par le médecin, peut être prolongé autant que nécessaire.

Hémorroïdes

Ce sont des varices des veines du rectum et de l'anus. Elles forment des excroissances douloureuses, plus ou moins tendues, qui peuvent donner une pénible impression de démangeaison. Elles apparaissent surtout pendant la deuxième moitié de la grossesse. Lors de l'émission des selles, il est possible que les hémorroïdes saignent.

Si vous aviez des hémorroïdes, il faudrait les signaler au médecin (le spécialiste de ces problèmes est soit le proctologue, soit le gastro-entérologue) : il vous donnerait un traitement simple qui éviterait qu'elles ne s'aggravent.

---

1. *Extraits de végétaux (vendus en pharmacie).*

Ce traitement comprend habituellement :
→ la lutte contre la constipation qui aggrave les hémorroïdes ;
→ des soins locaux pouvant comprendre des bains de siège avec un produit désinfectant ;
→ des applications locales de pommade et des suppositoires à base de rutine, d'héparine et d'hydrocortisone.

Nous vous signalons que, même avec un bon traitement, les hémorroïdes risquent de s'aggraver dans les jours qui suivent l'accouchement. Puis elles disparaissent, du moins en grande partie.

Varices

Les varices sont la conséquence d'une dilatation anormale des parois des veines. Elles apparaissent surtout dans la deuxième moitié de la grossesse, et elles ont, hélas, tendance à s'aggraver à chaque grossesse.

A l'origine des varices, on retrouve essentiellement trois causes :
→ d'abord, une mauvaise qualité du tissu qui constitue la paroi des veines. Cette mauvaise qualité est souvent héréditaire ;
→ puis, le fait de rester longtemps debout, ce qui est le cas dans certaines professions ;
→ enfin, la grossesse elle-même joue un rôle en distendant anormalement les parois des veines.

Les varices peuvent s'accompagner de troubles variés : sensation de pesanteur, de chaleur, de gonflement, de tension plus ou moins douloureuse des jambes. Parfois, les varices donnent des fourmillements ou des crampes. Ces troubles sont accentués par la station debout, par la fatigue, par la chaleur. Et ils sont évidemment plus importants en fin de journée.

Il est très rare que les varices se compliquent au cours de la grossesse. Les modifications de la pigmentation (couleur) de la peau, de même que le classique ulcère variqueux, ne se voient que dans les varices très anciennes et sont exceptionnelles chez les femmes en âge d'être enceintes. La phlébite superficielle, au niveau d'une varice, est également très rare. Elle est caractérisée par l'apparition assez brutale de douleurs et de modifications de la varice (gonflement, rougeur, chaleur).

Enfin, l'exceptionnelle hémorragie par rupture de varice n'est pas grave. Une seule chose à retenir : il ne faut pas placer de garrot, mais exercer une compression sur le point qui saigne.

En règle générale, on peut donc dire que, hormis le souci esthétique immédiat – et plus encore lointain –, les varices n'ont pas de caractère de gravité. Après l'accouchement, elles disparaissent, au moins en partie. Mais elles ont tendance à réapparaître, et surtout à disparaître moins complètement, lorsqu'il y a d'autres grossesses.

■ Peut-on prévenir les varices ?

Dans une certaine mesure, on peut prévenir l'apparition des varices en prenant diverses précautions, qui ont toutes le même but : faciliter la circulation du sang dans les veines des jambes.

→ Évitez de rester debout trop longtemps : certains travaux professionnels et les travaux de ménage sont donc en cause. Dans le premier cas, avec un certificat médical, il faut que vous obteniez de pouvoir vous asseoir de temps en temps ; dans le second, il faut, dans toute la mesure du possible, faire assise les travaux que vous aviez l'habitude de faire debout ;

→ prenez l'habitude de marcher souvent, bien chaussée, en évitant les talons trop hauts. D'ailleurs, même sans penser au risque de varices, la marche est de toute façon le meilleur exercice pendant la grossesse. La natation est également recommandée ;

→ évitez ce qui peut comprimer les veines, chaussettes ou bottes trop serrées par exemple ;

→ dormez les jambes un peu surélevées, en mettant sous les pieds du lit deux cales en bois. Vous pouvez aussi mettre sous les pieds un oreiller ou un coussin ;

→ évidemment, si vous en avez la possibilité, il est conseillé également de vous étendre dans la journée quand vous avez un moment, avec les jambes surélevées ;

→ enfin, les massages énergiques des jambes sont contre-indiqués ; de même les douches au jet.

Toutes ces précautions sont destinées à prévenir les varices. Elles deviennent d'autant plus nécessaires si des varices sont déjà apparues. En ce cas, il est recommandé, en plus :

→ d'éviter de se tenir près d'une source de chaleur, radiateur, poêle ou cheminée, car la chaleur gonfle les veines ; pour la même raison, les bains de soleil sont contre-indiqués ;

→ d'éviter les bains trop chauds ou trop froids : l'idéal est l'eau à la température du corps (37°) ;

→ de porter des bas ou collants spéciaux que vous trouverez dans le commerce et qui soulagent bien. Mais il y a deux sortes de bas : les bas dits « de maintien »[1], et les « bas à varices » en gomme et rilsan, qui coûtent d'ailleurs plus cher. Les seconds, assez inesthétiques, ne sont à porter que dans les cas de varices très importantes.

Détail pratique mais qui a son importance : il est recommandé de mettre ses bas – et de les ôter – en étant allongée, car dans cette position, les veines sont moins gonflées.

Et si vous vous reposez dans la journée, il vaut mieux que vous ôtiez les bas ou collants tant que vous restez étendue.

Et les médicaments ? Ils ont peu d'action sur la constitution des varices elles-mêmes. En revanche, ils peuvent être efficaces contre les troubles entraînés par les varices : pesanteur, chaleur, lourdeur, etc. Ces médicaments sont à base de vitamine P et d'extrait de marron d'Inde.

Quant aux traitements plus actifs, destinés à supprimer les varices (par injections locales ou intervention chirurgicale), il ne saurait en être question pendant la grossesse. D'abord parce que ces traitements risquent d'être dangereux. Ensuite, parce que, spontanément, les varices disparaissent plus ou moins complètement après l'accouchement. C'est à ce moment-là que vous verrez avec le médecin ce qu'il y a lieu de faire. Les interventions se font en général entre trois et six mois après le retour de couches.

---

1. *En pharmacie :* Veinophil *(bas et collants) de 90 à 110 F,* Ibici, *collants (de jour et de soir) de 130 à 150 F ; dans les grands magasins :* Actiform, *bas 62 F et collants entre 74 et 92 F. Certains bas et collants de maintien sont remboursés par la Sécurité sociale, sur prescription médicale ; ces bas coûtent environ 200 F et les collants 300 F.*

Au cours de la grossesse, il n'est pas rare de voir, associées aux varices ou précédant leur venue, des dilatations beaucoup plus fines, rosées, rouges, ou bleu-violet, dues à la dilatation de vaisseaux capillaires. Ces dilatations qui forment, ou un fin réseau, ou même une véritable plaque, disparaîtront au moins en grande partie après l'accouchement.

■ **Varices vulvaires**

Enfin, chez certaines femmes, on peut voir apparaître des varices au niveau des organes génitaux externes. Souvent très importantes, ces varices vulvaires peuvent être cause de douleurs à la marche ou lors des rapports sexuels. Ces varices disparaissent complètement après l'accouchement sans jamais laisser de séquelles.

En attendant, il n'y a pas de traitement à faire, sauf des soins locaux qui peuvent apporter un certain soulagement :
→ bains de siège froids (sécher en tapotant et sans frotter, puis talquer modérément à sec) ;
→ application de crème à l'oxyde de zinc.

Troubles urinaires

Le fonctionnement des reins n'est guère modifié pendant la grossesse, mais la présence de l'enfant leur impose un surcroît de travail. C'est pourquoi une insuffisance rénale ignorée avant la grossesse peut se révéler à ce moment-là. C'est dire combien il est important de faire à intervalles réguliers et répétés des analyses d'urines.

Quant à la vessie, souvent elle manifeste sa présence d'une manière tyrannique, surtout au début et à la fin de la grossesse : la femme enceinte ressent une envie fréquente d'uriner, beaucoup plus souvent qu'en dehors de la grossesse.

Ce phénomène s'explique au début parce que la vessie subit l'influence des hormones sécrétées en quantité importante ; à la fin, parce que la tête de l'enfant appuie sur la vessie.

Pour éviter ces envies fréquentes d'uriner, la future mère a tendance à boire moins, surtout le soir pour ne pas être dérangée la nuit. C'est une réaction naturelle, mais en fait il faut boire au moins un litre et demi d'eau (ou de liquide) par jour ; en effet, boire beaucoup est la meilleure prévention des infections urinaires que l'on voit si souvent pendant la grossesse (voir page 247).

Si vraiment l'envie fréquente d'uriner devenait trop gênante, parlez-en au médecin : il vous donnera des médicaments antispasmodiques, souvent efficaces.

Une incontinence urinaire apparaît parfois pendant la grossesse. Elle peut être modérée : difficulté à retenir les urines ; ou plus importante : impossibilité de se retenir dès que l'envie survient, ou lors d'une toux, d'un éternuement, d'un effort.

Si cette incontinence apparaît pendant les six premiers mois, une rééducation du périnée, dite rééducation périnéale peut être commencée sans attendre. Cette rééducation est faite par un kinésithérapeute ou un médecin ; la sage-femme ou l'accoucheur vous conseilleront.

Si cette incontinence apparaît pendant les trois derniers mois, c'est simplement que le bébé comprime très fort la vessie et cela ne veut pas dire que vous aurez nécessairement besoin d'une rééducation. Il vous suffira probablement de faire les exercices recommandés pour raffermir le périnée et le sphincter urinaire (voyez pages 335 et 396).

L'incontinence urinaire après l'accouchement est traitée page 391.

Démangeaisons

Certaines femmes souffrent dans la deuxième moitié de la grossesse, et surtout à partir du huitième mois, de démangeaisons. Parfois sur tout le corps, mais plus souvent au niveau de l'abdomen. En général, les démangeaisons ne sont pas accompagnées d'éruptions, mais elles peuvent être très intenses, et entraîner des lésions dues au grattage quand la femme ne peut pas s'empêcher de se gratter. Les démangeaisons sont dues à des modifications du fonctionnement du foie ; si elles sont trop importantes ou si elles sont associées à une éruption de boutons ou de petites bulles, il est conseillé de consulter le médecin.

Le traitement de ces démangeaisons repose essentiellement sur des dérivés de la cortisone par voie buccale ou en injection intramusculaire. Les pommades cortisoniques peuvent aussi être efficaces mais elles doivent être maniées avec une grande prudence ; en effet elles favorisent la formation de vergetures dont on sait qu'elles se développent particulièrement entre le sixième et le huitième mois (voir page 100).

Pertes blanches

La peau est faite de cellules disposées en couches et, sans cesse, tout au long de la vie, les cellules de la surface vieillissent, meurent et sont éliminées puis remplacées par des cellules jeunes. Ce phénomène continu, qu'on appelle la desquamation, n'est pas visible à l'œil nu (sauf, par exemple, après un coup de soleil).

La muqueuse du vagin est faite comme la peau : sans cesse, des cellules se détachent et sont éliminées. Mais pendant la grossesse, sous l'influence des hormones sécrétées en grande quantité par les ovaires et le placenta, la desquamation des cellules devient beaucoup plus importante. Elles forment un enduit blanchâtre, grumeleux qui est tout à fait normal, et ne doit donc pas vous inquiéter.

Ces pertes blanches banales, ou sécrétions vaginales, ne doivent pas être confondues avec les pertes généralement plus abondantes, souvent de couleur différente (jaunâtres ou verdâtres), et accompagnées de démangeaisons ou de brûlures locales : elles sont les témoins d'une infection (*vaginite* ou vulvo-vaginite).

Le diagnostic de cette infection sera fait par le médecin qui demandera parfois un prélèvement. Celui-ci montrera habituellement la présence d'un champignon (candida albicans) ou d'un parasite (trichomonas).

Le traitement des vaginites est essentiellement local sous forme d'ovules ou de comprimés gynécologiques. Un traitement général est rarement nécessaire. Par contre les récidives ne sont pas rares au cours de la grossesse. Si la mère n'est pas traitée, le bébé peut être contaminé lors de l'accouchement et présenter ensuite des inflammations du siège ou de la bouche.

Tendances aux syncopes et aux malaises

La circulation du sang est modifiée pendant la grossesse : la quantité totale de sang augmente, un nouveau circuit est créé pour alimenter le placenta, les battements du cœur s'accélèrent.

Normalement le cœur fournit sans peine ce travail supplémentaire [1]. Mais il arrive que se produisent certains malaises que les futures mères croient d'origine cardiaque. Cela va de la simple sensation de « tête qui tourne », au grand malaise profond et très désagréable : sensation de perte imminente de connaissance, accompagnée de sueurs froides.

Ces troubles n'ont pas de caractère de gravité. Ils sont d'origine nerveuse, car la grossesse retentit toujours plus ou moins sur l'état du système nerveux.

Si vous ressentez un malaise, allongez-vous, les pieds surélevés, de manière que le sang afflue vers la tête.

Pour éviter ce genre de troubles, ne restez pas à jeun le matin, évitez les brusques variations de température, ou le séjour dans un local trop chauffé. Si ces malaises sont fréquents et que vous conduisiez une voiture, arrêtez-vous dès que vous les sentez venir, c'est plus prudent.

A la fin de la grossesse, certaines femmes lorsqu'elles sont couchées sur le dos, se sentent au bord de la syncope. Pour faire disparaître ce malaise impressionnant, mais sans gravité, il suffit de se coucher sur le côté gauche, ou de s'asseoir à moitié en se calant par des oreillers. Ce malaise très particulier est dû à la compression par l'utérus de la veine cave inférieure, gros vaisseau qui ramène au cœur le sang veineux de toute la partie inférieure du corps. On peut aussi placer un coussin sous les genoux : le bassin bascule vers l'arrière, les reins reposent sur le sol, et la veine cave n'est plus comprimée.

Pour désagréables et impressionnants qu'ils soient parfois, ces troubles n'ont aucune conséquence ; mais, s'ils se reproduisent trop souvent, il faut en parler au médecin.

Le malaise hypoglycémique survient presque toujours en fin de matinée. Il se traduit par des nausées et une sensation de faim accompagnées de transpiration. Ce malaise se produit si on a pris un petit déjeuner peu consistant : simple tasse de café ou de thé ; ou si on a mangé surtout des sucres à absorption rapide : sucre, confiture, miel. Ces sucres provoquent une sécrétion d'insuline, et cette sécrétion d'insuline va à son tour, environ deux heures plus tard, provoquer une hypoglycémie, c'est-à-dire une diminution du taux de glucose sanguin. Les femmes sensibles à ce malaise ont intérêt à fractionner leurs repas, à prendre au petit déjeuner un peu de pain, un œuf, du fromage maigre ou un peu de viande ; éventuellement à manger vers 10 heures une pomme ou un yaourt. De même, il est bon de manger à nouveau quelque chose vers 16-17 heures.

---

1. *Par contre, les femmes ayant une maladie cardiaque voient leurs malaises s'aggraver, d'où la nécessité d'une surveillance médicale toute particulière pendant la grossesse.*

L'essoufflement

Souvent dans la deuxième moitié de la grossesse, la future mère est vite essoufflée. Monter un étage est une épreuve. Cette difficulté à respirer s'explique par le fait que l'utérus, en augmentant de volume, repousse la masse abdominale vers le haut et diminue ainsi le volume de la cage thoracique : la future mère a donc moins de place pour respirer. Elle a l'impression d'étouffer. Cette sensation disparaîtra d'ailleurs lorsque l'enfant descendra pour s'engager dans le bassin.

Pour ne pas souffrir de ce malaise, qui s'accentue surtout au cours des deux derniers mois, il faut réduire le plus possible les efforts physiques. Si cette difficulté à respirer devenait trop grande, il faudrait consulter le médecin. Il examinerait votre cœur et vous prescrirait peut-être un calmant qui, par son action sédative, vous permettrait de mieux respirer.

Enfin, si vous avez la sensation d'étouffer, voici un bon exercice : couchée sur le dos, jambes pliées, inspirez en levant les bras au-dessus de la tête. Ce mouvement amène une extension de la cage thoracique. Puis expirez en ramenant les bras le long du corps. Faites ainsi plusieurs respirations lentes et régulières jusqu'à ce que vous ayez retrouvé votre souffle.

Les douleurs

La grossesse, par les modifications qu'elle entraîne dans tout l'organisme, peut provoquer des douleurs, douleurs se situant à différents niveaux, et se produisant à différents moments suivant le développement de l'enfant. Il est normal que, le corps s'adaptant à la grossesse, puis se préparant à l'accouchement, tout ce travail ne puisse se faire en silence, et que vous en ressentiez parfois les effets.

Parlons d'abord de la région du bassin. Au début de la grossesse, certaines femmes éprouvent une sensation de tiraillement ou de pesanteur au niveau du bassin et du bas-ventre, sensations qu'elles comparent à celles des règles, et qui sont plus intenses lorsque l'utérus est rétroversé (c'est-à-dire lorsqu'il est basculé en arrière vers le rectum). Ces douleurs inquiètent souvent les femmes parce qu'elles craignent une fausse couche ; en fait, ces douleurs correspondent au début de l'adaptation de l'utérus, à la « mise en place », elles sont très fréquentes.

En revanche, des douleurs très violentes situées dans la même région, et se produisant également au début de la grossesse, peuvent être le signe d'une menace d'avortement ou d'une grossesse extra-utérine : les signaler au médecin aussitôt.

Par la suite, le développement de l'utérus peut entraîner des douleurs dues à la distension des ligaments ; elles sont situées au niveau de l'aine (c'est-à-dire à la jonction de la cuisse et du bassin).

A la fin de la grossesse, lorsque le bassin se prépare à l'accouchement, ses articulations se relâchent peu à peu. Ce relâchement est parfois très douloureux. La femme le ressent surtout lorsqu'elle fait des efforts, ou lorsqu'elle marche. La douleur peut s'étendre de façon désagréable jusqu'à la vessie et au rectum. Pour la soulager, il n'y a guère que le repos, ou un sédatif qui sera prescrit par le médecin.

Parlons maintenant des jambes. Là, les douleurs sont fréquentes. Elles sont évidemment plus importantes lorsqu'il y a des varices.

Parfois, la douleur est ressentie comme une sciatique, c'est-à-dire qu'elle se manifeste à la face postérieure des jambes et des cuisses. Cette douleur est souvent tenace, elle est difficile à soulager. Un traitement à base de vitamines B et aussi de magnésium est parfois efficace.

● DES CRAMPES peuvent survenir à partir du cinquième mois, dans les jambes et les cuisses, mais presque exclusivement la nuit. Ces crampes sont parfois si intenses qu'elles réveillent la future mère. Que faire ?

Lorsque vous souffrez d'une crampe, levez-vous et massez votre jambe. Si vous avez quelqu'un avec vous, demandez-lui de soulever votre jambe et de la lever assez haut. Vous essaierez de tendre votre pied dans le prolongement de la jambe, pendant que la personne qui vous tient la jambe forcera en sens inverse pour maintenir le pied perpendiculaire à la jambe. La crampe passée, faites quelques pas.

Les crampes sont souvent dues à un manque de vitamines B. Voyez au chapitre 3 quels aliments en contiennent. Le médecin pourra également vous prescrire une préparation à base de vitamines B, traitement souvent couronné de succès.

Passons aux bras. Là aussi, mais en fin de grossesse, des douleurs peuvent être ressenties : le bras semble lourd et contracté, ou plein de fourmillements.

Ces douleurs apparaissent surtout à la fin de la nuit, lorsqu'on dort les bras sous la tête ou sous l'oreiller.

Voici deux mesures efficaces :
→ la nuit, dormez les épaules surélevées par deux oreillers ;
→ le jour, évitez les gestes qui tirent sur les épaules, tel que porter des objets très lourds.

Ces douleurs sont la conséquence de compressions nerveuses dues aux modifications de la colonne vertébrale qu'entraîne la grossesse. Un sédatif indiqué par le médecin peut soulager les douleurs trop fortes.

A signaler aussi : *le syndrome du canal carpien*, c'est-à-dire des fourmillements de la paume de la main qui surviennent souvent la nuit et peuvent être intenses. Ils sont dûs à une compression des nerfs au niveau d'un canal qui se trouve au poignet, et s'arrêtent après l'accouchement. Lorsque ces fourmillements sont trop intenses, le rhumatologue peut faire une injection de corticoïdes dans le canal carpien qui soulage bien.

Le thorax. Des douleurs peuvent être ressenties au niveau du thorax : soit en arrière, le long de la colonne vertébrale, soit entre les côtes, comme des névralgies, soit enfin dans la région du foie. Quelle en est la raison ? Une certaine décalcification due à la grossesse, une distension de la cage thoracique ? Rien n'est sûr. Toujours est-il que ces douleurs peuvent être atténuées par un sédatif.

Mal aux reins. Enfin, de nombreuses femmes enceintes se plaignent d'avoir « mal aux reins ». En fait, il s'agit de douleurs de la colonne vertébrale qui sont habituellement en rapport avec une exagération de sa courbure normale (vous avez pu remarquer que, surtout à la fin de la grossesse, les femmes enceintes sont très cambrées). Ces douleurs sont plus intenses le soir, ou lorsque la femme est fatiguée, ou, enfin, après une station debout prolongée, d'où leur plus grande fréquence dans certaines professions. Elles n'ont aucun caractère de gravité. Elles peuvent être améliorées par les exercices indiqués au chapitre 14 (voir page 335) ; également par les activités aquatiques prénatales – en particulier la nage sur le dos – et par l'haptonomie. On peut aussi consulter un kinésithérapeute.

Troubles du sommeil

Le sommeil peut être perturbé par la grossesse. Au début, la future mère ressent souvent un irrésistible besoin de dormir qui peut même la gêner pendant la journée. A la fin, au contraire, elle perd le sommeil dans la deuxième moitié de la nuit. Cette insomnie de la fin de la grossesse est due au fait que le bébé remue de plus en plus, et à l'augmentation des crampes et douleurs variées fréquentes à cette époque.

Comment lutter contre cette insomnie qui risque d'accentuer la fatigue ressentie à la fin de la grossesse ? Quelques moyens simples sont souvent efficaces :
→ faire le soir un repas léger,
→ éviter les excitants tels que thé et café,
→ prendre un bain tiède avant de se coucher,
→ boire au moment de se mettre au lit une tasse de lait sucré ou de tilleul, ou prendre un verre d'eau sucrée auquel vous ajouterez trois cuillerées d'eau de fleur d'oranger.
→ Vous pouvez essayer aussi des sédatifs légers à base de plantes (comme Passiflorine ou Euphytose, vendus sans ordonnance).

Si aucun de ces moyens n'est efficace, demandez au médecin un médicament pour dormir. Quant aux tranquillisants, dont certains sont efficaces dans les cas de troubles du sommeil, n'en prenez pas sans avis médical, ils ne sont pas tous compatibles avec la grossesse.

L'insomnie est parfois due à la crainte de l'accouchement qui s'approche. Parlez-en avec ceux qui vous entourent. Parler c'est toujours bon, garder pour soi ses craintes ne fait que les renforcer. Et la tranquillité d'esprit, le calme, c'est ce qui permet d'arriver détendue à l'accouchement.

Changements d'humeur

De nombreuses femmes voient leur caractère changer pendant la grossesse : elles deviennent irritables, anxieuses ou très émotives.

Même lorsqu'elles sont heureuses d'attendre un enfant, elles ont parfois des idées moroses qui les étonnent. Il peut y avoir de nombreuses raisons à ces modifications du caractère : peur des changements qu'entraîne dans toute famille une naissance, angoisse d'avoir un enfant anormal, peur de l'accouchement.

Sachez, si vous éprouvez de telles craintes, qu'elles sont compréhensibles, surtout si c'est la première fois que vous attendez un enfant. Tout est encore inconnu pour vous, tout vous semble mystérieux dans ce qui se passe et dans votre corps et dans votre esprit.

Parlez-en avec votre mari, ensemble vous surmonterez vos craintes. On ne se rend pas toujours compte du bienfait d'une conversation, surtout avec quelqu'un qui vous est proche. Si votre mari n'est pas là, vous parlerez à une amie ou une sœur, et vous découvrirez d'ailleurs avec soulagement que vos craintes ont été les leurs.

De toute façon, si vous vous sentez nerveuse et irritable au début de votre grossesse, dès que cet enfant vous le sentirez remuer, dès que sa présence se manifestera d'une manière tangible, vous serez apaisée, vous verrez.

Voici donc terminée la liste des malaises courants que peut provoquer une grossesse. Cette liste vous semblera peut-être longue, mais rien ne dit que vous éprouviez un ou plusieurs de ces troubles. Il y a des femmes qui traversent leur grossesse sans la moindre gêne, pendant que d'autres vont de vomissements en nausées, et de nausées en douleurs variées. Ces différences correspondent d'ailleurs souvent à des différences de tempérament.

De toute façon, avertie de ce qui peut vous arriver, vous saurez au moins dans quels cas le médecin peut vous soulager, et dans quels cas il n'y a rien d'autre à faire que d'attendre que le temps passe.

Je ne dis pas cela pour vous pousser à la résignation ou au fatalisme, mais vous l'avez vu dans les pages qui précèdent, certains troubles sont liés à un certain stade de la grossesse et disparaissent sans autre intervention lorsque ce stade est dépassé.

Une autre remarque intéressera celles qui ont déjà été enceintes : les malaises éprouvés lors d'une grossesse précédente ne se reproduisent pas nécessairement la fois suivante. Chaque grossesse est différente.

9

La surveillance médicale de la grossesse

Lorsqu'elle est enceinte, un paradoxe choque parfois la future mère : elle attend un enfant, elle est heureuse, tout va bien, pas de malaises ; elle lit ici et ailleurs qu'attendre un enfant est un événement naturel dans la vie d'une femme, et pourtant on lui conseille d'aller voir régulièrement le médecin.

Certes la grossesse est un événement naturel ; mais que la nature ait prévu que l'ovule rencontre un spermatozoïde, qu'un œuf en naisse, et qu'au bout de neuf mois l'enfant paraisse, cela ne veut pas dire que ce processus naturel se déroule toujours sans heurt ; la nature n'est pas toujours bonne, elle fait parfois des erreurs : une fausse couche, un enfant qui souffre, une naissance trop tôt, une naissance qui tarde. Le rôle du médecin c'est précisément de surveiller la nature.

Et aujourd'hui on connaît bien les différentes étapes du développement de l'enfant avant la naissance ; on les connaît d'ailleurs tous les jours un peu mieux, la recherche dans ce domaine est très active ; on connaît, non pas toutes, mais un grand nombre des causes qui peuvent affecter ce développement ; on sait les maladies de la mère qui peuvent lui faire du tort ; on connaît les moyens d'apprécier la vitalité de l'enfant pendant ces neuf mois.

Les examens que fait régulièrement le médecin ou la sage-femme ont précisément pour but de s'assurer que la santé de la mère est satisfaisante et que l'enfant se développe bien. Parfois, ils noteront un petit symptôme auquel la mère n'aura attaché aucune importance et dont surtout elle n'aura pas prévu qu'il puisse avoir une conséquence pour l'enfant, par exemple une infection urinaire. Parfois la future mère aura une tension trop élevée et cela elle ne peut s'en rendre compte toute seule, or c'est dangereux pour l'avenir de la grossesse. Quant à la béance du col, elle peut être ignorée à quatre mois et nécessiter un cerclage à cinq mois.

Il est vrai qu'aller à une consultation c'est inévitablement poser la question : « Est-ce que tout va bien ? » Et donc envisager par là même que la réponse puisse être, sinon négative, du moins ambiguë ; c'est être impressionnée par la blouse blanche (certains médecins n'en portent plus pour dédramatiser l'acte, mais en fait cela ne change rien) [1] ; c'est se préparer à poser beaucoup de questions et en abandonner la moitié par... timidité ; c'est se trouver devant quelqu'un pour qui attendre un enfant est un événement habituel, alors qu'on le considère soi-même comme exceptionnel ; c'est aussi subir un examen intime que l'on appréhende souvent.

C'est vrai que parfois les médecins n'ont pas assez de temps à vous consacrer, qu'ils peuvent être maladroits en paroles, c'est vrai aussi qu'ils sont parfois plus des techniciens que des personnes avec qui on peut établir une relation chaleureuse.

1. *Je me souviens des propos de cette jeune femme, très impressionnée par sa première visite à l'hôpital : une salle d'attente, toute une série de portes. « Madame X, cabine 5 ». Et dans la cabine, un écriteau péremptoire : « Déshabillez-vous ! » Je comprends que cette future mère ne soit pas dans un grand état de décontraction.*

Mais heureusement il y a de plus en plus de médecins et de sages-femmes avec qui les rapports sont faciles et agréables. Et si le contact ne s'établit pas, il est en général possible de changer d'interlocuteur.

Qui va suivre votre grossesse ?

Qui va suivre votre grossesse ? Une sage-femme, ou un médecin (généraliste, gynécologue, obstétricien) ? Tous les quatre sont habilités à suivre une grossesse normale, mais le premier examen prénatal doit être obligatoirement fait par un médecin. En cas de problème, ou de grossesse à risques, c'est l'obstétricien qui est le plus qualifié.

Où auront lieu les consultations ? Cela va dépendre de l'endroit où vous désirez accoucher. Si vous souhaitez accoucher dans une maternité précise (privée ou publique), c'est là que vous consulterez.

Par contre, si vous souhaitez être suivie par une personne précise (sage-femme ou médecin), c'est eux qui vous diront où ils font leurs consultations. Et ils vous indiqueront aussi la, ou les maternités, où ils pratiquent les accouchements ; mais, dans ce dernier cas, renseignez-vous sur les habitudes de l'établissement : certaines maternités souhaitent assurer elles-mêmes les consultations du dernier mois, voire du dernier trimestre.

Les sages-femmes. Il y a en France 11 000 sages-femmes (10 000 salariées et 1 000 libérales). Mais leur rôle n'est pas toujours bien connu, c'est pourquoi nous souhaitons vous dire quelques mots sur leur travail.

Les sages-femmes exercent une profession médicale. Leur rôle comporte : le diagnostic, la surveillance de la grossesse et la préparation à l'accouchement ; la surveillance de l'accouchement ; les soins postnatals de la mère et de l'enfant. Tant que tout est normal, les sages-femmes peuvent suivre du début à la fin la grossesse, l'accouchement et ses suites. Si un problème se pose, elles font appel à un médecin.

Au cours d'une grossesse, les occasions d'être en contact avec une sage-femme sont nombreuses, les voici : en consultations, à l'échographie, en surveillance anténatale, à domicile pour le suivi d'une grossesse à problèmes (sur prescription d'un médecin), pour la préparation à la naissance, en gymnastique aquatique, en suite de couches, au planning familial, pour les soins des nourrissons et pour la rééducation périnéale. Et surtout lors de l'accouchement : les sages-femmes assurent seules plus d'un tiers des accouchements. Si ce n'est pas elles-mêmes qui assurent l'accouchement, elles veillent sur la mère et sur le bébé, avant et après l'intervention de l'accoucheur.

En conclusion, que les sages-femmes soient salariées d'une clinique, d'un hôpital ou d'un service de Protection Maternelle et Infantile, ou qu'elles soient installées à leur compte en ville, vous serez à un moment ou à un autre en contact avec ces « professionnelles » de la naissance.

Si vous voulez en savoir plus, je vous conseille le livre de Jeannette Bessonart, *Paroles de sages-femmes* (paru aux éditions Stock). Des sages-femmes y parlent de leur métier, de leurs difficultés, mais aussi du plaisir partagé et de la complicité avec les mères.

Voyons maintenant en quoi consistent pratiquement les examens prénatals. Je vous parlerai d'abord de la surveillance habituelle de la future mère.

Ensuite, nous envisagerons les cas particuliers où des examens spéciaux sont nécessaires.

La surveillance habituelle de la femme enceinte

En France, il y a maintenant 7 examens médicaux obligatoires. Le premier se situe avant la fin du troisième mois de grossesse. Les autres examens sont passés chaque mois à partir du quatrième, et jusqu'à l'accouchement. (Voir les détails pratiques sur ces examens dans le *Mémento pratique.*)

En présence d'un symptôme anormal apparaissant entre les examens, vous aurez intérêt à consulter le médecin sans attendre le prochain examen obligatoire.

Le premier examen

Cet examen doit être fait par un médecin, alors que les autres examens prénataux peuvent être faits par une sage-femme.

Ce premier examen a pour but :

→ de confirmer l'existence de la grossesse comme nous l'avons vu dans le premier chapitre ;

→ d'en vérifier le caractère normal à son début (absence de douleurs et de pertes de sang, développement normal de l'utérus) ;

→ de tenter de prévoir, autant que faire se peut, le déroulement futur de la grossesse.

Le médecin commencera par vous interroger pour recueillir un certain nombre de renseignements.

L'âge d'une femme enceinte n'est pas sans importance. Il existe un âge optimum pour être enceinte. Cet âge, on peut le situer approximativement entre 20 et 35 ans. Les très jeunes femmes (au-dessous de 20 ans et surtout de 18 ans) semblent plus exposées que d'autres à certains accidents tel l'accouchement prématuré. A partir de 35 mais surtout de 40 ans, il y a des risques qui augmentent : maladies associées à la grossesse (maladie cardiaque ou rénale, diabète par exemple) et malformations de l'enfant. Heureusement, les techniques modernes de surveillance et les informations qu'elles peuvent apporter sur l'enfant permettent à la future mère de cet âge d'être plus détendue que celle d'hier.

Les antécédents généraux sont également importants à préciser. N'omettez pas de signaler au médecin toutes les maladies que vous avez eues, surtout si elles ont été graves ou si vous êtes encore sous traitement. Signalez également l'existence des maladies héréditaires familiales.

Les antécédents gynécologiques et obstétricaux pourront également, dans certains cas, inciter à une surveillance plus attentive de la grossesse. Ainsi, n'hésitez pas à dire si vous avez subi un avortement, quelle qu'en ait été l'origine.

Si votre couple a été longtemps stérile, et cette stérilité traitée, il est évident que cette grossesse est particulièrement précieuse.

La survenue d'accidents et de complications lors des grossesses ou accouchements précédents peut conduire à une surveillance et à des examens particuliers (voir plus loin « Les grossesses à risques »). En revanche, si vos grossesses et accouchements ont été normaux, tout permet de penser qu'il en sera de même pour cette nouvelle grossesse. Il faut quand même par prudence que vous soyez bien suivie, surtout à partir du 4e enfant (voir page 227).

Les conditions sociales et économiques jouent indiscutablement un rôle dans l'évolution de la grossesse. Les conditions de travail (fonction, horaires), l'éloignement du domicile, le mode de transport devront être précisés. Même si vous ne travaillez pas à l'extérieur, la présence de plusieurs enfants à votre foyer, l'absence d'aide domestique peuvent être source importante de fatigue.

Les habitudes de vie, habitudes alimentaires, quantité de cigarettes fumées chaque jour, etc., seront aussi des questions posées par le médecin.

Puis succéderont :

• un examen général qui comprend la mesure de la taille, du poids, de la tension artérielle ; l'auscultation du cœur, etc.

• un examen gynécologique.

• Il est également nécessaire de faire pratiquer différents examens de laboratoire :
examen d'urine pour y rechercher la présence de sucre et d'albumine,
prise de sang qui va permettre :
→ de vérifier l'absence de syphilis ;
→ de préciser le groupe sanguin : même lorsque celui-ci est déjà connu, il est prévu de le vérifier. Ceci est tout à fait à conseiller en raison de la possibilité d'erreur de groupage. Si vous êtes du groupe rhésus négatif, il est nécessaire de connaître le groupe sanguin de votre mari et de rechercher dans votre sang la présence d'agglutinines anti-rhésus (voyez page 257) ;
→ de savoir si vous êtes ou non immunisée contre la rubéole et la toxoplasmose (voyez pages 243 et suivantes) ;
→ de vérifier l'absence de sida (recherche d'anticorps anti HIV). Cet examen est indispensable quand la femme se situe dans un groupe à risques (voyez page 252). Chez les autres femmes, l'examen est simplement recommandé (cependant accepté la plupart du temps) mais ne peut être fait sans leur accord ;
→ de rechercher la présence d'anticorps antihépatite B (voyez page 247).

• Souvent, le médecin vous fera faire une échographie (voir page 219). Bien que non obligatoire, elle permettra de vérifier que la grossesse débute normalement et, éventuellement, d'en préciser l'âge, à condition que l'échographie soit faite avant 12 semaines.

Habituellement, au cours de cette première consultation, le médecin vous donnera :
→ certaines informations générales sur l'évolution normale de la grossesse ;
→ des conseils sur les précautions à prendre en ce qui concerne votre vie quotidienne et votre alimentation ;
→ un traitement si vous avez l'un quelconque des petits troubles si fréquents en début de grossesse.

Il est souhaitable également (bien que non obligatoire) de subir un examen dentaire.

Enfin l'examen de santé du père est lui-même recommandé, surtout s'il a eu des maladies graves (tuberculose, par exemple).

A l'issue de cette consultation, le médecin aura recueilli, par ses questions et par l'examen qu'il fera, un certain nombre de renseignements. Ils vont lui permettre, dans une certaine mesure, de prévoir si votre grossesse nécessitera ou non une surveillance particulière. Dans la plupart des cas (neuf fois sur dix au moins) tout est favorable. Vous êtes en bonne santé et votre grossesse commence normalement. Tout permet de penser qu'elle se déroulera sans histoire pour se terminer par un accouchement normal. Sa surveillance ne nécessitera pas de mesure particulière.

Mais une fois sur dix environ, la grossesse se présente sous un jour moins favorable. Elle va nécessiter des mesures spéciales dont nous vous parlerons plus loin : ce sont les « grossesses à risques ».

Revenons maintenant à la surveillance habituelle de la grossesse.

Les examens du deuxième trimestre

Ces examens, souvent faits par une sage-femme, se déroulent selon le même schéma que l'examen précédent.

L'examen gynécologique vérifie :
→ que le col de l'utérus a sa longueur normale et reste bien fermé ;
→ que l'utérus est normalement développé. Pour cela, on mesure la hauteur de l'utérus et on la compare aux chiffres habituels. Je vous signale que mesurer la hauteur de l'utérus, ce n'est pas mesurer la taille du fœtus ce qui serait d'ailleurs impossible puisqu'il est tout ramassé sur lui-même, mais plutôt son volume (c'est-à-dire la place qu'il prend). Cette mesure permet de vérifier s'il a bien le développement correspondant à l'âge théorique de la grossesse ;
→ que l'on entend bien les bruits du cœur.

Cette auscultation peut se faire soit avec un stéthoscope ordinaire, soit avec un appareil spécial (stéthoscope à ultrasons), grâce auquel vous pourrez vous-même entendre battre le cœur de votre enfant.

L'examen général a essentiellement pour but la surveillance de la tension artérielle, du poids, des urines.

C'est au cours du 2e trimestre que se font : l'échographie (voir plus loin), et, éventuellement, le dosage de l'hormone de grossesse dont nous vous avons parlé page 190.

Les examens du troisième trimestre

Ces examens ont plus spécialement en vue de prévoir, autant que faire se peut, la façon dont se déroulera l'accouchement : appréciation du volume du fœtus ; de la manière dont se présentera l'enfant : par la tête – c'est la présentation habituelle –, par le siège, etc. ; caractéristiques du bassin. L'examen du bassin est fait les dernières semaines de la grossesse, puisque c'est seulement à cette époque que le vagin atteint sa souplesse et sa taille définitives, et que c'est cette souplesse qui permet de bien examiner le bassin. Si le médecin soupçonne une anomalie, il vous demandera de faire pratiquer une radiographie. Là encore, soyez rassurée : c'est sans risque pour votre enfant.

Au cours du dernier trimestre, sont particulièrement nécessaires :
→ la surveillance du poids, des urines, de la tension artérielle, car la toxémie apparaît surtout dans les trois derniers mois ;
→ la surveillance de la hauteur utérine et du col utérin, car c'est la période des accouchements prématurés.

C'est au cours d'une de ces consultations que vous pourrez avoir une conversation préparatoire à l'accouchement. Vous évoquerez certainement la question de la péridurale – possible ou non – ; vous pourrez parler de l'épisiotomie – se fait-elle systématiquement, peut-on l'éviter, etc. – ; vous voudrez peut-être aussi savoir si vous pourrez garder votre bébé près de vous après la naissance – dans certains établissements on met d'office le bébé dans une couveuse pendant deux heures ; enfin, vous aurez peut-être également envie de savoir si une sage-femme pourra être près de vous pendant le travail.

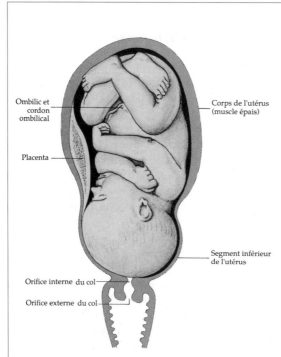

Ombilic et cordon ombilical

Placenta

Orifice interne du col

Orifice externe du col

Corps de l'utérus (muscle épais)

Segment inférieur de l'utérus

Voici la situation de l'enfant dans le dernier mois de la grossesse. Vous voyez sur ce schéma :
● *que le col de l'utérus a deux orifices : celui qui est vers le vagin (orifice externe) et celui qui est vers le bébé (orifice interne). En fin de grossesse, il est normal chez une femme qui a déjà eu un ou plusieurs enfants, que l'orifice externe s'ouvre. Ce qui compte, c'est que l'orifice interne soit fermé.*
● *Vous voyez aussi ce qu'est le* segment inférieur *de l'utérus, qui se moule autour de la tête du bébé en fin de grossesse, et que le médecin ou la sage-femme sent lors du toucher vaginal.*
● *A noter : en cas de césarienne, l'incision se fait au niveau du segment inférieur (alors qu'autrefois, elle se faisait au niveau du corps utérin). Ainsi la cicatrice est plus solide.*

L'échographie

Dans la surveillance médicale de la grossesse, un examen tient une place de plus en plus importante : c'est l'échographie. Elle a, en quelques années, transformé une partie de nos connaissances sur l'évolution de la grossesse. Elle a aussi ouvert la porte sur un monde jusque-là quasiment fermé, celui de la vie de l'enfant dès ses premiers stades, d'embryon puis de fœtus. Avant on le sentait, on le touchait, on écoutait son cœur, maintenant on le voit.

Vous le savez peut-être, on appelle ultrasons des sons qui ne peuvent être perçus par l'oreille humaine. Ils ont la propriété, lorsqu'ils sont émis par une source quelconque, de se réfléchir sur tel ou tel obstacle, et de revenir à leur source, un peu comme un écho. C'est pourquoi la méthode qui les utilise s'appelle l'échographie. Ce sont ces ultrasons qui permettent aux chauves-souris de voler dans l'obscurité avec la plus grande précision. Ce sont eux qui ont été utilisés depuis longtemps pour la détection des sous-marins et des bancs de poissons.

Pour leur utilisation en médecine, les ultrasons sont émis par un cristal de quartz qui, soumis à des impulsions électriques, vibre, émet les ultrasons qui sont ensuite captés à leur retour. Ils sont amplifiés et apparaissent sous forme d'images sur un écran de télévision. Les plus intéressantes d'entre elles sont photographiées et mises dans le dossier de la future mère permettant ainsi des comparaisons d'un examen à l'autre.

• EN PRATIQUE, la réalisation d'une échographie est pour vous très simple. Il est seulement nécessaire :
→ de ne mettre aucune crème sur le ventre 8 jours avant l'examen (elle gêne la progression des ultrasons et rend plus difficile l'interprétation des images) ;
→ de remplir votre vessie en buvant 1 litre d'eau (pas d'eau gazeuse) 3/4 d'heure avant l'heure de l'examen. Les ultrasons se transmettent en effet beaucoup mieux à l'utérus si la vessie est pleine.

Pour faire l'échographie, le médecin met du gel sur votre peau : ceci est indispensable pour obtenir de bonnes images. Il passe ensuite sur le ventre une sonde (encore appelée capteur) qui se présente actuellement sous forme d'une large barrette courbe : c'est elle qui émet et récupère les ultrasons.

Dans certains cas, on utilise également des sondes vaginales qui, se rapprochant plus de l'utérus, peuvent donner des images plus précises. Pour ces examens-là, il n'est pas nécessaire d'avoir la vessie pleine.

Rassurez-vous, aucun de ces gestes n'est ni douloureux, ni dangereux.

Deux ou trois échographies sont pratiquées au cours d'une grossesse normale.

• LA PREMIÈRE faite au tout début n'est pas absolument indispensable si la grossesse paraît débuter sans problèmes. Elle a cependant l'intérêt de pouvoir affirmer l'existence de la grossesse dès la 5ᵉ-6ᵉ semaine.

Elle permet, chez certaines femmes très mal réglées, de préciser l'âge de la grossesse (et donc la date théorique de l'accouchement) grâce à la mesure du volume de l'œuf et de l'embryon. La précision est d'autant plus grande (± 3 jours) que l'examen est fait avant 12 semaines.

Cette première échographie confirme la bonne évolution de la grossesse par la détection des battements cardiaques dès la 5ᵉ semaine et la perception des mouve-

ments de l'embryon dès la 10ᵉ. Elle est aussi capable de faire très tôt le diagnostic de jumeaux. Elle devient indispensable quand la grossesse débute mal (douleurs, pertes de sang) et permet de diagnostiquer une menace de fausse couche ou une grossesse extra-utérine.

● LA DEUXIÈME échographie est faite entre 20 et 22 semaines. Son rôle est de dépister un certain nombre de malformations pour la plupart invisibles avant cette date. En visualisant le contour fœtal, cette échographie peut découvrir des malformations du squelette, ce que faisait déjà la radiographie ; mais elle peut surtout dépister des anomalies insoupçonnables par les autres méthodes, comme les malformations du tube digestif, de l'appareil urinaire, du cœur, du système nerveux. Ceci est important car, connues à l'avance, certaines de ces malformations peuvent bénéficier d'un traitement d'urgence, dès la naissance. On étudie même actuellement la possibilité d'en traiter certaines *in utero,* pendant la grossesse. Dans certaines malformations majeures peut aussi se discuter le problème de l'interruption de grossesse.

● LA TROISIÈME échographie, faite vers 34 semaines, permet de vérifier si tout se présente normalement en vue de l'accouchement (position et volume de l'enfant, insertion du placenta par exemple). Elle continue de vérifier la santé de l'enfant : croissance, mouvements des membres, mouvements respiratoires.

Tout au long de la grossesse, l'échographie permet aussi de localiser le placenta et de contrôler la bonne croissance de l'enfant.
→ *La localisation du placenta* peut être utile en début de grossesse pour faire une amniocentèse (voir page 191) et surtout en fin de grossesse, lorsqu'on soupçonne une insertion trop basse, trop proche du col ; c'est le *placenta praevia* qui peut être à l'origine d'hémorragies, ce qui implique d'aller à la maternité sans tarder pour surveiller l'état de santé du bébé. Mais il faut savoir qu'un placenta inséré bas en début de grossesse n'a pas la même signification : l'immense majorité d'entre eux remontent ensuite et seront normalement situés au moment de l'accouchement. Le vrai *placenta praevia* est très rare.
→ *Contrôler la croissance* de l'enfant est important lorsqu'il existe une divergence entre le volume de l'utérus et l'âge théorique de la grossesse. On mesure alors avec l'échographie certains diamètres fœtaux (crâne, longueur du fémur, abdomen) que l'on compare aux moyennes statistiques, et dont on suit l'évolution au cours des

semaines. On peut ainsi, par exemple, si l'utérus paraît trop petit, distinguer une erreur de terme d'une insuffisance de croissance fœtale.

L'échographie permet enfin de faire le diagnostic du sexe (voir page 175).

Sans danger, l'échographie peut être répétée si nécessaire [1], par exemple dans certaines grossesses pathologiques ou à risques. Mais ce n'est quand même pas un examen à faire inutilement. Certains parents voudraient avoir une échographie à chaque consultation pour suivre pas à pas le développement de leur bébé ; d'une part, je vous rappelle qu'une échographie non justifiée médicalement n'est pas remboursée par la Sécurité sociale – ce qui semble bien normal – ; et que, d'autre part, tout examen, quel qu'il soit, la plus simple analyse ou radio, entraîne une inquiétude : « Est-ce que tout est vraiment normal ? » Pourquoi créer une angoisse inutile ?

L'échographie donne des renseignements précieux sur l'enfant, mais vous n'allez pas voir sur un écran la « photo » de votre bébé, vous allez voir plutôt des zones claires ou sombres, des contours, que l'échographiste va déchiffrer et commenter pour vous, en un mot une image construite par ordinateur. Voyez pages 156 et 157 quelques reproductions d'échographies.

Si vous voulez en savoir plus sur l'échographie (histoire, technique, préparation, aspects psychologiques, programmation), vous pouvez consulter le livre du docteur Roger Bessis : *Tout sur l'échographie de la grossesse,* paru aux Éditions Stock.

Ce que vous pouvez faire

Dans la surveillance médicale de la grossesse, ce qu'observe et ressent la future mère est très important. C'est elle, en effet, qui est la mieux placée pour en apprécier le déroulement et pour noter l'apparition d'un symptôme d'alerte : perte de sang, douleurs, fièvre, etc. En plus, tout au long de ces neuf mois, deux éléments importants serviront de guide à la future mère : les *contractions utérines* et la *fatigue.*

→ Le travail de l'accouchement se fait essentiellement par les contractions de l'utérus qui pousse l'enfant et lui permet de sortir ; nous vous parlerons de tout cela en détail au moment de l'accouchement. Mais déjà pendant la grossesse, ce muscle, l'utérus, se contracte un peu tous les jours ; on pourrait dire que c'est l'occasion pour lui de s'exercer, de « faire du sport » : quand l'utérus se durcit, la femme sent son ventre qui devient dur. Ces contractions peuvent être indolores ; mais parfois elles s'accompagnent d'une légère douleur au niveau du ventre ou au niveau des reins. Ce signe, il faut que vous en teniez compte et que vous vous reposiez. Si, malgré cela, les contractions deviennent trop nombreuses, elles peuvent représenter un risque d'accouchement prématuré. Il faut alors consulter le médecin qui appréciera la longueur et l'ouverture de l'utérus.

→ La fatigue est un autre élément à prendre en considération. Par exemple, on dit : la marche est conseillée pendant la grossesse ; mais la future mère aimerait bien des précisions : tous les jours ? Combien de temps chaque jour ? etc. C'est vraiment à elle de se rendre compte et de savoir s'arrêter à temps. La quantité d'activité physique

1. *On peut faire deux échographies simples (cotée K15) sans entente préalable, et une troisième plus complète (cotée K35) après accord de la Sécurité sociale.*

que peut faire une femme est individuelle. C'est elle qui peut apprécier si elle a besoin de repos en ne craignant pas d'être à « l'écoute de son corps ».

Etre à l'écoute de son corps, c'est en particulier tenir compte de la fatigue qu'il s'agisse d'un sport, mais aussi de la fatigue dans la vie quotidienne. Et si vous vous sentez vraiment fatiguée, n'attendez pas la prochaine consultation prévue, allez voir l'accoucheur ou la sage-femme.

→ Aux environs de 4 mois, vous percevrez les mouvements actifs de l'enfant. Vous savez qu'ils représentent un bon reflet de la vitalité fœtale. La diminution et, a fortiori, la disparition des mouvements pendant plusieurs heures doivent vous conduire à consulter. On a d'ailleurs proposé récemment que, dans les grossesses dites « à risques » (voir plus loin, page 227), la femme compte elle-même plusieurs fois par jour les mouvements du fœtus pour pouvoir alerter le médecin suffisamment tôt en cas d'anomalie. Dans ce cas, on demande habituellement à la future mère de compter les mouvements 3 fois par jour pendant une demi-heure, en position couchée sur le côté gauche. A la fin de la journée on fait le total des mouvements notés. La diminution progressive d'un jour à l'autre est considérée comme un élément de mauvais pronostic. Mais certains médecins considèrent que cette méthode provoque trop d'inquiétude chez les futures mères.

→ L'analyse des urines pour rechercher le taux de sucre et d'albumine est indispensable. Elle est faite régulièrement à la maternité à l'occasion des consultations. Sinon, comme on vous l'indiquera, vous pourrez faire cette recherche vous-même, à l'aide de papiers-index colorés (vendus en pharmacie) [1]. On conseille de faire cette recherche toutes les trois semaines jusqu'à six mois, puis tous les dix jours ensuite. S'il existe de l'albumine, ne serait-ce qu'à l'état de traces, allez à la consultation, ou allez voir le médecin.

→ La surveillance du poids n'est pas moins indispensable. Pesez-vous toutes les semaines. Si l'on note une prise de poids anormale – surtout si elle est brutale – il sera nécessaire de consulter le médecin ou la sage-femme. Il y a des femmes qui prennent peu de poids pendant leur grossesse, d'autres qui en prennent beaucoup, mais les deux ont des courbes régulières. Ce qui doit alerter c'est une cassure de la courbe.

→ Avant d'aller à la consultation, faites une liste des questions, petites ou grandes, que vous voulez poser, sinon vous allez les oublier. Et n'ayez pas peur de paraître ridicule, dites au médecin tout ce qui vous paraît anormal ou vous pose des problèmes.

→ Enfin, il est préférable que la surveillance de la grossesse et de l'accouchement soit assurée par le même médecin, ou la même sage-femme. Si vous accouchez à l'hôpital sachez que votre dossier, établi et tenu à jour pendant votre grossesse, donnera à ceux qui se chargeront de votre accouchement tous les renseignements dont ils pourraient avoir besoin. De toutes façons, à chaque consultation le médecin ou la sage-femme remplira le dossier médical qui se trouve dans votre carnet de maternité : si pour une raison ou une autre vous changiez de consultation ou de médecin, la personne qui dorénavant assurerait la surveillance de votre grossesse serait ainsi au courant des incidents qui auraient pu se produire au début.

---

1. *Certains de ces papiers-index permettent également le dépistage des infections urinaires.*

Enceinte à 40 ans

L'âge de la maternité a tendance à augmenter. Les femmes ont en moyenne leur premier enfant à 28 ans. Et les grossesses à 40 ans sont devenues plus fréquentes.

Avant de penser à avoir un enfant, bien des femmes pensent d'abord à organiser leur vie professionnelle et à assurer leur indépendance. Pour d'autres femmes, l'enfant des 40 ans naît quelquefois le second, de 15 ou 20 ans le puîné du premier : c'est l'enfant de la maturité, de l'épanouissement. Il peut être celui d'un nouvel amour, avec lequel on espère que tout peut recommencer.

On dit les mères de 40 ans moins possessives, plus détendues, avec leur enfant. Mais en l'attendant, souvent elles s'inquiètent. Y a-t-il des précautions particulières à prendre pour que « tout se passe bien » ?

Après 38-39 ans, les femmes sont plus que d'autres menacées par certains risques. Tout d'abord, celui d'un inconfort plus grand pendant la grossesse : fatigue générale et troubles veineux (varices, hémorroïdes) sont plus fréquents. Plus grand également le risque de maladies associées à la grossesse (hypertension artérielle, maladies rénales, diabète) ; toutes sont susceptibles de retentir sur la santé et le développement de l'enfant (hypotrophie par exemple). L'augmentation du risque de malformations de l'enfant (notamment de mongolisme) est maintenant bien connu ; l'amniocentèse est donc systématiquement proposée. Enfin, la grossesse elle-même est souvent moins simple : les avortements et les accouchements prématurés sont plus fréquents. Pour l'accouchement lui-même, le pourcentage de césariennes est nettement augmenté.

Pour ces différentes raisons, ces grossesses sont dites à risques. Pratiquement, ceci veut dire qu'il vous faudra accepter :

– des mesures plus importantes de repos dans votre vie quotidienne, qu'il s'agisse de votre activité professionnelle, de la pratique de sports, etc.

– une surveillance médicale plus stricte : consultations régulières au minimum une fois par mois et de préférence dans un centre médical bien équipé.

Enfin, on vous proposera probablement de faire un diagnostic anténatal en raison des risques accrus de malformations passé un certain âge (voir page 188).

Toutes ces recommandations pourront sembler sévères à une femme qui attend un enfant à 40 ans, mais nous sommes obligés de prévenir. En fait, la femme enceinte à cet âge est en général tellement contente de cette grossesse précieuse que, tout à fait spontanément, elle redouble de précautions.

Médicaments, vaccins, radios

Au cours de la surveillance de la grossesse, il est bien rare qu'une femme n'interroge pas le médecin sur les risques éventuels pour l'enfant des médicaments, des vaccinations et des examens radiologiques.

La peur d'avoir un enfant malformé est en effet fréquente. Le drame de la thalidomide, bien que très ancien, est encore dans les mémoires ; il a sensibilisé les femmes enceintes au risque pour l'enfant d'un traitement administré pendant la grossesse. Poussée à son paroxysme, cette crainte empêche des futures mères d'absorber tout médicament, même le plus anodin et même après avis médical.

D'une façon schématique, on peut dire que :

→ le risque maximal se situe entre le 15e jour et la fin du 3e mois de grossesse ;

→ dans les quinze premiers jours, l'agent nocif extérieur, médicament, par exemple, reste sans effet ou provoque la mort de l'œuf ;

→ après le 3e mois, les malformations deviennent rarissimes.

Les médicaments

Il ne saurait être question ici de passer en revue les milliers de médicaments vendus sous une forme ou sous une autre. On peut cependant les diviser en deux catégories :

→ les médicaments que l'on peut qualifier de courants, c'est-à-dire ceux que l'on trouve habituellement dans les armoires à pharmacie familiales, et qui sont vendus sans ordonnance. Aucun ne paraît dangereux et vous pouvez les prendre sans crainte aux doses habituelles. Si vous êtes très anxieuse et si vous avez le moindre doute, voyez le médecin, qui vous rassurera ; certains médecins déconseillent cependant l'aspirine au tout début et à l'extrême fin de la grossesse ;

→ en ce qui concerne les autres médicaments, la responsabilité de leur prescription incombe au médecin. Soyez rassurée, il ne vous prescrira rien qui soit susceptible d'être dangereux pour votre enfant.

Il peut arriver qu'une maladie chronique (diabète, par exemple) préexiste à la grossesse et nécessite un traitement, qu'il faudra poursuivre pendant que vous êtes enceinte. Par ailleurs, une maladie aiguë peut survenir à un moment quelconque de la grossesse (grippe, par exemple) ou une autre maladie infectieuse. Là aussi, faites confiance au médecin qui connaît les médicaments contre-indiqués pendant la grossesse.

Les vaccinations

Les risques des vaccinations au cours de la grossesse sont souvent mal connus et semblent variables avec chaque type de vaccination. On peut ainsi distinguer :

■ Les vaccinations à recommander

→ *La vaccination antitétanique* n'entraîne aucun risque au cours de la grossesse. Elle est même conseillée pour les femmes qui sont particulièrement exposées (celles qui vivent en milieu rural). D'autre part, les anticorps sont transmis au nouveau-né, et celui-ci est ainsi protégé contre le tétanos néo-natal, forme exceptionnelle, mais particulièrement redoutable de cette maladie. De même, s'il est nécessaire, un éventuel rappel tétanos-poliomyélite est tout à fait possible pendant la grossesse.
→ *La vaccination antigrippale* a, elle aussi, l'avantage de protéger le nouveau-né pendant les premiers mois de sa vie.
→ *La vaccination contre la polyomyélite* injectable est sans danger.
→ *La vaccination contre l'hépatite B* également.
→ Le vaccin « curatif » contre *la rage* est indispensable après une morsure de chien. Par contre, le vaccin « préventif » proposé dans certaines professions (vétérinaire par exemple) est déconseillé.

■ Les vaccins à déconseiller

→ *Le vaccin antipolyomyélite* administré par voie orale – sur un morceau de sucre – n'est pas sans risque d'avortement, et a d'autant moins d'intérêt que le vaccin injectable est, lui, sans danger.
→ *Le vaccin contre la rubéole* est déconseillé. Toutefois aucune malformation n'a été décrite chez les enfants nés de mères vaccinées en début de grossesse.
→ Il en est de même des *vaccins contre la rougeole et contre les oreillons.*
→ *La vaccination contre la fièvre jaune* est à déconseiller et n'est d'ailleurs en cause que pour certaines destinations lointaines peu recommandées pendant une grossesse. Toutefois si la vaccination est absolument nécessaire, il semble préférable de choisir le deuxième trimestre de la grossesse.
→ *Le vaccin contre le choléra* n'a pas d'indication en Europe parce que la maladie ne s'y développe pas.
→ *Les vaccins contre le pneumocoque et le méningocoque* doivent être réservés aux femmes spécialement exposées à la contagion (personnel hospitalier par exemple).
   Toutes ces vaccinations sont plutôt à déconseiller. Ceci veut dire que sans avoir de certitudes absolues, il est vraisemblable qu'elles n'ont pas d'action véritablement néfaste. En pratique, lorsqu'une femme subit l'une d'entre elles par mégarde en début de grossesse, il est exceptionnel qu'il faille envisager une interruption de grossesse.

■ Les vaccins interdits

   Certaines vaccinations ne doivent pas être pratiquées pendant la grossesse.
→ *La vaccination contre la varicelle* (qui d'ailleurs n'est pas disponible en France) est formellement contre-indiquée.
→ *Le vaccin D.T.A.B.* (diphtérie – thyphoïde et parathyphoïde) est progressivement abandonné et était de toute façon contre-indiqué en raison des fortes réactions générales et locales qu'il entraînait souvent. Le nouveau vaccin antityphoïde (Typhium V.I.) est bien toléré mais on manque encore de recul pour connaître ses effets chez la femme enceinte.

→ *Le vaccin anticoqueluche* est contre-indiqué.
→ Quant à la *vaccination antivariolique*, elle ne se pratique plus car la maladie a été éra-
diquée (elle était de toute façon contre-indiquée).

Radios et radiations

Les radiations ont été accusées de provoquer des mutations (voir au chapitre 7) ;
d'entraîner l'apparition chez l'enfant de processus néoplastiques, c'est-à-dire cancéreux
(leucémie, notamment) ; enfin de favoriser l'apparition de malformations.

L'existence de ces différents risques paraît incontestable après des irradiations mas-
sives. C'est ce qu'ont prouvé les observations faites après les explosions atomiques.

Par contre, leur réalité apparaît beaucoup plus discutable pour les rayons X
employés comme moyen de diagnostic, au moins si l'on prend certaines précautions.

C'est ainsi que sont évidemment interdits tous les traitements radiothérapiques en
cours de grossesse. De même, on doit déconseiller les examens radiographiques qui
nécessitent la prise de nombreux clichés. Cela d'autant plus que les régions à examiner
sont plus proches de l'abdomen maternel, et que la grossesse est plus jeune. En effet,
nous avons vu que les risques maximaux se situent entre le 15e jour et la fin du 3e mois
(c'est-à-dire pendant la période où a lieu l'essentiel de la formation des organes). Il est,
de même, préférable de s'abstenir de tout examen radiographique (surtout s'il doit
être prolongé) chez la femme dans la deuxième moitié de son cycle, date à laquelle
une grossesse peut être débutante et encore méconnue.

A signaler, une situation qui n'est pas rare : une maman va chez le radiologue pour
un petit enfant, le médecin lui demande d'aider à tenir l'enfant pendant la radio. Si
elle est enceinte, il faut qu'elle refuse car ce n'est pas le moment de s'exposer aux
rayons. Le médecin demandera à une de ses assistantes de la remplacer.

Si certaines précautions sont à prendre en début de grossesse, il est important de
vous signaler les examens radiographiques qui ne sont pas dangereux par la suite.

Il en est ainsi de la radiographie du thorax, qui n'est plus obligatoire aujourd'hui,
mais que le médecin peut estimer nécessaire dans certains cas. Rappelons à ce propos
que la radiographie est très supérieure à la radioscopie et ne fait courir pratiquement
aucun risque. Il en est de même des examens radiographiques qui sont parfois pratiqués à la fin de la grossesse pour préciser la situation du fœtus, les dimensions et la
forme du bassin.

Et les femmes enceintes qui travaillent dans un cabinet de radiologie ? Elles sont
particulièrement surveillées. En effet il existe des dispositions réglementaires qui
concernent aussi bien les professions de l'industrie atomique que le corps médical ou
le personnel des services de radiologie : toute femme enceinte, dès qu'elle aura
connaissance de sa grossesse, doit en informer le médecin. Ce médecin sera le médecin
du service de médecine préventive pour le personnel employé dans un établissement
public, le médecin du travail dans les établissements privés. Les femmes pourront obtenir un changement de poste pour toute la durée de la grossesse, ou pour un temps seulement.

Les grossesses
à risques

Si votre grossesse était considérée « à risques », le terme ne devrait pas vous inquiéter, malgré ce mot de « risque ». Il ne signifie pas que vous-même ou votre enfant couriez un risque considérable pendant la grossesse. L'expression a été adoptée par les médecins pour faire la différence entre les grossesses qui évoluent de la façon la plus normale – on serait tenté de dire la plus banale – et celles qui, pour une raison ou une autre, doivent faire l'objet d'une surveillance plus attentive et parfois d'examens spéciaux.

Pourquoi une grossesse est-elle dite à risques ?

Les raisons qui peuvent faire classer une grossesse dans cette catégorie sont très diverses.

L'âge de la femme enceinte est un élément important à considérer.

Lorsqu'elles attendent un enfant, les *très jeunes femmes* – notamment les adolescentes avant dix-huit ans – voient certains risques augmenter par rapport aux femmes plus âgées qu'elles : fréquence des toxémies (multipliée par 3), accouchement prématuré (multiplié par 2), morbidité et mortalité périnatale (multipliées par 2 à 3). Certaines circonstances expliquent en partie ces accidents : grossesse d'abord refusée et cachée aussi longtemps que possible, d'où retard dans la déclaration et mauvaise surveillance ; célibat et statut socio-économique défavorable, d'où malnutrition et activité professionnelle trop longtemps poursuivie, etc. Mais quand l'adolescente est bien prise en charge par sa famille et bien entourée affectivement, on observe une très nette diminution des complications. Par contre, l'accouchement est généralement normal.

Après 40 ans, la grossesse implique une surveillance particulière, je vous en ai parlé page 223.

Le nombre des grossesses précédentes. Avoir eu plusieurs enfants peut également vous faire classer dans les grossesses à surveiller spécialement. A partir du quatrième accouchement, il y a risque de présentations anormales et d'accouchement plus difficile, car l'utérus peut avoir perdu une partie de son tonus et de sa contractilité. De même, les hémorragies de la délivrance sont plus fréquentes. A ces risques peuvent s'ajouter ceux dus à un âge relativement plus élevé. Enfin, et surtout si ses précédentes grossesses se sont déroulées normalement, la future mère qui attend son quatrième ou cinquième enfant a tendance à être moins attentive dans ses précautions d'hygiène de vie et dans la surveillance de sa grossesse.

Les grossesses antérieures. Il est évident que si des accidents sont survenus lors des grossesses ou accouchements antérieurs, le médecin effectuera une surveillance plus grande.

Il en est ainsi d'une stérilité (surtout si elle a dû être traitée pendant longtemps), des avortements à répétition ou des accouchements prématurés, des complications pendant la grossesse (toxémie, hémorragies par exemple), des accouchements difficiles ou terminés par une césarienne, des enfants mort-nés ou malformés.

Les conditions socio-économiques. Elles jouent un rôle incontestable : la mortalité périnatale est deux fois plus élevée dans les classes sociales les plus défavorisées. De nombreux facteurs se conjuguent pour expliquer ce que nous montrent les statistiques. Ainsi, un budget familial modeste peut contraindre une femme à poursuivre pendant sa grossesse un travail pénible ou nécessitant de longs trajets par les transports en commun. Si cette femme a déjà des enfants, les travaux ménagers seront une fatigue supplémentaire. Enfin, pour de simples raisons financières, il pourra lui être difficile de suivre un régime alimentaire correct : les régimes à base de viande, poissons et légumes frais sont chers.

Pour toutes ces raisons, les complications au cours de la grossesse (toxémie, anémie) sont plus fréquentes, de même que les accouchements prématurés.

Enfin certaines raisons familiales ou personnelles peuvent inciter une femme à cacher sa grossesse le plus longtemps possible et en conséquence à moins aller aux consultations prénatales. La fréquence des accidents est alors 10 à 15 % supérieure à la moyenne.

Les maladies associées à la grossesse. Ces maladies nécessitent une surveillance et parfois des traitements particuliers (diabète, par exemple, ou hypertension artérielle), voir au chapitre 10.

Les anomalies du bassin. Elles peuvent être constitutionnelles (femmes boiteuses ou bossues, ou, plus simplement, femmes petites mesurant moins de 1,50 m) ou conséquences d'un accident (fracture du bassin). En effet un bassin anormal peut gêner le déroulement normal de l'accouchement.

Vous voyez que les causes qui peuvent faire entrer une grossesse dans le groupe des grossesses « à risques » sont diverses. Les risques peuvent s'associer chez une même femme, par exemple une femme de 40 ans attendant son premier enfant après des avortements à répétition ou une longue stérilité. L'appréciation du risque est d'ailleurs difficile et varie selon les équipes médicales. Enfin, une complication peut survenir inopinément au cours d'une grossesse normale qui devient alors une grossesse à risques.

La surveillance de la grossesse à risques

Sur le plan pratique, qu'implique une grossesse à risques ? Tout d'abord une surveillance médicale plus étroite, avec des examens plus fréquents que dans la moyenne des cas. C'est pourquoi le médecin demandera vraisemblablement, au moins à certains stades de la grossesse, à vous voir par exemple tous les quinze jours et même toutes les semaines. Peut-être vous conseillera-t-il un court séjour dans un hôpital bien équipé pour des examens plus sophistiqués.

Voici en quoi consistent la plupart de ces examens.

L'échographie. Cet examen est devenu si courant que nous en avons déjà parlé dans la surveillance habituelle au début de ce chapitre. Toutefois, dans les grossesses à risques, on est amené à faire des échographies plus fréquentes que dans les grossesses normales.

Le doppler est un appareil qui permet de mesurer le flux sanguin dans les vaisseaux. On peut ainsi apprécier si la quantité qui passe dans les artères utérines, les vaisseaux du cordon et les artères cérébrales du fœtus est normale ou insuffisante. On utilise le doppler dans diverses circonstances :
→ le plus souvent au cours d'une grossesse à risques quand on soupçonne, quelle qu'en soit la cause, soit un retard de croissance in utero, soit une souffrance fœtale. L'examen permet alors d'en confirmer l'existence et d'en préciser la gravité, donc de prendre une décision thérapeutique : interrompre la grossesse avant terme par exemple ;
→ plus rarement, l'examen est fait au cours d'une grossesse normale en apparence mais qui a été précédée d'une (ou, a fortiori, de plusieurs) grossesses anormales. L'examen est pratiqué de façon systématique une première fois entre 26 et 28 semaines puis répété entre 32 et 34 semaines.

L'enregistrement du rythme cardiaque du fœtus ou monitoring (ou encore monitorage). Cet enregistrement est possible grâce à un appareil qui permet d'apprécier le caractère normal ou non de l'activité cardiaque du fœtus. C'est un peu comme lorsqu'on fait un électrocardiogramme à un adulte.

Au cours de la grossesse, les enregistrements ont pour but de dépister une souffrance fœtale, qui se traduit par des altérations diverses du tracé. Pendant l'accouchement, l'enregistrement permet de surveiller le retentissement des contractions utérines sur l'état de l'enfant.

Il existe actuellement, notamment à Paris et à Lyon, une trentaine de maternités dans lesquelles on fait l'expérience d'enregistrements à domicile : la future maman enregistre chez elle, au calme, le rythme cardiaque du bébé pendant 30 minutes, et transmet cet enregistrement par téléphone à la maternité. Là, le tracé est interprété par ordinateur. S'il est normal, on convient d'un rendez-vous ultérieur pour un nouvel enregistrement. Sinon, le médecin décide de la conduite à tenir (hospitalisation par exemple).

Les avantages de cette méthode (le *télémonitorage à domicile*) sont d'éviter des déplacements nombreux à la maternité avec la fatigue qu'ils entraînent, ainsi que de réduire le nombre des consultations et hospitalisations. Toutefois, les pouvoirs publics n'ont encore pris aucune décision sur l'extension de cette technique, pas plus que sur sa prise en charge par la Sécurité sociale.

Le test au syntocinon consiste à mettre une perfusion de syntocinon et à enregistrer le rythme cardiaque fœtal pour voir ses réactions. Ce test est destiné au diagnostic de la souffrance fœtale ; il est contre-indiqué en cas de menace d'accouchement prématuré ou de placenta praevia.

Les examens radiographiques. Une radio simple de l'abdomen permet de vérifier s'il y a ou non des jumeaux, de dépister certaines malformations, d'apprécier la maturité de l'enfant, de savoir s'il se présente par la tête ou par le siège. Mais ces examens radiologiques ont de plus en plus tendance à être remplacés par l'échographie.

Une radiographie avec mensuration du bassin (ce qu'on appelle une radio pelvimétrie) permet de mesurer au millimètre près la taille du bassin, et de prévoir si l'accouchement se passera naturellement, ou s'il faudra envisager d'intervenir, par exemple par césarienne.

Les examens du liquide amniotique : l'amniocentèse, l'amnioscopie. L'examen du liquide amniotique peut apporter de très précieux renseignements à différents âges de la grossesse.

→ Le prélèvement qui s'appelle *l'amniocentèse* consiste, après repérage du placenta et du fœtus par échographie, à ponctionner, à travers la paroi abdominale de la future mère, une certaine quantité de liquide contenu dans l'œuf. Sur le liquide prélevé, on peut faire divers examens.

Au début de la grossesse, l'amniocentèse a essentiellement pour but de dépister certaines malformations (page 191).

A la fin de la grossesse, son utilité est essentiellement d'estimer le degré de maturité de l'enfant.

En effet, il y a des cas, par exemple chez certaines diabétiques ou lorsqu'il existe une toxémie, où la poursuite de la grossesse représente un danger pour l'enfant : c'est en examinant des cellules et en dosant des produits dans le liquide qu'on peut apprécier le degré de maturité (notamment pulmonaire) de l'enfant, donc le moment où il est nécessaire de provoquer l'accouchement.

On peut également, par examen du liquide, connaître le degré de vitalité de l'enfant, comme dans certains cas d'iso-immunisation rhésus.

→ Toute différente est *l'amnioscopie.* Elle aussi consiste à examiner le liquide amniotique, mais sans ponction, à le regarder, en introduisant simplement un tube dans le col de l'utérus. Elle n'est indiquée que près du terme pour voir, selon l'aspect du liquide vu à travers les membranes de l'œuf, si la grossesse est en train ou non de se prolonger anormalement. Cet examen n'a donc rien de commun avec l'amniocentèse.

Les dosages hormonaux. La grossesse ne peut se poursuivre normalement que si elle est entretenue par une sécrétion hormonale normale des ovaires et du placenta. On peut donc en surveiller l'évolution en dosant ces hormones dans les urines ou dans le sang. Ceci est vrai tout au long de la grossesse.

Ces dosages sont moins pratiqués qu'il y a 20 ou 30 ans, quand on croyait encore à la très grande fréquence de l'« insuffisance hormonale » ; mais ils gardent encore leur intérêt dans un certain nombre de cas.

Au début de la grossesse, on dose essentiellement la gonadotrophine chorionique et beaucoup plus rarement les œstrogènes et la progestérone. Cette surveillance hormonale peut être justifiée soit par les antécédents (fausses couches à répétition, stérilité traitée, etc.), soit en raison d'incidents pouvant faire douter de la bonne évolution de la grossesse (douleurs, pertes de sang...). Au début d'une grossesse normale, le taux d'hormone chorionique double tous les deux jours environ.

Plus tard dans la grossesse, on fait de moins en moins de dosages hormonaux, ils sont peu à peu abandonnés au profit des différentes méthodes de surveillance dont nous vous parlons dans ce chapitre.

A titre plus exceptionnel, on peut avoir recours au dosage de l'hormone lactogène fœto-placentaire (H.P.L.) dans le sang maternel. Ses taux reflètent le fonctionnement du placenta et subissent des modifications en cas de souffrance fœtale chronique ou de retard de croissance intra-utérin.

Avant de terminer, nous voudrions vous dire quelques mots de certains examens dont vous avez peut-être entendu parler mais qui sont encore réservés à des cas très particuliers de grossesses à risques, et qui ne peuvent être faits que dans des centres de diagnostic spécialement équipés.

L'embryoscopie. On introduit, par le col, un tube jusqu'au contact des membranes et on regarde l'embryon à travers ces membranes pour dépister une malformation qui aurait pu échapper à l'échographie. Le risque de rupture des membranes (évalué actuellement à 10 %) fait réserver cet examen aux cas où existe une forte suspicion de malformation.

La fœtoscopie se pratique entre 20 et 24 semaines. On introduit dans l'œuf, à travers la paroi abdominale, un tube très fin qui permet :
→ de voir directement le fœtus pour dépister une malformation notamment en ce qui concerne la face et les extrémités (mains et pieds) ;
→ de faire des prélèvements de différents tissus fœtaux ;
→ de prélever le sang du fœtus au niveau du placenta, notamment pour le diagnostic de certaines maladies sanguines ou infectieuses.

Dans ce domaine toutefois on utilise plutôt *la ponction du cordon ombilical :* on introduit, sous contrôle échographique, une aiguille très fine pour ponctionner le sang du cordon. Cette ponction permet de faire quelques diagnostics : certaines maladies sanguines (maladies de l'hémoglobine, troubles de la coagulation par exemple), anomalies chromosomiques, mais surtout diagnostic des infections fœtales, notamment de la toxoplasmose.

Ainsi sont apparues au cours des dix dernières années des techniques très sophistiquées qui permettent des diagnostics de plus en plus précis de l'état du fœtus au cours de la grossesse et l'on peut vraiment parler maintenant de « médecine fœtale ».

Vous venez de lire ce chapitre des grossesses à risques, et peut-être vous demandez-vous si vous ne devez pas vous classer dans cette catégorie ? Le médecin vous indiquera si votre cas nécessite une surveillance spéciale et des examens particuliers.

Ce chapitre n'est pas fait pour vous inquiéter inutilement, mais pour vous informer et pour que vous sachiez qu'une surveillance médicale est d'autant plus nécessaire que la grossesse s'écarte de la normale pour telle ou telle raison.

10.

Et si une complication survient

Dans la grande majorité des cas, la grossesse est un événement naturel, qui se déroule sans problème, et se termine de façon heureuse par la naissance, à terme, d'un enfant en bonne santé. Cependant, dans un petit nombre de cas, surgissent des complications qui peuvent avoir un retentissement sur la santé de la mère ou sur celle de l'enfant.

En vous décrivant ces complications, notre but n'est pas de vous alarmer inutilement, mais seulement de vous alerter pour qu'en présence de tel ou tel symptôme vous pensiez à prévenir aussitôt le médecin qui pourra prendre les mesures qui s'imposent.

Prenons un exemple. En fin de grossesse, une femme grossit beaucoup, elle ne s'inquiète pas : ne doit-on pas grossir quand on est enceinte ? Elle ne sait pas qu'en cas de prise de poids excessive et subite, il faut aussitôt faire vérifier la tension et analyser les urines. Ce manque d'information risque d'entraîner une crise d'éclampsie aux redoutables conséquences, et pour la mère, et pour le bébé. Au contraire, la femme avertie voit aussitôt le médecin qui prend la tension, fait faire des analyses, et donne, si nécessaire, un traitement.

Si vous n'avez pas le temps, ou l'envie, de lire dès maintenant ce chapitre, reportez-vous à la *page 456* et lisez-la avec soin. Vous y trouverez la liste des symptômes à signaler au médecin dès leur apparition, car ces symptômes sont des signaux d'alerte, des signes avant-coureurs de complications qui peuvent survenir. Autrement dit : signaler ces symptômes au médecin, cela ne veut pas dire lors de votre prochaine visite, mais aussitôt que vous les aurez remarqués.

En schématisant, on peut distinguer trois groupes de complications.

Dans le premier, on classe les complications dues au fait même de la grossesse. Exemple : l'avortement spontané ou fausse-couche ; évidemment seule une femme enceinte risque cet accident.

Dans le deuxième groupe, on classe les complications qui peuvent résulter de maladies survenant au cours de la grossesse. Exemples : la rubéole ou la toxoplasmose.

Le troisième groupe comprend les complications qui sont la conséquence d'une maladie que la future mère avait avant d'être enceinte, sans s'en douter parfois. Il y a, en effet, des maladies qui ne font pas bon ménage avec la grossesse, qui entrent en conflit avec elle, par exemple le sida ou le diabète.

Les complications
tenant à la grossesse elle-même

Ces complications sont très différentes selon qu'elles surviennent au début ou à la fin de la grossesse. Les complications du début sont essentiellement l'avortement spontané et la grossesse extra-utérine.

Les avortements spontanés ou fausses-couches

Dans le langage courant, on emploie en général le mot *fausse-couche* (« Elle a fait une fausse-couche ») pour l'interruption spontanée de la grossesse. Dans le langage médical, c'est plutôt le mot *avortement spontané* qui est utilisé, avec une tendance actuelle à employer aussi le mot fausse-couche. C'est pourquoi, dorénavant, nous emploierons l'un ou l'autre mot avec quand même une préférence pour fausse-couche car c'est le mot le plus fréquemment utilisé par les femmes.

On parle d'avortement spontané jusqu'au sixième mois de la grossesse ; après, il s'agit d'un accouchement prématuré. En fait c'est pendant les trois premiers mois que les fausses-couches sont les plus fréquentes.

Comment se manifeste une menace de fausse-couche ? Votre grossesse semblait débuter normalement et vous observez soudain quelques pertes de sang, parfois accompagnées de douleurs au bas-ventre.

Avant de vous affoler, demandez-vous d'abord si vous n'êtes pas à la date théorique de vos règles. Il arrive en effet qu'une femme enceinte perde un peu de sang à cette période, pendant les deux ou trois premiers mois de la grossesse. Ces pertes n'ont aucun caractère de gravité.

Hormis ce cas, toute perte de sang doit être considérée comme un signal d'alarme et vous conduire chez le médecin sans tarder. Lui seul pourra, en vous examinant, essayer de trouver la signification de cette perte de sang. C'est souvent difficile dans l'immédiat et, dans la plupart des cas, pour essayer de prévoir l'avenir, le médecin demandera une échographie qui permet de préciser le caractère normal ou non de la grossesse selon le volume et l'aspect de l'œuf.

Peut-être le médecin demandera-t-il un dosage de l'hormone de grossesse (appelée Beta H.C.G.) – pour cela on fait une simple prise de sang – pour voir si cette hormone est sécrétée à un taux normal ou non.

Que faut-il faire ? L'avenir d'une menace de fausse-couche est généralement imprévisible dans l'immédiat. Que faire en attendant ? Il n'y a pas grand-chose d'autre à faire que... d'attendre, pour voir comment les événements vont tourner : fausse-couche ou non. Et cette situation inconfortable peut durer quelques jours ou même quelques semaines.

Il y a quelques années, en présence d'une menace de fausse-couche, on prescrivait automatiquement à la future mère un traitement hormonal. Cette attitude est maintenant abandonnée, car on a constaté que les traitements hormonaux ne servaient à rien, sauf parfois à prolonger la rétention dans l'utérus d'un œuf qui ne se développait plus. En cas de pertes de sang, et tant qu'un diagnostic précis n'est pas posé, il est préférable d'interrompte son activité, et d'aller voir le médecin au rythme qu'il jugera nécessaire pour faire face à la situation.

Par contre, si la menace d'interruption de la grossesse est en rapport avec une cause connue, une béance du col par exemple (voir p. 239), un traitement approprié s'impose.

Que va-t-il se passer ? Dans certains cas, tout se déroule favorablement. Les pertes de sang diminuent, le col reste fermé, l'utérus continue de se développer. Les chiffres des dosages hormonaux augmentent progressivement. L'échographie confirme que l'évolution de la grossesse se poursuit. Ces cas correspondent habituellement à des difficultés d'adhérence de l'œuf à l'utérus, appelées souvent *décollement placentaire partiel*.

Vous ne pourrez cependant reprendre vos activités habituelles que lorsque le médecin jugera que la menace d'avortement est écartée.

Bien des femmes ont alors, après cette menace de fausse-couche, la crainte de mettre au monde un enfant malformé. Cette crainte est injustifiée car, si l'avortement ne se produit pas et si la grossesse se poursuit, elle a autant de chances d'aboutir à une naissance normale qu'une autre grossesse.

Dans d'autres cas, la menace se précise peu à peu : les pertes de sang augmentent progressivement, l'utérus ne se développe plus, l'échographie confirme l'interruption de la grossesse qui se traduit par des pertes de sang assez abondantes accompagnées de « coliques » ressenties dans le bas-ventre : ce sont les contractions de l'utérus qui expulse l'œuf.

S'il n'y a pas d'hémorragie violente, vous n'êtes pas obligée de vous rendre aussitôt à l'hôpital ou à la clinique : une fausse-couche ne nécessite pas automatiquement une intervention médicale. Mais, bien sûr, mettez-vous rapidement en rapport avec le médecin ou la sage-femme.

Que faire de ce qui aura été rejeté ? Avant, on recommandait à la femme de le garder pour que le médecin vérifie qu'aucune partie de l'œuf n'était restée dans l'utérus, ce qui pourrait causer une infection. Aujourd'hui, c'est inutile car la vérification est faite par une échographie. Si cet examen révèle qu'il reste effectivement dans l'utérus une partie de l'œuf, on l'évacue par une aspiration (curetage). Cette intervention se fait sous anesthésie, et nécessite une hospitalisation de 24 ou 48 heures.

S'il y a une hémorragie importante, faites-vous transporter d'urgence à l'hôpital ou en clinique, ou prévenez sans tarder le médecin ou la sage-femme.

Après la fausse-couche. Combien de temps faut-il se reposer ? Normalement en quelques jours vous serez remise sur pied.

Si vous êtes d'un groupe sanguin rhésus négatif, pensez à demander au médecin s'il n'y aurait pas lieu de faire une *vaccination anti-rhésus* +. Vous comprendrez pourquoi en lisant ce qui concerne le facteur rhésus page 256 [1].

---

1. *Médicalement ce mot de vaccin est impropre car, en fait, il s'agit d'un sérum, mais c'est quand même l'expression que nous utiliserons ici car elle est employée couramment par les femmes enceintes.*

Après une fausse-couche, il est très fréquent d'avoir un moment de dépression qui peut durer plus ou moins longtemps. Cette dépression s'explique physiquement (comme après l'accouchement) par le bouleversement hormonal qui suit l'arrêt d'une grossesse ; elle s'explique aussi psychologiquement. Beaucoup de femmes sont en effet très éprouvées après une fausse-couche. Les médecins, la famille, ont tendance à banaliser l'événement : (« Ce n'est pas grave », « C'est très fréquent », « Tu auras d'autres enfants »). L'entourage ne comprend pas toujours qu'on puisse être très affecté par la perte d'un bébé qui n'avait pas vraiment vécu. Alors que la femme ressent en général une profonde tristesse, et qu'elle éprouve un véritable sentiment de perte. Souvent, elle se sent coupable de ce qui vient d'arriver : « Je ne me suis pas assez reposée », « J'étais trop stressée », « Je ne désirais pas suffisamment ce bébé ».

Plutôt que de se sentir pressée d'oublier, la femme a besoin de compréhension et de respect pour son chagrin ; elle doit pouvoir parler aux soignants de cet enfant, et sentir l'affection, le soutien de son entourage. Il faut lui laisser le temps de se remettre moralement, de faire le deuil de cet enfant perdu.

L'avenir. Après une fausse-couche, vous vous posez des questions pour l'avenir. Vous voudriez en connaître la cause et les mesures à prendre pour éviter qu'elle ne se renouvelle à la grossesse suivante.

Le médecin va s'y employer en faisant faire, lorsque vos règles seront revenues, un certain nombre d'examens. Pour que vous compreniez leur utilité, il est nécessaire que vous connaissiez les principales causes d'avortement spontané.

D'abord, un point important : le plus souvent la fausse-couche est accidentelle ; après, la femme mène à bien ses autres grossesses.

Dans la plupart des cas, ces avortements spontanés sont dus à une anomalie chromosomique. Vous avez vu au chapitre 7 la définition des chromosomes. Une anomalie du nombre, de la forme ou de la répartition des chromosomes aboutit à un œuf défectueux qui, le plus souvent, ne peut survivre. L'arrêt de la grossesse provient en quelque sorte d'une erreur de la nature qu'elle corrige elle-même en expulsant l'œuf. Parmi ces œufs défectueux, on trouve souvent ce que l'on appelle un *œuf clair* où n'existe pas (ou plus) d'embryon. Seule s'est développée la partie destinée à former les annexes de l'œuf (voyez page 133). Sauf exception, un avortement par anomalie chromosomique ne doit pas faire craindre pour les grossesses ultérieures.

Dans d'autres cas, au contraire, il y a à l'origine de l'avortement une cause permanente qui, faute d'être reconnue et traitée, risque de provoquer des avortements à répétition.

■ Les avortements à répétition

Parmi les causes pouvant provoquer des avortements à répétition, on peut distinguer trois grands groupes : les causes locales qui siègent au niveau de l'utérus ; les maladies maternelles ; les insuffisances hormonales, de plus en plus discutées.

● LES CAUSES LOCALES UTÉRINES. Le développement normal de l'œuf nécessite l'intégrité :
→ de l'utérus qui abrite l'œuf ;
→ de la muqueuse qui tapisse l'utérus ;
→ du col qui ferme l'utérus.

Toute anomalie d'un de ces trois éléments peut entraîner un arrêt de grossesse.

L'utérus peut être déformé par un fibrome, malformé de façon congénitale, insuffisamment développé (utérus infantile), mal orienté (rétroversion).

La muqueuse ou endomètre peut être le siège de cicatrices (après curetage), ou d'une infection qui peuvent agir en perturbant la nidation, en compromettant la nutrition correcte de l'œuf, ou en empêchant sa croissance normale.

La partie supérieure du col, celle qui touche l'utérus, est normalement fermée pendant toute la durée de la grossesse. Ainsi, l'œuf ne peut être rejeté à l'extérieur sous l'influence de la pesanteur. Mais il arrive que « l'isthme » – c'est le nom de cette partie du col – ne joue plus son rôle de verrou et qu'il s'ouvre plus ou moins. Cette « béance » peut être congénitale, ou elle peut être la conséquence d'un traumatisme : accouchement difficile, avortement provoqué, curetage.

● LES MALADIES MATERNELLES. Toutes les infections maternelles, soit locales (vagin), soit lointaines (gorge, amygdales, dents, reins), en envahissant l'œuf, par le sang ou par contiguïté, peuvent entraîner une interruption de la grossesse. Il est donc indispensable de soigner toute infection. Certaines maladies rénales ou vasculaires (hypertension), certaines maladies parasitaires, certaines intoxications peuvent également provoquer un avortement.

Par contre, l'iso-immunisation due au facteur rhésus (voir page 256) n'est jamais responsable d'avortements.

● LES INSUFFISANCES HORMONALES. On pense aujourd'hui que leur rôle est le plus souvent nul ; en effet, lorsqu'une grossesse semble s'interrompre, la chute des taux hormonaux est certainement la conséquence et non la cause de cette interruption. C'est pourquoi les traitements hormonaux sont actuellement abandonnés, à l'exception de quelques cas d'insuffisances hormonales qui préexistaient à la survenue de la grossesse.

Vous le voyez, un avortement spontané peut être dû à des causes variées. Ne vous étonnez donc pas si le médecin vous demande, après l'avortement, pour permettre la bonne évolution d'une nouvelle grossesse, de faire pratiquer certains examens tels que :
→ étude de la courbe de température,
→ radiographie de l'utérus,
→ examens de sang à la recherche d'une infection ou d'une parasitose,
→ dosages hormonaux car, s'il est vrai que les insuffisances hormonales au cours de la grossesse sont exceptionnelles, il reste certain qu'un bon équilibre hormonal est nécessaire, avant la grossesse, pour que celle-ci débute et se poursuive normalement.

Quelques semaines seront nécessaires pour faire ces examens. Il faudra également du temps pour pratiquer un traitement médical ou chirurgical, suivant la cause que ces examens auront permis de dépister. Ne vous impatientez donc pas si vous êtes pressée d'être à nouveau enceinte. Il est, de toute façon, recommandé, après une fausse-couche, d'éviter une nouvelle grossesse dans les trois mois qui suivent. Ce temps est en effet nécessaire pour que les cycles retrouvent leur caractère normal.

La grossesse extra-utérine

Au lieu de se nider dans l'*utérus,* l'œuf peut se fixer, de façon anormale, dans une *trompe* (voyez le schéma page 110). N'ayant pas la place de se développer il meurt, en général avant le troisième mois. Mais avant, il va, peu à peu, éroder la paroi de la trompe, et la fissurer, voire même la faire éclater, réalisant alors un accident très grave.

Il est donc indispensable de faire le plus tôt possible le diagnostic de la grossesse extra-utérine pour pouvoir aussitôt pratiquer une intervention chirurgicale. En effet, il n'y a pas d'autre solution : une grossesse extra-utérine ne peut pas évoluer.

Dans la pratique, une grossesse extra-utérine se signale par des pertes de sang noirâtres qui peuvent même survenir avant la date prévue pour les règles, et induire la femme en erreur. Plus ou moins rapidement, surviennent également des douleurs dans le bas-ventre, parfois très intenses. Deux examens orientent le diagnostic : le dosage de Beta H.C.G. (qui montre l'existence d'une grossesse), et l'échographie qui montre que l'utérus est vide et qu'il existe une image anormale dans une trompe. Un examen confirme ce diagnostic : la *cœlioscopie ;* un tube éclairant, introduit par une petite incision au niveau de la paroi abdominale, permet de regarder à l'intérieur de l'abdomen et de confirmer ou non l'existence d'une grossesse extra-utérine.

La grossesse extra-utérine doit être opérée soit par une intervention classique, soit par cœlioscopie.

Si au début de votre grossesse vous avez des *pertes de sang accompagnées de douleurs,* il est donc important de consulter le médecin sans tarder.

Une femme qui a fait une grossesse extra-utérine peut mener à bien ensuite une ou plusieurs grossesses. Il est vrai cependant que cette affection est volontiers récidivante. Si vous avez déjà eu une grossesse extra-utérine, n'hésitez donc pas à consulter rapidement dès le moindre retard de règles et, de même, lorsque vous aurez la certitude d'être enceinte, au moindre symptôme anormal.

L'avortement spontané et la grossesse extra-utérine interrompent la grossesse.
Les complications dont je vais vous parler maintenant, lorsqu'elles sont bien traitées,
permettent au contraire à la grossesse de se poursuivre,
d'évoluer habituellement d'une manière satisfaisante.

Les anémies

Les besoins en fer sont nettement augmentés au cours de la grossesse. Une partie du fer nécessaire est fournie par l'alimentation (c'est pourquoi, au chapitre 3, je vous ai donné la liste des aliments riches en fer), une autre est puisée dans les réserves de l'organisme maternel. Si ces réserves sont insuffisantes (ce qui peut être le cas dans certaines grossesses rapprochées), le déficit en fer va entraîner une anémie. Celle-ci peut se traduire par des symptômes tels que fatigue anormale, essoufflement, pâleur, mais l'anémie peut aussi être entièrement cachée et révélée seulement par un examen du sang. Ne vous étonnez donc pas si le médecin demande un examen vers le cinquième-sixième mois. Ces anémies sont d'un bon pronostic lorsqu'elles sont traitées par du fer que certains médecins préconisent d'ailleurs systématiquement. Elles n'ont pas de retentissement sur l'enfant.

La toxémie gravidique

Comme son nom l'indique [1], il s'agit d'une maladie particulière à la grossesse. On l'appelle aussi hypertension artérielle gravide ou hypertension provoquée par la grossesse. C'est une des rares complications que vous pouvez, au moins en partie, dépister vous-même. Elle se caractérise en effet par la présence d'albumine dans les urines, l'élévation de la tension artérielle et par des œdèmes.

La présence d'albumine dans les urines : cette présence n'est jamais normale et peut témoigner, au cours de la grossesse, soit d'une infection urinaire, soit d'une toxémie débutante. C'est pourquoi il est nécessaire de surveiller régulièrement les urines par des analyses, comme nous vous l'avons indiqué page 222.

● LA RECHERCHE DE L'ALBUMINE. Ce contrôle régulier est nécessaire, car vous pouvez vous sentir en parfaite santé et pourtant avoir de l'albuminurie. Les analyses seront plus fréquentes en cas d'albuminurie constatée.

A la maternité, cette recherche d'albumine est faite systématiquement à chaque consultation. Sinon, vous pouvez faire un contrôle vous-même, grâce à de l'Albustix. Mettez au contact des urines le petit ruban plastique comportant à son extrémité un papier jaune. Si le papier reste jaune, il n'y a pas d'albumine. S'il vire au vert, il y en a. Combien ? Vous ne pourrez pas l'évaluer vous-même, mais dans ce cas vous ferez faire par un laboratoire une analyse qui vous donnera une indication précise.

Pour cette analyse, apportez un échantillon prélevé sur les urines que vous aurez recueillies pendant 24 heures dans un récipient propre. Il est recommandé, avant de recueillir les urines, de procéder à une toilette soigneuse, pour que les résultats de l'analyse ne soient pas faussés par la présence de sécrétions vaginales, plus ou moins abondantes pendant la grossesse.

Une boîte d'Albustix (qui n'est pas remboursé par la Sécurité sociale) coûte 42,10 F, mais permet de faire 50 « examens ». Avec une ordonnance du médecin, les analyses faites par un laboratoire sont remboursées.

Toutes les fois qu'il y aura de l'albumine dans les urines même en petite quantité, dites-le à votre médecin. Car l'albuminurie peut être un signe d'infection urinaire ou de toxémie.

Une élévation anormale de la tension artérielle : c'est le médecin qui la constate lors d'une consultation.

Des œdèmes : les chevilles gonflent, les doigts deviennent « boudinés », avec impossibilité de retirer ses bagues, le visage lui-même peut gonfler.

---

1. *Gravidique*, de gravis, *« lourd » en latin ; or la femme enceinte est lourde de son enfant.*

Ces œdèmes ne traduisent pas toujours l'apparition d'une toxémie. C'est ainsi que les chevilles peuvent gonfler même au cours d'une grossesse normale, par exemple quand il fait très chaud. Mais si les œdèmes apparaissent brutalement et augmentent rapidement, ou s'ils s'accompagnent d'une prise brutale et excessive de poids, vous devez les considérer comme un symptôme d'alarme et consulter sans tarder votre médecin.

La toxémie traduit une anomalie de fonctionnement des reins et doit être vite et bien traitée. Sinon, elle peut exposer à de graves complications. Pour le bébé : hypotrophie et souffrance fœtale. Pour la future mère, risque d'*éclampsie,* affection qui était redoutable il y a encore trente ans mais qui aujourd'hui est heureusement très rare. L'éclampsie s'annonce par des troubles divers : maux de tête, douleurs au niveau de l'estomac, sensations de mouches volantes devant les yeux. Si vous éprouviez de tels symptômes, il serait urgent de consulter le médecin.

Il est donc essentiel pour la femme enceinte :
→ de se peser régulièrement, pour déceler une prise de poids excessive ;
→ de faire régulièrement au cours de la grossesse des analyses d'urine.

Cette surveillance est encore plus importante dans certains cas (où la toxémie risque d'être plus fréquente) :
→ avant 18 ans et après 40 ans,
→ dans le dernier trimestre de la grossesse, pour une première grossesse ou une grossesse gémellaire,
→ en automne et en hiver (le froid humide favorise la toxémie),
→ chez les obèses,
→ chez les femmes présentant déjà une hypertension ou une maladie rénale avant la grossesse.

Le traitement nécessite presque toujours une hospitalisation au moins temporaire pour faire un bilan. Le repos complet en position allongée est indispensable. On peut y associer des sédatifs et des médicaments pour faire baisser la tension artérielle. La surveillance du fœtus est particulièrement importante : enregistrement du rythme cardiaque fœtal et échographies à intervalles réguliers.

L'insertion basse du placenta

Normalement, l'œuf se nide dans le fond de l'utérus. Mais, il arrive parfois qu'il s'insère à la partie basse de l'utérus, plus ou moins près du col qu'il peut même recouvrir complètement (placenta dit recouvrant). C'est ce qu'on appelle le *placenta praevia* [1].

Habituellement, cette insertion anormale ne gêne pas le développement de l'enfant. Par contre, sous l'influence notamment des contractions de fin de grossesse, elle peut aboutir à un décollement partiel du placenta. Ce décollement provoque des hémorragies d'abondance variable, mais qui peuvent se répéter, et surtout s'aggraver brutalement.

En cas d'hémorragie en fin de grossesse, il faut voir immédiatement le médecin et se conformer à ses instructions. Il fera faire une échographie qui permettra de préciser l'insertion exacte du placenta. Le repos absolu est indispensable jusqu'à l'accouchement. Celui-ci pourra nécessiter une césarienne.

1. Prævia, ce qui étymologiquement veut dire sur la route de la naissance : præ-via.

Quand une maladie survient

La survenue d'une maladie infectieuse pendant la grossesse inquiète : les maladies ont mauvaise presse. En effet, s'il n'est pas douteux que, dans la majorité des cas, ces maladies soient sans conséquences particulières, il reste vrai qu'elles peuvent parfois entraîner des complications graves : avortement, accouchement prématuré, malformations fœtales. Il n'est pas question de passer en revue toutes les maladies infectieuses, nous ne vous parlerons que de celles qui risquent d'être dangereuses pour le bébé.

La rubéole

La rubéole est une maladie contagieuse extrêmement fréquente qui survient surtout au printemps et atteint essentiellement les enfants. Les symptômes (taches rosées, ganglions, fièvre) sont parfois si discrets qu'une fois sur deux la maladie passe inaperçue. En soi, la rubéole est une maladie bénigne, sauf lorsqu'elle survient au cours de la grossesse. Une femme enceinte atteinte de rubéole peut en effet transmettre la maladie à l'enfant qu'elle porte.

La rubéole est-elle fréquente au cours de la grossesse ? Non, en France tout au moins où nous sommes privilégiés : 90 % des femmes en âge d'être enceintes ont déjà eu la rubéole et sont par conséquent immunisées contre elle. Ce chiffre s'améliorera d'ailleurs encore puisque, depuis quelques années, les enfants sont vaccinés systématiquement. Chez les femmes non immunisées le risque est estimé à 4 pour 10 000.

Par contre, il est vrai que certaines professions exposent plus que d'autres à la contagion : enseignantes, infirmières, institutrices, etc.

Les risques de la rubéole. Ils diminuent en fréquence et en gravité avec l'âge de la grossesse. Les malformations (cœur, oreille, œil, système nerveux) sont le fait des atteintes précoces (85 % dans le premier mois, 40 % dans le deuxième, 20 % dans le troisième). Passé le troisième mois, il n'y a plus qu'un risque de 10 % d'anomalies généralement minimes. Par contre, l'enfant, même normal, peut être porteur du virus à la naissance. Ce qui est vérifié à ce moment-là.

Comment savoir si l'on est immunisée contre la rubéole ? En faisant faire un sérodiagnostic, c'est-à-dire en recherchant la présence dans le sang d'anticorps antirubéoleux.

S'il n'y a pas d'anticorps (sérodiagnostic négatif), vous n'avez pas eu la maladie et vous n'êtes pas immunisée. Si vous êtes enceinte, il vous faut être très prudente et fuir la contagion. Si vous n'êtes pas enceinte, il faut vous faire vacciner (voir ci-dessous).

S'il y a des anticorps (sérodiagnostic positif) ceci signifie que vous êtes immunisée et que vous n'avez rien à redouter.

Le sérodiagnostic de la rubéole fait partie de l'examen prénuptial et du premier examen prénatal.

J'ai été en contact avec un rubéoleux. Que faire ?

→ Si vous avez la certitude (notamment par un sérodiagnostic fait en début de grossesse) que vous êtes immunisée, n'ayez aucune crainte, vous ne courez aucun risque. Il en est de même si vous avez été vaccinée.

→ Dans le cas contraire, le médecin fera faire deux sérodiagnostics à quinze jours d'intervalle. Une élévation du taux des anticorps témoigne d'une rubéole récente donc peut-être dangereuse. Peut-être, car seule est source de malformation pour l'enfant la rubéole de primo-infection (vous n'avez jamais eu la rubéole et vous venez de l'attraper). La rubéole de réinfection (vous l'aviez déjà eue et vous l'avez une seconde fois, c'est possible contrairement à ce qu'on croit) n'est pas dangereuse pour l'enfant. On peut, par le sérodiagnostic, distinguer les deux formes.

→ Dans les cas douteux, le médecin fera certainement faire des gamma-globulines qui ne semblent toutefois actives que dans la période d'incubation de la maladie (c'est-à-dire entre le contact avec le rubéoleux et l'apparition de l'éruption).

→ Dans les cas où une rubéole est indiscutablement constatée au cours des quatre premiers mois, l'interruption de grossesse est autorisée en France, comme dans de nombreux pays.

Le vaccin contre la rubéole existe et actuellement, au moins en France, tous les enfants sont vaccinés. Toutefois, on ne connaît pas encore exactement la durée de l'immunité qu'il confère.

Aussi est-il préférable, avant d'envisager une grossesse, de faire un sérodiagnostic. Positif, il prouve que l'immunité est acquise, négatif il doit conduire à une autre vaccination. Celle-ci est très simple et ne nécessite qu'une seule injection. Il est préférable de ne pas être enceinte pendant les trois mois suivants (et donc de prendre la pilule pendant ce temps puisque c'est le seul contraceptif efficace à 100 %) car on ne connaît pas très bien les effets du vaccin sur une grossesse débutante. Toutefois, il est arrivé qu'une femme se fasse vacciner alors qu'elle ne se savait pas encore enceinte. Aucune malformation n'a été constatée dans un tel cas.

La toxoplasmose

La toxoplasmose, maladie due à un parasite, le toxoplasme, est très répandue en France parce que les Français aiment la viande saignante. En effet, le toxoplasme – qui est tué dans une viande bien cuite – est très fréquent dans les viandes de mouton (50 % de nos moutons en contiennent) et de porc (30 %). Le bœuf et le veau sont sans doute moins souvent infestés.

Comme ceux de la rubéole, les symptômes de la toxoplasmose peuvent être très discrets : ganglions de la tête et du cou enflés, fièvre légère, fatigue, douleurs musculaires ou articulaires.

C'est pourquoi bien des Françaises ont eu la toxoplasmose sans même s'en apercevoir : selon les régions 60 à 75 % des futures mères sont ainsi immunisées naturellement ; les autres risquent évidemment d'attraper la maladie pendant la grossesse. Parmi elles, quelques-unes risquent de contaminer leur bébé. Or, cette contamination peut avoir de sérieuses conséquences, soit pour la vie du bébé, soit pour sa santé.

Comment savoir si je suis immunisée contre la toxoplasmose ? En faisant faire un sérodiagnostic. Ce sérodiagnostic a pu être fait lors de l'examen prénuptial (il fait partie des examens obligatoires) ; sinon, ne vous inquiétez pas, il sera fait en début de grossesse (il fait partie des examens qui accompagnent automatiquement la déclaration de grossesse). Le sérodiagnostic consiste à chercher si votre sang contient des anticorps contre la maladie. S'il en contient un taux suffisant, vous êtes immunisée. Dans les cas douteux – taux très faible –, on vous fera faire un contrôle deux à trois semaines plus tard. Si le taux d'anticorps reste trop faible, on considère que le sérodiagnostic est négatif, et que vous n'êtes pas immunisée. Dans le cas contraire – sérodiagnostic positif –, vous ne courez aucun risque au cours de la grossesse.

Je ne suis pas immunisée, quelles précautions dois-je prendre ? D'abord faire faire un sérodiagnostic toutes les 4 à 5 semaines pour détecter immédiatement une infection éventuelle et envisager d'urgence un traitement. Bien entendu, en cas de ganglions enflés, de fatigue anormale, faites faire l'examen sans attendre. Puis, vous éviterez de manger de la viande crue (« steack tartare »), et de la viande saignante (surtout du mouton) [1]. Vous prendrez aussi une autre précaution : vous ne mangerez la salade et les fruits que très soigneusement lavés. En effet, on a découvert que le chat, souvent contaminé puisqu'il mange de la viande, abritait le toxoplasme dans ses intestins et le rejetait avec ses excréments : un chat peut donc avoir souillé de la salade ou des fruits tombés à terre. Le cas n'est pas rare. Pour la même raison, la future maman qui n'est pas immunisée évitera le contact des chats.

Je ne suis pas immunisée, quels sont les risques ? Il n'y a de risque que si vous contractez la toxoplasmose pendant votre grossesse.

Mais, d'abord, il n'y a que 4 à 5 % des femmes à sérodiagnostic négatif qui contractent la toxoplasmose pendant qu'elles sont enceintes.

Ensuite, même dans ce cas de toxoplasmose maternelle pendant la grossesse, il y a seulement 40 % de risques que l'enfant soit atteint.

La gravité du risque dépend de deux facteurs : l'« âge » de la grossesse et la mise en œuvre rapide d'un traitement.

→ Age de la grossesse : au premier trimestre, il est rare que le toxoplasme traverse le placenta. Mais lorsqu'il y arrive, l'atteinte de l'œuf est généralement grave ; elle peut même aboutir à sa mort et à l'avortement.

Au second trimestre, et notamment à partir du cinquième mois, le placenta devient plus facile à traverser ; l'enfant est donc plus souvent atteint, et l'atteinte fœtale est souvent grave (lésions cérébrales et oculaires) si la mère n'est pas traitée.

Au cours du troisième trimestre, la contamination est encore plus fréquente, mais les conséquences sont beaucoup moins graves : souvent, l'enfant naît apparemment indemne et la maladie n'est décelée que par les examens de laboratoire. Évidemment, dès que la maladie est diagnostiquée, l'enfant est traité.

Les formes de maladie inapparentes chez l'enfant sont les plus fréquentes : elles représentent 4 cas sur 5.

→ En cas de toxoplasmose survenant en cours de grossesse, on tente de préciser le risque d'atteinte du fœtus par l'échographie, par la ponction du sang fœtal, et surtout

---

1. *Ces précautions ne valent pas pour la viande congelée, le parasite ayant été tué par la congélation.*

246 Et si une complication survient

par l'amniocentèse. Ceci permet de choisir le traitement le plus adéquat. Ce traitement est efficace, puisque 80 % au moins des enfants de femmes traitées à temps sont indemnes, contre 50 % seulement dans le cas contraire.

Existe-t-il un vaccin contre la toxoplasmose ? Non, pas pour le moment.

La listériose

Comme la rubéole et la toxoplasmose, la listériose est une maladie bénigne ou même inapparente chez la mère, alors qu'elle est souvent redoutable pour le fœtus.

Elle est transmise par les animaux domestiques (chiens, chats) ou d'élevage (vache, mouton, chèvre, lapin, volaille). Pour cette raison, elle est plus fréquente dans les milieux ruraux et dans certains milieux professionnels, mais elle peut atteindre n'importe quelle femme enceinte soit par les aliments d'origine animale (viande, œufs, lait, fromage), soit par contact avec un animal infecté, soit enfin si des aliments ont pu être, d'une manière ou d'une autre, en contact avec des sécrétions ou excréments d'animaux. Le bacille responsable traverse le placenta et atteint l'enfant. Celui-ci peut mourir dans l'utérus. Mais le plus souvent la maladie provoque un accouchement prématuré donnant naissance à un enfant qui mourra en quelques jours dans plus de la moitié des cas.

Il est important de dépister la maladie chez la femme enceinte, car le bacille est très sensible aux antibiotiques. Malheureusement, ce dépistage est difficile car l'affection se cache souvent sous le masque d'une maladie banale : grippe, infection urinaire, etc. Chez une femme enceinte, tout épisode de fièvre qui ne peut être rapidement rattaché à une cause évidente doit faire rechercher le bacille dans le sang, la gorge et les pertes vaginales. C'est le seul moyen de faire le diagnostic et d'instaurer un traitement. Si celui-ci est suffisamment précoce, l'enfant sera indemne.

Les autres maladies infectieuses

Une future mère n'est pas à l'abri des autres maladies infectieuses, surtout s'il y a de jeunes enfants dans la famille. La question est de savoir, pour les plus fréquentes (rougeole, varicelle, grippe, scarlatine), si elles peuvent atteindre l'enfant à naître.

→ *La rougeole* ne semble pas susceptible de donner de malformation. Par contre, quand elle est contractée dans les jours précédant l'accouchement, l'enfant peut naître avec une rougeole congénitale capable de donner des complications pulmonaires graves. Aussi, toute femme enceinte non immunisée contre la maladie doit recevoir des gamma-globulines dans les soixante-douze heures suivant le contact suspect.

→ *La varicelle*. Entre la 8e et la 15e semaine, la varicelle risque d'entraîner des malformations (sytème nerveux, yeux, membres). C'est pourquoi lorsqu'une future mère contracte la varicelle au cours des quatre premiers mois de la grossesse, le médecin fait faire des gamma-globulines (malheureusement pas efficaces à 100 %) ; et des échographies sont faites régulièrement pour voir si l'enfant n'a pas été atteint.

Cela dit, la varicelle est une maladie si répandue dans l'enfance que presque toutes les futures mères l'ont eue.

→ *La grippe* n'a généralement pas de conséquences sauf exceptionnellement au cours d'épidémies de grippe particulièrement sévères. Il est malgré tout conseillé aux femmes enceintes de se faire vacciner.

→ *La scarlatine* ne présente pas de gravité pour l'enfant si elle est précocément et correctement traitée chez la mère.

Les infections urinaires

En dehors des troubles urinaires « mécaniques » dont vous avez vu la fréquence (page 203), il est possible que la future mère éprouve, outre des envies fréquentes d'uriner, des douleurs à la vessie et lorsqu'elle urine, une sensation de brûlure. Parfois, les douleurs se situent plus haut que la vessie, à la hauteur de l'abdomen ou des reins. Certaines femmes prennent même ces douleurs pour des contractions de l'utérus. La cause de cette cystite est une infection urinaire. Elle peut s'accompagner d'urines anormalement troubles, parfois teintées de sang. Bien entendu il faut consulter le médecin qui demandera un examen cytobactériologique des urines (E.C.B.U.). Celui-ci montrera la présence de microbes, en général de la famille du colibacille ou de l'entérocoque.

Traitées rapidement, ces infections guérissent facilement mais elles ont souvent tendance à réapparaître. Aussi, après une infection urinaire, faut-il exercer une surveillance plus attentive des urines car, non ou insuffisamment traitées, ces infections risquent de s'étendre aux reins (pyélonéphrites), mais surtout semblent pouvoir retentir sur l'évolution de la grossesse et déterminer une hypotrophie de l'enfant et un accouchement prématuré (voir page 265).

L'hépatite virale

Cette maladie se manifeste par une jaunisse accompagnée de démangeaisons intenses sur tout le corps mais elle peut aussi s'accompagner d'un minimum de symptômes, voire passer complètement inaperçue. Il existe plusieurs sortes d'hépatites virales. L'hépatite A survient surtout après ingestion d'aliments porteurs du virus (les crustacés et coquillages en particulier). L'hépatite B s'attrape surtout par voie sanguine. Enfin, existent d'autres hépatites dites non A, non B.

L'hépatite peut avoir des conséquences sérieuses si elle survient au cours de la deuxième moitié de la grossesse car, dans 50 % des cas, elle entraîne un accouchement prématuré. L'enfant lui-même peut avoir une hépatite soit par passage du virus à travers le placenta, soit par contamination maternelle directe à la naissance.

Depuis peu, on sait qu'une hépatite maternelle, même guérie depuis longtemps, risque d'être dangereuse pour l'enfant, notamment pour l'hépatite B. En effet, dans 10 % des cas, même après guérisson apparente, le virus reste dans le sang. Cette situation concernerait environ 1 % des femmes enceintes. Il existe alors un risque de contamination de l'enfant au moment de la naissance. *Mais ce risque est annulé par l'injection à l'enfant, immédiatement après la naissance, de gamma-globulines antihépatite et par une vaccination.*

C'est la raison pour laquelle, la recherche dans le sang maternel d'anticorps antihépatite (dits antigènes Hbs et Hbe) se fait systématiquement (voyez page 216) en début de grossesse. En cas de réaction positive, il faudra traiter l'enfant après la naissance.

Interventions chirurgicales

Peut-on se faire opérer quand on est enceinte ? Oui c'est possible. Mais on ne pratique que les interventions urgentes, une appendicite aiguë, par exemple. Et quand l'opération nécessite l'ouverture de l'abdomen, elle implique des précautions particulières, en raison des risques d'avortement ou d'accouchement prématuré.

Si vous étiez malade avant d'être enceinte

Chez une femme atteinte d'une maladie, la survenue d'une grossesse peut poser certains problèmes. En effet, dans certains cas, maladie et grossesse font mauvais ménage.

Il arrive que, sous l'influence de l'effort supplémentaire que la grossesse demande à l'organisme, la maladie se complique et s'aggrave.

A l'inverse, il arrive que la maladie menace la grossesse dans son évolution, perturbe l'accouchement et retentisse sur l'état de l'enfant.

Pour illustrer les problèmes que peut poser la coexistence d'une maladie antérieure à la grossesse et la grossesse présente, voici quelques exemples choisis parmi les plus courants.

Le diabète

Cette maladie du métabolisme (transformation) des sucres se traduit uniquement, au moins au début, par un taux anormal de sucre dans le sang, et par la présence de sucre dans les urines. Autrefois, le diabète rendait la grossesse très dangereuse et pour la mère et pour l'enfant. Aujourd'hui, les progrès de la médecine ont considérablement réduit les risques dans les centres spécialisés. La mortalité périnatale a beaucoup chuté depuis quelques années pour se rapprocher des chiffres observés dans la population générale. Certaines complications restent cependant plus fréquentes : l'hypertension artérielle, l'hydramnios et des signes de souffrance fœtale en fin de grossesse. D'autres complications risquent de survenir si le diabète est mal contrôlé : fréquence accrue des fausses couches, des malformations fœtales, voire même des morts fœtales dans les dernières semaines de la grossesse.

Quand le diabète est connu avant la grossesse, celle-ci peut se dérouler sans encombre à condition :

→ d'avoir « préparé » la grossesse avec le diabétologue : il vous proposera un régime rigoureux, un fractionnement des doses quotidiennes d'insuline en trois injections au minimum, ainsi que des examens d'auto-surveillance glycémique très fréquents (6 fois par jour) car c'est dans les toutes premières semaines de la vie embryonnaire que se produisent les malformations fœtales qui peuvent être le tribut d'un mauvais équilibre du diabète de la mère ; on compte seulement 1,2 % d'anomalies congénitales chez les femmes « préparées » contre 11 % chez les autres ;

→ de suivre très strictement le traitement et le régime qui auront été prescrits ;

→ d'être surveillée très régulièrement (toutes les deux semaines) par le diabétologue et l'accoucheur ;

→ d'accepter, si elle est nécessaire, une hospitalisation avant la conception ou en début de grossesse, pour équilibrer le diabète si ça n'a pas été fait auparavant ; plus rarement en fin de grossesse si apparaît la moindre complication.

Grâce à cette surveillance attentive tout au long de la grossesse, le pronostic s'est considérablement amélioré. L'accouchement s'effectue le plus souvent à terme, mais il n'est pas rare qu'on le déclenche à 38-39 semaines.

La césarienne n'est pas obligatoire, mais reste plus fréquente que chez les non-diabétiques. Le nouveau-né – qui est souvent gros – doit être surveillé pendant les premiers jours de sa vie, car il est souvent hypoglycémique. Un apport de sucre – par voie intraveineuse ou par l'alimentation plus ou moins continue – est donc nécessaire le plus souvent.

Le diabète peut aussi être découvert durant la grossesse. Parfois, ce diabète préexistait à la grossesse, mais n'était pas connu, et lui survivra. Mais le plus souvent, il s'agit d'un « diabète gestationnel » qui est dû aux modifications hormonales de la grossesse et qui disparaîtra à l'accouchement. Le diabète gestationnel doit être traité avec le même sérieux que la grossesse chez une diabétique connue. Le régime permettra parfois à lui seul d'obtenir un contrôle parfait de la glycémie mais le plus souvent il faudra lui adjoindre un traitement insulinique. Une courte hospitalisation sera nécessaire pour la mise en route de l'insuline et l'apprentissage technique (injections, auto-contrôle glycémique, adaptation des doses) qui permettra d'acquérir une autonomie complète pour les soins quotidiens. Dans ce cas le traitement par l'insuline sera arrêté tout de suite après l'accouchement. Il sera cependant utile de vérifier ultérieurement la glycémie, en particulier en cas de contraception œstro-progestative (à éviter dans la mesure du possible) ou de nouvelle grossesse. Bien souvent, chez des femmes obèses, un amaigrissement volontaire par un régime hypocalorique approprié, réduira le risque de réapparition du diabète.

Certaines femmes risquent plus que d'autres de développer un diabète gestationnel :
→ celles qui ont un gros surpoids ;
→ celles qui ont des diabétiques dans leur proche famille (parents, fratrie) ;
→ celles qui ont déjà mis au monde de gros enfants, ou des enfants mort-nés ;
→ celles qui ont déjà eu des glycémies un peu élevées lorsqu'elles prenaient la pilule.
Ces cas sont à signaler au médecin.

Reste enfin le problème qui inquiète beaucoup de femmes : au cours d'un examen d'urines fait pendant la grossesse, vous découvrez la présence de sucre. Ne vous inquiétez pas pour autant. Il s'agit au moins neuf fois sur dix d'une simple anomalie de filtration au niveau du rein en rapport avec la grossesse. Signalez cependant le fait au médecin pour qu'il vérifie votre glycémie dont seule l'élévation définit le diabète sucré.

L'insuffisance rénale et l'hypertension artérielle

De grands progrès ont été accomplis dans ce domaine. Grâce aux traitements actuels, le retentissement de la grossesse sur ces deux maladies est beaucoup mieux contrôlé et il est devenu exceptionnel que la santé (ou même la vie) de la future mère soit tellement menacée que l'on doive recourir à une interruption médicale de grossesse. Par contre, il reste vrai qu'une telle grossesse, qui représente le type même de la grossesse à risques, doit être particulièrement surveillée en milieu spécialisé. En effet, les accidents restent fréquents : avortement, retard de croissance intra-utérin, souffrance fœtale, accouchement prématuré. En cas d'insuffisance rénale ou d'hypertension artérielle, on note également une plus grande fréquence des toxémies gravidiques.

Les maladies cardiaques

Toutes les maladies cardiaques n'ont pas la même gravité, mais toutes imposent les mêmes mesures de prudence en raison du travail supplémentaire que la grossesse impose au cœur : repos le plus complet possible, régime pauvre en sel, vie calme sans émotions ni fatigue, surveillance médicale régulière et fréquente.

Tous les traitements habituels sont autorisés, y compris même les interventions de chirurgie cardiaque.

L'obésité

Les obèses ont souvent tendance à prendre, au cours de la grossesse, plus de poids que les autres et à faire des complications plus fréquentes : albumine dans les urines, hypertension artérielle. C'est dire la nécessité d'un régime alimentaire particulièrement strict.

Cependant, la ration quotidienne ne doit pas être inférieure à 1 800 calories car il faut assurer la croissance de l'enfant. La restriction doit porter surtout sur les graisses (pas plus de 30 g par jour apportés surtout sous forme de beurre frais). Les glucides doivent être absorbés en quantités modérées. L'alimentation doit être composée surtout de protides (viandes grillées, œufs, poissons), de légumes verts, de fromage non gras, de laitages et de fruits.

Les enfants sont souvent (comme ceux des diabétiques) de poids élevé, d'où des difficultés possibles au moment de l'accouchement.

La tuberculose

La tuberculose, qui était en voie de disparition, a malheureusement tendance à refaire surface, en France comme dans de nombreux autres pays. En cas de tuberculose, l'évolution de la grossesse n'est pas modifiée, et l'accouchement se déroule normalement. L'enfant né d'une mère tuberculeuse ne naît pas tuberculeux, il n'y a pas de contamination *in utero*. Par contre, si cruel que cela puisse paraître, l'enfant devra être séparé de sa mère si celle-ci est, ou risque d'être, encore contagieuse. En ce qui concerne l'allaitement maternel, la plupart des médecins le déconseillent ; en plus, il risque d'accroître la fatigue de la mère. Le nouveau-né sera vacciné par le B.C.G. dès la première semaine.

Les maladies sexuellement transmissibles

Les femmes enceintes n'ont pas échappé à la grande recrudescence des maladies sexuellement transmissibles (M.S.T.) qui s'est produite au cours des dix dernières années. De fréquence et de gravité différentes, ces maladies comportent cependant toutes, peu ou prou, un risque pour l'enfant. C'est la raison pour laquelle je voudrais vous dire quelques mots des principales d'entre elles.

■ Le sida

On sait maintenant qu'un certain nombre de personnes, bien que ne présentant aucun signe de la maladie, sont porteuses du virus du sida (Syndrome d'immuno-déficience acquise). On trouve dans leur sang des anticorps anti-sida ou, pour être plus précis, des anticorps anti-LAV ou anti-HIV. Par contre, on ignore encore pourquoi certaines de ces personnes, dites séropositives, développent un jour un véritable Sida alors que d'autres ne le font pas. Il semble toutefois que les contacts répétés avec le virus soient un facteur aggravant.

Une femme enceinte peut évidemment être séropositive, et l'on estime approximativement qu'il y a en France 30 à 40 000 femmes en âge d'avoir des enfants contaminées par le virus, souvent sans le savoir. En règle générale, ces femmes font partie des groupes à haut risque, et l'on peut considérer comme particulièrement exposées les toxicomanes usant de drogues dures administrées par voie intraveineuse. Ces femmes représentent la grande majorité des cas de Sida découverts chez les futures mères.

Les femmes des toxicomanes sont également exposées. De même que : les femmes mariées à des hémophiles (80 % au moins d'entre elles sont atteintes) ; les prostituées ; les femmes ayant de nombreux partenaires sexuels ; celles dont le compagnon est bisexuel ; celles dont le compagnon a aussi d'autres partenaires ; les immigrées venant d'Afrique équatoriale et des Caraïbes.

Les risques de l'association sida et grossesse concernent à la fois la femme et l'enfant.

Pour la femme, les modifications de l'immunité qu'entraîne la grossesse peuvent accélérer l'évolution de la maladie et provoquer l'apparition d'une poussée évolutive grave, et parfois mortelle surtout à la fin de la grossesse et après l'accouchement.

Pour l'enfant, il est encore difficile de préciser les risques qu'il court réellement d'être atteint par la maladie. Les statistiques actuelles donnent des chiffres très variables allant de 15 à 30 %. Il semble bien que l'importance du risque soit en rapport avec la gravité de l'atteinte maternelle.

Tous les enfants nés de mère séropositive sont séropositifs à la naissance car les anticorps anti-sida maternels traversent le placenta. Ceci ne signifie pas que tous ces enfants soient infectés. Plusieurs tests sont actuellement à l'étude pour permettre un diagnostic précis très rapidement après la naissance. Certains enfants vont en effet voir leurs anticorps disparaître dans les 12 à 15 mois suivant la naissance. Ces enfants sont indemnes et rien ne les distinguera ultérieurement des autres.

Malheureusement 15 à 30 % vont garder des anticorps : ce sont leurs anticorps (et non ceux de la mère) et ceci signifie qu'ils sont infectés. Or le sida est plus grave chez les bébés que chez l'adulte. Un tiers environ de ces nouveau-nés présente un déficit immunitaire grave, avec un délai de survie ne dépassant pas 3 à 4 ans. Pour les deux autres tiers, l'évolution sera plus lente avec un taux de sida déclaré de 5 % par an.

Il n'existe encore aucun traitement contre cette maladie. Il semble toutefois que si on donne à la femme pendant la grossesse et l'accouchement, puis au nouveau-né après la naissance, un médicament appelé A.Z.T., cela diminue nettement le nombre de contaminations mère-enfant. Il est cependant encore trop tôt pour en tirer une conclusion définitive. Aussi on continue à déconseiller formellement aux femmes séropositives d'attendre un enfant. Certains médecins proposent une interruption de grossesse quand une femme séropositive devient enceinte, mais l'avis n'est pas unanime sur ce point en raison des divergences sur l'appréciation exacte des risques.

Les enfants qui restent séropositifs doivent être constamment suivis pendant les premières années de la vie [1].

L'herpès

Cette maladie virale se traduit par l'apparition de petites vésicules (comme celles de la varicelle) groupées sur une plaque rouge. L'herpès peut se situer au niveau du visage (surtout sur les lèvres), ou au niveau de l'appareil génital (vulve, vagin et col). Seul l'herpès génital est dangereux pour l'enfant : celui-ci peut être contaminé au passage, lors de l'accouchement, et risque une encéphalite d'une très grande gravité. Aussi, quand existe une poussée d'herpès génital, au moment de l'accouchement, la césarienne s'impose absolument. Et l'enfant sera indemne. Toutefois, alors que l'herpès vulvaire est facilement visible, celui du col est impossible à diagnostiquer cliniquement. Aussi, toute femme ayant fait une (ou a fortiori plusieurs) poussée d'herpès génital au cours de sa grossesse, doit bénéficier d'une recherche systématique de cellules herpétiques au niveau du col tous les 10 à 15 jours dans les 6 dernières semaines de la grossesse. Si cette recherche est positive, la césarienne s'impose également.

Après la naissance, et quelle que soit la localisation de l'herpès, des précautions d'hygiène s'imposent pour ne pas contaminer le nouveau-né qui a de la peine à se défendre contre les infections virales ; en cas d'herpès labial, il est malheureusement déconseillé d'embrasser le bébé.

Gonococcie et infections à chlamydiae

La gonococcie (ou blennoragie) entraîne habituellement des pertes et une irritation vulvo-vaginale importantes. Le risque est, d'une part, l'infection des membranes de l'œuf avec rupture prématurée de la poche des eaux ; d'autre part, la contamination de l'enfant au moment de l'accouchement (avec notamment des conjonctivites parfois graves). Des pertes ou une irritation doivent conduire à consulter sans attendre.

Les infections à chlamydiae sont très fréquentes et passent volontiers inaperçues (simples pertes blanches avec irritation locale peu importante) au point que certains médecins ont proposé leur dépistage systématique au cours de la grossesse. Le risque pour l'enfant est, là encore, celui d'infection des membranes avec accouchement prématuré ; d'autre part celui d'infection par contact direct avec le col et le vagin au cours

1. *Si vous vous posez d'autres questions sur le sida, vous pouvez vous adresser à Sida-infos-service, tél. 05.36.66.36.*

de l'accouchement. Cette infection peut provoquer conjonctivites et pneumonies. Là aussi, devant de tels symptômes, il faudra consulter sans attendre.

Les *condylomes vénériens,* encore appelés parfois crêtes de coq, sont des sortes de petites verrues qui se situent au niveau de la vulve. Ces verrues guérissent habituellement par de simples applications de différentes crèmes ou pommades, mais lorsqu'elles sont très nombreuses, il peut être nécessaire de les enlever par électrocoagulation.

La syphilis

Alors qu'elle était en voie de régression, cette maladie vénérienne retrouve depuis dix ans une nouvelle jeunesse, et le nombre de cas enregistrés a augmenté de 300 % en quelques années. C'est la syphilis maternelle qui est importante. Une syphilis paternelle ne peut intervenir que comme source de contamination éventuelle de la mère.

Au contraire de la tuberculose, c'est à partir du cinquième mois que la syphilis peut se transmettre à l'enfant dans l'utérus. C'est pourquoi il est essentiel de faire un dépistage en début de grossesse. Ce test est obligatoire, il est automatiquement fait (prise de sang) au moment de la déclaration de grossesse.

Si le test est négatif, il est important de ne prendre aucun risque de contamination après.

Si le test est positif, la future maman est soignée (surtout avec de la pénicilline), et l'enfant vient au monde en bonne santé. L'important est donc d'être soignée à temps, c'est-à-dire avant le 5ᵉ mois. Non soignée, une femme n'a que 35 % de chances de mettre au monde un enfant normal et sain.

De toute manière, lorsque la mère a été malade, on fait par prudence, à la naissance, des analyses du sang du bébé, pour savoir s'il n'a pas été atteint, et s'il est nécessaire ou non de lui faire un traitement.

Et l'alcool ? Et la drogue ?

Alcoolisme et grossesse. C'est un sujet qu'on ne peut éviter dans un pays qui détient de tristes records mondiaux de consommation d'alcool, y compris chez les femmes : selon les régions, 1 à 3 nouveau-nés pour 1 000 subissent les conséquences de l'alcoolisme maternel.

A la naissance, l'enfant a un aspect particulier. Sa taille, son poids, son périmètre crânien sont inférieurs à la normale. Le front est bombé, le menton fuyant, le nez écrasé. A ce faciès bien particulier peuvent s'ajouter des malformations, notamment cardiaques : l'alcool est une cause de malformations cardiaques plus fréquente que la rubéole. Ce nouveau-né est particulièrement agité dans les jours qui suivent la naissance. Ultérieurement, ce handicap de départ n'a pas tendance à s'améliorer. Il existe un retard du développement physique et intellectuel s'accompagnant de troubles caractériels.

Cette description dramatique est celle d'un enfant dont la mère a bu régulièrement 2 litres de vin par jour, ce qui hélas, n'est pas rare dans certains milieux et régions ; ou plusieurs litres de bière ; ou encore 6 whiskies (d'après des statistiques américaines).

Le rôle de l'alcool semble double. D'une part il traverse directement le placenta et se retrouve dans la circulation de l'enfant. Là, il perturbe le métabolisme et le développement des cellules embryonnaires, d'autant que le foie de l'embryon – ou du fœtus –

n'est pas aussi bien équipé que celui de l'adulte pour détruire l'alcool. D'autre part, l'alcool entraîne des carences et une malnutrition maternelles qui perturbent les échanges avec l'enfant.

L'alcoolisme n'est pas héréditaire. Si une femme, même alcoolique chronique, cesse de boire avant le début de la grossesse, son enfant sera aussi normal que n'importe quel autre.

Est-ce à dire que la future mère est condamnée au régime sec pendant neuf mois ? Pas tout à fait, mais presque. Pour plus de détails, voyez page 57.

Drogue et grossesse. Les conséquences de l'usage de la drogue pendant la grossesse sont diverses selon le type d'intoxication.

→ *Les opiacés* (morphine et surtout héroïne qui est plus souvent utilisée) sont responsables d'une augmentation des infections maternelles de tout genre, et de toutes les complications qui peuvent surgir au cours de l'évolution d'une grossesse. Il n'y a pas plus d'enfants malformés ; par contre le nouveau-né est de poids inférieur à la normale ; il est souvent prématuré, il peut présenter un syndrome de manque, parfois mortel. Il faut ajouter que c'est parmi les utilisatrices de drogues dures que l'on trouve le plus de cas de sida associés à la grossesse ; le danger est accru du fait que ces drogues sont injectables et que très souvent les seringues s'échangent.

→ *Les substances hallucinogènes,* comme le L.S.D., sont peu utilisées en France. Elles provoquent des avortements – la fréquence est multipliée par 2 – et des malformations congénitales – la fréquence est multipliée par 3.

→ *Les extraits du chanvre indien* (haschich, marijuana, kif) sont sans conséquences connues jusqu'à présent. Les risques, quand ils existent, tiennent plutôt au mode de vie de la femme : conditions socio-économiques, moins bonne surveillance de la grossesse, etc.

Attention danger

C'est à la page 456 que vous trouverez un tableau regroupant les symptômes que vous devez signaler au médecin dès leur apparition. Ils ne traduisent pas forcément la survenue d'une complication grave, mais seul le médecin pourra les interpréter. Il est donc important que vous les connaissiez.

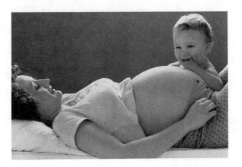

Le facteur rhésus

Peu de domaines de l'obstétrique ont évolué aussi rapidement que le facteur rhésus. En l'espace de quarante ans, on a découvert son existence, décrit les accidents qu'il pouvait donner, et trouvé un traitement non seulement pour guérir, mais aussi pour prévenir ces accidents. Aujourd'hui, comme vous allez le voir, l'avenir se présente sous un jour très favorable. Mais les futures mères redoutent encore ces accidents, sans savoir en général ce qui peut les provoquer. C'est pourquoi voici quelques explications.

Les groupes sanguins. Chacun d'entre nous appartient à un groupe sanguin désigné par les lettres A, B, O, AB. A ces 4 groupes dits « classiques » parce que les plus anciennement connus, sont venus s'ajouter d'autres groupes tout aussi importants : ainsi le facteur rhésus [1]. 85 % des humains possèdent ce facteur dans leur sang et sont dits *rhésus positif ;* les 15 % restant ne le possèdent pas et sont dits *rhésus négatif.* Lors des transfusions la compatibilité entre le sang du receveur et celui du donneur doit être respectée, faute de quoi peuvent survenir des accidents plus ou moins graves. Ainsi quand le sang d'un sujet rhésus négatif entre en contact avec du sang rhésus positif, il réagit en fabriquant des anticorps (encore appelés agglutinines) antirhésus. On dit que le sujet rhésus négatif *s'immunise.*

Le seul cas où des accidents du facteur rhésus peuvent survenir en cours de grossesse est celui d'une femme rhésus négatif mariée à un homme rhésus positif (et non l'inverse).

Comment une femme rhésus négatif peut-elle s'immuniser ?
→ Soit en recevant, par erreur, une transfusion de sang rhésus positif. Cette erreur est devenue absolument exceptionnelle ;
→ soit, au cours d'une grossesse, en attendant un enfant rhésus positif. Les globules rouges rhésus positif du fœtus peuvent (ceci n'est ni obligatoire, ni constant) passer dans l'organisme maternel. Au contact de ces globules rhésus positif la femme va développer des agglutinines antirhésus. Celles-ci peuvent, à leur tour, passer à travers le placenta et détruire les globules rouges du fœtus, provoquant alors des accidents plus ou moins graves. En fait, ce passage des globules rouges fœtaux vers le sang maternel se fait essentiellement au moment de l'accouchement et de la délivrance. Les agglutinines maternelles ne peuvent donc plus être néfastes pour l'enfant qui vient de naître. Par contre, restant dans le sang de la mère, elles pourraient l'être pour le ou les enfants suivants. Ceci n'est en principe plus vrai aujourd'hui puisque l'on vaccine systématiquement après l'accouchement et que cette vaccination empêche les agglutinines maternelles de se développer (voir ci-dessous *La prévention des accidents*).

---

1. Actuellement sont obligatoires au moment de la déclaration de grossesse : la détermination du groupe ABO, du groupe Rhésus et du groupe Kell (qui est un autre groupe) ; en effet des transfusions sanguines non compatibles dans le système Kell pourraient donner des accidents fœtaux analogues à ceux observés dans le système Rhésus.

Quels sont les risques pour une femme rhésus négatif d'être enceinte d'un enfant rhésus positif ? Cela dépend du père. S'il est rhésus négatif, l'enfant le sera également, donc pas de risque. Si le père est rhésus positif, il y a une chance sur deux que l'enfant soit rhésus négatif, donc une possibilité sur deux seulement pour qu'il soit rhésus positif et qu'il coure un risque. Même dans ce cas, les accidents paraissent beaucoup moins fréquents qu'on ne devrait s'y attendre. Ainsi, nombre de couples paraissent protégés par des mécanismes dont la plupart sont encore inconnus.

Que faire si vous êtes facteur rhésus négatif ? Le premier geste de prévention consiste à dépister les femmes rhésus négatif, donc susceptibles de s'immuniser. Les règlements de Sécurité sociale prévoient d'ailleurs la détermination du groupe sanguin dans les trois premiers mois de la grossesse, avec un contrôle au cours du 9e mois.

Une fois que vous savez que vous êtes rhésus négatif, il est évidemment fondamental de connaître le groupe du père [1]. S'il est rhésus négatif, vous ne courez aucun risque puisque, vous l'avez vu, vos enfants seront obligatoirement rhésus négatif. Si le père est rhésus positif, c'est-à-dire si vous êtes dans les conditions de l'immunisation, il est intéressant de connaître son groupe (A, B, O ou AB). Il semble en effet que l'incompatibilité dans ce système (vous êtes du groupe A et le père du groupe B, par exemple) protège dans une certaine mesure contre la survenue des accidents d'immunisation.

La surveillance de la grossesse doit évidemment être attentive et les examens suffisamment fréquents. La recherche et le dosage des agglutinines seront pratiqués chaque mois. Cette recherche sera faite même si la femme a déjà bénéficié d'un traitement préventif lors d'une grossesse précédente (voir ci-dessous).

S'il n'apparaît pas d'agglutinines au cours de la grossesse il n'y aura aucun problème et l'enfant naîtra indemne. Si l'enfant est rhésus positif, on vous fera des gammaglobulines antirhésus et, pour une prochaine grossesse, seules seront à prendre les mêmes précautions que pour la précédente. Cette évolution heureuse est devenue la plus fréquente actuellement.

Une femme rhésus négatif attendant un enfant d'un homme rhésus positif pourra donc mener à bien autant de grossesses qu'elle le souhaite. Ceci est dû à la prévention des accidents.

La prévention des accidents. Tout permet de penser que, dans quelques années, les accidents dus au facteur rhésus ne seront plus qu'un mauvais souvenir.

Depuis quelques années, en effet, une nouvelle méthode a vu le jour. Elle repose sur un principe simple : détruire les globules rouges du fœtus passés dans la circulation de la mère rhésus négatif avant que celle-ci n'ait eu le temps de fabriquer des agglutinines.

On injecte à la mère dans les soixante-douze heures qui suivent l'accouchement, des gammaglobulines préparées spécialement pour détruire les globules rhésus positif. C'est ce qu'on appelle la vaccination antirhésus +.

Ce traitement est répété après chaque accouchement. En revanche, il n'est pas applicable aux femmes déjà immunisées et qui ont déjà fabriqué des agglutinines.

La vaccination antirhésus se fait chaque fois qu'il y a un risque de passage de globules rouges du bébé dans la circulation maternelle ; elle sera donc pratiquée après un avortement spontané ou une I.V.G., une grossesse extra-utérine, et pendant la grossesse en cas d'amniocentèse, de cerclage, de traumatisme sur le ventre.

---

1. *Comme la paternité n'est jamais sûre à 100 %, les médecins ne tiennent en fait pas compte du groupe sanguin du père officiel et font comme s'il y avait un risque.*

11.

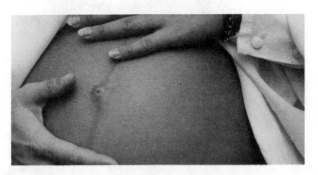

Quand accoucherai-je ?

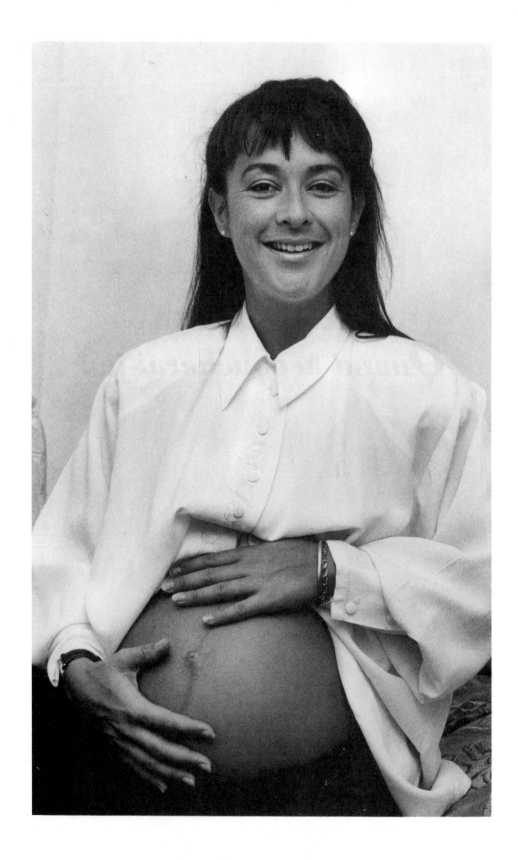

La date prévue

Maintenant que vous êtes enceinte, vous souhaitez des précisions sur la durée de la grossesse : est-ce 9 mois tout juste, et à partir de quelle date faut-il faire le calcul ?

Il serait facile de répondre à cette question si l'on connaissait avec précision la date de la conception – c'est-à-dire celle du premier jour de la grossesse – et la durée exacte de la grossesse. Malheureusement ces deux éléments sont variables.

La date de la conception. Elle correspond à celle de l'ovulation puisque l'ovule ne vit que quelques heures s'il n'est pas fécondé. Or, pour une femme régulièrement réglée tous les 28 jours, l'ovulation se situe entre le 13ᵉ et le 15ᵉ jour du cycle, avec un maximum de fréquence au 14ᵉ jour.

Dans d'autres cas, la date de la conception fait encore moins de doute :
→ soit que la femme ait pris sa température au cours du cycle où elle est devenue enceinte (voyez page 29) ;
→ soit que la grossesse survienne après un rapport unique ;
→ soit qu'elle arrive après une insémination artificielle, une fécondation in vitro ou une induction d'ovulation.

Dans tous ces cas où la date de la conception ne fait guère de doute, il suffit de lui ajouter 9 mois du calendrier pour connaître la date théorique de l'accouchement (par exemple : date des dernières règles : 1ᵉʳ janvier. Conception 14 janvier. Accouchement 14 octobre).

Mais les choses sont moins claires dans de nombreux cas :
→ quand les cycles ne sont pas de 28 jours : avec un cycle inférieur à 28 jours, l'ovulation survient avant le 14ᵉ jour ; c'est le contraire avec un cycle plus long. Quand les cycles sont franchement irréguliers, l'imprécision est encore plus grande ;
→ quand surviennent certains facteurs pouvant modifier dans un sens ou dans l'autre la date de l'ovulation : changement de climat – vous l'avez peut-être remarqué en vacances –, choc affectif, maladies, etc. ;
→ quand la future mère a complètement oublié la date de ses dernières règles ;
→ quand la grossesse survient immédiatement après l'arrêt de la pilule (la date de l'ovulation qui suit est habituellement retardée) ou après un accouchement récent sans même que soit survenu le retour de couches.

Pour tenter de pallier ces difficultés fréquentes, on a décidé pour calculer la date de l'accouchement, de partir d'une date généralement mieux connue que celle de la conception : le premier jour des dernières règles. On compte alors la grossesse en semaines d'aménorrhée (absence de règles) et non plus en mois. C'est d'ailleurs la manière actuelle de compter des médecins. Ainsi vous entendrez fréquemment le médecin ou la sage-femme parler de tel examen qui se fait à « 15 semaines d'aménorrhée ».

Avec cette façon de compter, la date théorique de l'accouchement se situe 41 semaines après le 1ᵉʳ jour des dernières règles. Vous vous étonnerez peut-être de ce chiffre pensant que 9 mois de grossesse devraient faire 36 semaines. En fait voici comment est fait le calcul. Deux semaines supplémentaires sont comptées (ce sont celles entre le 1er jour des règles et le 14e jour de l'ovulation) et les mois du calendrier n'ont pas 4 semaines pile mais, selon les mois, 4 semaines plus 2 ou 3 jours (sauf février).

Voici un schéma de correspondance mois-semaines.

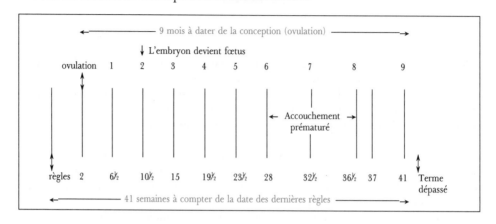

La durée de la grossesse. Même s'il était possible de connaître toujours avec précision la date de la conception – et vous venez de voir que c'est loin d'être le cas – il serait impossible de prévoir exactement la date de l'accouchement. Pourquoi ? Parce que la grossesse n'a pas une durée fixe mais une durée statistique moyenne de 280 à 287 jours. D'ailleurs l'expérience montre que :
→ 50 à 60 % des femmes accouchent (à quelques jours près) à la date prévue ;
→ 20 à 25 % 10 à 15 jours avant ;
→ 20 à 25 % 4 à 8 jours après.

En résumé, vous voyez qu'il est difficile de fixer avec précision la date théorique de l'accouchement. En pratique, les deux moyens les plus sûrs sont :
→ soit d'ajouter 9 mois du calendrier à la date de la conception ;
→ soit d'ajouter 41 semaines à la date des dernières règles.

Du point de vue légal, la durée de la grossesse a été fixée en France à 300 jours. Le Code civil dispose en effet que « la légitimité d'un enfant né à 300 jours après la dissolution du mariage pourra être contestée ». La durée légale la plus longue est prévue par la loi américaine : 317 jours.

La lune a-t-elle une influence sur le moment de la naissance ? Cette croyance populaire est le sujet d'une très sérieuse étude scientifique [1]. Voici ses conclusions : on observe en effet un plus grand nombre de naissances pendant les périodes comprises entre le dernier quartier et la nouvelle lune, et moins d'accouchements autour du premier quartier. Cette étude a également mis en évidence deux rythmes : l'un est hebdomadaire, caractérisé par un nombre de naissances minimum le dimanche et maximum le mardi ; l'autre est annuel avec un pic de naissances en mai et un creux en septembre-octobre.

1. Journal de gynécologie obstétrique et de biologie de la reproduction (1986-15, 265-271). Une autre étude, postérieure, aboutit pratiquement aux mêmes conclusions (Science et Vie, juin 1988, n° 163).

Le calendrier de votre attente

JANVIER	OCTOBRE	FÉVRIER	NOVEMBRE	MARS	DÉCEMBRE	AVRIL	JANVIER	MAI	FÉVRIER	JUIN	MARS	JUILLET	AVRIL	AOÛT	MAI	SEPTEMBRE	JUIN	OCTOBRE	JUILLET	NOVEMBRE	AOÛT	DÉCEMBRE	SEPTEMBRE
1	14	1	14	1	12	1	12	1	11	1	14	1	13	1	14	1	14	1	14	1	14	1	13
2	15	2	15	2	13	2	13	2	12	2	15	2	14	2	15	2	15	2	15	2	15	2	14
3	16	3	16	3	14	3	14	3	13	3	16	3	15	3	16	3	16	3	16	3	16	3	15
4	17	4	17	4	15	4	15	4	14	4	17	4	16	4	17	4	17	4	17	4	17	4	16
5	18	5	18	5	16	5	16	5	15	5	18	5	17	5	18	5	18	5	18	5	18	5	17
6	19	6	19	6	17	6	17	6	16	6	19	6	18	6	19	6	19	6	19	6	19	6	18
7	20	7	20	7	18	7	18	7	17	7	20	7	19	7	20	7	20	7	20	7	20	7	19
8	21	8	21	8	19	8	19	8	18	8	21	8	20	8	21	8	21	8	21	8	21	8	20
9	22	9	22	9	20	9	20	9	19	9	22	9	21	9	22	9	22	9	22	9	22	9	21
10	23	10	23	10	21	10	21	10	20	10	23	10	22	10	23	10	23	10	23	10	23	10	22
11	24	11	24	11	22	11	22	11	21	11	24	11	23	11	24	11	24	11	24	11	24	11	23
12	25	12	25	12	23	12	23	12	22	12	25	12	24	12	25	12	25	12	25	12	25	12	24
13	26	13	26	13	24	13	24	13	23	13	26	13	25	13	26	13	26	13	26	13	26	13	25
14	27	14	27	14	25	14	25	14	24	14	27	14	26	14	27	14	27	14	27	14	27	14	26
15	28	15	28	15	26	15	26	15	25	15	28	15	27	15	28	15	28	15	28	15	28	15	27
16	29	16	29	16	27	16	27	16	26	16	29	16	28	16	29	16	29	16	29	16	29	16	28
17	30	17	30	17	28	17	28	17	27	17	30	17	29	17	30	17	30	17	30	17	30	17	29
18	31	18	1	18	29	18	29	18	28	18	31	18	30	18	31	18	1	18	31	18	31	18	30
19	1	19	2	19	30	19	30	19	1	19	1	19	1	19	1	19	2	19	1	19	1	19	1
20	2	20	3	20	31	20	31	20	2	20	2	20	2	20	2	20	3	20	2	20	2	20	2
21	3	21	4	21	1	21	1	21	3	21	3	21	3	21	3	21	4	21	3	21	3	21	3
22	4	22	5	22	2	22	2	22	4	22	4	22	4	22	4	22	5	22	4	22	4	22	4
23	5	23	6	23	3	23	3	23	5	23	5	23	5	23	5	23	6	23	5	23	5	23	5
24	6	24	7	24	4	24	4	24	6	24	6	24	6	24	6	24	7	24	6	24	6	24	6
25	7	25	8	25	5	25	5	25	7	25	7	25	7	25	7	25	8	25	7	25	7	25	7
26	8	26	9	26	6	26	6	26	8	26	8	26	8	26	8	26	9	26	8	26	8	26	8
27	9	27	10	27	7	27	7	27	9	27	9	27	9	27	9	27	10	27	9	27	9	27	9
28	10	28	11	28	8	28	8	28	10	28	10	28	10	28	10	28	11	28	10	28	10	28	10
29	11			29	9	29	9	29	11	29	11	29	11	29	11	29	12	29	11	29	11	29	11
30	12			30	10	30	10	30	12	30	12	30	12	30	12	30	13	30	12	30	12	30	12
31	13			31	11			31	13			31	13	31	13			31	13			31	13

JANVIER	NOVEMBRE	FÉVRIER	DÉCEMBRE	MARS	JANVIER	AVRIL	FÉVRIER	MAI	MARS	JUIN	AVRIL	JUILLET	MAI	AOÛT	JUIN	SEPTEMBRE	JUILLET	OCTOBRE	AOÛT	NOVEMBRE	SEPTEMBRE	DÉCEMBRE	OCTOBRE

Chiffres noirs : date du premier jour des dernières règles. Chiffres en couleur : date probable de l'accouchement (avec les variations possibles indiquées page 262).

Vous venez de voir que, si la durée statistique moyenne d'une grossesse est de 40 à 41 semaines (soit 280 à 287 jours), des variations de quelques jours dans un sens ou dans l'autre étaient fréquentes. Elles ne peuvent être considérées comme des complications mais seulement comme des écarts statistiques sans signification. Toutes différentes sont les anomalies franches de durée de la grossesse dont je voudrais vous parler maintenant.

Ainsi l'accouchement peut se produire plusieurs semaines avant la date prévue, c'est l'*accouchement prématuré*. D'autres fois, la grossesse se prolonge anormalement sans qu'aucun signe précurseur d'accouchement ne se manifeste : c'est la *grossesse prolongée*.

Il y a un troisième cas possible : la grossesse a une durée normale, mais l'enfant pèse moins que la moyenne : il a insuffisamment grandi avant de naître, il a souffert d'un retard de croissance à l'intérieur de l'utérus, (en terme médical c'est le *Retard de croissance intra-utérin*). On dit de cet enfant qu'il est *hypotrophique*, ce qui signifie insuffisamment nourri (les Anglo-Saxons disent : *light for date,* « léger pour son âge »).

Je vais vous dire quelques mots de cet enfant hypotrophique avant de parler plus longuement du prématuré. Pourquoi certains bébés ne se développent-ils pas normalement à l'intérieur de l'utérus ? Plusieurs causes peuvent intervenir :

– elles peuvent venir de *la mère :* hypertension artérielle et toxémie ; malnutrition sévère et prolongée et surmenage ; intoxications chroniques (tabagisme-alcoolisme) ;

– elles peuvent venir de *l'œuf* ou du *fœtus :* anomalie du cordon ombilical ; malformations fœtales.

Mais dans 30 % des cas, aucune cause n'est retrouvée. Parfois, d'ailleurs, le retard de croissance intra-utérin est passager : même avant de naître, les enfants ne grossissent pas tous à la même vitesse.

Le diagnostic de l'insuffisance de développement du bébé dans l'utérus est fait plus ou moins tôt au cours de la grossesse et il est confirmé par l'échographie. Une surveillance très stricte du fœtus s'impose alors (examens cliniques, échographie, doppler, enregistrement du rythme cardiaque fœtal) car l'évolution du retard de croissance intra-utérin peut être grave.

Dans les meilleurs cas l'enfant naît à terme et pèse simplement moins lourd que la moyenne : c'est *l'enfant hypotrophique* dont nous venons de parler. Il ne pose généralement pas de problèmes particuliers. Dans les cas moins favorables, une souffrance fœtale risque d'apparaître ; elle entraîne la surveillance particulière décrite ci-dessus ; mais parfois on ne peut éviter une mort in-utero.

Le *traitement* comprend bien sûr celui de la cause quand elle est connue (traitement de la toxémie, arrêt du tabagisme par exemple). Le repos sera le plus absolu possible (avec parfois hospitalisation) sur le côté gauche car cela permet une meilleure irrigation du placenta. De nombreux médecins y ajoutent de petites quantités quotidiennes d'aspirine. Les cas très graves de souffrances fœtales peuvent conduire à interrompre la grossesse, généralement par césarienne.

Plus tôt :
l'accouchement prématuré

La fréquence de l'accouchement prématuré n'est pas négligeable : 5 % pour la France, ce qui représente 35 000 à 40 000 naissances chaque année. Cette fréquence varie d'ailleurs avec le niveau de développement socio-économique : elle est d'autant plus basse que la femme enceinte se fait mieux suivre.

Il y a quelques années, on classait systématiquement les prématurés d'après leur poids à la naissance : tout enfant de moins de 2,5 kilos était dit prématuré. Or il existe un certain nombre d'enfants de moins de 2,5 kilos qui naissent à terme. Ce sont les enfants hypotrophiques. Nous en avons parlé page précédente.

Aujourd'hui, on appelle prématuré un enfant né à moins de 37 semaines de grossesse comptées à partir du premier jour des dernières règles. Quant au poids, il dépend de « l'âge » du prématuré : plus l'enfant est né tôt, plus son poids est petit.

Pourquoi l'accouchement a-t-il lieu prématurément ?

De nombreuses causes peuvent être à l'origine de l'accouchement prématuré. Certaines sont d'ailleurs communes aux accouchements prématurés et aux avortements spontanés (voyez pages 236 et suivantes).

Les causes peuvent être accidentelles
→ Un traumatisme (accident de la route par exemple), surtout s'il est violent et s'il porte sur l'abdomen, peut entraîner un accouchement avant terme. On peut en rapprocher les opérations chirurgicales (une appendicite, par exemple) qui sont capables de provoquer l'accouchement dans les jours qui suivent l'intervention.
→ Toutes les maladies infectieuses aiguës contractées dans le dernier tiers de la grossesse peuvent entraîner un accouchement prématuré, en particulier l'infection urinaire qui est souvent inapparente. C'est pourquoi, au moindre doute, le médecin fait faire un examen cytobactériologique (E.C.B.U.).
→ Il en est de même de la distension anormale de l'utérus. Habituellement, elle est la conséquence, soit d'une grossesse gémellaire (20 à 30 % des prématurés sont des jumeaux), soit d'un excès de liquide amniotique.
→ L'insertion anormale du placenta ou *placenta praevia* (voyez page 242) est également cause d'accouchement prématuré.

D'autres causes sont permanentes. Elles sont locales ou générales. Les causes locales sont représentées par les malformations utérines ou par l'insuffisance de fermeture du col (encore appelée béance de l'isthme) qui ne joue plus son rôle normal de verrou et laisse « échapper » l'enfant.

Les causes générales sont les maladies maternelles (toxémie, diabète par exemple). Dans ces cas, la maladie peut entraîner un déclenchement spontané du travail avant terme. Mais il arrive aussi que le médecin prenne la décision d'interrompre la grossesse avant la date prévue pour l'accouchement quand l'enfant souffre d'une maladie de la mère, comme le diabète par exemple. Cette décision est difficile à prendre puisque l'on oscille entre les risques de la prématurité et ceux de souffrance de l'enfant *in utero*. On dispose actuellement de moyens (examen du liquide amniotique, échographie) qui permettent d'apprécier les risques de prématurité.

A côté de ces causes « médicales », les facteurs socio-économiques jouent un rôle incontestable. Il est certain que la fatigue de la femme enceinte augmente le risque d'accouchement prématuré. C'est dire le rôle des conditions de travail (fonction, horaires), de l'éloignement du domicile avec de longs trajets par les transports en commun, des travaux ménagers fatigants. Toutes les statistiques prouvent que l'accouchement prématuré est d'autant plus fréquent que le niveau socio-économique de la femme est moins élevé. C'est pourquoi le repos légal de 6 semaines avant l'accouchement doit être respecté. En cas de travail pénible, le médecin conseillera généralement un repos plus long.

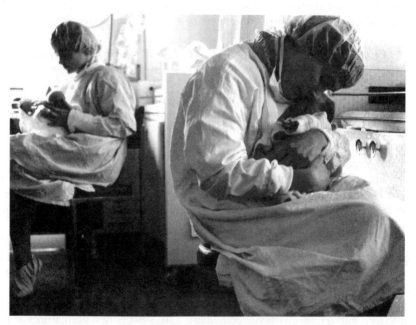

Avant d'en terminer sur ce chapitre des causes, je voudrais vous préciser deux choses. Tout d'abord, si toutes les causes envisagées peuvent déclencher l'accouchement prématurément, il n'en est pas toujours ainsi. Ne vous inquiétez donc pas si vous êtes dans un de ces cas. Il est tout à fait possible que votre grossesse aille à son terme.

D'autre part, toutes les causes d'accouchement prématuré ne sont pas connues. Elles nous échappent dans 30 % des cas au moins. Il n'est donc pas possible, dans près d'un tiers des cas, de prévenir un accouchement prématuré.

La menace d'accouchement prématuré

Pour la future mère, la menace d'accouchement prématuré se traduit essentiellement par l'apparition anormale de contractions utérines. Elle sent son ventre « se durcir » et cette contraction peut être douloureuse.

Si c'est votre cas, mettez-vous immédiatement au repos, placez (si vous en avez) un suppositoire d'antispasmodique et prévenez le médecin aussitôt, ou rendez-vous à l'hôpital sans tarder. Le médecin recherchera si votre col s'est modifié. Le raccourcissement et le début d'ouverture du col sont en effet les deux signes qui traduisent que l'accouchement risque d'avoir lieu plus tôt que prévu.

Le médecin prescrira :
→ le repos complet au lit ;
→ l'administration de médicaments destinés à mettre l'utérus au repos et à stopper les contractions utérines ;
→ une analyse d'urines pour rechercher une éventuelle infection et pouvoir la traiter si elle existe ;
→ il est possible qu'une hospitalisation soit nécessaire si le risque d'accouchement semble sérieux ; elle permet une meilleure surveillance et un traitement plus intensif.

Dans certains cas malheureusement ces mesures n'empêchent pas la survenue de l'accouchement prématuré.

Les risques de l'accouchement prématuré pour l'enfant

Bien sûr, un enfant qui naît prématurément n'a pas le même aspect qu'un enfant qui naît à terme. En général, il a la peau plus rouge et plus fine. Ses veines sont très visibles. Le duvet est encore abondant ; en revanche, les cheveux sont rares, les ongles peu développés, les fontanelles larges et peu tendues.

Mais ce qui différencie surtout le prématuré de l'enfant né à terme, c'est qu'il n'a pas atteint le même degré de développement ; on le constate dans toutes les fonctions de son organisme ; et c'est d'ailleurs là que réside la difficulté de son « élevage ». Un prématuré peut se développer très bien, mais il peut aussi souffrir gravement d'être né avant terme.

On peut classer les prématurés en deux catégories.
● LE PRÉMATURÉ DE 35 ET 36 SEMAINES, qui est généralement peu exposé. Dans un grand nombre de cas, il est simplement fragile, et soigné dans un centre ordinaire de prématurés. Parfois même, on le laisse près de sa mère à la maternité, et il rentre à la maison avec elle.

● LE PRÉMATURÉ NÉ À MOINS DE 35 SEMAINES DE GROSSESSE, et qui pèse, en général, moins de 2 kilos. Ce prématuré, qui doit bénéficier de soins particuliers dans les services dits de soins intensifs, est, en effet, exposé à plusieurs difficultés.
→ Il a de la peine à respirer, ce qui peut avoir des conséquences graves pour son cerveau qui ne sera pas approvisionné en oxygène (c'est l'anoxie).

→   Il est incapable de régler sa température, et donc peut se refroidir. C'est pourquoi, dans l'incubateur, la température est constamment surveillée.

→   Il est souvent incapable de téter et son estomac a de petites capacités. On est fréquemment obligé de le nourrir par sonde ou par perfusion. Il ne digère pas bien certains aliments, les graisses en particulier (d'où l'importance du lait maternel).

→   Il est sensible aux infections.

→   Il est incapable de fabriquer suffisamment de sang, d'où la nécessité parfois de le transfuser.

→   Il manque de vitamines et de fer.

→   Il ne transpire pas car il n'a pas les glandes nécessaires. Il faut donc le mettre dans une atmosphère humide.

Que faut-il faire...

... si vous redoutez un accouchement prématuré ? La première chose, c'est de demander conseil à la personne qui vous suit, médecin ou sage-femme. Et, selon leur réponse, n'hésitez pas à changer vos projets. Il est possible qu'on vous recommande d'accoucher dans un hôpital qui possède un centre de prématurés.

Si le déplacement n'est pas possible, et que vous accouchiez dans la maternité initialement prévue, c'est à la naissance que le médecin décidera si l'enfant peut rester dans cet établissement, ou s'il doit être transporté dans un centre de prématurés. Le médecin prendra cette décision en présence d'un grand prématuré : celui-ci nécessite en effet une surveillance intensive, et des soins particuliers, notamment d'alimentation. Selon son état initial, l'enfant restera dans ce centre quelques jours ou quelques semaines. Heureusement aujourd'hui, ce séjour forcé ne signifie pas une coupure avec les parents. De plus en plus, les parents sont engagés à venir régulièrement voir leur bébé, le toucher, lui parler, et qu'ainsi, et pour lui et pour eux, le lien ne soit pas rompu. Lors de la naissance d'un enfant prématuré, les parents se sentent toujours plus ou moins responsables. Garder un contact avec l'enfant, lui rendre visite, aide à surmonter cette culpabilité.

Aujourd'hui on sauve beaucoup plus de prématurés qu'il y a quelques années, mais, et c'est très important, *ces progrès de survie ne se font pas au prix d'une augmentation du nombre d'enfants qui survivent avec un handicap, au contraire.* La mortalité des prématurés a diminué, mais aussi la morbidité et le nombre d'enfants handicapés. Maintenant les problèmes se posent pour des enfants d'un poids inférieur à 1 000 grammes et, dans ces cas de grands prématurés, il est important que la femme accouche à proximité d'un centre particulièrement équipé, car un point fondamental pour l'avenir d'un prématuré, c'est la qualité du transport et l'absence de refroidissement pendant le transport ; c'est ce qu'on appelle « la chaîne du chaud ».

Peut-on éviter l'accouchement prématuré ?

Prévenir l'accouchement prématuré reste actuellement le souci majeur des médecins. En effet, la prématurité est responsable de la moitié des morts qui surviennent pendant l'accouchement ou dans les jours qui suivent.

Certes, la médecine a fait de grands progrès, et les soins donnés dans les centres spécialisés permettent la survie d'enfants qui auraient été condamnés autrefois. Toutefois, les gains ne sont pas aussi importants que l'on pourrait espérer. C'est pourquoi le meilleur traitement de la prématurité consiste encore actuellement dans la poursuite de la grossesse le plus loin possible près du terme : le meilleur incubateur pour le bébé, c'est sa mère.

Grâce à ces grands progrès, le pourcentage de prématurés a, en dix ans, beaucoup baissé. C'est dû en grande partie simplement à une meilleure surveillance de la grossesse.

Il y a aussi des cas précis où l'on peut prévenir l'accouchement prématuré par une intervention ; par exemple une malformation utérine que l'on corrige par la chirurgie ; et la béance du col qui, elle, est corrigée par un cerclage du col.

Le cerclage du col est pratiqué entre deux mois et demi et trois mois, et consiste à fermer l'ouverture du col en passant un fil solide, comme pour fermer une bourse. Le cerclage est fait sous anesthésie générale. Il nécessite une hospitalisation de quelques jours. Malgré le cerclage, il est nécessaire de prendre des précautions jusqu'à la fin de la grossesse, essentiellement en se reposant. Quelques jours avant le terme, ou au début de l'accouchement lui-même, le médecin ôte le fil. Le cerclage du col garde ses partisans mais est moins pratiqué aujourd'hui qu'il y a quelques années.

Cela dit, puisque dans 30 % des cas, on ne sait pas pourquoi un enfant naît prématurément, vous n'avez pas de raison de vous culpabiliser si votre enfant naissait plus tôt que prévu, et si vous avez fait ce qui était raisonnable pour l'éviter.

Si vous voulez en savoir plus sur la prématurité, vous pouvez lire le numéro 6 des *Cahiers du nouveau-né*, « Un enfant prématurément », ouvrage collectif réalisé sous la direction du docteur Laurent Le Vaguerèse [1]. Vous pouvez lire également *Une si longue naissance, les premiers mois d'un enfant prématuré,* de Françoise Loux [1].

1. *Éditions Stock.*

Plus tard :
la grossesse prolongée

C'est une complication plus rare que la précédente (2 à 3 % des cas), mais elle peut aussi être grave et poser des problèmes délicats. En effet, l'enfant risque de souffrir – et même de mourir *in utero* – quand la grossesse se prolonge anormalement. Le placenta, véritable usine d'échanges entre la mère et l'enfant, fournit jusqu'à terme au fœtus les aliments et surtout l'oxygène qui lui sont nécessaires. Le terme dépassé, le placenta vieillit et fonctionne moins bien ; les apports au fœtus deviennent insuffisants d'où le risque de souffrance fœtale.

Sur le plan pratique, il est difficile de savoir si une grossesse est véritablement prolongée. Vous avez vu au début de ce chapitre qu'il était presque impossible de calculer le terme exact avec précision, et que des variations de quelques jours étaient courantes dans un sens ou dans l'autre. En vérité, la situation ne devient préoccupante que si la grossesse se prolonge de 8 à 10 jours au-delà de la date prévue.

Le dépassement de terme peut se traduire, pour vous, par une nette diminution des mouvements actifs du bébé. Le médecin, lui, cherchera à savoir si l'enfant souffre par l'examen du rythme cardiaque fœtal (ou monitoring) fait tous les jours ou, au maximum, tous les 2 jours ; on peut y associer un test au Syntocinon (voir page 229). L'amnioscopie, qui n'est possible que si le col est suffisamment ouvert, montre des modifications du liquide qui devient vert quand l'enfant souffre.

Muni de ces renseignements, le médecin pourra alors prendre la décision de déclencher l'accouchement.

A la naissance, l'enfant (que l'on qualifie alors de « postmature ») a souvent un aspect un peu particulier : sa peau est plus fripée que chez l'enfant né à terme et elle ne porte plus aucune trace de couche graisseuse (appelée « vernix »). Elle élimine ses couches superficielles : on dit qu'elle desquame. Enfin, les ongles sont très longs.

Mais habituellement, l'enfant postmature ne nécessite pas de soins particuliers.

Peut-on programmer
la date de l'accouchement ?

Oui, c'est possible de déclencher artificiellement le travail avant la date prévue pour l'accouchement. Pour cela on fait des perfusions d'ocytocine ou de prostaglandines (vous verrez leur rôle dans le déclenchement naturel de l'accouchement). Certaines futures mères sont tentées par l'accouchement « programmé », pour des raisons personnelles ou professionnelles. Certains médecins y sont favorables aussi pour une meilleure organisation du travail : ils pensent qu'il vaut mieux que les accouchements aient lieu de jour, lorsque toute l'équipe est présente et fraîche, plutôt que la nuit.

Tout déclenchement artificiel du travail implique l'acceptation de certains risques :
→ celui de se solder par un échec si les conditions locales nécessaires ne sont pas réunies, notamment le col doit être suffisamment ramolli et déjà entrouvert ;
→ le risque, bien qu'ayant déclenché le travail, de provoquer un accouchement plus long, plus difficile, donc plus traumatisant pour l'enfant et pour la mère. Il arrive même que l'on soit amené à des situations dont la seule issue est la césarienne, intervention dont on aurait pu se dispenser.

Quant au risque de faire naître un enfant prématuré, il a pratiquement disparu aujourd'hui grâce à l'échographie précoce qui permet de dater le début de la grossesse. Le médecin ne déclenchera pas un accouchement s'il n'est pas sûr du terme.

Il est donc possible de programmer la date de l'accouchement. Faut-il le faire pour autant ?

Certaines fois, la question ne se pose même pas. Ce sont les cas où l'enfant risque de souffrir d'un séjour trop long dans l'utérus maternel. Ceci peut se voir par exemple dans certains cas d'hypertension artérielle, de diabète, de retard de croissance intra-utérin ou de dépassement de terme. Il peut alors devenir impératif de provoquer l'accouchement avant la date prévue du terme.

En dehors de ces raisons médicales (heureusement rares) certaines circonstances personnelles paraîtront peut-être suffisamment importantes à la future mère pour justifier un déclenchement : départ, voyage, obligation professionnelle impérieuse, etc... Il semble raisonnable toutefois de n'envisager cet accouchement avant terme que si un minimum de conditions sont réunies : choix d'une date suffisamment proche du terme théorique, accord du médecin qui jugera (notamment d'après l'état du col) des plus ou moins grandes chances de succès du déclenchement de l'accouchement, possibilité d'avoir une anesthésie péridurale qui augmente ces chances. Faute de ces précautions, on court les risques (accouchement plus long, césarienne) évoqués plus haut.

Aussi vaut-il mieux le plus souvent laisser le bébé choisir l'heure, le jour et le quartier de lune qui lui plairont le plus. Ne vous laissez pas séduire par les arguments vantant les avantages de l'accouchement programmé. Laissez agir la nature, ce que font, d'ailleurs, la plupart d'entre vous au risque de se voir reprocher de refuser le progrès.

12.

L'accouchement

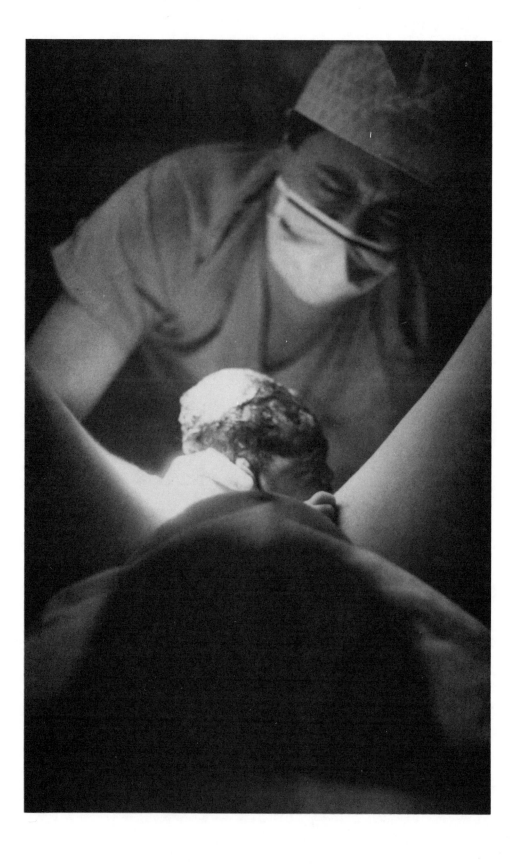

L'accouchement et la naissance

Vous êtes peut-être surprise de voir deux mots pour un même événement. Cet événement a deux faces : vécu par la mère, c'est l'accouchement, vécu par l'enfant, c'est la naissance. C'est pourquoi nous avons tenu à rapprocher ces deux mots en tête de ce chapitre. On parle d'ailleurs pour la mère « d'accouchement sans douleur », et à propos du bébé de « naissance sans violence ».

Depuis déjà plusieurs années, tout ce qui entoure la naissance fascine. L'accouchement sans douleur est à l'origine de cette curiosité et de cet intérêt puisque les femmes apprenaient enfin de la naissance tant de choses qu'elles ignoraient jusqu'alors. Puis est venue l'éducation sexuelle qui a familiarisé le grand public avec un vocabulaire et des mots réservés jusqu'alors à la médecine et à la science.

Alors les journaux et les magazines ont été peu à peu envahis de photos de femmes mettant au monde leur bébé, et de nombreux films sur la naissance ont été proposés au grand public.

Ainsi, l'accouchement s'est-il peu à peu dépouillé de son côté à la fois mystérieux et inquiétant, pour le plus grand bien des futurs parents.

Il n'empêche que la femme qui attend un enfant, et surtout lorsque c'est le premier, même si les images vues lui ont déjà rendu l'événement plus familier, veut tout savoir de l'accouchement : comment il s'annonce, comment il débute, quand il faut partir pour la maternité, combien de temps dure l'accouchement, s'il fera souffrir, etc. Ce chapitre va s'efforcer de répondre à toutes ces questions.

Un accouchement peut se raconter de deux manières :

→ on peut en décrire le mécanisme, expliquer les phénomènes physiologiques qui se produisent, et voir ainsi comment la route de la naissance s'ouvre devant le bébé ;

→ mais on peut aussi raconter l'accouchement tel qu'il est vécu par la mère : comment être sûre que l'accouchement a bien commencé, quelles sont les sensations qu'on peut éprouver, est-ce facile de reconnaître les différentes phases du travail ? etc.

De ces deux aspects, l'un plutôt technique, l'autre plus personnel et plus pratique, il est certain que c'est le second qui vous intéresse avant tout. C'est celui-là que nous décrirons le plus longuement dans ce chapitre. Il est néanmoins nécessaire de parler d'abord des phénomènes mécaniques qui se produisent lors d'un accouchement.

D'abord quelques explications

Voyez la situation de l'enfant à la veille de la naissance. Pour cela, regardez la page 115, schéma 10 : l'enfant (la tête en bas dans la plupart des cas) est situé dans l'utérus, entouré (comme dans un sac) par deux membranes fines. A l'intérieur du sac, le liquide amniotique.

A la partie inférieure de l'utérus se trouve le col qui, pendant toute la durée de la grossesse, reste fermé comme un verrou. Ce col a 3-4 cm de long.

L'accouchement sera la sortie de l'enfant hors de l'utérus, hors des voies génitales de la mère.

Cette sortie ne peut se faire sans un moteur qui pousse l'enfant en avant. Ce moteur, ce sont les contractions de l'utérus.

Ces contractions vont avoir deux effets :

→ elles vont ouvrir le col de l'utérus ;

→ la porte une fois ouverte, les contractions vont faire franchir à l'enfant le tunnel formé par le bassin et les parties molles du périnée [1] et de la vulve [2].

On peut considérer l'accouchement comme la résultante de deux forces opposées : l'une active, c'est la contraction utérine qui cherche à pousser l'enfant dehors, l'autre passive, c'est le tunnel qui résiste à cette poussée.

Voyons de plus près les forces en présence : le moteur utérin, et l'enfant, puis le tunnel à franchir.

Le moteur : l'utérus

Ce qu'il est, comment il fonctionne. L'utérus est un muscle, comme le biceps par exemple. Mais, à la différence du biceps, l'utérus est un muscle creux ; il forme comme une poche à l'intérieur de laquelle se trouve l'enfant. Comme tous les muscles, l'utérus est fait de fibres qui ont le pouvoir de se contracter.

Les contractions de l'utérus sont autonomes, automatiques, c'est-à-dire qu'elles échappent à la volonté : vous ne pouvez ni les diminuer ni les augmenter ; cela ne veut pas dire pour autant que vous allez rester passive pendant votre accouchement, je vous en reparlerai.

Les contractions peuvent apparaître dans la deuxième moitié de la grossesse, mais c'est seulement au moment de l'accouchement qu'elles « entrent en scène », qu'elles agissent pour de bon.

1. *Les muscles compris entre le vagin et le rectum forment le périnée, voir page 279, la description et le schéma du périnée.*
2. *La vulve est l'ouverture du vagin.*

Un jour le moteur se met en marche. Qu'est-ce qui, un beau jour, déclenche les contractions ? Pour l'instant, il est impossible de répondre d'une manière précise à cette question, mais il est vraisemblable que plusieurs facteurs entrent en jeu.

Les uns sont purement mécaniques : la distension utérine, qui existe en fin de grossesse, agit sur le col pour le forcer progressivement à s'ouvrir. Elle peut aussi agir sur le muscle utérin pour lui faire sécréter des substances actives sur la contraction : les prostaglandines.

Des facteurs nerveux interviennent également – comme des réflexes – dont le point de départ serait le col utérin. Certains arguments sont en faveur de cette hypothèse : il est fréquent que le simple examen d'une femme à terme déclenche l'accouchement dans les 24 heures qui suivent. On ignore toutefois la nature exacte de ces réflexes.

Le rôle des facteurs hormonaux a également été invoqué. Pendant un temps, on a admis que le déclenchement de l'accouchement était dû à la chute de la production hormonale placentaire, notamment celle de la progestérone dont on connaît le rôle anticontractant sur la fibre utérine. On sait maintenant qu'il n'en est rien.

Par contre, la glande surrénale du fœtus paraît jouer un rôle important : dans les jours et heures qui précèdent l'accouchement, elle devient hyperactive. Mais nous ne savons pas comment s'exerce cette influence.

Une autre hormone est connue pour déclencher et entretenir les contractions : c'est l'*ocytocine* sécrétée par l'hypophyse. C'est elle que l'on emploie en perfusion intra-veineuse au cours de l'accouchement pour renforcer et régulariser les contractions. A la fin de la grossesse, elle est sécrétée à la fois par l'hypophyse de la mère et par celle du fœtus. Mais cette ocytocine n'aurait en fait qu'un faible rôle dans le déclenchement du travail, elle agirait plutôt pendant l'accouchement lui-même. Les *prostaglandines,* quant à elles, sont des substances qui activent la contraction utérine. Elles agissent un peu comme l'ocytocine mais sont surtout utilisées dans les interruptions volontaires de grossesse (après 3 mois). Fabriquées par l'utérus, leur taux augmente nettement en fin de grossesse, mais il n'est pas certain – comme pour l'ocytocine – qu'elles jouent un rôle direct dans le déclenchement de l'accouchement.

En conclusion, on peut dire qu'aucun de ces facteurs ne paraît suffisant à lui seul, pour déclencher l'accouchement. Mais il est possible qu'ils s'associent selon un mécanisme qui nous est encore inconnu, pour provoquer, puis entretenir et renforcer les contractions.

Effet des contractions. L'utérus commence donc à se contracter. Les contractions vont exercer leur force de haut en bas, c'est-à-dire du fond de l'utérus vers le col. Ce faisant, elles vont avoir une action sur le col : en effet, à chaque contraction, les parois de l'utérus tirent le col vers le haut : voyez le dessin de la page suivante. Et c'est ainsi que peu à peu le col va s'ouvrir. Il est en effet indispensable, pour que l'enfant puisse sortir de l'utérus, que s'ouvre le col comme vous pouvez vous en rendre compte sur le schéma de la page suivante.

Au cours de la grossesse, le col a subi un ramollissement progressif qui rend son ouverture plus aisée. Mais *il ne peut s'ouvrir que grâce à l'action des contractions utérines.*

**L'effet
des contractions**

*Les contractions tendent à diminuer
la longueur de l'utérus.
Un muscle, quand il est contracté
– biceps, par exemple –
se ramasse sur lui-même :
c'est ce qu'indiquent les flèches.
Le fond de l'utérus est poussé du haut vers le bas,
le col est tiré du bas peu à peu vers le haut.
Ainsi le col est-il amené à s'ouvrir,
et l'enfant à sortir.*

... dilater le col. Dans un premier temps, le col se raccourcit progressivement jusqu'à disparaître et se confondre avec le reste de l'utérus. On dit qu'il *s'efface*. Mais, comme vous pouvez le voir page 282, il est encore fermé.

C'est dans un second temps qu'il s'ouvre, et toujours sous l'influence des contractions. On dit alors qu'il *se dilate*.

Cette dilatation, décrite autrefois selon des critères peu précis (pièce de 2 francs, de 5 francs, petite paume, grande paume), est exprimée maintenant en centimètres. La dilatation complète du col correspond à une ouverture de 10 cm de diamètre.

Au cours du premier accouchement, chez la primipare, l'effacement et la dilatation du col constituent deux phénomènes bien distincts qui se suivent dans le temps. Chez la multipare – la femme qui a déjà eu des enfants – ils vont souvent de pair : le col s'efface et se dilate en même temps. L'enfant ne peut sortir de l'utérus tant que la dilatation du col n'est pas complète, et ce sont les contractions utérines seules qui produisent cette dilatation.

... pousser l'enfant en avant. Les contractions agissent sur le col pour l'ouvrir, mais elles agissent également sur l'enfant : elles le poussent peu à peu en avant : voyez le dessin ci-dessus. Cette descente progressive de l'enfant se fait simultanément à la dilatation du col.

L'enfant ne pourra donc sortir de l'utérus que lorsque la dilatation sera complète, mais il faudra auparavant que les membranes qui l'entourent (remarquez-les sur le schéma page 283) se rompent devant lui pour le laisser passer.

Toujours sous l'effet des contractions, une partie des membranes s'insinue dans l'ouverture du col. C'est à cette portion de membranes et au liquide amniotique qu'elle contient qu'on donne le nom de *poche des eaux* (voir le schéma 3 page 283).

Les contractions, après avoir ouvert le col, vont faire franchir à l'enfant le bassin maternel qui forme comme un tunnel.

Le tunnel à franchir : le bassin maternel

Le tunnel à franchir, vous le voyez sur le schéma page 285. Il constitue ce qu'on appelle la *filière pelvi-génitale*. C'est en la traversant que l'enfant rencontrera sur sa route divers obstacles.

Cette filière est d'abord formée par le *bassin osseux*. Ce bassin est constitué par quatre os : le sacrum et le coccyx en arrière, les os iliaques droit et gauche sur les côtés et en avant, là où ces deux os se rejoignent pour former le pubis (ou *symphyse pubienne*) voir figure page 284.

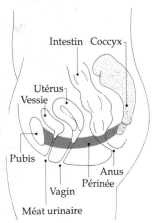

Pendant la grossesse, l'enfant est situé au-dessus du bassin. Au cours de l'accouchement, il va devoir y entrer, le traverser, puis en sortir. L'orifice d'entrée du bassin, par où entre l'enfant, est encore appelé : *détroit supérieur*. Il a un peu la forme d'un cœur de carte à jouer. L'orifice de sortie du bassin est appelé : *détroit inférieur*. Des muscles ferment en bas le bassin. Ils sont eux-mêmes recouverts par les parties molles du périnée et de la vulve, dont l'ensemble forme ce que l'on appelle parfois le *bassin mou*, par opposition au *bassin osseux*. L'enfant, au cours de l'accouchement, devra franchir ces obstacles successifs.

Le *périnée* mérite une description un peu plus détaillée puisqu'il est le plancher du petit bassin et, de ce fait, va être soumis pendant l'accouchement à des tensions considérables. Ce muscle tendu comme un hamac entre le pubis et le coccyx (voir le schéma ci-contre) est traversé en trois endroits : le canal urinaire, le vagin et le rectum. J'aurai l'occasion de vous reparler du périnée, en particulier pages 334 et 396.

L'enfant

Au terme de la grossesse, au moment où va se déclencher l'accouchement, l'enfant est prêt à effectuer sa sortie. Vous l'avez vu, il est habituellement en position verticale, tête en bas, siège en haut, c'est-à-dire dans le fond de l'utérus, entouré par les membranes et par le liquide amniotique, qui le protègent. Voyez pages 280 et 281.

Pour franchir les différents obstacles que nous venons de voir, l'enfant va effectuer toute une série de manœuvres qui vont lui permettre de s'adapter aux formes et aux dimensions du tunnel.

La tête commence par franchir l'orifice supérieur du bassin, ou détroit supérieur. On dit qu'elle s'engage.

En même temps qu'elle s'engage, la tête s'oriente obliquement : c'est que l'orifice supérieur du bassin offre plus de place pour passer en oblique ; disons qu'il est plus facile d'entrer dans le bassin la tête tournée du côté droit ou du côté gauche, et fléchie vers le bas, que la tête droite : c'est pourquoi l'enfant fait ce mouvement.

Cet engagement, surtout pour un premier enfant, peut se produire à la fin de la grossesse dans les semaines qui précèdent l'accouchement. (Il est parfois ressenti douloureusement par la future mère.)

(suite du texte page 288)

Prélude
à l'accouchement

*Dans quelques heures, cet enfant sera né. Les images
de ces pages le montrent au moment où sa vie fœtale s'achève :
ci-dessous, la position de l'enfant, et la place qu'il occupe
dans le corps maternel. A droite, en haut, on a isolé l'utérus :
ainsi, nous voyons que le col de celui-ci est fermé (nous le verrons
s'ouvrir aux pages suivantes) ; nous voyons aussi que,
bien que l'enfant remplisse presque tout l'utérus, il continue
néanmoins à baigner dans l'eau (le liquide amniotique :
partie sombre en haut et de chaque côté de la tête).
A droite, en bas, bien que l'utérus reste fermé, la tête de l'enfant s'est
engagée dans le bassin. C'est le prélude à l'accouchement
– ressenti par la mère comme un poids au bas du ventre –
quelques jours, parfois quelques heures avant les premières
contractions.*

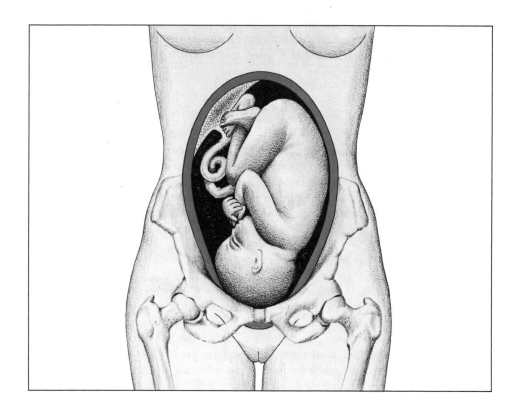

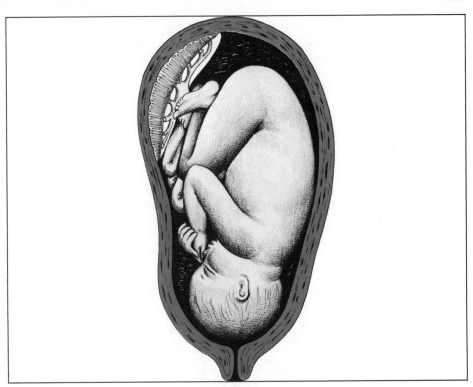

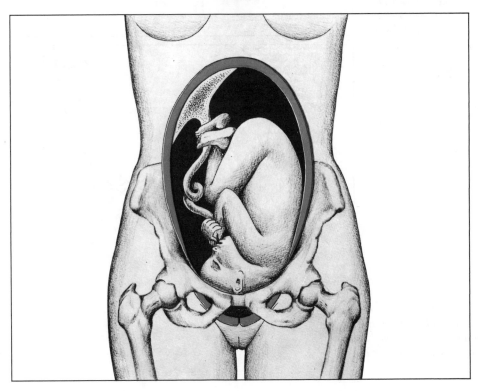

Pour sortir

La tête, le liquide
(petits traits) et les
membranes de l'œuf
(trait de couleur),
le tout
contenu dans l'utérus,
dont le col en bas
s'ouvre dans le vagin.

Nous avons
schématisé tous
ces éléments
pour mettre en
relief le mécanisme,
« ce qui se passe ».

Au début
de l'accouchement,
le col de l'utérus est
fermé (suite ci-dessous).

1.

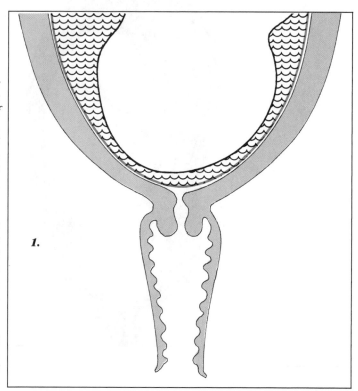

2.

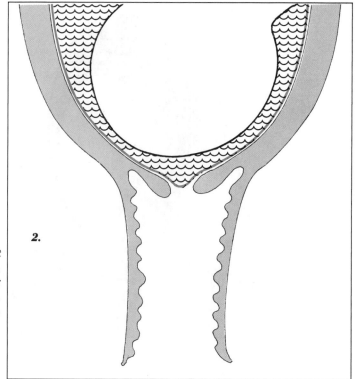

Peu à peu, sous l'effet
des contractions,
le col perd sa longueur :
on dit qu'il s'est « effacé ».
Mais il reste encore fermé.

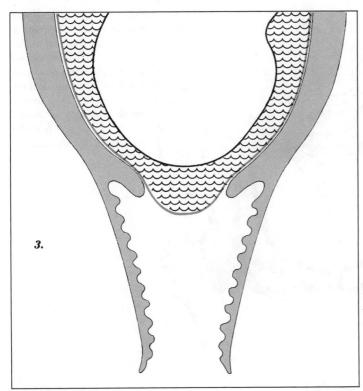

3.

Le col en train de s'ouvrir. Les membranes de l'œuf font saillie, poussées par le liquide amniotique : c'est la « poche des eaux ».

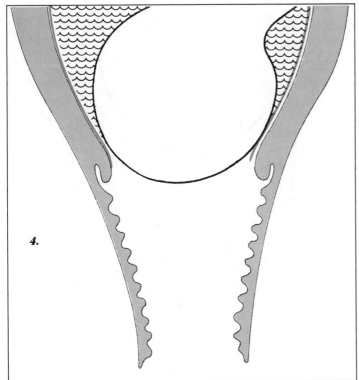

4.

Col ouvert, poche rompue, la tête de l'enfant sort de l'utérus. Elle va maintenant traverser le vagin et la vulve dilatés au maximum.

Comment l'enfant

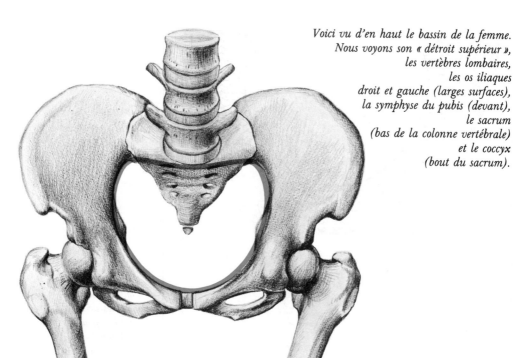

*Voici vu d'en haut le bassin de la femme.
Nous voyons son « détroit supérieur »,
les vertèbres lombaires,
les os iliaques
droit et gauche (larges surfaces),
la symphyse du pubis (devant),
le sacrum
(bas de la colonne vertébrale)
et le coccyx
(bout du sacrum).*

*Sur ce dessin on voit
que pour sortir
de l'utérus,
la tête devra franchir :*

*• le bassin
où il faudra entrer
et d'où il faudra sortir
• le col utérin qui doit
être complètement dilaté
• les muscles du bassin
et du périnée,
• le vagin et le périnée
qui devront se dilater.*

Col utérin

Vagin

Muscles du bassin
et du périnée

Parties molles du périnée

Entrée du bassin
(détroit supérieur)

Sortie du bassin
(détroit inférieur)

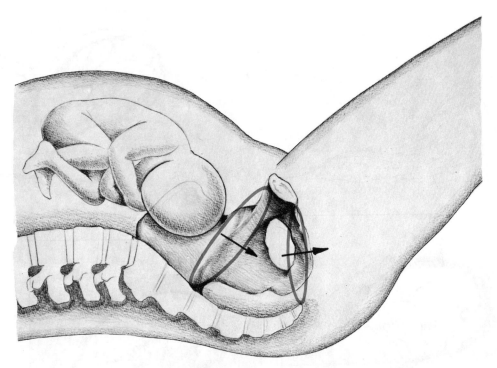

Comme vous le voyez
par ce schéma du canal osseux,
vu la femme étant couchée,
puis, sur l'image du bas,
vu la femme étant debout,
l'enfant qui naît
ne sort pas « tout droit » :
il change deux fois l'orientation de sa tête.
Vous allez voir l'accouchement
dans son ensemble, page suivante.

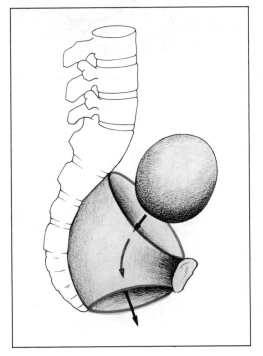

Histoire ...

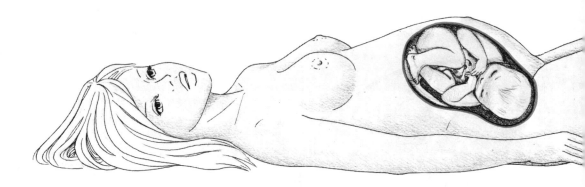

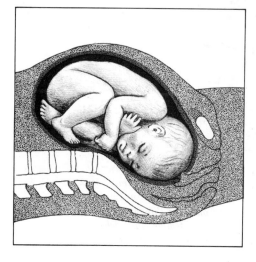
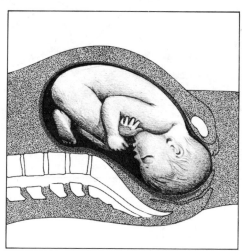

... *sans parole*

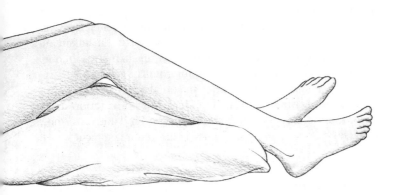

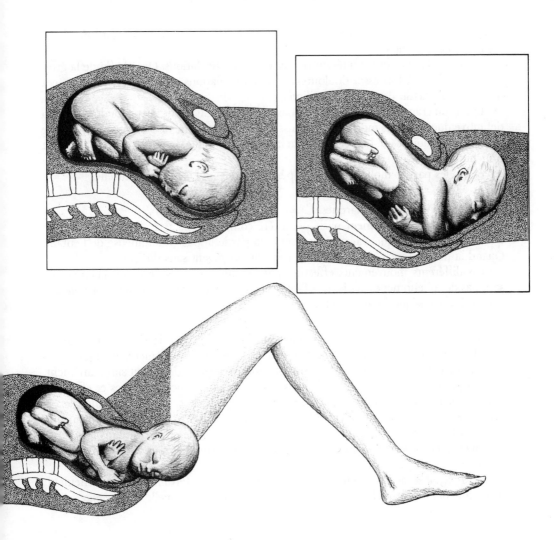

Une fois le détroit supérieur franchi, la tête de l'enfant descend progressivement dans le bassin. En même temps, elle effectue une rotation qui va l'amener dans un grand axe antéro-postérieur. En effet, au niveau de l'orifice de sortie du bassin ou détroit inférieur, l'ouverture la plus grande est, non plus dans un diamètre oblique, comme au niveau de l'orifice supérieur, mais dans le sens antéro-postérieur. Là encore, la tête s'oriente pour profiter au mieux des dimensions maximales de l'orifice. Ainsi, au cours de la traversée du bassin, l'enfant aura modifié deux fois l'orientation de sa tête ce que vous pourrez constater sur les dessins de la page 285. En d'autres termes, l'enfant est entré dans le bassin en regardant son épaule (la droite ou la gauche), et il sort en regardant le sol.

Après avoir franchi l'orifice de sortie du bassin osseux, la tête de l'enfant rencontre un nouvel obstacle, les muscles du périnée sur lesquels elle va buter un certain temps. Elle force, elle appuie sur eux ; périnée et vagin se dilatent progressivement. Ils le peuvent grâce à leur élasticité. C'est ce qu'on appelle la période *d'expulsion*.

L'enfant est aidé. La descente progressive de la tête, cette traversée du tunnel, est facilitée par trois éléments.
→ Les os du bassin sont soudés entre eux par des articulations. Or, à la fin de la grossesse – et c'est parfois assez douloureux – ces articulations se relâchent, relâchement qui élargit le bassin de quelques millimètres.
→ Les os du crâne de l'enfant ne sont pas complètement soudés, leur soudure ne sera définitive que plusieurs mois après la naissance. Ainsi le crâne de l'enfant garde-t-il une certaine malléabilité qui lui permet de se façonner à la taille du passage étroit qu'il doit franchir.
→ Enfin, les parties molles – vagin et périnée – ont une élasticité naturelle.

Pour terminer, deux remarques.
→ Nous avons constamment parlé de la tête comme si elle seule importait : c'est ce qui se passe en pratique, car elle représente la partie la plus volumineuse de l'enfant. Quand la tête a franchi un obstacle, le reste du corps suit sans difficulté.
→ Les différents mouvements effectués par l'enfant au cours de l'accouchement ne sont pas des phénomènes actifs. L'enfant n'a pas de manœuvre volontaire à accomplir. Tout est la conséquence des contractions de l'utérus.

En résumé, il est important de comprendre et retenir que la contraction utérine constitue le moteur essentiel de l'accouchement. C'est elle qui permet la dilatation progressive du col et la descente de l'enfant, phénomènes qui se déroulent simultanément. Il n'y a pas d'accouchement normal sans contractions utérines régulières et efficaces.

L'accouchement comprend donc deux phases successives, et de durée inégale : la première (c'est la plus longue) *la dilatation* du col de l'utérus, la deuxième (beaucoup plus courte) *l'expulsion* de l'enfant. Vous retrouverez ces deux phases dans le film de l'accouchement que je vais maintenant vous décrire, comme vous allez le vivre vous-même.

Après la naissance de l'enfant, une troisième phase terminera l'accouchement, phase au cours de laquelle sera rejeté le placenta, et qu'on appelle la *délivrance*.

Le film
de l'accouchement

Comment débute un accouchement

L'accouchement ne débute pas toujours de façon nette, précise et stéréotypée, et il vous arrivera peut-être, surtout si vous accouchez pour la première fois, de vous demander si le moment est venu de partir pour la maternité. Au moins en théorie, le début de l'accouchement est marqué par l'expulsion du bouchon muqueux et l'apparition de contractions utérines douloureuses.

L'expulsion du bouchon muqueux est caractérisée par la perte de sécrétions glaireuses et assez souvent teintées de sang, qui bouchaient le col de l'utérus pendant la grossesse. Cette expulsion peut toutefois précéder l'accouchement de 24 ou 48 heures, parfois même plus tôt, mais c'est rare. Elle peut aussi passer inaperçue.

L'apparition de contractions utérines douloureuses. Des contractions peuvent apparaître dans les derniers mois et surtout dans les dernières semaines de la grossesse. Vous pouvez les percevoir en plaçant la main sur le ventre : vous le sentez durcir de temps en temps. Mais ces contractions n'ont pas de rythme précis, pas de périodicité : elles sont anarchiques et en général indolores. Elles ne traduisent pas le début de l'accouchement.

Il en est de même de certaines douleurs, perçues tantôt comme une sensation de pesanteur, tantôt comme celle d'une distension osseuse et qui peuvent correspondre à l'engagement de la tête ou aux modifications du bassin. Mais ces douleurs ne s'accompagnent pas de contractions.

Ces contractions non douloureuses, ces douleurs sans contractions n'indiquent pas le début de l'accouchement. C'est l'association contraction *et* douleur qui signe vraiment le début de l'accouchement.

Les premières contractions sont habituellement ressenties dans le ventre, mais elles peuvent aussi être ressenties au niveau des reins.

Au début, les contractions sont peu intenses, pas toujours faciles à percevoir, ressenties comme un simple pincement, ou comme la douleur qui accompagne souvent les règles.

Lorsque ces pincements sont si discrets qu'on n'est pas sûre qu'ils correspondent bien à des contractions, il y a un moyen simple de s'en assurer : il faut poser la main sur le ventre ; s'il durcit, c'est bien que l'utérus se contracte.

Si c'est le fait de ressentir les contractions qui vous a donné l'alerte, peu à peu vous remarquerez que ces contractions auront d'autres caractéristiques qui achèveront de lever le doute :

→ les contractions sont régulières, elles reviennent selon un rythme précis, vous pouvez d'ailleurs noter le temps qui s'écoule entre deux contractions ;

→ elles sont de plus en plus rapprochées ;

→ elles sont de plus en plus longues ;

→ elles sont de plus en plus intenses, de plus en plus douloureuses.

Vous aurez l'impression qu'elles montent comme une vague, qu'elles vous envahissent, se propagent comme une onde qui naît au milieu du dos, se divise en deux branches qui entourent les hanches, et se rejoignent dans le ventre en enserrant le corps comme une ceinture.

Lorsque vous aurez constaté que les faibles contractions du début, les petits pincements qui vous ont donné l'alerte sont finalement devenus ces contractions bien rythmées, de plus en plus rapprochées, de plus en plus longues, de plus en plus intenses, de plus en plus douloureuses, vous saurez que c'est vraiment la naissance de votre enfant qu'elles préparent.

Je vous parlerai au chapitre 13 de la douleur, mais sachez d'ores et déjà qu'elle est plus ou moins forte selon les femmes. Et surtout, une fois que vous saurez reconnaître l'approche, la montée d'une contraction, votre attitude, à partir de ce moment-là, pourra, dans une certaine mesure, diminuer ou amplifier la douleur.

Comment être sûre que l'accouchement a bien commencé ? Si vous hésitez encore, c'est possible, alors faites ceci : placez à dix minutes d'intervalle deux suppositoires d'un antispasmodique que vous aura peut-être prescrit le médecin. S'il s'agit d'un faux début de travail, les contractions s'estomperont et disparaîtront. S'il s'agit bien du début de l'accouchement, les suppositoires n'auront aucune action, les contractions continueront.

Pour le cas où vous n'auriez pas de suppositoire antispasmodique, ce seront les caractéristiques des contractions que nous avons décrites plus haut qui vous donneront une réponse. Et si, au contraire, les contractions restent irrégulières, n'augmentent ni en fréquence, ni en durée, ni en intensité, il y a de fortes chances pour qu'elles n'indiquent qu'un faux début de travail. Au bout de quelques heures, ces contractions disparaîtront comme elles sont venues. Et l'accouchement ne s'annoncera peut-être que quelques jours, ou même quelques semaines plus tard.

Les fausses alertes sont-elles fréquentes ? Elles se produisent dix à quinze fois sur cent, et le plus fréquemment au moment de l'engagement de la tête de l'enfant dans le bassin.

Dès que vous serez sûre que l'accouchement a bien commencé, ne buvez plus et ne mangez plus : boire ou manger pendant l'accouchement peut provoquer des vomissements et au cas où une anesthésie serait nécessaire, il est préférable d'avoir l'estomac vide.

Avant de partir, vous pouvez faire un mini-lavement (Microlax par exemple, ou suppositoire de glycérine). Cela vous évitera, quelques heures plus tard, lorsque vous aurez des envies de pousser et en même temps des fausses envies d'aller à la selle, de vous crisper pour vous retenir. Vous pourrez calmement laisser votre périnée se relaxer, sans crainte d'avoir envie d'aller à la selle sur la table d'accouchement.

La perte des eaux. Certaines femmes pensent que le premier signe de l'accouchement est la perte des eaux. En fait, celle-ci peut avoir lieu à des moments variables.

Elle peut se produire avant même que l'accouchement ait commencé vraiment (voir en bas de cette page *Un cas particulier*).

La perte des eaux a généralement lieu pendant la dilatation. Si la rupture de la poche des eaux ne se fait pas spontanément, le médecin ou la sage-femme décide en général de la rompre lorsque le col est ouvert de 4-5 cm, afin d'accélérer la dilatation.

Autrefois, on ne provoquait pas artificiellement cette rupture, et lorsqu'elle avait lieu à dilatation complète, l'enfant naissait la tête recouverte de ses membranes, d'où l'expression « né coiffé » ; c'était considéré comme un signe de chance.

Quand partir pour la maternité ?

Faut-il partir dès les premières contractions ? À la perte du bouchon muqueux ? Faut-il attendre d'avoir une quasi-certitude que l'accouchement a bien commencé ?

Cela dépend si vous attendez votre premier enfant ou si c'est le deuxième ou, a fortiori, le troisième. Le premier accouchement est le plus long (voyez plus loin : durée de l'accouchement). Entre les premières contractions et la dilatation complète (dont je vous parle page 296), il s'écoule plusieurs heures, vous avez donc le temps de voir venir. Pour vous donner quand même une indication plus précise, je vous dirai ceci : notez le rythme de vos contractions, vous n'aurez pas besoin de partir avant qu'elles se reproduisent toutes les 10 minutes environ et qu'elles durent au moins 40 secondes.

Si vous attendez votre deuxième enfant, la dilatation sera plus rapide, vous partirez dès que les contractions seront régulières et bien rythmées.

Cela dit, pour décider du moment du départ, vous tiendrez évidemment compte d'autres facteurs : jour ou nuit, distance de la maternité, quartiers à traverser, etc. Il est évident que pour un premier enfant s'annonçant la nuit, il est moins urgent de partir que pour un troisième s'annonçant à midi et en pleine ville.

Mais j'ajoute ceci : si vous hésitez encore à partir, allez à la maternité où la sage-femme vous examinera et, selon les cas, vous gardera ou vous renverra chez vous s'il s'agit d'une fausse alerte. N'ayez pas peur d'être ridicule. Mieux vaut vous déranger inutilement que partir trop tard en catastrophe. Cela est valable même si vous devez être accouchée par un médecin de votre choix. Ne pensez pas qu'il suffira de l'appeler au téléphone pour avoir son avis : il ne pourra pas vous le donner sans examen.

Une des angoisses de bien des futures mères, c'est de se retrouver seule en pleine nuit, au moment de partir pour la maternité (par exemple si du fait de sa profession leur mari se déplace souvent). Le plus rassurant, c'est de prévoir des solutions de rechange – amis, voisins, ambulance –, d'inscrire soigneusement leur numéro de téléphone. La recommandation peut paraître puérile, mais j'ai noté plus d'une fois que la future mère n'y avait pas pensé. En cas d'extrême urgence, n'oubliez pas qu'il y a toujours le samu ou les pompiers.

● UN CAS PARTICULIER. Normalement, vous perdrez les eaux pendant l'accouchement, c'est-à-dire lorsque vous serez déjà à la maternité. Mais si cette perte survient alors que vous êtes encore chez vous, même en l'absence de tout autre signe faisant penser que l'accouchement va commencer, vous partirez aussitôt pour la maternité. Si possible, vous partirez en voiture en position allongée ou semi-allongée (et non pas à pied). N'hésitez pas à demander une ambulance, même pour un court trajet. Tout se passera bien sans doute ; mais, lorsque la poche des eaux est rompue, il y a quand même des risques d'éventuelles complications, notamment de procidence du cordon, c'est-à-dire la sortie du cordon hors de l'utérus. Soyez prudente, rendez-vous à la maternité rapidement.

L'arrivée à la maternité

Le moment de partir est venu. Vos deux valises, la vôtre et celle du bébé, sont déjà prêtes. Ce n'est pas le moment de regarder si rien n'y manque. Votre mari ou votre mère auront toujours le temps de vous apporter ce que vous aurez oublié. Ne demandez pas à la personne qui vous conduit d'aller vite. Encore une fois, vous avez tout le temps.

Dans les taxis de New York, il y a un petit écriteau : « Seat back and relax », c'est-à-dire : « Installez-vous dans le fond et détendez-vous. » Imaginez que vous avez ce petit écriteau devant les yeux.

Vous arrivez à la clinique ou à la maternité. Une infirmière vous conduit dans votre chambre ou dans une petite salle réservée aux premiers examens.

La sage-femme de garde vous examine, comme lors des autres consultations prénatales : poids, tension, urines, mesure de la hauteur utérine, bruits du cœur du bébé et monitorage (c'est-à-dire enregistrement du rythme cardiaque fœtal et des contractions utérines).

Alors, de deux choses l'une :
→ ou c'est une fausse alerte, cela arrive : le travail n'a pas encore commencé et vous n'avez plus qu'à rentrer chez vous ;
→ ou la sage-femme constate que le travail a effectivement commencé. Elle le verra en examinant le col de l'utérus. S'il a commencé à se dilater, c'est bien le début de l'accouchement : la première phase, la dilatation.

La sage-femme pourra même vous dire à quel stade en est cette dilatation. Vous avez vu que celle-ci passe par différents stades que l'on évalue en centimètres. Par exemple, la sage-femme vous dira : « Vous en êtes à 3 centimètres. »

Vous serez alors installée dans une salle dite de travail (ou vous resterez dans votre chambre, selon les cas).

Maintenant que vous avez passé le stade du doute, que vous êtes entre les mains expertes de la sage-femme, que vous savez qu'elle va s'occuper de vous régulièrement, vous n'avez qu'une chose à faire : vous détendre, et vous rappeler ce que vous devez faire pendant la dilatation – on vous l'a expliqué, si vous avez suivi des séances de préparation à l'accouchement. Et vous le retrouverez en détail à la page suivante.

Peut-être d'ailleurs, la sage-femme qui vous a préparée sera-t-elle à vos côtés pour vous le redire. Il est également possible que ce soit votre mari qui soit près de vous.

Voilà ce qui se passe en général, mais je suis obligée de vous prévenir : on n'est pas toujours bien reçu dans les maternités. Les responsables médicaux et administratifs n'aiment pas qu'on le dise, mais les faits sont là pourtant, et je pense qu'il vaut mieux en parler pour obtenir un changement.

On croit, mais c'est normal, que tout le monde ouvrira grandes les portes et vous accueillera comme une princesse.

Or souvent, pas toujours bien sûr, mais souvent, l'accueil est bien différent ! C'est : « Donnez-moi vos papiers de Sécurité sociale, la sage-femme va venir, en attendant mettez-vous là », avec à peine un regard.

On tombe de haut, et la froideur de l'accueil, par l'énervement qu'elle produit, en quelques secondes peut détruire la préparation à l'accouchement qui cherche d'abord à vous détendre.

Tout le monde est d'accord, il faut humaniser les maternités. Voilà une occasion à ne pas manquer. Pour ma part, je verrais bien dans les maternités une personne dont le seul rôle serait d'accueillir les femmes sur le point de mettre au monde leur enfant.

La dilatation

Cette première phase de l'accouchement, la dilatation, qui a commencé lorsque vous étiez chez vous et que vous avez senti les premières contractions, va maintenant se poursuivre.

Il n'est pas possible de vous dire combien de temps va durer la dilatation. Cela dépendra de plusieurs facteurs ; sur ce point, lisez la page 304.

Pendant cette période, vous serez régulièrement surveillée par la sage-femme ou par le médecin [1]. Ces examens sont nécessaires pour apprécier :
→ l'efficacité des contractions utérines,
→ le caractère progressif et régulier de la dilatation du col,
→ la progression de la tête dans le tunnel du bassin,
→ l'état de l'enfant par l'auscultation des bruits du cœur.

Vous pouvez également, au cours de la dilatation, voir pratiquer un certain nombre de gestes dont il ne faudra pas vous étonner et encore moins vous alarmer.
→ Il peut être ainsi nécessaire de vous administrer différents médicaments par voie intramusculaire, c'est-à-dire en piqûre. Ils sont destinés à régulariser la marche de l'accouchement et à éviter qu'il ne dure trop longtemps. On vous fera peut-être aussi une perfusion par voie intraveineuse qui vous apportera de l'eau et du glucose.
→ De même, si vous n'avez pas perdu les eaux spontanément, la sage-femme ou l'accoucheur rompront les membranes au cours du travail. Ce geste est indolore, vous n'aurez que la sensation du liquide chaud qui s'écoule.
→ Il est également possible que l'efficacité des contractions et les battements du cœur de l'enfant soient surveillés par le monitoring.

Quand votre col sera complètement dilaté, vous irez probablement dans une autre salle, la salle d'accouchement proprement dite. Alors commencera une nouvelle phase de l'accouchement qui correspond à la sortie de l'enfant. On appelle cette phase *l'expulsion*. C'est un terme médical que je suis bien obligée d'employer, mais je ne l'aime pas : une mère n'expulse pas son enfant, elle le met au monde.

1. Si vous devez être accouchée par un médecin de votre choix, la sage-femme le tiendra régulièrement au courant des progrès du travail, et lui-même jugera quand il devra venir.

■ **Ce que vous devez faire pendant la dilatation**

Les contractions, vous allez vite vous en rendre compte vous-même, sont involontaires : vous ne pouvez ni les augmenter, ni les diminuer, ni en modifier le rythme. Pour vous donner une idée de leur fréquence et de leur durée, je peux vous signaler qu'en plein travail elles reviennent toutes les 3 à 5 minutes et durent de 40 à 60 secondes.

Mais vous ne resterez pas passive pour autant. Votre attitude, votre comportement peuvent avoir une grande influence sur le déroulement de l'accouchement : il sera d'autant plus rapide que vous serez calme et détendue.

C'est le moment de mettre en pratique ce que vous avez appris en préparant votre accouchement ; il y a deux choses importantes à faire : bien respirer, bien vous détendre. Vous allez comprendre pourquoi.

● RESPIRER. Lorsqu'un muscle se contracte, c'est-à-dire travaille, il consomme de l'oxygène. Et plus il se contracte, plus il en consomme. Or votre utérus est en train précisément de fournir un travail intense. Il a donc particulièrement besoin d'oxygène. Vous devez aussi continuer à en envoyer à votre enfant. Pour cela, le meilleur moyen : respirer bien régulièrement.

● VOUS DÉTENDRE. Les contractions de l'utérus sont involontaires. Mais si vous ne pouvez les provoquer, vous pouvez les rendre plus ou moins douloureuses. En effet, que fait votre utérus en ce moment ? Comme vous l'avez vu, il se contracte régulièrement pour ouvrir peu à peu le col.

Dans des conditions normales, le col s'ouvre graduellement jusqu'à la dilatation complète. Mais lorsque la mère est contractée, le col de l'utérus, qui a déjà tendance à résister à la dilatation, résiste encore plus. Résultat : douleur.

Pour l'expliquer, le célèbre accoucheur le docteur Read, dont je vous parlerai plus loin, faisait une comparaison avec la vessie : comme l'utérus, la vessie est fermée par un col. Au repos, celui-ci demeure contracté et empêche l'urine de s'écouler. Lorsque la vessie a besoin de se vider, le col qui la ferme se relâche, les parois de la vessie se contractent et expulsent l'urine. Mais si, à ce moment, vous êtes obligée de vous retenir, vous vous contractez pour vous opposer à l'ouverture du col qui ferme la vessie. Cet effort, d'inconfortable devient rapidement douloureux ou même intenable s'il se prolonge. La douleur ne disparaît que lorsque vous laissez la vessie dilater son col et se vider.

Pendant la dilatation, il faut donc, pour ne pas contrarier la nature, que vous restiez bien détendue. Pour y parvenir :
→ d'abord, ne faites aucun effort pour pousser : à ce stade, en poussant, vous n'aideriez pas le travail, vous le rendriez seulement plus douloureux ;
→ ensuite, au moment où vous sentirez la contraction monter, évitez de vous crisper, de résister. Une sorte de réflexe de défense tend à vous raidir contre la contraction. Il faut lutter contre ce réflexe et, au contraire, vous détendre. Le boxeur se recroqueville, il se couvre pour parer le coup. Vous devez faire le contraire : vous détendre,

vous « ouvrir » pour que le coup passe bien. C'est ainsi que la dilatation se fera sans encombre et en vous faisant le moins souffrir. Read dit : « A femme contractée, col contracté. A femme détendue, col relâché. » Rappelez-vous bien cette formule, elle vous sera précieuse. Vous trouverez pages 331 et suivantes des exercices qui vous apprendront à vous détendre complètement.

■ Quand faut-il respirer ? Quand faut-il se détendre ?

● DÈS QU'UNE CONTRACTION APPROCHE, vous savez maintenant comment elle s'annonce : respirez bien en faisant une respiration complète comme il est indiqué page 334.

● LA CONTRACTION EST LÀ. Détendez-vous complètement. Puis, respiration superficielle comme indiqué page 333, avec inspirations et expirations rapides, légères et bien rythmées.

Pourquoi ces respirations légères pendant la contraction ? Pour éviter que le diaphragme n'appuie sur l'utérus, ce qui empêcherait ce dernier de se contracter à fond.

Le diaphragme est le muscle qui se trouve entre le thorax et l'abdomen (la poitrine et le ventre). Lorsqu'on respire, il se contracte et s'abaisse. Ainsi, plus la respiration est profonde, plus le diaphragme s'abaisse. Et lorsque la respiration est superficielle et légère, le diaphragme bouge à peine.

Plus la contraction est puissante, plus votre respiration doit devenir rapide, légère, superficielle, mais rester bien rythmée [1].

● LA CONTRACTION EST PASSÉE. Faites une respiration complète (ventre et poitrine), bien ample, bien lente : respirez, puis expirez comme dans un profond soupir.

● ENTRE DEUX CONTRACTIONS. Respirez normalement, détendez-vous le plus possible, c'est ce qui vous permettra de mieux supporter la contraction suivante.

Et tout recommence, dès qu'une nouvelle contraction monte (voir plus haut).

Quelle est la meilleure position à adopter pendant la dilatation ? Souvent c'est de se mettre sur le côté, mais vous trouverez vous-même celle dans laquelle vous serez la plus détendue : debout, assise, couchée, rien d'ailleurs ne vous empêche de marcher si vous vous sentez mieux ainsi. Si vous êtes encore chez vous, je vous signale qu'il peut être agréable de prendre un bain tiède et de vous relaxer longuement, ce qui aide le col à se dilater grâce à la détente que procure ce bain. Une seule condition : n'avoir pas perdu les eaux. Et si vous êtes déjà à la maternité, pourquoi ne pas demander de prendre ce bain sur place, certaines maternités sont équipées de baignoires où l'on peut se relaxer pendant le travail.

A la fin de la période de dilatation, et surtout si la tête est déjà bien engagée, il est possible que vous ressentiez, au cours des contractions, le besoin de « pousser ». Ne le faites pas tant que la sage-femme ne vous l'aura pas demandé. Cela aboutirait en effet non à un gain mais à une perte de temps. Pousser sur un col incomplètement dilaté gêne la dilatation et prolonge la durée de l'accouchement. D'autre part, ces efforts

---

1. *Cette respiration rapide et superficielle n'est pas conseillée par toutes les sages-femmes ni tous les médecins. Certains pensent qu'on peut mieux se détendre en faisant des respirations amples et profondes pendant la contraction elle-même.*

prématurés de poussée risquent de vous fatiguer et de vous faire arriver en moins bonne forme au moment où, au contraire, vous devrez participer activement à la naissance de votre enfant et dépenser toute l'énergie musculaire dont vous disposez. Pour éviter de pousser, faites la respiration haletante (voir page 333).

L'expulsion : la mise au monde

Lorsque la dilatation sera complète, va commencer la deuxième phase de l'accouchement qui sera d'ailleurs plus courte : elle durera 20 à 30 minutes pour une première naissance, beaucoup moins pour les suivantes.

A ce stade, les contractions deviennent plus rapprochées et durent plus longtemps. La tête de l'enfant appuie sur les muscles du périnée et cet appui vous donne le besoin de pousser. Il est alors important que vos efforts de poussée soient bien dirigés. Suivez les conseils de la sage-femme ou du médecin.

Autrement dit, à la période de la dilatation, vous avez essentiellement à supporter les contractions, à les laisser faire seules leur travail, en restant détendue. Maintenant au contraire, vous allez participer activement à la naissance de votre enfant, vous allez aider l'utérus à faire son travail pour pousser l'enfant en avant. L'enfant sort du tunnel osseux du bassin, il va franchir le tunnel plus souple formé par le vagin et par le périnée. (Cela, je vous l'ai expliqué page 288.) Vos efforts de poussée, s'ajoutant au travail de l'utérus, vont aider la tête à franchir ces obstacles.

▧ Ce que vous devez faire pendant l'expulsion

Que faut-il faire pour aider l'utérus dans son travail à ce stade ? Abaisser le diaphragme et contracter les abdominaux. Ainsi, l'utérus comprimé de haut en bas par le diaphragme, d'avant en arrière par les abdominaux, accentuera sa pression sur l'enfant. Mais l'important c'est que vos efforts de poussée coïncident avec les contractions.

Pour y arriver, voici comment procéder.

● LA CONTRACTION S'ANNONCE. Mettez-vous dans la position d'expulsion : dos relevé, cuisses écartées, pieds dans les étriers. Ou peut-être : les jambes posées sur des sortes de demi-gouttières rembourrées sur lesquelles genoux et mollets prennent appui [1]. Relâchez bien le périnée. Faites une bonne respiration complète (voir page 334) [2].

● LA CONTRACTION EST LÀ. Bouche fermée, inspirez profondément (respiration thoracique, page 332), c'est ainsi que vous abaisserez au maximum le diaphragme. Arrivée au sommet de l'inspiration, bloquez votre souffle. Puis, contractez fortement vos muscles abdominaux à partir du creux de l'estomac pour appuyer le plus possible sur l'enfant et le pousser vers le bas, tout en vous efforçant de garder le périnée bien relâché. Pour vous aider à pousser, saisissez des deux mains les barres soutenant les étriers, et tirez sur vos mains. Dans l'effort, vos épaules se soulèvent du lit : c'est bien, faites le dos rond ; inclinez la tête sur la poitrine.

---

1. C'est la position classique d'accouchement. En fait, certains accoucheurs reviennent à des positions traditionnelles, assise ou accroupie (voir plus loin).
2. Vous trouverez plus loin des exercices vous expliquant en détail les mouvements recommandés.

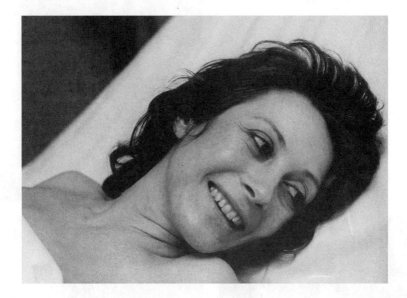

Si vous n'arrivez pas à bloquer votre souffle aussi longtemps que dure la contraction, rejetez par la bouche l'air que vous avez dans les poumons, reprenez rapidement une bouffée d'air, bloquez de nouveau votre souffle et continuez à pousser jusqu'à la fin de la contraction.

● LA CONTRACTION EST PASSÉE. Vous venez de fournir un violent effort ; maintenant faites une respiration profonde en inspirant et en expirant largement.

● ENTRE DEUX CONTRACTIONS. Relâchement musculaire pour récupérer vos forces et respiration normale.

Sauf indication du médecin, ne poussez pas entre les contractions.

En lisant ce qui précède, vous vous demandez peut-être si vous saurez bien distinguer les moments où il faut pousser, ceux où il faut vous détendre. Ne vous faites pas de souci, le médecin ou la sage-femme, à côté de vous, suivront la progression de l'enfant et vous guideront.

Contrairement à ce que les femmes redoutent souvent, cette phase de l'expulsion n'est pas la plus pénible de l'accouchement, parce que si elles poussent de toutes leurs forces à ce moment-là, elles ne sentent plus la douleur de la contraction utérine. La douleur est enfouie sous l'effort, si l'on peut dire. Certaines femmes ne poussent pas parce qu'elles ont peur que la tête de l'enfant n'ait pas la place de passer. Elles se représentent le vagin comme il est en dehors de la grossesse. Or, en fait, il est très différent, il s'est préparé pour le passage de l'enfant (voir page 159).

Grâce à vos efforts, la tête de l'enfant commence à apparaître dans l'ouverture de la vulve et l'on peut voir les cheveux. A chaque contraction, la vulve se dilate davantage et une plus grande partie de la tête apparaît. A un certain moment, on vous demandera de ne plus pousser. C'est en effet alors au médecin ou à la sage-femme de dégager lentement et progressivement la tête hors de la vulve. A ce stade, ne soulevez pas la tête, laissez-la bien sur le lit, cela vous évitera de pousser ; et pour vous aider, faites la respiration haletante, comme à la fin de la dilatation (voir page 333).

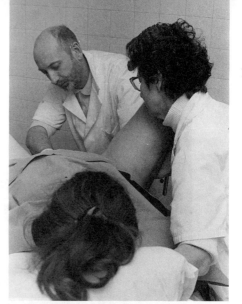

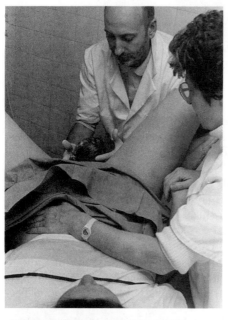

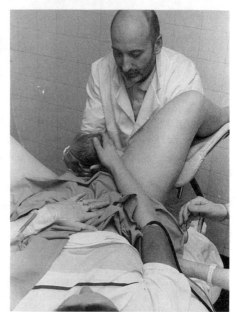

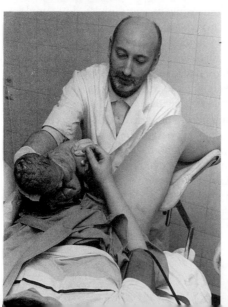

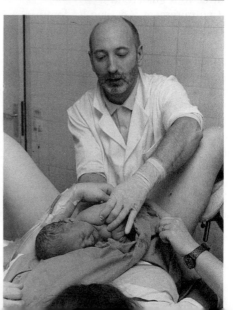

6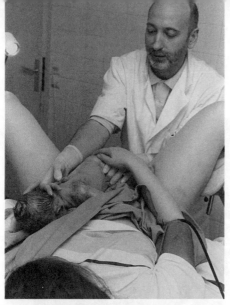

C'est une fille :
elle s'appelle Alexia.

C'est difficile de naître,
mais dans quelques minutes,
Alexia sera heureuse
sur le sein de sa mère ...

7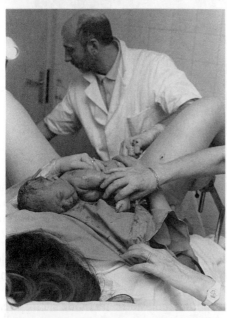

8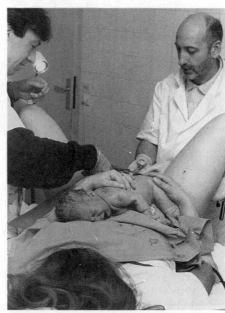

9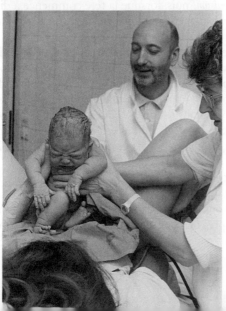

10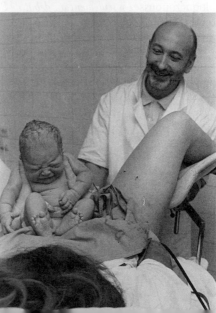

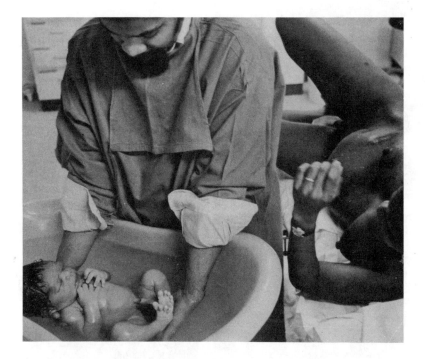

Vous verrez qu'il est impossible de respirer de la sorte et de pousser en même temps. Et lâchez les barres que vous teniez : vous n'avez plus d'effort à faire, au contraire. Un effort de poussée risquerait de faire sortir brutalement la tête et de provoquer une déchirure plus ou moins importante du périnée.

● INSPIREZ, BLOQUEZ, POUSSEZ, c'est la base de la préparation classique, la technique de poussée la plus souvent recommandée pendant *toute* l'expulsion. C'est ce que je viens de vous décrire.

Certains accoucheurs et sages-femmes proposent une autre méthode : « Inspirez, bloquez, poussez » *seulement au début de l'expulsion,* puis, lorsque la tête commence à distendre le périnée et la vulve : « Inspirez, poussez », en soufflant très lentement, comme un long soupir.

D'autres enfin, troisième école, proposent : « Inspirez, poussez, en soufflant », du début à la fin de l'expulsion. Dans cette technique de poussée, il n'y a *à aucun moment* blocage de la respiration. C'est ce que le docteur Bernadette de Gasquet, spécialiste de la préparation à l'accouchement (voir page 340), appelle la *poussée en expiration freinée* : au lieu d'expulser son enfant, c'est la mère qui « se retire », pour le laisser faire son chemin. En haptonomie, on ne dit pas *pousser,* ni *expulser,* mais *accompagner,* c'est-à-dire ouvrir le chemin au bébé (la mère se sera familiarisée avec cette sensation lors de la préparation haptonomique).

Ces différences peuvent paraître un peu compliquées, mais je vous en parle pour que vous ne soyez pas prise au dépourvu si ce que la personne qui est à vos côtés vous demande est un peu différent de ce que je vous ai décrit dans ce livre. En effet, vous ne serez pas seule, vous aurez une sage-femme près de vous qui vous dira ce qu'il faut faire.

L'épisiotomie

Le dégagement de la tête hors de la vulve peut être plus délicat dans certaines conditions : gros enfant, vulve très étroite, périnée très résistant ou anormalement fragile. Cette fragilité du périnée peut être constitutionnelle, ou acquise (prise de poids très importante au cours de la grossesse avec infiltration des tissus). Le médecin est alors amené, afin d'éviter une déchirure, à pratiquer une incision du périnée : l'épisiotomie. Certains accoucheurs pensent en plus que pratiquer une épisiotomie permet de prévenir l'incontinence urinaire : en effet, cette incision diminue la tension qui s'exerce au niveau de la vulve et de l'urètre (c'est-à-dire le canal urinaire et le muscle sphincter qui le ferme). Les femmes redoutent l'épisiotomie, c'est compréhensible, elles ont peur que cela fasse mal. En réalité, l'épisiotomie est le plus souvent faite au moment d'une poussée, et donc les femmes ne s'en rendent pas compte. (Sur l'épisiotomie voyez aussi page 390.)

Le premier cri

La tête une fois sortie de la vulve, le médecin ou la sage-femme dégage une épaule, puis l'autre. Le reste du corps de l'enfant suit sans difficulté.

Votre enfant est né : ses narines se dilatent, son visage se plisse, sa poitrine se soulève, sa bouche s'entrouvre. Pour la première fois de sa vie, il respire. Il pousse un cri, peut-être de douleur, car l'air s'engouffre dans ses poumons et les dilate violemment.

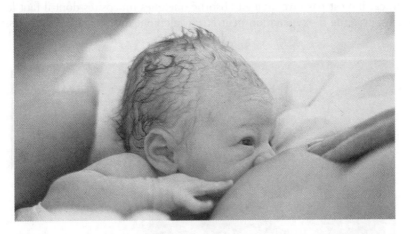

La sensation que vous éprouverez en entendant ce premier cri est difficile à décrire : satisfaction intense mêlée de fierté ; une certaine peine à réaliser que cet enfant que vous venez de porter neuf mois en vous est maintenant à côté de vous ; lassitude à cause de l'effort intense que vous venez de fournir. Ces sentiments seront riches, multiples, envahissants. D'ailleurs, vous ne chercherez pas à les analyser, ce qui comptera d'abord pour vous ce sera de contempler, d'admirer avec émotion cet enfant que vous venez de mettre au monde, cet enfant qui est probablement déjà dans vos bras : en effet, dès la minute de la naissance, on pose l'enfant sur le ventre de sa mère, ainsi le contact mère-enfant est aussitôt établi, ou plutôt rétabli. La mère peut mieux sentir l'enfant, le toucher, mieux percevoir la réalité de son corps. Et lorsque le père est témoin de la naissance, cette soudaine réalisation du triangle est bouleversante, ceux qui l'ont vécu en témoignent tous.

Hier encore, quand un enfant naissait et qu'il n'avait pas poussé son premier cri, on s'inquiétait et on faisait tout pour le provoquer, car ce cri était considéré comme le signe même de la vitalité du bébé. Aujourd'hui, on s'est rendu compte que l'enfant pouvait ne pas crier tout en étant en pleine forme. Ce qui est important, c'est qu'il change de couleur, c'est-à-dire que, de bleu avant la première respiration, il devienne rose. Je vous dis cela car vous ne devez pas vous inquiéter si votre enfant ne criait pas en naissant.

L'examen du nouveau-né

Il y a maintenant dans la salle d'accouchement une personne de plus. En ce moment, c'est le nouveau-né qui a besoin de soins, pendant que l'utérus se repose avant d'entreprendre la dernière partie de son travail, la délivrance.

Le médecin met deux pinces sur le cordon ombilical et le coupe entre ces pinces. De toute manière la circulation s'interrompt spontanément dans le cordon et, au bout d'un certain temps, on pourrait le couper sans qu'il saigne. Cette section du cordon est indolore et pour la mère et pour l'enfant. Ce geste marque le début de l'autonomie de l'enfant.

L'enfant est alors posé sur une table chauffante, équipée d'un matériel de désobstruction car il n'est pas rare qu'il ait absorbé quelques mucosités dont il faut le débarrasser. Un système d'oxygénation peut être également mis en œuvre, si nécessaire.

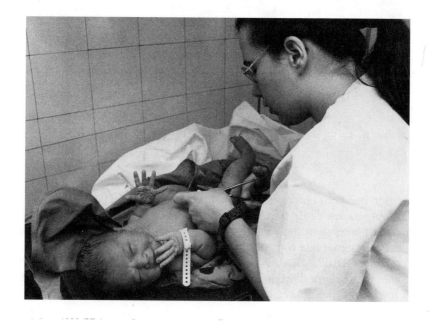

Pendant que la dernière phase de l'accouchement se termine, la sage-femme fait la toilette du nouveau-né : elle débarrasse le bébé de l'enduit qui recouvre son visage, soit avec de l'huile tiède, soit avec de l'eau et du savon. Elle le lave, le pèse, mesure sa taille et son périmètre crânien ; elle instille dans les yeux de l'enfant un collyre pour prévenir toute infection. Elle met à son poignet un petit bracelet d'identité ; ainsi il n'y aura aucun risque de confondre le nouveau-né avec un autre.

Le médecin, par un examen rapide – le test d'Apgar – contrôle alors que tout est normal chez le nouveau-né :
→ coloration de la peau,
→ rythme respiratoire et cardiaque,
→ motricité spontanée,
→ organes génitaux externes,
→ perméabilité du nez, de l'œsophage et de l'anus au moyen de petites sondes.

Un nouvel examen plus complet et plus méthodique sera fait dans les jours qui suivront. Cet examen comprendra en particulier la recherche du signe du ressaut pour dépister une éventuelle tendance à la luxation de la hanche, et un examen neurologique avec étude des réflexes du nouveau-né :
→ recherche de la marche automatique (l'enfant, étant maintenu debout sur le plan dur de la table, ébauche quelques pas) ;
→ « grasping » de la main et du pied (il referme les doigts si on lui touche la paume de la main et la plante du pied) ;
→ réflexe de succion, etc.

Ces réflexes témoignent du bon état du système nerveux. En outre, avant la sortie, on prélèvera quelques gouttes de sang au talon du bébé pour le dépistage systématique de certaines maladies : phénylcétonurie, et hypothyroïdie.

Les résultats de ces examens seront portés sur le carnet de santé.

Si vous souhaitez que votre enfant soit suivi par un pédiatre de votre choix, rien ne s'oppose à ce que celui-ci vienne l'examiner à la maternité.

La délivrance

Tout n'est pas encore tout à fait terminé pour vous. Dans les minutes qui suivront la naissance de l'enfant, vous ressentirez encore quelques contractions utérines, mais beaucoup moins intenses que celles de l'accouchement. Elles ont pour résultat de décoller le placenta qui adhérait à l'utérus. Quand le placenta est décollé, le médecin appuie sur l'utérus, et le placenta est alors expulsé. C'est ce qu'on appelle la *délivrance*. Le placenta sort d'autant plus facilement que l'enfant a déjà été mis au sein (ce qui se fait de plus en plus souvent). Et lorsque la mère pousse comme pour l'expulsion, en serrant bien le ventre, le placenta sort tout seul, sans que cela fasse mal.

L'accouchement est maintenant tout à fait terminé. Certains médecins font faire alors une piqûre qui aide l'utérus à bien se rétracter. C'est en effet cette rétraction des fibres musculaires utérines qui assure la fermeture des vaisseaux qui faisaient communiquer l'utérus et le placenta, et qui sont restés béants après le décollement de ce dernier. Ainsi sont évitées les hémorragies.

Si l'on a été amené à faire une épisiotomie, celle-ci est alors recousue sous anesthésie locale ou sous anesthésie péridurale si vous en avez eu une pour l'accouchement. Ce petit acte chirurgical est donc indolore.

Enfin, après une toilette locale, vous serez reconduite dans votre chambre. Si vous étiez endormie, c'est là que vous ferez enfin la connaissance de votre enfant.

La durée de l'accouchement

Il est impossible de vous dire : un accouchement dure tant d'heures, car trop de facteurs peuvent faire varier cette durée.

Les statistiques permettent cependant de donner un ordre de grandeur : une femme, pour mettre au monde son premier enfant, a besoin en moyenne de huit à neuf heures, pour le deuxième de cinq à six, c'est-à-dire, près de trois heures de moins.

L'accouchement d'un deuxième enfant dure moins longtemps parce que le col de l'utérus et le vagin, ayant déjà été dilatés, offrent moins de résistance à une nouvelle dilatation.

Mais ces chiffres ne sont que des moyennes établies sur quelques milliers d'accouchements, et votre accouchement pourra être plus rapide ou plus lent. Une chose est certaine : aujourd'hui, on ne laisse plus traîner un accouchement en longueur ; on dispose de moyens efficaces pour en régulariser le déroulement et en réduire la durée. La dilatation du col est la phase la plus longue. Elle représente près des neuf dixièmes de la durée totale, c'est-à-dire sept à huit heures pour un premier enfant, quatre à cinq pour un deuxième.

L'expulsion, par contre, ne dure en général que vingt à vingt-cinq minutes dans le premier cas, et moins de vingt minutes dans le second. Parfois même pour un deuxième enfant, l'expulsion suit immédiatement la dilatation complète.

Voici quelques-uns des facteurs qui peuvent écourter, ou au contraire, prolonger l'accouchement :

→ le poids de l'enfant : habituellement, plus un enfant est gros, plus l'accouchement est long ;

→ la présentation : l'accouchement d'un « siège » est un peu plus long que celui d'un « sommet » ;

→ la puissance et la fréquence des contractions qui varient beaucoup suivant les femmes.

Qui sera là ?

Certaines lectrices m'ont demandé de parler des personnes qui seront présentes lors de l'accouchement. Je comprends leur souhait, mais c'est difficile d'être précis car cela dépend vraiment de l'organisation de la maternité et du moment de l'accouchement. Cela peut aller d'une personne – la sage-femme est toujours là – à deux, trois, ou plus : l'accoucheur, un anesthésiste, une puéricultrice, etc. Il peut y avoir aussi l'élève sage-femme ou l'élève puéricultrice qui effectuent leur formation médicale.

Du côté de la famille, cela dépend du désir des parents. Cela dépend aussi de la maternité. Souvent, le père est là, nous en reparlerons plus loin. S'il ne peut venir, ou s'il ne le souhaite pas, la mère peut désirer avoir quelqu'un d'autre près d'elle (sa mère, sa sœur, une amie) ; elle verra avec la maternité si cela est possible.

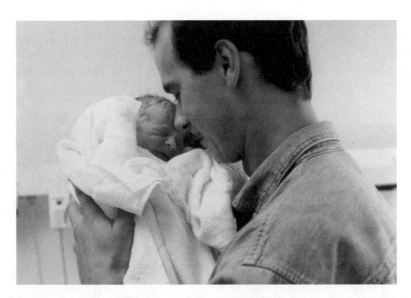

Et que penser de la présence des enfants que certains parents souhaitent ? Aucun des arguments que j'ai entendus jusqu'ici ne m'a convaincue de l'opportunité de cette présence. L'argument principal des parents est de dire : « Le bébé sera mieux accepté par ses frères et sœurs. » Autrement dit, les parents se mettent à la place des enfants, sans pouvoir imaginer le choc que pourrait produire tout de suite, et plus tard, l'image de la naissance. Un accouchement peut être émouvant, merveilleux, mais aussi très violent. De quel droit imposer à un enfant une scène aussi impressionnante, aussi chargée d'émotions ? Et même si l'enfant ne dit rien, ce n'est pas sûr qu'il ne soit très fortement marqué.

■ Le père

On a commencé à parler de la présence du père dans la salle d'accouchement il y a une trentaine d'années. Avant la question ne se posait pas, la porte de la salle lui était fermée, c'était le territoire et le domaine exclusif de l'accoucheur. Le père était prié d'aller fumer sa cigarette dans le couloir. Puis l'accouchement sans douleur est arrivé ; on a proposé à l'homme de faire faire à sa femme des respirations pour bien accoucher. On ne pouvait faire moins que de l'inviter aussi à la naissance. Et on a dit au père : « Venez, n'ayez pas peur d'entrer. » La naissance sans violence a confirmé l'invitation. Pour certains, il ne s'agit pas d'invitation mais d'obligation. Bernard Fonty, gynécologue-accoucheur, regrette l'attitude de certaines équipes médicales qui, lorsque le père n'est pas présent à l'accouchement, se posent aussitôt des questions sur la « qualité » du couple.

On ne se rend pas toujours compte de ce que cette présence signifie vraiment pour l'homme : c'est faire face à des images qu'il gardait enfouies dans ses rêves ou ses fantasmes, c'est libérer des frustrations et des ressentiments, c'est être confronté à un ensemble de sensations fortes et complexes, dont il a peine sur le moment à mesurer les conséquences. L'événement va certainement laisser des traces dans l'inconscient ; seront-elles toujours positives ?

C'est pourquoi, parfois l'homme hésite : être ou ne pas être là.

D'ailleurs jusque-là l'invitation n'était vraiment pas pressante : il y a encore quelques années de nombreux accoucheurs, sous divers prétextes, refusaient les pères. Mais peu à peu les réticences se sont dissipées. Aujourd'hui les pères sont pratiquement admis partout.

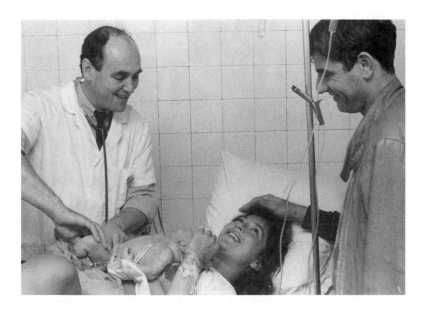

Être là... L'homme peut donc être invité, encouragé, ou seulement admis. Vient-il ?

D'après une enquête que nous avons faite récemment, près de huit pères sur dix viennent.

Certains pères sont là pour assister à un documentaire sur l'accouchement : « Ce n'est pas tous les jours qu'on peut voir une chose pareille. » Mais ces pères ne sont pas les plus nombreux.

La plupart viennent et comme mari (pour être aux côtés de leur femme) et comme père (être là pour le grand moment). « Bien sûr je vais assister à l'accouchement, cela va de soi. J'étais là pour la naissance de notre premier enfant, on se sent très forts, très proches. » « J'ai pu le prendre dans mes bras, il avait à peine dix minutes. »

On trouve aussi des différences entre les pères, selon le temps de présence à l'accouchement : à côté de celui qui ne quitte pas sa femme, il y a le père présent seulement pendant une partie de l'accouchement, et qui va fumer la cigarette traditionnelle dans le couloir pendant la sortie du bébé.

D'autres fois au contraire, le père demande à la sage-femme de le prévenir au moment de la naissance, car il trouve trop long le temps du travail.

Il arrive enfin que le père qui avait décidé d'être là ait, au dernier moment, un empêchement. Vrai ? Ou fuite ?

Et où se met le père quand il est dans la salle d'accouchement ? Souvent, impuissant à faire quoi que ce soit qui puisse aider sa femme à mieux supporter la violence de ce qu'elle vit, et se sentant désemparé, il se met dans un coin de la pièce, se fait le plus discret possible, dans une position assez inconfortable où il se sent un peu inutile, spectateur exclu de l'action. Il reste là jusqu'au moment où l'enfant naît ; alors le père retrouve une place, où il peut vivre le plaisir d'accueillir son enfant, et la joie de partager ce moment particulièrement fort avec la femme qu'il aime.

Or le père peut aider sa femme pendant le travail : par sa présence, par sa proximité, par son contact physique, par sa main sur le ventre, près du bébé, par son bras autour du cou de sa femme. Si le père sent qu'il peut aider, sa main rassurera.

... ou ne pas être là. Mais pourquoi certains pères n'assistent-ils pas à l'accouchement ? (Ce mot *assister* fait d'ailleurs frémir les inconditionnels de la participation, pour qui il ne s'agit pas d'être là, de regarder, mais d'aider sa femme, quasiment à la place du médecin, jusqu'à sortir l'enfant avec lui, et à couper le cordon.)

Parfois les réticences viennent de la mère, et d'autres fois du père. Du côté de la mère, les réticences peuvent être diverses et souvent emmêlées :

→ désir de vivre seules ce moment si important de leur vie de femme, de se prouver qu'elles sont capables de mener à bien leur accouchement sans aide, mais aussi désir de vivre cet accouchement comme elles le veulent avec le droit de crier si elles en ont envie ;

→ peur d'offrir à l'homme qu'elles aiment un spectacle peu flatteur et que ce spectacle compromette leurs relations sexuelles futures, peur de la peur du mari, surtout si une intervention est nécessaire et qu'il risque de s'évanouir [1].

Et d'ailleurs, lorsqu'un homme ne vient pas, c'est essentiellement l'angoisse qui le retient : angoisse de voir, en vrai, la scène imaginée cent fois et de ne pas la supporter ; peur de voir le corps de la femme qu'il aime souffrir ; crainte, comme sa femme, que leurs relations sexuelles en pâtissent.

Et lorsqu'un accouchement précédent s'est mal passé, le père hésite à venir : « Il a fallu utiliser les forceps et on m'a demandé de sortir. J'ai entendu le bébé pleurer, on m'a dit de revenir, et quel choc : ma femme avait les pieds dans les étriers, une paire de ciseaux qui pendait de la région vaginale, il y avait du sang partout, les forceps par terre, j'étais bouleversé. »

On a dit si souvent au père que sa place était dans la salle d'accouchement qu'il promet en général de venir, mais, s'il change d'avis, il se croit obligé comme un mauvais élève d'inventer une excuse : « J'avais un rendez-vous urgent », ou « J'ai raté le train ». Si c'est l'angoisse qui le retient d'être auprès de sa femme, il vaut en effet mieux qu'il s'abstienne ; rien n'est plus contagieux que la peur. Or une femme, à ce moment-là, a besoin de calme avant tout. Mais comme l'a dit une mère : « Qu'il n'aille pas trop loin. S'il est dans le couloir à portée de voix, c'est déjà rassurant. »

Pour un homme, décider d'assister ou non à la naissance de son enfant, est vraiment un choix qui doit être libre (comme doit l'être, par exemple, pour la mère, la décision d'allaiter). Les attitudes qui entourent la naissance sont plus que de simples gestes, elles ont des prolongements psychologiques et affectifs, une signification profonde. Elles ne doivent être dictées ni par l'entourage, ni par la mode.

C'est au père et à la mère de voir ensemble ce que profondément ils souhaitent, ils prendront alors leur décision.

1. *En cas d'intervention, certains médecins font sortir le père, d'autres acceptent qu'il reste.*

Le monitoring

Le monitoring, appelé aussi appelé monitorage, ou R.C.F. (rythme cardiaque fœtal), désigne des techniques modernes dues aux progrès faits par l'électronique, qui permettent une surveillance intensive du comportement de l'enfant au cours de l'accouchement. Certes, on a toujours surveillé l'état de l'enfant du début à la fin du travail, notamment par l'auscultation des bruits du cœur. Mais les médecins estiment que, au moins dans certains cas, cette surveillance traditionnelle est insuffisante.

Au cours de ces dernières années, on a mis au point des appareils électroniques qui permettent deux sortes de mesures.

La technique la plus courante consiste à enregistrer d'une manière permanente les contractions de l'utérus (intensité, rythme, durée), et en même temps les battements du cœur de l'enfant. Pour cela, des ballonnets sont posés sur le ventre de la mère et reliés à un appareil enregistreur. Ainsi on peut voir se dessiner l'amplitude des contractions de la mère et celles des battements du cœur de l'enfant.

Une autre technique, pratiquée exceptionnellement, permet, par ponction directe sur le cuir chevelu de l'enfant, d'apprécier certaines constantes de son sang.

Grâce au monitoring tout au long de l'accouchement, on peut dépister une anomalie traduisant une souffrance de l'enfant. Cela peut amener à interrompre le rythme spontané de l'accouchement et à le terminer par une césarienne.

Ce matériel de surveillance est de plus en plus répandu et le monitoring de plus en plus courant, même pour les accouchements les plus normaux. Ne soyez donc pas inquiète si vous voyez la sage-femme installer un monitoring.

Accoucher assise ?

Selon les pays, les civilisations, les époques, la manière d'accoucher a varié : les femmes étaient assises, accroupies, debout, allongées, etc.

Aujourd'hui, pendant toute la dilatation, la femme peut rester couchée, si cela lui convient le mieux ; ou aller, venir, marcher, en un mot être libre de ses mouvements.

Pendant le temps de l'expulsion, la position la plus répandue est la position classique : la mère est sur le dos – allongée ou en position semi-assise –, jambes relevées, cuisses écartées. Pour l'accoucheur et pour la sage-femme, c'est la position qui favorise le mieux leur travail au moment du dégagement de l'enfant.

Le docteur Bernadette de Gasquet propose, elle, que la femme, si elle le désire, puisse bouger, même pendant cette période de l'expulsion. Il n'est pas logique, dit-elle, que le bassin de la femme reste immobile, alors que l'enfant, en descendant, accomplit rotations, changements d'axe, etc. ; par exemple, le seul fait que la mère s'asseye ou change de côté peut débloquer un cordon comprimé.

En haptonomie, la position de naissance préconisée est plutôt la position assise. Et, dans tous les cas, l'important est que le père soit physiquement très proche de la mère.

Pour la sortie même de l'enfant, certains médecins proposent aux femmes, si elles se sentent ainsi plus à l'aise, d'accoucher accroupie ou assise [1]. Il y a même quelques hôpitaux qui sont équipés de chaises obstétricales.

---

1. *Sur ce sujet, vous pouvez lire le numéro 4 des* Cahiers du nouveau-né, *« Corps de mère, corps d'enfant », ouvrage collectif publié sous la direction de Danielle Rapoport (Éditions Stock).*

L'accouchement aquatique

L'expérience de l'accouchement en milieu aquatique est très peu répandue en France. Mais si nous en disons quelques mots, c'est pour répondre à certaines lettres que nous avons reçues nous demandant des précisions.

Michel Odent semble avoir été le premier à la maternité de Pithiviers à avoir proposé à ses patientes l'utilisation d'une piscine d'eau chaude pendant le travail et éventuellement la naissance du bébé. Depuis, dans divers pays, on redécouvre les vertus de l'eau chaude (37°) *pendant le travail :* l'eau chaude favorise l'indolorisation et la relaxation, ce qui semble accélérer le temps de la dilatation du col de l'utérus, et donc raccourcir le temps du travail. Quant à la *naissance* du bébé dans l'eau, elle est beaucoup plus rare. Elle reste réservée à des structures spécialisées [1] qui disposent de matériel adapté, notamment d'une baignoire spéciale.

1. *Maternités des Centres Hospitaliers de Saint-Girons (09) et de Saint-Nazaire (44).*

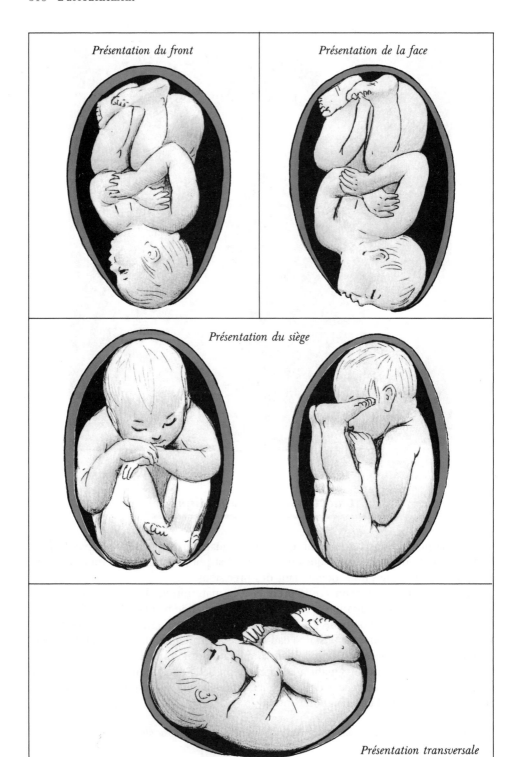

Présentation du front

Présentation de la face

Présentation du siège

Présentation transversale

Les différentes « *présentations* »

Le plus souvent – 95 fois sur 100 – l'enfant a la tête en bas au moment de l'accouchement. On appelle *présentation* la partie de l'enfant qui pénètre (qui *s'engage*) la première dans le bassin. Habituellement, la tête s'engage complètement fléchie, le menton sur le thorax, et présente le sommet du crâne (l'occiput) à l'entrée du bassin. On parle de *présentation du sommet*, la plus fréquente, celle qui correspond à ce que vous venez de lire dans la description que je vous ai faite de l'accouchement, et que vous pouvez voir en images pages 280 à 287.

Mais cette présentation n'est pas la seule.

La présentation de la face. Ici, la tête est complètement défléchie, complètement rejetée en arrière. L'accouchement naturel est possible, mais il est souvent difficile et peut nécessiter une application de forceps ; on doit parfois avoir recours à une césarienne.

La présentation du front. La tête est en position intermédiaire entre la face et le sommet. L'accouchement par la voie naturelle est impossible (la tête présente à l'engagement un diamètre trop grand). La césarienne est nécessaire.

La présentation transversale (encore appelée présentation de l'épaule). L'enfant se présente horizontalement, dos en haut ou en bas. La césarienne s'impose.

La présentation du siège. Ici l'enfant se présente le siège en bas, la tête se situant dans le fond de l'utérus. Ce sont soit les fesses (2/3 des cas), soit les pieds (1/3 des cas) – voir le schéma – qui se présentent en premier.

Le diagnostic de la présentation se fait en fin de grossesse, vers 7 mois 1/2-8 mois (ce n'est en effet qu'au cours de cette période que l'enfant prend sa position définitive dans l'utérus), en palpant l'abdomen. On peut confirmer le diagnostic par une radiographie ou une échographie.

Si votre enfant se présente par le siège, ne vous étonnez pas de voir le médecin prendre certaines précautions. En effet, la difficulté, au moment de l'accouchement peut tenir au fait que la tête (qui sort la dernière du bassin) peut, selon son orientation et son volume, se bloquer dans le bassin, situation dangereuse pour le bébé. Aussi faut-il distinguer :

→ les sièges de femmes ayant déjà accouché d'enfant de poids normal (ou a fortiori élevé) dont le bassin est certainement normal. L'accouchement ici ne diffère guère de celui d'un accouchement habituel ;

→ les sièges de femmes ayant leur premier enfant et pour lesquelles il est indispensable de réunir le maximum d'éléments de pronostic avant l'accouchement, notamment préciser le volume du fœtus par une échographie et les dimensions du bassin par une radiopelvimétrie. S'ils ont un doute, la plupart des médecins préfèrent pratiquer une césarienne. Mais en cas d'accouchement par la voie naturelle, comme la poussée est plus longue, l'anesthésie péridurale est fréquemment proposée dès le début de la dilatation ; une courte anesthésie générale peut aussi aider à terminer le dégagement.

S'il s'agit d'une « présentation du siège », il est indispensable que la naissance ait lieu dans une maternité ayant l'habitude de ce genre d'accouchements.

Les accouchements
avec intervention

Dans la grande majorité des cas, l'accouchement se déroule tout naturellement. Mais il peut arriver que le mécanisme normal de l'accouchement soit troublé, soit que l'enfant se « présente » mal, soit que le bassin soit trop étroit pour que l'enfant puisse le traverser, etc. Il est alors nécessaire, pour éviter que ni la mère ni l'enfant ne souffrent, d'intervenir en faisant une application de forceps ou une césarienne.

Le forceps

Le forceps est un instrument composé de deux sortes de « cuillères », destiné à saisir la tête de l'enfant pour l'aider à descendre et à sortir.

Le forceps a encore mauvaise réputation. Cela vient du temps où l'on s'en servait alors que l'enfant était encore très haut dans le bassin et que la tête n'était pas engagée. Mais on n'avait pas le choix à l'époque. Aujourd'hui, ce n'est plus le cas ; si la tête n'avance plus et n'est pas engagée, on ne cherche pas à franchir l'obstacle, on le contourne, et c'est la césarienne. Dans ces conditions, on ne fait plus de forceps traumatisant.

Le forceps peut se faire sous anesthésie générale, sous péridurale s'il y en a une en cours, mais aussi dans certains cas, on peut le faire simplement sous anesthésie locale : à ce moment-là, ce n'est qu'une aide, la femme continue à pousser et finalement c'est elle qui sort l'enfant.

Si une application de forceps est nécessaire lors de votre accouchement, vous n'aurez donc rien à redouter, ni pour vous-même, ni pour l'avenir de votre enfant.

● LE VACUUM EXTRACTOR. Ce nom, qui littéralement signifie « extracteur par le vide », désigne une ventouse en matière souple qui permet « d'attirer » l'enfant vers l'extérieur. Au moment d'une contraction, on tire doucement pour amplifier l'effet de la contraction.

Les indications du *vacuum extractor* sont les mêmes que celles du forceps. Il est peu utilisé en France.

La césarienne

Il y a cent ans encore, lorsqu'une difficulté grave survenait au cours de l'accouchement, empêchant l'enfant de naître par les voies naturelles, même avec l'aide d'un forceps, la vie de la mère et (ou) de l'enfant étaient gravement compromises.

On pratiquait bien l'opération dite césarienne, mais il était rare qu'elle se terminât heureusement. On peut lire dans le *Dictionnaire usuel des sciences médicales* publié en

1892 : « La mortalité en cas de césarienne est de 29 sur 30 ». Depuis cette époque les choses ont complètement changé et l'on peut dire que cette opération comporte des risques de plus en plus faibles.

La césarienne est une intervention chirurgicale qui se déroule non plus en salle d'accouchement, mais au bloc opératoire. On rase les poils du pubis, on place une sonde dans la vessie (pour que le chirurgien ne soit pas gêné par une vessie pleine pendant l'opération) ; la peau de l'abdomen est ensuite largement désinfectée et l'on place des sortes de draps (appelés champs opératoires) pour protéger la zone de l'opération. Celle-ci peut alors véritablement commencer. Le médecin incise d'abord la peau, puis les muscles de la paroi abdominale pour parvenir dans la cavité abdominale. Après que l'on a incisé l'utérus, le bébé est extrait par l'ouverture ainsi pratiquée. Le placenta est retiré immédiatement après.

Alors commence le deuxième temps de l'opération ; les différents tissus qui ont été incisés sont recousus : l'utérus d'abord, puis la paroi abdominale ; enfin la peau sur laquelle on met des fils ou des agrafes qui seront retirés 5 à 7 jours plus tard. L'intervention dure, au total, 1 heure à 1 h 30.

Pendant longtemps la césarienne n'a été faite que sous anesthésie générale, mais l'anesthésie péridurale gagne de plus en plus de terrain. Pratiquement, on ne fait plus d'anesthésie générale que dans les cas d'extrême urgence car l'anesthésie péridurale demande une quinzaine de minutes pour « agir » alors que l'anesthésie générale agit immédiatement. Mais dans tous les autres cas c'est l'anesthésie péridurale que l'on préfère. Elle a en effet l'avantage de permettre à la femme de voir et d'entendre son bébé immédiatement à la naissance comme au cours d'un accouchement normal, et surtout elle améliore très nettement le confort postopératoire.

Par rapport à un accouchement normal, peu de choses changeront pour vous dans les suites. Celles-ci sont habituellement très simples. Il est possible qu'il y ait un petit drain à enlever au niveau de la cicatrice au bout de 48 heures (tous les chirurgiens n'en mettent pas). Vous vous lèverez dès le lendemain de l'intervention et vous pourrez aller et venir dès le 2e-3e jour. Vous pourrez prendre une douche dès le 4e-5e jour. Les fils ou agrafes seront enlevés au 5e-7e jour. Vous pourrez quitter la clinique ou l'hôpital dès le 7e jour, soit pratiquement dans les délais d'un accouchement normal.

Une césarienne n'interdit pas d'allaiter quand la maman le souhaite.

J'ajoute que le préjudice esthétique est quasiment nul puisque l'intervention est presque toujours pratiquée par une incision basse, transversale, cachée sous les poils du pubis.

Quand vous serez rentrée chez vous, on vous conseillera de reprendre une vie normale un peu moins rapidement qu'après un accouchement par les voies naturelles, mais au bout de 4 semaines environ vous aurez oublié que vous avez eu une césarienne.

En un mot, l'opération est devenue, comme disent les médecins, très banale. Aussi lorsqu'elle s'impose, il ne faut vraiment pas la redouter.

La césarienne, quand ? De nombreuses causes peuvent nécessiter le recours à une césarienne, et il est impossible de les citer toutes ici. Je ne vous parlerai que des plus fréquentes que l'on peut grouper sous trois rubriques.

• Impossibilité d'un accouchement par voie basse, c'est-à-dire par les voies naturelles, pouvant tenir :
→ aux dimensions insuffisantes du bassin de la mère ;
→ au volume trop important de l'enfant ou à sa présentation en mauvaise position : présentation du front, présentation transversale, voire même présentation du siège où l'on a de plus en plus tendance à « jouer la prudence » surtout chez la primipare (voir page 310) ;
→ à l'existence d'un obstacle à la sortie de l'enfant : fibrome par exemple ou encore placenta praevia (voir page 242) ;

• Obligation d'interrompre la grossesse avant terme si la poursuite en est dangereuse pour l'enfant : certains cas de diabète, d'iso-immunisation rhésus ou de toxémie par exemple ;

• Nécessité de terminer l'accouchement rapidement :
→ parce que le col ne se dilate pas suffisamment ou parce que la tête de l'enfant ne s'engage pas dans le bassin ;
→ parfois même pour sauver la vie de la mère, mais beaucoup plus souvent celle de l'enfant, qui peut être menacée par une hémorragie ou surtout par une souffrance apparue au cours du travail ; cette souffrance fœtale est maintenant de mieux en mieux dépistée grâce au monitoring.

Selon le cas, la césarienne peut donc être prévue à l'avance dès la fin de la grossesse ou devenir nécessaire, de façon plus ou moins impromptue, au cours de l'accouchement. Lorsqu'elle est prévue à l'avance, on la « programme » une dizaine de jours environ avant la date théorique de l'accouchement. Lorsqu'elle est décidée au cours de l'accouchement, il est évident que si la mère est déjà sous anesthésie péridurale, aucune autre anesthésie ne sera nécessaire.

Actuellement on pratique de plus en plus de césariennes (10 à 15 % des naissances). Cette augmentation inquiète d'ailleurs souvent. Elle s'explique, au moins en partie, par :
→ les progrès des techniques chirurgicales et d'anesthésie qui font de la césarienne une intervention de plus en plus simple à laquelle on est de plus en plus tenté d'avoir recours ;
→ la meilleure connaissance des risques pour l'enfant de certains accouchements par voie basse : très gros enfants ou, au contraire, enfants de très petits poids ; certaines présentations du siège ; certains prématurés ;
→ le meilleur diagnostic de la souffrance fœtale en cours de travail grâce au monitoring ;
→ l'indiscutable augmentation des grossesses à risques.

La césarienne : et après ? Un préjugé veut qu'à une césarienne ne puisse succéder qu'une nouvelle césarienne. Ce n'est vrai qu'en partie.

Il est évident que si la césarienne a été nécessitée par une cause permanente, un bassin trop étroit par exemple, une nouvelle césarienne sera nécessaire lors d'un prochain accouchement.

Par contre, si l'opération a été motivée par une cause accidentelle (hémorragie, souffrance fœtale, etc.), à priori, il n'y a pas lieu d'envisager une nouvelle césarienne. Mais il faut que tout se présente normalement en fin de grossesse, que l'accouchement lui-même se déroule facilement et rapidement ; et que l'on soit prêt à intervenir

à la moindre complication pour faire si nécessaire une nouvelle césarienne : ainsi faut-il être près de la salle d'opération et avoir prévu un anesthésiste. Car, sous l'effet des contractions utérines de l'accouchement, la cicatrice de la césarienne située sur l'utérus peut se rompre, exposant la mère et l'enfant à de très graves complications.

Aussi est-il juste de dire qu'une césarienne précédente augmente le risque d'avoir une nouvelle césarienne pour l'accouchement suivant.

Certaines femmes croient qu'on ne peut pas avoir plus de trois césariennes successives. Ce n'est pas une règle. C'est plus par excès de prudence que pour des raisons parfaitement démontrées par les faits qu'il est habituel de proposer une stérilisation par ligature des trompes lors de la troisième césarienne. Je connais des accoucheurs ayant pratiqué quatre et même cinq césariennes chez des femmes qui souhaitaient avoir plusieurs enfants.

La délivrance artificielle

Vous avez vu (page 303) qu'habituellement le placenta se décolle tout seul, grâce à des contractions utérines qui réapparaissent dans les minutes suivant la naissance de l'enfant. Il arrive, pour des causes diverses (manque ou mauvaise qualité de ces contractions utérines, adhérence anormale du placenta), que le placenta ne se décolle pas. Le risque est alors celui d'une hémorragie. Pour l'éviter, le médecin doit introduire la main dans l'utérus afin de décoller artificiellement le placenta. Cette intervention se fait le plus souvent sous anesthésie générale ou péridurale (l'anesthésie n'est pas absolument indispensable, mais beaucoup plus confortable pour la femme).

La révision utérine

Il arrive qu'une hémorragie apparaisse après l'accouchement et la délivrance. Le médecin doit alors en chercher la cause. Elle est en général due à un fragment de placenta resté dans l'utérus. Pour le savoir, le médecin fait le même geste que celui de la délivrance artificielle (introduire la main dans l'utérus sous anesthésie générale ou péridurale).

L'accouchement
à la maison

Accoucher à la maison fait rêver certains couples : ceux qui ont entendu parler d'une naissance à domicile qui s'était passée d'une manière parfaite ; ceux qui ont été choqués par des photos d'accouchements très médicalisés, entourés de nombreux appareils ; enfin ceux qui ont envie que leur enfant naisse dans une ambiance familiale, au milieu des siens, etc.

On peut comprendre ces désirs, et certes l'accouchement est un acte normal, naturel ; mais on n'est sûr qu'il s'est bien passé qu'après. Il y a toujours une part de hasard ; un incident imprévu peut se produire, et de l'incident à l'accident, le délai est parfois très court.

On ne peut donc envisager une naissance à la maison qu'avec un médecin ou une sage-femme très expérimentés, en qui on a une confiance totale, qui n'acceptera de faire l'accouchement que si toutes les conditions d'un bon déroulement sont requises ; et qui, le cas échéant, saura prendre la décision de diriger la femme vers un établissement hospitalier.

D'ailleurs, si beaucoup de couples rêvent de cette naissance à la maison, peu la réalisent : selon les statistiques les plus récentes du Ministère de la Santé, il y a environ 3 000 accouchements à domicile par an (sur 740 000 naissances).

Après avoir lu ce qui précède, vous aurez compris que je ne vous encouragerai pas à accoucher à la maison, c'est une trop grande responsabilité.

J'ajouterai que si accoucher chez soi parmi les siens, peut être très agréable sur le plan psychologique et affectif, cela le devient beaucoup moins quand deux jours après, il faut être déjà sur pied avec les soucis de la maison. Or comme le disent bien des jeunes femmes, la maternité, c'est quelques jours de repos et une halte dans la fatigue de la vie quotidienne.

Et puisque d'après les enquêtes que nous avons fait faire, la raison principale du désir d'accoucher à la maison, c'est d'être entourée au moment de la naissance d'une atmosphère chaleureuse, familiale et tendre, la vraie solution c'est d'essayer d'obtenir partout que l'accueil soit amélioré.

On parle sans cesse d'humaniser les hôpitaux, il faudrait commencer par les maternités. La femme qui y arrive pour un moment si important de sa vie devrait pouvoir être particulièrement bien accueillie, au lieu, comme me l'a dit une sage-femme, d'être souvent traitée comme une patiente : « On n'est pas une malade quand on vient pour accoucher. » La future mère devrait être partout entourée et accompagnée au lieu d'être laissée seule en face d'une machine ; je pense à ce fameux monitoring qui inquiète souvent.

Si les médecins hostiles à l'accouchement à domicile, dont ils font un épouvantail au nom de la sécurité, défendaient avec la même fougue l'urgence de rendre les maternités plus accueillantes, plus chaleureuses, aucune mère ne rêverait plus d'accoucher chez elle.

Certains accoucheurs, certaines sages-femmes, tentent de transporter la maison à l'hôpital en changeant le décor, en mettant des couleurs et des lumières différentes pour donner au cadre austère de l'hôpital un aspect plus familier, en organisant des lieux de rencontre et d'échange entre les mères et les couples. Il faut espérer que ces exemples de maternités conviviales se multiplieront, car, outre le cadre plus chaleureux, ce qu'apprécient les parents dans de tels lieux, c'est aussi le contact avec les autres : « On échangeait nos impressions, nos ennuis... Les échanges entre femmes, sans oublier les pères, je pense que cela fait partie de l'accouchement », comme le dit une mère ayant accouché aux Lilas. Les pères eux aussi ont besoin d'être mieux accueillis, et non pas seulement tolérés comme cela arrive parfois encore.

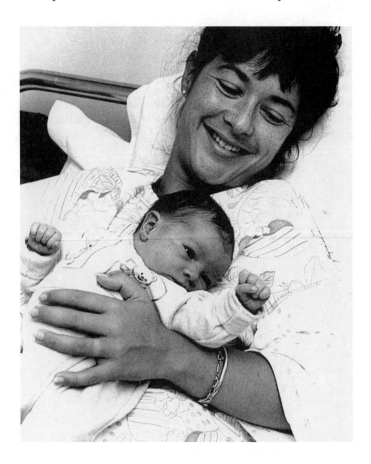

On pourrait enfin souhaiter que partout, comme cela commence à se faire dans certaines villes, les mères qui le désirent puissent rentrer chez elles au bout de 2-3 jours, avec prise en charge par la Sécurité sociale d'une sage-femme ou d'une puéricultrice.

Ce serait une autre manière d'humaniser la naissance. Il y aurait aussi une autre solution : l'accouchement ambulatoire.

L'accouchement ambulatoire, largement pratiqué aux Pays-Bas et en Allemagne, se passe de la manière suivante.

Lorsque les premières fortes contractions se font sentir, la future mère téléphone à la sage-femme qui l'a suivie pendant sa grossesse pour qu'elle vienne voir où en est le travail. En attendant que la dilatation se fasse : bain chaud, lavement ; puis, le moment venu, les futurs parents et la sage-femme partent ensemble pour la maternité. Là, la future mère est examinée par le médecin, puis accouche avec l'aide de la sage-femme. Si tout va bien, quelques heures après la naissance, parents, bébé et sage-femme reviennent à la maison. Et les jours suivants la sage-femme passe tous les matins, et une aide familiale vient plusieurs heures par jour pour aider aux tâches ménagères et aux soins du bébé.

Nous avons reçu des lettres enthousiastes de mères ayant accouché de cette façon. Nous espérons que cet accouchement va se répandre en France – où il est déjà pratiqué dans certaines villes –, car c'est peut-être la meilleure manière de concilier ces désirs apparemment contradictoires : sécurité technique de l'hôpital, atmosphère chaleureuse de la maison.

L'accouchement ambulatoire aurait aussi l'avantage de reconnaître et d'élargir le rôle de la sage-femme, ce qui pourrait être un facteur très important dans l'humanisation de la naissance.

La naissance
sans violence

L'accueil de l'enfant qui vient de naître devrait, cela semble évident, se faire en douceur dans un climat qui respecte le mieux possible le passage de la vie intra-utérine à notre monde aérien. Dans la réalité quotidienne des salles de travail, cette attention et ce respect du nouveau-né ne sont pas encore présents partout dans les gestes et les attitudes. Pourtant, depuis l'époque de la « naissance sans violence », de sérieux progrès ont déjà été faits dans ce domaine. Vous le raconter oblige à jeter un petit regard en arrière.

En 1974, Frédérik Leboyer (ancien chef de clinique en chirurgie et en obstétrique de la faculté de médecine de Paris) publiait un livre, *Pour une naissance sans violence* [1], qui fit scandale car il remettait en cause des rites bien établis.

Pourquoi un accoucheur prenait-il ainsi le risque de choquer ? Parce qu'il était bouleversé par les cris de l'enfant qui vient de naître. Le premier de ces cris est accueilli avec bonheur : il est symbole de vie ; mais pourquoi ce premier cri est-il si souvent suivi des hurlements d'un enfant crispé comme s'il souffrait ?

« Se peut-il que naître soit douloureux pour l'enfant, autant qu'accoucher l'était jadis pour la mère ? » C'est ce que se demandait F. Leboyer, et pour lui la réponse ne faisait pas de doute : l'enfant souffre pour naître mais, dans une certaine mesure, on peut lui éviter cette douleur, on peut l'aider à entrer dans le monde avec plus de sérénité, par quelques gestes simples et un nouvel accueil.

Pour trouver ces gestes, il suffit de réaliser la difficulté de l'arrivée au monde : sortant de son abri obscur, douillet, bien clos, l'enfant se trouve soudain projeté dans le bruit, la lumière vive, l'agitation et les manipulations de toutes sortes.

Pour assurer au nouveau-né une certaine continuité avec le monde qu'il vient de quitter, il faut le traiter avec plus de douceur, disait le docteur Leboyer, faire si possible la pénombre et, surtout, ne pas aveugler l'enfant, éviter tout bruit violent, tout geste brutal. Puis poser l'enfant sur le ventre de sa mère où il retrouve le bruit du cœur et le mouvement de la respiration qui ont accompagné sa vie durant neuf mois. Sous la main de sa mère qui le caresse, l'enfant alors se déplie, se détend.

Le cordon n'est coupé que lorsqu'il cesse de battre, pour laisser aux poumons le temps de prendre le relais (bien sûr, si aucune indication d'urgence ne se présente). Puis l'enfant est doucement plongé dans un bain à la température du corps, non pour le laver mais pour qu'il retrouve le milieu aquatique dans lequel il a vécu. Alors il ouvre des yeux sereins, apaisés, confiants...

Ce n'est qu'après le bain que l'enfant est pris en charge par la puéricultrice qui lui donne ses soins, le pèse et l'habille, après que les examens ont été pratiqués.

---

1. Éditions du Seuil.

Voici l'essentiel des propositions de F. Leboyer. Même si elles ont vingt ans aujour-d'hui, ce qui doit retenir l'attention dans ces propositions, plus que tel ou tel détail pra-tique, c'est cette manière d'accueillir l'enfant, cette attention à ses besoins, à ses réactions, le souci constant du respect, de la douceur, de la patience. « L'enfant est entre deux mondes. Sur un seuil. Il hésite. Ne le brusquez pas. »

Ces propositions ont d'ailleurs eu des conséquences bien au-delà de l'accueil du bébé lui-même ; elles ont encouragé le père à participer à la naissance : en soutenant sa femme par sa présence et par ses gestes, en coupant parfois le cordon ou en donnant le bain du bébé. La naissance sans violence a eu aussi une heureuse influence sur l'al-laitement précoce : le bébé, mis sur le ventre de sa mère, cherche le sein (c'est le réflexe de fouissement) et commence à téter.

Même si les propositions de F. Leboyer ne sont pas appliquées à la lettre, ni partout, elles ont quand même changé l'atmosphère de nombreuses maternités où, désormais, une attention nouvelle est portée à l'enfant. C'est aux parents maintenant de deman-der aux accoucheurs et aux sages-femmes que les salles de travail deviennent des salles de naissance et des lieux d'accueil. Et leur intervention est souvent efficace. Ainsi, dans une maternité de la région parisienne, ce sont des parents qui ont eu l'idée d'apporter une petite baignoire. Le comportement du nouveau-né, qui y a pris son premier bain, a tellement émerveillé le personnel que la baignoire est restée dans la maternité. Et avec elle, tout l'état d'esprit qui s'y rattachait.

Mais il faut bien reconnaître que les conditions de travail, la succession imprévisible des accouchements et l'insuffisance de formation dans le domaine relationnel, rendent souvent délicate l'harmonie entre les souhaits des parents et ceux des professionnels.

Pour ceux qui voudraient en savoir plus sur la naissance sans violence, je recommande l'article du docteur E. Herbinet : « Violence, accouchement et nais-sance », et celui de Danielle Rapoport : « Accueillir », parus dans le premier numéro des *Cahiers du nouveau-né* (« Naître... et ensuite », aux Éditions Stock) car, en quelques pages, ces articles résument bien le véritable esprit de la naissance sans violence.

Si l'histoire de l'accouchement vous intéresse, je vous signale deux très bons livres : l'un, plus général, *L'Histoire des mères du Moyen Age à nos jours* de Yvonne Knibiehler et Catherine Fouquet, qui existe dans une belle édition illustrée éditée par Montalba et en Livre de Poche, et un livre concernant plus directement l'accouchement : *Naissances* de Mireille Laget, édité par Le Seuil.

13.

La douleur
et l'accouchement

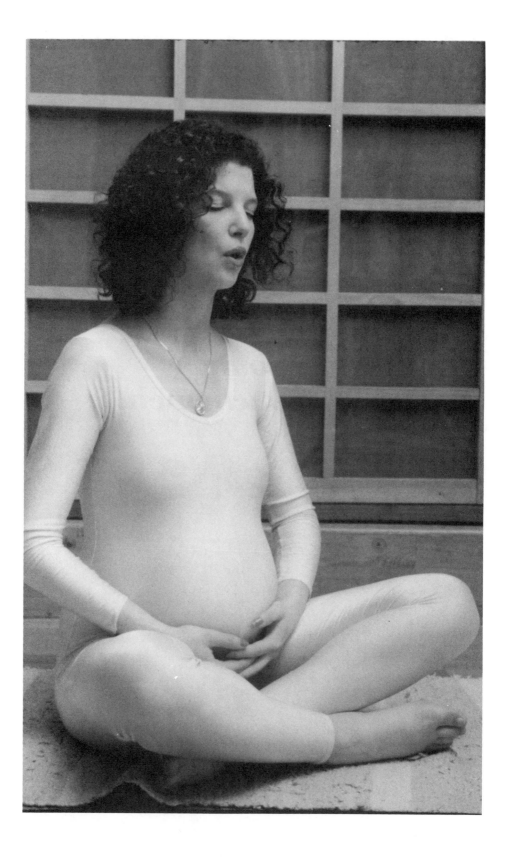

L'histoire des rapports entre l'accouchement et la douleur peut s'écrire en plusieurs épisodes.

Le premier est dominé par la sentence de la Bible : « Tu enfanteras dans la douleur ». Obligation ou constatation, personne ne songe à discuter, mais tout le monde subit.

Pendant des siècles on propose des moyens de fortune pour lutter contre la douleur, puis un jour on a recours à des médicaments ; et ils deviennent de plus en plus sophistiqués.

Dans les années 50, c'est la « révolution » de l'accouchement sans douleur et d'une affirmation audacieuse : on peut accoucher sans souffrir, il suffit de se préparer.

Peu à peu, différentes préparations sont mises au point et proposées pour lutter contre la douleur et vivre différemment son accouchement.

Et dans le domaine des médicaments, apparaît une grande nouveauté, l'analgésie péridurale qui très vite va se répandre et va complètement transformer la question de la douleur.

« Tu enfanteras dans la douleur »

Pendant des siècles, les femmes n'ont pas le choix : souffrir pour donner la vie est inéluctable, et d'ailleurs nécessaire ; la souffrance est le rachat du péché et le salut de la mère.

« Même un heureux accouchement doit être douloureux. Cette conviction s'appuie sur des justifications morales, et il existe une sorte de culte de la souffrance... une vision de l'enfantement qui serait à la fois une œuvre de création et une œuvre de péché [1]. »

Dans le vocabulaire courant, douleur et accouchement sont synonymes : « elle entra dans les douleurs » veut dire « le travail a commencé ». Il y a « les petites douleurs », il y a les « grandes » ; il y a les douleurs « concassantes ».

L'accouchement dure facilement plusieurs jours ; on essaie bien de soulager la mère à l'aide de quelque potion ou parfois d'une bouffée de chloroforme, mais les douleurs sont acceptées puisque la femme doit souffrir pour être mère. Et la femme pleure, crie, hurle.

« Au fur et à mesure que la femme approche du terme de son accouchement, elle crie... : cris, hurlements qui font partie du rituel... Mais si l'accouchement s'éternise, les forces manquent et les cris s'arrêtent. Les femmes les plus agitées se laissent sombrer... ; elles terminent leur accouchement épuisées, gémissantes, submergées [1]. »

1. *Mireille Laget,* Naissances, *« L'accouchement avant l'âge de la clinique », Éditions du Seuil.*

Mais les femmes souffraient-elles toutes ? Toujours d'après Mireille Laget, une proportion non négligeable de femmes accouchaient sans mot dire, probablement parce qu'elles ne ressentaient pas la douleur.

Avoir très mal en accouchant, accoucher sans souffrir, les extrêmes ont toujours existé, ils existent encore. La douleur de l'accouchement est éminemment variable selon les femmes, selon les stades de l'accouchement. C'est l'une de ses premières caractéristiques. Mais parlons plus en détail de cette douleur.

La vérité sur la douleur

Lorsque l'utérus se contracte pour commencer le travail, ses contractions ne sont pas indolores, c'est même le caractère douloureux des contractions qui, avec leur régularité, indique que le travail a commencé. Si la mère ne *sentait* pas son utérus se contracter, tous les enfants naîtraient dans des taxis.

Donc un premier point : la douleur obstétricale existe *mais*, et ce mais est très important, cette douleur est éminemment variable. Il y a des femmes qui mettent leur enfant au monde presque sans souffrir et sans l'aide de médicaments, alors que d'autres souffrent ; comme il y a des femmes qui ont leurs règles pendant trente ans sans jamais rien sentir, alors que d'autres sont vraiment très fatiguées par des règles douloureuses. Entre ces deux extrêmes, il y a des femmes qui souffrent, mais d'une manière très supportable ; il y en a qui ressentent la douleur tout au long de l'accouchement, tandis que d'autres ne s'en plaignent que vers la fin.

La douleur est donc variable : suivant qu'elle est plus ou moins sensible, plus ou moins nerveuse, plus ou moins fatiguée, la femme ressentira plus ou moins la douleur provoquée par la contraction. A douleur apparemment égale (on est obligé de dire apparemment, car la douleur n'est pas mesurable), telle femme fera simplement la grimace, telle autre serrera plus fort la main de la sage-femme, telle autre dira : « C'est trop, faites-moi une anesthésie. »

On peut aussi ajouter que la variabilité de la douleur peut s'expliquer par deux types de facteurs, souvent d'ailleurs imbriqués.

Dans certaines familles, le climat est serein, on parle de l'accouchement comme d'un événement qui va se passer naturellement. Le résultat est que, dans ces familles, les femmes abordent la naissance plus détendues. C'est une constatation que les accoucheurs et les sages-femmes font régulièrement.

La douleur peut aussi être provoquée par des facteurs organiques, anatomiques. Dans certains cas, la tête du bébé est orientée de telle manière dans le bassin qu'elle provoque des douleurs lombaires plus difficiles à supporter que les douleurs ordinaires (c'est ce qu'on appelle « accoucher par les reins »).

En fait, il est bien difficile de savoir la vérité. J'ai entendu des femmes appeler leur mère, jurer qu'elles souffraient le martyre et que jamais plus elles n'accoucheraient, mais déclarer deux jours plus tard qu'en fait elles n'avaient pas tellement souffert (« le mal joli s'oublie », dit la chanson), et qu'elles seraient ravies d'avoir un autre enfant. D'autres, qui n'avaient rien dit pendant l'accouchement, se plaignaient le lendemain d'avoir horriblement souffert.

Et certaines auraient voulu pouvoir crier ; elles n'ont pas osé le faire. Il est vrai que cela peut fatiguer la sage-femme ou faire peur à une autre future mère près d'accoucher. Alors que le cri n'est pas nécessairement l'expression d'une grande douleur ; ce peut être aussi le moyen de soulager une tension trop forte.

Mais cette douleur, violente ou supportable, comment la diminuer ou même la supprimer ? Il y a eu deux réponses, comme j'y ai fait allusion plus haut : l'une par les médicaments mais je ne vais pas vous en parler en détail ici, car il y a beaucoup à dire sur ce sujet. Reportez-vous au chapitre 15.

L'autre consiste à préparer son accouchement pour ne plus souffrir. La proposition a été faite par deux médecins, à peu près à la même époque, mais dans deux villes très éloignées l'une de l'autre : Londres et Leningrad [1]. Leur histoire date d'hier, et même d'avant-hier, mais elle est toujours aussi riche d'enseignements pour la femme d'aujourd'hui, c'est pourquoi j'ai souhaité vous la raconter brièvement. Je pense que vous pourrez en retirer quelque chose d'utile.

L'accouchement sans douleur

■ A Londres, le docteur Read

La première histoire est touchante, c'est celle d'une héroïne obscure qui, par une simple phrase, rendit un homme célèbre.

Il fait froid, c'est l'hiver dans une masure de Whitechapel, le quartier le plus pauvre de Londres que Charlot rendit célèbre. Une jeune femme est étendue sur un lit à même le sol. Dans la nuit, un jeune médecin accoucheur se hâte à bicyclette pour venir l'assister.

En entrant, il est frappé par l'atmosphère de paix qui contraste avec la pauvreté de cette scène à la Dickens.

« Dans les délais normaux, l'enfant était né. Il n'y eut ni bruit ni embarras. Tout semblait avoir été conduit suivant un plan prévu. Il n'y eut qu'un léger incident : je tentais de persuader ma cliente de me laisser lui donner quelques bouffées de chloroforme quand la tête apparut et que le dégagement commença. La femme sembla froissée de ma suggestion et fermement, quoique gentiment, refusa mon secours. C'était la première fois dans ma courte carrière que j'essuyais un refus en offrant le chloroforme. Comme je me préparais à prendre congé, je lui demandai pourquoi elle avait refusé le masque, timidement elle me dit : " Cela ne faisait pas mal. Cela ne devait pas, n'est-ce pas, docteur ? " »

Depuis le jour où Read entendit poser cette question simple, il lui chercha une explication. Pourquoi n'avait-elle pas souffert ? Il chercha jusqu'au jour où, dit-il, « à travers mon esprit orthodoxe et conservateur, la lumière se fit : les femmes qui souffrent le moins sont aussi les plus détendues. Or, se dit-il, si la femme est détendue, c'est qu'elle n'a pas *peur* ».

---

1. Leningrad a retrouvé son ancien nom de Saint-Pétersbourg, mais puisqu'au moment de l'accouchement sans douleur, la ville s'appelait Leningrad, nous avons maintenu ce nom plus conforme à l'histoire.

Ce mot fut la trouvaille du docteur Read et la base de sa méthode, l'accouchement sans crainte : la femme a mal parce qu'elle a peur ; elle a peur parce qu'elle a toujours entendu dire qu'accoucher est une épreuve douloureuse ; elle a peur aussi parce qu'elle est ignorante ; elle ne sait pas comment son bébé vit en elle pendant neuf mois, et moins encore comment il va naître ; enfin, elle a d'autant plus peur qu'elle est plus nerveuse.

Or, la peur crée une tension exagérée des muscles. Ceux qui devraient être relâchés pour que l'enfant puisse naître sont contractés. Cette contraction cause la douleur. Pour vaincre la douleur, il faut donc vaincre la peur. Comment ? En expliquant à la femme ce qui se passe en elle, comment vit le bébé, comment il va naître. En lui apprenant à détendre ses muscles, ses nerfs, son esprit. En lui faisant faire des exercices physiques et respiratoires qui la prépareront à son accouchement. En un mot en l'informant.

En 1945, Grantly Dick Read fait paraître un livre qui connaît un immense succès en Angleterre puis aux États-Unis, *Childbirth without fear ;* « l'accouchement sans crainte » est né ; lentement, l'idée que si l'on veut lutter contre la douleur il faut supprimer la peur se fait jour.

■ A Leningrad, le docteur Velvoski

A quelques années de là et à quelques milliers de kilomètres, un médecin soviétique, le docteur Velvoski, fait une découverte qui rejoint celle du docteur Read mais par une approche bien différente, très scientifique, qui contraste avec la démarche plus spontanée du médecin anglais.

La femme souffre parce qu'elle est conditionnée à la douleur, raisonne le docteur Velvoski, d'abord par le langage. On ne dit pas : « Quand vous ressentirez les premières contractions », mais « Quand vous ressentirez les premières douleurs. » Si bien que dans l'esprit de la femme, déjà bien avant la grossesse et surtout pendant ces neuf mois, il se crée une association entre ces deux mots : contraction et douleur.

Pour supprimer cette liaison accouchement = douleur, il faut avant tout débarrasser la femme de sa peur ancestrale.

Pour y arriver, le docteur Velvoski explique en détail à la future mère le mécanisme de l'accouchement et recommande à l'entourage de ne pas effrayer la future mère.

« Ce faisant, affirmait-il, je " n'endors " pas la femme, je ne la berce pas d'illusion, au contraire je la rends plus lucide. » Puis, ayant ainsi agi sur le cerveau pour lutter contre les réflexes néfastes, Velvoski agit sur le corps pour créer des réflexes utiles : il éduque les nerfs et les muscles qui doivent entrer en jeu au cours de l'accouchement. L'ensemble de cette préparation forme la méthode psycho-prophylactique, essentiellement basée sur la théorie des réflexes conditionnés exposée par Pavlov.

Un jour, un accoucheur français, le docteur Lamaze, en voyage en U.R.S.S., voit à l'hôpital de Leningrad une femme mettre son enfant au monde avec le sourire, en pleine lucidité, sans anesthésie. « Je ne perdais pas de vue cette femme, raconta-t-il. Je palpais ses jambes, ses bras ; tous ses muscles étaient relâchés ; il n'y avait que son muscle utérin qui semblait travailler au milieu d'un corps complètement détendu, décontracté, comme indifférent à l'acte d'enfantement. Pas la moindre goutte de sueur ne perlait sur son front, pas une seule contraction du visage. Le moment venu, elle a fait les efforts de poussée dans un calme absolu. »

A la différence de l'accouchée de Whitechapel, celle de Leningrad avait été scientifiquement préparée selon la méthode du Dr Velvoski.

Le docteur Lamaze est émerveillé ; de retour en France, il enseigne la méthode psychoprophylactique, c'est-à-dire la prévention de la douleur par une action sur le psychisme, en raccourci P.P.O. (psychoprophylaxie obstétricale).

En quelques années, l'enseignement de Read et celui de Lamaze se répandent et se confondent, les médecins continuent à parler de P.P.O. mais le grand public a trouvé un nom plus attractif : accouchement sans douleur.

Bien au-delà des mots, c'est une vraie révolution qui vient de se passer. L'accouchement sans douleur a montré qu'un accouchement peut se préparer, qu'il ne doit pas rester un événement subi et mystérieux, que s'il est connu, il deviendra plus familier, qu'on peut s'entraîner à le maîtriser, et ainsi peu à peu changer le climat de la naissance. C'est le grand acquis de ce que, au départ, on a appelé l'accouchement sans douleur, et que peu à peu on a appelé plus simplement et plus justement : préparation à la naissance.

Aujourd'hui, les maternités proposent toutes une préparation à l'accouchement, soit par une des nombreuses méthodes qui se sont développées depuis et que vous trouverez plus loin, soit par la préparation classique, issue de la P.P.O. Selon les maternités, cette préparation peut varier, mais les principes généraux sont communs.

La préparation à la naissance

La préparation cherche d'abord à donner à la femme des connaissances théoriques, certes élémentaires, mais indispensables sur l'anatomie et la physiologie de la grossesse et de l'accouchement : description des organes sexuels, explication du cycle menstruel et de la fécondation, développement de l'œuf, de la conception à la naissance. Puis la future mère apprend comment se passe un accouchement, les signes qui l'annoncent, les trois périodes du travail : dilatation, expulsion, délivrance. En général, une séance est consacrée au régime et à la vie quotidienne durant la grossesse.

Puis la préparation comprend toute une série d'exercices physiques qui consistent :
→ à connaître les différentes respirations qui seront utiles lors de l'accouchement ;
→ à entraîner les muscles qui auront à fournir un effort particulier ;
→ à prendre l'habitude de la détente et de la relaxation afin de profiter au maximum du repos que les contractions laissent entre elles.

Souvent les séances de préparation sont complétées par des entretiens entre les femmes qui vont accoucher, par des entretiens avec des mères et des pères qui viennent d'avoir leur enfant, par la projection d'un film sur l'accouchement.

Le personnel médical (médecin ou sage-femme) chargé de la préparation cherche peu à peu à installer un climat de confiance. Cette confiance réciproque est un des éléments importants de la préparation.

Dans certaines maternités, des médecins et sages-femmes animent des séances de « dynamique de groupe ». Dans ces groupes les femmes peuvent s'exprimer librement et notamment parler de leurs angoisses et de leurs peurs. Et pour une future mère, pouvoir parler de ce qui la préoccupe est sûrement un élément important de détente.

Enfin, dans le cadre des séances de préparation à la naissance, une visite de la maternité est en général organisée par la sage-femme. Les femmes apprécient de se familiariser avec ces lieux un peu mystérieux et de voir de près, dans la salle d'accouchement, les différents appareils (monitoring par exemple).

La préparation se fait en 8 séances ; ces séances sont remboursées à 100 % à partir de 5 mois révolus. Sinon, elles sont remboursées comme des consultations. Le père peut en général y assister.

Les séances de préparation peuvent être faites par un médecin ou une sage-femme. Le plus souvent c'est une sage-femme qui s'en charge.

L'intérêt d'une préparation est grand, évidemment lorsqu'elle est bien faite. Mais de l'avis de certains, ce n'est pas toujours le cas : séances trop peu nombreuses, commencées trop tard, se limitant parfois à quelques exercices de gymnastique ou à quelques explications sur un tableau noir, des diapositives ou un film.

On trouve aussi qu'aujourd'hui, la préparation est moins valorisée que l'aspect technique de l'obstétrique (échographie, anesthésie péridurale).

Enfin, dernière critique : la préparation ne suffit pas à garantir un bon accouchement, encore faut-il que la future mère soit bien accueillie à son arrivée à la maternité et bien accompagnée pendant le travail ; ces deux éléments sont déterminants pour créer un climat de détente et de confiance, éléments qui ne sont pas toujours présents.

Heureusement il y a d'excellentes préparations, faites par des sages-femmes motivées et passionnées, qui ont, en outre suivi un travail particulier de formation.

Alors, si vous avez envie de suivre une préparation, comment savoir si elle est bien faite ? Avant de s'inscrire, les futures mères se renseignent sur l'organisation de la maternité (possibilité de péridurale, présence du père, etc.). Je vous suggère de vous renseigner également sur la préparation à l'accouchement, par exemple en en parlant à des futures mères ayant suivi la préparation ou ayant accouché dans cette maternité.

Doit-on faire la préparation dans la maternité où l'on va accoucher ? C'est mieux car cela vous permettra, en principe, de connaître quelques sages-femmes, de visiter les locaux et de recevoir des informations spécifiques à cette maternité (faut-il apporter les vêtements et les couches pour le bébé, y fait-on des anesthésies péridurales, où est la porte d'entrée la nuit... et mille autres détails utiles...).

Mais ce n'est pas une obligation, et si vous avez l'impression que la maternité n'est pas bien organisée pour ces séances, ou si les horaires ne vous conviennent pas, ou pour toute autre raison, vous pouvez faire la préparation en ville, une sage-femme peut même venir à domicile si vous êtes au repos. Vous pouvez également compléter votre préparation, surtout si la maternité que vous avez choisie ne vous propose que 4 ou 6 séances (alors que la Sécurité sociale en prend 8 en charge).

14.

Comment préparer
son accouchement

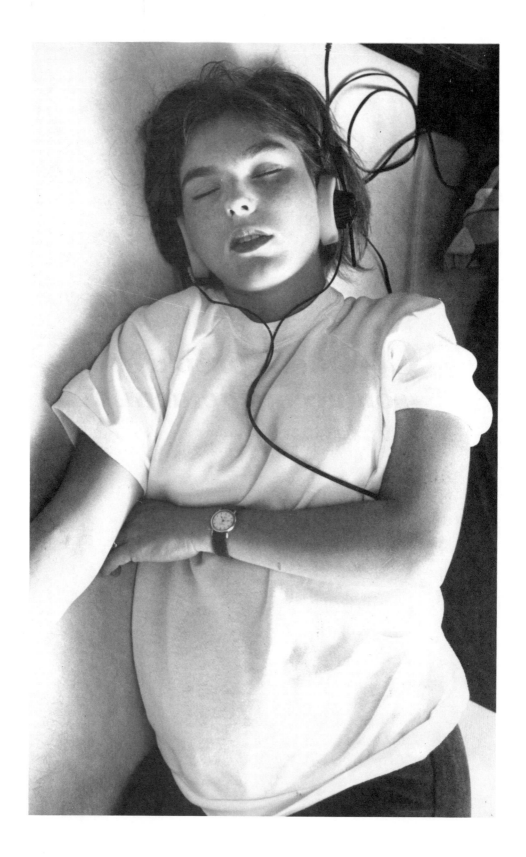

C omment préparer votre accouchement ? Tout ce livre est fait pour vous préparer à accueillir votre enfant, pour que vous l'aidiez à venir au monde.

D'abord, bien sûr, en vous racontant comment se passe un accouchement. Au premier surtout, on connaît peu les détails. Un long chapitre en parle, lisez-le plusieurs fois, tout n'est pas toujours évident. Une lecture répétée, attentive, vous familiarisera avec l'inconnu. C'est ainsi, je crois, que vous éviterez l'engrenage infernal : l'ignorance qui crée la peur – la peur qui rend malade (d'où l'expression bien connue et si souvent vérifiée : malade de peur) – la peur qui noue les nerfs et contracte les muscles (ce qu'a si bien montré Grantly Dick Read avec l'accouchement sans crainte, voir page 325). En d'autres termes : si vous n'êtes pas informée vous aurez peur, cela vous rendra malade, vous serez nerveuse et contractée.

Se préparer à accueillir un enfant, c'est aussi faire sa connaissance peu à peu au cours des neuf mois. Après avoir lu le chapitre 5, je pense que cet enfant n'est plus un inconnu pour vous. D'ailleurs vous ne l'êtes pas non plus pour lui. Vous le verrez lorsqu'il reconnaîtra votre voix et celle de son père.

Il me reste maintenant à vous parler des exercices physiques. Ils ne constituent pas l'essentiel de la préparation comme on le croit parfois, mais ils en sont le complément indispensable pour être en forme pendant la grossesse, pour aborder l'accouchement en connaissance de cause, pour prendre l'habitude de la relaxation, ce qui est utile, car même si l'on sait ce qui va se passer, il est normal d'être légèrement tendue.

Les exercices physiques

Les exercices conseillés sont de trois sortes : les uns respiratoires, les autres destinés à assouplir les muscles qui joueront un rôle important au cours de l'accouchement ; les troisièmes vous apprendront le relâchement musculaire, la relaxation.

N'attendez pas le sixième mois pour les commencer. Ces exercices sont autant destinés à préparer votre accouchement qu'à faciliter votre grossesse, et à vous permettre de retrouver rapidement votre ligne, parce que vous aurez, par un entraînement régulier, conservé à vos muscles leur tonus et leur élasticité.

Au début, ne faites chaque mouvement qu'une ou deux fois par jour : votre entraînement doit être progressif et surtout ne pas vous fatiguer.

Il doit aussi être régulier : il vaut mieux faire dix minutes de gymnastique par jour que vingt minutes tous les deux jours. Enfin, faites les exercices lentement, calmement.

Alternez les exercices respiratoires avec les exercices musculaires. Faites les mouvements dans une pièce bien aérée et, si le temps le permet, ouvrez toute grande la fenêtre.

Choisissez, pour faire vos exercices, le moment qui vous convient le mieux, mais ne les faites pas pendant la digestion. Si vous n'avez pas le temps de faire tous les mouvements indiqués, contentez-vous des exercices respiratoires et de la relaxation. Ce sont les plus importants, et pour votre grossesse, et pour votre accouchement.

Et s'il vous a été impossible de faire les exercices ? Écoutez encore le docteur Read dont je vous ai parlé au chapitre précédent : « Le principal avantage des exercices, c'est qu'ils permettent à la femme de rester en bonne forme physique pendant sa grossesse et de lui apprendre à bien respirer et à se détendre convenablement. Toutefois, une femme qui n'aura pu faire aucun exercice, mais qui aura bien appris comment se passe un accouchement, mettra son enfant plus facilement au monde que celle qui a un corps d'athlète et qui ignore tout de l'accouchement. Nous ne vous préparons pas pour une performance sportive mais pour un événement naturel pour lequel il y a intérêt à être en bonne condition physique ».

Avec ces exercices vous allez pouvoir préparer votre accouchement. Si vous suivez des séances de préparation, ces exercices qui sont, à de petites variantes près, ceux qu'on vous indiquera, vous permettront d'abord de les refaire plus facilement chez vous, ensuite de les commencer à votre convenance.

Exercices respiratoires

Exercices à faire à partir du quatrième mois et jusqu'à l'accouchement. Vous ferez les exercices couchée (figure 1) ou, si cela vous est plus facile au début, assise en tailleur (figure 6).

Lorsqu'on respire sans faire d'effort particulier, j'allais dire spontanément, on ne fait pas attention à la manière dont l'air rentre dans l'organisme : la poitrine se soulève légèrement, le ventre un peu, ou les deux ensemble ; si l'on n'est pas enrhumée on respire la bouche fermée.

Observez la manière dont vous respirez : mettez une main sur la poitrine, l'autre sur le ventre. Repérez quelle est votre respiration spontanée : thoracique, abdominale ou les deux ? Maintenant exercez-vous à une respiration thoracique seule.

La respiration thoracique (figure 1). Avant de commencer l'exercice, expirez à fond. Puis gonflez la poitrine en inspirant : les côtes s'écartent, les poumons se remplissent, le diaphragme s'abaisse. Puis soufflez lentement, la poitrine et les côtes reviennent à leur place.

Ensuite, exercez-vous à une *respiration abdominale* seule (figure 3) : inspirez, la poitrine ne bouge presque pas et le ventre se soulève doucement. Soufflez en rentrant le ventre progressivement au maximum.

Il est important de pouvoir dissocier les deux respirations, la thoracique et l'abdominale, car au cours de l'accouchement, c'est la maîtrise de la respiration thoracique qui va vous être le plus utile ; en effet, à partir de cette respiration thoracique on peut faire la respiration bloquée, la respiration superficielle, la respiration haletante.

● LA RESPIRATION BLOQUÉE. Inspirez à fond ; arrivée au sommet de l'inspiration, retenez votre souffle, comptez mentalement jusqu'à 10, puis rejetez l'air par la bouche. Peu à peu, vous arriverez à compter jusqu'à 20 ou même 30, c'est-à-dire à retenir votre souffle une demi-minute.

Cette respiration bloquée vous servira pendant l'expulsion (voir page 296).

● LA PETITE RESPIRATION SUPERFICIELLE. Inspirez puis expirez légèrement et rapidement sans faire de bruit. Seule la partie supérieure de la poitrine doit bouger ; le ventre reste

presque immobile. Cette respiration doit être très rythmée. Veillez donc à ce que le temps d'inspiration soit égal au temps d'expiration. Entraînez-vous à faire cette respiration accélérée et superficielle de plus en plus longtemps : 10, 20, 30 secondes, etc.

A la fin de la grossesse, vous arriverez à tenir la respiration superficielle près de 60 secondes. Mais attention : n'oubliez pas que cette respiration rapide ne doit pas devenir désordonnée. Il ne s'agit pas de respirer de plus en plus fort, mais de plus en plus longtemps sur le même rythme rapide et régulier : environ une respiration (inspiration et expiration) par deux secondes. Vous y arriverez probablement mieux en fermant les yeux.

Selon les sages-femmes, il est conseillé de faire cette respiration bouche fermée ou bouche ouverte. Vous verrez ce qui vous est le plus facile.

Cette respiration superficielle vous servira pendant les fortes contractions de la dilatation (voir page 295).

● LA GRANDE RESPIRATION HALETANTE (APPELÉE ÉGALEMENT SOUFFLANTE) : cette fois-ci, le rythme de la respiration doit s'accélérer ; il faut faire environ une respiration par seconde. Bouche entrouverte, inspirez, expirez. S'entraîner peu à peu à maintenir la respiration haletante 30 secondes, 45 secondes, puis 60 secondes.

Cette respiration haletante vous sera utile aux deux moments où vous aurez peut-être envie de pousser et où il faudra vous en empêcher : à la fin de la dilatation (p. 296) et à la fin de l'expulsion (page 300).

Lorsque vous saurez bien maîtriser ces différentes respirations, vous vous mettrez dans la position que vous adopterez pendant l'expulsion, c'est-à-dire dos relevé par des coussins, jambes repliées et cuisses écartées, comme indiqué sur la figure 2. Dans cette position, vous vous habituerez à l'exercice suivant : faire la respiration bloquée, celle qui permet de bien pousser, puis sans transition, faire la respiration haletante, justement celle qui empêche de pousser. Car après vous avoir incitée à pousser, tout d'un coup au moment où apparaîtra la tête de l'enfant, la sage-femme dira : « Ne poussez plus, ne poussez plus. »

En pratique cela se traduira ainsi : Respiration bloquée : « Inspirez, bloquez, poussez, poussez, poussez. » Puis sans transition : « Ne poussez plus, ouvrez la bouche, inspirez, expirez, inspirez, expirez... »

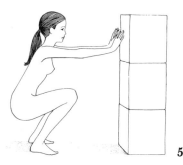

Or, passer de la respiration bloquée à la respiration haletante n'est pas facile, c'est pourquoi il faut s'y exercer.

Après chaque exercice, pour vous reposer, vous ferez une respiration complète.

Respiration complète (figure 4). Cette respiration combine les respirations thoracique et abdominale. Avant l'exercice, expirez bien, puis inspirez lentement, en gonflant la poitrine et en soulevant le ventre. Puis expirez à fond en contractant bien le ventre. Reposez-vous quelques secondes avant de recommencer.

Mais ne faites pas plus de 3 ou 4 respirations à la suite. La respiration complète faisant entrer un maximum d'air dans les poumons, elle peut parfois provoquer des sensations de vertiges et des fourmillements dans les mains : c'est une crise de tétanie. (Cela peut d'ailleurs arriver avec les autres exercices de respiration lorsqu'on les fait d'une manière trop violente). Cette crise est désagréable parce qu'angoissante, mais elle n'est pas grave. Elle disparaîtra en quelques minutes en réduisant l'intensité des respirations.

Exercices musculaires

Exercices à faire du quatrième au septième mois :

Élongation des cuisses et souplesse des articulations du bassin.
→ *Figure 5 :* accroupissez-vous comme l'indique la figure. Au début, vous aurez du mal à garder les pieds à plat sur le sol. Vous sentirez les muscles de vos mollets et de vos cuisses se tendre douloureusement. N'insistez pas trop : il suffira de quelques jours pour que vous fassiez l'exercice sans peine. Habituez-vous à prendre cette position chaque fois que vous avez à vous baisser, au lieu de vous pencher en avant. Apprenez à remonter genoux écartés, dos bien droit et surtout évitez de vous cambrer.
→ *Figure 6 :* asseyez-vous en tailleur comme indiqué sur la figure : talons sous les fesses, genoux décollés du sol. Gardez le dos bien droit. Au début, vous vous fatiguerez vite. Pour vous délasser, allongez les jambes devant vous. Quand vous aurez pris l'habitude de cette position, qui aide à l'élongation des cuisses et à la souplesse des articulations du bassin, adoptez-la pour tricoter, lire, etc.

Élasticité du périnée. Le périnée est ce muscle qui va être soumis à de fortes tensions pendant l'accouchement (voir page 279). Il faut, dans un premier temps, prendre conscience de la situation exacte du périnée ; dans un deuxième temps, faire des exercices pour le renforcer et l'assouplir.

6

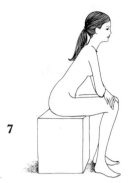

7

Voici comment vous prendrez conscience de votre périnée : lorsque votre vessie éprouve le besoin de se vider, faites la contraction qui contrarie ce besoin. De même quand vous avez envie d'aller à la selle. Les muscles que vous avez contractés en avant et en arrière forment le périnée. Ce sont ces muscles que vous devez assouplir. Pour cela, il faut donc contracter en même temps les muscles qui ferment le canal urinaire et ceux qui ferment le rectum.

Et voici l'exercice à faire pour renforcer et assouplir le périnée :

→ *Figure 7* : assise, légèrement penchée en avant, les genoux écartés l'un de l'autre, les avant-bras et les coudes posés sur les cuisses : vous contractez lentement et avec douceur le périnée, vous maintenez la contraction quelques secondes, puis vous la relâchez.

Cet exercice peut être fait aussi bien assise que debout, vous pourrez le répéter une douzaine de fois, deux ou trois fois par jour. Vous pourrez sans inconvénient faire le mouvement jusqu'à l'accouchement.

Pour bien muscler le périnée, l'exercice doit être fait avec une certaine force, et tenu cinq secondes au moins à chaque fois. S'il y a déjà eu des petites « fuites », l'exercice sera fait en douceur, sans à-coup.

Cet exercice peut sembler fastidieux, mais cela vaut la peine de le faire car il est très utile : avec un périnée souple, l'accouchement est plus facile, et surtout par la suite, les problèmes urinaires (« fuites », incontinence) sont moins fréquents. C'est pourquoi cet exercice est aussi très recommandé après l'accouchement.

Les « abdominaux ». On déconseille les exercices abdominaux classiques qui mobilisent les jambes et le tronc, car ils risquent de distendre la paroi abdominale, de favoriser les prolapsus et l'apparition d'une incontinence. En revanche, les exercices de *rentré de ventre* entretiennent la musculature des abdominaux, favorisent la poussée, et accélèrent la récupération d'un ventre plat après l'accouchement. Ces exercices diminuent aussi les sensations de pesanteur dans le bas du ventre, et améliorent les problèmes de constipation. Il n'y a pas de risque de déclencher des contractions.

Voici comment faire l'exercice : inspirez profondément, puis en soufflant, rentrez le ventre pendant 10 secondes environ, détendez-vous, puis recommencez. Vous pouvez faire cet exercice plusieurs fois par jour.

Contre les « maux de reins » : mouvement de bascule du bassin. A mesure qu'il augmente, le poids de l'enfant vous incite à vous cambrer de plus en plus, et maintient une tension permanente sur la région lombaire. C'est la principale cause du mal au dos

*Un mouvement important :
la bascule du bassin*

et « aux reins » dont se plaignent toutes les femmes enceintes. Pour vous soulager, il faut que vous fassiez le mouvement inverse de la cambrure, en basculant le bassin.

→ *1er temps* : debout comme indiqué figure 8, reins creusés, ventre en avant, placez la main gauche sur le ventre, la droite sur les fesses. Inspirez.

→ *2e temps,* figure 9 : contractez lentement et progressivement les muscles abdominaux, serrez les fesses en les poussant en avant et vers le bas. Expirez. Pour vous aider à bien faire le mouvement, poussez, en l'appuyant, votre main droite vers le bas, et votre main gauche vers le haut ; vous forcerez ainsi votre bassin à basculer. Lorsque vous serez parvenue à faire correctement l'exercice, vous n'aurez plus besoin de l'aide de vos mains.

Faites maintenant le même mouvement de bascule du bassin, mais en vous mettant à quatre pattes : bras bien tendus et verticaux, mains à 30 centimètres l'une de l'autre, cuisses également verticales et genoux à 20 centimètres l'un de l'autre.

→ *1er temps,* figure 10 : creusez le dos, redressez la tête, relevez les fesses aussi haut que possible. Inspirez en faisant le mouvement et en relâchant le ventre.

→ *2e temps,* figure 11 : arrondissez le dos comme un petit chat, contractez le ventre, serrez les fesses au maximum en les abaissant vers le sol, baissez légèrement la tête entre les bras. Expirez en faisant le mouvement.

La bascule du bassin peut aussi être faite en position allongée (figures 12 et 13) : couchée sur le dos, jambes en crochet, faites de petits mouvements alternatifs du bassin pour coller et décoller la région lombaire du sol (contrôlez éventuellement en glissant une main sous les reins). Il est important de rechercher la fluidité du mouvement et la sensation des muscles qui travaillent plutôt que la contraction en force ou l'assouplissement.

Ce mouvement de bascule du bassin est très important [1] : non seulement il vous permettra de porter sans fatigue et avec grâce votre enfant, mais aussi il assouplira l'articulation colonne vertébrale-bassin, et évitera de distendre vos abdominaux. Faites cet exercice lentement, six fois debout, six fois à quatre pattes et six fois allongée.

Pour garder une belle poitrine, avant tout, tenez-vous bien droite, en maintenant les épaules en arrière. Puis faites travailler régulièrement les muscles qui soutiennent les seins.
→ *1er exercice :* figure 14. Coudes levés à la hauteur des épaules, doigts écartés, les mains se touchant par les premières phalanges : appuyez aussi fort que possible les mains l'une contre l'autre. Cessez d'appuyer, mais sans écarter les mains, baissez les coudes, puis recommencez. (Dix fois.)

→ *2e exercice :* levez les bras à l'horizontale, puis rejetez-les en arrière en allant le plus loin possible. Ramenez-les le long du corps. (Dix fois.)

→ *3e exercice :* décrivez avec les bras bien tendus à l'horizontale des cercles complets, aussi amples que possible. (Dix fois.)

---

1. En haptonomie, on n'emploie pas le mot de bascule *du bassin, mais de* recentrage. *Le but est le même – le confort du portage du bébé – mais le moyen d'y arriver diffère puisqu'il fait appel au principe de base de l'haptonomie : le toucher affectif (voir page 342).*

La relaxation

*Ces exercices sont à commencer à partir du quatrième mois,
et à continuer jusqu'à l'accouchement.*

Arriver à se relaxer, c'est-à-dire se détendre complètement physiquement et mentalement, n'est pas un exercice facile. Pour le réussir, au début il faut le pratiquer dans de bonnes conditions de calme et de tranquillité. Puis, quand vous serez bien entraînée, vous arriverez à vous détendre, même dans un environnement moins favorable.

Donc, au début, fermez les portes et les fenêtres de votre chambre pour être loin du bruit. Puis tirez les rideaux : une lumière trop vive empêche la relaxation. Prenez soin de vider votre vessie, sinon vous n'arriverez pas à détendre convenablement les muscles du périnée. Ôtez vos lunettes si vous en portez.

15

Puis étendez-vous sur votre lit si le matelas n'est pas trop mou, sinon par terre sur une couverture. Prenez soin de placer les coussins comme indiqué ci-dessus (un sous la tête, l'autre sous les genoux, le troisième servant d'appui aux pieds) de manière que toutes les parties du corps soient bien soutenues et n'aient pas d'effort à faire pour rester dans la position indiquée.

L'exercice que vous allez faire a pour but d'obtenir la décontraction de tous les muscles de l'organisme en même temps. Pour y parvenir, il faut d'abord que vous vous rendiez compte de la différence qu'il y a entre contraction musculaire et décontraction. Pour cela, vous allez contracter, puis relâcher l'un après l'autre les différents muscles de votre corps. Concentrez-vous sur ce que vous devez faire, et effectuez très lentement chaque mouvement. Commencez par la main droite : serrez le poing, mais sans vous crisper ; maintenez la tension quelques secondes, relâchez-la progressivement. Puis contractez maintenant le bras lentement ; maintenez la tension quelques secondes ; relâchez-la doucement. Faites la même chose avec la main et le bras gauches. Ensuite passez aux jambes. Contractez et relâchez successivement les doigts de pieds, les muscles du mollet, des cuisses. Maintenez chaque fois la contraction quelques secondes pour vous habituer à bien distinguer contraction musculaire et relâchement.

Inspirez toujours en contractant, expirez en relâchant la tension. Des membres, passez maintenant au reste du corps : contractez les muscles des fesses, ceux de l'abdomen, du périnée, etc. Vous finirez par le visage. Vous aurez au début beaucoup de peine à le détendre complètement, car le visage possède près de soixante muscles.

Essayez d'abord de les contracter tous à la fois : fermez bien les yeux et la bouche, contractez les mâchoires, n'oubliez pas le front. Restez ainsi quelques secondes. Relâchez-vous complètement. Répétez l'exercice trois ou quatre fois.

Vous pourrez consacrer votre première séance de relaxation à cette prise de conscience de tous vos muscles. Puis les séances suivantes à la décontraction de chaque partie du corps prise séparément, un jour les bras, le lendemain les jambes, le troisième jour le visage, etc. Ce n'est que lorsque vous serez parvenue à vous décontracter par petites zones que vous arriverez à la relaxation totale. Car, pour cela, il faut que vous ayez le contrôle de tous vos muscles. Le test suivant vous permettra de vous assurer que vous y êtes arrivée : détendez parfaitement votre bras, puis demandez à quelqu'un de le soulever. Si la personne y parvient sans rencontrer aucune résistance, et si, lorsqu'elle lâche le bras, il retombe absolument inerte, la détente était parfaite. Faites le même essai avec un pied ou une jambe.

Essayez maintenant d'obtenir le relâchement de tous les muscles de l'organisme à la fois. Respirez profondément trois ou quatre fois. Puis, en inspirant, contractez tous vos muscles, ceux des bras, des jambes, du ventre, du périnée, du visage. Restez ainsi trois ou quatre secondes. Puis relâchez-vous complètement en expirant. Au bout de quelques instants, vous aurez l'impression que votre corps est complètement flasque et qu'il s'enfonce dans le lit. Si vous êtes parfaitement détendue, vous devez avoir les paupières mi-closes, la bouche légèrement entrouverte, la mâchoire un peu pendante. Peu à peu, un grand sentiment de bien-être va vous envahir. Votre respiration sera régulière et paisible. Restez ainsi dix à quinze minutes.

Ne vous levez pas brusquement après votre séance de relaxation, la tête risquerait de vous tourner. Faites auparavant deux ou trois respirations profondes, étirez bras et jambes, asseyez-vous, puis enfin levez-vous doucement.

Il vous faudra certainement plusieurs jours pour parvenir à vous détendre parfaitement. Ne vous découragez donc pas si au début l'exercice vous semble difficile.

Une détente totale ne pouvant être obtenue sans un réel effort de concentration, au début n'y consacrez que cinq minutes par jour ; sinon vous vous fatigueriez au lieu de vous détendre. Au bout de quelque temps, vous ne pourrez plus vous passer de votre séance quotidienne de relaxation, tant elle vous reposera, particulièrement si vous êtes un peu nerveuse du fait de votre grossesse.

Enfin, ne vous dites pas, si l'exercice de relaxation vous semble les premières fois ennuyeux, que vous le remplacerez avantageusement par un quart d'heure de sommeil supplémentaire. Sommeil ne signifie pas détente complète de l'esprit et du corps : en dormant, vous remuez bras et jambes, vous changez de position, vous êtes tracassée par vos soucis, vous rêvez. C'est pourquoi d'ailleurs, pour avoir une nuit calme, nous vous conseillons de faire votre séance de relaxation le soir avant de vous endormir. La relaxation est la meilleure préparation au sommeil. Sinon, consacrez-lui un quart d'heure après avoir fait vos exercices ou après votre petit déjeuner.

Vers le sixième ou le septième mois, lorsqu'en se développant votre enfant deviendra plus pesant et plus encombrant, vous serez mal à votre aise couchée sur le dos, car vous aurez de la peine à respirer. A partir de ce moment-là, faites votre exercice couchée sur le côté : le poids du bébé reposant sur le lit. Disposez éventuellement un coussin sous le genou droit.

Les autres préparations

C'est la préparation issue de la psychoprophylaxie obstréticale qui est la plus souvent proposée (voir page 327). Mais d'autres préparations existent. Elles rejoignent les principes de la préparation classique pour les connaissances que l'on veut apporter aux futurs parents : anatomie et physiologie de la grossesse et de l'accouchement, vie avant la naissance, accueil de l'enfant, etc. En ce qui concerne la douleur, ces préparations cherchent toutes à la diminuer, tout au moins à permettre à la femme de l'affronter et de la supporter.

Les différences entre les préparations offertes – yoga, sophrologie, haptonomie, préparation en piscine – concernent surtout la manière de parvenir à la relaxation et la manière de préparer son corps à l'accouchement.

Voici ces différentes propositions.

Le yoga

Yoga, en sanscrit (la plus ancienne langue indo-européenne), veut dire union. Un des buts de cette philosophie est la maîtrise de l'esprit et de la matière, l'union du corps et de l'âme. Et lorsqu'il s'agit de naissance, cette union est celle d'un homme et d'une femme pour donner la vie, union avec l'enfant à naître, union dans l'effort de la naissance.

Nous avons demandé au docteur de Gasquet, qui a une longue expérience de préparation à l'accouchement par le yoga, de nous en parler [1].

« Ce yoga, n'est ni acrobatique, ni mystique, ni ésotérique. Il s'agit d'une écoute du corps, de ce nouveau corps « habité ». Le connaître pour lui donner les meilleures chances de remplir sa mission : faire d'une femme une mère, d'un embryon un enfant. Ainsi les séances ne sont pas centrées uniquement sur l'accouchement, mais elles permettent une continuité corporelle « avant, pendant, après » la naissance.

Le yoga demande un travail personnalisé : en fonction de la morphologie de la mère, de la position de l'enfant. Par exemple une femme mesurant 1,45 m a la même hauteur utérine qu'une femme de 1,75 m. Certaines postures seront bien pour l'une et pas pour l'autre. Certains bébés ont le dos à droite dans l'utérus. En général, dans ce cas, les mères ne peuvent rester allongées sur le dos. Il leur faudra des postures adaptées.

Les exercices sont toujours mis en relation avec la vie quotidienne – par exemple pour se baisser, pour se relever d'un fauteuil. Ils s'accompagnent d'une information notamment anatomique, d'explications des différents problèmes physiques d'une grossesse.

---

1. *Pour avoir des adresses de professeurs de yoga, adressez-vous à la Fédération nationale des enseignants de yoga, 3, rue Aubriot, 75004 Paris. Tél. : 42.78.03.05. Et si vous souhaitez l'adresse personnelle du docteur de Gasquet, écrivez-nous.*

Les exercices sont fonction de la demande des futures mères. Les thèmes qui reviennent régulièrement sont les suivants : fatigue, insomnie, nausée, angoisse (surtout au début ou à la fin de la grossesse), douleurs dans le dos, problèmes circulatoires, digestifs, etc.

Autour de ces thèmes, les exercices proposés apportent des soulagements souvent immédiats, mais surtout ils constituent une recherche par les futures mères sur elles-mêmes, sur leur propre corps, sur leur manière de le faire bouger, de le ménager. L'objectif est une véritable « éducation » à partir de l'analyse des mauvais mouvements, des sources de tension, des compensations personnelles... Aucun exercice n'est donné comme un modèle à reproduire, c'est une proposition à essayer, à ressentir, à aménager en fonction de soi. Le tout est toujours rythmé par la respiration, la détente du ventre, l'écoute du bébé.

Le père est convié aux séances. Sa présence permet tout un travail à deux beaucoup plus motivant.

Une préparation spéciale est en général proposée sur le périnée, toujours dans la double perspective de la tonification et de l'élasticité.

En ce qui concerne l'accouchement, l'apprentissage porte essentiellement sur la respiration, les positions de la mère, la concentration, l'« état d'esprit ».

La respiration est lente et profonde pendant la dilatation.

Les positions dépendent de la présentation de l'enfant et du moment. Il n'y a pas une seule possibilité pour soulager la femme, mais plusieurs (un enfant situé haut dans l'utérus provoque chez la mère l'envie d'être verticale, de marcher).

Quant à la poussée, elle se fait sans blocage, sur l'expiration. Cela suppose un apprentissage, une bonne connaissance et une maîtrise du diaphragme, du périnée, des abdominaux. Moins violente, cette poussée est tout aussi efficace si elle est faite au bon moment (cela suppose que la femme sache reconnaître le moment où elle doit pousser).

Quant à « l'état d'esprit », il résulte de la confiance en soi, de la sécurité et d'éléments de concentration que l'enseignant doit favoriser.

« Après l'accouchement, conclut Bernadette de Gasquet, les mères peuvent revenir – avec ou sans leur bébé – pour connaître les exercices à faire après la naissance. »

L'haptonomie périnatale

En quelques années, le nombre de personnes intéressées par l'haptonomie a augmenté. Il y a aujourd'hui de nombreux couples qui souhaitent une préparation haptonomique périnatale (j'emploie à dessein le mot couple car, peut-être encore plus que dans d'autres préparations, le père est étroitement associé). Et des lectrices et lecteurs nous ont demandé de leur donner plus de détails sur l'haptonomie. Le docteur Albert Goldberg nous a proposé le texte suivant qui est plus détaillé que celui des éditions précédentes. Le docteur Goldberg, de même que le docteur Catherine Dolto-Tolitch, ont été formés par Frans Veldman, le fondateur de l'haptonomie. Et tous les deux sont responsables de formation en haptonomie périnatale [1].

« Qu'est-ce que l'haptonomie ? C'est, dit Frans Veldman, la science de l'affectivité et du *contact psychotactile.* L'haptonomie repose sur la découverte de l'importance du toucher. Il ne s'agit pas d'un toucher objectif, mais d'une approche d'une qualité particulière, dite psychotactile. En effet la notion de « toucher » sert à décrire aussi bien la palpation médicale, que les techniques de massages corporels, la poignée de main des contatcs sociaux, amicaux, ou les caresses érotiques. Le contact psychotactile va plus loin : la main « parle » au-delà de la peau, du corps, elle touche la personne. Il y a alors une réelle rencontre.

L'approche haptonomique périnatale cherche à accompagner la « parentalité » naissante chez un couple qui découvre, au fur et à mesure de la grossesse, la présence de leur enfant ; et cette découverte va créer peu à peu des liens affectifs. En d'autres termes, l'accompagnement haptonomique périnatal est centré sur la rencontre de la mère, du père et de l'enfant, et sur leur plaisir d'être ensemble.

Voici les grandes étapes de l'accompagnement des parents et du bébé, fait par un spécialiste formé en haptonomie. L'accompagnement comprend environ huit séances. Il s'agit d'un travail personnalisé, dans une relation de tendresse affective avec un couple dont il faut préserver l'intimité, ce qui exclut le travail en groupe. Il existe, bien sûr, des cas particuliers où des séances sont réalisées avec une femme seule sans son conjoint, si pour des raisons de force majeure il ne peut être présent, ou s'il existe des difficultés chez l'un ou l'autre des conjoints.

La première séance se situe vers quatre mois et demi, lorsque la femme a déjà perçu les premiers mouvements de son bébé. Il est toutefois préférable de commencer dès le début de la grossesse. Cela permettra d'aider le couple à prendre conscience des effets psycho-corporels d'une relation de tendresse. Au cours de la première séance, il s'agira pour l'accompagnateur d'aider la femme à sentir la différence entre ce qu'elle ressent lorsqu'on la touche lors d'une palpation de l'utérus, par exemple pour mesurer la hauteur utérine, ou chercher la position du bébé lors de l'examen obstétrical ; et ce

---

1. *Les lieux où l'on pratique l'haptonomie sont encore rares en France. Si cela vous intéresse, vous pouvez écrire au Centre international de recherche et de développement de l'haptonomie, en joignant une enveloppe timbrée : CIRDH, 66400 Oms, France.*

qu'elle éprouve lors d'un contact affectif, par exemple lorsque le père pose avec douceur ses mains autour du ventre maternel, ou lorsqu'elle-même entoure tendrement son bébé.

A partir de cette proximité affective, les parents pourront inviter leur enfant à se déplacer dans le giron. On aidera la femme enceinte à prendre conscience qu'elle peut inviter, de l'intérieur, son bébé pour le placer plus haut dans son ventre, si par exemple il lui semble lourd. A la fin de cette séance, on proposera au couple de retrouver chez eux ces contacts avec leur bébé.

Au cours des séances suivantes, on montrera au couple des « gestes » qui s'accomplissent tout aussi bien debout qu'allongé, et dont le but est de favoriser le confort du port du bébé tout au long des activités de la vie quotidienne de la mère : c'est ce qu'on appelle en haptonomie le *centrage du bassin,* et le travail autour du sentiment de la base : on évite ainsi des douleurs lombaires et des tensions au niveau du périnée.

A partir du huitième mois, on sensibilisera la femme à l'accompagnement de son enfant pendant le travail et l'accouchement en lui faisant découvrir l'axe de descente du bébé. Et on montrera à la mère comment elle peut, pendant les contractions, choisir la position qui lui semblera la plus favorable : debout, assise, allongée. On indiquera au couple, en tenant compte des différents temps de travail, comment ils peuvent, malgré la douleur de la contraction, rester dans la relation avec leur bébé, ce qui leur permet de dépasser la douleur.

Les deux dernières séances seront consacrées à l'accouchement. On montrera à la mère comment, à partir de la position qu'elle a choisie, elle pourra prendre conscience de sa faculté à accompagner son bébé, l'aider à faire son chemin, plutôt que d'exercer une poussée. A la fin de cette dernière séance, on sensibilisera les parents au port du bébé, de sorte qu'il ne soit pas manipulé, mais soutenu, invité tendrement à participer.

Au moment de la naissance, on aidera le père à accueillir son enfant dans ses mains après avoir coupé le cordon ombilical, s'il le souhaite. Soutenant convenablement son bébé par la base, le père lui permet d'exercer sa capacité de verticalité dans le monde aérien. Le père peut alors présenter l'enfant à sa femme, puis le reposer sur le giron de sa mère ; le bébé retrouve ainsi la chaleur de sa mère, le rythme de son cœur, la sonorité de sa voix, il jouit de cette intimité en toute sérénité.

L'observation des enfants ainsi accompagnés témoigne du développement d'une ouverture au monde pleine de confiance et de sérénité [1]. »

La sophrologie

La sophrologie regroupe un ensemble de techniques de relaxation dont certaines sont apparentées à l'hypnose et utilisent la suggestion. J'ai demandé au docteur Odile Cotelle-Bernède, qui fait de la préparation sophrologique, de nous en parler.

« La séance commence toujours par un temps de relaxation avec le sophrologue qui facilite, de sa voix monocorde, monotone, cet état de conscience particulier que l'on

---

1. *Si vous voulez en savoir plus, vous pouvez lire de Frans Veldman,* L'Haptonomie, science de l'affectivité, *un livre très complet mais un peu difficile (P.U.F.). Dans* L'aube des sens, *(Cahier du nouveau-né n° 5), vous trouverez, dans un article des docteurs Catherine Dolto-Tolitch et Bernard This une présentation plus résumée des premières mises en pratique de l'haptonomie.*

nomme état sophronique. Dans cet état, la mère, concentrée sur ses sensations intérieures, apprend à éliminer ce qui, de l'extérieur, la dérange. Elle peut ensuite modifier la perception de ses sensations. Par exemple, sentir ses contractions comme très lointaines ou « dans du coton », ou faire un travail sur son imaginaire et se sentir plongée dans un bain... Cela s'appelle la *sophro-substitution sensorielle*.

Un autre travail est la sophro-acceptation progressive ; pendant la séance, le sophrologue évoque en détails les situations qui vont se présenter : le départ pour la maternité, la période de dilatation avec un vécu imaginé en temps presque réel des contractions et des périodes de repos, et les attitudes qui peuvent rendre la dilatation plus confortable ; enfin la poussée et la naissance du bébé et l'après-naissance. Cette expérience familiarise la future mère avec les différentes étapes de l'accouchement et diminue l'anxiété.

Le sophrologue doit avoir suffisamment de talent pour que la future mère soit plongée dans la situation et la vive vraiment par anticipation dans son imaginaire ; le sophrologue doit aussi pouvoir, toujours dans ce but de préparation, évoquer toutes les situations possibles : un accouchement rapide, ou au contraire qui dure, un accouchement de nuit, des péripéties techniques, etc.

Dès le 3e ou 4e mois, la future mère s'entraînera quelques minutes par jour.

Le jour de l'accouchement, la mère se plonge en état de relaxation profonde au début de chaque contraction ; cela diminue leur intensité, mais n'empêche pas la communication avec la sage-femme ou l'entourage. Cette technique s'appelle la *sophro-*

pédagogie obstétricale, elle a été mise au point en Espagne par le professeur A. Aguirre de Carcer.

D'autres se servent de la sophrologie comme d'une technique d'indolorisation de la contraction et utilisent des casques et une émission de sons qui favorisent la plongée dans cet état sophronique. Cette façon de faire est plus passive.

Comme le yoga et l'haptonomie, la sophrologie ne consiste pas uniquement en l'apprentissage de quelques gestes, il s'agit en même temps d'une aventure personnelle physique et psychologique [1] ».

La préparation en piscine

Cette préparation, faite par des sages-femmes et des maîtres nageurs, a plusieurs avantages : bonne relaxation, bon entraînement musculaire (les mouvements étant plus faciles grâce à la diminution de l'action de la pesanteur), entraînement à la respiration. Cette préparation aurait aussi un effet favorable sur certains troubles dont se plaignent beaucoup de femmes enceintes : douleurs du dos et du bassin, constipation, varices par exemple. Après l'accouchement, les mouvements en piscine permettraient également une meilleure récupération musculaire et physique[2].

Les responsables des préparations en piscine constatent aussi combien les femmes apprécient de se retrouver, de faire ensemble des jeux collectifs, des marches dans l'eau. Il faut enfin signaler que la piscine est en général plus chauffée quand elle est réservée aux femmes enceintes.

1. *Pour tous renseignements, vous pouvez vous adresser à la Société française de sophrologie, 39, bd Garibaldi, 75015 Paris. Tél. : 40.56.94.95. Pour en savoir plus, vous pouvez lire, de Elisabeth Raoul,* Préparation sophrologique à la maternité. *Éditions Maloine. Je vous signale également deux numéros spéciaux de la* Revue de somatothérapie *(20, place des Halles, 67000 Strasbourg, 75 F le numéro) : « Les états de conscience ».*

2. *Préparation aquatique à l'accouchement et à la maternité (P.A.M.A.), 18, rue Tiquetonne, 75002 Paris. Tél. : 40.33.24.45 (pour Paris seulement). Pour toute la France : Fédération nationale de natation préscolaire, 5, cité Griset, 75011 Paris (joindre un timbre pour la réponse).*

Association nationale Natation et Maternité, 10, rue du Village, 25370 Saint-Antoine. Tél. : 81.49.18.67.

15.

L'accouchement avec anesthésie

La préparation à l'accouchement vise à diminuer, ou au moins à dominer la douleur ; elle y arrive dans une proportion variable selon les femmes, et d'ailleurs difficile à évaluer.

Mais certaines femmes refusent d'affronter la douleur quelle que soit son intensité, soit parce qu'elles trouvent inutile de souffrir, soit parce qu'elles sont particulièrement angoissées et que l'accouchement leur paraît une épreuve insurmontable, soit enfin parce qu'elles gardent d'une précédente naissance un souvenir trop pénible.

Dans ce désir des femmes il y a des nuances.

→ Certaines, mais elles sont de moins en moins nombreuses, souhaitent ne rien sentir et ne rien voir, s'endormir pour l'accouchement, et se réveiller pour découvrir près d'elle leur bébé : elles demandent une anesthésie générale.

→ D'autres souhaitent ne rien sentir de la douleur tout en restant conscientes pour voir naître leur bébé : elles auront recours à la péridurale.

→ Les dernières enfin désirent vivre leur accouchement du début à la fin et ne veulent pas d'anesthésie pour pouvoir tout sentir et tout voir, ce qui n'exclut pas pour elles d'être soulagées par quelque médicament, le cas échéant, si la douleur est trop forte. Il y a plusieurs possibilités.

L'anesthésie locale

On injecte dans les muscles du périnée, ou un peu plus profondément, un produit anesthésique (de la novocaïne par exemple). L'anesthésie locale permet, sans douleur pour la femme, de faire ou de recoudre une épisiotomie, d'appliquer un forceps, mais elle n'atténue pas la douleur de la contraction utérine.

L'acupuncture

L'acupuncture voit en France une percée indiscutable et des essais sont actuellement faits dans plusieurs villes (Paris, Caen, Valence par exemple). Elle est utilisée soit pour déclencher l'accouchement, soit pour supprimer la douleur. Certaines équipes pratiquent même des césariennes sous acupuncture. Selon les cas on a recours, soit à une acupuncture classique, soit à une électro-acupuncture où les aiguilles transmettent une impulsion électrique.

La méthode est-elle efficace ? Il est difficile de donner une réponse car il n'y a pas assez d'accouchements faits sous acupuncture. Mais pour ses partisans, cette technique a au moins l'avantage, même dans les cas de demi-succès, de diminuer les doses de médicaments qu'on peut être amené à lui associer.

La réflexothérapie lombaire

Cette technique consiste à injecter à l'aide d'une très fine aiguille une goutte d'eau distillée dans l'épaisseur de la peau, en un point qui se situe à l'angle entre la dernière côte et la masse des muscles spinaux (c'est-à-dire les muscles qui sont de part et d'autre de la colonne vertébrale). Cette technique peut être pratiquée par la sage-femme. Elle est basée sur un mécanisme proche de celui de l'acupuncture et peut être intéressante lorsque les douleurs des contractions utérines sont ressentis au niveau des reins. C'est ce qu'on appelle *accoucher par les reins,* ce qui se voit dans certaines variétés de présentation.

Cette réflexothérapie lombaire ne supprime pas les douleurs de l'accouchement, mais peut, dans un bon nombre de cas, atténuer les douleurs lombaires et rétablir une sensation plus habituelle et plus supportable des contractions utérines ressentis au niveau du ventre. Certaines techniques d'acupuncture aboutissent d'ailleurs au même résultat. La réflexothérapie lombaire est sans danger, à condition de stériliser les aiguilles.

L'anesthésie péridurale

L'anesthésie péridurale a été une révolution car elle est un extraordinaire progrès dans le domaine de la lutte contre la douleur ; elle est actuellement la seule vraie réponse à la question que l'on se posait depuis toujours : est-il possible de voir naître son enfant sans souffrir ?

L'anesthésie péridurale n'insensibilise que la partie inférieure du corps (celle qui souffre) tandis que la conscience reste éveillée. En un mot, elle a l'avantage de l'anesthésie générale sans en avoir les inconvénients. C'est pourquoi elle a eu rapidement autant de succès auprès des femmes.

Pour insensibiliser toute la moitié inférieure du corps, on injecte entre deux vertèbres lombaires un produit anesthésique qui se répand autour des enveloppes de la moelle épinière (dont l'une est appelée *dure*-mère, d'où le nom de cette anesthésie) et qui agit sur les nerfs qui en partent.

Cette injection totalement indolore – car on fait d'abord une anesthésie locale – peut être faite en une seule fois comme n'importe quelle piqûre. Le plus souvent elle est faite par l'intermédiaire d'un petit tube qui est laissé en place, ce qui permet, en cas de besoin, de réinjecter du produit anesthésique sans faire de nouvelle piqûre. Cinq à dix minutes après l'injection du produit, la douleur disparaît.

Auparavant, on a placé une perfusion intraveineuse : elle permet de contrôler et de traiter rapidement d'éventuelles modifications de la tension artérielle que peut entraîner la péridurale. Mais la perfusion a surtout pour but d'administrer des médicaments (ocytociques) qui permettent de régulariser et surtout de renforcer les contractions utérines.

Mais il faut signaler qu'avec une péridurale la femme ressent moins le besoin de pousser au moment de l'expulsion, ce qui peut conduire à faire plus souvent un forceps. Et le fait que la femme ressente moins ce besoin doit encore plus l'inciter à faire des séances de préparation à l'accouchement ; ainsi, le moment venu, lorsqu'on lui conseillera de pousser, la femme le fera de mémoire pourrait-on-dire. En d'autres termes, la péridurale n'empêche pas de pousser, mais on ne sent pas qu'on le fait.

Après l'accouchement, la femme ne peut se lever qu'au bout de 6 heures, au début soutenue et aidée pour tester ses réactions.

Ceci est le principe général de la péridurale. Et voici des réponses aux questions que se posent les femmes, surtout celles qui accouchent pour la première fois.

Peut-on faire une péridurale à n'importe quel moment de l'accouchement ?
Non. Faite trop tôt, la péridurale risque de bloquer les contractions et de retarder le travail. Trop tard, au moment de l'expulsion, elle n'a plus le temps d'agir. L'idéal est de la faire lorsque la dilatation du col est de 2 à 3 centimètres.

Y a-t-il des contre-indications ? Oui, quelques-unes. Certaines sont connues avant l'accouchement : infections de la peau, déformation importante de la colonne vertébrale, allergie aux anesthésiques utilisés, troubles de la coagulation sanguine, affections neurologiques.

D'autres n'apparaissent qu'au moment de l'accouchement ou pendant le travail : souffrance de l'enfant, hémorragies, modifications de la tension. L'anesthésie péridurale est également contre-indiquée si la mère a de la fièvre.

La péridurale est-elle dangereuse pour la mère ou pour l'enfant ? Si elle est bien faite, la péridurale n'est pas dangereuse.

L'enfant ne court aucun risque puisqu'il s'agit d'une anesthésie locale qui ne diffuse que très peu dans le sang maternel.

Pour la femme, on doit parler d'incidents plus que d'accidents. Il peut s'agir :
→ de vertiges et de maux de tête qui ne se produisent que lorsque l'aiguille d'injection est allée trop loin. Ils régressent en deux à trois jours ;
→ de douleurs lombaires ;
→ de sensations de décharges électriques dans les jambes. Elles disparaissent en quelques heures.

La péridurale influence-t-elle le déroulement de l'accouchement ? En règle générale elle en diminue la durée et le rend plus « facile ». L'enfant lui-même en bénéficie. En effet lorsque les femmes sont tellement angoissées que le travail n'avance plus, on constate que, sous péridurale, le col se dilate mieux, et les contractions se régularisent. On évite ainsi un accouchement traînant en longueur et un enfant souffrant d'un travail prolongé. D'autre part, si survient au cours de l'accouchement la nécessité d'un geste quelconque : application de forceps, délivrance artificielle, suture de l'épisiotomie ou même césarienne, aucune anesthésie supplémentaire n'est alors nécessaire.

Mais pour être efficace, c'est-à-dire aboutir vraiment à la suppression de la douleur et pour ne pas se solder par des complications, la péridurale doit être faite par des anesthésistes compétents et entraînés à cette technique particulière ; ils sont, heureusement, de plus en plus nombreux.

Cela dit, lorsque l'anesthésie péridurale est bien faite et bien supportée, elle apporte à la mère un confort et une sérénité que les mères qui l'ont expérimentée apprécient : « Je n'accoucherai plus jamais autrement », disent-elles souvent. D'ailleurs le succès de la péridurale se confirme de jour en jour et les accouchements faits sous péridurale sont de plus en plus nombreux.

▪ Toutes les femmes peuvent-elles avoir une anesthésie péridurale ?

Grande nouvelle, attendue depuis longtemps : aujourd'hui, si elles le désirent, toutes les femmes peuvent bénéficier d'une péridurale [1]. Il n'y a plus de distinction entre le simple confort et la nécessité médicale, la péridurale sera remboursée dans tous les cas. Ce remboursement fait partie d'une ensemble de mesures prises récemment par le Minsitère de la Santé pour améliorer les conditions de la naissance.

---

1. *Seules restrictions : il faut évidemment qu'il n'y ait pas de contre-indications médicales ; et qu'un anesthésiste compétent soit disponible dans la maternité. Voir plus haut.*

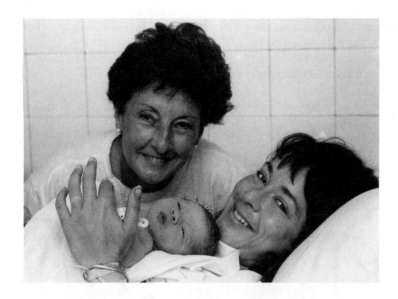

Cette nouvelle est excellente. Mais, pour autant, est-il souhaitable que chaque accouchement soit fait systématiquement, sous péridurale, comme cela se fait dans certaines maternités, même si la femme ne l'a pas demandé. Je ne le crois pas.

D'abord cela accentuerait la médicalisation de l'accouchement si souvent critiquée.

Ensuite la majorité des femmes ne demande pas d'anesthésie. Elles veulent se rendre compte qu'elles peuvent supporter la douleur, la dominer, et ont d'ailleurs envie de voir comment elles y arriveront, même si elles doivent en souffrir. Peut-être est-ce pour cette raison qu'en Amérique, où tout accouchement se faisait sous péridurale, on fait actuellement marche arrière ; les femmes reviennent à la préparation classique ; la « Lamaze Method » est toujours populaire aux États-Unis.

Enfin, le seul fait de savoir qu'elle peut avoir une péridurale souvent détend la mère : dans la majorité des cas, elle ne la demande même pas.

Les femmes ont obtenu ce qu'elles voulaient, la péridurale pour toutes, et remboursée. Mais elles doivent garder un droit encore plus précieux : pouvoir faire respecter leur choix.

Comme je vous l'ai dit souvent, il s'agit de votre grossesse, de votre accouchement, c'est donc bien normal que ce soit votre désir qui l'emporte. C'est à vous, après y avoir réfléchi, en avoir parlé avec votre mari, vos amies, dans les groupes de préparation, avec la sage-femme, avec le médecin, de prendre *votre* décision.

La rachi-anesthésie

C'est, comme la péridurale, une anesthésie dite loco-régionale qui insensibilise la moitié inférieure du corps.

La piqûre se fait au même endroit, entre deux vertèbres lombaires, mais on injecte l'anesthésique non pas autour des méninges, mais à l'intérieur de celles-ci (comme lorsqu'on fait une ponction lombaire).

Techniquement, la rachi-anesthésie est plus facile à faire que la péridurale et demande moins d'anesthésique ; et son action est quasi immédiate, alors qu'il faut 15 à 20 minutes à la péridurale pour agir. Par contre, elle entraîne plus d'accidents d'hypotension ; on ne peut renouveler l'injection et l'inconfort (maux de tête, vertiges, etc.) est plus grand après l'accouchement.

C'est pourquoi la péridurale reste plus employée.

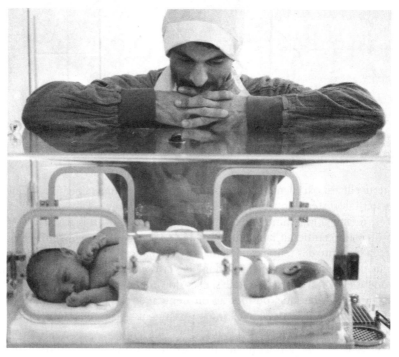

L'anesthésie générale

L'anesthésie générale est celle qui endort complètement comme pour une opération. Avant la péridurale, elle était pratiquée comme une anesthésie de confort chez les femmes qui refusaient la douleur. Actuellement elle n'est plus pratiquée que lorsqu'existe une contre-indication à la péridurale, ou quand une anesthésie est nécessaire de façon urgente à la fin du travail (la péridurale n'a alors plus le temps d'agir).

Le risque pour l'enfant est quasiment nul lorsque l'anesthésiste est compétent.

L'anesthésie générale a par contre l'inconvénient pour la mère de ne pas lui permettre d'assister à la naissance, ni d'entendre le cri de son enfant venant au monde. Aussi, n'ayant ni senti ni vu naître son enfant, la femme qui a été complètement endormie passe souvent longtemps après l'accouchement à essayer de reconstituer l'événement qui s'est passé comme en dehors d'elle. Cet événement, elle y a pensé pendant 9 mois, elle l'a attendu avec impatience même si elle le redoutait, elle s'est imaginée cent fois la scène ; il est normal que si tout cela se passe sans elle, elle se sente frustrée et essaie de remplir le manque. Je vous signale cette réaction pour que vous ne soyiez pas déçue si vous la ressentiez. Cet inconvénient de l'anesthésie générale est évité avec la péridurale.

Préparation ou anesthésie : à l'heure du choix

Après avoir lu les chapitres sur les différentes possibilités de diminuer ou de supprimer les douleurs de l'accouchement, vous vous demandez peut-être que choisir, que décider ?

Il m'est difficile de vous répondre, c'est un choix trop personnel, il dépend de votre manière de vivre, de vos désirs, de votre façon de supporter la douleur, des expériences que vous avez déjà vécues, des possibilités que vous offre la maternité où vous accoucherez, de l'endroit où vous habitez...

Mais je vous fais une suggestion : pour commencer, préparez le mieux possible votre accouchement ; s'il n'y a pas de possibilités de préparation près de chez vous, lisez attentivement le chapitre qui précède, il comporte les bases d'une bonne préparation.

De toute manière, bien préparée vous serez en meilleure forme pour l'accouchement. Et le moment venu, vous verrez si vous supportez la douleur ou non.

Il y a un cas à mettre à part, c'est celui des femmes – cela arrive certaines fois – avec qui la préparation ne réussit pas du tout. Alors, quel que soit le désir de la future mère, quelle que soit la qualité de la préparation suivie, la péridurale reste pour ces femmes la seule solution efficace.

16.

Votre enfant est né

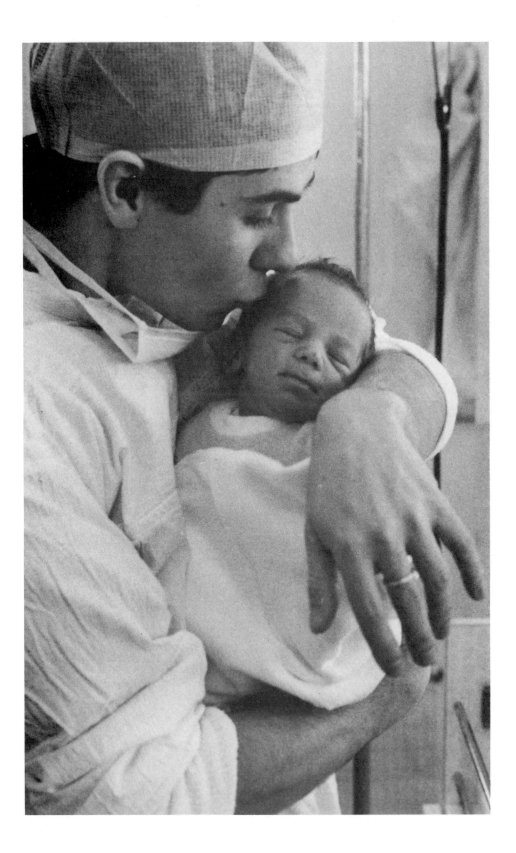

Le face-à-face

La tension qui accompagne plus ou moins l'accouchement et qui peut durer des heures, l'impatience, l'effort du travail et la fatigue, parfois l'énervement ou l'inquiétude font que la première réaction des parents à l'apparition du bébé c'est, après l'émotion, le soulagement, l'infini soulagement de le voir enfin cet enfant tant attendu : ils en pleurent, en rient, en pâlissent, en deviennent tout rouges d'émotion et de joie.

Puis les parents veulent d'urgence vérifier que le bébé est bien normal, et même si le médecin les a rassurés, ils n'en finissent pas de le contrôler. Cela leur semble même parfois plus urgent à savoir que le sexe de l'enfant. (D'autant plus qu'une fois sur deux, ils le connaissent déjà.)

Ce qui est également fréquent, c'est l'étonnement des parents, la surprise : ils trouvent le bébé différent de l'image qu'ils s'en faisaient ; surtout la mère, elle a de la peine à identifier ce bébé soudain dans ses bras avec celui qu'elle portait dans son ventre.

La première émotion passée, la mère éprouve souvent une autre surprise : alors qu'elle attendait depuis des mois que cet enfant se sépare d'elle, maintenant qu'il vient de la quitter, elle sent en elle comme un grand vide. Comme me l'a écrit une lectrice : « J'avais l'impression de m'ennuyer de mon ventre. »

Pour certaines mères, ce sentiment de vide est fugitif, rapidement il se transforme en une impression de plénitude, d'accomplissement, c'est son bébé, elle est sa mère, l'évidence la rassure.

Parfois au contraire la rupture déroute la mère, la sensation d'étrangeté s'accentue : devant ce berceau, elle ne sent pas monter en elle l'amour maternel qu'elle s'attendait peut-être à éprouver tout de suite. Et l'inquiétude surgit ; comme un flot l'envahit le sentiment de sa responsabilité : « Il a besoin de moi, saurai-je m'en occuper ? » L'inquiétude peut venir de l'inexpérience si l'enfant est un premier-né, mais elle est renforcée par la fatigue qui suit toujours l'accouchement.

Ces surprises, ces sensations, que la mère les perçoive distinctement ou qu'elles restent confuses, vont heureusement s'effacer lorsqu'elle aura son enfant dans ses bras ; en le touchant, en le caressant, en le nourrissant, elle renouera avec son enfant un lien physique qui la rassurera. Et ce seront les débuts d'une longue histoire d'amour.

Cette histoire ne s'écrira pas en un jour, l'amour maternel n'est pas toujours un coup de foudre, il se développe souvent au contact de l'enfant, lentement, et grandit avec lui. Nous aurons bientôt l'occasion d'en reparler.

Quant aux pères, leur émotion après l'accouchement s'exprime de façons diverses. Certains sont si bouleversés qu'ils peuvent juste dire : « C'est trop beau, comme je suis heureux. » D'autres sont plus affectifs et s'adressent déjà au nouveau-né : « Ma jolie, te voici enfin. » Certains pères, peut-être pour se protéger de cette émotion qui les envahit, essaient de prendre un peu de distance, s'exprimant de manière parfois inattendue : « J'ai dit : qu'il est laid ! En fait il était fripé et il avait déjà des poches sous les yeux, à cet âge-là ! » Un autre raconte : « J'étais fasciné par ses pieds ; je me suis dit : celle-là, ça sera une basketteuse ! »

En général le grand moment de la vie d'un homme qui devient père, surtout d'un premier enfant, se situe quand, ce nouveau-né, il le prend dans ses bras. La femme, pour devenir mère, a déjà vécu neuf mois de grossesse et un accouchement. Rien de semblable pour le père. Aussi, pour lui, la paternité lui arrive-t-elle souvent comme un choc dans ce geste où, pour la première fois, il tient son enfant dans les mains.

Un autre geste important pour le père peut être la déclaration de l'enfant à la mairie. Il faut avoir assisté à ce qu'on appelle une formalité, mais qui en réalité est un acte important dans la vie d'un homme, pour comprendre tout ce qu'elle représente.

C'est dommage qu'aujourd'hui cette déclaration soit si souvent faite par la maternité ; elle devient alors un geste purement administratif. Je dis souvent car, bien entendu, les pères qui y tiennent peuvent parfaitement aller déclarer eux-mêmes à la mairie la naissance de leur enfant. Il suffit qu'ils préviennent la maternité.

Et le bébé ? Comment va-t-il réagir à vos premiers regards ?

Comme quelqu'un qui attend que vous le preniez dans vos bras, que vous lui parliez, que vous le reconnaissiez, que vous l'entouriez. Il a besoin de votre attention, de votre chaleur pour s'éveiller dans ce monde où il vient d'atterrir.

Vous pensez peut-être que je prends mes désirs pour des réalités, que j'idéalise ce premier rendez-vous en imaginant que l'enfant et ses parents vont se regarder avec des yeux pleins d'amour ?

Pourtant si : tous les travaux de ces vingt dernières années montrent à quel point, dès la naissance, un enfant est réceptif, attentif à la voix, aux gestes, aux soins de ceux qui l'entourent.

Il suffit de voir la manière dont un nouveau-né réagit quand T. Berry Brazelton [1] lui parle : il prend délicatement le nouveau-né dans ses mains, lui parle doucement, lui fait suivre du regard un objet qu'il passe devant ses yeux, le fait réagir à un son, etc. Ceux qui ont vu « Le bébé est une personne » ont été fascinés par les mimiques de T. Berry Brazelton, par les réactions surprenantes du bébé et par le dialogue qui s'engage sous leurs yeux.

La précocité de ces réactions va avoir des conséquences rapides et importantes : peu à peu l'enfant s'intéresse à la personne qui le tient, la réciproque est vraie, des liens se nouent.

Par une autre voie, ces observations rejoignent celles qui ont été faites il y a déjà longtemps [2] : le nouveau-né arrive au monde avec un besoin vital qu'on l'aime, il a d'abord soif d'affection, après il lui faudra du lait.

Mais allons maintenant le voir ce bébé, le regarder de plus près, sous toutes les coutures, faire le tour de ses possibilités, pour mieux faire connaissance avec lui.

1. *Pédiatre américain, spécialisé en recherches sur le nouveau-né, T. Berry Brazelton est connu dans le monde entier, particulièrement en France où il a publié dans notre collection « Désir d'enfant » plusieurs livres qui sont devenus des livres de référence (voyez la bibliographie page 380). C'est en grande partie grâce aux travaux de T.B. Brazelton (et de son N.B.A.S., voir page 372) que l'on a pu évaluer, apprécier les interactions précoces parents-bébé et la compétence du nouveau-né.*

2. *Dans* L'Attachement, *livre qui a été publié pour la première fois en 1974, réédité plusieurs fois depuis, et dans lequel René Zazzo a recueilli différents témoignages d'éthologistes, de psychanalystes, de psychologues sur le comportement du nouveau-né et sur la manière dont se tissent les premiers liens entre l'enfant et son entourage (voir les références du livre page 380).*

Le nouveau-né

Lorsque Mme de Sévigné vit pour la première fois sa fille qu'elle venait de mettre au monde, elle s'écria : « Mais elle a l'air d'une guenon ! » Puis, se tournant vers la sage-femme qui l'avait accouchée, elle ajouta : « Je ne l'en aimerai pas moins puisqu'elle est ma fille. » La petite guenon devait d'ailleurs devenir « la plus jolie fille de France », comme l'appelait Bussy-Rabutin.

Vous réagirez peut-être comme Mme de Sévigné lorsque vous verrez votre enfant. Un nouveau-né n'est pas toujours joli. Il est souvent rouge et fripé. Sa tête est parfois déformée, ses cheveux raides et ses mains violettes. Ne vivez donc pas dans l'idée que votre enfant sera un bébé joufflu le jour de sa naissance. Il lui faudra peut-être encore quelques semaines pour être un joli nourrisson.

Dès sa naissance, l'enfant se met à crier et à respirer. Il manifeste ainsi son indépendance vis-à-vis de l'organisme maternel. Jusque-là, en effet, il en était entièrement dépendant, relié à sa mère par le cordon ombilical qui lui amenait les aliments et l'oxygène dont il avait besoin pour vivre et pour se développer.

Ce passage de la vie placentaire à la vie autonome nécessite des transformations importantes de son organisme. Certaines fonctions s'adaptent progressivement, telle la fonction digestive ; d'autres vont devoir le faire brutalement, d'une minute à l'autre, dès la naissance : c'est le cas, par exemple, de la respiration.

La respiration. Dès que le nez et la bouche de l'enfant entrent en contact avec l'air ambiant, la première respiration s'instaure ; vous voyez la poitrine se soulever régulièrement, à un rythme d'ailleurs plus rapide que chez l'adulte. Cette respiration, qui est le premier signe de la vie, naît avec l'enfant. Avec une rapidité étonnante, un profond bouleversement s'est produit dans l'organisme du nouveau-né. Quelques secondes avant de naître, le fœtus vivait encore de l'oxygène que sa mère lui fournissait. Son sang, partant du cœur, arrivait au placenta (par les artères ombilicales), se chargeait d'oxygène qu'il puisait dans le sang maternel, et revenait au cœur (par la veine ombilicale). Le placenta jouait donc le rôle de poumon. Les poumons du fœtus ne fonctionnaient pas encore, et entre le cœur et les poumons du bébé, il n'y avait pas de communication.

L'enfant naît. Il est séparé du placenta. Il faut qu'il se procure lui-même son oxygène. Il ouvre la bouche, l'air s'engouffre dans ses poumons, les déplie, les gonfle, relève brutalement les côtes qui s'écartent. La cage thoracique se soulève. Les poumons deviennent roses et spongieux. Le sang venant du cœur se précipite dans les vaisseaux pulmonaires à la recherche de l'oxygène qui vient d'arriver : la circulation cœur-poumon est établie.

Le nouveau-né respire maintenant comme un adulte. Mais pendant un an sa respiration sera irrégulière, tour à tour superficielle ou profonde, rapide ou ralentie. Le cœur

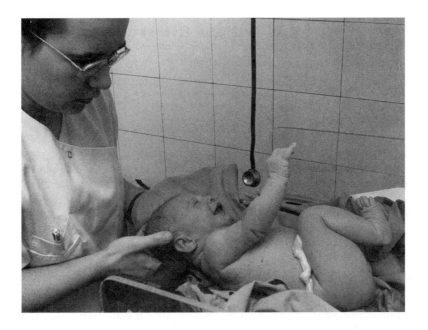

bat très vite, de 120 à 130 fois par minute en moyenne, presque deux fois plus vite que chez l'adulte. Le sang ne met que douze secondes pour accomplir une révolution complète. Chez l'adulte, il en met trente-deux.

Le poids et la taille. « Combien pèse-t-il ? » C'est une des premières questions que posent les parents à la naissance.

Dans l'esprit du grand public, le chiffre optimal est de 3,500 kilos . C'est déjà celui d'un gros bébé. La moyenne est de 3,300 kilos (100 g de plus pour les garçons, 100 g de moins pour les filles), et, entre des bébés nés à terme, on peut noter des écarts considérables : certains bébés pèsent 2,500 kilos, d'autres 4 kilos et même plus [1].

Plusieurs facteurs peuvent faire varier le poids du nouveau-né :
→ d'abord l'hérédité, c'est-à-dire la race, la stature du père et de la mère, la tendance familiale ;
→ le rang de la naissance : en général chez une même femme, le deuxième enfant pèse un peu plus que le premier, et le troisième plus que le deuxième ;
→ l'état de santé de la mère : certaines maladies peuvent soit augmenter le poids de l'enfant (diabète, obésité), soit au contraire le diminuer (toxémie) ;
→ l'activité de la mère pendant la grossesse : une mère trop active a tendance à avoir un enfant de petit poids.

Par contre le régime alimentaire ne joue qu'un rôle mineur et indirect sur le poids de l'enfant (à l'exception des grandes dénutritions qui ne se voient pas en France). Ainsi, même avec une restriction importante, vous aurez un gros enfant si votre hérédité vous y prédispose. Et même avec une suralimentation anormale, vous risquez

---

1. *Ce qui concerne l'enfant pesant moins de 2 500 g, est traité au chapitre 11.*

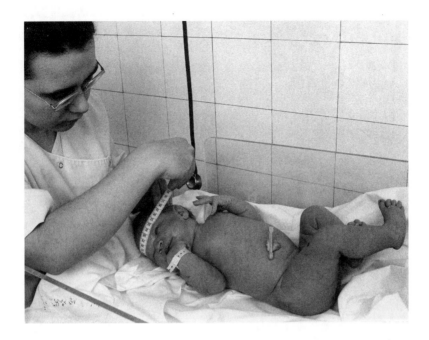

d'avoir non pas un gros bébé, mais un enfant malingre parce que vous risquez alors de faire une toxémie gravidique.

Quoi qu'il en soit, il importe seulement que le poids et la taille de votre enfant se situent dans la moyenne statistique. Un poids élevé n'est pas un signe évident de bonne santé (les enfants nés de mère diabétique pèsent habituellement très lourd et sont des enfants fragiles). A l'inverse, vous aurez presque toujours l'heureuse surprise de voir un enfant de poids peu élevé se développer sans aucun problème.

Dans les jours qui suivront sa naissance, votre enfant perdra environ le dixième de son poids de naissance. Ne vous en inquiétez pas, cette perte est normale. Elle est due en partie au fait que l'enfant évacue les déchets qui occupent encore son intestin. Dès le troisième jour, il commencera à reprendre du poids ; et entre le cinquième et le dixième jour, il aura retrouvé son poids de naissance.

La taille, qui est en moyenne de 50 centimètres à la naissance, ne varie guère de plus de deux ou trois centimètres autour de ce chiffre, d'un bébé à l'autre.

L'aspect général. Ce qui vous frappera peut-être le plus lorsque vous verrez votre enfant, c'est que les proportions des diverses parties de son corps sont différentes de celles de l'adulte : le nouveau-né n'est pas un adulte en miniature. La tête est très volumineuse. Elle représente à elle seule un quart de la longueur totale, au lieu d'un septième. Le front est immense par rapport au reste du visage. Il en représente les trois quarts au lieu de la moitié. Le tronc est plus long que les membres. L'abdomen est légèrement saillant, les membres sont courts et grêles, et les bras plus longs que les jambes. Les organes génitaux des petits garçons semblent anormalement développés. Mais il suffira de quelques semaines pour que ces proportions changent, et que votre enfant ait un aspect tout différent de celui qu'il avait le jour de sa naissance.

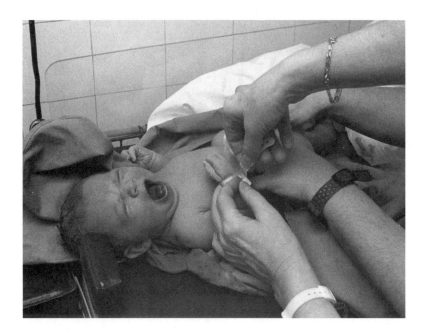

Les premiers mouvements de votre enfant vous paraîtront désordonnés. Ils le sont en effet, car le système nerveux, celui qui dirige les gestes, est imparfaitement développé chez le nouveau-né. Les mouvements ne s'organiseront qu'à mesure que le système nerveux se développera. L'enfant, à l'inverse de tant d'animaux, naît désarmé. Une demi-heure après sa naissance, le petit poulain est sur ses pattes et trottine ; le petit veau aussi. L'enfant devra attendre un an pour pouvoir marcher.

L'attitude.   Le nouveau-né n'arrive pas à tenir la tête droite car elle est trop lourde pour les muscles de son cou, qui sont encore faibles. Il se tient les premiers jours dans la position qu'il avait avant la naissance : les bras ramenés vers la poitrine et les cuisses vers le ventre. Remarque d'une lectrice qui n'est pas d'accord : « Quand on a posé ma fille sur mon ventre, elle avait la tête redressée et " regardait " autour d'elle comme si elle se demandait dans quel monde elle avait atterri. »

La tête et le visage.   Ne vous inquiétez pas si votre enfant arrive au monde avec une tête un peu déformée, crâne asymétrique ou en pain de sucre, bosse d'un côté ou de l'autre, etc. Ces petites déformations sont très fréquentes. Elles sont dues aux fortes pressions que la tête subit lors de l'accouchement. En dix ou quinze jours, elles disparaissent, et le crâne s'arrondit.

Les os du crâne, qui ne sont pas encore soudés, sont séparés par des espaces de tissus fibreux, les *sutures*. En deux points, ces espaces s'élargissent pour former les *fontanelles*. Vous sentirez vous-même ces zones molles en passant votre main sur le crâne du bébé. La plus grande, juste au-dessus du front, a la forme d'un losange. La plus petite se trouve à l'arrière du crâne. Les fontanelles se rétréciront peu à peu jusqu'à se fermer complètement, la plus petite vers 8 mois, la plus grande vers 18 mois.

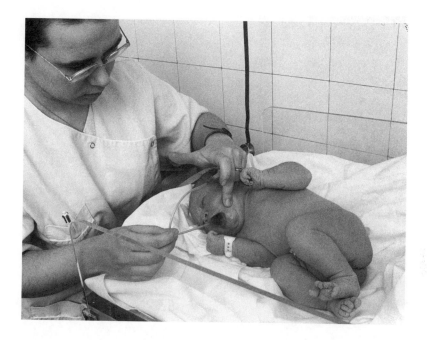

• LES CHEVEUX. Certains bébés naissent avec une chevelure abondante et généralement noire. D'autres sont presque chauves. Consolez-vous si votre bébé est des seconds. Les premiers perdent la plus grande partie de leurs cheveux dans les semaines qui suivent la naissance. Par la suite, les cheveux repoussent plus clairs et plus fins.

• LES YEUX sont très grands, leur taille a déjà les deux tiers de ceux de l'adulte. Les paupières sont larges, les cils et les sourcils apparents mais très fins. Le nouveau-né pleure sans larmes. Celles-ci n'apparaissent que vers la quatrième semaine, souvent même plus tard. Le nez est court et aplati, l'oreille volumineuse par rapport à la face, mais bien dessinée, quoique son lobule ne soit pas encore formé. La bouche paraît démesurément grande, avec le maxillaire inférieur peu développé. Le cou est très court et donne l'impression que la tête repose directement sur les épaules.

La peau. A la naissance, la peau est recouverte d'un enduit sébacé blanchâtre dont en général on débarrasse l'enfant à sa première toilette. Certains médecins recommandent cependant de laisser cet enduit, car il joue, disent-ils, le rôle d'un onguent protecteur.

La peau apparaît alors mince et fragile, de couleur rose foncé, parfois presque rouge. Le duvet qui recouvrait tout le corps au septième mois a presque entièrement disparu.

• L'ICTÈRE PHYSIOLOGIQUE DU NOUVEAU-NÉ. Les premiers jours, l'épiderme du bébé pèle finement, puis il devient plus clair. Mais il arrive aussi très souvent, dans 80 % des cas, que la peau jaunisse le deuxième ou le troisième jour, c'est l'*ictère physiologique* du nouveau-né qui est dû à l'excès d'un pigment jaune, la bilirubine.

Cet ictère inquiète beaucoup de mères parce qu'elles le confondent avec l'ictère par incompatibilité rhésus (ou incompatibilité ABO). Or l'ictère physiologique n'est abso-

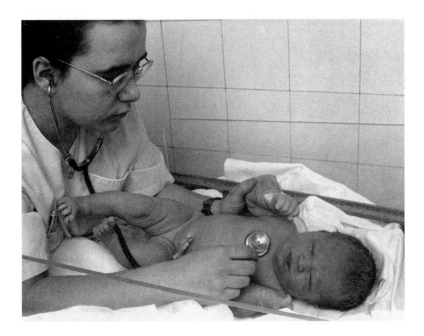

lument pas dangereux, à condition que la bilirubine ne dépasse pas un certain taux ; c'est pour cela qu'on surveille ces ictères et qu'au moindre doute, on fait à l'enfant des prélèvements d'une très petite quantité de sang. Voici ce qui se passe.

Dans l'ictère par incompatibilité rhésus, la jaunisse est due à un excès de destruction des globules rouges qui aboutit à une trop grande quantité de bilirubine.

Dans l'ictère physiologique, la quantité de bilirubine fabriquée est normale, mais il manque au bébé un enzyme hépatique qui permet de transformer cette bilirubine en un produit éliminable. Au bout de quelques jours, le nouveau-né commence à savoir fabriquer cet enzyme et, en attendant, on surveille le taux de bilirubine. Dans certains cas, si le taux augmente un peu trop, on peut être amené à faire de la photothérapie qui permet d'éliminer cette bilirubine.

● LA PHOTOTHÉRAPIE consiste à mettre le bébé tout nu dans une couveuse, les yeux protégés, sous une lampe qui peut, selon les appareils, donner une lumière blanche ou bleue. Je précise bien qu'il s'agit d'une *lumière*, car certaines mamans redoutent cette photothérapie un peu comme si c'était des « *rayons* », des rayons X. Cette lumière ne fait pas du tout mal au bébé. L'inconvénient, c'est qu'il n'est pas à ce moment-là dans les bras de sa mère, mais c'est nécessaire.

Si jamais la bilirubine monte trop et se rapproche du seuil critique, dans certains cas rarissimes, on peut être amené à faire une exsanguino-transfusion pour en faire diminuer le taux, comme dans les incompatibilités rhésus signalées plus haut.

Souvent, on peut remarquer, à la racine du nez, une tache rougeâtre bifurquant en Y entre les deux sourcils. C'est l'aigrette du nouveau-né ; elle persistera quelques mois, puis disparaîtra. Les ongles des mains et des pieds sont bien apparents. Résistez à la tentation de couper des ongles trop longs ; cela risquerait de provoquer une infection.

La température. Vous vous demandez peut-être pourquoi, dans l'atmosphère sur-chauffée de la maternité, votre enfant est si couvert. C'est parce que, en naissant, l'en-fant a tendance à se refroidir. Il n'est pas encore capable de régler tout seul sa chaleur. Il faut qu'on le fasse pour lui. Il vient de vivre pendant neuf mois dans une tempéra-ture toujours égale de 37°, la vôtre. Subitement, il se trouve dans une atmosphère de 22°, celle de la maternité. Malgré ses vêtements, il va se refroidir de 1° à 2,5°, et ne reviendra qu'au bout de deux jours environ à une température de 37°.

L'appareil urinaire et digestif. Dès la naissance, l'appareil urinaire fonctionne, et il n'est pas rare d'observer une émission d'urine dans les premières minutes qui suivent la naissance. De même, l'intestin élimine dans les deux premiers jours une substance verdâtre, presque noire, visqueuse, collante, ayant l'aspect du goudron : c'est le *méconium* fait d'un mélange de bile et de mucus. Vers le troisième jour, les selles deviennent plus claires, puis jaune doré et pâteuses, au nombre de une à quatre par jour pendant les premières semaines.

Les organes génitaux. Souvent, les seins des bébés, aussi bien garçons que filles, sont gonflés à la naissance. Si on les pressait, il en sortirait un liquide semblable au lait. C'est parce qu'une petite quantité de l'hormone qui provoquera la montée laiteuse chez la mère est passé à travers le placenta dans le sang du bébé avant la naissance, et a stimulé le fonctionnement des glandes mammaires. Ne vous en inquiétez pas, et sur-tout n'y touchez pas ; dans quelques jours, les seins seront tout à fait normaux.

De même, si vous remarquiez dans les couches de votre petite fille quelques gouttes de sang, il ne faudrait pas vous affoler. Cette autre activité des glandes génitales, qui apparaît une fois sur vingt, disparaît également en quelques jours.

Ces phénomènes caractérisent ce que l'on appelle « la crise génitale du nouveau-né ».

Qu'entend-il ? Que voit-il ? Que sent-il ?

50 centimètres, 3,3 kilos, peu de cheveux et la peau fripée, voilà donc comment se présente un nouveau-né. Mais quelles sont ses perceptions, que voit-il en arrivant au monde, qu'entend-il ? Est-il sensible aux multiples stimulations qui l'entourent ?

Pendant des siècles, pour la plupart, la réponse a été catégorique : le nouveau-né ne voit pas et n'entend rien. C'était la fameuse théorie du « bébé tube digestif » qui soute-nait que l'enfant, au moins pendant plusieurs semaines, n'était sensible qu'aux sollici-tations de son estomac ; il fallait donc essentiellement le nourrir et le changer.

Il est comme une cire vierge, ajoutaient d'autres, cire dans laquelle l'adulte pourra tout graver, il est comme une feuille blanche sur laquelle l'adulte pourra tout écrire.

On disait encore : en arrivant au monde, le nouveau-né est tellement agressé qu'il est dans une confusion totale.

En somme, un adulte omnipotent se trouvait devant un nouveau-né entièrement désarmé et sans aucune réaction.

Quand on découvre aujourd'hui ce dont un nouveau-né est capable, quand on admet qu'il devait bien en être ainsi hier et que les mères devaient bien le sentir, j'ai peine à croire que ces mères aient toutes partagé des théories aussi radicales et aussi négatives. Mais peut-être, ces théories étant surtout émises par des hommes, médecins et scientifiques, des opinions contraires venant de femmes auraient eu bien peu de chances d'être entendues.

Aujourd'hui, changement complet : le nouveau-né, dit-on partout, entend, voit, sent, ressent ! Et la liste est longue des perceptions que l'on attribue à l'enfant dès la naissance (et même avant). Les découvertes ne se sont pas faites en un jour ; c'est d'ailleurs rarement le cas, dans aucun domaine elles ne se font du jour au lendemain, elles sont le fruit de longues recherches entreprises par des équipes nombreuses et simultanément dans divers pays.

Depuis vingt ans, trente ans même, on assiste dans le monde entier, à une explosion de travaux pour savoir ce que sait un nouveau-né et ce qu'il sent. Ceci vous donnera une idée de l'ampleur des travaux : au dernier congrès mondial du nourrisson qui se réunissait pour faire le point des connaissances actuelles sur le bébé avant, pendant et après la naissance, il y avait 1 500 spécialistes de 20 nationalités différentes ; ils ont fait plus de 500 communications. On mettait les bouchées doubles pour effacer le passé !

Donc un premier constat : le nouveau-né est beaucoup plus précoce et plus doué qu'on ne le croyait. Dans le domaine de la vision, de l'audition, de l'odorat, les connaissances progressent tous les jours. En résumé, voici ce qu'on peut en dire aujourd'hui.

La vision. Dès sa naissance l'enfant voit, mais sa vision n'est pas la nôtre : elle est plus floue. Et l'enfant ne voit que les formes, animées ou inanimées, distantes de ses yeux de 20 à 25 centimètres : il ne peut donc pas accommoder, c'est-à-dire mettre au point suivant la distance.

Cela suffit quand même au nouveau-né pour être sensible aux différences de lumière : si tout d'un coup il y en a trop, il est gêné, cligne des yeux, ou les ferme complètement.

Il est sensible à ce qui brille et à la couleur rouge ; ainsi il peut suivre des yeux une boule brillante et rouge. Les chercheurs ont constaté également que dès les premiers jours, le nouveau-né est attiré par une forme ovale, mobile présentant des points brillants et du rouge. Ce n'est pas un rébus, c'est l'ensemble correspondant au visage humain. Le bébé peut suivre ce visage s'il bouge, et si pendant ce temps on lui parle, le bébé cligne des yeux. Ce visage est d'ailleurs précisément à la bonne distance pour lui, environ 25 centimètres.

Mais être sensible au visage humain ne veut pas dire pour autant reconnaître telle ou telle personne de son entourage. Cela prendra plus de temps.

Si l'on fait une moyenne entre les résultats obtenus par différents chercheurs, on peut dire, selon les dernières données, que l'enfant reconnaît sa mère par l'odeur à 3 jours et par les yeux vers 3 mois. Il est évidemment difficile de séparer les perceptions les unes des autres, celles fournies par les yeux de celles qui parviennent à l'oreille ou de celles que recueille le nez, à telle enseigne que par exemple, pour isoler la perception visuelle, un chercheur a présenté le visage de la mère derrière un miroir sans tain.

Mais revenons à notre nouveau-né.

On a remarqué qu'il était plus sensible aux images complexes qu'aux simples. Dès les premiers jours, si on lui présente deux feuilles, l'une grise, unie, et l'autre couverte d'un petit damier noir et blanc, l'enfant regarde la seconde. On s'en est rendu compte en observant le bébé à travers un écran percé d'un trou : on voit la feuille quadrillée se refléter dans la cornée du bébé. C'est donc celle-là que l'enfant regarde [1].

C'est parce qu'il n'a pas eu l'occasion de l'exercer avant la naissance que la vision du nouveau-né n'est pas très développée (bien que certains chercheurs pensent que déjà dans le ventre de sa mère l'enfant est sensible à une forte lumière, l'observation a été signalée page 130). Mais cette vision va faire des progrès rapides. Le bébé cherche à voir même la nuit ; dans le noir il ouvre les yeux, les ferme, regarde d'un côté, de l'autre ; on a pu l'observer grâce à des rayons infrarouges.

Et dans ce domaine de l'activité visuelle, il y a de grandes différences d'un enfant à l'autre. On a l'impression que certains bébés passent leur temps à « regarder », alors que d'autres passent leur temps à dormir.

Cette différence de rythme de développement se retrouvera dans tous les domaines tout le long de l'enfance.

Un mot pour finir : les nouveau-nés ont souvent l'air de loucher parce que les muscles de leurs yeux ne sont pas assez développés pour coordonner les mouvements.

L'ouïe est plus développée que la vision, c'est normal, le nouveau-né a déjà beaucoup entendu durant sa vie fœtale, au moins pendant les deux derniers mois. Il n'est donc pas étonnant de le voir sursauter si une porte claque ou s'il entend un bruit violent ; et son oreille étant déjà exercée, elle lui permet de distinguer des sons très proches les uns des autres. Et même lorsqu'il dort à poings fermés, si on chuchote près de lui, il remue légèrement, sa respiration se modifie, il cligne des yeux. Si l'on continue à parler doucement, il s'agite et finit par se réveiller. Avant la naissance, le bébé entendait déjà la voix de ses parents (voir page 129). A la naissance, ces voix l'enfant va les reconnaître.

Enfin on remarque que lorsqu'il y a vraiment trop de bruit autour de lui, l'enfant se bouche littéralement les oreilles pour ne pas être agressé, il arrive ainsi à s'isoler. T.B. Brazelton rapporte qu'un enfant à qui l'on faisait un test pénible commença par crier, puis subitement s'arrêta ; malgré les bruits aigus et les lumières brillantes il s'endormit ; le test terminé, les appareils retirés, le nouveau-né s'éveilla aussitôt et se mit à crier vigoureusement.

Le toucher. Le nouveau-né est très sensible à la manière dont on le touche, aux manipulations. Certains gestes le calment, d'autres au contraire l'agitent. Cela, les parents le découvrent très vite, mais cette sensibilité de la peau et du contact remonte très loin dans la vie de l'enfant : dans le ventre de la mère, il a réagi aux mains de ses parents se posant sur lui ; il a senti le liquide l'entourer ; il s'est frotté aux parois de l'utérus ; au moment de l'accouchement, ce n'est que par une action violente et répétée des contractions sur son corps que l'enfant a pu sortir du ventre de sa mère. Après la naissance, le bébé ressent avec malaise le vide autour de lui. Le petit berceau bien douillet, l'instinct que nous avons de le prendre contre nous, calment et rassurent l'enfant. Dans les couveuses, on a observé que pour apaiser le bébé, il suffisait de lui caler le dos contre une couverture roulée, ou un oreiller. Si votre bébé est prématuré et que, dans sa couveuse, il n'a pas l'air bien à l'aise, voyez avec la puéricultrice s'il ne serait pas possible de l'installer ainsi.

---

1. *L'observation a été faite par Éliane Vurpillot et rapportée dans* L'Aube des sens *(voir référence de ce livre page 380).*

L'odorat. Une expérience est devenue classique : si on présente à un nouveau-né deux compresses, l'une ayant été en contact avec le sein de sa mère et l'autre non, le bébé se tourne vers la compresse maternelle. L'expérience a été faite par un auteur américain Mac Farlane dès le 10ᵉ jour. Mais le record a été battu par l'équipe d'Hubert Montagner qui a obtenu le même résultat avec des nouveau-nés de 3 jours ! D'ailleurs, c'est grâce à son odorat qu'un bébé reconnaît l'approche du sein maternel.

Le goût. Le nouveau-né a 12 heures ; si on met sur ses lèvres un peu d'eau sucrée, il a l'air ravi ; si on y met une goutte de citron, il fait la grimace. Dès la naissance, l'enfant fait la distinction entre le sucré, le salé, l'acide, l'amer. Le sucré le calme, l'amer ou l'acide l'agite. C'est ce qu'illustrent les photos prises par le professeur Steiner reproduites ci-contre.

C'est un fait connu depuis longtemps que les bébés sont très tôt sensibles aux goûts. Et depuis toujours les femmes qui allaitent savent que certains aliments donnent bon goût au lait, par exemple le cumin, le fenouil, l'anis vert. Ainsi le bébé tète avec plaisir, et la sécrétion lactée augmente. En comparaison, le bébé nourri au lait industriel a une nourriture bien fade et sans surprise !

Comment a-t-on pu établir si précisément le degré de sensibilité du nouveau-né ? Certaines fois par des moyens très simples, d'autres fois en ayant recours à des moyens plus sophistiqués.

Moyens simples comme l'observation directe de chaque réaction du bébé à une stimulation : tourner la tête ; réagir à un bruit sourd, lointain, léger, ou au contraire cesser de réagir aux mêmes bruits ; crier ou au contraire cesser de crier ; cligner des yeux ; remuer les pieds ; crisper les membres, sursauter ; chaque geste, même le plus discret, chaque mimique ou chaque cri a un sens.

Comme il est difficile de tout noter, de tout remarquer à la fois, les chercheurs prennent des kilomètres de films sur les bébés dans les situations les plus variées, dans les bras de leur père, de leur mère, du pédiatre ; en face d'objets de formes et de couleurs diverses ; en face de lumières d'intensité variée, etc. Puis ils passent ces films au ralenti, arrêtent l'image, reviennent en arrière et notent toutes les réactions de l'enfant. Grâce aux possibilités des films vidéo, aucun détail n'échappe à l'œil de l'observateur.

L'enregistrement du rythme cardiaque du bébé a permis de nombreuses observations. C'est en particulier grâce à lui qu'on a pu constater qu'un bébé était plus sensible à une voix féminine qu'à une voix masculine. Dans le premier cas le rythme cardiaque ralentissait, dans le second il n'y avait pas de changement.

De même, pour savoir plus finement à quels sons réagit un nouveau-né, on fait l'expérience suivante : on lui met dans la bouche une tétine, dans la tétine un capteur qui enregistre le rythme des mouvements de succion. Puis on fait entendre au bébé différents sons ; il réagit par des mouvements de succion : c'est l'accélération ou la diminution du rythme de ces mouvements qui permet de constater que le bébé est plus ou moins sensible aux différents sons présentés.

Puis la miniaturisation de l'électronique a permis, avec des appareils sophistiqués, des recherches plus poussées. Par exemple, c'est un micro minuscule introduit après rupture de la poche des eaux dans le sac amniotique d'une femme sur le point d'accou-

Odeurs et saveurs :
les réactions d'un nouveau-né
de quelques heures

On fait sentir au bébé un coton imbibé
d'odeur de banane, il a l'air ravi

L'odeur de l'œuf pourri
le fait hurler

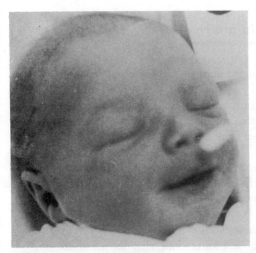
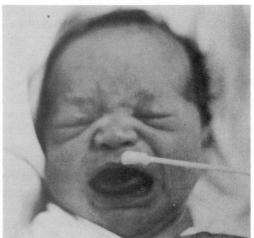

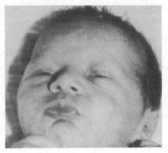
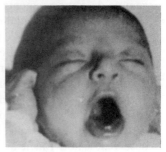

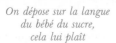

On dépose sur la langue
du bébé du sucre,
cela lui plaît

Une goutte de jus
de citron lui
fait faire la grimace

Une goutte de sulfate
de quinine (amer) : le bébé
proteste vivement

Photos du Professeur Jacob Steiner extraites des deux études suivantes :
Expressions du visage chez le nouveau-né en réponse à différentes sortes de stimuli gustatifs,
par Judith R. Ganchrow, Jacob E. Steiner, et Munif Daher ;
Expressions du visage en réponse à des stimuli de goût et d'odeur, par Jacob E. Steiner

cher qui a permis de connaître le monde sonore qui entoure le bébé avant la naissance[1].

Ainsi ce nouveau-né que l'on croyait naguère si démuni, si fermé au monde dans lequel il arrivait, on l'a découvert prêt au contraire à réagir aux nombreuses stimulations de son environnement et de son entourage, programmé biologiquement pour éprouver tout un éventail de sensations.

Ce « on » recouvre l'ensemble de la société. Mais je suis persuadée et l'ai souvent dit, que la mère, elle, depuis toujours sentait que son enfant en savait plus sous ses yeux mi-clos qu'on ne le croyait autour d'elle.

Ce qui change aujourd'hui, c'est le regard que cette société porte sur l'enfant, la manière dont elle le considère, manière qui à son tour va avoir – a déjà – une influence certaine sur l'enfant.

La compétence du nouveau-né

Lorsque la mère caresse son enfant ou le prend dans ses bras, elle sent qu'il réagit à son contact parce que son visage s'apaise : si elle lui parle et qu'il s'arrête de bouger, elle comprend qu'il a perçu ce que sa voix comportait de sollicitation.

L'enfant réagit à son tour par une mimique, puis la mère sourit, et ainsi de suite. Ainsi sans cesse, de l'enfant à la mère, un va-et-vient de questions et de réponses s'établit : ils communiquent.

Lorsqu'une mère voit son bébé gêné par la lumière et la détourne, il rouvre les yeux. A chaque instant passe entre la mère et l'enfant un signal de reconnaissance. Si l'enfant appelle, sollicite à son tour et qu'on lui répond, sa mimique est encore une fois une réponse.

Cette sensibilité du nouveau-né aux stimulations les plus diverses, à la voix, au contact, aux gestes, à la lumière, aux odeurs se traduit donc chez lui par toute une gamme de comportements et d'émotions qui à leur tour provoqueront chez la mère, chez le père ou chez l'adulte qui s'occupe de lui, des réactions.

C'est cela qu'on a appelé la compétence du nouveau-né : la possibilité qu'il a, grâce à son équipement sensoriel et à sa sensibilité émotionnelle, de répondre aux stimulations, et de déclencher dans l'entourage des réactions[2]. Ce que, comme je vous le disais plus haut, T. Berry Brazelton, grâce à ses travaux, a été le premier à montrer.

Un des buts de l'examen qu'il a mis au point, le N.B.A.S.[1] est de montrer aux parents tout ce dont le nouveau-né est capable, de les sensibiliser à la stupéfiante variété des réactions que l'enfant possède déjà. Grâce à cet examen, les parents observent le nouveau-né avec un œil neuf, voient chaque réaction comme pouvant être le langage avec lequel le bébé va communiquer avec eux.

A propos de la compétence du nouveau-né ajoutons :

– d'un enfant à l'autre, il y a de grandes différences ; on peut dire que chaque nouveau-né a sa personnalité : qu'il s'agisse des besoins en sommeil, des pleurs, de ses réac-

1. *Pour plus de détails sur ces recherches je vous renvoie à* L'Aube des sens *(voir référence de ce livre page 380).*

2. *Cet enchaînement de stimulations et de réactions constitue des* interactions.

3. *Le N.B.A.S. (Neonatal Behaviour Assessment Scale, échelle d'évaluation du comportement néonatal) est couramment pratiqué aux États-Unis après la naissance et commence à se faire en Europe.*

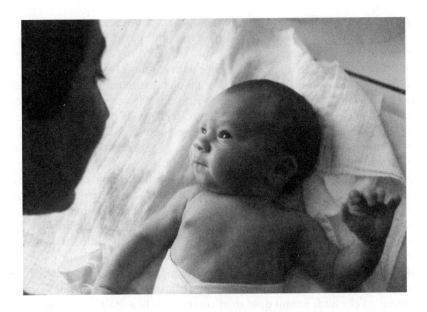

tions lorsqu'on le touche, etc., chaque bébé a sa manière de réagir. Le sachant, les parents ne seront pas tentés de comparer sans cesse leur enfant aux autres, mais seront attentifs à sa personnalité, à ses particularités ;

– dans la journée, les nouveau-nés ont certes des moments d'éveil et d'échange, mais ils dorment quand même la plupart du temps et ils ont besoin de calme.

Les interactions précoces et l'attachement

Chaque parent a sa manière d'entrer en contact avec son enfant. Chaque enfant a sa manière de répondre.

Parlons d'abord des mères. Pour la plupart d'entre elles, l'échange commence par le regard. « Il m'a semblé, à l'observation de ces moments d'échanges visuels, que le contact œil-à-œil dépassait le simple cadre de la fixation réciproque et constituait le moteur de ces interactions précoces où la mère, attentive et émue, fait connaissance avec l'enfant qu'elle vient de mettre au monde. Le regard du nouveau-né déclenche des conduites de recherche et d'échanges où se mêlent les stimulations verbales, mimiques, tactiles et posturo-kinesthésiques, le tout constituant les modalités de la communication qui vont prendre une importance plus grande ultérieurement [1]. »

Les mères aiment que leur bébé soit éveillé, le voir les yeux fermés les inquiète. « J'ai l'impression qu'il n'est pas vivant, tout change quand ses yeux sont ouverts... J'ai envie de lui parler, j'ai l'impression qu'il est là [1]. » Par leur insistance à le désirer éveillé, certaines mères parviennent même à lui faire ouvrir les yeux.

Lorsqu'une mère regarde son enfant, c'est comme si elle lui parlait ; l'enfant lui

1. *Monique Robin,* L'Aube des sens *(voir référence du livre page 380).*

répond en clignant de l'œil, en ouvrant la bouche, en bougeant les bras ; tout ceci signifie « message reçu ». A son tour, la mère répond, pas seulement avec les yeux, mais en lui parlant, en le caressant.

Et voilà au départ une source de différence d'un enfant à l'autre : un enfant éveillé recevra plus de stimulations qu'un enfant somnolent, stimulations qui le développeront plus rapidement. Sarah est une enfant très éveillée, les échanges avec l'entourage sont multiples, variés. Sarah très stimulée progresse à grands pas, vocalise et sourit. Sa mère est ravie. David au même âge dort presque toute la journée, il n'a d'échanges qu'au moment des repas et du bain, puis retourne... à ses rêves. Jugement de la mère : « Il n'est vraiment pas vif, quand je pense à sa sœur. »

Pour bien des mères le grand moment de la communication c'est la tétée : côté bébé, toutes les sensations sont réunies, contact, satisfaction d'être nourri, sollicitation du goût, de l'odorat, c'est le bien-être ; et du côté de la mère, sentiment de plénitude, de jouissance physique et de satisfaction de pouvoir nourrir son enfant.

D'autres mères aiment communiquer avec le bébé surtout en le touchant, en le caressant, en le portant ; ce contact est rassurant pour elles et apaisant pour le bébé. « Ce que j'aimais, disait une mère, c'était porter mon bébé. J'ai fait des kilomètres dans les couloirs de la maternité en la serrant dans mes bras, je suis sûre qu'elle retrouvait le balancement qu'elle avait connu dans mon ventre, et je la sentais si bien que ça me faisait vraiment plaisir. »

Les réactions dont l'enfant est capable dans les premiers jours vont avoir une conséquence importante : ces réactions montreront à sa mère – ou à la personne qui s'occupe habituellement de lui – qu'elle est capable de comprendre son enfant et de communiquer avec lui.

Au début une mère en doute, surtout avec son premier enfant, mais lorsqu'elle voit qu'à des stimulations les plus diverses – elle le caresse, elle le porte, elle lui parle – il répond et qu'il en est heureux, cela lui donne confiance dans ses propres capacités ; cela lui montre que visiblement elle apporte à son enfant ce qu'il attend d'elle.

En d'autres termes, la compétence du nouveau-né à entrer en relation avec sa mère, à tisser des liens avec elle, va peu à peu lui donner l'assurance de sa propre compétence. J. de Ajuriaguerra a résumé cette constatation en une phrase devenue célèbre : « c'est l'enfant qui fait la mère », phrase à mettre en réserve dans sa mémoire pour les jours où l'on doute...

La théorie de l'innéité de l'instinct et de l'amour maternel est trompeuse ; il faut du temps pour devenir mère...

Pour parler du tissage des liens pendant les premiers jours, et les premières semaines, j'ai parlé d'abord de la mère pour des raisons simples : l'enfant tète et s'endort sur le sein de sa mère. Plusieurs fois par jour, la scène se répète. A la maternité il est près de sa mère, à la maison il passe deux mois en tête à tête avec elle presque toute la journée. Par tous les pores de sa peau, la mère va donc nouer avec son enfant des liens premiers et particuliers, et lui avec elle (comme il le ferait d'ailleurs avec toute personne remplaçant sa mère). C'est si vrai qu'au moindre trouble on se tourne vers la mère pour l'en rendre responsable.

Et du côté du père, comment se nouent les liens ?

Certes, certains pères se sentent au début un peu « extérieurs ». « La mère connaît son bébé d'emblée, alors que moi je n'ai rien senti dans mon corps. Elle comprend les besoins du bébé ; il pleure et aussitôt la mère dit : il a faim, ou il a trop chaud. Moi, il a fallu que j'apprenne cela », nous a dit un père.

Ce sentiment peut être accentué si la femme « protège » le bébé et a tendance à exclure le père, ce qui risque de l'empêcher de s'intéresser à son enfant

Il n'empêche que la plupart se sentent père très tôt : « Il a été tout de suite mon bébé, il n'a que huit jours, il ne voit pas encore très bien, mais je sais qu'il me reconnaît. » Et cet autre père : « Dès le deuxième jour, j'ai réalisé et j'ai pensé : c'est une autre vie qui commence, rien ne sera plus comme avant. »

La qualité des liens que le père va nouer avec son enfant sera proportionnelle à l'intérêt manifesté, l'intérêt manifesté grandira au fur et à mesure des réponses que le père recevra de son enfant, et leur attachement réciproque grandira aussi avec le temps qui va multiplier les échanges.

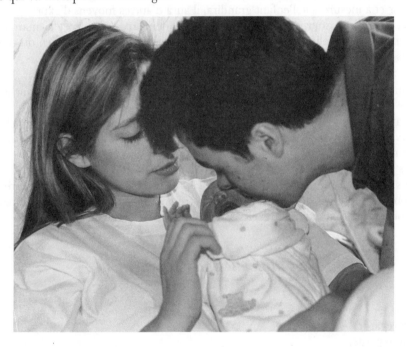

Et l'enfant prendra goût aux sensations nouvelles lui venant de son père, mais elles seront différentes de celles qu'il a reçues de sa mère : que son père lui donne le biberon, lui parle ou le change, tout en lui est autre : ses gestes, sa voix, ses mains, son contact, son odeur, la manière de le prendre et de le porter. Et c'est ainsi que, peu à peu, l'enfant distinguera son père de sa mère.

T.B. Brazelton a d'ailleurs observé que très tôt, dès la troisième-quatrième semaine, le bébé manifeste un comportement particulier envers chaque parent. Avec la mère, les gestes du bébé sont doux, comme s'il savait que l'interaction qu'il allait avoir avec elle serait calme, mesurée ; avec le père, le visage du bébé s'éclaire, son corps se tend, comme s'il savait que son père allait jouer avec lui.

Une fois que le contact s'est établi, que le dialogue s'est engagé entre les parents et l'enfant, tous les moyens sont bons pour communiquer, non seulement par le toucher et les yeux, mais aussi par la parole, les mimiques, les sourires. Et tout devient jeu. Certains parents hésitent à se laisser aller à ce jeu, à cet échange, ils ont peur de bêtifier avec des *gui-guili*, des *areu-areu*. Ce langage absolument naturel est tout à fait indispensable aux parents aussi bien qu'à l'enfant dans les premières semaines de la vie.

Non seulement l'enfant aime à répondre à ces signes de l'adulte, mais il les attend. Et s'il ne les reçoit pas, il fera tout pour les provoquer. Ainsi « quelques enfants présentant une forte activité visuelle ont provoqué des réactions chez leur mère : sous l'effet du regard de son nouveau-né, la mère se penche vers lui et commence à lui parler »[1].

L'enfant naît sociable, attiré par son semblable, désireux d'entrer en relation avec son entourage ; il a besoin qu'on s'occupe de lui, qu'on le reconnaisse. Si, le message envoyé est reçu, l'enfant est satisfait, le contact est établi. Si, malgré son insistance et ses efforts, on ne lui répond pas, à la longue il risque d'être frustré et son développement en pâtira, c'est là l'origine de certaines carences affectives.

Au fur et à mesure que l'enfant grandira, il aura d'autres moyens d'expression et de contact : vocalises, sourires et nouveaux gestes, demain la parole et la marche ; les interactions vont évoluer et s'enrichir en nature et en intensité, aussi bien du côté des parents que de l'enfant.

Communiquer, échanger, tisser des liens, c'est peu à peu s'attacher. L'attachement est une œuvre de longue haleine, un acquis de tous les jours.

Cet attachement est fait d'échanges, de contacts quotidiens au travers desquels vous faites connaissance de votre enfant. Vous le découvrez et il vous montre qu'à son tour il vous reconnaît. Chacun des signes que votre enfant vous envoie vous touche et vous lie plus à lui.

Vous n'en prendrez peut-être pleinement conscience que le jour où pour la première fois vous serez obligés de vous séparer de votre enfant, ou le jour où il sera malade ; c'est souvent l'inquiétude qui révèle la vraie mesure de l'attachement.

Les difficultés de l'attachement

« Il naît,
je le regarde,
il me regarde,
je le caresse,
il est heureux,
je m'attache à lui,
il s'attache à moi. »

Sans oublier qu'elle peut s'étendre sur plusieurs semaines ou plusieurs mois, et en la simplifiant à l'extrême, c'est ainsi que pourrait se résumer l'histoire de l'attachement. Mais est-elle toujours facile ou même seulement possible ? Certaines circonstances rendent difficiles les échanges avec un bébé.

1. *Monique Robin,* L'Aube des sens.

Les bébés ne sont pas tous du type « il est sage, il est facile, et dort bien ». Certains pleurent beaucoup, d'autres refusent de manger, et souvent dès le début. Et si le personnel de la maternité se croit obligé de prévenir : « Avec ce bébé-là, vous n'allez pas vous amuser », cela n'arrange rien.

Et c'est un fait. Le bébé qui pleure sans arrêt inquiète, il doit souffrir, se dit-on, mais pourquoi et que veut-il ? Les parents s'angoissent, leur tension accroît celle du bébé, cercle vicieux apparemment sans issue.

L'enfant qui refuse de téter, qui tète trop, trop vite, ou trop longtemps, qui ne prend pas de poids, qui a des ennuis digestifs inquiète également.

Plusieurs facteurs peuvent entrer en jeu : certaines mères n'ont pas beaucoup de lait, d'autres en ont trop. Écoutez ce qu'a dit une mère à la psychologue d'un service de pédiatrie plusieurs semaines après la naissance de son bébé, une petite fille qui voulait téter tout le temps et ne savait pas s'arrêter : « Elle boit trop mais c'est ma faute, mon lait est trop bon, et puis j'ai du lait pour deux car avant elle... j'ai perdu un bébé ». La mère non plus ne savait pas s'arrêter et, entre les tétées, chaque fois l'enfant régurgitait.

« Il faut manger pour vivre. » La mère qui pense que son premier rôle est de nourrir son enfant, supporte particulièrement mal les troubles alimentaires et les difficultés centrées autour des repas.

Il y a aussi les cas moins connus et pourtant fréquents de bébés hypersensibles qui ne supportent pas qu'on les touche. « Il se tortille comme un ver, disait une mère, je n'aime pas lui donner son bain, c'est une véritable gymnastique. C'est épuisant. »

Certains bébés sont très sensibles de nature. D'autres sont ainsi parce qu'ils ont été manipulés trop brusquement après l'accouchement ou réveillés sans égard, sans douceur, pour être propres et changés avant la tétée.

Évidemment aucune de ces difficultés ne facilite les échanges détendus avec le bébé, ce qui est bien décevant lorsqu'on se faisait une joie de pouponner tranquillement ; les choses vont particulièrement mal lorsque la mère est déprimée, les cris deviennent quasiment insupportables. Dans ce cas, la mère ne doit pas attendre pour se faire aider.

Une jeune mère, que je connais, était très fatiguée après l'accouchement. Et son bébé ne cessait de pleurer. Elle demanda à l'auxiliaire puéricultrice de mettre son bébé à la nurserie. Réponse : « Dans quelques jours vous serez rentrée, il faut bien vous habituer. En plus c'est la mode d'avoir le bébé dans sa chambre. »

De retour chez elle, la mère épuisée, son bébé pleurant toujours autant, eut une dépression. Les choses ne commencèrent à s'arranger que le jour où le bébé fut mis à la crèche.

Qu'aurait pu faire cette jeune femme ? En parler autour d'elle. Le médecin ou la psychologue du service auraient probablement pu l'aider. Le personnel n'est pas toujours informé des problèmes psychologiques qui peuvent se présenter. C'est d'ailleurs pourquoi les programmes des écoles d'auxiliaires de puériculture, de puéricultrices et de sages-femmes sont en train d'être modifiés : ils tiennent mieux compte des difficultés psychologiques entourant la naissance [1].

---

1. *C'est en particulier pour toutes ces professionnelles de la naissance que Françoise Molénat a écrit* Mères vulnérables, *dont nous parlons dans la bibliographie page 380.*

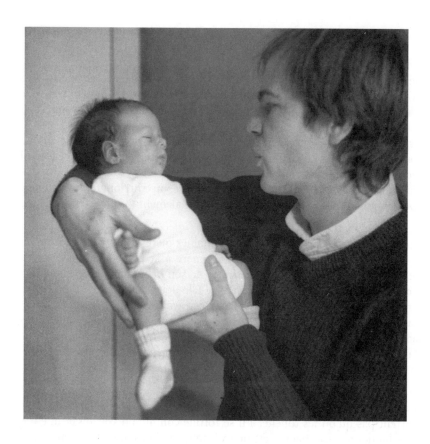

Des cas comme celui de cette jeune femme sont plus courants qu'on ne le croit. Mais heureusement, d'autres fois, le rythme consolation-pleurs arrive à se rétablir plus facilement ; souvent avec l'aide du père lorsqu'il peut prendre en charge le bébé ; avec l'aide aussi du temps et de la maturation de l'enfant. (Exemple typique : les fameuses « coliques » de l'enfant qui font tant souffrir... les parents, et qui à trois mois s'arrêtent.)

■ Et si, après la naissance, une séparation était nécessaire

Pour le prématuré, pour le nouveau-né malade soigné dans un centre de néonatologie, les difficultés s'accumulent. Comment tisser des liens avec un enfant qui n'est pas là ? Comment avoir des contacts avec un bébé élevé dans une machine alors qu'on s'attendait à le prendre dans les bras ? Est-ce d'ailleurs raisonnable de s'attacher à un enfant dont l'avenir est incertain ?

Ces réactions sont normales. Et il est vrai que lorsqu'on sépare les parents du bébé, que les parents voient rarement leur enfant, qu'ils s'inquiètent loin de lui, ils ont de la peine à s'attacher, et après une longue séparation, ils auront chez eux un étranger avec lequel la reprise des liens posera souvent des problèmes.

Heureusement aujourd'hui, et de plus en plus, les parents peuvent entrer dans le service de néonatologie, voir leur enfant, le toucher, le caresser, même le sortir de la couveuse de temps en temps, participer aux soins avec le personnel.

Et lorsque les parents constatent que même un prématuré né à 7 mois peut se tourner au son de la voix, réagir à une caresse, ils réalisent à quel point leur présence est précieuse pour l'enfant. Ils se rendent compte du rôle actif qu'ils peuvent jouer dans sa guérison et sont moins désemparés. Le lait maternel peut être un lien supplémentaire avec l'enfant : tirer son lait, l'apporter aide le moral et fait du bien à l'enfant.

En intégrant les parents à l'hôpital, en les aidant à s'habituer à leur bébé, à faire sa connaissance, on a constaté en outre qu'on facilitait les relations parents-enfants au retour à la maison.

Les services de néonatologie n'accueillent pas toujours les parents, mais une récente circulaire ministérielle officialise leur présence et leur participation. Et le bienfait qui en ressort fait que peu à peu ces nouvelles habitudes se répandent.

Dans certaines maternités on va même plus loin. Lorsqu'un prématuré de relativement petit poids (entre 2 kilos et 2,500 kilos) n'est pas malade, ce qui est souvent le cas, on le garde à la maternité, et on ne l'envoie pas dans un service de pédiatrie. Ces enfants ont simplement besoin d'être réchauffés ; ils peuvent rester près de leur mère ; la relation parents-enfant est alors plus facile. Les médecins qui ont adopté une telle manière de faire se sont aperçus, à l'expérience, que ces enfants se développaient plutôt mieux que ceux qui étaient hospitalisés dans le service de pédiatrie.

Bien entendu l'hospitalisation dans les services spécialisés reste indispensable dans un bon nombre de cas, notamment lorsque le poids est très faible ou lorsque le prématuré présente un trouble quelconque, par exemple une détresse respiratoire.

Dans certains pays, des tentatives de garder des enfants d'encore plus petit poids au contact de leur mère, contre ses seins pour le réchauffer, ont également donné d'excellents résultats. Les premières tentatives ont été faites à Bogota (voir le *Cahier du nouveau-né* n° 6, « Un enfant, prématurément »), et un certain nombre de maternités anglaises s'y mettent actuellement. C'est probablement une perspective d'avenir.

■ La mort du bébé qu'on attendait

Il arrive que des circonstances tragiques empêchent tout avenir à ce bébé qu'on attendait : parce qu'il est mort avant la date où il aurait dû naître, ou pendant l'accouchement, ou juste après ; c'est ce qu'on appelle la mort périnatale [1].

Mais vous n'en parlez jamais m'ont écrit des parents à qui ce malheur était arrivé.

C'est vrai. Peut-être par égard devant leur chagrin ? Peut-être par crainte d'inquiéter les autres ?

Chaque fois bien sûr j'ai répondu à ces lecteurs, longuement. Et finalement, leurs lettres m'ont encouragée à parler de la mort périnatale. D'ailleurs je pense que les paroles que j'ai dites à ces parents peuvent être entendues par tous. Car d'une certaine manière, lorsque le malheur arrive, en parler, le regarder en face, le comprendre peut être constructif pour l'avenir ; c'est la conviction que j'ai retirée des conversations que j'ai eues à ce sujet avec le Docteur Pierre Rousseau. Ce gynécologue-obstétricien belge, d'une très grande sensibilité, se préoccupe depuis fort longtemps des circonstances et des conséquences proches et lointaines de la mort périnatale ; il fait régulièrement des conférences sur le sujet.

Avant, il n'y a pas encore très longtemps, on pensait que lorsqu'un enfant mourait in utero, ou en naissant, il valait mieux que les parents ne le voient pas, on ne leur

---

1. *Plus précisément la mort périnatale désigne les enfants décédés entre la 28ᵉ semaine d'aménorrhée, et le 6ᵉ jour après la naissance.*

indiquait pas toujours le sexe, on souhaitait qu'ils l'oublient vite, et qu'ils attendent un autre enfant le plus tôt possible. C'est ce que Pierre Rousseau appelle la conspiration du silence. En somme, on niait que cet enfant mort eût jamais existé.

On pense aujourd'hui au contraire que les parents doivent pouvoir faire vraiment le deuil de cet enfant avec lequel ils ont vécu tant de mois, et que sinon ils ne retrouveront pas l'apaisement. Pour cela, ils doivent pouvoir comprendre ce qui s'est passé ; on leur suggère de voir l'enfant, ou bien sa photo, de faire un enterrement, de parler de lui à leurs proches ou avec les soignants qui les ont entourés au moment de l'épreuve. Malgré le chagrin, l'enfant doit garder sa place dans la famille. On doit pouvoir parler de lui en le nommant puisque très souvent le prénom est choisi avant la naissance. La cicatrice restera toujours, mais peu à peu la douleur sera moins vive, et les parents pourront penser à leur bébé avec plus de sérénité. Et à l'avenir.

Les fausses-couches, bien qu'elles surviennent plus précocément au cours de la grossesse, entraînent des réactions de deuil tout aussi pénibles que la mort d'un enfant à la naissance (voir page 238).

Dans son très beau livre *Mères vulnérables,* paru aux Éditions Stock, le docteur Françoise Molénat a consacré un chapitre à la mort périnatale (les autres chapitres parlent des difficultés de l'attachement) et même si ce livre est d'abord destiné aux professionnels, il peut intéresser de nombreux parents.

▬ Pour en savoir plus

Sur les possibilités sensorielles du nouveau-né, sa compétence, l'attachement, les relations précoces parents-enfants, nous vous recommandons les ouvrages suivants :
– *L'Aube des sens*, ouvrage collectif sous la direction de Étienne Herbinet et Marie-Claire Busnel, Éd. Stock.
– Tous les ouvrages de T. Berry Brazelton ; nous sommes très heureux d'avoir fait connaître en France ce grand pédiatre en publiant la plupart de ses livres dans notre collection « Désir d'enfant », aux éditions Stock-Laurence Pernoud, dont :
  La Naissance d'une famille, comment se tissent les liens,
  Trois bébés dans leur famille, Laura, Daniel et Louis, les différences de développement,
  T. Berry Brazelton vous parle de vos enfants.
  Points forts, les moments essentiels du développement de l'enfant.
– Nous vous recommandons aussi un livre que T. Berry Brazelton a écrit avec Bertrand Cramer : *Les Premiers Liens,* l'attachement parents-bébé vus par un pédiatre et un psychiatre, Éd. Stock-Calmann-Lévy.
Sur ce sujet vous pouvez lire également :
– *L'Attachement,* ouvrage collectif présenté par René Zazzo, Éd. Delachaux et Niestlé.
– *Où en est la psychologie de l'enfant ?* par René Zazzo, Éd. Denoël-Gonthier.
– *La Première Année de la vie,* numéro spécial de la revue « Enfance », janvier-mars 1983, réédité aux P.U.F.
– *Intelligence et affectivité chez le jeune enfant,* par Thérèse Gouin-Decarie, Éd. Delachaux et Niestlé.

17.

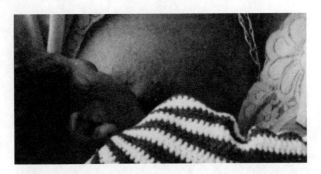

Après la naissance

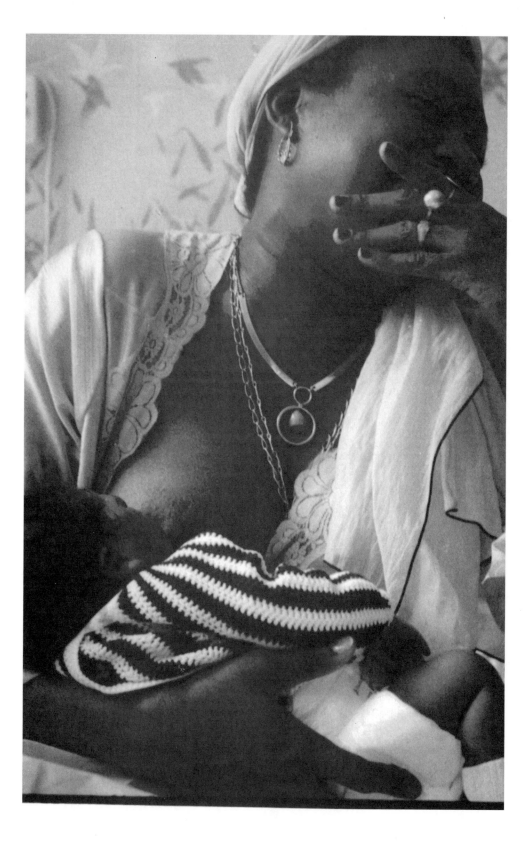

Sein ou biberon : comment choisir ?

Vaut-il mieux pour un bébé qu'il boive le lait de sa mère ou celui d'un biberon ?

Avant de vous répondre, je voudrais vous raconter une histoire brève et vraie.

J'avais tellement entendu dire que rien n'était meilleur pour un enfant que le lait de sa mère, que j'avais décidé d'allaiter mon fils aîné. L'expérience fut concluante : il avait des joues fermes et roses. Pour nous deux, c'était une vraie joie, de ces moments dont on a peur qu'ils finissent. Après la tétée et quelques mimiques, il s'endormait, un fin sourire aux lèvres, blotti dans mes bras, l'air parfaitement heureux. Et six fois par jour, nous reprenions notre duo d'amour. Quatre ans plus tard, je recommençai avec mon second fils, et avec le même plaisir partagé.

Vous trouverez peut-être que ce tableau idyllique est exagéré ? Vous verrez bien vous-même si j'ai forcé la note.

Forte de mon expérience, dans la première édition de *J'attends un enfant*, j'écrivis : « Voici pourquoi vous allaiterez votre enfant ». Que n'avais-je dit ! On me reprocha aussitôt d'être trop directive. C'était vrai, mais l'enthousiasme m'avait emportée. Vous auriez peut-être fait la même chose.

Dans les éditions suivantes, je fus plus modérée, non pas que j'aie changé de conviction, mais je me disais qu'il n'était pas souhaitable qu'en arrivant au monde un enfant donnât à sa mère des complexes si elle ne désirait pas le nourrir. De plus, j'étais sincèrement convaincue qu'avant tout, ce qui était bon pour un enfant, c'était le libre choix de sa mère.

J'alignais alors « les plus » et « les moins » de chaque manière de faire sans laisser vraiment percer ma préférence.

Et bien, voyez-vous, on me reprocha cette fois ma tiédeur. Écrire pour les parents n'est pas facile...

J'ai réfléchi, peut-être avais-je trop mélangé le pratique et l'affectif ? Cet affectif que j'ai tendance à privilégier, comme vous vous en êtes surement rendu compte... C'est vrai, mettons les sentiments à part, cela vous permettra peut-être de prendre plus facilement votre décision.

La difficulté du choix vient aussi du fait que la mère est influencée par l'entourage, et souvent peu au courant des avantages de chacune des deux méthodes.

Et pourtant, c'est un choix important pour sa vie de femme, c'est aussi sa première décision importante en tant que mère.

Pour vous aider à réfléchir, voici les avantages de l'allaitement maternel et ceux de l'allaitement artificiel.

■ Avantages de l'allaitement maternel

→ Le lait de chaque espèce est parfaitement adapté au petit de l'espèce correspondante et tous ces laits sont différents les uns des autres. Le lait maternel humain est adapté à la spécificité du bébé humain et notamment à ce qui le rend très particulier : son cerveau n'a rien à voir avec celui des autres espèces animales.
→ Le lait maternel est facile à digérer, presque toujours bien supporté, à l'exception de quelques cas rares d'intolérance au lactose (sucre contenu dans le lait). De plus, il est toujours à la bonne température, celle du corps.
→ Avec le lait maternel, l'enfant ne risque pas d'allergie aux protéines que contient le lait de vache.
→ Le fer que le lait maternel contient est bien absorbé.
→ Le lait maternel protège l'enfant contre certaines infections en lui apportant les anticorps maternels. Il assure ainsi une protection naturelle au cours des premières semaines de la vie et les enfants allaités au sein pendant les premiers mois ont dans l'ensemble moins de rhino-pharyngites, d'otites, de diarrhées, etc. Le lait maternel est par ailleurs aseptique et n'apporte pas de microbes à l'enfant.
→ C'est pratique : pas de biberons à laver, stériliser, préparer. Et économique.
→ De plus, l'allaitement maternel est profitable à la mère car il favorise le retour à la normale de l'appareil génital : il y a une connexion étroite entre les glandes mammaires et l'utérus. Lorsque l'enfant tète, il déclenche un réflexe qui provoque des contractions utérines ; celles-ci aident l'utérus à revenir à ses dimensions normales.

■ Avantages de l'allaitement artificiel

→ La supériorité du lait maternel n'est plus aussi évidente depuis les progrès réalisés dans la fabrication des laits industriels. Leur composition peut varier en fonction des besoins et de la nature de chaque enfant.
→ Le manque d'hygiène dans la préparation des biberons peut évidemment être une source d'infection pour l'enfant. Mais les complications infectieuses du sein (lymphangite, abcès) qui se voient parfois chez les femmes qui allaitent, peuvent également infecter l'enfant.
→ L'allaitement maternel n'est pas toujours facile quand la sécrétion lactée est insuffisante.
→ Si la mère allaite, elle est prise par toutes les tétées, alors que si elle donne le biberon, le mari ou quelqu'un d'autre peut se charger de certains repas.
→ L'allaitement maternel n'est pas toujours compatible avec une reprise rapide de la vie normale ou d'une activité professionnelle. Enfin, l'apparition plus tardive du retour de couches peut gêner la mise en œuvre rapide d'un moyen de contraception.

Tout ce qui précède sont des faits objectifs, observables par tous : diététiciens, médecins, parents, faits indiscutables et d'ailleurs indiscutés.
A côté, il y a des arguments affectifs : « Allaiter, c'est le bonheur et la meilleure manière d'établir des liens avec son enfant ».
Mais aussi : « On peut s'attacher à son bébé en lui donnant un biberon et y avoir grand plaisir. »

Ce domaine affectif, c'est un autre registre que celui des protéines et du gluten. Chaque expérience est unique, chaque argument personnel. C'est vraiment le souhait, le désir de chacune qui fera la décision.

Mais je voudrais vous donner encore quelques éléments pratiques pour vous aider à choisir : l'allaitement abîme-t-il la poitrine ? Comment allaiter quand on travaille ?

■ L'allaitement abîme-t-il la poitrine ?

Beaucoup de mères posent la question. Je vais les décevoir : honnêtement, je ne peux répondre ni oui ni non.

Pour certains médecins, ce n'est pas l'allaitement mais la grossesse qui peut abîmer la poitrine, puisqu'elle provoque une augmentation suivie d'une diminution de volume des glandes mammaires. En empêchant une diminution trop brusque du volume de ces glandes, l'allaitement serait même plutôt bénéfique. Pour la même raison, arrêter la montée de lait sans précautions suffisantes peut abîmer la poitrine.

Ce qui peut également l'abîmer, c'est de trop manger, d'avoir un régime qui fait grossir (pâtisseries, etc.), ce qui est le cas chez beaucoup de femmes qui croient que, plus elles mangeront « riche », plus leur lait sera bon. C'est alors le poids de la graisse qui fait tomber les seins. Mais si l'on porte un soutien-gorge et si l'on a une alimentation équilibrée, on a de bonnes chances de retrouver sa poitrine d'avant la grossesse.

Cela dit, il y a des tissus plus fermes que d'autres. Certaines femmes ont allaité plusieurs enfants et gardent une poitrine parfaite. D'autres ont des seins tombants et vergeturés sans avoir jamais allaité. Et puis il y a la gymnastique faite avant l'accouchement et le sport (la natation en particulier) qui contribuent à la fermeté des muscles soutenant les seins.

En conclusion, il est difficile d'établir un lien de cause à effet entre allaitement et poitrine abîmée, c'est la réponse de tous les spécialistes que j'ai consultés.

■ Comment la femme qui travaille peut-elle allaiter ?

Les dix semaines de repos prévues ne posent pas de problème. Ensuite bien des médecins prolongent le congé de maternité par un arrêt de travail pour que la femme qui le désire puisse continuer à allaiter son bébé. Et lorsque le congé est terminé, il faut sevrer progressivement l'enfant.

Plusieurs lectrices m'ont signalé que, tout en ayant repris leur travail, elles ont continué à allaiter au moins jusqu'à ce que l'enfant ait six mois, en supprimant tous les 6 à 8 jours une tétée et en gardant celles du matin et du soir.

Comment choisir ?

Il arrive que le choix soit imposé par des motifs d'ordre médical car il existe des contre-indications à l'allaitement maternel. Certaines tiennent à la mère : maladies générales, aiguës ou chroniques ; prise de certains médicaments. D'autres contre-indications à l'allaitement tiennent à l'enfant : malformations des lèvres ou du palais (bec-de-lièvre).

Dans les autres cas, le choix reste possible entre allaitement maternel et allaitement artificiel, sauf pour le prématuré pour qui le lait maternel est vivement recommandé.

Faut-il se décider d'avance ? On l'entend souvent dire, je n'en suis pas sûre, la vue de l'enfant peut faire basculer en un instant une décision que l'on croyait farouche.

Vous ne désirez pas allaiter ? Vous n'êtes pas un cas à part. Il y a des mères qui ont eu une expérience difficile pour un précédent allaitement et qui se sentent incapables de revivre ces moments. Il y en a qui ne sont pas attirées par ce « peau à peau », pour elles le sein a un autre sens (certains maris sont de cet avis). Il y a des femmes qui simplement ne désirent pas allaiter, sans avoir de motivation précise ou consciente.

Je vous dis cela pour que, si vous êtes dans ce cas, vous ne vous culpabilisiez pas. Un jour, j'ai reçu une lettre d'une maman qui n'avait pas nourri son premier enfant ; pleine de remords, elle a nourri le second, mais sans en profiter car elle se disait que son aîné avait eu moins de chance que le second. J'ai eu grand-peine à la convaincre qu'elle n'avait pas à se sentir coupable.

Si vraiment vous ne souhaitez pas allaiter, ne vous forcez pas à tout prix. Il ne faut pas que ce soit une corvée. Pour l'enfant, il vaut mieux lui donner un biberon avec affection que le sein à contrecœur : téter est un plaisir pour lui, et ce plaisir il ne faut pas le lui gâter. Mais si vous n'allaitez pas, donnez vous-même le biberon, au moins pendant les premières semaines. Plus encore que l'allaitement, ce qui compte pour le bébé, c'est d'avoir établi avec sa mère un lien étroit dès le départ.

Vous désirez allaiter ? Tant mieux, dites-vous seulement que si vous avez pris cette décision, il faudra vous y tenir, peut-être contre vents et marées, et que si l'on essaie de vous imposer le biberon, ce sera à vous d'imposer la tétée si vous l'avez choisie. Tenez bon.

Comme l'a dit une lectrice, c'est vous qui allaitez votre enfant, ce n'est ni votre amie ni votre mère, ni l'infirmière, vous êtes unique, votre bébé aussi.

Ce ne sera pas toujours facile, on vous entourera de conseils, on vous fera des critiques : « Tu t'y prends mal », « Vous le laissez trop longtemps au sein », « Ton lait n'est pas assez riche », « Êtes-vous sûre d'avoir assez de lait ? »

Tout cela est dur à entendre lorsque les débuts sont difficiles : montée de lait douloureuse, crevasses, bébé qui refuse de téter, qui pleure, etc. Il faut avoir de la volonté pour continuer, mais quel résultat ! « Avoir un enfant, c'est le bonheur. Allaiter son enfant, c'est deux fois ce bonheur », m'écrit une autre lectrice.

Les débuts de l'allaitement exigent donc patience, persévérance et volonté – pas toujours, mais souvent – et parfois les mères se découragent et abandonnent alors que si elles étaient soutenues, elles reprendraient confiance en elles et pourraient allaiter leur enfant.

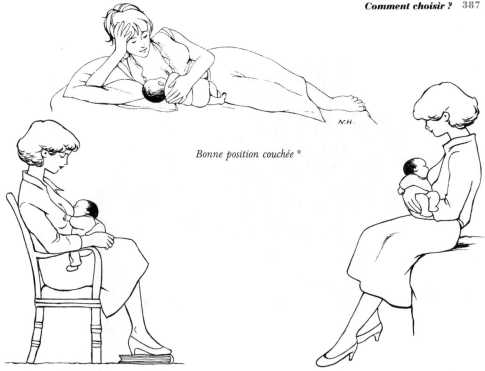

Bonne position couchée *

Bonne position assise :
Le dos est bien droit,
appuyé sur un dossier
ou des coussins,
les genoux sont relevés
au niveau du bassin,
le bébé est assis sur les cuisses.

Mauvaises positions assises :
Les positions instables,
les jambes pendantes au bord du lit,
le poids du bébé sur les bras
sont sources de contractures dorsales
qui deviennent, au bout de quelques jours,
franchement douloureuses.

Il existe de nombreuses associations qui aident les mères désirant allaiter. La plus ancienne (et la plus connue) est la *Leche League* [1] qui, dans le monde entier, s'est donnée pour tâche la défense et la promotion de l'allaitement maternel. Je vous signale aussi *Solidarilait* [1] qui a des correspondants dans toute la France. Et renseignez-vous (auprès du médecin, au service social de la mairie, à la P.M.I.) il y a peut-être un *groupe d'aide à l'allaitement* [2] dans votre ville. Dans ces groupes les mères trouvent encouragement, soutien et conseils.

Vous hésitez ? Allez dans ces groupes de jeunes mères, vous en verrez quelques-unes qui allaitent leur bébé, ce qui n'est plus aujourd'hui un spectacle familier.

1. Leche League, *B.P. 18, 78620 L'Étang-la-Ville. Tél. 39.58.45.84.*
Solidarilait, *Lactarium de Paris, 26, bd Brune, 75014 Paris. Tél. 40.44.70.70.*
2. *Pour obtenir des adresses, écrivez au* Courrier interassociation allaitement, *19, rue de Dalhain, 67200 Strasbourg, avec une enveloppe timbrée (2 timbres) à vos nom et adresse, plus 2 timbres pour frais de photocopie.*

* *Les dessins des pages 385 et 387 sont de Noëlle Herrenschmidt, extraits du* Cahier du nouveau-né *n° 3 : « D'amour et de lait », Éditions Stock.*

Écoutez cette jeune femme : « Me croirez-vous si je vous dis qu'à l'âge de 30 ans, de toute ma vie, je n'avais vu que deux fois une femme allaiter ! Incroyable, non ? La première fois, j'avais 9 ans et c'était au Maroc. Je peux vous dire, car je m'en souviens très bien, que j'avais été très choquée. La seconde fois, j'avais une vingtaine d'années, en France cette fois. C'était une amie, allaitant pourtant très naturellement. Cette fois, j'avais été très gênée. »

Si, même après cette lecture, vous avez de la peine à prendre une décision, vous pouvez commencer à allaiter, quitte à vous arrêter par la suite, ce qui est toujours possible. En revanche, si l'on a commencé à donner le biberon, on ne peut pas se mettre à allaiter quinze jours plus tard.

Pour finir, je transmets aux mamans qui hésitent ce message d'une lectrice qui a été particulièrement heureuse d'allaiter : « En définitive, ce qui compte le plus pour le bébé, c'est que dans sa tête la mère soit heureuse de son choix et qu'elle le vive bien. »

Je ne peux pas traiter plus longtemps ce sujet ici. J'en parle en détail dans *J'élève mon enfant* : manière de donner le sein, débuts difficiles, régime de la maman (alimentation et vie quotidienne), soins des seins pour éviter les crevasses, sevrage.

Et la mère qui n'allaite pas trouvera dans ce livre tout ce qui concerne la préparation des biberons, quel lait choisir, horaire et quantité, etc.

Lorsqu'on me demande un titre de livre sur l'allaitement, je suggère le *Cahier du nouveau-né* n° 3 : « D'amour et de lait », ouvrage collectif sous la direction d'Étienne Herbinet (Éditions Stock). Dans ce cahier, on trouvera des témoignages et réflexions intéressants et originaux.

Les suites de couches

Après la naissance, que va-t-il maintenant se passer en vous ? La grossesse et l'accouchement ont apporté de si profondes modifications à votre organisme qu'un délai de plusieurs semaines sera nécessaire pour que ces modifications s'estompent : certaines disparaîtront, d'autres laisseront leur marque. Après avoir porté un enfant le corps d'une femme est différent, c'est pourquoi un deuxième accouchement ne se passe pas de la même manière que le premier. Les organes vont peu à peu retrouver leur place et leur taille. Ainsi, par exemple, l'utérus qui pesait environ 1 500 grammes à la fin de la grossesse et faisait saillie dans l'abdomen, va, en six semaines, retrouver son poids normal (50 à 60 grammes) et sa situation dans le bassin. Parallèlement, le vagin et la vulve retrouvent leurs dimensions habituelles, les ovaires et les trompes reprennent leur place. Mais bien sûr, cette remise en place des différents organes va se produire peu à peu.

C'est cette période de réadaptation qui dure six à huit semaines que l'on appelle les *suites de couches*. Elle se termine par la réapparition des règles : c'est le *retour de couches*.

Dans cette période des suites de couches, il faut distinguer :

→ les premiers jours où vous serez à la maternité ;

→ les semaines suivantes où vous reprendrez peu à peu, chez vous, votre vie d'avant la naissance.

Vous êtes à la maternité

Pendant ces quelques jours [1] que vous passerez à la maternité, une de vos principales préoccupations devrait être de bien vous reposer, de « récupérer ». Car si l'accouchement est un acte naturel, il est cependant fatigant.

Quand vous lèverez-vous ? On recommande aux mères de se reposer pendant une huitaine de jours, mais en se levant chaque jour un peu plus. Tout en prenant quelques précautions.

→ Dans les heures qui suivent l'accouchement, ne vous levez pas pour la première fois sans la présence de quelqu'un, parent ou infirmière. Il n'est pas rare à ce moment-là d'avoir des petits vertiges, et sans une aide on risque de tomber.

→ Dès le lendemain de l'accouchement, vous pourrez bien sûr aller et venir dans la chambre ou dans les couloirs. Ne forcez pas cependant, et ne cherchez pas à en faire trop.

Rapidement après l'accouchement, on conseille quelques mouvements de gymnastique qui ont également pour but d'activer la circulation et de fortifier les muscles.

---

1. *Dans certaines maternités les mères ont la possibilité de rester trois jours et d'avoir ensuite, à domicile, la visite d'une sage-femme.*

Vous trouverez ces exercices plus loin. Si le médecin est d'accord, vous pourrez les commencer dès le deuxième jour. Faites-les progressivement comme indiqué, et continuez-les pendant plusieurs semaines pour retrouver rapidement votre ligne.

Le massage du dos et des jambes peut soulager les sensations de fatigue, de lourdeur ou de douleurs diverses. Il est aussi un élément incontestable de bien-être. En revanche, le massage du ventre doit respecter certaines précautions. Un effleurage peut améliorer le transit intestinal (voir plus loin), mais il ne faut pas « malaxer » la peau ni les muscles afin de ne pas les étirer et de ne pas les distendre. Ceci nuirait à la récupération progressive d'un ventre plat.

Le retour de l'utérus à la normale. Dans les heures qui suivent l'accouchement, l'utérus commence à reprendre son volume normal. On dit qu'il s'involue. En même temps, il se débarrasse de la muqueuse qui entourait l'œuf : la *caduque.* Les débris de la caduque sont expulsés en même temps que le sang qui s'écoule de l'espace laissé par le placenta en se décollant : l'ensemble forme les *lochies.* D'abord fortement teintées de sang et abondantes, les lochies s'éclaircissent ensuite, et deviennent moins abondantes. L'écoulement dure cependant plusieurs semaines, parfois jusqu'au retour de couches. Il n'est pas rare d'observer un écoulement plus important, vers le douzième jour après l'accouchement : c'est *le petit retour de couches.*

Chez les femmes qui ont déjà eu des enfants, les contractions de l'utérus après l'accouchement sont en général douloureuses pendant quatre à cinq jours, et souvent d'autant plus douloureuses que la femme a eu plus d'enfants. Ces douleurs, que l'on appelle parfois *tranchées,* et qui sont assez semblables aux douleurs des règles, sont souvent plus fortes lorsque le bébé tète à cause de l'étroite connexion qui existe entre les seins et l'utérus. Des calmants seront donnés pendant quelques jours si cela est nécessaire.

L'épisiotomie. Des lectrices écrivent parfois qu'elles ont une gêne locale et une irritation au niveau de l'épisiotomie. C'est fréquent et même souvent douloureux, heureusement cette gêne disparaît peu à peu. Mais ces ennuis passagers, aussi désagréables soient-ils, ne sont rien en comparaison des dégâts irréversibles qui existaient quand on ne faisait pas d'épisiotomie ; aujourd'hui il y a beaucoup moins de prolapsus (descente d'organes) et de déchirures graves du périnée.

Dans quelques maternités, un moyen simple et efficace est utilisé pour obtenir une bonne et rapide cicatrisation : c'est tout simplement le sèche-cheveux. Il est utilisé quelques minutes plusieurs fois par jour, l'air chaud qu'il envoie évite l'humidité locale et accélère la cicatrisation (mais quand même pas trop longtemps, il s'agit de sécher, pas de dessécher).

Dans les cas exceptionnels où l'épisiotomie est très douloureuse, on obtient souvent un soulagement réel en plaçant sous le siège de l'accouchée un rond fait de caoutchouc gonflable ou de mousse qui évite au périnée de reposer directement sur le lit.

Si après 3-4 semaines, la cicatrice continuait à être douloureuse ou gênante, il faudrait en parler au médecin qui prescrirait un traitement par massages, pommade, électrothérapie, etc. Une épisiotomie ou une déchirure ne doivent pas rester douloureuses pendant des mois.

Si malgré ces traitements une gêne persiste, il est possible de « reprendre » une épisiotomie ou une déchirure. Cette petite intervention chirurgicale se fait sous anesthésie locale et dure une demi-heure maximum ; elle peut se faire quelques mois après l'accouchement, où même quelques années.

Si vous ne savez pas à qui vous adresser pour ces problèmes, il existe maintenant des consultations spécialisées dans beaucoup de maternités.

L'intestin et les urines. La constipation est fréquente après l'accouchement. Il est très important de ne pas « forcer » car tout effort excessif de poussée risque de faire apparaître prolapsus ou incontinence urinaire. Ce qui est efficace, c'est de faire plusieurs fois par jour des exercices de rentrés de ventre en soufflant à fond pendant 10 secondes. Cela réalise un massage interne des intestins et facilite leur évacuation. Vous pouvez également vous masser le ventre en suivant le trajet du transit intestinal : à droite, de bas en haut ; puis en haut, de droite à gauche ; puis à gauche de haut en bas. Lentement en appuyant un peu, avec vos mains bien à plat, c'est-à-dire en effectuant comme un grand cercle. Vous pouvez aussi serrer les fesses très fort plusieurs secondes, puis relâcher (à répéter plusieurs fois). Si la constipation persiste, n'hésitez pas à utiliser des suppositoires à la glycérine, sans craindre de vous y habituer ; un laxatif doux, un petit lavement peuvent aussi être efficaces.

Par ailleurs, la formation d'un bourrelet d'hémorroïdes n'est pas rare. Il sera traité par des soins locaux. Parlez-en au médecin ou parlez-en à la consultation.

● L'INCONTINENCE URINAIRE. Dans quelques cas, notamment après une anesthésie péridurale, la maman ne peut vider spontanément sa vessie. Cette rétention d'urines est toujours passagère et disparaît en vingt-quatre heures, mais elle peut nécessiter un ou deux sondages.

A l'inverse, certaines femmes (5 % environ) ne peuvent retenir leurs urines surtout lorsqu'elles font un effort (toux, marche, etc.). Cette incontinence urinaire peut se voir après l'accouchement le plus banal mais elle est plus fréquente après les accouchements longs et difficiles (gros enfant, application de forceps par exemple). Il arrive aussi qu'elle survienne avant même l'accouchement, dans les dernières semaines de la grossesse.

Dans la plupart des cas, cette incontinence va régresser rapidement en quelques semaines, sans traitement. Des exercices simples peuvent aider à la guérison : contracter les muscles du périnée (comme pour retenir un gaz ou se retenir d'aller à la selle) et tenter de stopper une fois le jet d'urine au cours de la miction. A noter qu'il est normal de ne pas réussir à stopper le jet pendant un mois après l'accouchement à cause de la distension normale du canal urinaire et des muscles du périnée. Ces exercices sont d'ailleurs conseillés par certaines médecins et sages-femmes dans les semaines qui précèdent l'accouchement [1].

Les incontinences persistantes sont beaucoup plus rares. Il importe alors de les signaler au cours de la consultation post-natale (n'attendez pas plusieurs mois pour consulter). On vous conseillera certainement de faire une rééducation de la vessie et du périnée. Celle-ci, remboursée par la Sécurité sociale, est généralement faite par un kinésithérapeute spécialisé, mais parfois aussi par un médecin ou une sage-femme.

---

1. *Si vous voulez en savoir plus sur la rééducation périnéale, je vous recommande les livres d'Odile Cotelle-Bernède,* Guide pratique de rééducation uro-gynécologique, *Éditions Ellipses (32, rue Bargue, 75015 Paris) et* L'Eau quotidienne et les femmes, *Éditions Stock.*

Cette rééducation demande 12 à 15 séances au rythme de 1 à 2 par semaine. Le rééducateur vous apprendra quels sont les exercices musculaires à faire. Il contrôlera la qualité de vos efforts manuellement ou avec une sonde vaginale reliée à un appareil qui enregistre ces contractions (biofeedback). Parfois des séances d'électrostimulation sont nécessaires : elles sont faites à l'aide d'une sonde vaginale et ne sont pas douloureuses.

Il est très rare que l'on n'obtienne pas ainsi une guérison complète et qu'une opération soit nécessaire.

La montée laiteuse. Pendant que certains organes régressent, d'autres se développent et s'apprêtent à entrer en fonction : ce sont les glandes mammaires. Après la naissance, l'organisme est prêt à nourrir l'enfant pendant quelques mois.

Deux ou trois jours après la naissance de votre enfant, vous sentirez vos seins se gonfler et durcir. Vous aurez l'impression qu'ils sont congestionnés : la peau se tend, les veines apparaissent très dilatées. Cette sensation d'inconfort s'accompagnera peut-être d'une légère hausse de température. Ne vous inquiétez pas. Ces manifestations ne sont que les signes extérieurs et sensibles de la montée laiteuse. Vos glandes mammaires s'apprêtent à sécréter le lait.

Pendant la grossesse, ces glandes, sous l'action des ovaires et du placenta, se sont multipliées. De même, les petits canaux qui conduiront le lait au mamelon. L'hypophyse s'est mise à sécréter une nouvelle hormone, la *prolactine,* qui déclenchera la production du lait. Mais cette hormone n'est là qu'en attente. Elle n'agira que lorsqu'il n'y aura plus le placenta. L'accouchement a lieu, le placenta est expulsé. Le sang transporte la prolactine de l'hypophyse aux glandes mammaires. Celles-ci se mettent alors à fonctionner. Les deux ou trois premiers jours, elles sécrètent un liquide jaunâtre, le *colostrum*, riche en albumine et en vitamines. Ce n'est que le troisième ou le quatrième jour qu'apparaîtra le lait.

Mais pour que l'hypophyse continue à produire de la prolactine, il lui faut un stimulant. C'est l'enfant qui, en tétant, stimulera l'hypophyse et assurera une production régulière de lait. C'est pourquoi, quand la maman a décidé d'allaiter, on n'attend pas la montée laiteuse pour mettre l'enfant au sein. En général, on fait téter le bébé pour la première fois dans les heures qui suivent l'accouchement, parfois même en salle d'accouchement. Ce *colostrum* que boit le bébé est d'ailleurs excellent pour lui. Il agit comme un léger purgatif et l'aide à se débarrasser du méconium qui se trouve encore dans ses intestins.

Si vous ne désirez pas allaiter, signalez-le au médecin ou à la sage-femme. Vous recevrez alors un traitement destiné à éviter la montée laiteuse. On vous conseillera également de ne pas trop boire car l'eau augmente la production du lait.

Le séjour à la maternité. Il raccourcit de plus en plus aujourd'hui, bien des femmes sortent dès le 4e ou 5e jour. C'est un peu dommage car le temps passé à la maternité est une période de repos pour la mère [1]. Repos dont elle ressent en général un grand besoin : l'après-accouchement est souvent plus fatigant que l'avant.

Pendant ces quelques jours à la maternité, vous allez découvrir votre enfant, vous allez suivre ses progrès, vous verrez ils sont très rapides.

---

1. *Pourtant certaines lectrices trouvent que le séjour à la maternité n'est pas toujours reposant (voisine un peu bruyante, un autre bébé qui pleure beaucoup, allées et venues nombreuses, etc.). Cela dépend des maternités.*

Après chaque tétée, gardez votre bébé un moment près de vous avant de le recoucher : pas de meilleure occasion de faire connaissance que ce moment où le bébé, heureux d'être nourri, sourit s'il est dans les bras de sa mère.

Vous ferez aussi connaissance avec votre enfant en le changeant, en lui faisant sa toilette. De plus en plus souvent, la mère est invitée à s'occuper de son bébé très tôt, dès les premières heures. Et c'est ainsi qu'en rentrant chez elle, elle est déjà experte en puériculture au lieu d'être désemparée comme elle pouvait le craindre.

Si vous n'entreprenez pas de rédiger l'album de Bébé, ce que souvent on abandonne très vite, vous pouvez suivre la suggestion de cette lectrice qui est facile à réaliser : gardez les journaux parus au moment de la naissance ; les actualités, la mode, les événements divers seront des souvenirs amusants pour vos enfants.

Vous rentrez chez vous

Une fois rentrée chez vous, tâchez de vous reposer encore une bonne dizaine de jours, même un peu plus si vous le pouvez. Mieux vous vous reposerez pendant les suites de couches, plus vite vous pourrez reprendre votre vie active sans fatigue excessive. N'essayez pas de forcer la nature : il faut six semaines à vos organes pour revenir à leur état normal, et plusieurs mois à l'organisme pour qu'il retrouve complètement ses forces. Pendant cette période, évitez de vous fatiguer, ne montez pas trop d'escaliers, ne portez pas de lourdes charges, faites une bonne sieste après le déjeuner. Ce n'est pas toujours possible à moins que vous ayez près de vous, pendant les deux premières semaines, quelqu'un pour vous aider, mère, belle-mère, amie, aide extérieure, etc. Évidemment, si votre mari pouvait prendre quelques jours de congé supplémentaire, ce serait l'idéal.

Une spécialiste, le docteur Odile Cotelle-Bernède, voit tous les jours des femmes qui ont porté des charges trop lourdes et dont le dos et le périnée ont souffert. C'est pourquoi elle nous demande de faire la recommandation suivante : pendant les mois qui suivent l'accouchement faites tout pour éviter les poids excessifs ; essayez de vous faire livrer les provisions, beaucoup de magasins s'en chargent. Certains couffins et certaines poussettes sont trop lourds pour être portés seule, faites-le à deux. D'ailleurs, au moment d'acheter une poussette ou un couffin, à qualité égale, choisissez le plus léger. Quand vous portez votre bébé, essayez de ne pas porter d'objets en même temps (par exemple un sac de provisions, une poussette) ; même si cela demande plus de temps, il vaut mieux faire plusieurs voyages. Lorsque Bébé est dans son sac-kangourou, placez-le le plus haut possible (presque entre les seins) et veillez à ce qu'il ne ballotte pas : c'est plus confortable pour lui et mieux pour vous. Enfin, si vous devez soulever quelque chose d'un peu lourd, pensez à contracter le ventre et le périnée.

Soins corporels. Les douches sont possibles dès le lendemain de l'accouchement. Quant aux bains ils ne sont conseillés qu'à partir du 10-12e jour, à condition qu'ils ne soient pas trop prolongés, surtout si l'on vous a fait une épisiotomie.

Les soins locaux sont faits à la maternité. Vous les continuerez chez vous pendant quelques jours. Par contre, les injections vaginales sont déconseillées.

Si vous allaitez, le médecin ou l'infirmière vous indiqueront les soins spéciaux pour les seins.

Les rapports sexuels et la contraception après l'accouchement. Les rapports sexuels peuvent être difficiles ou douloureux pendant quelque temps, pour plusieurs raisons. Tout d'abord, au début, une mère est plus soucieuse de son bébé que de sa sexualité ; il y a la fatigue, les problèmes matériels nouveaux, « il y a aussi un temps pour retrouver son corps », dit une mère. Ensuite le climat hormonal qui existe pendant les semaines qui suivent l'accouchement entraîne une sécheresse vaginale. Enfin, les rapports peuvent être douloureux s'il y a une cicatrice de déchirure ou d'épisiotomie, ou même simplement quelques « éraillures » ; on conseille dans ce cas un gel pour lubrifier.

Parfois aussi le père redoute les premières relations sexuelles : il a peur qu'elles soient douloureuses pour sa femme ; et si elle allaite, le côté nourricier des seins le perturbe souvent. C'est pourquoi, le premier mois n'est pas toujours favorable à la vie sexuelle. Mais, en général, passées ces premières semaines, le couple a plaisir à se retrouver, les inhibitions sont tombées et la sexualité reprend sa place. Cela dit, comme pour toutes les relations affectives, il n'y a pas de règles : chaque couple a sa façon à lui de se retrouver.

En ce qui concerne la contraception, je vous renvoie au chapitre consacré à cette question.

Le retour de couches. Ce sont les premières règles qui surviennent après l'accouchement. Habituellement, ces règles sont un peu plus abondantes et plus longues que les règles normales.

La date du retour de couches varie selon que la mère allaite ou non son enfant.

Si elle le nourrit, les mécanismes de la lactation bloquent généralement le fonctionnement des ovaires et l'ovulation ; les règles sont donc habituellement absentes, et le retour de couches survient seulement après la fin de l'allaitement, sauf si celui-ci se prolonge pendant plusieurs mois.

En l'absence d'allaitement, le retour de couches se produit entre six et huit semaines après l'accouchement. Puis les cycles habituels reprennent, mais il n'est pas rare qu'ils soient légèrement perturbés pendant quelque temps.

La consultation postnatale. Un examen gynécologique et un examen général sont indispensables pour s'assurer que l'appareil génital et l'organisme tout entier ont retrouvé un état satisfaisant.

Le médecin ou la sage-femme peuvent également vous indiquer les soins nécessaires en cas de varices ou d'hémorroïdes, par exemple. Vous pouvez aussi consulter un phlébologue (pour les varices et varicosités) et un proctologue (pour les hémorroïdes).

La balance vous montrera souvent que vous avez gardé de votre grossesse quelques kilos en trop. Voyez ci-dessous comment faire pour essayer de les perdre.

Enfin, à l'occasion de cette consultation, vous pourrez aborder avec le médecin le problème de la contraception si cela n'a pas été fait pendant le séjour à la maternité, et éventuellement celui de l'incontinence urinaire si c'est votre cas.

Votre régime pour retrouver la ligne. Pour retrouver votre poids d'avant la naissance, vous aurez vraisemblablement à perdre entre 3 et 4 kilos, chiffre correspondant à une femme de 1,60 mètre pesant en temps normal 55 kilos, ayant pris 10 à 12 kilos pendant sa grossesse, et en ayant perdu un peu plus des deux tiers du fait de l'accouchement et des suites de couches.

Normalement, un régime alimentaire classique (voir plus bas) vous aidera à perdre l'excédent de poids.

Si vous allaitez, vous ne pourrez pas vraiment faire de régime amaigrissant puisque allaiter, c'est dépenser des calories supplémentaires. Attention quand même à ne pas grossir, cela ne facilitera pas la lactation et vous empêchera plus tard de retrouver facilement votre poids.

Si vous n'allaitez pas ou si vous n'allaitez plus, voici quelques suggestions pour vous aider à retrouver votre taille et votre poids d'avant la grossesse.

Pour commencer, diminuer votre apport quotidien de calories, c'est-à-dire essentiellement les sucres, les pâtisseries, les bonbons. Rationnez également le beurre, les sauces, les graisses animales, la charcuterie, etc. En revanche, veillez à ce que votre alimentation soit riche en viande, œufs, fromages, légumes et fruits, et à ce qu'elle soit très variée. Au chapitre 3, vous avez vu ce qu'on entend par alimentation variée.

La gymnastique et les sports. L'exercice physique sera un bon moyen pour vous aider à retrouver la ligne - non pas qu'il vous fera maigrir et même au contraire, si vous en faites beaucoup vous aurez très faim et donc vous mangerez plus, mais l'exercice physique vous aidera à vous remuscler. Pour aller progressivement, voyez plus loin quelques exercices à faire après l'accouchement.

Quant à une activité sportive, elle ne doit pas être reprise avant le retour de couches pour les femmes qui n'allaitent pas. Et celles qui allaitent attendront la fin de l'allaitement pour refaire du sport.

De nombreux centres de thalassothérapie proposent une cure spéciale pour retrouver la forme après une maternité : massages, régime, etc. Et presque partout les bébés sont non seulement admis mais participent, puisqu'on montre à la mère comment lui faire des massages.

Exercices à faire après l'accouchement

Pour les femmes qui ont besoin d'une rééducation périnéale, la mise en route de la gymnastique abdominale se fera très progressivement. En effet, les exercices abdominaux classiques (pédalages, ciseaux, etc.) créent une trop forte pression à l'intérieur du ventre, pression qui appuie sur le périnée et risque de le distendre. En revanche peuvent être faits les exercices pratiqués de la façon suivante : allongée, genoux repliés, ventre rentré et périnée contracté.

Dès le deuxième jour – sauf avis contraire du médecin – vous pourrez faire dans votre lit les exercices suivants :

Pour raffermir le périnée. Vous pouvez faire l'exercice indiqué page 335, mais en position allongée ; couchée sur le dos, jambes repliées et écartées : pendant quelques secondes contractez les muscles qui ferment la vulve et le vagin en retenant une envie d'uriner. Gardez bien les genoux écartés sur les côtés pendant tout l'exercice, les fesses étant relâchées et posées sur le sol, et le ventre bien souple.

Pour prendre conscience du sphincter urinaire et pour le fortifier, faites l'exercice suivant : lorsque vous commencez à uriner, arrêtez-vous aussitôt, puis terminez votre miction (action d'uriner) jusqu'au bout. Ne vous arrêtez pas plusieurs fois au cours de la même miction car cela vous couperait l'envie avant d'avoir terminé de vider votre vessie et le reste d'urines risquerait de déclencher une cystite. Pendant un mois après l'accouchement, il est normal de ne pas réussir à stopper complètement le jet urinaire mais d'arriver seulement à le ralentir.

Pour durcir le ventre.
→ Inspirez profondément, puis, en soufflant, rentrez le ventre au maximum, pendant cinq secondes environ ; puis détendez-vous et recommencez. Cet exercice ne comporte aucune contre-indication. Il n'est pas spectaculaire et cela peut sembler monotone de ne faire que cela mais il peut suffire pour retrouver un ventre plat. Vous pouvez répéter cet exercice plusieurs fois par jour (au moins 50 fois, réparties dans la journée, pour obtenir un résultat visible).
→ Couchée sur le dos, genoux repliés, inspirez puis soufflez et rentrez très fort le ventre ; gardez-le rentré et relevez la tête en avant. Si le ventre ne peut rester plat, cela veut dire que l'exercice est encore trop difficile et qu'il faut attendre un peu.

Pour activer la circulation dans les jambes. Couchée sur le dos, jambes allongées :

→ exercice de rotation des pieds autour de la cheville : décrivez un cercle avec vos pieds dans un sens puis dans l'autre (3 fois) ;

→ flexion et extension des pieds : repliez le pied sur la jambe, puis étendez-le lentement et au maximum comme si vous vouliez toucher du bout des orteils un objet placé quelques centimètres plus loin (3 fois).

A répéter de nombreuses fois dans la journée, mais à ne pas faire plus de trois fois de suite : sinon les jambes risquent de devenir douloureuses, non plus par la mauvaise circulation mais par les courbatures.

Pour garder les seins fermes et bien maintenus. Lorsque vous n'allaiterez plus, vous pourrez recommencer les exercices indiqués au chapitre 14 pour garder une belle poitrine. Si vous n'allaitez pas, vous pourrez les faire dès le quinzième jour.

Sur les massages, exercices, rééducation périnéale à faire après l'accouchement, voyez également page 436.

N'ayez pas peur
des « idées bleues »

Vous êtes rentrée chez vous ; vous avez retrouvé votre cadre ; votre enfant est installé dans le berceau que vous avez préparé avec amour. Vous avez toutes les raisons d'être heureuse et de voir la vie en rose. Il se peut au contraire que vous la voyiez en noir, et qu'une véritable angoisse vous envahisse. Cette dépression est fréquente après l'accouchement. On l'appelle « le cafard des accouchées » ou dépression du post-partum. En Angleterre, le nom est plus joli : c'est le « blue feeling », « les idées bleues ».

Vous venez de subir un bouleversement profond, au physique et au moral. Votre organisme tout entier a participé au travail considérable de l'accouchement. Les modifications hormonales sont particulièrement importantes à ce moment-là, et, vous vous en rendez compte vous-même, les remaniements psychologiques également. Vous avez vécu une attente de neuf mois, dont le terme a été peut-être mêlé d'angoisse et d'énervement. Vous êtes encore fatiguée, et vous vous trouvez tout d'un coup seule responsable des soins à donner à votre enfant, alors que, pendant votre séjour à la maternité, vous n'aviez pas eu à vous en occuper. En plus, ce petit bébé, vous ne le connaissez pas encore bien, vous ne comprenez pas toutes ses réactions, ni peut-être ses pleurs. C'est pour toutes ces raisons que vous êtes inquiète, énervée, prête à pleurer, à prendre peur.

Si cette dépression survient à la maternité – c'est tout à fait possible – parlez-en au personnel médical. Aujourd'hui les accoucheurs, les sages-femmes, les puéricultrices reconnaissent plus facilement que ces problèmes existent, alors qu'hier, dans l'ensemble ils étaient ignorés ; le personnel médical sait maintenant que les mères qui viennent d'accoucher peuvent avoir besoin d'un soutien particulier et de repos. Ainsi certaines puéricultrices laissent-elles se reposer les mères qui en ont besoin et ne leur donnent-elles le bébé que lorsque ces mères le désirent. Et certains hôpitaux ont des psychologues attitrés.

Si la mère peut trouver une aide à la maternité, il y a beaucoup de chances pour que la dépression s'atténue rapidement.

Si cela n'était pas le cas, et que vous continuiez à être déprimée après votre retour à la maison, ne restez pas seule. Appelez une amie pour vous tenir compagnie. Tâchez de trouver quelqu'un qui s'occupera de votre enfant pendant les premiers jours, jusqu'à ce que vous soyez reposée et détendue. Je vous parle comme si vous étiez seule dans la vie et que cet enfant n'avait pas de père, mais le père, en général, est loin pendant la journée et effectivement, vous vous retrouvez seule en face de votre bébé, c'est cela qui peut impressionner au début.

Parlez-en aussi à votre médecin, à la consultation de P.M.I. ou au pédiatre de l'enfant, voire à une consultation de l'hôpital le plus proche. Ils savent par expérience que la dépression après l'accouchement est une réalité quotidienne, ils pourront sûrement vous aider. Vous pouvez aussi aller dans un groupe d'aide à l'allaitement (voyez les adresses page 387), même si vous n'allaitez pas. Rencontrer d'autres mères, les écouter, leur parler, pourra vous redonner confiance.

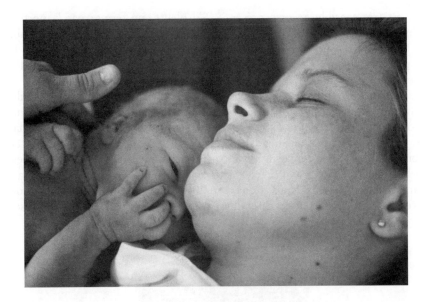

Cet état de dépression survient aussi bien chez les mamans toutes jeunes que chez des mères de famille nombreuse. Si vous en êtes victime, sachez qu'il peut disparaître comme il est venu. Vous aurez des moments de détente complète, auxquels succéderont des retours de cafard [1]. Cela peut durer quelques semaines, quelques mois à la rigueur, mais jamais plus de six mois, avec un mieux progressif.

Cet accouchement, vous l'avez attendu avec quelle impatience ! Et maintenant que cet enfant que vous avez abrité et protégé vous a quittée, vous avez peut-être l'impression d'un vide à la fois physique et moral ? C'est normal. Toutes les femmes qui viennent d'accoucher ressentent cette impression, plus ou moins marquée. Dans bien des cas, l'allaitement est une bonne chose dans la mesure où il permet aux liens de se renouer. Mais dans d'autres cas il peut augmenter votre fatigue surtout si le bébé ne tète pas bien.

Et puis, vous craignez de ne pas savoir vous occuper de cet enfant qui vous paraît si fragile ? Dites-vous que votre instinct vous guidera avec une sûreté dont vous serez vous-même étonnée. Sachez aussi que votre enfant est plus solide que vous ne croyez, surtout si vous le laissez vous stimuler, vous provoquer. « J'ai eu un bébé merveilleux, j'allais mal et il m'a transformée. » Faites confiance à votre bébé, il peut vous aider.

Cette mélancolie d'après l'accouchement s'accentue lorsque la mère n'est pas envahie dès le premier jour par l'amour·maternel. Si cela vous arrive, ne croyez pas que vous soyez une mauvaise mère. L'amour maternel n'est pas toujours un coup de foudre. Il ne se développe souvent que peu à peu, semaine après semaine.

Prenez chaque jour un moment, après avoir baigné, nourri, changé votre bébé, pour vous asseoir près de lui, lui parler, lui sourire. Ses yeux ne vous voient pas encore bien,

---

1. *Cafard en particulier au moment du sevrage, qui est comme une deuxième séparation de l'enfant, et au moment du retour des règles.*

mais il est très sensible à votre présence. S'il pleure, ne fermez pas la porte de sa chambre, prenez-le dans vos bras. On vous dira que c'est une mauvaise habitude. Est-ce bien sûr ? Lorsqu'un bébé pleure, ce n'est pas par caprice. C'est qu'il a besoin d'une présence, et qu'on s'occupe de lui. Les pleurs, c'est sa manière d'appeler, son premier langage.

Lorsque votre enfant vous adressera son premier sourire, les moments difficiles que vous avez traversés seront oubliés. Lisez ces quelques lignes de France Quéré qui peut-être vous apaiseront : « Tu es là, et j'aime à te serrer dans mes bras, comme dans un songe. J'aime contenir ton épaule dans le creux de ma main, ton corps dans la courbe de mon bras. Voici : une conversation entre nous commence. Pendant des années nous allons bâtir ensemble le grand rêve exaucé ce matin. Notre imagination sera la reine, ta chambre le vert paradis. Nous rirons ensemble, nous jouerons, nous inventerons des histoires, notre vie sera poésie. Si ce n'est pas le bonheur, cela, qu'on me dise comment ça s'appelle. [1] »

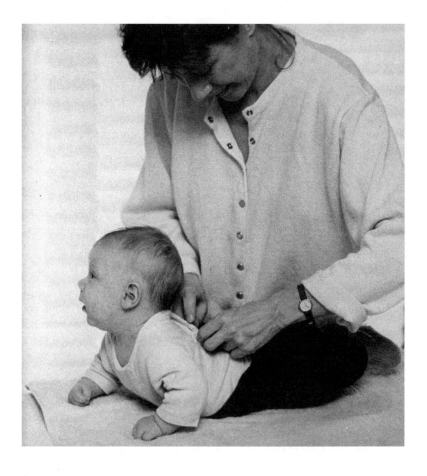

[1]. La femme avenir, *France Quéré. Éditions du Seuil.*

Retravailler

Si vous avez une activité professionnelle, et que la date de reprise du travail dépende de votre décision, vous vous demandez peut-être quand la reprendre : tout de suite ? Un peu plus tard ? Qu'est-ce qui est meilleur pour l'enfant ? Pour vous-même ?

Il est difficile de donner un avis ; s'il est un domaine où le désir personnel, celui du couple, les possibilités financières interviennent, c'est bien celui-là ; on ne peut interférer au milieu de ces considérations. Les circonstances économiques actuelles et le chômage rendent pour certaines le choix encore plus difficile.

Mais si j'étais ministre de la Famille je prendrais avant toute autre la mesure suivante : donner aux mères la possibilité de rester six mois chez elles après la naissance de leur enfant. L'argent pour ? Je mettrais à contribution les ministres intéressés, c'est-à-dire quasiment tous, je gratterais les fonds de tiroir, je lancerais un emprunt...

Une femme ayant apporté à la société un citoyen de plus a bien droit à quelques égards. Or six mois représentent pour elle la possibilité de se remettre complètement en forme, de souffler, et le temps de faire tranquillement la connaissance de son enfant. La société y trouverait son compte.

Des mères veulent retravailler tout de suite, le pouponnage ne les tente pas. D'autres désirent rester un moment chez elles et pour l'enfant et pour elles-mêmes, et elles peuvent le faire matériellement. D'autres enfin le voudraient, mais ne le peuvent financièrement.

De plus, les connaissances actuelles sur le développement du tout jeune bébé, sur sa psychologie, sur la précocité des interactions parents-bébé, entraînent chez les mères qui vont reprendre leur travail doute, culpabilité, regret de passer à côté de moments précieux. Tout ceci n'est pas simple à concilier et à aménager. C'est pourquoi six mois de congé donneraient un vrai choix à toutes les mères sans déranger vraiment leur carrière. Ils donneraient à la mère et à l'enfant la possibilité d'un bon départ.

Je déteste les affirmations dramatiques du genre : « tout est joué à... » d'autant que, vous me l'avez peut-être entendu dire, je le répète assez souvent, rien – sauf cas exceptionnels –, rien n'est jamais joué à quelque moment que ce soit. Je dirais pourtant ceci : les six premiers mois de la vie d'un enfant sont importants, il s'y passe des événements à ne pas manquer pour bien connaître son enfant, sa façon de s'exprimer, ses formidables capacités à réagir, mais aussi sa très grande dépendance.

En général, à six mois, l'attachement a des bases solides, et chez la mère et chez le bébé : ils peuvent partir chacun de leur côté, lui à la crèche, elle à son travail.

Si vous voulez en savoir plus, j'ai parlé longuement du sujet dans *Il ne fait pas bon être mère par les temps qui courent...* (Éditions Stock).

18.

La contraception

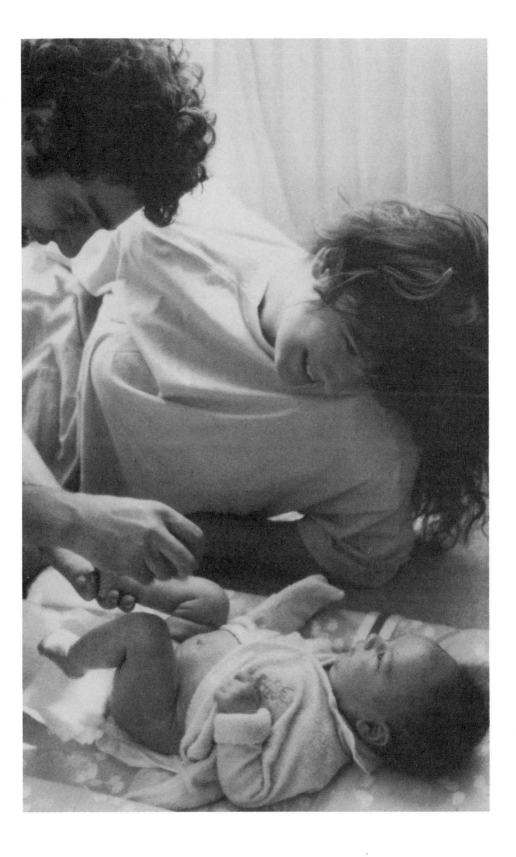

Vous venez d'accoucher et vous êtes toute à la joie de cette naissance. Même si vous avez envie d'avoir d'autres enfants, vous ne souhaitez probablement pas redevenir enceinte trop rapidement. C'est au cours de la consultation post-natale que vous pourrez aborder les problèmes de contraception ; après une naissance les moyens de contraception ne sont en effet pas tous applicables. Ce n'est qu'après le retour de couches que le choix vous sera véritablement offert entre les différents moyens ou méthodes actuels de contraception.

■ Quelques précisions sur la contraception

Les moyens de contraception (ou anticonceptionnels) permettent au couple d'avoir des rapports sexuels sans que puisse survenir une grossesse. Il ne faut pas confondre la contraception avec deux autres moyens d'éviter les naissances :
→ l'interruption de la grossesse à son début, c'est-à-dire l'avortement provoqué ;
→ la stérilisation : intervention chirurgicale pratiquée soit chez la femme (ligature des trompes), soit chez l'homme (ligature des canaux déférents), et qui est pratiquement toujours définitive.

Une des caractéristiques de la contraception est en effet de pouvoir être interrompue à la demande, quand le couple le souhaite. Le désir de limiter les naissances remonte à la plus haute antiquité. Mais les moyens étaient très incertains et il n'y a guère plus d'une trentaine d'années que sont apparues les méthodes vraiment efficaces dont nous allons vous parler.

Ajoutons que la qualité d'une méthode de contraception est jugée en fonction d'un certain nombre de critères que voici :

● L'INNOCUITÉ. Une méthode de contraception ne devrait faire courir aucun risque de santé à la femme, à l'homme ou à l'éventuel enfant à venir.

● L'EFFICACITÉ. On l'exprime habituellement en pourcentage d'échecs. Toutes les méthodes n'ont pas la même efficacité bien que les chercheurs du monde entier essayent de rendre chaque méthode aussi efficace que possible.

● L'ACCEPTABILITÉ. Elle varie avec chaque personne. Telle femme répugne à prendre la pilule, tel homme à utiliser des préservatifs.

● LA RÉVERSIBILITÉ. La méthode de contraception doit pouvoir être interrompue quand le couple souhaite un enfant. Sa fécondité ne doit pas être compromise, c'est pourquoi il est difficile d'envisager la stérilisation comme une méthode de contraception.

Les moyens de contraception s'adressent soit à l'homme, soit à la femme.

La contraception masculine

Longtemps, elle a été la seule pratiquée car la seule efficace. Deux méthodes restent utilisées : le retrait (ou rapport interrompu) et le préservatif.

■ Le retrait

La méthode consiste à interrompre le rapport avant l'émission du sperme (ou éjaculation). Elle a l'avantage de ne nécessiter ni préparation, ni recours à un quelconque instrument.

Elle donne satisfaction à certains couples. Mais on peut lui reprocher :
→ son efficacité relative : 15 à 20 % d'échecs ;
→ sa difficulté d'emploi pour certains hommes qui n'apprécient pas la maîtrise qu'elle réclame. Elle n'est guère à conseiller chez les jeunes, inexpérimentés, et chez ceux qui ont des difficultés sexuelles ;
→ son retentissement parfois sur l'équilibre du couple. Le retrait peut perturber l'harmonie sexuelle et entraîner un sentiment de frustration chez l'un ou l'autre partenaire, notamment chez la femme.

De plus en plus nombreux sont les couples qui ne s'en satisfont plus puisque l'on n'en compte plus que 6 % qui la pratiquent en 1988 contre 18 % en 1978.

■ Le préservatif

Le préservatif masculin reste très utilisé en France : 8 à 10 % des couples l'emploient de façon régulière et 30 % occasionnellement. Récemment ses ventes ont nettement augmenté, mais plus à cause de son rôle préventif des maladies sexuellement transmissibles (en particulier le sida) que d'un changement dans les habitudes de contraception. Les premiers préservatifs ont été fabriqués en Angleterre au XVIIIe siècle avec de l'intestin de mouton. Actuellement ils sont faits en latex, souvent lubrifiés et parfois parfumés. On étudie la possibilité d'y inclure des substances spermicides.

Les avantages principaux du préservatif sont sa totale innocuité et sa facilité d'emploi au cours du rapport lui-même. Ses inconvénients sont d'être mal acceptés par un certain nombre d'hommes et surtout d'entraîner 5 à 8 % d'échecs. Ceux-ci sont exceptionnellement dus à une rupture du préservatif dont la fabrication est pourtant soigneusement contrôlée. Les échecs sont plutôt le fait d'une mauvaise utilisation :
→ emploi de préservatifs à la seule période présumée féconde du cycle, celle-ci étant mal calculée ;
→ mise en place trop tardive juste avant l'émission du sperme ;
→ retrait trop tardif après l'éjaculation.

Malgré tout, le préservatif reste un bon moyen de contraception, surtout à titre de « dépannage » quand telle ou telle autre méthode, plus séduisante, n'est pas momentanément applicable : pendant la période des suites de couches par exemple (voir page 413).

La contraception féminine

Si l'on excepte la douche vaginale (dont l'efficacité est quasi nulle), il existe six méthodes de contraception féminine : l'abstinence périodique (méthode de la température), la méthode Billings, le diaphragme, les spermicides, le stérilet et la pilule.

■ La méthode de la température

Elle mérite de figurer dans les méthodes de contraception féminine puisque c'est la femme qui reconnaît ses périodes de fécondité, mais elle concerne en fait le couple puisqu'elle consiste à n'avoir de rapports sexuels que lorsque la femme est certainement inféconde.

Au premier chapitre vous avez pu voir que la méthode de la température est utilisable pour celles qui désirent un enfant. Elle est également utilisable comme méthode contraceptive. En effet, dans un cas comme dans l'autre, la femme cherche à connaître ses périodes de fécondité et de stérilité.

Vous avez vu au chapitre 1 comment repérer la date de l'ovulation. Celle-ci connue, vous pouvez considérer que vous êtes féconde :
→ 5 jours avant l'ovulation car les spermatozoïdes peuvent rester vivants plusieurs jours après un rapport ;
→ 3 jours après l'ovulation. L'ovule meurt certainement au bout de 24 heures, mais on rajoute 48 heures de sécurité.

C'est donc pendant ces 8 jours qu'il faut s'abstenir de tout rapport sexuel.

Ce laps de temps ne correspond pas à celui qui est indiqué page 29, il est nettement plus long, mais si l'on veut éviter une grossesse il faut compter plus large.

Ainsi comprise la méthode de la température a des avantages incontestables. Elle est naturelle et exclut toute intervention mécanique ou chimique. L'efficacité de la méthode dépend de la manière dont elle est interprétée et utilisée.

La température doit être prise de manière régulière et constante. En effet, si quelques courbes font penser que l'ovulation se produit, par exemple, le 14e jour, on ne peut en conclure qu'il en sera toujours de même à chaque cycle. Un changement de climat, les vacances, un choc affectif, une maladie peuvent avancer ou retarder l'ovulation et aboutir à un échec.

Il faut n'avoir de rapports que dans la période qui suit l'ovulation. (Vous avez vu plus haut que la période fertile commence 5 jours avant l'ovulation.)

Cela laisse supposer que, avant cette date, vous pouvez avoir des rapports sans risques. C'est généralement vrai mais pas toujours puisque l'ovulation peut parfois être avancée. Si cela doit arriver, il n'y a aucun moyen de le prévoir. La date de l'ovulation ne peut être connue avec certitude que quand elle a eu lieu, pas avant.

Appliquée avec soin (température prise régulièrement, rapports uniquement après l'ovulation) la méthode de la température est d'une efficacité presque absolue. Dans les autres cas, le taux d'échec atteint 10 % au moins.

Les inconvénients de la méthode tiennent :

→ au refus de certaines femmes de prendre régulièrement leur température, ce qu'elles considèrent comme une servitude ;

→ à la difficulté d'interpréter correctement certaines courbes (15 % d'entre elles sont ininterprétables) ;

→ et surtout à la limitation de l'activité sexuelle à une période très courte du cycle. Cette contrainte est souvent mal acceptée et les utilisateurs réguliers de cette méthode ne dépassent pas 2 à 3 %.

▬ La méthode Billings

La méthode Billings se rapproche de la précédente, mais au lieu de tenir compte de la température la femme doit apprécier les caractères particuliers de la « glaire cervicale », sécrétion du col utérin qui apparaît dans les quatre à cinq jours précédant l'ovulation ; cette sécrétion favorise l'ascension des spermatozoïdes, donc la fécondation.

Après la fin des règles, il y a souvent (mais pas toujours) une période non fertile que la femme reconnaît par une sensation de sécheresse et l'absence d'écoulement de glaire.

La période fertile vient ensuite, en moyenne 4 à 5 jours avant l'ovulation. La glaire prend un caractère particulier (« filante ») et la femme a la sensation d'être de plus en plus mouillée. Le jour où l'on constate la présence de la glaire fertile (filante, élastique ou lubrifiante) est le jour le plus fertile du cycle. Ce jour, appelé « sommet de fertilité », coïncide de près avec l'ovulation et les rapports ont des chances maximales d'aboutir à une grossesse. Il est important de noter que le sommet ne coïncide pas avec la quantité maximum de glaire ; c'est la qualité de la glaire qui est déterminante pour savoir si on est dans une période féconde. Les femmes se trompent facilement sur ce point.

Quand l'ovulation aura lieu, la glaire deviendra collante, laiteuse, floconneuse, puis sèche pour le reste du cycle. Elle pourra aussi disparaître complètement. C'est la période non fertile.

Cette méthode est basée sur une auto-observation qui doit être bien assimilée (il est préférable qu'elle soit expliquée par un professionnel). Une fois qu'elle est bien comprise, elle est facile d'emploi.

Les couples qui utilisent cette méthode l'apprécient car elle peut être utilisée en toute circonstance : cycles réguliers, irréguliers ou anovulatoires, après arrêt de la pilule, après une naissance, pendant l'allaitement, pendant la pré-ménopause.

Un essai d'un an (1978-1979) mené par l'Organisation mondiale de la santé dans cinq pays différents (Nouvelle-Zélande, Irlande, Inde, Philippines et Salvador) en a démontré l'efficacité : entre 97 et 99 % si elle est appliquée *rigoureusement*. Cependant il faut savoir que des médicaments, en particulier certains tranquillisants, sont capables de modifier l'aspect de la glaire, ainsi que les douches vaginales et les aérosols.

Si vous désirez des détails sur cette méthode, vous pouvez lire :

– *Maîtrise de la fécondité par la méthode naturelle du docteur Billings,* de R. et M. Sentis, Médiapaul, 1988. Livret simple et clair, synthèse des principes essentiels de la méthode Billings. Il est complété par un tableau guide personnel.

– *La Méthode Billings. Le contrôle de la fécondité sans recours aux produits chimiques ou aux dispositifs mécaniques*, de E. Billings et A. Westmore, Médiapaul, 1985. Ce livre présente les fondements scientifiques de la méthode. Ouvrage très documenté mais pas toujours facile à comprendre.

Vous pouvez aussi écrire, pour avoir l'adresse d'une monitrice proche de votre domicile, à A.N.P.F.E.C., Allée Bois Périneau, 78120 Rambouillet. Tél. : 34-85-69-87.

■ Le diaphragme

C'est un appareil en latex, en forme de petite coupe, que la femme place elle-même dans le vagin avant chaque rapport. Il forme ainsi, devant le col, un obstacle à l'ascension des spermatozoïdes. On le recouvre d'une crème ou d'une gelée spermicide afin de doubler la barrière mécanique d'une protection chimique.

Les diaphragmes sont vendus librement en pharmacie mais c'est le médecin qui donnera les conseils pratiques pour la mise en place de l'appareil, et indiquera la taille qu'il faut acheter car elle n'est pas la même pour toutes les femmes.

L'efficacité de la méthode est bonne. Les échecs sont de l'ordre de 8 %. Ils sont habituellement dus :
→ soit à une erreur d'utilisation. Ainsi, par exemple, le diaphragme doit être laissé en place au moins 8 heures après le rapport ;
→ soit à une mise en place défectueuse. Il est nécessaire que vous fassiez contrôler par le médecin que vous placez correctement votre diaphragme ;
→ soit enfin (comme pour le préservatif masculin) à un usage intermittent aux seules périodes présumées fécondes, avec les incertitudes que cela comporte.

Les avantages du diaphragme sont incontestables. Il est, là encore comme le préservatif, d'une totale innocuité et ne fait courir aucun risque à la santé.

Ses inconvénients peuvent tenir :
→ soit à l'impossibilité d'une mise en place correcte, pour des raisons locales (rétroversion de l'utérus, relâchement des muscles du périnée par exemple) ;
→ soit, de la part de certaines femmes, au refus des manipulations locales nécessaires qui leur déplaisent ;
→ soit enfin à la perception du diaphragme par l'homme qui invoque une gêne. Celle-ci peut correspondre à un refus psychologique.

Le diaphragme ne semble guère avoir la faveur des Françaises. Il ne s'en vend qu'environ 50 000 par an.

■ Les produits spermicides

Comme leur nom l'indique, ils ont pour propriété de tuer les spermatozoïdes. Ils se présentent sous des formes diverses.

Les crèmes, gels et mousses sont surtout destinés à être utilisés avec un diaphragme. Ils peuvent être employés seuls (notamment les gels), mais nécessitent alors l'usage d'un applicateur. Les tampons ont l'inconvénient de devoir être retirés après le rapport. Les ovules, par contre, fondent tout seuls dans le vagin.

L'efficacité des spermicides est bonne (95 %) à condition de bien respecter leur mode d'emploi, et surtout d'éviter l'usage du savon et des bains moussants qui annulent purement et simplement leur action. Si l'on veut faire une toilette après le rapport, il est nécessaire d'utiliser des savons ou produits spéciaux faits par les fabricants de spermicides.

L'avantage majeur des produits spermicides réside dans la facilité de leur emploi puisqu'il suffit de les placer dans le vagin immédiatement avant le rapport. Par contre, on les accuse de provoquer parfois des phénomènes d'intolérance locale chez la femme et chez l'homme. Enfin, comme pour le diaphragme, certaines femmes sont rebutées par les manipulations locales nécessaires.

■ Le stérilet

Appelé de plus en plus souvent dispositif intra-utérin (D.I.U.), le stérilet, bien que connu depuis l'Antiquité, doit son développement actuel à l'apparition des matières plastiques : elles ont rendu son insertion facile et sa tolérance excellente. Il existe actuellement de nombreux modèles de formes très variées. Les stérilets « inertes » (faits seulement de plastique) sont progressivement abandonnés au profit de ceux qui sont recouverts de progestérone ou d'un fil de cuivre dont l'efficacité est plus grande. Le stérilet agit en empêchant la nidation de l'œuf.

Un examen gynécologique est indispensable avant la mise en place de l'appareil, afin de dépister les affections locales qui contre-indiquent son emploi : infections du col ou des trompes, polypes, fibromes, etc.

' L'insertion du stérilet ne peut être pratiquée que par un médecin ; en revanche, elle ne nécessite ni hospitalisation ni anesthésie, elle est quasiment indolore. Elle se fait, de préférence, à la fin des règles. Au stérilet est attaché un fil qui sort du col et que vous pouvez sentir dans le vagin avec le doigt. Ceci vous permet de contrôler que votre stérilet est bien en place. S'il est bien toléré, il peut être gardé deux à trois ans. L'efficacité est très grande : on ne compte que 4 à 5 % de grossesses avec les stérilets inertes et 1 à 2 % avec les stérilets au cuivre, qui sont de plus en plus employés.

Quand une grossesse survient, la conduite à tenir diffère selon que cette grossesse « surprise » est acceptée ou non.

Si elle ne l'est pas et qu'on ait recours à une I.V.G., le stérilet est enlevé au cours de l'intervention.

Si la grossesse se poursuit, il est préférable d'enlever le stérilet mais ce n'est possible sans problèmes que si le stérilet n'est pas remonté dans l'utérus et que son fil est encore accessible dans le vagin. Si le stérilet reste en place, la grossesse peut se compliquer (bien qu'exceptionnellement) de pertes de sang et d'infection. Par contre, le stérilet ne semble responsable d'aucun retentissement sur l'état de l'enfant. Le stérilet est généralement expulsé avec le placenta au moment de la délivrance.

Un grand avantage du stérilet est de ne nécessiter aucun soin particulier, aucune précaution, et de permettre ainsi à la femme d'oublier qu'elle utilise un moyen de contraception.

Il a toutefois aussi des inconvénients :

→ dans 10 à 15 % des cas, le stérilet n'est pas supporté. Il est expulsé de l'utérus ou encore entraîne des pertes de sang permanentes qui obligent à le retirer (il faut savoir en revanche que de petites pertes sont fréquentes dans les semaines qui suivent sa mise en place) ;

→ beaucoup plus rarement, on peut voir se développer une infection au niveau de l'utérus ou des trompes ;

→ exceptionnellement, on a décrit des perforations de l'utérus.

Malgré leur rareté, l'existence de ces complications pousse un certain nombre de médecins à déconseiller le stérilet, non seulement aux femmes qui n'ont jamais été enceintes, mais aussi à celles qui désirent d'autres enfants.

Le stérilet a connu un grand essor au cours des dernières années. On évalue le nombre d'utilisatrices à environ 15 millions dans le monde. En France, les utilisatrices de la méthode ont plus que doublé en 10 ans (9 % en 1978 ; 19,1 % en 1988).

▄ La pilule

Devenue le symbole de la contraception, tout a été dit et écrit sur elle, y compris de nombreuses inexactitudes qui n'ont d'ailleurs pas empêché son succès. Actuellement, on compte plus de 100 millions d'utilisatrices dans le monde. En France, elle se situe au premier rang des moyens de contraception (35 %).

La pilule est composée des deux hormones normalement sécrétées par l'ovaire (la folliculine et la progestérone) mais on utilise dans sa fabrication des hormones synthétiques pour abaisser le prix de revient. Il existe en fait plusieurs variétés de pilules. Celle que l'on pourrait appeler « classique » qui contient une dose « normale » de folliculine et qui n'est pratiquement plus utilisée – sauf exception – pour la contraception. Elle a fait place à la *minipilule* qui contient des doses plus faibles de folliculine (d'où son nom) associées à différentes « progestérone », d'où les nombreuses marques de minipilules actuellement existantes. Un autre type de pilule ne contient que de la progestérone (sans folliculine). C'est la *micropilule*.

Comment agit la pilule ? Pour empêcher la fécondation, la pilule agit par trois mécanismes distincts :

→ le plus important est le blocage de l'ovulation ;

→ mais la pilule agit aussi sur la muqueuse utérine (endomètre) qui devient mince, atrophique et impropre à la nidation ;

→ enfin, elle modifie la glaire du col à travers laquelle les spermatozoïdes ne peuvent plus avancer.

Sur ordonnance seulement. Vous ne pouvez prendre la pilule sans l'avis et sans une ordonnance du médecin. C'est à lui de choisir parmi les différentes sortes de pilule celle qui vous conviendra le mieux.

La plupart des pilules sont présentées en boîtes ou en plaquettes de 21 comprimés. Le premier comprimé se prend le 3e jour des règles et chaque jour après pendant 21 jours. S'il s'agit d'une minipilule, on la prendra dès le premier jour des règles. Peu importe le moment de la journée, à condition que ce soit régulièrement à peu près à la même heure afin d'éviter les oublis. Lorsque les 21 comprimés ont été pris, le traitement est arrêté pendant 7 jours. Les règles arriveront (quel qu'ait été le cycle auparavant) pendant cette période. Elles seront souvent moins abondantes qu'habituellement.

Le huitième jour, vous entamez une nouvelle plaquette et vous recommencez un traitement de 21 jours.

La micropilule se prend différemment, c'est-à-dire chaque jour et sans aucune interruption de 7 jours.

La pilule doit être prise très régulièrement, car si l'oubli d'un comprimé pardonne pratiquement toujours avec la pilule classique, il risque de ne pas pardonner avec la minipilule, et encore moins avec la micropilule. Après deux jours d'oublis consécutifs (et a fortiori davantage), il est préférable, quelle que soit la pilule (classique ou mini), de tout arrêter, d'éviter les rapports sexuels et de recommencer une nouvelle plaquette dès les règles suivantes.

Vous pouvez avoir des rapports sans risque dès le premier jour de pilule. Et vous êtes à l'abri d'une grossesse même pendant les 7 jours d'interruption entre deux plaquettes. Vous pouvez prendre la pilule pendant plusieurs années à condition de faire pratiquer un examen médical de contrôle au moins une fois par an.

Avantages de la pilule. De nombreuses femmes apprécient la simplicité et la facilité de ce mode de contraception qui les libère de toute action locale, et permet de dissocier la contraception de l'acte sexuel.

Mais l'avantage majeur de la pilule réside dans son efficacité qui est pratiquement absolue, avantage que ne peut lui disputer aucun autre moyen actuel de contraception. Rappelons cependant que cette efficacité nécessite une grande rigueur dans la prise des comprimés, surtout s'il s'agit d'une minipilule.

Les exceptionnelles grossesses observées sont la conséquence :
→ soit d'un oubli ;
→ soit de la diminution d'efficacité de la pilule par la prise simultanée de certains médicaments : barbituriques, anti-épileptiques, antibiotiques, antituberculeux, par exemple ;
→ soit de l'emploi d'une micropilule dont l'efficacité est moindre que celle de la minipilule (1 % de grossesses environ).

Les incidents. Décrits surtout avec les premières pilules, ils sont devenus moins fréquents avec les pilules moins dosées.
Il peut s'agir :
→ de troubles digestifs : nausées, vomissements, « crises de foie » qui rappellent beaucoup les symptômes de début d'une grossesse ;
→ de troubles nerveux : angoisse, nervosité, irritabilité qui apparaissent surtout chez les femmes à tendance dépressive ou « mal dans leur peau » ; ou de troubles de la libido : diminution du plaisir, du désir ;
→ de gonflement des seins ;
→ de petites pertes de sang entre les règles.

Aucun de ces troubles n'est grave. Ils disparaissent presque toujours spontanément au bout de 2 ou 3 cycles de traitement. Il est rare qu'ils nécessitent un changement de pilule. D'ailleurs, pour beaucoup d'entre eux, ils semblent moins traduire une intolérance à la pilule qu'un refus psychologique inconscient de ce moyen de contraception.

Une prise anormale de poids est particulièrement redoutée par de nombreuses femmes. En fait, les nouvelles pilules faiblement dosées n'ont pratiquement aucune influence sur le poids, tout au plus la pilule peut-elle être accusée, dans les premiers mois, d'augmenter l'appétit.

Contrairement à ce que l'on a dit, la pilule n'a pas d'action sur la chute des cheveux. Elle a plutôt une action favorable sur l'acné. Elle est parfois responsable de l'apparition d'une pigmentation anormale, identique au masque de la grossesse, qui ne disparaît qu'avec l'arrêt du traitement.

Les accidents. On a accusé la pilule de donner le cancer. Or les statistiques sont formelles sur ce point : on n'observe pas plus de cancers utérins ou de cancers du sein chez les utilisatrices de la pilule que dans la population générale. En revanche, l'existence d'une lésion suspecte est une contre-indication à l'emploi de la pilule.

Le seul véritable risque est vasculaire. C'est d'une part celui de thrombose, c'est-à-dire de formation de caillot dans les veines ou les artères. Ce risque est statistiquement minime (1/50 000 environ) mais il existe. Il en est de même du risque d'infarctus du myocarde qui semble plus fréquent que dans la population générale. Ces risques semblent d'ailleurs plus fréquents chez les femmes de 40 ans et plus, et chez celles qui présentent des anomalies des graisses du sang. C'est pourquoi la surveillance médicale des femmes prenant la pilule doit comprendre une prise de sang au moins une fois par an. Et ces risques semblent particulièrement importants chez les femmes qui fument.

Que se passe-t-il à l'arrêt de la pilule ? Le premier cycle qui suit l'arrêt de la pilule est souvent anormalement long avec une ovulation retardée. Si vous ne souhaitez pas être enceinte, prenez d'autres précautions que les précautions habituelles de dates. Vous risqueriez d'être surprise. Ce sont d'ailleurs ces troubles de l'ovulation avec risques de grossesse qui sont à l'origine d'une légende : la femme serait plus féconde après arrêt de la pilule. Ce qui est inexact.

Si vous souhaitez devenir enceinte, n'ayez aucune inquiétude :
→ la pilule n'a aucune action sur l'enfant à venir. Les enfants malformés ne sont pas plus nombreux que chez les autres femmes ;
→ la pilule n'a jamais augmenté le nombre de grossesses gémellaires ; ce sont des médicaments à base d'hormones provoquant l'ovulation qui peuvent favoriser les grossesses plus nombreuses.

Il est cependant préférable d'attendre deux cycles pour que l'appareil génital ait retrouvé ses caractéristiques habituelles.

Le choix d'un moyen de contraception

Après l'accouchement, pour plusieurs raisons, le choix d'un moyen de contraception est différent avant et après le retour de couche.

■ Dans la période des suites de couches

Contrairement à ce que croient de nombreux couples, les suites de couches ne représentent pas une période toujours infertile. Certes, il est rare de voir survenir une ovulation, surtout chez les femmes qui allaitent, mais ce n'est pas absolument impossible. Aussi certaines précautions sont-elles conseillées pour ne pas être enceinte.

Quelques méthodes restent toujours applicables.

→ L'établissement de votre courbe de température (voyez au 1er chapitre). Vous ne devrez avoir de rapports qu'après l'élévation de température marquant l'ovulation. L'inconvénient de cette méthode est que, si vous n'avez pas d'ovulation jusqu'au retour de couches, vous ne pourrez avoir de rapports pendant cette période.

→ Le rapport interrompu.

→ Le préservatif masculin.

→ Les spermicides.

D'autres méthodes nécessitent un avis médical.

→ L'utilisation d'un diaphragme est difficile sinon impossible tant que les organes génitaux ne sont pas revenus à la normale.

→ Si la mère n'allaite pas, la pilule peut être prescrite dès le 15e jour après l'accouchement (elle est inutile avant). Il arrive cependant que cette prise précoce perturbe la période des suites de couches (pertes de sang intempestives) et la date de survenue du retour de couches.

En cas d'allaitement maternel, les minipilules actuellement utilisées ne modifient pas la composition du lait et n'ont donc pas de conséquences pour le bébé. Par contre, on les a accusées de diminuer la sécrétion lactée. Elles sont donc contre-indiquées dans le cas d'un allaitement difficile.

Pour toutes ces raisons beaucoup de médecins déconseillent encore la prise de pilule jusqu'au retour de couches.

→ Stérilet : il est possible de placer un stérilet dans les suites de couches immédiates, mais il n'est pas impossible que l'on observe alors un grand nombre de complications (perforations utérines, rejets du stérilet), et un taux plus important d'échecs (grossesse). C'est pourquoi un certain nombre de médecins préfèrent attendre un mois pour poser un stérilet même si le retour de couches n'a pas eu lieu.

En pratique, dans la période des suites de couches, le plus simple est d'adopter une méthode de contraception temporaire (préservatif ou spermicide) et de reporter le choix définitif à plus tard.

■ Après le retour de couches

Tous les moyens vous sont maintenant offerts, mais il n'est pas toujours facile de choisir. Chaque méthode de contraception a des avantages et des inconvénients, et votre choix sera la conséquence d'un compromis.

Je dis votre choix car c'est à vous et à votre mari de choisir, et non au médecin.

Bien sûr, il est indispensable que vous ayez avec lui une conversation et qu'il vous examine. Mais son rôle est essentiellement de vous informer des moyens qu'il peut mettre à votre disposition. Ce n'est que rarement qu'il aura à vous déconseiller, pour des raisons médicales qui vous sont propres, tel ou tel moyen de contraception. Par exemple, il ne vous prescrira pas de pilule si vous avez des antécédents de phlébite ou si vous avez l'habitude de fumer ; il ne vous mettra pas de stérilet si vous avez un fibrome ou si vous désirez d'autres enfants.

Dans les cas (les plus fréquents) où vous n'avez ni maladie générale ni maladie locale, tous les choix vous sont offerts. Les critères de choix vous sont en effet personnels ; ils dépendent du nombre de vos enfants, de votre situation matérielle, de votre vie sexuelle, de votre caractère, de votre psychologie.

En fait, dans de nombreux cas, ce qui rend le choix difficile, c'est moins l'hésitation entre les avantages et les inconvénients des différents moyens de contraception qu'une certaine réticence profonde et souvent inconsciente à la contraception elle-même. Les causes de cette résistance sont nombreuses et complexes, et je me contenterai d'en citer quelques-unes : peur du caractère éventuellement nocif de la contraception, sentiment de culpabilité devant la possibilité d'avoir une vie sexuelle sans risque, convictions religieuses, etc. Il est nécessaire de prendre conscience des raisons profondes de ces réticences.

La contraception demain

L'absence actuelle du moyen idéal de contraception, la place que celle-ci prend progressivement dans la vie moderne et, il faut bien le dire, l'importance des intérêts financiers en jeu font que, dans le monde entier, on cherche à mettre au point des techniques encore plus efficaces et mieux tolérées, moins contraignantes que celles dont nous disposons actuellement.

Ces recherches se font dans des directions très variées et il est bien difficile de dire aujourd'hui ce que sera la contraception de demain.

Les stérilets ont été très améliorés depuis vingt ans. L'adjonction de cuivre ou d'hormones (progestérone) en ont augmenté l'efficacité, mais celle-ci n'est pas absolue.

Dans le domaine hormonal, les recherches sont extrêmement nombreuses. Les principales d'entre elles concernent :

→ L'amélioration de la pilule actuelle. Mais on ne peut diminuer indéfiniment les doses d'hormones car l'efficacité ne serait plus absolue.

→ La pilule du lendemain. A condition d'être prises dans les 24 à 48 heures suivant le rapport possiblement fécondant, de fortes doses d'hormones peuvent empêcher la nidation de l'œuf donc la grossesse. Toutefois, la fréquence des effets secondaires (troubles digestifs et troubles des règles) fait qu'on ne peut utiliser qu'exceptionnellement cette méthode.

→ La pilule du mois ou du trimestre : elle repose sur le même principe que la pilule actuelle, mais les hormones sont administrées en injections intramusculaires. Elle est en expérimentation dans certains pays.

→ L'administration de substances empêchant l'action de l'hormone de grossesse (appelées antihormones). L'expérimentation commence en France.

→ On expérimente aussi soit l'action d'anneaux placés dans le vagin et libérant des hormones jour après jour (leur durée d'action serait de 3 mois environ), soit celle d'implants de progestérone dont l'efficacité serait plus longue (2 à 3 ans).

Chez l'animal, on a pu immuniser la femelle contre les spermatozoïdes du mâle. Des études sont en cours dans l'espèce humaine.

Chez l'homme, il existe de nombreux produits capables d'inhiber la production des spermatozoïdes. On étudie aussi la possibilité d'obstruer transitoirement les canaux déférents pour barrer le passage aux spermatozoïdes. Il faut toutefois remarquer que toutes ces méthodes « masculines » rencontrent une opposition psychologique fréquente auprès des éventuels utilisateurs.

En fait, aucune de ces méthodes ne semble susceptible d'avoir des applications pratiques dans un avenir proche, et vous n'avez pour le moment à votre disposition que les moyens décrits plus haut.

19.

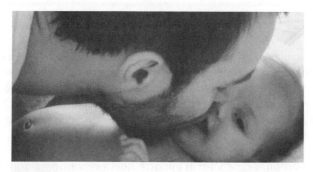

Mémento pratique

40 pages de renseignements pratiques

Avant la naissance d'un enfant, on se pose de nombreuses questions pratiques. Quand passer le premier examen prénatal ? – Lorsque les parents ne sont pas mariés, quand le père et la mère peuvent-ils reconnaître l'enfant ? Ensemble ? Séparément ? – Comment s'y retrouver dans le dédale des textes administratifs ? – Que doit comprendre la layette de base du bébé ? – Y-a-t-il une date limite pour la déclaration de naissance ? etc. Voici le sommaire de ce chapitre.

- LE PRÉNOM. Est-on libre de choisir n'importe quel prénom pour son enfant ? Quels sont les prénoms les plus souvent donnés aujourd'hui ? Page 419.
- LE NOM. L'enfant peut-il porter le nom de son père et celui de sa mère ? Qu'est-ce que le nom d'usage ? Page 421.
- LORSQUE LES PARENTS NE SONT PAS MARIÉS. La reconnaissance de l'enfant. Qui détient l'autorité parentale ? Quel nom va porter l'enfant ? Page 422.
- COMMENT CHOISIR L'HÔPITAL OU LA CLINIQUE ? Que mettre dans votre valise et celle de Bébé ? Page 423.
- CE DONT VOTRE ENFANT AURA BESOIN. Composition de la layette. Choisir le berceau, le lit, le landau. Les produits nécessaires pour la toilette. Page 425.
- SÉCURITÉ SOCIALE ET PRESTATIONS FAMILIALES. Dix pages très claires pour connaître tous vos droits, toutes vos obligations. Les examens médicaux. Le congé de maternité : durée, cas de prolongation (s'il y a des triplés, congé des agricultrices, des professions libérales...). Réponses à quelques questions sur la vie professionnelle. Page 430.
Les différentes allocations et leurs conditions : jeune enfant, parentale d'éducation, familiales, déménagement. Page 437.
- SI VOUS ÊTES SEULE : centres maternels, livret de famille. Page 441.
- AIDES FAMILIALES, ASSISTANTES MATERNELLES, CRÈCHES, pouponnières, employées de maison, jeunes filles au pair. Page 443.
- 50 ADRESSES UTILES pour les futurs parents et les parents. Page 446.
- LES LECTRICES BELGES ET SUISSES trouveront respectivement page 447 et page 450 tous les renseignements sur la protection de la maternité dans leur pays.
- L'AIDE MÉMOIRE DE VOTRE GROSSESSE résume mois par mois : la croissance du bébé, les examens médicaux à faire, les formalités à remplir, les préparatifs divers. Pages 452 à 455.

Toutes les adresses et numéros de téléphone que nous indiquons ont été soigneusement vérifiés, ce qui est indispensable pour une bonne information. Nous constatons régulièrement qu'au moins 25 % des adresses et des numéros changent chaque année.

Le prénom

« Pourquoi m'as-tu donné ce prénom ? » Cette question, votre enfant peut vous la poser et elle vous mettra peut-être dans l'embarras. Certains parents n'auront pas de problème pour répondre : c'est le prénom de l'oncle ou du grand-père ; d'autres, par contre, ne sauront pas trop quoi dire : « Cela nous est venu comme ça ; Nicolas (ou Marie) nous plaisait. » Et puis, en y réfléchissant, ils se souviendront peut-être avoir vu, un peu avant la naissance un bébé sympathique qui se prénommait Nicolas ou Marie.

Le choix n'est jamais neutre. Il peut avoir un rapport direct avec l'histoire familiale ou personnelle, c'est le cas des exemples précédents. On peut en citer d'autres : dans bien des familles il est de tradition de donner au fils aîné les prénoms de ses deux grands-pères. Si le grand-père paternel s'appelle Louis et le grand-père maternel Robert, l'aîné du fils aîné du côté paternel recevra les prénoms de Louis et Robert. Un cas extrême et probablement unique est celui de la famille allemande des princes Reuss : depuis le XIIe siècle, en signe de respect envers leur cousin de l'époque, l'empereur germanique Henri VI, fils de Frédéric Barberousse, le prénom d'Henri a été et est encore le seul donné aux hommes de cette famille. Pour les distinguer les uns des autres, un numéro d'ordre leur est donné à la naissance et à chaque siècle on recommence à 1 : Henri V Reuss, né en 1921 est le fils d'Henri XXXV né à la fin du XIXe siècle.

Le choix peut aussi avoir une origine indirecte et correspondre à des choix religieux, philosophiques, et même politiques. Les familles catholiques choisissent souvent des prénoms du Nouveau Testament : Jean, Philippe, Jacques, Marie, Anne. Les familles juives choisissent des prénoms tirés de l'Ancien Testament : Sarah, Jérémie, Samuel ou Isaac, comme aussi beaucoup de familles protestantes. Il faut d'ailleurs remarquer que ces prénoms tirés de la Bible connaissent une certaine vogue, en particulier David et Simon.
La Révolution a vu naître des Liberté, des Égalité, des Kléber, des Marceau, la guerre de 14 des Fochette, des Joffrette et même des Verdun, pour les garçons !
La vogue de l'écologie a mis à l'honneur les noms de fruits ou de fleurs et la résurgence des nationalismes, qu'ils soient bretons, corses ou occitans, voit naître des petits Colomban et des petites Iseult.

Lorsque vous chercherez un prénom pour votre bébé, vous aurez le choix parmi les 2 000 prénoms simples couramment employés et les infinies combinaisons qu'offrent les prénoms composés. Et pourtant sachez [1] que, malgré cette abondance, quel que soit le moment considéré, seuls dix prénoms (pour chaque sexe) désignent entre un quart et un tiers des nouveau-nés, et que vingt ans plus tard, aucun de ces prénoms ne sera plus à la mode !

Depuis quelques années le prénom est de plus en plus utilisé dans les rapports sociaux. A peine a-t-on fait connaissance, qu'on l'utilise. Cette habitude nous vient d'Amérique. Ainsi, la première fois que j'ai rencontré T. Berry Brazelton, dont je venais de publier un livre, il m'a dit sur le pas de la porte « Hello, Laurence ». Au premier abord cela m'a étonnée, mais j'ai vite trouvé cela plus simple, et surtout plus sympathique.

Les prénoms d'aujourd'hui répondent de plus en plus à un souci d'originalité. Mais ce prénom, original ou classique, l'enfant va le porter toute sa vie (à moins qu'il ne décide d'en changer et il lui faudra alors des raisons très sérieuses). Peut-il avoir une influence sur la personnalité de l'enfant et ses relations avec les autres ? Certainement, c'est pourquoi il importe d'y réfléchir avant, et de ne pas être pris de court à la naissance au point d'accepter, comme cela s'est vu, le premier prénom que le médecin vous suggérera. Ce prénom, votre enfant devra le prononcer et l'entendre des milliers de fois à l'école, et plus tard. Il n'y a pas de « bon choix » et avant toute chose, il faut laisser parler ses préférences.

Le prénom est une sorte de cadeau que les parents font à l'enfant à sa naissance (les Anglais d'ailleurs disent « given name », nom donné) et ce cadeau, il faut que les parents aient vraiment plaisir à l'offrir. Mais on ne choisit bien quelque chose qu'en le soupesant et en le comparant. Alors n'hésitez pas à en parler d'abord entre vous, puis autour de vous, avant d'arrêter définitivement votre choix. Mais souvent, c'est la première idée, la vôtre, qui vous semblera la meilleure. Après avoir recueilli les avis des autres, faites confiance à votre propre jugement.

◾ Ce qu'il faut savoir

● Les parents peuvent librement choisir le(s) prénom(s) de leur enfant sous réserve de l'intérêt de ce dernier (Loi du 8 janvier 1993 relative à l'état civil, à la famille et aux droits de l'enfant et instituant le juge aux affaires familiales).

---

1. Comme le précisent Philippe Besnard et Guy Desplanques dans leur livre *La cote des prénoms en 1994,* éditions Balland.

Cependant, lorsque ces prénoms ou l'un d'eux, seul ou associé aux autres prénoms ou au nom, lui paraissent contraires à l'intérêt de l'enfant (prénom ridicule, péjoratif ou grossier), ou au droit des tiers à voir protéger leur patronyme [1], l'officier d'état civil en avise sans délai le procureur de la République qui peut saisir le juge aux affaires familiales. Si ce dernier estime que le prénom n'est pas conforme à l'intérêt de l'enfant, ou méconnaît le droit des tiers à voir protéger leur patronyme, il en ordonne la suppression sur les registres de l'état civil. Il attribue, le cas échéant, à l'enfant un autre prénom et la mention de la décision est portée en marge des actes de l'état civil de l'enfant.

● La loi du 8 janvier 1993, permet de changer de prénom à toute personne qui justifie d'un intérêt légitime : crainte de persécution religieuse ou raciale, peur du ridicule ou désir de faire légitimer le prénom sous lequel on s'est fait connaître. L'intéressé ou son représentant légal (si l'intéressé est privé de sa capacité civile) adresse sa requête au juge aux affaires familiales. L'adjonction ou la suppression de prénom peut pareillement être décidée. Si l'enfant est âgé de plus de treize ans, son consentement personnel est requis. La mention des décisions de changement de prénoms est portée en marge des actes de l'état civil de l'intéressé.

● Il peut arriver que l'administration de la maternité commette une erreur en inscrivant le prénom de l'enfant à sa naissance. La demande de rectification doit être faite auprès du procureur de la République, mais ne nécessite pas d'action judiciaire.

■ Les derniers sondages disent...

Nous avons fait un sondage pour savoir quels étaient en ce moment les prénoms le plus souvent choisis. Voici les résultats.

Des prénoms souvent donnés : Adeline, Alice, Amandine, Charlotte, Chloé, Claire, Joséphine, Julia ou Julie, Laura, Léa, Lucie, Manon, Margaux ou Margot, Marine, Marion.

et pour les garçons : Alexis, Anthony, Antoine, Benjamin, Clément, Florian, Guillaume, Julien, Mathieu, Maxime, Nicolas, Rémi ou Rémy, Romain, Thibault, Thomas, Valentin, Vincent.

Des prénoms du siècle dernier comme : Adélaïde, Agathe,

Amélie, Bérengère, Camille, Clémence, Constance, Delphine, Émilie, Justine, Mathilde, Mélanie, Pauline ;
Adrien, Arthur, Augustin, Gaspard, Justin, Rodolphe, Théophile.

Des prénoms d'héroïnes ou de héros de la littérature : Anaïs, Armance, Élise, Emma, Juliette, Ninon, Virginie ;
Damian, Hugo, Quentin, Tristan.

Des prénoms venus d'ailleurs :
● d'Italie : Laetitia, Maria-Pia ;
César, Côme ;
● de Russie et de Grèce : Anastasia, Elsa, Natacha, Sonia, Sophie, Tatiana ;
Alexandre, Boris, Constantin, Cyrille, Dimitri, Igor, Stanislas, Vladimir.

Et aussi : Audrey, Astrid, Cindy, Jennifer, Leslie, Maeva, Vanessa, Victoria ;
Florian, Grégory, Kévin.

Des formes anglaises de prénoms français : Alicia, Alison, Laureen, Priscilla, Tiffany ;
Geoffrey, Jérémy, Michaël.

Des prénoms bretons : Armelle, Gaëlle, Morgane ;
Erwan, Loïc, Yann, Yannick.

Des prénoms de la Bible : Deborah, Jessica, Myriam, Rachel, Rebecca, Sarah ;
David, Jonathan, Samuel, Simon.

Des prénoms de fleurs : Anémone, Capucine, Églantine, Fleur (Flore), Hyacinthe, Iris, Rose.

Et toujours : Anne, Catherine, Céline, Christine, Danielle ou Danièle, Françoise, Hélène, Isabelle, Jeanne, Laurence, Monique, Valérie.

Et du côté des garçons : Alain, André, Bernard, Christophe, Daniel, Éric, Frédéric, Jacques, Laurent, Michel, Olivier, Philippe, Pierre, Thierry.

Et bien sûr : Marie, le grand vainqueur toutes catégories et Jean, le prénom classique toujours donné. Avec des composés : Marie-Camille, Marie-Laure, etc., et surtout Jean-Baptiste.

Pour en savoir plus, vous pouvez lire *Un prénom pour toujours*, de Philippe Besnard et Guy Desplanques (éditions Balland). Cet ouvrage est instructif : il s'attache à rechercher l'origine des prénoms, il analyse leur durée de vie, et pour un grand nombre d'entre eux donne leur cote de l'année.

A l'heure de l'Europe, vous pouvez lire *L'officiel des prénoms d'Europe*. 33 000 prénoms classiques, exotiques, originaux de Catherine et Philippe Raguin, aux Éditions Marabout.

---

1. Ce serait, par exemple, le cas d'un prénom susceptible d'entraîner une confusion avec une personne connue.

Le nom

Plusieurs lectrices et lecteurs m'ont posé des questions à propos du nom, ce que nous appellons habituellement le nom de famille, et qui s'appelle en fait le nom patronymique (de « nom du père ») : sa transmission, les possibilités de changement au moment du mariage, etc. Voici quelques renseignements.

Le nom que nous garderons toute notre vie est celui que nous recevons à notre naissance, notre nom patronymique : « Aucun citoyen ne pourra porter de nom ni de prénom autre que ceux exprimés dans son acte de naissance » (loi du 6 fructidor An II).

En dehors des changements par voie administrative, devant le Conseil d'État (par exemple lorsqu'il s'agit d'un nom ridicule ou mal sonnant, ou encore de la francisation d'un nom étranger), aucune modification du nom patronymique ne peut intervenir.

Le changement de nom est autorisé par décret. La mention des décisions de changement de nom est portée en marge des actes de l'état civil de l'intéressé et, le cas échéant, de ceux de son conjoint et de ses enfants. Le texte de référence est celui de la Loi du 8 janvier 1993.

Mariage et nom

Le mariage est sans effet sur le nom des époux qui continuent d'avoir pour seul nom officiel celui qui est inscrit sur leur acte de naissance. Toutefois, chacun des époux peut utiliser dans la vie courante, s'il le désire, le nom de son conjoint, en l'ajoutant à son nom propre, ou même, pour la femme, en le substituant au sien : c'est ce qu'on appelle le nom d'usage.

Isabelle Laurent et Alain Martin sont mariés. Isabelle Laurent sera toujours Madame Isabelle Laurent, mais elle peut choisir de se faire appeler Madame Martin ou Madame Laurent-Martin ou encore Martin-Laurent ; et son mari peut aussi choisir de se faire appeler Monsieur Martin-Laurent ou encore Laurent-Martin.

La brochure *La vie en couple : le guide du couple* éditée par le Centre national d'information et de documentation des femmes et des familles (C.N.I.D.F.F.), 7, rue du Jura, 75013 Paris, 96 pages (45 F sur place ou 53 F par correspondance) contient une multitude d'informations juridiques et pratiques.

Si vous épousez un Européen n'hésitez pas à téléphoner au C.N.I.D.F.F. Tél. : (1) 43.31.12.34. L'équipe vous donnera des informations utiles pour connaître vos droits (selon les pays : garder ou non votre nom, l'accoler à celui de votre mari ; votre nationalité) et ceux de vos enfants (leur nationalité, l'autorité parentale).

Le nom d'usage

Le mariage n'est pas la seule situation qui permette le nom d'usage.

● Toute personne majeure peut ajouter à son nom le nom de celui de ses parents qui ne lui a pas transmis le sien.

Paul Leroy, fils de Jean Leroy et de Madeleine Leroux peut décider de se faire appeler Paul Leroy-Leroux.

● L'enfant peut également porter le nom de ses deux parents accolés.

Les époux Anne Dubois et Jacques Dubac peuvent décider que leur fils Laurent aura pour nom d'usage Laurent Dubac-Dubois.

A propos du nom de l'enfant, voyez aussi page 422 *Lorsque les parents ne sont pas mariés.*

Pour tous ces exemples que je viens de mentionner, il y a en général plusieurs possibilités de nom d'usage (notamment dans le cas du mariage), mais nous ne pouvons les mentionner toutes, car les différentes combinaisons de noms d'usage obéissent à des règles précises qu'il serait trop long d'énumérer[1].

Pour terminer, j'ajoute, et c'est un point important, que le nom d'usage peut figurer sur les documents administratifs (carte d'identité, passeport), mais ne peut être inscrit sur les registres d'état-civil ou sur le livret de famille : le nom patronymique sera toujours le seul à y figurer et le seul à pouvoir être transmis aux descendants.

Si vous vous intéressez à l'origine et à l'usage des surnoms, des sobriquets, à la signification des noms de familles en France, vous lirez avec grand plaisir le livre de Jacques Cellard, *Trésors des noms de familles,* Paris, Éditions Belin, 1987.

Et si cela vous amuse de partir à la recherche de vos ancêtres, je vous conseille ce livre, qui s'appelle d'ailleurs *A la recherche de vos ancêtres,* de Yann Grandeau, Éditions Stock, et qui vous indiquera la marche à suivre.

---

1. Si cela vous intéresse, vous pouvez vous reporter à la circulaire du 26 juin 1986 publiée au *Journal officiel* du 3-7-1986, pages 8245 et suivantes (le *Journal officiel* peut se consulter dans toutes les bibliothèques).

Lorsque les parents ne sont pas mariés

Voici quelques renseignements à propos de cette situation[1].

La filiation de l'enfant

L'enfant dont les parents ne sont pas mariés a le statut d'enfant naturel. Contrairement à l'enfant d'un couple marié, l'établissement de la filiation n'est pas automatique et nécessite l'une des démarches suivantes : la reconnaissance - qui est le moyen le plus couramment utilisé -, la possession d'état, l'action de recherche en paternité ou maternité.

● *La reconnaissance* est un acte personnel et volontaire. Elle peut résulter d'une déclaration faite devant un officier d'état civil dans n'importe quelle mairie ; elle peut se faire avant la naissance sur présentation d'une pièce d'identité et du carnet de maternité ; elle peut aussi se faire au moment de la naissance, et à tout moment de la vie de l'enfant, sur présentation d'une pièce d'identité ou de l'acte de naissance de l'enfant. Cette reconnaissance peut également résulter d'un acte notarié.

La reconnaissance de l'enfant peut être faite soit par le père, soit par la mère, soit par les deux parents.

Si c'est le père qui effectue la reconnaissance prénatale, il doit indiquer le nom de la mère et la date approximative de la naissance. L'avantage de cette reconnaissance prénatale est d'établir la filiation de l'enfant même si le père décède avant la naissance, et de préserver ainsi les futurs droits successoraux.

● *La possession d'état* est caractérisée par un ensemble de faits permettant d'établir une filiation entre un individu et la famille à laquelle il est dit appartenir (nom, éducation, entretien, réputation...), quand il est manifeste aux yeux de tous qu'une femme et un homme ont (ou ont eu) un comportement de mère ou de père à l'égard de l'enfant. Dans ce cas, pour faire établir la filiation, il faut s'adresser au juge des tutelles (Tribunal d'Instance) qui délivre un acte de notoriété sur la foi des déclarations de plusieurs témoins. Cette démarche peut être effectuée à tout moment, par les parents, ou par l'enfant lui-même à sa majorité.

● *L'action de recherche en paternité* n'est possible que dans des cas prévus par la loi : existence de « présomptions ou indices graves » de cette paternité à l'encontre d'un homme qui n'a pas effectué de reconnaissance volontaire. Pendant la minorité de l'enfant, cette reconnaissance peut être exercée par la mère. Seul le tribunal de Grande Instance est compétent. Cette démarche doit être effectuée dans les deux ans qui suivent la naissance, ou dans les deux ans qui suivent la fin du concubinage, ou à la cessation de l'entretien de l'enfant par le père. L'enfant peut encore intenter l'action dans les deux ans qui suivent sa majorité.

● *L'action à fins de subsides,* fondée sur la responsabilité de l'homme qui a eu des relations sexuelles avec la mère pendant la période de conception de l'enfant, a pour résultat d'obliger cet homme à verser une pension alimentaire pour l'enfant ; mais cette action n'a pas pour but, ni pour effet, d'établir le lien de filiation. L'enfant pourra lui-même exercer cette action dans les deux ans qui suivent sa majorité si la mère ne l'a pas exercée pendant sa minorité.

● *L'action de recherche en maternité* peut être exercée lorsque la filiation de l'enfant n'a pas été établie vis-à-vis de sa mère. L'enfant peut, en principe, engager cette action s'il existe des « présomptions ou indices graves » relatifs à sa filiation maternelle. Toutefois, lors de son accouchement, la mère peut demander que son identité soit gardée secrète (c'est l'accouchement sous X). Dans ce cas, la filiation ne pourra être établie.

Ces procédures - recherche en paternité ou maternité, action à fins de subsides - nécessitent l'intervention d'un avocat. En cas de ressources limitées, il est possible de bénéficier de l'aide judiciaire totale ou partielle, c'est-à-dire de la gratuité, ou quasi gratuité, de la procédure.

● Si le père a reconnu l'enfant, il doit contribuer à son entretien. S'il ne le fait pas volontairement, la mère peut s'adresser au tribunal d'instance dont dépend son domicile pour obliger le père à lui verser une pension alimentaire.

L'autorité parentale.

Elle peut être définie comme un pouvoir reconnu au père et à la mère sur leur enfant, pouvoir qui est exercé pour le protéger dans sa sécurité, sa santé et sa moralité. Les parents ont à l'égard de leur enfant un droit et un devoir de garde, de surveillance et d'éducation.

● L'autorité parentale est exercée *en commun* par le père et la mère dans l'un des cas suivants :
→ s'ils ont reconnu, en même temps ou successivement, l'enfant avant qu'il ait atteint l'âge d'un an et s'ils vivaient ensemble au moment de la reconnaissance (la communauté de vie est justifiée par un acte délivré par le juge aux affaires familiales) ;
→ s'ils font une déclaration conjointe, devant le juge aux affaires familiales, pour exercer l'autorité parentale en commun ;
→ si le juge, saisi par le père, la mère, ou le procureur de la République, décide cet exercice en commun.
● Si *un seul* des parents a reconnu l'enfant, c'est ce parent qui exerce l'autorité parentale.

1. Sur ce sujet, vous pouvez lire de Mireille Dewevre-Fourcade, *Le concubinage*, P.U.F., « Que sais-je » ?, n° 2452.

● L'autorité parentale est exercée par *la mère* lorsque la reconnaissance du père est intervenue en l'absence de vie commune, ou après que l'enfant a atteint l'âge d'un an.

● Mais dans tous les cas, le juge aux affaires familiales peut, à la demande de la mère, du père, du procureur de la République, modifier les conditions d'exercice de l'autorité parentale à l'égard d'un enfant naturel et décider qu'elle sera exercée soit en commun, soit par l'un des deux parents.

● Quelle que soit la situation antérieure, si l'un des parents décède, l'autorité parentale est attribuée au parent survivant, à condition que sa filiation avec l'enfant ait été établie.

Toutes les modalités de l'exercice de l'autorité parentale sont régies par la loi du 8 janvier 1993.

Le nom de l'enfant

● L'enfant prend le nom de celui de ses parents qui le reconnaît en premier. Si ses parents le reconnaissent ensemble, l'enfant prend le nom du père. Si l'enfant a pris le nom de sa mère, il pourra par la suite prendre celui de son père, à la condition que ses parents le demandent ensemble au juge aux affaires familiales. Lorsque l'enfant a plus de treize ans, son consentement est nécessaire.

● L'enfant peut porter les noms accolés de ses deux parents, mais il ne s'agit que d'un usage décidé par le parent qui exerce l'autorité parentale. Ce nom d'usage peut être inscrit sur les documents administratifs (comme la carte d'identité ou le passeport), mais il ne peut figurer sur les registres de l'état civil ni sur le livret de famille.

Comment choisir l'hôpital ou la clinique

● Vous désirez accoucher dans un hôpital précis : dans ce cas, vous devez vous y faire inscrire le plus rapidement possible et passer les examens médicaux aux consultations du service maternité de cet hôpital.

Un hôpital ne peut refuser une femme sur le point d'accoucher, mais celle-ci risque d'avoir un lit dans un couloir si elle n'était pas inscrite d'avance, ou d'être dirigée vers un autre hôpital que celui qu'elle avait choisi.

● Vous avez prévu d'être accouchée par un médecin ou une sage-femme de votre choix. Ils vous indiqueront la ou les maternités où ils ont l'habitude d'accoucher.

● Vous n'avez pas encore pris de décision et vous vous demandez sur quel critère choisir l'hôpital ou la clinique.

Bien sûr, ce qui vous préoccupe en premier, c'est la qualité de l'équipement médical et des soins. Aujourd'hui il y a des normes à ce sujet et elles sont respectées : la surveillance est stricte, les maternités non conformes sont fermées.

Ce qui peut vous aider à vous décider, ce sont les « prestations » qu'offre la maternité : quel type de préparation à la naissance y fait-on ? Peut-on si on le désire accoucher sous péridurale ? Le nouveau-né reste-t-il dans la chambre de sa mère ? Comment est accueilli le père : peut-il être présent à l'accouchement ? Comment sont organisées les visites : les aînés peuvent-ils venir ? Combien de jours reste-t-on après la naissance ? Si on désire allaiter, l'allaitement au sein est-il encouragé ? etc.

Les réponses à ces questions vous permettront de décider d'aller ici ou là. Et bien sûr aussi les renseignements que vous recueillerez auprès de gens à qui vous faites confiance.

→ Reste la question financière ; et il peut y avoir de grosses différences dans la note qui sera à régler à la sortie :
– à l'hôpital public ou dans une clinique conventionnée, vous pouvez accoucher sans avoir rien à payer ;
– dans une clinique agréée ou non agréée, la somme peut être plus ou moins importante (voir page 435, au paragraphe *Frais de séjour et d'accouchement*, tous les détails).

Au moment de votre inscription, il est donc nécessaire de bien vous renseigner : demandez ce que vous aurez exactement à régler, si les honoraires du médecin ou de la sage-femme sont compris dans ce prix (car cela dépend des cas), etc. Cette précaution vous permettra d'établir correctement votre budget pour la clinique et vous épargnera la surprise d'une note plus élevée que prévue. Et pensez que pourront s'ajouter à cette note tous les suppléments (boissons, communications téléphoniques, télévision, etc.).

Certaines cliniques luxueuses ont des tarifs élevés, il vaut mieux les connaître avant de s'inscrire.

■ Vos deux valises

Si vous accouchez dans un hôpital, vous n'aurez besoin d'emporter avec vous que vos objets personnels et votre nécessaire de toilette. Tout le linge, pour vous-même et votre enfant, vous sera fourni. Cependant, vous pouvez apporter vos chemises de nuit. Pour votre bébé, il suffit d'apporter les vêtements qu'il mettra le jour où il quittera l'hôpital.

Par contre, si vous accouchez dans une clinique, vous devrez apporter le linge et les objets dont vous-même et votre bébé aurez besoin pendant votre séjour.

Votre valise : une chemise de nuit ordinaire, ou mieux encore, une veste de pyjama : vous la mettrez à l'arrivée à la clinique et vous la garderez pendant l'accouchement, il ne faut pas que vous regrettiez de la voir tachée avec un désinfectant.

● Deux pyjamas, tee-shirts ou chemises de nuit, et si vous allaitez votre enfant, prenez-les faciles à ouvrir devant.

● Des soutiens-gorge s'ouvrant également devant.

● Des petites compresses (en gaze) que vous mettrez dans votre soutien-gorge pour protéger vos bouts de seins.

● Des serviettes hygiéniques.

● Une robe de chambre et des pantoufles.

● Vos objets de toilette : peigne, brosse, brosse à dents, savon, pâte dentifrice, shampooing, gants de toilette, eau de Cologne, etc., et éventuellement de quoi vous maquiller.

● Des mouchoirs, des serviettes de toilette, une ou deux serviettes de table.

Si vous avez un magnétophone, emportez-le, vous enregistrerez les pleurs et cris de votre enfant ; si vous avez une caméra, prenez-la également : votre enfant aura ainsi des souvenirs audiovisuels de ses tout premiers jours, ce qui l'amusera beaucoup. Je vous le dis car j'ai toujours regretté de ne pas l'avoir fait. Vous pouvez aussi apporter un appareil-photo. Un walkman, ou plutôt un baladeur, permet de s'isoler dans l'atmosphère parfois un peu bruyante de la maternité.

Mettez également dans votre valise une enveloppe contenant : votre carnet de maternité (indispensable pour les formalités à remplir après la naissance), votre livret de famille (nécessaire pour la déclaration de naissance) ou, à défaut, une pièce d'identité, le reçu du paiement que vous avez effectué pour vous inscrire à la clinique, votre carte de groupe sanguin. Un ou deux romans, un stylo, du papier à lettres.

Enfin, si vous avez l'intention de tenir un cahier où vous inscrirez au jour le jour les renseignements concernant la santé, le développement et le régime de votre enfant, emportez-le pour noter les événements des premiers jours.

La valise de votre bébé

6 brassières en coton ;

3 brassières de laine ;

3 grenouillères ou culottes ;

2 pyjamas ;

des chaussons ou chaussettes ;

et pour la sortie :

1 bonnet ;

1 nid d'ange ou un petit sac de couchage, il vous servira ensuite pour les sorties de bébé.

Le plus souvent les couches, les changes-complets, sont fournis par la maternité, mais renseignez-vous avant de faire la valise de bébé.

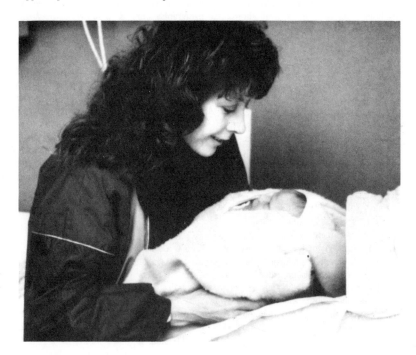

Ce dont votre enfant aura besoin

Si c'est la première fois que vous avez un enfant, qu'autour de vous, dans la famille, il n'y en n'a pas encore, il est possible que vous ne sachiez pas ce dont il aura besoin comme vêtements, pour sa toilette, etc. Je vais donc faire une liste complète, mais ne croyez pas que je pousse à la consommation, simplement je pars du principe que pour le moment vous n'avez encore rien. Mais si, au départ, vous ne voulez pas consacrer un vrai budget au trousseau de bébé, vous allez voir qu'en faisant le tour de vos amies et de la famille, votre enfant sera quasiment vêtu, couché, promené, au moins les premiers mois, sans achats.

▪ La layette de votre bébé

C'est de la layette qu'il faudra vous occuper d'abord, car c'est elle qui doit être prête en premier lieu. Si votre enfant arrivait plus tôt que prévu, vous auriez toujours le temps de vous procurer le landau, dont il ne se servira que plusieurs semaines après sa naissance, ou le berceau, dont il n'aura besoin qu'au retour de la maternité. Mais, dès la première heure, il faudra l'habiller. Pour composer votre layette, voici quelques faits à prendre en considération.

Au début, votre enfant va grandir et grossir très vite. Et c'est parce que le poids et la taille d'un enfant changent si vite, que l'on divise les six premiers mois en deux tailles : de la naissance à 3 mois, et de 3 à 6 mois. Il y a même certaines marques qui proposent une taille plus petite, appelée « naissance », et qui correspond au premier mois.

Pour faire vos achats, tenez donc bien compte de la croissance de votre enfant. Prévoyez peu de vêtements de la première taille : votre enfant les portera très peu puisqu'en trois mois il grandira de 10 centimètres, autant qu'au cours des neufs mois qui suivront. Et, si vous tenez à avoir tout de suite une layette très complète, achetez dès le début les vêtements deuxième taille que votre bébé mettra à quelques semaines et portera jusqu'à sept mois environ.

Il faut qu'il soit bien couvert. Au cours des premières semaines et des premiers mois, il sera très sensible au froid et aux changements de température ; ainsi, même s'il naît en été, il sera bon de prévoir un petit lainage. Et à la place de la brassière de coton, vous pouvez mettre à votre enfant un « body », ce sous-vêtement très pratique qui couvre bien le ventre du bébé et se ferme à l'entrejambe.

Il faut qu'il soit à son aise et que vous n'ayez pas de peine à lui enfiler ses brassières. Aussi achetez-les suffisamment amples.

Sa peau est fine, rien ne doit la blesser. Si vous tricotez, choisissez une laine très souple. Les fabricants de layette font des chemises et brassières en matières synthétiques. N'en achetez pas trop avant de savoir si votre bébé les supportera. Il y a en effet des nourrissons qui sont allergiques aux matières synthétiques. Le mieux est de prévoir, au moins pour le début, des matières naturelles comme le pur coton et la pure laine.

Il est sensible à l'infection : tout ce qui l'entoure doit être propre. Ayez suffisamment de vêtements faciles à laver pour les changer souvent.

> *Pour les premiers mois, les vêtements doivent donc être chauds, amples, douillets, lavables et faciles à entretenir.*

Autant qu'à son confort, pensez à sa sécurité :

Ne mettez pas de rubans pour serrer les brassières à la hauteur du cou : le bébé pourrait tirer dessus et s'étrangler.

Ayez des brassières qui croisent suffisamment dans le dos pour éviter d'avoir à les fermer par des épingles de sûreté. Vous pouvez aussi choisir des brassières qui se boutonnent ou qui se ferment avec du velcro.

Enfin, il vaut mieux acheter bien que beaucoup. Pour les lainages, choisissez une bonne laine qui ne feutre et ne rétrécisse pas, sinon, après quelques lavages, les vêtements auront perdu toute leur souplesse.

La layette de base	0-3 mois	3-6 mois
Brassières en coton	4	2
Body		4
Brassières de laine	4	2
Vestes de laine (à emmanchures raglan pour pouvoir facilement les enfiler sur la brassière)	1	2
Chaussons ou chaussettes	4	4
Culottes de coton.	4	2
Grenouillères	3	3
Bonnet	1	1
Robes ou salopettes	1	3
Pyjamas	4	4
Serviettes (pour les repas)	4	4

Voici la layette de base. Vous y ajouterez des changes complets, ou des couches à jeter (et des pointes en plastique), selon ce que vous désirez utiliser. Evidemment vous adapterez cette layette à la saison où naîtra l'enfant et à la région que vous habitez. Vous pouvez compléter cette layette par un petit peignoir de bain, avec capuchon pour essuyer la tête du bébé. Et pour les sorties, vous pouvez acheter une combinaison, très pratique car elle enveloppe bien le bébé.

Ce que vous pourrez faire vous-même : presque tout si vous aimez coudre, tricoter et si vous avez du temps : chemises, robes, peignoir de bain, draps ; et tout ce qui est en laine : brassières, vestes, chaussons, bonnets, etc. Vous trouverez des modèles dans les albums de layette, ou dans les magazines féminins.

◼ Le berceau, le lit

Pour coucher votre enfant, vous aurez le choix entre le classique berceau taille 90 cm sur 40 cm, que vous achèterez tout garni ou que vous garnirez vous-même, et un vrai petit lit, longueur 1,20 m ou même 1,40 m, largeur 60 cm ou 70 cm, en bois ou en rotin.

Si vous n'avez pas déjà un lit ou un berceau et que vous hésitiez à acheter l'un plutôt que l'autre, nous vous conseillons le lit. Dans un berceau, un enfant ne peut dormir que quelques mois ; dans un lit, il peut rester jusqu'à 2-3 ans ; mais si vous avez la possibilité qu'on vous prête un berceau, ne le refusez pas ! De tous temps, les berceaux ont bercé les bébés, et cela leur plaît beaucoup.

Une solution intermédiaire : le lit en toile monté sur tube métallique, qui est économique, facile à transporter et à laver, mais qui sert moins longtemps.

Quelle que soit la solution que vous adoptiez, choisissez un lit ou un berceau qui soit :

d'un entretien aisé. S'il est en bois laqué, vous le savonnerez facilement. S'il est entièrement garni de tissu, il faut que la garniture soit détachable et facile à laver ;

stable, pour que votre enfant ne risque pas de le renverser en remuant.

Et si vous décidez d'avoir tout de suite un vrai lit, achetez-le avec de hauts barreaux (lit anglais) : votre bébé ne pourra pas tomber, vous pourrez vous absenter sans risque, et même lorsqu'il se mettra sur le ventre, votre bébé pourra voir tout ce qui se passe autour de lui à travers les barreaux.

◼ La literie

Dans les lits d'enfants, il n'y a pas de sommier, le matelas est posé directement sur un simple châssis de bois. Choisissez un matelas à ressorts recouvert de coutil. Une solution plus économique consiste à remplacer le matelas par une plaque de mousse (choisissez-la de bonne épaisseur, environ 10 cm). De toute façon, le matelas doit être ferme, et de taille bien adaptée aux montants du lit.

Pour protéger le matelas, il y a deux solutions : l'alèze molletonnée en coton imperméabilisé, douce, pratique, qui est très confortable et qui peut bouillir, ou l'alèze en caoutchouc, que l'on recouvre d'un molleton et d'un drap de dessous.

L'oreiller. Un oreiller, surtout lorsqu'il est mou, est dangereux pour le bébé : les nouveau-nés y enfoncent leur figure et risquent de s'étouffer. Si vous souhaitez que votre enfant ait la tête un peu surélevée (parce qu'il est enrhumé par exemple), mettez l'oreiller sous le matelas. Et si votre enfant se met spontanément sur le ventre, ne lui mettez pas d'oreiller.

Surpyjama ou couverture ? La mode actuelle des vêtements de nuit a démodé la manière de coucher les bébés : on met dès leur plus jeune âge aux bébés des surpyjamas ou des turbulettes, petits sacs de couchage avec emmanchures.

Ces vêtements sont chauds et ne nécessitent pas de couverture. Il suffit d'un drap de dessous, ou d'un drap housse.

Si vous en restez à la manière classique du simple pyjama, choisissez une couverture de laine de bonne qualité pour qu'elle soit suffisamment chaude, tout en étant légère.

Et surtout, ne couvrez pas trop votre bébé.

Pour les draps, vous aurez besoin de deux ou trois draps de dessus et trois ou quatre draps de dessous ou draps housse. La taille des draps dépend évidemment de celle du lit ou du berceau. A titre d'indication, pour un berceau il faut des draps de 80 × 115, pour un lit de 110 × 150.

Vous pouvez prévoir quelques couches en tissu : le bébé a de fréquentes régurgitations ; et une couche (pliée en deux) placée sous sa tête, sera plus facile à changer plusieurs fois par jour que le drap de dessous. Certaines cliniques demandent d'ailleurs d'apporter, pour cet usage, des couches en tissu.

→ Nous déconseillons l'édredon – ou la couette, sa version moderne – dangereux car le bébé le tire souvent sur sa tête ; en plus, un édredon c'est trop chaud.

→ Si votre enfant doit naître en été, prévoyez une moustiquaire.

Sa chambre

Que vous ayez la possibilité de transformer une pièce de votre appartement en chambre d'enfant, ou que vous consacriez à votre enfant un coin dans une pièce, il faut que vous pensiez suffisamment tôt à installer l'un ou l'autre. Si vous avez des peintures à y faire, il faut leur laisser le temps de bien sécher. On ne peut mettre un nouveau-né sans risque de l'intoxiquer dans une pièce sentant encore la peinture fraîche. Pensez à l'âge où votre enfant sortira de son parc, se traînera à quatre pattes ou commencera à marcher : pour qu'il puisse le faire sans crainte et sans trop de dégâts, il faut que les angles de vos meubles ne soient pas trop aigus, les murs pas trop fragiles, les rideaux non plus, autant dire que dans la chambre tout soit solide, lavable, sans danger, pratique et propre ! Pas toujours facile, mais voici quelques suggestions.

Les murs. Mettez-y soit un papier peint lavable, soit une peinture lavable au moins jusqu'à 1 mètre de haut : les enfants découvrent rapidement qu'on peut crayonner aussi sur les murs.

Les couleurs. Cherchez à réaliser entre les murs, le plafond et le sol une harmonie de couleurs discrète, reposante et unie. C'est fatigant pour les yeux d'un enfant de voir autour de lui des murs entièrement recouverts de dessins ou de petits sujets. Réservez les couleurs vives et les dessins pour les rideaux. Une solution intermédiaire : posez le papier à motifs sur un mur ou deux, et peignez les autres dans un ton uni assorti.

Les rideaux. Ils doivent être suffisamment opaques pour que votre bébé ne soit pas réveillé trop tôt.

En installant la chambre de votre enfant pensez dès maintenant à déplacer les prises de courant placées trop bas. Les enfants touchent toujours les prises quand elles sont à portée de leurs mains. Pour être hors d'atteinte, elles doivent se trouver à 1,50 m du sol. Il existe d'ailleurs des prises de courant dans lesquelles les enfants ne peuvent pas enfoncer les doigts.

Voici pour le cadre. Passons aux meubles. Le plus important sera bien entendu le lit ou le berceau, que vous aurez pris soin de bien choisir puisque votre enfant y passera la plus grande partie de son temps pendant les premiers mois.

Pour changer votre enfant, vous avez plusieurs possibilités.

Vous pouvez utiliser une table à langer. Le modèle le plus simple consiste en un matelas à langer posé sur un support soutenu par des tubes métalliques.

Vous pouvez aussi utiliser une commode : soit spécialement prévue à cet effet (on en trouve dans tous les magasins de puériculture), soit une commode que vous possédez déjà. Les tiroirs serviront à ranger les vêtements de l'enfant. Et, sur le dessus, vous placerez le matelas à langer. Il en existe de nombreux modèles (rembourrés, avec des poches, etc.), dans des coloris variés.

Pendant les premiers mois, vous n'aurez besoin dans cette chambre que d'un lit et d'un meuble pour changer votre bébé. Mais si vous voulez, dès maintenant, meubler entièrement la chambre, mettez-y un parc, une chaise haute et transformable ou un petit fauteuil inclinable, un coffre à jouets.

Si vous ne disposez pas d'une chambre, réservez dans une pièce un coin qui sera celui de votre enfant. Vous y réunirez ce dont il a besoin (lit, meuble à langer, balance) pour faciliter son confort et votre tâche. Installez ce coin dans la chambre la plus tranquille. N'oubliez pas que votre enfant aura besoin de calme pendant les premiers mois. Mais, si dans la journée, il doit dormir dans votre chambre, il vaut mieux qu'il n'y reste pas la nuit. Roulez son lit dans une autre pièce. Votre sommeil et le sien seront meilleurs.

La température de la chambre. Les nouveau-nés sont sensibles au froid et aux variations de température. Dans la pièce où ils se trouvent, il faut maintenir une température de 18 à 20°. Si vous êtes chauffés avec le chauffage central, mettez des saturateurs aux radiateurs, et remplissez-les d'eau chaque jour. Si vous utilisez un poêle, assurez-vous qu'aucune fuite d'oxyde de carbone n'est possible. Chaque année, de graves intoxications sont provoquées par des appareils de chauffage défectueux.

Sa toilette

Pour donner le bain, vous pouvez utiliser soit une baignoire pour bébé (il y a plusieurs modèles), soit simplement un lavabo – mais seulement les premières semaines car le lavabo sera vite trop petit. Pour éviter d'avoir mal au dos lorsque vous donnez le bain, au lieu de mettre la baignoire de bébé au fond de la grande baignoire, placez une planche suffisamment large en travers de la grande baignoire, et posez la baignoire de bébé sur cette planche.

En plus de la baignoire, ayez une petite cuvette double en matière plastique pour laver votre bébé lorsque vous le changerez.

Vous aurez besoin en outre pour sa toilette des objets et produits suivants :
- thermomètre de bain ;
- boîte pour mettre le coton ;
- savon pur sans parfum ni colorant ;
- huile pour bébés ou lotion crème ;
- flacon d'alcool à 60° et sérum physiologique présenté sous forme d'ampoules ;
- deux ou trois gants de toilette en tissu très doux, le tissu éponge irrite la peau fragile des nouveau-nés. Les gants de toilette sont plus propres que les éponges car on les lave plus facilement et plus souvent ;
- → (c'est à dessein que nous ne mentionnons pas l'eau de Cologne ; il est préférable de ne pas frictionner un bébé avec de l'alcool, même faible. Mais il existe de l'eau de Cologne glycérinée sans alcool) ;
- deux serviettes éponge suffisamment grandes pour envelopper votre enfant lorsqu'il sort de son bain ;
- une paire de petits ciseaux spéciaux pour couper les ongles. Et si vous voulez acheter dès maintenant une brosse à cheveux, prenez-la en soie et pas en nylon.

Très utile : un petit panier doublé de tissu plastique où vous mettrez tous les objets nécessaires à la toilette de votre enfant et ses vêtements propres ; un pèse-bébé que vous louerez chez le pharmacien. Une prise de poids régulière pendant les premiers mois est le meilleur indice de la bonne santé de l'enfant. Si vous avez une balance, vous pourrez donc mieux surveiller son poids. Pour les prématurés, un pèse-bébé est indispensable.

Sa nourriture

Si vous n'avez pas l'intention d'allaiter votre enfant, voici le matériel nécessaire pour préparer et stériliser les biberons :
- un stérilisateur à panier métallique pouvant contenir 7 biberons à la fois. Mais un fait-tout peut aussi bien faire l'affaire, à condition que vous le réserviez pour la stérilisation. Après, il vous servira dans votre cuisine courante ;
- 7 biberons gradués en verre incassable, genre Pyrex, à large goulot pour faciliter le nettoyage ;
- 7 protège-tétines ;
- 7 tétines : il en existe différents modèles. Le plus pratique est celui qui comporte une fente, mais vérifiez qu'il s'adapte bien au goulot de vos biberons ;

- une brosse longue appelée goupillon pour nettoyer les biberons.

On peut aussi stériliser les biberons à froid. Pour cette stérilisation, on se sert d'un bac et d'un produit vendu en pharmacie qui existe soit sous forme de liquide, soit sous forme de comprimés.

Vous rendront également service : un chauffe-biberon électrique, un thermos à biberon, un mixer, car il permet en un minimum de temps d'obtenir un maximum de finesse pour les purées, la viande, le poisson, etc. Il y a des mixers à tous les prix ; le modèle le plus simple suffit. Par la suite, vous pourrez acheter différents accessoires qui vous rendront de grands services pour la cuisine familiale.

Même si vous allaitez votre enfant, prévoyez un biberon stérile, une boîte de lait et une bouteille d'eau minérale. Cela vous évitera de vous affoler si un jour vous n'avez pas de lait.

Le landau

Avoir un landau est bien utile. Votre bébé y fera toutes ses promenades, été comme hiver. De plus, à la belle saison, si vous avez un jardin, votre enfant pourra y dormir. Mais le landau est un objet cher et encombrant.

Dans certaines villes, il n'y a pas de trottoirs ; dans d'autres villes les trottoirs sont livrés aux voitures et les piétons sont obligés de marcher dans la rue ; il est vrai que dans ces conditions, pour promener un enfant dans un landau, il faut faire des tours et des détours, se faufiler entre les voitures, ou se faire houspiller par les gens pressés.

Cela ne me contraindra quand même pas à dire qu'un bébé est mieux dans une poussette-canne où on le met maintenant beaucoup trop jeune. La poussette-canne est plus pratique pour les parents, mais l'enfant lorsqu'il est petit est bien plus à l'aise dans un landau.

Que faire ? Il y a encore des villes où l'on peut circuler. Donc chaque fois que possible, je vous conseille le landau. Mais à part exception, il faut renoncer au superbe landau anglais, haut sur roue, profonde nacelle à l'air altier. Les temps changent, mais il y a aujourd'hui des landaus plus petits, confortables et bien suspendus. A signaler que la suspension à la Daumont, qui était la spécialité des grands landaus et en faisait tout le confort, se fait maintenant sur certains petits landaus. Question finances, un landau peut servir à trois ou quatre familles, c'est vraiment l'objet qu'on se prête.

Évitez les capotes doublées de blanc : elles sont trop éblouissantes pour les yeux d'un bébé lorsqu'il y a du soleil.

La garniture intérieure est la même que celle d'un lit : un matelas, une alèze, deux draps, une ou deux couvertures suivant la saison, plus un oreiller. Beaucoup de parents trouvent pratique d'utiliser un petit sac de couchage car on peut y installer bébé avant de sortir. Pour l'été, n'oubliez pas une moustiquaire.

Très utile : un sac adaptable au landau pour mettre biberon, change, etc. Mais avant même d'acheter un landau, ce qui vous rendra le plus grand service, c'est un porte-bébé qui vous permettra, comme son nom l'indique, de transporter partout votre bébé, et pour commencer le jour où il sortira de la maternité. Il y a de nombreux modèles, soit en osier, genre couffin, soit en toile comme le landau. Il y a d'ailleurs des landaus transformables dont la nacelle forme un porte-bébé (mais ils sont alors moins maniables).

Et le sac porte-bébé ? Puis-je vous dire tout simplement que la question m'embarrasse. Les parents, c'est visible, sont heureux de porter leur bébé sur le ventre, de sentir sa chaleur, de lui communiquer la leur. Et évidemment, c'est la solution à bien des problèmes pratiques de déplacement.

Mais le bébé ? Affectivement il devrait se sentir bien également : le contact, on l'a assez dit ici même, est bon pour lui. Mais j'ai souvent vu des bébés recroquevillés dans leur sac et la tête branlante qui ne semblaient pas à l'aise. J'ai donc demandé à des pédiatres ce qu'ils pensaient du sac porte-bébé. Plusieurs m'ont répondu que tant que l'enfant ne pouvait pas tenir la tête sans fatigue (2-3 mois), ils déconseillaient le sac.

Et le bébé est souvent porté trop bas sur l'estomac, ou le ventre ; il serait plus confortable plus haut et bien appliqué contre le corps de l'adulte, sans être ballotté.

Il est raisonnable de conclure qu'il ne faut pas en abuser, l'adopter pour de petits trajets, ne pas y laisser l'enfant trop longtemps.

■ Les cadeaux de vos amis

Vous aurez peut-être des amis qui, avant de vous faire un cadeau, vous demanderont ce que vous aimeriez recevoir pour votre enfant. Si la question vous embarrasse, car vous ne connaissez pas encore bien les besoins d'un bébé, voici quelques suggestions de petits et de plus grands cadeaux.

- Des chaussons ou chaussettes.
- Pour mettre les premières photos de bébé, quelques petits cadres, ou un plus grand avec des aimants (pêle-mêle).
- Un joli livre d'images que vous lui montrerez et qu'il appréciera plus tôt que vous ne pouvez l'imaginer aujourd'hui.
- Une cassette de musique « douce » qui pourra être sa berceuse.
- Un peignoir de bain avec capuchon.
- Une robe de chambre.
- Des jouets : hochet, boîte à musique, mobile...
- Un chauffe-biberon électrique.
- Une sacoche amovible que vous accrocherez au landau et où vous pourrez mettre tout ce dont un enfant a besoin pour sa promenade.
- Un pyjama ou une grenouillère.
- Un « sur-pyjama ».
- Pour emporter en promenade, un thermos à biberon.
- Un album où vous noterez les événements importants de la vie de votre enfant.
- Un parc et un tapis pour le garnir.
- Pour les voyages en automobile, un lit-auto ou un petit siège qui s'adapte à l'arrière de la voiture.
- Une chaise haute transformable.
- Un petit berceau pliant pour le voyage, facile à porter grâce à ses anses.
- Un petit fauteuil inclinable qui permettra à votre enfant de passer en douceur de la position couchée à la position assise.
- Enfin un livre de puériculture. Puis-je vous dire que c'est d'ailleurs à votre intention que j'ai écrit *J'élève mon enfant ?*

Sécurité sociale et prestations familiales

Si vous attendez votre premier enfant, vous ne savez peut-être pas encore que vous pouvez bénéficier d'avantages substantiels qui vous aideront à couvrir une grande partie des frais que va entraîner pour vous la naissance de votre enfant. Ces avantages sont accordés par deux organismes distincts :

→ d'une part, par la *Caisse de Sécurité sociale*. Les différents avantages accordés par la Sécurité sociale aux futures mamans sont englobés sous le titre général d'*assurance maternité* ;

→ d'autre part, par la *Caisse d'allocations familiales*. Les différentes primes versées par les allocations familiales sont englobées sous le titre général de *prestations familiales*.

Vous trouverez ci-après tous les renseignements concernant l'*assurance maternité* et les *prestations familiales* : avantages offerts, conditions pour en bénéficier, formalités à remplir, etc.

L'assurance maternité

La Sécurité sociale accorde aux femmes enceintes les avantages suivants :
● le remboursement des frais occasionnés par la grossesse, l'accouchement et ses suites ;
● des indemnités de repos aux futures mères personnellement assurées sociales, pour leur permettre d'arrêter leur travail avant et après l'accouchement (voir page 425 et suiv.) ;
● les soins et l'hospitalisation de la future mère qui sont pris en charge à 100 % les quatre derniers mois ;
● l'hospitalisation du nouveau-né, qui est également prise en charge à 100 % lorsqu'elle se produit au cours des trente premiers jours suivant la naissance.
C'est l'ensemble de ces avantages qui constitue ce qu'on appelle : l'assurance maternité.

■ Qui peut en bénéficier ?

● La femme personnellement assurée sociale.
● La femme légitime d'un assuré social lorsqu'elle n'est pas elle-même assurée sociale.
● La fille à charge d'un ou d'une assurée sociale.
● Les jeunes femmes – ou leur conjoint – à la recherche d'un premier emploi, ainsi que les épouses de jeunes gens accomplissant leur service militaire (même s'ils n'ont jamais été inscrits à la Sécurité sociale).
● Les femmes vivant en concubinage avec un assuré social, mais à condition de vivre sous le même toit que l'assuré et d'être à sa charge.
● Les veuves et les femmes divorcées depuis moins d'un an. Les deux catégories ci-dessus (femmes vivant en concubinage, veuves et femmes divorcées) ayant ou ayant eu trois enfants à charge bénéficient d'un statut personnel. Elles sont immatriculées à la Sécurité sociale quel que soit leur âge et bénéficient des prestations pour elles-mêmes et leurs ayants-droit.
● La personne vivant avec un assuré social – qu'il soit de sa famille ou non, mais sans être ni son conjoint, ni son concubin – et étant à charge effective totale et permanente depuis au moins un an (par exemple : une jeune fille de plus de 20 ans).
● Les personnes qui ont cessé leurs études bénéficient de la Sécurité sociale pendant 12 mois au plus après la fin de leurs études sans avoir besoin de cotiser.

Les assurés sociaux se divisent en quatre catégories.

I. Les salariés (quel que soit leur régime).
II. Les exploitants agricoles (non salariés).
III. Les non-salariés non agricoles des professions industrielles, libérales, commerciales et artisanales.
IV. Les adhérents à l'assurance personnelle.

■ A quelles conditions ?

Pour les salariés
Deux points sont à considérer : le droit au remboursement des soins ; le droit aux indemnités journalières.

● Le droit au remboursement des soins.
L'ouverture des droits est appréciée :
– soit sur la base des cotisation versées ;
– soit sur le nombre d'heures salariées effectuées.

L'assuré doit justifier d'un travail salarié dans l'année précédant, de date à date, le début présumé de la grossesse. Par exemple, pour une grossesse débutant le 1er juillet 1994 la période salariée prise en compte sera celle allant du 1er juillet 1993 au 30 juin 1994.

Ce travail doit avoir été effectué au cours d'une période quelconque de cette année de référence. Il faut :
1° soit au cours d'*un mois* civil (janvier, février, etc.), ou de date à date (par exemple 15 janvier-14 février) justifier :
– d'un montant de cotisations calculé sur un salaire au moins égal à 60 fois le S.M.I.C. horaire.
– ou d'au moins 60 heures de travail salarié ou assimilé.
2° soit au cours de *3 mois* civils ou de date à date, justifier :
– d'un montant de cotisations calculées sur un salaire égal à 120 fois le S.M.I.C. horaire.

- ou d'au moins 120 heures de travail salarié ou assimilé.

3° soit dans *une année civile* : si le montant des salaires soumis aux cotisations est au moins égal à 2030 fois le S.M.I.C. horaire, ou si l'assurée justifie d'un minimum de 1 200 heures de travail salarié ou assimilé, les droits aux prestations en nature (remboursement des soins) en maladie, maternité, sont ouverts pour *deux années de droit ferme* à compter du 1ᵉʳ juillet suivant.

● Le droit aux indemnités journalières.

En plus des conditions pour le droit au remboursement des soins, il faut avoir été immatriculé à la Sécurité sociale 10 mois au moins avant la date présumée de l'accouchement pour toucher les indemnités journalières.

En cas d'adoption, les conditions d'ouverture des droits pour les indemnités journalières (pour le parent qui travaille) sont appréciées à la date de l'arrivée de l'enfant au foyer.

Conditions pour obtenir ces indemnités : justifier dans les six mois civils précédant le début de la grossesse, ou le début de repos prénatal, d'un montant de cotisations calculées sur un salaire de 1 050 fois le SMIC horaire ;
- ou dans les 3 mois civils, ou de date à date, de ces mêmes périodes : de 200 heures de travail salarié ou assimilé.

A noter : en cas de perte de son emploi, l'assuré doit s'inscrire au chômage le plus rapidement possible, au moins avant la fin du 12ᵉ mois suivant la date de la cessation de l'activité salariée pour conserver tous ses droits à la Sécurité sociale.

Pour les exploitants agricoles[1] et les non-salariés non agricoles
→ Il faut avoir été immatriculé à la Sécurité sociale dix mois avant la date présumée de l'accouchement.
→ Il faut justifier du versement des cotisations exigibles à la date de la première constatation médicale.

L'assurance personnelle. Les personnes qui ne bénéficient d'aucun régime de Sécurité sociale, ou qui ne peuvent plus en bénéficier, peuvent adhérer à l'assurance personnelle (se renseigner auprès d'une caisse d'assurance maladie). Mais attention, car pour avoir droit aux prestations de l'assurance maternité, il faut avoir adhéré avant le début de la grossesse.

■ Que faire pour bénéficier de l'assurance maternité ?

1. Passer aux dates indiquées les examens médicaux obligatoires : sept avant l'accouchement, un après (dans les huit semaines qui suivent l'accouchement) :

1. Une vaste réforme de la protection sociale en agriculture est en cours. Sa mise en œuvre est prévue sur dix ans, mais vous pouvez déjà trouver de nombreuses informations dans le « Guide des droits des agricultrices » (112 pages, 40 F sur place, 48 F par correspondance au C.N.I.D.F.F., 7, rue du Jura, 75013 Paris).

● avant la fin du troisième mois de grossesse le premier examen médical prénatal comportant un examen clinique, une prise de sang avec recherche de la syphilis, du groupe sanguin, du facteur rhésus et du groupe Kell, un examen d'urines ; une recherche d'immunité vis-à-vis de la rubéole et de la toxoplasmose.

L'envoi à la Sécurité sociale du certificat du premier examen prénatal vaut **déclaration de grossesse** et vous permettra d'obtenir le carnet de maternité. Il doit obligatoirement être envoyé avant la fin des quatorze premières semaines de la grossesse.

Les autres examens doivent avoir une périodicité mensuelle à partir du premier jour du quatrième mois jusqu'à l'accouchement. Chaque examen comporte un examen clinique, un examen d'urines ; en outre la sérologie toxoplasmique sera répétée chaque mois si l'immunité n'est pas acquise. Des dépistages et recherches supplémentaires sont effectuées :

● au cours du quatrième examen prénatal (sixième mois de grossesse), un dépistage de l'antigène HBs, une numération globulaire et, chez les femmes à rhésus négatif ou précédemment transfusées, la recherche d'anticorps irréguliers ;

● au cours du sixième ou du septième examen prénatal (huitième ou neuvième mois de grossesse), une deuxième détermination du groupe sanguin A, B, O, rhésus standard si nécessaire.

Ces examens médicaux peuvent être passés soit chez votre médecin habituel, soit dans un centre de P.M.I., ou dans un établissement de soins agréé (hôpital, clinique, etc.).

Voir tous les détails de ces examens pages 215 et suivantes.

● Si votre grossesse le nécessite, vous pouvez bénéficier d'une visite mensuelle supplémentaire prise en charge à 100 % par la Sécurité sociale à condition que le médecin précise bien que c'est en raison de votre grossesse. Et à partir du sixième mois de grossesse, si des examens médicaux supplémentaires sont nécessaires, ils seront pris en charge à 100 %.

2. Demander à la Caisse de Sécurité sociale un **carnet de maternité.** Pour l'obtenir, remettre à la Caisse de Sécurité sociale les bulletins de salaire justifiant vos droits - voir votre cas dans la rubrique : *A quelles conditions* page 430 - et, dûment rempli par le médecin, le feuillet du premier examen prénatal obligatoire destiné à la Sécurité sociale. Les deux autres feuillets d'examen prénatal sont destinés à la Caisse d'Allocations familiales (voir page 437 et suiv.). Ne pas oublier de porter sur le dossier ainsi constitué le numéro d'immatriculation à la Sécurité sociale. Dès réception du dossier, la Caisse étudie les droits du demandeur à l'assurance maternité, et si les conditions exigées sont remplies, délivre à la future

maman le carnet de maternité. Ce carnet est nécessaire pour accomplir tous les actes médicaux et formalités indispensables pour bénéficier de l'assurance maternité et des allocations familiales. Ce carnet contient un dossier médical sur lequel le médecin ou la sage-femme note des informations concernant le déroulement de la grossesse ; la future mère pourra communiquer ce dossier aux différents praticiens qu'elle aura l'occasion de consulter. Ce dossier médical est sa propriété. Le carnet contient également une fiche travail-grossesse destinée au médecin du travail.

3. Envoyer aux dates prescrites les feuillets du carnet de maternité à votre Caisse. Le carnet de maternité comprend différents feuillets correspondant à tous les actes médicaux donnant lieu à un remboursement par la Caisse de Sécurité sociale (examens médicaux, accouchement, etc.) et aux formalités que vous devez accomplir pour bénéficier d'avantages tels que le repos de maternité.

Si vous passez la visite dans un centre, vous remettrez le feuillet destiné à la Sécurité sociale au centre lui-même.

Après chaque visite, envoyez un feuillet à la Sécurité sociale, l'autre à la Caisse d'Allocations familiales.

Attention aux dates d'envoi des certificats médicaux, car si les délais sont dépassés vous recevrez une allocation jeune enfant réduite.

Examen médical du père : le futur père peut également, au cours du 3e mois, subir un examen médical complet qui lui sera remboursé. Un feuillet de votre carnet de maternité correspond à cet examen. Cet examen est facultatif, mais recommandé.

Après l'accouchement : vous enverrez à votre Caisse, *dans les 48 heures,* le feuillet correspondant du carnet de maternité signé par le médecin, accompagné d'un certificat d'accouchement délivré par l'établissement dans lequel a eu lieu votre accouchement.

▣ Le congé de maternité

Avant et après l'accouchement, vous pouvez arrêter votre activité professionnelle et prendre un congé de maternité.

La durée du congé. Elle varie en fonction du nombre d'enfants. Dans le cas le plus simple, cette durée est de six semaines avant la naissance et de 10 semaines après, soit en tout 16 semaines. Mais, dans de nombreux cas, la durée de ce congé peut être prolongée.

● La durée minimale du congé de maternité est donc de 16 semaines. Vous pouvez prendre un repos moins long, mais pour toucher les indemnités journalières de repos (voir plus loin), il faut que vous arrêtiez votre travail au moins *huit semaines en tout.* De toute façon, il faut que votre arrêt de travail soit effectif : des contrôles ont lieu. Et si

vous *décidez* (et non pas si l'accouchement a lieu plus tôt que prévu) de vous arrêter moins de 6 semaines avant la date prévue pour l'accouchement, dans ce cas, il n'est pas possible de rallonger d'autant le congé postnatal ; autrement dit, il n'est pas possible de s'arrêter 2 semaines avant la date prévue pour l'accouchement et de reporter la différence de 4 semaines après l'accouchement.

● Que se passe-t-il si l'accouchement a lieu plus tôt ou plus tard que prévu ?

→ L'accouchement a lieu plus tôt que prévu : le repos postnatal est prolongé d'autant pour faire 16 semaines en tout. Exemple :

$$\frac{3 \text{ semaines avant}}{13 \text{ semaines après}} = \textit{16 semaines}$$

→ Si l'accouchement a lieu sans repos prénatal, il y aura :

16 semaines de repos postnatal

→ L'accouchement a lieu plus tard que prévu : la mère a quand même droit à ses 10 semaines après. Elle aura donc en tout plus de 16 semaines. Exemple :

$$\frac{6 \text{ semaines avant} + 2 \text{ semaines retard}}{10 \text{ semaines après}} = \textit{18 semaines}$$

Cas où le congé de maternité peut être prolongé

● Si la naissance d'un enfant a pour effet de porter à 3 le nombre d'enfants, le congé prénatal est de 8 semaines et le congé postnatal de 18 semaines [1]. Il est toutefois possible de prendre 10 semaines de congé prénatal et 16 semaines de congé postnatal.

● En cas de naissance de jumeaux, le congé prénatal est de 12 semaines, et le congé postnatal de 22 semaines. Il est possible d'augmenter le congé prénatal de 4 semaines : dans ce cas, le congé postnatal sera diminué de 4 semaines.

● En cas de naissance de triplés (et plus), le congé prénatal est de 24 semaines et le congé postnatal de 22 semaines.

● En cas d'état pathologique à partir du 6e mois de la grossesse, la future maman peut bénéficier d'un repos prénatal de 2 semaines. Ces 2 semaines sont indépendantes des 6 semaines légales, mais sont également indemnisées à 84 %. Les autres congés maladie que la future mère peut être amenée à prendre pendant sa grossesse sont indemnisés au tarif maladie (environ 1/2 salaire). Dans certains cas, vous pourrez demander une aide financière à la Sécurité sociale pour compenser une partie du « manque à gagner » occasionné par l'arrêt de travail. Demandez à une assistante sociale quelles sont les démarches à faire.

● Si vous êtes malade *après* la naissance, sur ordonnance du médecin, votre congé postnatal pourra être prolongé

---

1. Je réponds à une question posée : oui un enfant né viable mais décédé compte dans le nombre d'enfants qu'on a eus.

de 4 semaines. Et vous pourrez percevoir l'indemnité journalière de maladie (environ 1/2 salaire). Cette prolongation concerne également la suspension du contrat de travail.

• En cas d'hospitalisation de l'enfant : si l'enfant est encore hospitalisé six semaines après sa naissance, vous pouvez reprendre votre travail et vous pourrez utiliser la suite de votre congé de maternité lorsque votre enfant sera de retour chez vous. Mais il faut pour cela que vous ayez déjà pris un congé ininterrompu de 8 semaines, dont 6 semaines après la naissance.

Je vous signale que lorsqu'un enfant est hospitalisé (et cela quel que soit son âge), si la présence de la mère est jugée médicalement nécessaire, la mère peut arrêter son travail ; il faut alors qu'elle présente à son employeur un certificat médical précisant la raison de son absence.

Voici un tableau [1] sur la durée du congé de maternité.

Selon les cas		Période prénatale	Période postnatale	Durée totale du congé
Grossesse simple	L'assurée (ou le ménage) a moins de 2 enfants	6 semaines	10 semaines	16 semaines
	L'assurée (ou le ménage) assume déjà la charge d'au moins 2 enfants ou a déjà mis au monde au moins 2 enfants nés viables	8 semaines (1)	18 semaines	26 semaines
Grossesse gémellaire		12 semaines (2)	22 semaines	34 semaines
Grossesse de triplés (ou plus)		24 semaines	22 semaines	46 semaines

(1) La période prénatale peut être augmentée de 2 semaines maximum sans justification médicale. La période postnatale est alors réduite d'autant.
(2) La période prénatale peut être augmentée de 4 semaines maximum sans justification médicale. La période postnatale est alors réduite d'autant.

Indemnités journalières de repos. Le montant représente environ 90 % du salaire de l'assurée, exactement 84 % du gain journalier de base. Actuellement ces indemnités journalières ne peuvent dépasser un maximum de 359,52 F.

Les employeurs ne sont pas tenus de verser (sauf si une disposition de la convention collective ou du contrat de travail le prévoit) de salaire à leurs employées durant leur repos de maternité. La grande majorité continue à leur verser leur salaire complet ; dans ce cas, la Sécurité

1. Ce tableau est tiré de *Actualités sociales hebdomadaires* du 6-10-94.

sociale verse à l'employeur les indemnités journalières de repos ; certains employeurs préfèrent ne verser que le complément de salaire laissant leurs salariées toucher directement les indemnités journalières.

Pour percevoir vos indemnités, vous adresserez à votre Caisse une déclaration sur l'honneur indiquant votre date d'arrêt de travail, déclaration qui se trouve dans le carnet de maternité. Et votre employeur remplira l'attestation portant la mention « maternité ». Le paiement des indemnités journalières est automatique et s'effectue tous les 14 jours. Mais pour le paiement de la dernière quatorzaine, vous enverrez à votre Caisse une attestation de votre employeur de reprise de travail, ou bien, si vous ne reprenez pas votre travail, une attestation sur l'honneur de non-reprise de travail.

Pour le calcul des congés payés et le calcul de la retraite, les périodes de congé pré et postnatal comptent comme des périodes de travail.

Le congé maternité des agricultrices. Il existe une allocation de remplacement destinée aux agricultrices s'arrêtant de travailler au moment de la naissance de leur enfant.

La demande de cette allocation est à faire auprès de l'organisme assureur (en général la Mutualité sociale agricole) dont relève l'intéressée. Cette demande doit être faite 20 jours au moins avant la date prévue de l'interruption d'activité, au moyen d'un imprimé joint au carnet de maternité. Pour en bénéficier, il faut cesser son travail au moins une semaine et être effectivement remplacée.

Le remboursement couvre 90 % des frais réels pendant un maximum de 56 jours ; mais ce congé peut être prolongé de 14 jours en cas de grossesse pathologique ou de naissance multiple, de 28 jours en cas de césarienne. Ces prolongations peuvent être cumulables. Dans ce cas, la période d'indemnisation est au maximum de 98 jours d'arrêt de travail. A partir du troisième enfant, l'agricultrice bénéficie du remboursement des frais réels pendant 7 jours.

Le remboursement ne peut dépasser un plafond de 496 F par jour si le remplacement est à temps plein, et de 62 F par heure si le remplacement est de moins de 8 heures par jour.

1) Si l'assurée a recours à un service de remplacement : l'allocation est calculée en fonction du prix de journée de ce service, avec des règles particulières si ce prix n'atteint pas 90 % ou dépasse 110 % du prix de référence.

2) Si l'assurée embauche directement un remplaçant, le montant de l'allocation est égal à 90 % des frais réels retenus dans la limite du prix de référence.

3) En cas d'exercice par la femme non salariée agricole (chef d'exploitation ou associée notamment) d'une activité salariée : l'allocation est calculée sur la base de la durée.

Dans tous les cas la part des frais laissés à l'assurée est égale à 10 % du prix de référence.

Le congé de maternité des femmes exerçant une profession libérale, artisanale, commerçante, ou pour les conjointes collaboratrices d'un membre d'une profession libérale, artisanale ou commerçante. Il existe deux allocations en cas de maternité :
→ L'allocation de repos maternel est de 6 030 F maximum (3 015 F maximum en cas d'adoption) ;
→ l'indemnité de remplacement est égale au coût du remplacement, avec un plafond de 6 030 F (3 015 F en cas d'adoption). Cette indemnité est calculée sur 28 jours.

Le plafond est de 9 045 F en cas de grossesse pathologique (indemnité calculée sur 32 jours) et de 12 060 F en cas de naissance multiple (indemnité calculée sur 56 jours).

L'allocation de repos maternel et l'indemnité compensatrice peuvent se cumuler.

■ Réponses à quelques questions sur la vie professionnelle

Un employeur peut-il licencier une femme enceinte ?
Le licenciement d'une salariée enceinte est interdit par la loi. Toutefois, le code du travail accorde un caractère différent à cette protection selon la période envisagée.

Protection absolue : pendant son congé de maternité, la salariée ne peut être licenciée.

Protection relative : durant la période qui précède le congé de maternité et les quatre semaines qui le suivent, le licenciement est admis :
- s'il y a faute grave (par exemple : injures consécutives à un refus d'exécuter une tâche n'exigeant pas un effort incompatible avec l'état de grossesse) ;
- en cas d'impossibilité de maintenir le contrat de travail pour un motif étranger à la grossesse (fermeture de l'entreprise, compression de personnel, licenciement collectif).

Seule réserve : même notifiée à un moment où la loi l'autorise encore, la résiliation du contrat de travail ne doit pas prendre effet pendant le congé de maternité (par exemple : si une fin de préavis intervient pendant le congé, le licenciement prend effet au retour).

Par ailleurs :
→ il est interdit à un employeur de tenter d'obtenir des renseignements sur l'état de grossesse éventuel d'une candidate à un emploi ;
→ le licenciement d'une salariée est annulé si, dans un délai de 15 jours à compter de sa notification, l'intéressée envoie à son employeur (par lettre recommandée avec A.R.), un certificat médical justifiant qu'elle est enceinte ;
→ si son état de santé l'exige et est médicalement constaté, la future maman peut, à sa demande, être temporairement affectée à un autre poste, avec maintien de sa rémunération ;

→ pendant qu'une mère est en congé de maternité, il est interdit à son employeur de la faire travailler pendant une période de 8 semaines au total, dont 6 après l'accouchement ;
→ la salariée, après son congé de maternité, devra retrouver son emploi précédent ou, à défaut, un emploi similaire. Est « similaire » l'emploi qui n'a pas subi de modifications substantielles affectant un élément essentiel du contrat de travail (rémunération, qualification).

Quand doit-on déclarer sa grossesse à l'employeur ?
Il n'y a pas d'obligation légale de date, mais vous avez intérêt à le dire le plus rapidement possible pour bénéficier des avantages de cette situation, et en particulier être protégée contre le licenciement. Et de toute manière, il faudra bien que vous informiez votre employeur lorsque vous partirez pour votre congé maternité : si vous ne préveniez pas, cela serait une rupture de contrat de travail.

A-t-on la possibilité de démissionner sans préavis ? Les futures mamans peuvent quitter leur emploi sans préavis et sans avoir à verser une indemnité de rupture, ceci sous réserve, c'est le Code du travail qui le dit, qu'elles se trouvent « en état de grossesse apparente ». En revanche, la mère ne bénéficiera pas du droit à réintégration prévu au terme du congé parental ni de la priorité de réembauchage après un congé pour élever un enfant.

Consultations prénatales et temps de travail. Les femmes enceintes ont le droit de s'absenter de leur travail pour effectuer les examens médicaux prénataux obligatoires sans perte de rémunération.

La durée quotidienne de travail peut-elle être réduite ?
Des mesures spécifiques (par exemple la diminution d'une heure par jour à partir du début du troisième mois de grossesse) existent pour les femmes employées de la fonction publique ou pour celles travaillant dans les hôpitaux publics. Ces mesures sont fréquemment appliquées aux employées des collectivités locales. Certaines entreprises peuvent aussi accorder des assouplissements d'horaire, renseignez-vous.

Congé de maternité et ancienneté. Le congé de maternité est assimilé à une période de travail effectif, d'une part, pour le calcul des congés payés, et, d'autre part, pour déterminer les droits que la salariée tient de son ancienneté dans l'entreprise. Mais cette disposition n'interdit pas à l'employeur qui institue une prime de fin d'année et pratique un abattement à partir d'un certain nombre de jours d'absence de réduire le montant de la prime de fin d'année en raison de l'absence pour congé de maternité.

Allaitement et travail. Les salariées qui reprennent leur travail alors qu'elles continuent d'allaiter leur enfant disposent d'une heure par jour à prendre sur les heures de travail et ceci pendant un an à compter de la naissance. En principe, cette heure est fractionnée en 2 périodes de

30 minutes, l'une le matin, l'autre l'après-midi. Mais l'employeur peut permettre à la salariée de quitter son travail une heure avant l'horaire réglementaire. Légalement, cette heure n'est pas rémunérée, mais de nombreuses conventions collectives en prévoient le paiement.

Les indemnités journalières versées par la Sécurité sociale sont-elles imposables ? Les indemnités journalières versées aux femmes enceintes pendant le congé de maternité, au taux de 84 %, sont exonérées. Elles n'ont donc pas à figurer dans la déclaration des revenus. En revanche, les indemnités journalières de maladie versées au taux de 50 %, pendant ou après la grossesse, sont imposables.

■ Le congé en cas d'adoption

Les parents adoptifs ont droit à un congé postnatal quel que soit l'âge de l'enfant adopté (jusqu'à son 15e anniversaire). La durée de ce congé est donc, suivant le nombre d'enfants à charge, de 10, 12 ou 22 semaines (voir le tableau page 433, *La durée du congé de maternité*).

A noter : la loi permet un partage du congé d'adoption entre le père et la mère. De plus, ce congé peut être fractionné en deux parties, à condition que la plus courte ne soit pas inférieure à 4 semaines. Les indemnités journalières de Sécurité sociale sont versées soit au père soit à la mère pour les périodes qui les concernent.

Comme les bénéficiaires du congé maternité, durant le congé d'adoption et les 4 semaines qui le suivent, vous bénéficiez d'une protection contre le licenciement.

Le congé d'adoption est-il indemnisé ? Votre employeur n'est pas tenu de vous rémunérer, sauf convention ou accord collectif plus favorables. Cependant, vous pouvez percevoir des indemnités journalières de la Sécurité sociale si vous remplissez les conditions requises.

■ Le congé parental d'éducation

Ce congé est accordé pour un an et peut être renouvelé deux fois (ce qui fait donc trois ans maximum).

Les parents peuvent prendre ce congé sans solde ensemble, ou bien l'un après l'autre, à temps partiel, ou à temps plein. A l'expiration de ce congé, le (ou la) salarié retrouvera son emploi précédent ou un emploi similaire. Le parent n'est pas obligé de prendre ce congé à la suite du congé de maternité, mais avant le troisième anniversaire de l'enfant, ou, en cas d'adoption, dans les trois ans qui suivent l'arrivée d'un enfant de moins de trois ans.

Formalités à accomplir vis-à-vis de l'employeur : la mère et le père doivent prévenir leur employeur de leur intention de prendre ce congé par lettre recommandée avec A.R., et ce au moins un mois avant l'expiration du congé de maternité (2 mois si le congé parental ne suit pas le congé de maternité).

Conditions à remplir : il faut avoir travaillé pendant un an au moins dans l'entreprise, quelque soit son effectif.

Prolongation. Ce congé – ou le temps partiel – peut être prolongé :
– un an après les trois ans de l'enfant (ou l'arrivée de l'enfant adopté au foyer) en cas de maladie, de handicap grave ou d'accident ;
– jusqu'au 6e anniversaire des enfants en cas de naissance de triplés (ou plus).

Droit à une action de formation professionnelle. Le salarié réembauché, ou qui reprend son activité après un congé parental d'éducation à temps plein ou à temps partiel, bénéficie d'un droit à une action de formation professionnelle. Ce droit est aussi ouvert au salarié avant l'expiration de son congé parental d'éducation ou de sa période de travail à temps partiel, ce qui écourte cette période de congé.

En cas d'adoption : les parents adoptifs ont les mêmes droits jusqu'à l'expiration d'un délai de trois ans à compter de l'arrivée d'un enfant de moins de trois ans au foyer.

■ La démission assortie d'une priorité de réembauchage.

Elle concerne le parent qui ne réunit pas les conditions pour bénéficier du congé parental d'éducation.

Formalités à accomplir vis-à-vis de l'employeur : la mère doit prévenir son employeur de son intention de ne pas reprendre son travail ; elle le fera par lettre recommandée avec A.R. un mois avant la fin de son congé de maternité.

Le père doit également prévenir son employeur par lettre recommandée. Il doit démissionner dans les deux mois qui suivent la naissance ou l'arrivée de l'enfant au foyer. Dans l'année suivant sa démission, il bénéficie d'une priorité de réembauchage.

Important : pour la mère comme pour le père, la priorité de réembauchage n'est pas une certitude de réembauchage ; il faut qu'il y ait un poste libre dans l'entreprise.

En cas d'adoption : les parents adoptifs ont les mêmes droits s'ils adoptent un enfant de moins de trois ans.

■ Remboursements

I. Pour les salariés et pour les exploitants agricoles

Visites médicales obligatoires : passées dans un centre de P.M.I. ou un dispensaire, elles sont gratuites. A l'hôpital, vous payez et la Sécurité sociale vous rembourse totalement. Chez un médecin particulier conventionné, et chez une sage-femme, vous serez remboursée à 100 % du tarif de la Sécurité sociale, c'est-à-dire 105 F pour un généraliste, 145 F pour un gynécologue, 55 F au cabinet de la sage-femme (76 F à domicile). Chez un médecin non conventionné, vous aurez également 100 % du tarif prévu pour ce cas, tarif qui varie suivant les régions entre 2,80 et 8 F.

Visites médicales supplémentaires : normalement, les centres de P.M.I. et dispensaires font payer le ticket modérateur. Mais certains centres, dans le cadre des visites prénatales (même non obligatoires), pratiquent la gratuité. Renseignez-vous. A l'hôpital ou chez un médecin particulier, quelque soit le prix demandé par le médecin, vous serez remboursée à 80 % (tarif hôpital) ou 70 % (tarif ville) du tarif de la Sécurité sociale. S'il vous a été demandé une somme supérieure au tarif de la convention, ce dépassement restera à votre charge.

Médicaments : les médicaments prescrits sont remboursés à 100 %, 65 % ou 35 % suivant les cas (comme pour l'assurance maladie), à condition de coller les vignettes sur les ordonnances. Sur le feuillet du carnet de maternité, un cadre est prévu pour le pharmacien.

Important : pendant les 4 derniers mois de la grossesse, le ticket modérateur est supprimé pour tous les soins dispensés aux femmes enceintes (autrement dit, les remboursements sont à 100 %, sauf pour les médicaments comportant une vignette bleue qui sont remboursés à 35 %).

Préparation à l'accouchement : les séances sont remboursées à 100 % jusqu'à concurrence de 8 au maximum, et à condition qu'elles soient faites par un médecin ou une sage-femme.

Frais d'accouchement et de séjour : les remboursements varient suivant l'endroit où vous accouchez :

1. *à l'hôpital :* l'intégralité des frais est réglée directement par la Caisse de sécurité sociale à l'hôpital ;

2. *en clinique conventionnée :* ces cliniques ont passé une convention spéciale avec la Caisse de Sécurité sociale suivant laquelle les frais de séjour – et dans certains cas les honoraires de l'accoucheur – sont réglés directement par la Caisse de Sécurité sociale à la clinique.
Que l'accouchement soit fait par un médecin ou par une sage-femme, un forfait est prévu ; le forfait de la sage-femme comprend en outre la surveillance du nourrisson pendant 30 jours. Renseignez-vous auprès de la clinique ou du médecin pour savoir sur quelle base vous serez remboursée et si vous aurez à assumer des frais supplémentaires ;

3. *dans une clinique agréée par la Sécurité sociale :* forfait pour les honoraires de l'accoucheur et les frais pharmaceutiques ; forfait également pour les frais de séjour, la différence entre le remboursement de la Sécurité sociale et le prix effectif du séjour étant à la charge de l'assurée.
Le séjour à l'hôpital ou en clinique ne doit pas dépasser 12 jours. Si une prolongation du séjour est justifiée médicalement, les frais en sont remboursés par l'assurance maladie ;

4. *à domicile ou dans une clinique non agréée :* remboursement des frais médicaux et pharmaceutiques sous forme de forfaits ;

5. *frais de transport en ambulance :* la mère peut obtenir sur présentation de la facture le remboursement des frais.

A noter : en cas de césarienne, l'intervention chirurgicale est remboursée à 100 % du tarif de la Sécurité sociale.

L'anesthésie péridurale est remboursée à 100 % du tarif de la Sécurité sociale mais renseignez-vous car certains anesthésistes ont droit à des dépassements d'honoraires.

Rééducation post-natale, massages. Après la naissance, la femme peut bénéficier de dix séances de rééducation post-natale prises en charge à 100 % par la Sécurité sociale. Cette rééducation peut-être soit périnéale, soit abdominale, selon le besoin évalué par le médecin.

Par ailleurs, toute femme enceinte ou pas, accouchée ou pas, peut sur prescription médicale suivre des séances de massages, de rééducation du ventre, du dos, du périnée, tant que son état le justifie. Les actes de kinésithérapie sont remboursés à 60 % par la Sécurité sociale. Certaines mutuelles complètent à 100 %.

Indemnités journalières de repos : voir page 433.

Les remboursements. Vous devez remettre votre dossier de feuillets du carnet de maternité dûment remplis par le médecin ou la sage-femme à votre centre de Sécurité sociale avec les pièces justificatives : feuilles de paie, carte d'immatriculation, attestations de paiement des cotisations pour les non-salariées, livret de famille éventuellement. Les remboursements seront effectués suivant votre demande par virements bancaire ou postal ou par mandat que vous pourrez toucher dans un bureau de poste.

Dans certaines caisses primaires de Sécurité sociale, les formalités à accomplir pour bénéficier de l'assurance maternité sont légèrement différentes de celles que nous indiquons ci-dessus. Les futures mamans dépendant de ces caisses trouveront les détails des formalités à accomplir dans le carnet de maternité qui leur sera remis au début de leur grossesse.

II. Pour le régime des non salariés, non agricoles

Les remboursements sont calculés à 100 % du tarif de la Sécurité sociale pour les examens prénataux et post-nataux, et les frais d'honoraires qui se rapportent à l'accouchement.

En ce qui concerne les autres frais relatifs à la grossesse, à l'accouchement et à ses suites, les remboursements varient ; il vaut mieux vous renseigner dans vos Caisses.

Cas particuliers. Les femmes qui ne sont pas assurées sociales et qui n'ont pas de ressources suffisantes pour subvenir aux frais d'une grossesse et d'un accouchement, peuvent bénéficier de différents avantages (allocation mensuelle, accueil dans un centre maternel avant et après l'accouchement, etc.). Voir page 441 *Si vous êtes seule.*

Les prestations familiales

Les prestations familiales, qui se décomposent en plusieurs allocations, ont pour but d'aider les familles à subvenir aux besoins de leurs enfants. Vous trouverez ci-dessous les conditions à remplir pour bénéficier de chacune de ces différentes allocations. Toutefois une condition leur est commune : *habiter en France métropolitaine*. A noter : dans les départements d'outre-mer, il faut se renseigner car certaines prestations n'existent pas, ou leur montant est différent.

Le montant respectif de ces différentes allocations varie suivant le salaire de base à partir duquel elles sont calculées (le montant du salaire de base est fixé 2 fois par an par décret). Les prestations familiales sont payables chaque mois.

■ L'allocation pour le jeune enfant

Cette allocation est versée dès le 4ᵉ mois de grossesse : *Sans conditions de ressources* jusqu'au 3ᵉ mois de l'enfant pour chaque enfant né ou à naître.

Avec conditions de ressources du 4ᵉ mois de l'enfant jusqu'à son 3ᵉ anniversaire. Mais une seule allocation est versée par famille même si elle compte plusieurs enfants de moins de trois ans. Cette allocation est versée jusqu'à ce que le dernier ait atteint l'âge de trois ans.

Seul cumul possible : en cas de naissance multiple, l'allocation sera versée jusqu'au 12ᵉ mois de chaque enfant. Un rappel sera fait des mensualités qui n'ont pas été versées avant la naissance.

En cas de naissance prématurée, le nombre de mensualités versées peut être inférieur à 6. Si la naissance est tardive, le nombre de mensualités peut être supérieur à 6.

Formalités

→ Déclarer votre grossesse dans les 14 premières semaines à votre Caisse d'assurance maladie et à votre Caisse d'allocations familiales.

→ Avant et après la naissance, passer les examens médicaux obligatoires pour vous et votre enfant (voir page 431 quand passer ces examens).

Si vous ne passez pas les examens dans les délais prescrits, le montant de l'allocation qui vous sera versée sera réduit.

Ressources. Pour continuer à bénéficier de cette allocation à partir du 4ᵉ mois de l'enfant, le revenu net imposable (revenus de 1993) ne doit pas dépasser au 1ᵉʳ juillet 1994 :

→ pour un couple avec 1 enfant : 103 383 F
→ pour un couple avec 2 enfants : 124 060 F
→ pour un couple avec 3 enfants : 148 872 F
→ par enfant supplémentaire : 24 812 F.

Pour un couple avec deux revenus ou pour une personne seule, les revenus indiqués ci-dessus doivent être augmentés de 33 242 F (soit pour un couple avec un enfant le revenu à ne pas dépasser est de : 103 383 F + 33 242 F = 136 625 F).

Montant. Il est de 944 F par mois.

Interruption spontanée de la grossesse : en cas d'avortement spontané, il faut envoyer dans les 15 jours qui suivent un certificat médical attestant l'interruption de la grossesse, et la date de cette interruption, à la Caisse d'allocations familiales ; la dernière mensualité correspond au moins de l'interruption de grossesse.

■ L'allocation parentale d'éducation

Cette allocation est versée à la mère ou au père qui s'arrête de travailler, complètement ou à temps partiel, à la naissance de leur deuxième enfant. Cette mesure est aussi valable en cas d'adoption.

Conditions. Il faut justifier de deux années d'activité dans les cinq années précédant la deuxième naissance (les périodes de chômage indemnisées étant assimilées à l'activité) ; ou de deux années d'activité dans les dix ans (les périodes de chômage indemnisées étant assimilées à l'activité) s'il s'agit d'un troisième enfant.

Durée. Cette allocation est versée, sans condition de ressource, jusqu'au troisième anniversaire de l'enfant ; et jusqu'au sixième anniversaire des enfants lorsqu'il s'agit d'une naissance multiple de trois enfants ou plus.

Montant (non cumulable avec l'allocation pour jeune enfant)

→ cessation totale d'activité : 2 929 F par mois ;
→ si l'activité professionnelle est de moins de 20 heures par semaine : 1 937 F par mois ;
→ si l'activité professionnelle est comprise entre 20 et 32 heures par semaine : 1 465 F par mois.

Il y a possibilité de cumuler deux allocations parentales à taux réduit, dans la limite de 2 929 F par mois lorsque la mère et le père travaillent à temps partiel.

A noter : le montant de l'allocation parentale est non imposable et non compris dans le calcul de l'aide au logement.

■ Le complément familial

Qui peut en bénéficier ? Les personnes résidant en France, quelle que soit leur nationalité, ayant ou non une activité professionnelle.

Conditions

- Avoir au moins 3 enfants de 3 ans et plus, et ne pas bénéficier de l'allocation jeune enfant avec conditions de ressources (dite longue), ni de l'allocation parentale d'éducation.
- Les conditions de ressources sont les mêmes que celles qui permettent de bénéficier de l'allocation jeune enfant, voyez page précédente.

Montant. Il est de 856 F.

▪ Les allocations familiales

Conditions

→ Les allocations familiales sont versées chaque mois à partir du deuxième enfant à charge. Un enfant unique, ou le dernier et seul enfant à charge d'une famille de plusieurs enfants, ne donne donc pas droit à ces allocations.
→ Ces enfants à charge doivent être soumis, s'ils ont moins de six ans, aux examens médicaux obligatoires.
→ Il faut résider en France.

Durée. Les allocations sont versées :
→ dès la naissance du 2ᵉ enfant jusqu'à 16 ans ;
→ de 16 à 18 ans : pour un enfant sans activité professionnelle, ou exerçant une activité professionnelle avec une rémunération mensuelle inférieure à 55 % du SMIC ;
→ de 18 à 20 ans pour : les étudiants ; les apprentis ou stagiaires suivant une formation professionnelle aux mêmes conditions de rémunération que ci-dessus ; les bénéficiaires de l'allocation d'éducation spéciale, les infirmes ou malades chroniques dans l'impossibilité d'exercer une activité professionnelle.

Formalités. Dès la naissance de l'enfant qui vous donne droit à l'allocation familiale, adressez à votre Caisse les pièces officielles constatant la naissance de l'enfant : bulletin de naissance, fiche d'état civil.

Montant

Pour 2 enfants : 32 % du salaire de base, soit 657 F ;
pour 3 enfants : 73 % de ce salaire, soit 1 500 F ;
pour 4 enfants : 114 % de ce salaire, soit 2 342 F ;
pour 5 enfants : 155 % de ce salaire, soit 3 124 F.
À partir du 6ᵉ enfant, on ajoute 41 %, soit 842 F.

Dans les familles comportant 2 enfants, le cadet bénéficie d'une majoration de 9 % (soit 185 F) à partir de 10 ans, et de 16 % (soit 329 F) à partir de 15 ans. Dans les familles de 3 enfants et plus, chaque enfant, y compris l'aîné, bénéficie d'une majoration de 9 % à partir de 10 ans et de 16 % à partir de 15 ans. Ceci jusqu'à l'âge de 20 ans si les enfants continuent leurs études.

▪ L'allocation d'éducation spéciale pour mineurs handicapés

Cette allocation et son complément sont destinés à aider les parents qui assument la charge d'un enfant ayant un handicap sans qu'il soit tenu compte de leurs ressources. Elle est accordée sur décision d'une commission départementale d'éducation spéciale (C.D.E.S.) qui appréciera l'état de l'enfant.

• *L'allocation principale*

Conditions. Le bénéficiaire :
→ doit habiter en France ou dans un département d'outre-mer ;
→ il doit assumer la charge effective et permanente de l'enfant. Cette condition est considérée remplie par la famille si l'enfant placé en externat, semi-internat dans un établissement d'éducation spécialisée ou dans une famille d'accueil, revient au foyer en fin de semaine et si la pension versée à l'établissement ou à la famille est suffisante pour couvrir son entretien.

L'enfant ayant un handicap
→ doit avoir moins de 20 ans et ne pas bénéficier de revenus professionnels supérieurs à 55 % du S.M.I.C. ;
→ doit avoir un taux d'incapacité permanente au moins égal à 80 % ou compris entre 50 % et 80 % s'il est placé en semi-internat ou dans un établissement d'éducation spécialisée, ou pris en charge par un service de soin ou de rééducation à domicile.

• *Le complément d'allocation* est accordé lorsque l'enfant ayant un handicap doit avoir recours à l'aide d'une tierce personne ou expose ses parents à des dépenses particulièrement coûteuses.

La 1ʳᵉ catégorie est accordée à l'enfant obligé d'avoir recours à l'aide quotidienne mais discontinue d'une tierce personne.

La 2ᵉ catégorie est accordée à l'enfant obligé d'avoir recours à l'aide constante d'une tierce personne.

Conditions pour ces deux catégories. Il faut que l'état de l'enfant justifie des dépenses d'un montant au moins égal à l'un de ces compléments.

La 3ᵉ catégorie est accordée à l'enfant atteint d'un handicap particulièrement grave justifiant des soins continus de haute technicité (classé dans cette catégorie sur demande du chef hospitalier qui le suit).

Conditions pour la troisième catégorie. Il faut que l'un des parents cesse toute activité professionnelle pour s'occuper de l'enfant ou qu'ils aient recours à une tierce personne rémunérée.

En cas d'hospitalisation : le versement du complément 3ᵉ catégorie est suspendu à partir du 2ᵉ mois et rétabli dès le mois de sortie de l'hôpital.

Montant. Allocation : 657 F.
Complément : 1ʳᵉ catégorie = 439 F. 2ᵉ catégorie = 1 479 F. 3ᵉ catégorie = 5 331 F (majoration pour tierce personne).

■ L'allocation de parent isolé

Cette allocation est destinée à garantir un revenu familial minimum à toute personne qui se trouve subitement seule pour assumer la charge d'un ou plusieurs enfants, ou qui se trouve en état de grossesse.

Conditions
→ Avoir un ou plusieurs enfants à charge (si la mère vit dans sa famille, elle est présumée assumer la charge des enfants dont elle a la garde), ou être enceinte. Les enfants peuvent être légitimes, naturels ou reconnus.

Les femmes enceintes doivent avoir déclaré leur grossesse, et subir dans les délais les examens prénatals.
→ Vivre seul : c'est-à-dire être célibataire, veuf, séparé, divorcé, abandonné et ne pas vivre maritalement.
→ Avoir des ressources inférieures à un minimum garanti. Par mois, ce minimum est de :
3 081 F pour une femme enceinte sans enfant ;
4 108 F pour une personne seule ayant un enfant à charge ;
par enfant en plus on ajoute : 1 027 F.

Montant. Le montant de l'allocation versée est égal à la différence entre les sommes indiquées et les ressources personnelles. Il varie donc d'un bénéficiaire à l'autre.

Durée. L'allocation sera versée au maximum pendant douze mois, mais cette durée pourra être prolongée jusqu'à ce que le dernier enfant ait atteint l'âge de 3 ans. Le montant de l'allocation sera révisé tous les trois mois en fonction des revenus du trimestre écoulé.

■ L'allocation de soutien familial

Cette allocation remplace l'allocation d'orphelin.

Qui peut en bénéficier ? Les personnes qui assument la charge :
→ d'un enfant orphelin de père et/ou de mère ;
→ d'un enfant dont la filiation n'est pas établie légalement à l'égard de ses parents ou de l'un d'eux ;
→ d'un enfant dont les parents (ou l'un d'eux) ne font pas face à leurs obligations d'entretien ou de versement d'une pension alimentaire [1].

Montant. Les taux sont fixés en pourcentage de la base mensuelle de calcul des allocations familiales : 30 % (soit 616 F) pour un enfant orphelin de père et de mère, 22,5 % (soit 462 F) pour un enfant dont la filiation n'est établie qu'à l'égard de sa mère.

■ L'aide à la famille pour l'emploi d'une assistante maternelle agréée

Cette prestation est accordée aux familles ou personnes qui confient leurs enfants à une assistante maternelle agréée (par le Conseil général du département). Le versement de cette prestation est subordonné à l'indication de la date d'agrément de l'assistante maternelle (si la personne qui garde l'enfant a un lien de parenté ou d'alliance jusqu'au sixième degré inclus avec l'enfant, elle peut, si les parents bénéficiaient de l'ancienne prestation spéciale assistante maternelle, être dispensée de l'agrément).

Conditions
→ Lui confier la garde d'un ou de plusieurs enfants âgés de 0 à 6 ans à plein temps ou à temps partiel ;
→ faire partie du régime général des Allocations familiales, ou avoir bénéficié d'une prestation entourant la naissance.

Formalités. Déclarer la garde de l'enfant à la C.A.F. Adresser tous les trimestres une déclaration d'employeur précisant le montant du salaire versé à l'assistante maternelle. La C.A.F. verse directement les cotisations patronales et salariales à l'U.R.S.S.A.F., mais elle peut aussi verser le montant des cotisations à la famille si celle-ci a réglé les cotisations à l'U.R.S.A.F.F. Cette aide à la famille est complétée par une majoration de 800 F par mois pour un enfant de moins de 3 ans et de 400 F par mois pour un enfant de 3 à 6 ans. Versée trimestriellement, son montant ne peut dépasser le salaire net de l'assistante maternelle.

A noter. Le remboursement des cotisations sociales de l'assistante maternelle ne peut dépasser 5 fois le S.M.I.C. horaire.

■ L'allocation de garde à domicile

Cette prestation est versée aux familles ou à une personne seule qui emploient à leur domicile une personne pour garder un ou plusieurs enfants. Une seule allocation est due quel que soit le nombre d'enfants et le nombre de personnes employées.

Conditions. Il faut que le ou les parents exercent une activité professionnelle minimale et que l'enfant (ou l'un des enfants) ait moins de trois ans.

Il faut faire garder son enfant par une personne salariée qui peut être une employée de maison, une stagiaire aide familiale au pair, ou une personne de la famille (sous réserve cependant qu'elle ne soit ni le conjoint ni un enfant).

Il faut déclarer la personne assurant la garde à l'U.R.S.S.A.F.

Formalités. S'adresser à la caisse d'allocations familiales, ou à la caisse de mutualité sociale agricole ou à l'U.R.S.S.A.F.

Montant. Il s'agit du remboursement des charges sociales (charges salariales et patronales) de la personne engagée dans la limite de 3 800 F par mois. Une demi-allocation est versée quand l'enfant a entre 3 et 6 ans.

---

1. En cas de versement partiel d'une pension alimentaire, vous pouvez recevoir une allocation de soutien familial différentielle.

■ Les allocations logement

Signalons que le fait de bénéficier d'une des prestations familiales énumérées peut permettre dans certaines conditions de bénéficier de l'allocation logement (mais les ménages avec un enfant à charge qui ne perçoivent pas d'allocation peuvent néanmoins obtenir l'allocation logement). Cette allocation est une prestation qui s'ajoute aux prestations familiales proprement dites. Elle peut atteindre 75 % du loyer payé par l'allocataire, à condition que le loyer et les ressources du ménage ne dépassent pas un certain plafond.

Les ménages sans enfant peuvent bénéficier de cette allocation les 5 premières années de leur mariage à condition que les époux n'aient pas dépassé l'un et l'autre 40 ans au moment du mariage.

Il ne nous est pas possible de donner ici tous les renseignements sur les conditions et formalités à remplir pour bénéficier de cette allocation, ainsi que des différentes formes qu'elle peut prendre (aide personnalisée au logement, par exemple). Mais vous pourrez trouver tous renseignements sur l'allocation logement à votre Caisse d'allocations familiales.

■ L'allocation de déménagement

C'est une prime à laquelle vous pouvez prétendre si vous avez la charge d'au moins trois enfants nés ou à naître et si vous vous installez dans un nouveau logement ouvrant droit aux allocations de logement (allocation de logement familial ou A.P.L.)

Votre emménagement doit avoir lieu entre le 4ᵉ mois de grossesse et le dernier jour du mois précédant celui du 2ᵉ anniversaire de l'enfant. Vous devez faire votre demande au plus tard six mois après la date du déménagement.

■ La retraite de la mère de famille

Avantages accordés aux mères salariées

→ Pour les mères qui travaillent, chaque enfant élevé pendant 9 ans avant le 16ᵉ anniversaire leur donne une bonification de 2 années par enfant.

→ Pour une mère de 3 enfants, le montant de la retraite est augmenté de 10 %.

Allocation versée aux mères de 5 enfants qui n'ont pas été salariées. Pour les mères qui ont élevé 5 enfants pendant 9 ans au moins avant leur 16ᵉ année et qui ne dépassent pas un certain plafond de ressources (assez bas), il existe une allocation aux mères de famille. Cette allocation est versée à partir de 65 ans, ou de 60 ans en cas d'état de santé déficient.

A noter (car j'ai eu beaucoup de lettres demandant des précisions sur cette allocation) : ces mères doivent

être françaises (ou appartenir à un pays ayant passé une convention avec la France), et doivent avoir élevé 5 enfants de nationalité française au moment de la demande d'allocation.

Pour percevoir cette allocation, s'adresser à la Caisse d'assurance vieillesse de la Sécurité sociale de votre département (C.N.A.V.T.S.).

Assurance vieillesse des mères de famille. Les Caisses d'allocations familiales affilient à l'assurance vieillesse certaines personnes. Cette assurance concerne soit la personne seule (homme ou femme), soit dans un couple celui :

→ qui n'a pas d'activité professionnelle ;

→ qui perçoit le complément familial, ou l'allocation au jeune enfant, ou l'allocation parentale d'éducation ;

→ qui assume la charge d'un enfant de moins de trois ans ; ou de trois enfants ; ou bien la charge d'un enfant ou d'un adulte handicapé.

Les mères de famille qui ne travaillent pas, mais qui ne remplissent pas les conditions pour être affiliées par la C.A.F., peuvent s'inscrire à *l'assurance vieillesse des mères de famille,* ainsi qu'à *l'assurance volontaire invalidité parentale.* Elles doivent verser une cotisation trimestrielle.

Conditions de ressources

→ Pour les femmes isolées, mères d'un enfant de moins de 3 ans, ou d'au moins 3 enfants : leurs ressources ne doivent pas dépasser un plafond fixé à 2 130 fois le taux horaire du S.M.I.C., majoré de 25 % par enfant à charge.

→ Pour les couples : si les mères ont un enfant de moins de 3 ans, le plafond est le même que pour les femmes isolées ; si elles ont au moins 3 enfants à charge, le plafond est le même que pour le complément familial.

N'hésitez pas à vous renseigner auprès de la Caisse pour toute situation un peu particulière.

■ L'aide sociale

L'aide sociale peut accorder une aide financière aux personnes qui ne disposent pas de ressources suffisantes pour subvenir à leurs besoins, ou pour couvrir les frais de soins qu'exige leur état de santé (l'aide sociale est confiée aux Conseils généraux et les aides sont très différentes d'une région à l'autre, c'est pour cette raison que nous ne pouvons pas donner plus de précisions).

S'il s'agit d'une difficulté passagère, on peut obtenir un secours ou une aide matérielle.

Formalités. S'adresser au bureau d'aide sociale de la mairie.

Montant. Il varie suivant les cas, selon les ressources de l'intéressée.

■ Le R.M.I. (Revenu minimum d'insertion)

Bénéficiaires. Toute personne en difficulté, âgée de plus de 25 ans (ou de moins de 25 ans ayant un ou plusieurs

enfants à charge), résidant en France (depuis 3 ans au moins pour les étrangers) a droit à un minimum de ressources si elle s'engage à participer aux activités d'insertions définies avec elle, qu'elle vive seule ou en ménage.

Montant mensuel. Il s'agit d'une allocation différentielle entre un montant fixé pour une personne seule, auquel on applique des majorations en fonction de la composition de la famille. Au 1er janvier 1994 :
– Personne seule = 2 298,08 F
– Couple = 3 447,12 F
– par personne à charge supplémentaire = 689,42 F
– par personne à charge à partir de la 3e = 919,23 F.

Ressources prises en compte pour le calcul de l'allocation attribuée :
• à 100 % : salaires, revenus, pensions, allocations familiales, sauf allocations spécialisées ;
• Partiellement : les aides personnelles au logement et certaines rémunérations d'activités professionnelles ou de stages qui doivent faciliter l'insertion.

La négligence peut coûter cher

Vous voyez les avantages dont vous pouvez bénéficier lorsque vous attendez un enfant.

Ces avantages sont importants. Encore une fois, pour en bénéficier, vous devez vous soumettre aux formalités qui vous sont demandées et ce, dans les délais prescrits.

Chaque année, nombreuses sont les jeunes mères qui ne perçoivent que partiellement remboursements et allocations dont elles pourraient bénéficier, parce qu'elles sont négligentes ou mal informées.

Nous vous rappelons que vous pouvez remplir vos formalités sans vous déplacer en envoyant vos papiers par la poste et en recevant vos allocations et remboursements à domicile. Lorsque votre dossier est constitué, relisez-le avec soin avant de l'envoyer pour vous assurer qu'il est bien lisible et complet (*30 % des dossiers adressés aux allocations familiales sont incomplets*). Sinon, on vous le renverra et vous aurez perdu du temps. En particulier, n'omettez pas de porter sur toute votre correspondance votre numéro d'immatriculation.

Vous avez intérêt à photocopier les dossiers et documents que vous envoyez à la Caisse ; si votre dossier est égaré (c'est rare mais cela arrive), cela vous évitera de tout recommencer.

Si votre cas est spécial – et que nous ne l'ayons pas prévu ici –, si vous avez besoin d'un conseil, allez voir l'assistante sociale de votre mairie, ou consultez celle qui est attachée à votre entreprise.

Les renseignements que nous donnons sur les formalités à accomplir pour bénéficier des allocations familiales, ainsi que sur la manière de les percevoir, s'appliquent à la région parisienne. Quoiqu'ils soient dans les grandes lignes valables pour toute la France, dans certaines caisses départementales les formalités et modes de paiement sont un peu différents. Les futures mamans dépendant de ces caisses trouveront auprès de celles-ci tous renseignements nécessaires.

Si les formalités peuvent légèrement varier d'un département à l'autre, le taux permettant de calculer le montant des Allocations familiales est le même pour toute la France.

Si vous êtes seule

Sur le plan national, il n'existe pas d'organisation qui s'adresse aux mères seules, mais à la suite d'initiatives individuelles, de nombreuses associations se sont créées dans les régions, dans les mairies, les paroisses. Les assistantes sociales (à la mairie, dans l'entreprise, à la P.M.I.) connaissent les adresses, c'est à elles que vous pourrez les demander.

Il y a d'autres possibilités : dans certaines maternités, les sages-femmes mettent en rapport les mères seules, elles le font dans le cadre de la préparation à l'accouchement, et l'on voit peu à peu se constituer des groupes, s'échanger des adresses, parfois une vraie solidarité s'instaurer entre les futures mères. C'est le meilleur cas. Dans d'autres, rien ne se fait, par timidité, par manque d'initiative. Vous aurez peut-être à prendre les devants, n'hésitez pas, parlez aux sages-femmes.

Les femmes seules (célibataires, séparées, divorcées, veuves) peuvent bénéficier des avantages et droits énumérés dans les pages précédentes à certaines conditions. En outre, si elles sont dépourvues de ressources, elles peuvent bénéficier d'avantages spéciaux.

La Sécurité sociale
• La femme seule peut bénéficier des prestations de Sécurité sociale pour elle et ses ayants droit si elle exerce une activité professionnelle salariée ou non salariée ou si elle adhère à l'assurance personnelle. Elle bénéficie donc du régime de maternité (voir les conditions p. 430).

• Les jeunes mères seules à charge d'un assuré social (dans la limite d'âge prévue par la loi) bénéficient des prestations de Sécurité sociale comme ayants droit d'un assuré social.

● Les étudiantes bénéficient du régime des étudiants [1] ; elles ont droit aux prestations de Sécurité sociale pour elles et leurs ayants droit.

● En ce qui concerne les femmes divorcées et les veuves, les prestations de l'assurance maternité continuent à leur être versées pendant un an (après la transcription du divorce, ou le décès du conjoint), ou jusqu'à ce que le dernier enfant ait plus de 3 ans.

● Les femmes divorcées ou veuves sont assurées sociales sans limitation de durée si elles ont plus de 45 ans et si elles ont (ou ont eu) au moins trois enfants à charge.

● En cas de mariage postérieur à la conception ou à la naissance du bébé, une mère non assurée sociale bénéficie des prestations de Sécurité sociale, à partir de la date du mariage, sur le compte de son mari.

Les prestations familiales. Les conditions sont dans l'ensemble les mêmes que pour les femmes mariées. Vous bénéficierez de l'allocation pour jeune enfant du 4e mois de l'enfant jusqu'à ses trois ans en fonction de vos ressources (voir page 437). Cette prestation n'est pas cumulable avec l'allocation de parent isolé (nous parlons de cette allocation page 439).

Protection sociale. Les futures mères dépourvues de ressources ou disposant de ressources insuffisantes peuvent bénéficier de diverses allocations d'aide sociale, et peuvent loger dans des centres maternels.

● Un secours peut être accordé avant la naissance sous forme de don ou de prêt. Pour tous renseignements, s'adresser à la mairie, au bureau d'aide sociale.

● La gratuité de l'accouchement est assurée aux femmes privées de ressources.

● Une aide financière peut être maintenue après l'accouchement ou accordée à la mère qui n'a pas assez de ressources pour vivre. Cette aide peut se cumuler avec les Allocations familiales.

Les centres maternels Ils sont réservés en priorité aux mères isolées, sans ressources ni logement. Ils ont en général deux sections : prénatale et postnatale.

● Dans la section prénatale, la femme est reçue à titre gratuit avec prise en charge de la D.D.A.S.S. de son domicile.

● Dans la section postnatale (après le congé de maternité) une participation aux frais est demandée à la mère en fonction de ses ressources.

Ces centres peuvent aussi accueillir des femmes ayant des enfants et qui sont momentanément privées de logement et de ressources.

Pour avoir des adresses, les futures mères doivent s'adresser au service social de la mairie.

Des assistantes maternelles, dépendant de l'Aide sociale à l'Enfance, accueillent en placement permanent des enfants sans famille ou dont les familles connaissent des difficultés momentanées. Elles sont surveillées par

des puéricultrices. La famille, si elle le peut, verse une modeste participation.

A noter : dans les départements où il n'y a pas de centres maternels, les hôpitaux susceptibles de recevoir les femmes enceintes doivent obligatoirement recevoir les femmes enceintes qui le demandent durant le mois qui précède l'accouchement et celui qui le suit, et ceci gratuitement si elles n'ont pas de ressources. Les femmes peuvent demander le *bénéfice du secret à l'admission.*

Le livret de famille. Les mères seules peuvent obtenir un livret de famille. La demande doit être faite à la mairie du lieu de naissance.

Renseignements divers pour les mères seules
● Ce qui est dit page 422 à propos de la reconnaissance de l'enfant, de l'exercice de l'autorité parentale et du nom de l'enfant concerne également les mères seules.

En cas de divorce, l'autorité parentale peut être exercée soit en commun par les deux parents soit par un seul (après décision du juge aux affaires familiales).

● Si vous recherchez un emploi, vous trouverez des renseignements utiles dans la brochure *Les femmes et la recherche d'emploi* éditée par l'A.N.P.E. et le C.N.I.D.F.F. (7, rue du Jura, 75013 Paris, Tél. 43 31 12 34).

● Si une mère, qui élève seule son enfant, désire améliorer sa formation professionnelle, sa candidature à un stage de formation agréé par l'État sera retenue en priorité. Elle pourra obtenir une rémunération différente suivant la formation choisie.

● La mère seule ou divorcée a droit dans sa déclaration de revenus à porter l'enfant pour une part (ceci n'est valable que pour le premier enfant). Pour les suivants, elle n'a droit qu'à 1/2 part par enfant.

● Si vous n'avez pas de couverture maladie par votre activité ou en qualité d'ayant droit, vous pouvez en bénéficier par :
→ la perception de l'allocation de parent isolé ;
→ l'assurance personnelle avec possibilité de prise en charge des cotisations par l'Aide sociale ou la Caisse d'allocations familiales. Renseignez-vous auprès de votre Caisse primaire d'assurance maladie.

● Les veuves d'un assuré (régime général ou régime agricole), non remariées, âgées de moins de 55 ans, ayant un enfant à charge ou ayant élevé pendant 9 ans avant son 16e anniversaire un enfant, a droit à l'assurance veuvage pendant 3 ans.

Plafond de ressources : ne pas disposer de plus de 10 976 F de ressources personnelles au cours des 3 mois civils précédant le décès ou la demande.

Montant maximum : 1re année : 2 927 F par mois ; 2e année : 1 923 F par mois ; 3e année : 1 464 F par mois.

A noter : les ressources, augmentées du montant de l'allocation, ne doivent pas dépasser le plafond trimestriel (10 976 F). Sinon le montant mensuel de l'allocation est diminué en conséquence.

1. Les étudiants bénéficient jusqu'à 26 ans de la Sécurité sociale (27 ans selon les études suivies, médecine par exemple), mais toutes les écoles n'y ouvrent pas droit. D'autre part, ceux qui ne peuvent bénéficier de la Sécurité sociale de leurs parents peuvent être inscrits à la Sécurité sociale des étudiants avant 20 ans.

Aides familiales, assistantes maternelles, crèches, pouponnières...

Vous allez accoucher dans une clinique ou à l'hôpital, mais vous n'avez personne qui puisse s'occuper des enfants que vous laissez à la maison ; vous pouvez, dans ce cas, demander au service social de votre mairie de vous procurer une *aide familiale.* Après enquête, on vous enverra une aide qui sera prise en charge par votre Caisse d'allocations familiales dans une proportion déterminée par vos ressources et le nombre de vos enfants. La mairie, les services de P.M.I., vous donneront également des adresses d'organismes privés pouvant vous procurer une aide familiale.

Si vous travaillez, il existe plusieurs possibilités pour faire garder votre enfant : nourrice [1], crèche, employée de maison, etc. Voici quelques renseignements pratiques à propos des divers modes de garde.

Pour trouver une *assistante maternelle,* il faut s'adresser au service social de la mairie qui connaît les assistantes maternelles agréées. L'agrément est accordé pour cinq ans (il est renouvelable pour la même durée à l'issue d'une nouvelle enquête) par le Président du Conseil général, après vérification que les conditions d'accueil garantissent la santé, la sécurité et l'épanouissement de l'enfant.

Si vous confiez votre enfant à une assistante maternelle pour plus de huit jours, vous devez en faire la déclaration à votre mairie ; et la personne qui prend votre enfant en charge chez elle doit également le déclarer.

L'assistante maternelle est tenue à certaines formalités, qui sont une garantie que votre enfant est bien soigné et qu'il vit dans un milieu sain. Elle doit passer régulièrement des visites médicales. Elle reçoit la visite régulière d'une assistante sociale. Elle doit souscrire personnellement une assurance responsabilité civile professionnelle pour les dommages que les enfants gardés pourraient provoquer et pour ceux dont ils pourraient être victimes. Enfin, le B.C.G. est obligatoire pour tout enfant gardé par une assistante maternelle.

A titre d'indication, le prix d'une assistante maternelle (à Paris) est d'environ 130 à 200 F par jour. L'État ne fixe que des rémunérations minimales. Le prix minimum est 2,25 fois le S.M.I.C. pour 8 heures par jour et par enfant : soit 80,01 F ; au-delà de 10 heures de garde par jour, il faut ajouter au minimum, pour chaque heure affectée, 1/8e du salaire versé pour 8 heures d'accueil.

Pour une garde d'une durée inférieure à 8 heures, la rémunération minimale est égale à 1/8e de la somme versée pour 8 heures multiplié par le nombre d'heures (soit 10 F multiplié par le nombre d'heures). A ce prix minimum, il faut ajouter une indemnité d'entretien (il n'y a pas de tarif établi, cela fait l'objet d'un accord entre l'assistante maternelle et les parents). Important : nous vous recommandons d'établir un contrat écrit avec l'assistante maternelle.

En cas d'absence de l'enfant (sauf si l'absence est imputable à l'assistante maternelle ou à sa famille, à la maladie de l'enfant ou à une circonstance contraignante pour l'employeur), une indemnité compensatrice dont le montant minimum est fixé par décret en référence au S.M.I.C. doit être versée (1,125 fois le montant du S.M.I.C. horaire par journée entière d'absence d'un enfant).

Si vous choisissez cette solution de garde, n'oubliez pas dans vos prévisions budgétaires de compter les indemnités de congés payés. Celles-ci représentent le dixième du total formé par la rémunération reçue : salaire et indemnités compensatrices.

Le statut des assistantes maternelles est défini par la loi n° 92-642 du 12 juillet 1992 (*J.O.* du 14 juillet 1992, p. 9447).

Pour les crèches, c'est également au service social de la mairie que vous pouvez demander des adresses. Mais pensez à vous en occuper dès que vous savez que vous êtes enceinte, les places sont limitées. N'hésitez pas à faire des demandes dans plusieurs crèches. Ensuite, tous les mois, il vous faudra confirmer cette inscription, soit par téléphone, soit en y allant. Et sachez que même en procédant ainsi aucune certitude n'est acquise.

Les crèches ont pour objet de garder pendant la journée, durant le travail de leur mère, les enfants bien portants ayant moins de 3 ans accomplis. Les enfants y reçoivent tous les soins qu'exige leur âge.

Une surveillance médicale est assurée régulièrement dans ces établissements. La participation financière des parents, correspondant à un forfait mensuel, est fonction des revenus et du nombre d'enfants de la famille. Il varie de 25 à 190 F par jour dans la région parisienne, mais dans certains départements les plafonds sont plus élevés.

A côté de ces crèches collectives, il existe des *crèches familiales* qui assurent la garde des enfants chez des gardiennes agréées et surveillées à tous points de vue (santé, logement, hygiène, etc.) par une équipe de puéricultrices

---

1. Appelée maintenant assistante maternelle.

D.E. Pour avoir des adresses, s'adresser à la mairie, ou au bureau de Sécurité sociale. La participation financière des parents est ici aussi variable en fonction des revenus et réglée à l'organisme de gestion.

La garde d'un enfant dans une crèche (collective ou familiale) ne donne pas droit à une allocation.

Le service social de la mairie vous indiquera également si dans votre quartier existent des **crèches parentales.** Ces crèches sont organisées et gérées par les parents qui participent eux-mêmes à la garde des enfants, avec le soutien d'une personne qualifiée [1].

Les haltes-garderies ont pour vocation d'accueillir les enfants (de 2 mois à 3 ans) dont les mères n'exercent pas d'activité professionnelle, pour une durée maximale de 10 jours par mois. Certaines haltes-garderies acceptent des enfants dont les mères travaillent à temps partiel ; se renseigner auprès de chaque établissement. La participation financière se calcule selon un tarif horaire en fonction des revenus.

La pouponnière n'a pas le même rôle que la crèche : elle a pour particularité de garder *jour et nuit* les enfants de moins de 3 ans accomplis qui ne peuvent ni rester au sein de leur famille, ni bénéficier d'un placement familial surveillé. Il y a deux catégories de pouponnières : les pouponnières à caractère sanitaire gardent les enfants ayant besoin de soins médicaux spéciaux ; les pouponnières à caractère social gardent les enfants ne nécessitant pas de soins médicaux, mais qui ne peuvent rester dans leur famille.

L'employée de maison. Pour les personnes qui gardent des enfants au domicile des parents, il n'y a pas de réglementation particulière. On doit leur appliquer la loi de médecine du travail comme pour tous les salariés, c'est-à-dire : une visite médicale, avec radioscopie lorsqu'on les engage ; une visite annuelle ensuite pour les personnes âgées de plus de 18 ans ; pour les moins de 18 ans, une visite médicale chaque trimestre. Cette surveillance médicale doit être effectuée par des services médicaux du travail. Dans la pratique, cette réglementation n'est pas encore imposée aux employeurs de gens de maison. Mais nous vous rappelons qu'il y a grand intérêt à faire passer ces visites à toute personne qu'on engage pour s'occuper d'un bébé.

L'essentiel de vos rapports avec votre employée de maison est réglé par la convention collective nationale des employés de maison du 26 mai 1982. Vous pouvez vous la procurer (brochure n° 3180) au Journal Officiel, 26, rue Desaix, 75257 Paris Cedex 15.

La jeune fille au pair. La stagiaire aide familiale au pair, plus connue sous la dénomination de jeune fille au pair, est également une solution pour garder un enfant à temps partiel (5 heures par jour, 6 jours par semaine).

Elle doit suivre obligatoirement des cours de français dans une école ou une université reconnues par l'administration et être âgée au moins de 18 ans et de 30 ans au plus.

En plus du gîte et du couvert, une somme comprise entre 75 et 90 fois le montant horaire du minimum garanti doit lui être versée à titre d'argent de poche. Vous devez aussi lui payer son titre de transport.

Elle doit être immatriculée à la Sécurité sociale et vous même devez-vous faire immatriculer comme employeur à l'U.R.S.S.A.F. Vous aurez à verser des cotisations de Sécurité sociale et de retraite complémentaire (part patronale uniquement).

La jeune fille au pair, qu'elle soit d'une nationalité hors C.E.E. ou qu'elle appartienne à un pays de la C.E.E., doit effectuer certaines formalités.

D'un département à l'autre, la marche à suivre peut être un peu différente ; téléphonez au centre de réception des étrangers du département, généralement situé à la préfecture, pour connaître la liste exacte des papiers exigés.

Frais de garde et impôts. Vous pouvez bénéficier d'une réduction d'impôt égale à 25 % du montant de la dépense limité à 15 000 F par enfant, soit 3 750 F par enfant, (pour les revenus de 1993), pour vos enfants âgés de moins de 7 ans au 31 décembre de l'année d'imposition, si vous êtes :

→ célibataire, veuve, divorcée ou séparée ;

→ mariée, vous et votre mari devez justifier chacun d'un emploi au moins à mi-temps, ou à défaut, justifier d'une longue maladie, d'une infirmité ou de la poursuite d'études dans l'enseignement supérieur.

La réduction d'impôt porte sur les dépenses effectivement engagées pour la garde des enfants : vous devez indiquer sur votre déclaration le montant exact des frais de garde, le nom et l'adresse de l'assistante maternelle, crèche publique ou privée et vous devez déduire les allocations que vous avez reçues pour frais de garde d'enfant.

Les emplois familiaux : pour l'emploi d'un salarié à domicile (employé de maison, jeune fille au pair) déclaré à l'U.R.S.S.A.F., vous bénéficiez d'une réduction d'impôt égale à 50 % de vos dépenses et au maximum de 13 000 F.

A noter : si vous bénéficiez de l'allocation de garde à domicile, vous devrez déduire le montant de cette allocation de vos dépenses d'emplois familiaux.

---

1. Les parents désirant des informations sur les crèches parentales (création, fonctionnement, etc.) peuvent s'adresser à l'A.C.E.P.P. (Association des collectifs enfants-parents-professionnels), 15, rue du Charolais, 75012 Paris, tél. : 44 73 85 20 qui édite un guide pratique des crèches parentales.

Vos obligations et vos droits

■ Avant la naissance

Carte de priorité spéciale région parisienne

Les femmes enceintes peuvent obtenir une carte de priorité sur le réseau banlieue S.N.C.F., R.A.T.P. et R.E.R. Elles peuvent ainsi voyager en 1ère avec un ticket de 2e classe. Cette carte est délivrée soit par les Caisses d'Allocations familiales, soit par la mairie. La carte est valable pendant la durée de la grossesse.

En province, la carte de priorité a existé pendant de nombreuses années, mais plusieurs lectrices m'ont signalé qu'aujourd'hui cette carte n'était pratiquement plus délivrée.

■ Après la naissance

La déclaration de naissance. Dès la naissance de votre enfant, le médecin ou la sage-femme vous remettra un certificat attestant la naissance.

Votre mari – ou à défaut une personne mandatée par la maternité –, muni du livret de famille et de ce certificat, déclarera à la mairie de la commune où a lieu l'accouchement, la naissance de votre enfant. Les services de la mairie doivent remettre un carnet de santé pour l'enfant en enregistrant la naissance. A défaut, il peut être demandé au service départemental de P.M.I.

Cette déclaration obligatoire doit être faite dans les 3 jours qui suivent la naissance, et sera portée sur le livret de famille. Le jour de l'accouchement n'est pas compté dans ce délai et, si le troisième jour est férié, le délai est prorogé jusqu'au premier jour ouvrable suivant (décret du 25 nov. 1960, Journal officiel du 1er déc. 1960).

Si les père et mère de l'enfant, ou l'un des deux, ne sont pas désignés à l'officier d'état civil, aucune mention ne doit être faite à ce sujet sur les registres de l'état civil.

Passé ce délai de 3 jours, l'officier d'état civil n'a plus le droit de dresser l'acte de la naissance avant qu'un jugement du tribunal ne soit intervenu, ce qui entraîne des formalités longues et coûteuses.

Votre mari demandera en même temps 4 fiches d'état civil qui vous seront nécessaires pour vos démarches ultérieures, carte de priorité, allocations familiales, etc.

Au moment d'une naissance ou d'une adoption, le père peut obtenir 3 jours de congé – en principe dans les 15 jours entourant la naissance ou l'arrivée au foyer de l'enfant – rémunérés par l'employeur. Renseignez-vous, les conditions peuvent être un peu différentes suivant les entreprises.

La surveillance médicale de l'enfant. Au cours de la première année, 9 examens sont obligatoires : dans les 8 jours qui suivent la naissance, avant la fin du 1er mois, et au cours des 2e, 3e, 4e, 5e, 6e, 9e et 12e mois.

Au cours de la 2e année, 3 examens sont obligatoires : ceux des 16e, 20e et 24e mois. Enfin, au cours des 4 années suivantes, un examen est obligatoire tous les 6 mois.

Parmi ces examens, 3 donnent lieu à l'établissement d'un certificat de santé (ceux des 8e jour, 9e ou 10e mois et 24e ou 25e mois). Et de l'envoi de ce certificat de santé à la Caisse d'allocations familiales dépend le paiement des allocations jeune enfant, parentale d'éducation et familiales.

Tous ces examens, vous pouvez les faire faire par un médecin de votre choix, ou par le médecin de la consultation de P.M.I. de votre quartier. Dans ces centres, les consultations sont gratuites. Mais si vous faites suivre votre bébé dans un centre de P.M.I., il est bon que le médecin de votre quartier le connaisse, car c'est lui que vous appellerez lorsque l'enfant sera malade : le centre de P.M.I. n'est pas un centre de soins ni de traitement, et il n'est ouvert qu'à certaines heures. Le carnet de santé, s'il est bien rempli, fera le lien entre les différents médecins que vous serez amenés à voir.

La médaille de la famille française : la médaille de bronze est accordée aux personnes qui élèvent ou ont élevé 4 ou 5 enfants ; la médaille d'argent est accordée lorsque le nombre des enfants est de 6 ou 7 ; la médaille d'or est accordée lorsque le nombre d'enfants est de 8 ou plus. Les demandes sont à déposer à la mairie du domicile.

Des adresses utiles

Voici quelques adresses qui peuvent aider les parents et futurs parents. Comme nous ne pouvons donner les adresses pour toute la France, nous citons le siège social qui se trouve en général à Paris ; c'est là que vous pourrez obtenir les adresses en province.

→ L'Association d'entraide (A.N.E.F.) s'occupe des jeunes en difficulté (entre 15 et 25 ans), qu'ils vivent seuls, en couple ou en famille. A.N.E.F., 8, rue des Canettes, 75006 Paris. Tél. : 43.54.13.98.

Cette association a des implantations dans plusieurs villes : Aurillac, Clermont-Ferrand, Courbevoie, Lyon, Marseille, Montreuil, Nantes, Paris, Roanne, Saint-Étienne, Valence.

→ Centre national d'information et de documentation des femmes et des familles (C.N.I.D.F.F.), 7, rue du Jura, 75013 Paris. Tél. : 43.31.12.34.

Ce centre rassemble et retransmet les informations sur la vie quotidienne des femmes : travail, gardes d'enfant, renseignements juridiques, etc. Ce centre publie également de nombreuses brochures.

→ Le C.I.R.A. (Centre d'information et de renseignements administratifs) : Bordeaux 56.11.56.56 ; Lille 20.49.49.49 ; Limoges 55.04.56.56 ; Lyon 78.63.10.10 ; Marseille 91.26.25.25 ; Metz 87.31.91.91 ; Paris 40.01.11.01 ; Rennes 99.30.15.15 ; Toulouse 62.15.15.15.

Ce centre a pour vocation d'informer et d'orienter tous les administrés dans leurs rapports avec l'administration : droit du travail, de la famille, du logement, etc.

→ Si vous vous êtes arrêtée de travailler un long temps, vous pouvez suivre un stage de l'association « Retravailler ». Retravailler Ile-de-France, 34, rue Balard, 75015 Paris. Tél. : 45.58.23.09.

→ Info Emploi, (1) 47.87.01.01. Ce service, mis en place par le ministère du travail, renseigne sur le droit du travail, les contrats de travail, le licenciement, les allocations chômage, etc.

→ Fédération des associations des veuves chefs de famille, 28, place Saint-Georges, 75009 Paris. Tél. : 42.85.18.30.

→ Fédération nationale couple et famille, 28, place Saint-Georges, 75009 Paris. Tél. : 42.85.25.98. Elle s'adresse à tous ceux qui ont besoin d'être écoutés et aidés : couples en difficulté, femmes en détresse, parents, adolescents, personnes seules. 40 associations en métropole.

→ Secours aux futures mères, 109, rue Defrance, 94300 Vincennes. Tél. : 43.98.03.06, 300 antennes locales. Grossesse-secours, 51, rue Jeanne-d'Arc, 75013 Paris. Tél. : 45.84.55.91, 300 antennes locales.

Ces associations ont pour projet d'aider matériellement et moralement toute femme enceinte dès le début de la grossesse.

→ La Maison verte (créée par Françoise Dolto) est un lieu d'accueil pour les enfants, les parents (et futurs parents). Les enfants viennent accompagnés d'un adulte (père, mère, personne qui les garde) et sont accueillis dans un climat de sécurité.

Il y a des équivalents dans chaque région qui s'appellent Maison ouverte. Pour en savoir plus, vous pouvez vous adresser à la Maison verte, 13, rue Meilhac, 75015 Paris. Tél. : 43.06.02.82.

→ Le Planning familial, 10, rue Vivienne, 75002 Paris. Tél. : 42.60.93.20, est un lieu d'information et de documentation : contraception, conseil conjugal et familial, etc.

→ Inter-Service-Parents (service téléphonique de la Fédération des écoles des parents et des éducateurs), services gratuits pouvant donner tous renseignements sur la vie quotidienne : droit de la famille, relations parents-enfants, aide psychologique, orientation scolaire, informations sociales, loisirs... dans le respect de l'anonymat : Bordeaux 56.81.12.19 ; Colmar 89.24.25.00 ; Grenoble 76.87.54.82 ; Lyon 72.00.05.30 ; Metz 87.69.04.56 ; Paris 44.93.44.93.

→ Service « Informations Inter Migrants ». Tél. : 43.36.66.66. Service téléphonique national à la disposition de tout étranger et de sa famille résidant en France pour des renseignements sur les droits et obligations, démarches à effectuer, documents nécessaires, les aspects de la vie quotidienne... dans le respect de l'anonymat.

→ Fédérations syndicales des familles monoparentales, 53, rue Riquet, 75019 Paris. Tél. : 44.89.86.80. Ce numéro vous renverra à votre antenne départementale.

→ Association française des centres de consultation conjugale, 228, rue de Vaugirard, 75015 Paris. Tél. : 46.66.50.00. Chaque centre possède un réseau de spécialistes des problèmes familiaux.

→ I.R.A.E.C. (Initiative pour l'enfant et le couple), 41, rue Joseph-de-Maistre, 75018 Paris. Tél. : 42.28.42.85. Vous êtes enceinte ou vous êtes déjà parent. Vous vous posez des questions, vous pouvez aller au club parents-enfants, vous y trouverez un lieu d'accueil et de jeu. (Adhésion annuelle.)

→ Grands-mères occasionnelles, 82, rue Notre-Dame-des-Champs, 75005 Paris. Tél. : (1) 46.33.28.45. Il s'agit d'un service regroupant des grands-mères qui assurent la garde d'enfants de moins de 5 ans, malades, ou en difficulté, à domicile et de façon ponctuelle. Ce service est gratuit, mais il faut prévoir les repas et un don à l'association.

→ S.O.S. Urgences Mamans, 56, rue de Passy, 75016 Paris. Tél. : (1) 46.47.89.98. Ce service assure un « dépannage » immédiat et temporaire pour tous les parents confrontés à un problème inattendu et ne pouvant assurer la garde de leurs enfants. Il s'agit d'un accueil familial par des familles bénévoles sélectionnées et formées. Les parents font un don à l'association en fonction de leurs moyens (5 francs/enfant/jour au minimum).

La protection de la maternité
en Belgique

Le droit belge ne prévoit pas d'assurance maternité proprement dite. Les questions concernant le travail, la grossesse, les allocations familiales, les prestations familiales garanties sont réglées par différents arrêtés et lois. La Belgique dispose d'un système de sécurité sociale dont le but est de garantir un minimum vital à tous les citoyens. Il faut distinguer plusieurs régimes : salariés, indépendants, fonctionnaires, groupes particuliers, etc. Selon que vous appartenez à l'un ou l'autre de ces régimes, vous ne bénéficierez pas toujours des mêmes possibilités. Pour connaître l'ensemble de vos droits, vous pouvez vous adresser à l'Office National de Sécurité Sociale (O.N.S.S.), Bd de Waterloo, 76, 1000 Bruxelles, Tél. 02/509 31 11, si vous êtes salariée ; à la caisse où vous cotisez si vous êtes indépendante ; et à votre employeur si vous êtes agent du secteur public.

■ Vous attendez un enfant

Vous pouvez être suivie par le médecin de votre choix, ou aller à une consultation de gynécologie-obstétrique, ou à la consultation prénatale de l'O.N.E. (Office de la Naissance et de l'Enfance, voir les adresses page 449).

Vous pouvez vous procurer la liste de tous les hôpitaux et maternités au Ministère de la Santé Publique, Administration des Établissements de Soins, Service d'Études, Cité administrative de l'État, Quartier Vésale, Montagne de l'Oratoire 20, 1010 Bruxelles. Tél. : 02/ 210 47 66.

■ Protection de la Maternité

Vous ne travaillez pas

● Vous vivez avec votre mari, ou vos parents, ou votre ami et vous êtes à sa (leur) charge. En étant inscrite sur son (leur) carnet de mutuelle, à condition de remplir certaines conditions, vous bénéficierez du remboursement des frais (ou d'une partie des frais) médicaux, pharmaceutiques et hospitaliers.

Adressez-vous à l'Institut National d'Assurance Maladie Invalidité (I.N.A.M.I.), Avenue de Tervuren 211, 1150 Bruxelles. Tél. : 02/739 71 11, si la personne avec qui vous vivez est salariée, et si elle est indépendante : à l'Institut National d'Assurances Sociales pour Travailleurs indépendants (I.N.A.S.T.I.), Place Jean Jacobs 6, 1000 Bruxelles. Tél. : 02/507 62 11. Vous pouvez aussi vous renseigner auprès d'une mutuelle.

● Vous vivez seule et vous n'êtes à charge de personne : vous êtes remboursée, si vous êtes personnellement affiliée à une mutuelle comme « personne non protégée » et si vous remplissez deux conditions :
→ y être inscrite depuis 6 mois ;
→ avoir payé les cotisations mensuelles.
Renseignez-vous à l'I.N.A.M.I. (voir ci-dessus).

Vous êtes travailleuse indépendante. Votre mutuelle ne rembourse que les « gros risques » : accouchement,

hospitalisation... Si vous voulez que vos autres frais médicaux soient remboursés, vous devez payer une cotisation supplémentaire à votre mutuelle. La mutuelle ne compense pas la perte de revenus causée par l'arrêt de travail dû à une incapacité de travail en raison de la grossesse. Vous bénéficierez, à certaines conditions, d'un congé de maternité indemnisé : 3 semaines à prendre de façon ininterrompue dès le lendemain de l'accouchement.

Pour tout renseignement, s'adresser à votre Caisse d'Assurances sociales ou à l'I.N.A.S.T.I. (voir ci-dessus).

Vous êtes salariée
● Restriction du droit de licencier.
→ Secteur privé : l'employeur ne peut pas licencier dès qu'il a eu connaissance par un certificat médical, de la grossesse jusqu'à un mois après le retour de congé de maternité. Exception : licenciement pour des motifs étrangers à la grossesse.
→ Secteur public : les agents de l'État ne sont pas concernés, car ils bénéficient de la sécurité de l'emploi.
● L'incapacité de travail pendant la grossesse existe pour tous les travailleurs (salariés ou indépendants). Un certificat médical est nécessaire. L'indemnisation varie selon le statut de la femme.
● Le congé de repos. Ce congé n'existe que dans le secteur privé. Il doit être demandé à l'employeur. La femme peut le prendre à partir du 5e mois de sa grossesse avec un certificat de son médecin. Il n'y a pas de salaire, pas de garantie d'emploi, pas d'indemnité de la mutuelle (les droits sont maintenus).

Vous êtes agent de l'État ou chômeuse. La législation relative à la protection de la maternité est sensiblement la même que celle pour des travailleurs salariés. Toutefois, certaines mesures sont plus spécifiques, renseignez-vous auprès de votre employeur ou, si vous êtes chômeuse, auprès de l'Office National de l'Emploi (O.N.E.M.), boulevard de l'Empereur, 107, 1000 Bruxelles. Tél. 02/515 41 11.

■ Le congé de maternité

Le congé prénatal est de 7 semaines dont 6 semaines peuvent être reportées à la demande de la femme après le congé postnatal. Il est interdit à la future mère de travailler pendant les 7 jours qui précèdent la date présumée de l'accouchement. En cas de naissance prématurée, ces 7 jours ne sont pas récupérables.

Le congé postnatal de 8 semaines est à prendre obligatoirement après l'accouchement.

Le congé de maternité doit avoir une durée minimale de 9 semaines, il peut avoir une durée maximale de 15 semaines avec le report du congé prénatal.

Seul le congé prénatal – s'il n'a pas été pris en tout ou en partie – peut être reporté au moment où le nouveau-né entre au foyer s'il est resté hospitalisé pendant au moins huit semaines à compter de sa naissance.

L'indemnisation varie selon votre statut, renseignez-vous auprès de votre employeur et de votre mutuelle, ou, si vous êtes chômeuse, auprès de votre mutuelle.

■ Congé à la naissance et après la naissance

Congé du père. Dans le secteur privé, le père a droit à 3 jours de congé (rémunérés à 100 %) à choisir dans les 12 jours à dater du jour de l'accouchement de son épouse ; si les parents ne sont pas mariés, le père doit avoir reconnu l'enfant. Dans le secteur public : 4 jours ouvrables lors de l'accouchement de son épouse ou de la personne avec qui il vit maritalement.

Congé parental. Dans le secteur public, le père ou la mère de l'enfant peut obtenir un congé sans solde de 3 mois à prendre dans l'année qui suit la naissance de l'enfant.

Le congé d'allaitement n'existe pas comme tel. Mais dans le secteur privé, le congé d'allaitement est indemnisé à 60 % par l'I.N.A.M.I. si :
● la femme exécute des travaux reconnus dangereux par la loi ;
● le médecin du travail le prescrit.

Le congé pour élever son enfant, pour soigner un enfant malade : ces congés varient selon le statut professionnel de la mère.

La protection de la maternité est réglée par la loi du 16-03-1971 sur le travail (article 39 à 45). Pour en savoir plus, vous pouvez consulter les brochures :
Travail et maternité par Jean Jacqmain (Édition de la fondation André Renard, place Saint-Paul, 9-11, 4000 Liège) ;
Travail et maternité (rue de la loi, 121, 1040 Bruxelles).

■ Après la naissance

La déclaration de naissance. Dès la naissance de votre enfant, l'accoucheur vous remettra un certificat attestant cette naissance. Il faut que le père, la mère (ou les deux) la déclare dans les 15 jours qui suivent l'accouchement (le jour de l'accouchement, le samedi, dimanche et jours fériés n'entrent pas en ligne de compte pour le calcul de ces 15 jours), à l'officier de l'état civil (en fait, à l'administration communale, bureau de l'état civil) du lieu où l'enfant est né. Sur présentation du certificat de l'accoucheur, de la carte d'identité de la mère (ou son passeport) et du carnet de mariage, si la mère est mariée, il sera remis à celui qui vient déclarer la naissance :
1) Une attestation pour *l'allocation de naissance* à envoyer le plus rapidement possible à la Caisse d'Allocations familiales à laquelle est affilié le dernier employeur de la mère ou du père, ou à la Caisse compétente, si le père ou la mère est indépendant(e), fonctionnaire ou sans profession déclarée.
2) Une attestation pour *l'indemnité de grossesse* et *l'indemnité de repos postnatal :* à envoyer à la mutualité.

La déclaration de naissance est réglée par la loi du 30-03-1984 soit les articles 55 à 62 du Code civil.

La pause carrière permet au travailleur du secteur public, et à celui du secteur privé, de suspendre totalement ou partiellement ses activités professionnelles pendant un certain temps et de retrouver son ancien emploi.

→ dans le secteur privé, la pause carrière est prévue par la loi du 22 mai 1985 et les arrêtés royaux des 2 janvier 1991, 21 décembre 1992 et 2 décembre 1993. Depuis le 1er janvier 1994, toutes les entreprises qui n'avaient pas déjà conclu de convention collective en ce sens, sont désormais obligées d'accorder l'interruption de carrière à leurs travailleurs. Si votre entreprise avait déjà conclu une convention collective donnant droit à cette pause carrière, elle peut en maintenir les conditions d'accès existantes ; renseignez-vous. Pour en connaître les détails : demander la brochure éditée par le ministère de l'Emploi et du Travail, rue Belliard 51, 1040 Bruxelles. Tél. : 02/233 41 11 ; *Montant de l'allocation :* dans le secteur privé, le travailleur à temps plein reçoit 10.504 FB par mois. Ce montant peut être majoré respectivement à 11.504 FB ou 12.504 FB si le travailleur a suspendu ses activités dans un délai de 3 ans à partir de la naissance ou l'adoption d'un 2e ou 3e enfant pour lequel le travailleur, ou son conjoint vivant sous le même toit, reçoit des allocations familiales. (Modification introduite par l'Arrêté Royal du 21.12.92, *Moniteur belge* du 30.12.92) ;

→ dans le secteur public, la pause-carrière est prévue par l'arrêté royal du 3 juillet 1985 et les arrêtés royaux des 28 février 1991 et 30 décembre 1993. Pour en connaître les détails, demander la brochure éditée par le service d'information du ministère de l'Intérieur et de la Fonction Publique, rue de Louvain 2, 1000 Bruxelles. Tél. : 02/500 21 11.
Montant de l'allocation : dans le secteur public, le travailleur à temps plein reçoit 10.524 FB par mois. Ce montant est

majoré à 12.504 FB quand l'interruption prend cours dans un délai de 12 mois à partir d'une naissance ou d'une adoption postérieure à celle d'un premier enfant (ces montants ne sont pas indexés).

▪ Avantages financiers

Si vous avez droit aux allocations familiales, vous aurez une *allocation de naissance,* à l'occasion de la naissance de votre enfant. Adressez-vous à l'O.N.A.F.T.S., rue de Trèves 70, 1040 Bruxelles. Tél. : 02/237 21 11, pour des renseignements généraux, ou à l'I.N.A.S.T.I. (voir page 447).

Il existe un ordre de priorité établi par la loi en ce qui concerne l'ouverture de ce droit :

1) le père
2) *à défaut* la mère.

C'est donc à la Caisse où est affilié le dernier employeur du père (à défaut de la mère) qu'il convient de remettre l'attestation d'allocation de naissance.

Si le père (ou à défaut la mère) est indépendant, la Caisse compétente est celle où il est affilié.

Si le père (ou à défaut la mère) est fonctionnaire, la Caisse compétente est l'employeur lui-même (État, Communauté...).

Allocations familiales. Les allocations familiales sont versées pour chaque journée de travail. Elles sont versées au profit de tout enfant à partir du 2e mois jusqu'à la fin de sa scolarité obligatoire. Elles continuent à être versées si l'enfant étudie, est apprenti, handicapé... Le montant des allocations familiales augmente suivant le nombre d'enfants.

Pour tout renseignement, s'adresser à l'O.N.A.F.T.S. ou à l'I.N.A.S.T.I. selon votre statut.

Prestations familiales garanties. Si aucune des conditions d'octroi pour les allocations familiales ou de naissance ne peuvent être remplies, l'enfant belge bénéficie quand même de ces allocations selon le système des « prestations familiales garanties ». L'octroi et le montant de ces allocations dépendent des revenus des personnes qui ont la charge de l'enfant. Tout renseignement est donné par l'O.N.A.F.S.T.

Allocations familiales en cas d'abandon. Vous ne travaillez pas, votre mari a quitté le domicile conjugal et vous ne percevez plus d'allocations familiales, vous continuerez, à certaines conditions, à recevoir ces allocations.

Les allocations familiales sont réglées par l'arrêté royal du 19-12-1939 qui coordonne les lois sur les allocations familiales. Les prestations familiales garanties sont réglées par la loi du 20-07-1971.

▪ La filiation

La filiation étant un sujet complexe, il vaut mieux vous adresser à une boutique de droit, un avocat, un notaire, à votre administration communale ou à un greffe de Justice de Paix. Sachez néanmoins qu'il y a de nouvelles dispositions en matière de filiation avec la loi du 31-03-87 entrée en vigueur le 06-06-87. En particulier, il n'y a plus d'inégalité de statut entre les enfants qu'ils soient nés dans le mariage ou hors mariage.

Vous pouvez aussi demander la brochure « Tous les enfants égaux en droit » publiée par INFOR-FEMMES, rue Bréderode 29, 1000 Bruxelles. Tél. : 02/511 47 06 ; et les notes faites par le service juridique de l'Office de la naissance et de l'enfance (O.N.E.).

Pour connaître la consultation prénatale de l'Office de la Naissance et de l'Enfance (O.N.E.) la plus proche de chez vous, adressez-vous au :

Siège central, avenue de la Toison d'Or 84-86 1060 Bruxelles. Tél. : 02/542 12 11.

→ Infor-naissance est un centre d'information, d'accueil et d'écoute pour futurs parents, jeunes parents et personnel de santé autour de la naissance. 187, avenue d'Auderghem, 1040 Bruxelles. Tél. : 02/648 00 31.

Ce mémento destiné aux lectrices belges
a été réalisé grâce à la documentation fournie par l'O.N.E.
(Office de la Naissance et de l'Enfance)
et au travail effectué par Dominique De Vreese
(Service juridique de l'O.N.E.),
ce dont nous les remercions.

La protection de la maternité en Suisse

Le droit suisse ne prévoit pas d'assurance maternité proprement dite. Les questions concernant le travail, la grossesse et l'accouchement sont réglées par des lois différentes : la loi sur le travail, la loi sur l'assurance maladie et le Code des obligations, ainsi que les conventions collectives de travail.

Les prestations vont donc dépendre d'une part des assurances contractées par les femmes enceintes et d'autre part des employeurs et des conventions collectives qui améliorent les dispositions minimales. Certaines dispositions sont en cours de révision. C'est pourquoi nous vous recommandons de vous informer auprès des centres officiels de consultation en matière de grossesse dont vous trouverez la liste ci-après. Selon une loi fédérale de 1984, chaque canton doit en effet offrir aux femmes enceintes un centre de consultation et d'information sur la grossesse. Voici un résumé des principales dispositions légales.

■ Assurance maladie

Elle n'est pas obligatoire dans tous les cantons mais fortement conseillée. Pour que les frais médicaux et pharmaceutiques occasionnés par une grossesse soient pris en charge, il faut contracter une assurance maladie au moins 270 jours avant l'accouchement. Une femme qui n'a pas d'assurance maladie au début de sa grossesse se verra donc dans l'obligation d'en assumer les frais. Par contre, si elle bénéficie d'une assurance maladie, cette assurance paiera au minimum 4 visites médicales pendant la grossesse ainsi que les frais d'accouchement.

Par ailleurs, les caisses accordent aux femmes enceintes les mêmes prestations qu'en cas de maladie et selon le type de contrat choisi. Il s'agit donc de vérifier si votre type d'assurance couvre par exemple les frais en clinique privée.

Lorsque la mère allaite son enfant durant 10 semaines, la caisse accorde une prime d'allaitement de F.S. 50.

Assurance maladie pour l'enfant à naître. Les caisses allouent une indemnité journalière minimale pour l'enfant (F.S. 50 par jour). Celle-ci étant totalement insuffisante pour couvrir les frais médicaux et pharmaceutique de l'enfant dès sa naissance, il est indispensable de contracter une assurance maladie prénatale.

■ Code des obligations

Interdiction de licencier une femme enceinte. Depuis le 1ᵉʳ janvier 1989, un employeur ne peut plus congédier une femme enceinte, excepté pendant la période d'essai ou si de justes motifs l'autorisent à dénoncer immédiatement le contrat. Cette période d'interdiction de licencier s'étend jusqu'à 16 semaines après l'accouchement.

Depuis cette date, l'employée bénéficie, après une période d'essai, d'un délai de blocage de treize mois durant lesquels son employeur ne peut pas dénoncer le contrat. S'il décide de mettre fin aux rapports de travail avant ces treize mois et que le délai de préavis expire pendant la grossesse, la durée de résiliation du contrat sera suspendue et ne continuera à courir qu'une fois écoulées les 16 semaines qui suivent l'accouchement.

Droit au salaire pendant le congé maternité. L'employeur doit verser le salaire en cas de grossesse et d'accouchement de la même manière qu'en cas de maladie, à moins que l'employée ne soit soumise à une convention collective de travail ou une assurance perte de gains qui améliore ses droits. Le droit au salaire dépend du nombre d'années dans l'entreprise et de la couverture éventuelle par une assurance pour perte de gain. Le salaire est dû selon le barème suivant : pendant les 12 premiers mois de travail : 3 semaines ; de 1 à 2 ans de travail : 1 mois ; de 2 à 4 ans de travail : 2 mois ; et ainsi de suite... L'arrêt obligatoire de travail de 8 semaines qui suit l'accouchement n'est pas obligatoirement payé dans toute sa durée.

■ Loi sur le travail

Conditions de travail des femmes enceintes
→ Les femmes enceintes peuvent se dispenser d'aller au travail ou le quitter, mais la grossesse ne leur donne pas droit à plus d'absences payées que ne le précise leur contrat de travail. En cas de dépassement, les absences avec ou sans certificat médical risquent d'être déduites du salaire.

→ Les heures de travail supplémentaires ou les horaires de nuit peuvent être refusés.

→ Il est interdit d'employer des femmes pendant les 8 semaines qui suivent l'accouchement. Par contre, il n'y a pas d'arrêt obligatoire du travail avant l'accouchement. Pour toucher son salaire pendant l'arrêt qui suivra l'accouchement, une femme ne doit cesser son activité professionnelle que 4 semaines au plus avant l'accouchement, à moins qu'un certificat médical n'atteste la nécessité de s'arrêter plus longtemps.

Allocations familiales

Des allocations familiales sont versées au père ou à la mère de l'enfant par la caisse à laquelle est affilié l'employeur ; seuls les salariés bénéficient des allocations familiales.

En Suisse, la plupart des cantons romands versent une allocation d'accueil à l'enfant, puis une allocation mensuelle. Se renseigner auprès des caisses d'allocations familiales de chaque canton.

Aide financière

Se renseigner sur les possibilités d'assistance auprès des centres officiels de grossesse.

Droit de filiation et renseignements juridiques

Les mères seules ou les couples non mariés peuvent obtenir tous les renseignements sur leurs droits et devoirs envers l'enfant, ainsi que sur la reconnaissance en paternité auprès des centres officiels de grossesse.

Centres officiels de grossesse

Berne

Hôpital régional, Planning familial : 2502 *Bienne*, 032/24 24 15.

Fribourg-Freiburg

Planning familial : Grand-Fontaine 50, 1700 *Fribourg*, 037/25 29 55.

Genève

Centre d'information familiale et de régulation des naissances (C.I.F.E.R.N.) : 47, bd de la Cluse, 1205 *Genève*, 022/321 01 91.

Jura

Planning familial : rue du Chalet 3, 2800 *Delémont*, 066/22 34 44.

Planning familial : rue Pierre-Péquignot 22, 2900 *Porrentruy*, 066/66 66 44.

Neuchâtel

Planning familial : fbg du Lac 3, 2000 *Neuchâtel*, 038/24 74 35.
Planning familial : rue Sophie-Mairet 31, 2300 *La Chaux-de-Fonds*, 039/27 20 91.

Valais-Wallis

Planning familial : av. de la Gare 38, 1920 *Martigny*, 026/22 66 80.
Centre d'information de régulation des naissances et d'aide aux couples C.I.R.E.N.A.C. : av. de France 6, 1870 *Monthey*, 025/71 66 11.
Planning familial : rue Centrale 6, 3960 *Sierre*, 027/55 58 18.
Planning familial : rue des Remparts 6, 1950 *Sion*, 027/23 46 48.
Familienberatung und Schwangerschaftshilfe im Altbau Spital : 3900 *Brig*, 028/23 93 13.
Familienberatung und Schwangerschaftshilfe : 3953 *Leuk*, 027/63 31 38.
Familienberatung und Schwangerschaftshilfe : Rathaus, 3930 *Viege*, 028/46 51 73.

Vaud

Planning familial, Maternité du Centre hospitalier universitaire vaudois (C.H.U.V.) : av. Pierre-Decker, 1001 *Lausanne*, 021/314 25 18.
Planning familial, Hôpital de zone de Morges : 1110 Morges, 021/804 22 11.
Centre médico-social Pro Familia, Planning familial : av. Georgette 1, 1003 *Lausanne*, 021/312 25 93.
Planning familial : rue de Lausanne 21, 1020 *Renens*, 021/635 90 26.
Planning familial : rue du Panorama 17, 1800 *Vevey*, 021/925 52 29.
Planning familial : rue des Pêcheurs 8, 1400 *Yverdon*, 024/23 69 00.
Planning familial : rue Just-Olivier 7, 1260 *Nyon*, 022/62 14 74.

Tessin

Centro di planificazione familiare, Maternita cantonale : 6850 Mendrisio, 091/46 72 89.
Planificazione familiare, Ospedale della Carita : 6600 Locarno, 093/31 01 21.
Planificazione familiare, Ospedale Civico : 6900 Lugano, 091/58 61 11.
Planificazione familiare, Ospedale S. Giovanni : 6500 Bellinzona, 092/25 10 92.

L'aide-mémoire
de votre grossesse

	Votre santé	**Examens**
1er mois	• *Date des dernières règles le* .... • *Dès les premiers jours de retard des règles, un test peut permettre d'établir un diagnostic de grossesse.*	*Au cours du premier trimestre :* • *1er examen prénatal obligatoire par un médecin : examen général et obstétrical.* • *Examens de laboratoire : prise de sang avec recherche de la syphilis, du groupe sanguin, du facteur rhésus ; examen d'urines ; recherche d'immunité vis-à-vis de la rubéole et de la toxoplasmose.* • *Examen bucco-dentaire non obligatoire mais conseillé et remboursé.* • *Examen du père, facultatif mais recommandé et remboursé.* • *La première échographie est en général faite au cours du premier trimestre.*
2e mois	• *Mettez-vous au régime alimentaire future maman.* • *Prenez l'habitude de vous peser tous les 15 jours.* • *Au cours de ce mois, il n'y a pas d'examen obligatoire, mais n'hésitez pas à consulter un médecin si nécessaire.* • *Si vous pensez allaiter, commencez dès maintenant à faire les exercices indiqués au chapitre 14 pour garder une belle poitrine.*	
3e mois	• *Pendant la grossesse, la marche et la natation sont les meilleurs sports et les plus faciles à pratiquer : pensez-y.* • *Pensez à votre régime.*	
4e mois	• *Commencez les exercices respiratoires et musculaires.*	• *2e examen prénatal obligatoire.* • *Si la première échographie n'a pas déjà été faite, elle est souvent pratiquée au cours de ce quatrième mois.*
5e mois	• *N'oubliez pas de vous peser régulièrement.*	• *3e examen prénatal obligatoire.* • *La deuxième échographie est en général faite entre 20 et 22 semaines (d'aménorrhée).*
6e mois	• *Poids : vous ne devez pas grossir de plus de 350 à 400 grammes par semaine.* • *Ne négligez pas la gymnastique prénatale : commencez les exercices de relaxation.*	• *4e examen prénatal obligatoire.* • *Dépistage de l'antigène HBS, numération globulaire et, chez les femmes à rhésus négatif, recherche d'anticorps irréguliers.*

Les examens et formalités exigés par la Sécurité sociale et les Allocations familiales doivent être faits à des dates précises comme vous venez de le voir. Pour vous permettre de n'en oublier aucun, j'ai rassemblé tous les examens et formalités dans un grand tableau mois par mois. J'ai ajouté, également mois par mois : différentes démarches à faire, les indications principales concernant votre santé et les différentes étapes de l'évolution de votre enfant. Ce tableau sera un véritable aide-mémoire de votre grossesse.

Formalités	Votre bébé	Vos préparatifs
● *Déclaration de grossesse : le plus tôt possible. Le 1er examen prénatal vaut déclaration de grossesse.*	● *A la fin de ce premier mois, il mesure 5 mm et pèse 1 gramme.*	
	● *Il mesure 3 cm et pèse 11 grammes.* ● *A 8 semaines, l'ébauche de tous ses organes est formée.*	● *Que vous accouchiez à l'hôpital ou dans une clinique, pensez à vous inscrire.* ● *Si vous avez l'intention de mettre votre enfant dans une crèche, inscrivez-le dès maintenant : les places sont rares.*
● *Remettez à la consultation ou envoyez à la Sécurité Sociale le feuillet du carnet de maternité correspondant au 1er examen. Envoyez duplicata aux Allocation Familiales avant la fin de la 14e semaine.*	● *Son sexe se précise et ses cordes vocales naissent.* ● *A l'échographie du premier trimestre, le bébé tient encore tout entier sur l'écran (voyez page 158).* ● *Il mesure 10 cm et pèse 45 grammes.*	
● *Remettez à la consultation ou envoyez à la S.S. le feuillet du C. de M. correspondant au 2e examen. Envoyez duplicata aux A.F.*	● *Au cours de ce mois, ses mouvements deviennent perceptibles.* ● *Ses cheveux poussent.* ● *Il mesure 18 cm et pèse 225 grammes.*	
● *Remettez à la consultation ou envoyez à la S.S. le feuillet du C. de M. correspondant au 3e examen. Envoyez duplicata aux A.F.*	● *Ses ongles sont maintenant visibles.* ● *Il mesure 30 cm et pèse 500 grammes.*	● *Faites la liste de la layette et commencez à coudre et à tricoter ce que vous ferez vous-même.*
● *Remettez à la consultation ou envoyez à la S.S. le feuillet du C. de M. correspondant au 4e examen. Envoyez duplicata aux A.F.*	● *Il bouge de plus en plus.* ● *Il mesure 31 cm et pèse 1 kg.*	● *Si vous désirez suivre des séances de préparation à l'accouchement, inscrivez-vous.*

	Votre santé	**Examens**
7ᵉ mois	● *Cessez les exercices musculaires. Continuez les autres jusqu'à l'accouchement.*	● *5ᵉ examen prénatal obligatoire.*
8ᵉ mois	● *Votre congé de maternité commence 6 semaines avant la date prévue pour l'accouchement. Profitez-en pour vous reposer vraiment.* ● *N'oubliez pas de vous peser régulièrement.*	● *6ᵉ examen prénatal obligatoire.* ● *Au cours du 6ᵉ ou du 7ᵉ examen prénatal, deuxième détermination du groupe sanguin A, B, O, rhésus standard si nécessaire. (Et, comme à chaque consultation, l'examen d'urines.)* ● *La troisième échographie est faite, en général, vers la fin du huitième mois.*
9ᵉ mois	● *Le plus important au cours de ce dernier mois, c'est de vous reposer.*	● *7ᵉ examen prénatal obligatoire.*

Votre aide-mémoire

	Votre santé	**Examens**
1ᵉʳ mois	● *Pour être rapidement en forme, reposez-vous vraiment après la naissance. Si vous travaillez, vous avez droit à 10 semaines de repos.* ● *Si vous allaitez, pensez à votre régime.* ● *Dès le 2ᵉ jour, vous pouvez faire quelques exercices.* ● *Si vous n'avez pas eu la rubéole (à vérifier par sérodiagnostic), c'est le moment de vous faire vacciner, à condition de n'avoir pas de rapports ou de prendre la pilule pendant 2 mois.*	
2ᵉ mois	● *Faites les exercices de rééducation périnéale, les abdominaux ce sera pour plus tard.* ● *Pour retrouver rapidement votre ligne, ayez un régime léger et équilibré.*	● *Examen postnatal obligatoire : examen général, gynécologique et si nécessaire radiologique.*

Formalités	Votre bébé	Vos préparatifs
• *Remettez à la consultation ou envoyez à la S.S. le feuillet du C. de M. correspondant au 5e examen. Envoyez duplicata aux A.F.*	• *Il entend.* • *Il mesure 40 cm et pèse 1 700 grammes*	• *Pensez au berceau de votre bébé et préparez son coin.*
• *Remettez à la consultation ou envoyez à la S.S. le feuillet du C. de M. correspondant au 6e examen. Envoyez le duplicata aux A.F.* • *Envoyez à la S.S. attestation arrêt de travail plus déclaration sur l'honneur.*	• *C'est le mois du fignolage.* • *Il mesure 45 cm et pèse 2 400 grammes.*	• *Préparez votre valise et celle de votre bébé.*
• *Remettez à la consultation ou envoyez à la S.S. le feuillet du C. de M. correspondant au 7e examen.*	• *Votre bébé est prêt à naître : il pèse environ 3 300 grammes et mesure 50 cm.*	

après la naissance

Formalités S.S. et A.F.	Formalités diverses	Votre bébé
• *Dans les 48 h suivant la naissance, envoyez à la S.S. certificat d'accouchement et aux A.F. bulletin de naissance.* • *A la sortie de la maternité, envoyez à la S.S. reçu des frais d'accouchement et 1er certificat constatant le mode d'allaitement.* • *Quatre semaines après l'accouchement, envoyez à la S.S. 2e certificat constatant le mode d'allaitement.*	• *Dans les 3 jours déclarez la naissance à la mairie.* • *Faites renouveler à la mairie votre carte de priorité.* • *Si vous désirez prendre un congé sans solde, prévenez votre employeur par lettre recommandée avec A.R.*	• *Deux examens sont obligatoires : dans les 8 jours qui suivent la naissance et avant la fin du 1er mois.*
• *Remettez à la consultation ou envoyez à la S.S. avant la 8e semaine le feuillet du C. de M. correspondant à l'examen postnatal.* • *Envoyez à la S.S. attestation de reprise ou non-reprise de travail et certificat constatant mode d'allaitement.*		• *Examen médical obligatoire.*

Attention danger

Voici les symptômes
que vous devez signaler au médecin dès leur apparition.
Ils ne traduisent pas forcément la survenue d'une complication grave,
mais seul le médecin pourra les interpréter [1].

Symptômes	Complications possibles
• Vous avez des pertes de sang, même légères (surtout si elles se répètent). • Vous avez des douleurs dans le bas-ventre.	**Au début :** **menace d'avortement,** **grossesse extra-utérine.** **A la fin :** **menace d'accouchement** **prématuré,** **placenta praevia.**
• Vous avez pris trop de poids trop vite (plus de 400 g par semaine). • Vos pieds, vos chevilles, vos mains gonflent. • Il y a de l'albumine dans vos urines.	**Infection urinaire.** **Toxémie gravidique.**
• Vous avez des troubles de la vue (taches devant les yeux, vue brouillée), surtout si ces troubles s'accompagnent d'une barre au creux de l'estomac et de maux de tête.	**Eclampsie.**
• Vous urinez fréquemment, avec des brûlures en urinant, accompagnées parfois de douleurs dans le ventre et les reins, et de fièvre.	**Infection urinaire.**
• Vous avez de la fièvre, qu'elle soit ou non accompagnée d'un autre symptôme. • Vous sentez des ganglions au niveau du cou. • Vous avez une éruption en un point quelconque du corps.	**Maladie infectieuse.**
• Vous avez une perte d'eau par le vagin (assurez-vous qu'il ne s'agit pas d'une émission involontaire d'urine, ce que vous reconnaîtrez à l'odeur).	**Rupture des membranes.** **Risque d'accouchement** **prématuré.**
• Vous êtes anormalement fatiguée, essoufflée, avec tendance à perdre connaissance.	**Anémie.**
• Vous avez subi un traumatisme important (chute, accident de la voie publique ou de la route).	**Risque d'accouchement** **prématuré.**

1. Ces symptômes et les complications qui peuvent suivre sont traités au chapitre 10.

Index

F

G

H

I

J

L

M

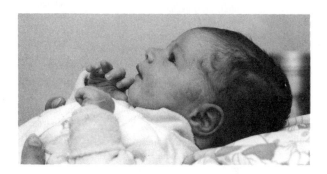

Ce livre est fait pour vous, mais aussi avec vous. Dites-moi si vous avez cherché un mot, une explication, qui ne s'y trouvait pas. Je vous remercie de me le signaler. J'en tiendrai compte dans la prochaine édition.

Laurence Pernoud
Editions Pierre Horay
22 *bis* passage Dauphine
75006 Paris

Si vous souhaitez que je vous réponde, veuillez m'indiquer :

Votre nom : . . . .

Votre adresse : . . . .

. . . .

Les prénoms de l'enfant : . . . .

Sa date de naissance : . . . .

Est-il votre premier enfant : . . . .

→ . . . .

. . . .

. . . .

. . . .

. . . .

. . . .

. . . .

. . . .

. . . .

. . . .

. . . .

. . . .

. . . .

Votre enfant est né. Vous avez apprécié
J'attends un enfant.
Nous vous proposons de lire maintenant la suite
J'élève mon enfant.
C'est un livre qui répond à toutes les questions que se posent les parents.

1

Un enfant entre dans votre vie

■ Et soudain tout change...
Des moments privilégiés.
Des instants parfois difficiles.

■ Le bien-être de votre enfant
La toilette, soins et changes,
la layette, le bain, le berceau,
le lit, la chambre.

■ Pour suivre la croissance
La courbe de poids. La courbe de taille.
Les dents.

2

Bien nourrir votre enfant

■ L'allaitement maternel
Allaitement maternel ? Allaitement artificiel ?
Incidents possibles des premières tétées.
Les horaires des tétées. Combien de temps
allaiter? Le régime de la maman. Votre enfant
est-il assez nourri? J'ai trop de lait.
J'ai des crevasses. Et les autres questions
que vous vous posez. Le sevrage.

■ L'enfant nourri au biberon
Quel lait donner ? La préparation du lait.
Horaires et rations. L'heure du biberon
Réponses à quelques questions.

■ L'allaitement mixte

■ Vers une alimentation variée
Comment peu à peu un enfant apprend à
manger de tout.
N'oubliez pas le petit déjeuner.
Des menus pour tous les âges.

■ Quelques difficultés possibles
de l'alimentation
Pourquoi pleure-t-il ? Comment faire accepter les
changements. Il n'a pas faim. Il a soif.

■ Quelques préparations pour le bébé
Des recettes faciles pour des enfants
gourmands.
Un grand chef cuisine pour des petits gourmets.

■ Petit lexique diététique

3

La vie d'un enfant

■ Une journée bien remplie
Comment aider l'enfant à avoir un bon
sommeil. Les repas. Lorsqu'il pleure.
Les sorties. Les jeux et les jouets.
Attention aux jouets dangereux.

■ Le goût de la lecture se prend très tôt
Quelques idées de livres.

■ Attention danger !
La maison dangereuse. Quelques mesures de
prévention. Les dangers hors de la maison.
Des plantes belles mais dangereuses,
illustrations en couleurs.

HO95JATT-0469-4 Page 469 25-11-94 08 h 21 Op. DY B2 APS BLACK

Direction artistique : atelier Pascal Vercken
Mise en pages : atelier des Editions Horay
avec des dessins de
Dominique Cornière : 96, 218. ● François Crozat : 58, 109 à 115, 132 à 138, 142, 166, 167, 176, 177, 278 à 287, 310
Noëlle Herrenschmidt : 67 à 88, 385, 387 ● Siudmak : 333 à 337
et des photographies de
Agnès Chaumat : 49, 50, 74, 207, 259, 260, 297, 298, 299, 302, 306, 321, 322, 351, 353, 362, 363, 364, 365, 366, 388, 400, 424, 464 ● Bonnier Fakta/Lennart Nilsson : 145, 146 bas, 147, 150 bas, 151 haut, 153, 154-155, 160 ● BSIP : Alexandre 375 ● D. Czap : 169, 170 ● D.R. : 220 ● Explorer-Bao Cao : 59 ● Explorer-Ph. M. Cambazard : 373 ● Explorer-Sarah Ney : 33 ● Fotogram-Jean Ber : 344 ● Jerrican : 223 ● Jerrican-Dianne : 70 ● Jerrican-F Charron : 39, 45, 457 ● Jerrican-Gable : 61 ● Jerrican-Nancy Durell McKenna : 91, 92, 95 ● Jerrican-Valerie Clément : 52, 233, 234, 255 ● Monique Manceau : 302 ● Marco Polo-F. Bouillot : 248 ● Petit Format-J.-P. Casaubon : 397 ● Petit Format-Edelmann et Baufle : 150 haut, 151 bas, 152, 156, 157 ● Petit Format-Angela Gorgas : 43 ● Petit Format-Guigoz-Claude Edelmann : 146 haut, 148, 149 ● Petit Format-Taeke Henstra G.K.F. 397 ● Petit Format-Pascale Roche : 329, 330 ● Petit Format-Anthea Sieveking : 393, 403, 404, 417 ● W. Raith : 301 ● Rapho-Hervé Donnezan : 21, 22 ● Scoop-Parents-L. Monneret : 86 ● Jacob Steiner : 371 ● Studio X-Eltern-S-Kracke : 65, 66 ● Studio X-Eltern-M. Raith : 161, 162, 176, 341, 347, 348, gardes fin ● Studio X-Eltern-Rüffler : 305 ● J.M. Trois : 15 ● Valérie Winckler : gardes début, 62, 103, 104, 193, 195, 196, 211, 212, 266, 273, 274, 301, 309, 315, 354, 357, 358, 378, 381, 382, 399.

ACHEVÉ D'IMPRIMER
SUR LES PRESSES DE L'IMPRIMERIE HÉRISSEY À ÉVREUX (EURE)
POUR LE COMPTE DE PIERRE HORAY ÉDITEUR À PARIS

Imprimé en France. Dépôt légal : novembre 1994. N° d'éditeur : 863. N° d'imprimeur : 65866

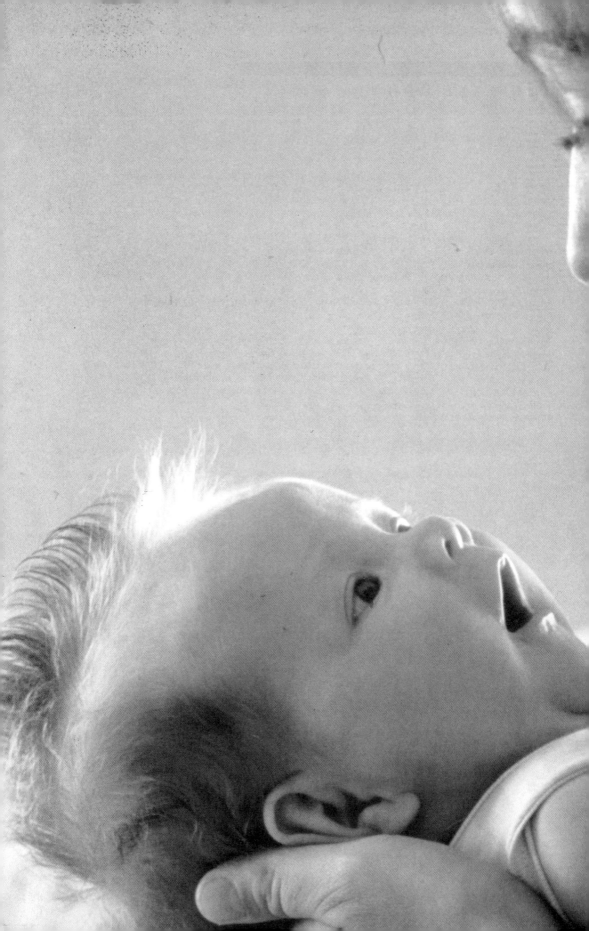